O DIREITO CONTEMPORÂNEO
EM PORTUGAL E NO BRASIL

**IVES GANDRA DA SILVA MARTINS**
Professor Emérito da Universidade Mackenzie da Escola de Comando e Estado Maior do Exército,
Presidente do Conselho de Estudos Jurídicos da Federação do Comércio do Estado de São Paulo
e do Centro de Extensão Universitária – CEU

**DIOGO LEITE DE CAMPOS**
Professor Catedrático da Faculdade de Direito da Universidade de Coimbra.

COORDENADORES

# O DIREITO CONTEMPORÂNEO EM PORTUGAL E NO BRASIL

ALMEDINA
2003

| | |
|---|---|
| *TÍTULO:* | ESTUDOS PORTUGUESES E BRASILEIROS |
| *COORDENADORES:* | IVES GANDRA DA SILVA MARTINS<br>DIOGO LEITE DE CAMPOS |
| *EDITOR:* | LIVRARIA ALMEDINA – COIMBRA<br>www.almedina.net |
| *LIVRARIAS:* | LIVRARIA ALMEDINA<br>ARCO DE ALMEDINA, 15<br>TELEF. 239 851 900<br>FAX 239 851 901<br>3004-509 COIMBRA – PORTUGAL<br>livraria@almedina.net |
| | LIVRARIA ALMEDINA – PORTO<br>R. DE CEUTA, 79<br>TELEF. 22 205 9773<br>FAX 22 203 9497<br>4050-191 PORTO – PORTUGAL<br>porto@almedina.net |
| | EDIÇÕES GLOBO, LDA.<br>R. S. FILIPE NERY, 37-A (AO RATO)<br>TELEF. 213857619<br>FAX 21 3844661<br>1250-225 LISBOA – PORTUGAL<br>globo@almedina.net |
| | LIVRARIA ALMEDINA.<br>ATRIUM SALDANHA<br>LOJAS 71 a 74<br>PRAÇA DUQUE DE SALDANHA, 1<br>TELEF. 213712690<br>atrium@almedina.net |
| | LIVRARIA ALMEDINA – BRAGA<br>CAMPUS DE GUALTAR<br>UNIVERSIDADE DO MINHO<br>TELEF. 253678822<br>4700-320 BRAGA – PORTUGAL<br>braga@almedina.net |
| *EXECUÇÃO GRÁFICA:* | G.C. – GRÁFICA DE COIMBRA, LDA.<br>PALHEIRA – ASSAFARGE<br>3001-453 COIMBRA<br>E-mail: producao@graficadecoimbra.pt |
| | JANEIRO, 2004 |
| *DEPÓSITO LEGAL:* | 203509/03 |

Toda a reprodução desta obra, por fotocópia ou outro qualquer processo, sem prévia autorização escrita do Editor, é ilícita e passível de procedimento judicial contra o infractor.

# INTRODUÇÃO

Os dois coordenadores desta obra idealizaram-na, há um ano, para que juristas e estudiosos de Direito, em Portugal e no Brasil, tivessem uma ampla noção dos diversos ramos do Direito, nos dois países.

Seleccionaram 12 áreas sensíveis, em doze dos mais estáveis ramos da Ciência Jurídica, e convidaram renomadas autoridades das nações irmãs para que traçassem o perfil destes ramos, no seu país.

A escolha dos convidados não foi fácil, pela exuberância de eminentes mestres que hoje os dois países ostentam. Prevaleceu o critério da diversidade de escolas, pretendendo-se alcançar a universalidade possível para uma obra colectiva dessa dimensão.

Escolhidos os autores, a coordenação possibilitou que todos eles, – portugueses e brasileiros – tivessem conhecimento da posição doutrinária adoptada, na mesma área, pelo colega da outra nação, de tal maneira, que, mesmo na diversidade própria dos direitos de cada país, há um elo de ligação que facilita a percepção das convergências.

Tem-se, assim, pela primeira vez, um livro de Direito luso-brasileiro, que é, simultaneamente, um livro de direito brasileiro e de direito português, dedicado aos juristas das duas pátrias e a todos aqueles que se interessam pela composição dos dois sistemas jurídicos.

Para facilitar sua divulgação, decidiram os autores publicar o mesmo livro em Portugal, pela Editora Almedina, e no Brasil, pela Editora Saraiva, desta forma facilitando o acesso dos operadores do Direito dos respectivos países a obra de tal envergadura.

Esperam, coordenadores e autores, que o esforço tenha valido a pena.

*Ives da Silva Martins*
*Diogo Leite de Campos*
Coordenadores

São Paulo, Lisboa, 11 de Novembro de 2003.

# FRAGMENTAÇÃO DA CONSTITUIÇÃO FORMAL

Prof. Doutor PAULO OTERO
(Professor da Faculdade de Direito
da Universidade de Lisboa)

## § 1.º
### Relativização da força normativa da Constituição

**1.** Se a supremacia política da Constituição começou por ser o resultado das concepções iluministas e racionalistas de finais do século XVIII, enquanto lei escrita proveniente da nação soberana no exercício do poder dos poderes, isto é, do poder constituinte[1], o certo é que a centralidade normativa da Constituição é um produto directo do positivismo oitocentista e de uma concepção monista das fontes de Direito: num sistema baseado na ilusão de que o Estado é o único produtor ou, pelo menos, o único detentor da competência definidora de todos os centros produtores de normas, compreende-se que a Constituição seja dotada de uma absoluta supremacia normativa dentro de todo o sistema jurídico.

Surge, deste modo, a ideia da Constituição como norma fundamental do ordenamento jurídico[2], sua *lex superior*, dotada de uma supremacia hierárquica sobre todas as demais normas do sistema jurídico[3]: a Constituição define o sistema de fontes formais de Direito, condicionando, por esta via, a validade e a inerente vinculatividade de todas as normas, fun-

---

[1] Para uma síntese desta perspectiva, cfr. MÁRCIO AUGUSTO VASCONCELOS DINIZ, *Constituição e Hermenêutica Constitucional*, Belo Horizonte, 1998, pp. 97 ss.

[2] Para uma síntese deste entendimento clássico da Constituição, cfr. GOMES CANOTILHO, *Direito Constitucional e Teoria da Constituição*, 5ª ed. Coimbra, 2002, pp. 1111 ss.

[3] Neste sentido, e para mais desenvolvimentos, cfr. EDUARDO GARCÍA DE ENTERRÍA, *La Constitucion como Norma y el Tribunal Constitucional*, 3ª ed., Reimp., Madrid, 1991, pp. 49 ss.

cionando como a "norma das normas" ou a fonte de todas as fontes de Direito; a Constituição encontra-se dotada de uma intenção fundacional e revela uma pretensão de permanência e duração, fazendo emergir a distinção entre poder constituinte originário e poder de revisão constitucional; a Constituição, enquanto produto do poder constituinte, defende-se contra os poderes constituídos, tornando-se imune às leis ordinárias que, sob pena de invalidade, não a podem contrariar ou revogar, ganhando, assim, uma rigidez normativa que lhe confere uma superioridade sobre todas as restantes leis; a Constituição, por último, alicerça um sistema judicial de fiscalização da constitucionalidade das normas do sistema jurídico, garantindo sempre, em consequência, a sua supremacia hierárquica sobre todo o universo normativo.

A Constituição goza, neste sentido, de uma força normativa própria que, sem prejuízo dos seus condicionamentos internos[4], se procura, a todo o custo, autogarantir: os princípios nucleares da Constituição, elevados a limites materiais de revisão constitucional, enquanto expressão do "cerne da constituição"[5], proibindo o abolir da identidade da Constituição[6], acabam por conferir proeminência ao princípio da Constituição escrita sobre o próprio postulado da soberania popular[7]; a institucionalização de um tribunal constitucional, configurado como o último e supremo guardião da Constituição, dotado de uma ampla competência decisória exclusivamente orientada para a defesa da ordem constitucional, permite sempre subordinar a vontade política subjacente aos poderes constituídos à decisão constituinte das gerações passadas cujo sentido final é revelado, "pelos séculos dos séculos", por um órgão dotado da competência das competências em matéria definidora do sentido interpretativo da Constituição.

A garantia da força normativa da Constituição, enquanto lei fundamental de um sistema monista de fontes de Direito que encontram no Estado a sua origem, transforma-se, deste modo, num paradoxo não democrático de defesa de textos constitucionais democráticos: os limites materiais de revisão constitucional e a existência de um tribunal constitucional podem bem converter-se em instrumentos de perpetuação de uma ordem constitucional mumificada.

---

[4] Para uma síntese de tais condicionalismos, cfr. KONRAD HESSE, *A Força. Normativa da Constituição*, Porto Alegre, 1991, pp. 20 ss.

[5] Expressão de GOMES CANOTILHO, *Direito Constitucional e Teoria...*, p. 1030.

[6] Cfr. KONRAD HESSE, *Grundzüge des Verfassungsrechts der Bundesrepublik Deutschland*, 20ª ed., Heidelberg, 1995, p. 293.

[7] Neste sentido, cfr. KONRAD HESSE, *A Força...*, p. 28.

A hierarquia das normas integrantes deste modelo de sistema jurídico, encontrando a sua unidade numa abóbada cimentada pela Constituição, parte, porém, de dois pressupostos[8]: o monopólio da lei como modo de revelação do Direito e o monopólio do Estado como criador e aplicador da lei.

Sucede, todavia, que nem a lei é a única fonte de Direito, nem o Estado tem o monopólio da criação do Direito: a Constituição não tem, por isso mesmo, o exclusivo definidor das fontes de Direito, nem goza de uma supremacia absoluta dentro do sistema jurídico.

A força normativa da Constituição encontra-se, por efeito de um erro nos respectivos pressupostos conceptuais, relativizada: num sistema jurídico que não se esgota no Direito escrito ou proveniente de fontes formais, a Constituição nunca pode ser vista como a cúpula ou a abóbada de todo o sistema.

**2.** A relativização da força normativa da Constituição pode dizer-se que começou historicamente dentro da própria Constituição, produzindo-se, por esta via, um verdadeiro fenómeno de fragmentação hierárquico-normativa interna ao texto constitucional: a Constituição foi gerando no seu seio diferentes graus de força jurídica das suas normas, permitindo delas extrair um entendimento que, ao contrário das concepções dominantes, configura a existência de um estratificado escalão de níveis de incidência ordenadora da realidade.

Nem todas as normas integrantes de uma Constituição formal têm igual força jurídica: a força normativa da Constituição dependerá, por conseguinte, dos diferentes níveis de força operativa das normas constitucionais, habilitando que deles se extraia uma ordenação hierárquica das regras, princípios e valores constitucionais, razão pela qual também aqui se poderá falar em relativização da força normativa do texto constitucional.

Não existe, deste modo, uma igualdade hierárquica entre todos os preceitos constitucionais, verificando-se que o princípio da unidade hierárquico-normativa da Constituição, postulando a exclusão de relações de supra e infra ordenação dentro da lei constitucional, se afirma como postulado contrariado pela história e pela técnica das normas constitucionais[9].

---

[8] Neste sentido, cfr. FRANCISCO LUCAS PIRES, ***O Problema da Constituição***, Coimbra 1970, p. 64.

[9] Em sentido frontalmente contrário, afirmando a plena validade do princípio da unidade hierárquico-normativa da Constituição e a igual dignidade de todas as normas

Uma tal relativização da força normativa da Constituição e, por essa via, a formação de uma hierarquia normativa no âmbito dos seus preceitos, pode observar-se, desde logo, com os designados fenómenos de autodesconstitucionalização[10]: a própria Constituição nega ou retira a força constitucional a uma ou a várias das suas normas, permitindo que as mesmas possam ser modificadas ou suprimidas como se de leis ordinárias se tratassem. Ora, uma tal flexibilização de parte do texto constitucional conduz, naturalmente, a uma diminuição da sua força normativa: a desconstitucionalização de normas ou de matérias é a manifestação mais ilustrativa da plasticidade da força jurídica da Constituição e, por isso mesmo, da relativização da sua força normativa, criando uma falta de sintonia entre os conceitos de Constituição em sentido instrumental e Constituição em sentido formal[11].

Em sentido inverso à degradação da força jurídica das normas constitucionais temos a superconstitucionalização de certas normas, sendo isso o que acontece com as normas que instituem limites de revisão constitucional ou cláusulas pétreas: as normas em causa, determinando a irreversibilidade de certos princípios, desde que se entenda não poderem ser elas próprias objecto de revisão, gozam de uma hierarquia superior face às restantes normas[12], permitindo a sua qualificação como normas "superconstitucionais"[13].

---

contidas na lei constitucional, cfr. GOMES CANOTILHO, *Constituição Dirigente e Vinculação do Legislador*, Coimbra, 1982, em especial, p. 146; IDEM, *Direito Constitucional e Teoria...*, p. 1147.

Considerando, no entanto, que Gomes Canotilho acaba por adoptar uma postura defensora da existência de uma hierarquia de preceitos constitucionais, cfr. JUAREZ FREITAS, *A Interpretação Sistemática do Direito*, 2ª ed., São Paulo, 1998, pp. 121 ss.

[10] Sobre a autodesconstitucionalização, cfr. JORGE MIRANDA, *Manual de Direito Constitucional*, II, 4ª ed., Coimbra, 2000, p. 35.

[11] Neste último sentido, cfr. JORGE MIRANDA, *Manual...*, II, 4ª ed., p. 35.

[12] Neste sentido, cfr. AFONSO RODRIGUES QUEIRÓ, *Uma Constituição Democrática Hoje – Como?*, Coimbra, 1980, pp. 26 e 27. Em igual sentido, referindo-se às cláusulas pétreas, cfr. LUÍS ROBERTO BARROSO, *Interpretação e Aplicação da Constituição*, 2ª ed., São Paulo, 1998, p. 187.

[13] Cfr. GOMES CANOTILHO, *Direito Constitucional e Teoria...*, p. 1033.

Não deixa de ser curioso que este Ilustre Autor, apesar de afirmar a igualdade hierárquica de todas as regras e preceitos constitucionais (*ibidem*, p. 1147), acabe por reconhecer, todavia, a existência dentro da Constituição de "normas superconstitucionais" (*ibidem*, p. 1033), argumento este justificando pela possibilidade de o próprio legislador constituinte estar habilitado a estabelecer excepções à unidade hierárquico-normativa dos preceitos constitucionais (*Constituição Dirigente...*, p. 146).

Próxima deste último fenómeno, apesar de não se circunscrever a normas integrantes da Constituição em sentido instrumental[14], temos a auto-subordinação ou autolimitação constitucional a normas que, sendo pela Constituição objecto de recepção, gozam, todavia, de um valor hierárquico supraconstitucional, gerando, correlativamente, uma subordinação das normas da Constituição instrumental a tais actos[15]. Assiste-se aqui, em boa verdade, a uma abdicação ou renúncia pela Constituição instrumental da sua força normativa típica, transferindo para um outro acto normativo o estatuto de norma fundamental do ordenamento jurídico, enquanto acto dotado de uma supremacia hierárquica sobre todas as demais normas desse sistema jurídico-positivo, sem prejuízo, note-se, de uma tal supremacia ter sido concedida por efeito de uma norma constitucional de auto--subordinação hierárquico-normativa.

Entre a autodesconstitucionalização e a auto-subordinação constitucional situa-se a previsão de derrogação de normas da Constituição por efeito da aprovação expressa de um tratado internacional incompatível com o texto da Constituição[16]. Numa tal situação de prevalência ou supremacia dos tratados internacionais sobre as normas constitucionais[17], isto segundo expressa norma do texto constitucional, assistimos também aqui

---

[14] Sobre o conceito de Constituição em sentido instrumental, cfr. JORGE MIRANDA, *Manual...*, II, 4ª ed., pp. 34 ss.

[15] Esse seria o caso da Declaração Universal dos Direitos do Homem, segundo a habilitação resultante do artigo 16.º, n.º 2, da Constituição Portuguesa, cfr. AFONSO RODRIGUES QUEIRÓ, *Lições de Direito Administrativo*, I, Policop., Coimbra, 1976, pp. 325 ss. Nesse mesmo sentido, defendendo tratar-se de um fenómeno de auto-subordinação constitucional a nível interpretativo em matéria de direitos fundamentais, também nós próprios inicialmente defendemos (cfr. PAULO OTERO, *Declaração Universal dos Direitos do Homem e Constituição: a inconstitucionalidade de normas constitucionais?*, in *O Direito*, ano 122.º, 1990, pp. 604 ss.), acabando hoje por entender, todavia, que o fenómeno aqui não é de auto-subordinação constitucional do Estado mas, pelo contrário, uma situação de heterovinculação (cfr. PAULO OTERO, *Lições de Introdução ao Estudo do Direito*, I, 2.º tomo, Lisboa, 1999, pp. 198 ss.).

[16] Era o que claramente sucedia com o antigo artigo 63.º da Constituição Holandesa (cfr. MARIA ISABEL JALLES, *Implicações Jurídico-Constitucionais da Adesão de Portugal às Comunidades Europeias*, Lisboa, 1980, pp. 228 ss.) e ainda hoje se torna visível no seu actual artigo 91.º, n.º 3 (cfr. CONSTANTIJN KORTMANN / PAUL BOVEND'EERT, *The Kingdom of the Netherlands – An Introduction to Dutch Constitutional Law*, Deventer/Boston, 1993, p. 158.)

[17] Sublinhando a excepcionalidade desta solução da Constituição Holandesa, cfr. JORGE MIRANDA, *Curso de Direito Internacional Público*, Cascais, 2002, p. 159, nota n.º 52.

a uma relativização da força normativa da Constituição que, transformando a aprovação do tratado num processo de desvitalização das normas constitucionais com aquele incompatíveis, permite até recortar a existência de normas constitucionais sem qualquer força jurídica, pelo menos enquanto se mantiver em vigor o tratado cujas normas receberam a força normativa transferida das disposições constitucionais com aquelas incompatíveis[18].

Modalidade afim desta última hipótese temos a habilitação constitucional de derrogação de normas da própria Constituição por efeito de actos internacionais que nem necessitam de assumir a forma de tratados internacionais ou nem precisam de envolver a intervenção do parlamento nacional. Esse é o efeito resultante do n.º 5 do artigo 33.º da Constituição portuguesa, introduzido pela revisão constitucional de 2001: permitindo que a aplicação de normas de cooperação judiciária penal elaboradas no âmbito da União Europeia não seja inviabilizada pelo disposto nos números anteriores ao n.º 5 do artigo 33.º, a Constituição acaba por abrir as portas a uma derrogação do seu texto através de um reenvio para normas jurídicas extraconstitucionais. Tais normas comunitárias, exercendo uma função parcialmente derrogatória do preceituado pela Constituição, segundo habilitação em branco dela própria resultante, passam a gozar de um valor prevalecente por auto-subordinação constitucional.

**3.** A existência de normas definidoras de limites de revisão constitucional, desde que entendidas no sentido se estarem excluídas de qualquer revogação (v. *supra*, n.º 2), foi, poderá bem dizer-se, uma das primeiras vias de surgimento dentro da Constituição em sentido instrumental de uma relativização da força jurídica interna dos seus preceitos: reconheceu-se, deste modo, a emergência de uma hierarquia de normas no seio da própria Constituição.

---

[18] É que, cumpre esclarecer, não se mostra claro, segundo os termos da Constituição Holandesa e da própria doutrina holandesa (cfr. CONSTANTIJN KORTMANN / PAUL BOVEND'EERT, *The Kingdom...*, p. 158), que a aprovação, por maioria de dois terços, de um tratado incompatível com uma norma constitucional determine a revogação desta. Se tal sucedesse, então essa aprovação traduzir-se-ia num processo indirecto de revisão constitucional. Pode, no entanto, entender-se que, em vez de revogação ou revisão da norma constitucional, aquilo que acontece é que, enquanto vigorar esse tratado, a norma constitucional em causa se encontra inaplicável, podendo "ressuscitar" ou "acordar" com a cessação de vigência do tratado em causa. É neste último cenário interpretativo que se devem entender as referências feitas ao longo do texto.

A ideia de que nem todas as normas da Constituição têm um igual valor hierárquico, acarretando a existência de relações de infra e supra ordenação normativa dentro do texto constitucional, alargou-se, entretanto, a outros domínios constitucionais: o relacionamento constitucional intranormativo assenta, cada vez menos, numa postura de igual força jurídica dos preceitos da Constituição instrumental.

Independentemente da desconstitucionalização e de recepção constitucional auto-subordinante de outros actos normativos, a existência de níveis diferenciados de força jurídica dos preceitos integrantes da Constituição instrumental é hoje visível dentro da economia interpretativa do próprio texto constitucional, podendo mesmo formular-se um princípio geral de hierarquia normativa intraconstitucional: é sempre possível, utilizando-se uma metodologia interpretativa adequada, extrair do texto constitucional uma hierarquia material, lógica ou axiológica de normas.

Na hierarquia axiológica residirá, todavia, o cerne do critério de hierarquização das normas constitucionais[19], configurando-se o princípio da hierarquização axiológica como o "princípio de todos os princípios"[20].

Ora, essa ideia de hierarquia normativa axiológica intraconstitucional é recortável, desde logo, no âmbito dos preceitos definidores de princípios estruturantes fundamentais da Constituição, isto por oposição a todos os restantes princípios e normas constitucionais que não são estruturantes[21]: se todos esses princípios têm valor e força constitucionais, não se poderá esquecer que alguns deles, precisamente por possuírem uma natureza estruturante fundamental, segundo resulta "sugerida" pelos indicadores existentes na própria Constituição[22] – tal como seja o expresso

---

[19] Reconhecendo a existência no texto constitucional de uma hierarquia axiológica ou de valores, cfr. GUSTAVO ZAGREBELSKY, *Manual di Diritto Costituzionale*, I, Reimp., Torino, 1991, p. 109; LUÍS ROBERTO BARROSO, *Interpretação...*, pp. 187 ss.; JUAREZ FREITAS, *A Interpretação...*, em especial, pp. 103 ss.

[20] Neste último sentido, cfr. ALEXANDRE PASQUALINI, *Hermenêutica e Sistema Jurídico – Uma introdução à interpretação sistemática do Direito*, Porto Alegre, 1999, p. 111.

[21] Para um traçar do recorte conceitual e do relacionamento entre os diversos tipos de princípios constitucionais, falando no sistema interno composto pelos princípios estruturantes, os princípios constitucionais gerais, os princípios constitucionais especiais e as regras constitucionais, cfr. GOMES CANOTILHO, *Direito Constitucional e Teoria...*, pp. 1137 ss.

[22] Falando numa ponderação de princípios, segundo uma relação de precedência ou prevalência sugerida pela Constituição, cfr. WALTER CLAUDIUS ROTHENBURG, *Princípios Constitucionais*, Porto Alegre, 1999, pp. 62-63.

destaque do constituinte ou a própria lógica do sistema[23] –, têm de gozar de prevalência lógica e axiológica sobre os outros princípios e normas que não gozam de tal natureza.

E mesmo dentro dos princípios estruturantes fundamentais da Constituição é ainda possível autonomizar e hierarquizar o princípio da dignidade da pessoa humana e todas as normas constitucionais que em matéria de direitos fundamentais dele decorrem, conferindo a tais preceitos um valor hierárquico prevalecente sobre todos os restantes, criando-se, por esta via, um critério seguro de resolução de tensões ou conflitos entre princípios constitucionais.

Neste último sentido, cumpre notar, podem recortar-se dentro da Constituição preceitos dotados de um valor absoluto, aferindo-se este valor pelo respectivo grau de proximidade com a garantia da dignidade da pessoa humana concreta e viva, significando isto que nem sempre o conflito entre normas constitucionais poderá conduzir a tarefas de ponderação de bens ou optimização da eficácia dos interesses em conflito, segundo critérios limitativos baseados numa regra de proporcionalidade, alicerçado num princípio de concordância prática[24]: existem bens no sistema jurídico que gozam de uma prevalência absoluta, possuindo as normas que os consagram ou garantem uma força hierárquica superior a todas as demais, razão pela qual não há aqui que proceder a qualquer ponderação proporcional envolvendo bens de natureza diferente – a garantia da vida humana é, disso mesmo, o exemplo ilustrativo por excelência.

**4.** A existência de uma hierarquia normativa dentro da Constituição é também passível de ser extraída, numa outra perspectiva, da lógica intrínseca subjacente aos preceitos constitucionais que se referem ao estado de excepção constitucional, determinando a existência de direitos funda-

---

[23] Neste sentido, cfr. LUÍS ROBERTO BARROSO, *Interpretação*..., p. 187.

[24] Em sentido contrário, utilizando para o efeito o princípio da unidade da Constituição, cfr. KONRAD HESSE, *Grundzüge*..., p. 28.

Sublinhando que esta concepção alemã baseada nas ideias de ponderação, harmonização ou optimização e concordância prática dos bens e valores envolvidos assenta no pressuposto de que não existe hierarquia entre as normas constitucionais, cfr. LUÍS ROBERTO BARROSO, *Interpretação*..., pp. 185 ss.

Ainda para uma discussão do problema da hierarquia dos princípios constitucionais à luz da realidade jurídico-constitucional brasileira, cfr. RUY SAMUEL ESPÍNDOLA, *Conceito de Princípios Constitucionais*, São Paulo, 1999, pp. 153 ss.

mentais que não podem ser suspensos[25] e a intangibilidade da regulação constitucional dos órgãos de soberania e de governo regional e dos respectivos titulares[26]: estamos aqui perante o núcleo de normas constitucionais que tutelam bens ou interesses constitucionais que, segundo expressa proibição constitucional, em situação alguma podem sofrer qualquer vicissitude, possuindo, por isso mesmo, uma força jurídica reforçada sobre todas as restantes normas constitucionais.

Neste sentido, se os direitos fundamentais previstos no artigo 19.º, n.º 6, da Constituição representam a "quintessência de todos os direitos fundamentais"[27], traduzindo aquele reduto que nunca pode ser suspenso, nem sequer em estado de excepção constitucional, também as normas constitucionais organizatórias e funcionais que, segundo o estipulado pelo artigo 19.º, n.º 7, não podem ser afectadas pela declaração do estado de sítio ou do estado de emergência, expressam o núcleo duro organizativo da Constituição. Em ambos os casos deparamos com uma outra ilustração da diferente força normativa dos preceitos constitucionais: todas as normas da Constituição que não podem ser afectadas pela declaração do estado de excepção constitucional gozam de uma supremacia face às normas da Constituição que podem ser suspensas ou de qualquer modo afectadas na sua vigência plena.

Num outro sentido ainda, essa ideia de diferente força normativa dos preceitos da Constituição é também observável na simples existência de normas constitucionais directamente aplicáveis que, suprimindo a *interpositio legislatoris*, envolvem, em confronto com as normas não exequíveis por si mesmas, uma imediatividade operativa que lhes confere uma força jurídica prevalecente sobre as normas dotadas de uma eficácia contida, limitada ou complementável[28], gerando, deste modo, um "gradualismo eficacial" nas normas constitucionais[29].

---

[25] Cfr. CRP, artigo 19.º, n.º 6. Sobre a matéria, cfr., por todos, JORGE BACELAR GOUVEIA, *O Estado de Excepção no Direito Constitucional – entre a eficiência e a normatividade das estruturas de defesa extraordinária da Constituição*, II, Lisboa, 1998, pp. 888 ss.

[26] Cfr. CRP, artigo 19.º, n.º 7. Ainda sobre esta matéria, cfr., por todos, JORGE BACELAR GOUVEIA, *O Estado de Excepção...*, II, pp. 950 ss.

[27] Expressão de JORGE BACELAR GOUVEIA (in *O Estado de Excepção...*, II, p. 908), referindo-se aos direitos fundamentais invioláveis.

[28] Para mais desenvolvimentos sobre a eficácia das normas constitucionais, cfr. JOSÉ AFONSO DA SILVA, *Aplicabilidade das Normas Constitucionais*, 3ª ed., 2ª tiragem, São Paulo, 1999, pp. 63 ss.; MARIA HELENA DINIZ, *Norma Constitucional e seus Efeitos*,

Com efeito, as normas sobre direitos, liberdades e garantias e as normas organizatórias, sendo dotadas de aplicabilidade directa[30], gozam de uma força jurídica prevalecente sobre as restantes normas constitucionais, traduzindo, no que especificamente respeita aos direitos fundamentais, valores que possuem uma prevalência ou um primado sobre outros valores do ordenamento, fazendo emergir uma correspondente hierarquia axiológica entre as respectivas normas constitucionais.

**5.** Não se pense, contudo, que a relativização da força normativa da Constituição resulta apenas de factores internos ao próprio texto constitucional e da emergência de uma estrutura hierárquica entre os seus preceitos: essa relativização pode bem ser o resultado de factores que, sendo exteriores à Constituição, se impõem inelutavelmente à força jurídica dos seus preceitos.

É isso mesmo o que sucede, desde logo, com a perda de efectividade de certas normas constitucionais e a emergência de uma "Constituição não oficial" que, geradas por via de processos informais, conduzem à desvitalização da força jurídica dos correspondentes preceitos da "Constituição oficial", destituindo-os de qualquer força normativa: as "normas oficiais" sem efectividade, apesar de inaplicáveis, permanecem impressas no texto escrito da Constituição como simples recordações adormecidas, verdadeiros "fantasmas de papel"[31], destituídas de qualquer imperatividade jurídica.

Foi isso o que aconteceu, por exemplo, com as normas constitucionais ordenadoras da "transição para o socialismo" e da "transformação numa sociedade sem classes" que, apesar de só terem sido removidas do texto da "Constituição oficial" pela revisão de 1989, há muito se encontravam sem qualquer efectividade, se é que alguma vez, enquanto normas oficiais, chegaram a ter vigência.

Observa-se aqui, deste modo, que a debilitação da força normativa da Constituição pela falta de efectividade dos seus preceitos, fazendo emergir em termos informais uma normatividade constitucional "não oficial" que torna inaplicável a normatividade "oficial", traduz a existência de uma regra

---

São Paulo, 1998, pp. 103 ss.; UADI LAMMÊGO BULOS, *Manual de Interpretação Constitucional*, São paulo, 1997, pp. 8 ss.

[29] Neste sentido, cfr. MARIA HELENA DINIZ, *Norma...*, p. 117.

[30] Neste sentido, apesar de discutir ainda a aplicabilidade directa das "normas-fim" e das "normas-tarefa", cfr. GOMES CANOTILHO, *Direito Constitucional e Teoria...*, pp.1142 ss.

[31] Neste último sentido, cfr. PAULO BONAVIDES, *Curso de Direito Constitucional*, 11ª ed., São Paulo, 2001, p. 164.

implícita de paridade hierárquico-normativa entre estes dois mundos normativos e a definição de uma inerente igualdade de legitimidades entre o poder constituinte originário formal e o poder constituinte originário informal: se a normatividade constitucional "oficial" se pode tornar inaplicável por efeito da formação de uma normatividade "não oficial" de sentido contrário, a verdade é que esta última poderá sempre ser revogada por uma nova lei formal de valor constitucional ou pelo emergir de uma nova prática contrária que, tornando aplicável a normatividade "oficial" adormecida ou substituindo-a por uma outra normatividade "não oficial", ganhe efectividade.

6. A relativização da força normativa da Constituição poderá ainda resultar, por outro lado, de um certo aprisionamento da eficácia das suas normas por efeito de um "reenvio constitucional" concretizador dos seus preceitos para o legislador ordinário, existindo aqui o perigo de uma inversão da hierarquia normativa[32]: a insuficiência da densificação constitucional de certos preceitos constitucionais, a amplitude da margem de liberdade decisória do legislador conferida pela Constituição e a própria debilidade do controlo político e judicial da discricionariedade legislativa apresentam-se como factores propiciadores de uma "Constituição segundo as leis"[33].

Ou seja, em vez de ser a lei a mover-se dentro da normatividade constitucional, passaremos antes a ter as normas da Constituição a moverem-se dentro da normatividade infraconstitucional: poderá existir aqui, neste apelo reiterado e cego a uma complementação infraconstitucional das normas da Constituição, sem prejuízo da força orientadora do princípio da interpretação conforme à Constituição[34], uma "via perigosa de abertura para a subversão da pirâmide normativa"[35], produzindo-se uma inversão da hierarquia lógica entre as normas em causa.

Na realidade, apesar de se encontrar na Constituição a habilitação para a emanação de tais normas concretizadoras dos seus conceitos ou densificadoras das suas opções genéricas e vagamente identificadas, será na normatividade infraconstitucional que o seu conteúdo principal se vai concretizar, tal como será através da interpretação feita pelo poder legislativo que, num primeiro momento, tais normas constitucionais não exequí-

---

[32] Neste sentido, cfr. GOMES CANOTILHO, *Constituição Dirigente...*, p. 403 ss.
[33] Cfr. GOMES CANOTILHO, *Constituição Dirigente...*, pp. 408-409.
[34] Neste sentido, cfr. GOMES CANOTILHO, *Constituição Dirigente...*, p. 404 ss.
[35] Cfr. GOMES CANOTILHO, *Constituição Dirigente...*, p. 410.

veis por si mesmas ganham um sentido que, sem embargo do seu controlo jurisdicional, nunca pode fazer esquecer que aplicar as normas constitucionais pelo legislador pode bem significar produzi-las de novo e não reproduzi-las[36]: se a transfiguração dos direitos fundamentais consagrados na Constituição de 1933, por efeito da legislação ordinária reguladora do seu exercício, é um exemplo histórico de relativização da força normativa da Constituição na sequência de uma subversão da hierarquia normativa implementadora de uma "Constituição segundo as leis", urge não esquecer, porém, que a relativização da Constituição através da lei pode não envolver sempre uma inversão normativa[37].

Em qualquer dos casos, determine ou não uma subversão da hierarquia normativa, mostra-se claro que a existência de normas constitucionais dotadas de uma "eficácia limitada" ou de uma "eficácia complementável" (v. *supra*, n.º 4), remetendo para o legislador ordinário a concretização dos seus conceitos ou a densificação do seu conteúdo disciplinador, fazendo a aplicabilidade reguladora da Constituição estar prisioneira da vontade do poder legislador, consubstancia um forte contributo relativizador da força normativa da Constituição, sem prejuízo de, elas próprias em confronto com as normas dotadas de aplicabilidade directa, serem passíveis de fundarem uma hierarquia axiológica intraconstitucional no que diz respeito aos bens ou interesses tutelados pelo respectivo objecto (v. *supra*, n.º 4).

**7.** Num outro sentido, igualmente um uso abusivo de revisões constitucionais, dando origem a um verdadeiro "frenesim constitucional"[38], procurando constitucionalizar interesses momentâneos ou particulares, fazendo despontar expectativas de sucessivas revisões visando a satisfação de novas reivindicações constitucionalizadoras, abala a confiança pelo surgir de um sentimento geral de transitoriedade ou provisoriedade das soluções normativas presentes, debilitando e desvalorizando, por essa via, a força normativa da Constituição que, por natureza, exige sempre estabilidade[39].

---

[36] Neste último sentido, cfr. FRANCISCO LUCAS PIRES, *O Problema...*, p. 58.

[37] Neste último sentido, cfr. GOMES CANOTILHO, *Constituição Dirigente...*, pp. 408--409.

[38] A expressão deve-se a JORGE MIRANDA, *Acabar com o frenesim constitucional*, sep. *Nos 25 Anos da Constituição da República de 1976*, AAFDL, Lisboa, 2001.

[39] Neste sentido, especificamente sobre a temática dos efeitos de constantes revisões constitucionais sobre a força normativa da Constituição, cfr. KONRAD HESSE, *A Força...*, pp. 21 e 22.

A transformação da revisão constitucional numa bandeira eleitoral dos partidos políticos, algumas vezes transmitindo mesmo a ideia de que é mais fácil rever a Constituição do que alterar algumas leis ou, em alternativa, fazendo depender de sucessivas revisões a implementação de medidas concretas relativamente às quais o problema não é de admissibilidade constitucional mas de coragem política[40], fazem nascer um sentimento colectivo de banalização e instrumentação político-partidária do texto constitucional: a força normativa da Constituição desmistifica-se junto da opinião pública.

**8.** Encontram-se nos fenómenos de hetero-subordinação normativa da Constituição, todavia, os principais elementos reveladores da relativização da força normativa da Constituição formal: a existência de uma ordem axiológica suprapositiva, ela própria subordinante da Constituição e expressa através de princípios jurídicos fundamentais, tal como o desenvolvimento de preceitos jurídicos universais agrupáveis no conceito de *ius cogens*, mostram que a força normativa da Constituição se encontra condicionada.

O respeito pela Declaração Universal dos Direitos do Homem é, neste preciso sentido, o exemplo mais perfeito da heterovinculação normativa do Estado e da sua Constituição formal a esse mesmo texto dotado de uma validade jurídica universal[41]: a imperatividade da Declaração face à Constituição não se poderá, por conseguinte, reconduzir a um simples fenómeno de auto-subordinação constitucional, tal como o artigo 16.º, n.º 2, da Constituição Portuguesa permite à primeira vista supor (v. *supra*, n.º 2), antes se impõe por uma força jurídica existente em si própria, uma vez que são os direitos do homem que justificam a existência do Estado e não o Estado que justifica a existência de direitos fundamentais do Homem.

Há hoje a clara consciência de que existe uma dimensão normativa que, independentemente da vontade do Estado, se impõe em termos imperativos ao legislador constituinte, gozando, por isso mesmo, de um valor jurídico supraconstitucional e cuja violação, fazendo renascer a actuali-

---

[40] Sobre as causas do "frenesim constitucional", cfr. JORGE MIRANDA, *Acabar com o frenesim...*, pp. 9-10.

[41] Para mais desenvolvimentos, cfr. PAULO OTERO, *Lições...*, I, 2.º tomo, pp. 198 ss.

Em sentido totalmente contrário, defendendo tratar-se a Declaração Universal dos Direitos do Homem de um texto sem força jurídica internacional e sem natureza vinculativa, integrando-o dentro do *soft law*, cfr. JOAQUIM SILVA CUNHA / MARIA DA ASSUNÇÃO DO VALE PEREIRA, *Manual de Direito Internacional Público*, Coimbra, 2000, p. 120.

dade da temática da inconstitucionalidade de normas constitucionais, gera um fenómeno de "insupraconstitucionalidade"[42].

A força normativa da Constituição, tal como tradicionalmente foi formulada em termos de ordenação jurídica e política fundamental e exclusiva da vida do Estado, encontra-se hoje definitivamente ultrapassada: a força normativa da Constituição tem hoje de concorrer com a força de outras realidades normativas reivindicantes de uma superioridade hierárquica, registando-se um pluralismo concorrencial de normas fundamentais.

Importa, por conseguinte, analisar essa concorrência de normas fundamentais e os seus possíveis efeitos na fragmentação hierárquico-normativa da Constituição formal.

§ 2.º
**Concorrência de normas fundamentais**

9. Se a concepção da superioridade hierárquica exclusiva da Constituição formal dentro do sistema jurídico era o resultado directo de uma visão monista das fontes do Direito, fazendo do Estado o único centro produtor e regulador da produção normativa (v. *supra*, n.º 1), o certo é que um tal modelo, nunca tendo correspondido bem à realidade – veja-se, por exemplo, toda a temática das fontes informais e do mito da omnipotência do Direito escrito –, se encontra hoje profundamente subvertido num sistema pluralista de fontes descentradas do Estado

Em primeiro lugar, se o Direito resultante de fenómenos descentralizadores ainda se poderá reconduzir a uma primeira intervenção estadual permissiva, apesar de também ele contribuir para o neofeudalismo jurídico hoje existente, a verdade é que interna e externamente emergem hoje novas realidades geradores de normas jurídicas que não pressupõem, nem dependem do Estado: a auto-regulação privada de interesses de âmbito interno, fundada na autonomia da vontade e nas liberdades de associação e de organização económica, e, por outro lado, a auto-regulação de interesses de âmbito internacional, tal como sucede com as normas provenientes de organizações não governamentais – designadamente as organizações desportivas internacionais –, criam uma normatividade extra-estadual que pode, todavia, entrar em contacto com o Direito estadual, sem prejuízo de

---

[42] Sobre este conceito, cfr. FAUSTO DE QUADROS, *A Protecção da Propriedade Privada pelo Direito Internacional Público*, Coimbra, 1998, p. 565.

se discutir também aqui os actuais limites da intervenção jurídico-ordenadora do Estado sobre tais matérias auto-reguladas.

Em segundo lugar, o renascer de concepções de base jusnaturalista, tomando consciência da quebra da omnipotência do Direito escrito e, em especial, do poder constituinte, reconhecendo-lhe limites inultrapassáveis e, neste sentido, vinculações a que se encontra adstrito quando elabora ou modifica o texto constitucional, sancionando-se com a invalidade das normas ou a ilegitimidade do exercício todas as suas manifestações atentatórias da ordem de valores suprapositiva expressa em princípios jurídicos fundamentais, vem colocar em crise as posturas teóricas defensoras de um valor absoluto da Constituição formal: vinculado o legislador constituinte a uma ordem de valores indisponível, o espaço de liberdade conformadora que lhe resta só pode incidir sobre aquilo que axiologicamente é acessório e nunca sobre o que é mesmo essencial.

Em terceiro lugar, a inserção do próprio Estado no âmbito de uma sociedade internacional dotada de organizações com vocação universal e uma dinâmica produtora de um Direito que em certas áreas já não se limita a regular, exclusivamente sob o império da vontade dos Estados interessados, relações de cooperação e de coordenação, antes desenvolveu efectivas relações de subordinação dos Estados a certos princípios e normas dotados de uma imperatividade que a todos vincula, independentemente do seu consentimento, da sua vontade ou até mesmo da sua participação no respectivo processo de formação, transformou a força normativa de certos sectores do Direito Internacional Público e a correspondente configuração da soberania dos Estados.

Em quarto lugar, por último, a tendência para a erosão dos elementos clássicos do conceito de Estado é ainda fruto da integração política dos Estados em estruturas internacionais supranacionais dotadas de uma vocação federal ou federalizante[43], registando-se que tais entidades supracionais são produtoras de uma normatividade própria e que se aplica directamente no território dos respectivos Estados-membros, além de que também tem como destinatários imediatos os respectivos nacionais. Mais: uma tal ordem jurídica supranacional dispensa qualquer processo interno de aprovação, recepção ou mesmo de publicação no respectivo jornal oficial do Estado, criando, por outro lado, mecanismos judiciais de controlo da con-

---

[43] Para mais desenvolvimentos sobre esta erosão dos elementos clássicos do Estado, cfr., por todos, DANIEL THÜRER, *Das Verfassungsstaat als Glied einer europäischen Gemeinschaft*, in VVDStRL, 1991, pp. 122 ss.

formidade do Direito estadual com essa normatividade exterior que, por geração expontânea, fez edificar um princípio de primado do seu Direito relativamente ao Direito interno dos Estados-membros, provocando, em síntese, uma verdadeira revolução na tradicional configuração da hierarquia das normas jurídicas.

Tudo está agora em saber, afinal, como é todos estes fenómenos se reflectiram sobre a tradicional configuração hiérarquico-normativa da Constituição como lei fundamental do sistema jurídico.

Eis o que, adoptando-se uma aproximação tópica, se procurará de imediato averiguar.

**10.** O constitucionalismo liberal, tomando como ponto de partida o artigo 16.º da Declaração dos Direitos do Homem e do Cidadão, datada de 26 de Agosto de 1789, fazia da garantia dos direitos – e, por outro lado, da separação de poderes – um dos elementos caracterizadores da existência de uma Constituição.

Pode dizer-se, que o conceito material de Constituição se desenvolveu em torno da garantia dos direitos fundamentais[44], partindo da ingénua suposição de que a simples existência de um texto constitucional seria suficiente para assegurar o respeito pelo poder político dos direitos fundamentais do ser humano[45].

Acreditava-se, nesse mesmo sentido, agora sob outro ângulo de análise, que a matéria respeitante à garantia dos direitos fundamentais, sem prejuízo de uma certa vocação universalista subjacente às declarações de direitos francesas[46], se assumia como um "negócio interno" de cada Estado: ao Estado competia em exclusivo, enquanto expressão da plenitude da sua soberania, garantir e proteger os direitos e liberdades dos cidadãos que, deste modo, encontravam no seu relacionamento directo com o Estado os mecanismos de tutela das respectivas posições jurídicas subjectivas previstas na Constituição.

Sucede, porém, que ao longo da primeira metade do século XX tornou-se evidente que o Estado poderia continuar a ser o principal agente violador dos direitos fundamentais da pessoa humana, transformando toda

---

[44] Cfr. JORGE MIRANDA, *Contributo para uma Teoria da Inconstitucionalidade*, Lisboa, 1968, pp. 33 e 32; IDEM, *Manual...*, II, pp. 17 ss.

[45] Cfr. JORGE MIRANDA, *Manual de Direito Constitucional*, IV, 3ª ed., Coimbra, 2000, p. 26.

[46] Neste último sentido, cfr. JORGE MIRANDA, *Manual...*, IV, p. 21, nota n.º 3.

a sua máquina de força e o progresso técnico em instrumentos de violência contra o ser humano, tudo isto sem que as proclamações constitucionais reconhecendo e garantindo os direitos fundamentais representassem qualquer obstáculo[47]: as experiências políticas totalitárias, comportando a negação ao homem da qualidade de razão de ser do Estado, transformando antes o Estado em razão de existência do homem, revelaram a tragédia da ilusão constitucional e a precariedade da evolução de um processo histórico de dignificação da pessoa humana.

Compreende-se, por isso mesmo, que o termo da II Guerra Mundial tenha também originado a desmistificação sobre o exacto valor garantístico da tutela dos direitos humanos pelo Estado com base num texto constitucional, isto a dois níveis:

(i) Desenvolveu-se um entendimento jusnaturalista sobre os direitos humanos, afirmando-se que o seu reconhecimento e garantia não estava na disponibilidade do Estado, nem se podiam limitar à vontade convergente de um poder constituinte formal: existiam valores e bens que, dotados de uma força suprapositiva, se impunham ao Estado e à Constituição – o respeito pela inalienável dignidade de cada ser humano vivo e concreto, expressando o supremo valor que fundava a existência do Estado e do Direito, tornava-se o exemplo ilustrativo mais visível;

(ii) O respeito pelos direitos humanos e pelas liberdades fundamentais, enquanto propósito cuja promoção e estímulo passou a integrar um dos fins expressos das Nações Unidas[48], deixou de ser visto e entendido como matéria ou assunto essencialmente atinente ao domínio reservado do Estado: a garantia dos direitos humanos no interior de cada Estado internacionalizou-se, tornando-se a sua violação uma questão de toda a Comunidade Internacional.

Uma tal internacionalização da matéria referente aos direitos humanos, formalmente materializada através da aprovação pela Assembleia Geral das Nações Unidas, em 1948, da Declaração Universal dos Direitos do Homem, produziu, todavia, um efeito expropriativo em termos constitucionais internos: os direitos fundamentais ou, talvez melhor, os direitos fundamentais decorrentes da dignidade da pessoa humana deixaram de ser

---

[47] Para mais desenvolvimentos, cfr. PAULO OTERO, *A Democracia Totalitária*, Cascais, 2001, pp. 18 ss.
[48] Cfr. CNU, artigo 1.º, n.º 3.

um assunto exclusivo do Direito Constitucional de cada Estado[49], assistindo-se a um transitar da regulação imperativa da matéria para a esfera internacional.

Em consequência, encontre-se a garantia de respeito pelos direitos humanos em princípios jurídicos fundamentais ou em normas internacionais qualificáveis como *ius cogens*, mostra-se hoje indiscutível a existência de um princípio de "aplicação da Constituição em conformidade com o Direito Internacional dos Direitos do Homem"[50].

Significa isto, por outras palavras, a formação em matéria de direitos humanos de um princípio de subordinação hierárquico-normativa da Constituição de cada Estado às normas internacionais sobre direitos humanos: o respeito pela Declaração Universal dos Direitos do Homem traduz a expressão de um fenómeno de hetero-subordinação do texto constitucional (v. *supra*, n.º 8), tal como o respeito pela Convenção Europeia dos Direitos do Homem ou por quaisquer outras declarações internacionais de direitos fundamentais derivados da dignidade da pessoa humana[51].

Essas normas sobre direitos humanos decorrentes da dignidade da pessoa humana, apesar da possuírem uma natureza predominantemente declarativa de valores suprapositivos já radicados na "consciência jurídica geral", gozando de um valor supraconstitucional e apelando a mecanismos judiciais de tutela internacional, traduzem a expressão de uma manifestação de concorrência de outras normas fundamentais com a Constituição formal, envolvendo um primeiro nível de fragmentação hierárquico-normativa desta última: as normas da Constituição formal sobre direitos humanos têm de ser interpretadas e integradas de harmonia com essas normas internacionais sobre direitos do homem.

O estatuído pelo artigo 16.º, n.º 2, da Constituição, estabelecendo a interpretação (e integração) da Constituição em conformidade com o Direito Internacional dos Direitos do Homem, assume, por consequência, uma natureza meramente declarativa de um princípio com esse mesmo con-

---

[49] Neste sentido, referindo-se indistintamente a todos os direitos fundamentais, cfr. KONRAD HESSE, *Grundzüge...*, p. 27.

[50] Cfr. KARL-PETER SOMMERMANN, **Völkerrechtlich garantierte Menschenrechte als Masstab der Verfassungskonkretisierung – Die Menschenrechtsfreundlichkeit des Grundgesetzes**, AöR, 1989, pp. 395 ss.
Para uma recepção entre nós deste mesmo entendimento, cfr. FAUSTO DE QUADROS, *A Protecção...*, pp. 535 ss.

[51] Para mais desenvolvimentos, à luz da Constituição Portuguesa, do Direito Internacional dos Direitos do Homem, cfr. FAUSTO DE QUADROS, *A Protecção...*, pp. 536 ss.

teúdo definido pelo Direito Internacional[52]: comprova-se, uma vez mais, que a Constituição não se auto-subordina, antes se encontra hetero-subordinada a uma ordem normativa que tem por objecto a matéria referente aos direitos do homem.

**11.** Se, no domínio dos direitos do homem, o Direito Internacional tem universalizado as suas normas, fazendo emergir verdadeiras regras de *ius cogens*, a verdade é que esta expansão de um Direito Internacional geral ou comum de natureza imperativa, produzindo uma limitação ou transfiguração da soberania dos Estados, encontra outras áreas de operatividade.

Coloca-se aqui, por conseguinte, o problema da relação hierárquico-normativa entre a Constituição formal e o *ius cogens*.

Analisada já a temática referente às normas sobre direitos humanos (v. *supra*, n.º 10), entende-se que as restantes normas integrantes do *ius cogens* gozam sempre de supremacia hierárquica sobre as normas constitucionais que com elas concorram em termos de sobreposição material[53], isto por três ordens de razões:

(i) Se tais normas de *ius cogens* são imperativas para todos os membros da Comunidade Internacional, nunca podendo ser derrogadas[54], isto só pode significar que também o legislador constituinte por elas está vinculado e, tal como o Estado as não pode afastar por via bilateral através de convenção internacional, também as não poderá derrogar em termos unilaterais por via legislativa ou constitucional;

(ii) Estamos perante normas que, traduzindo a expressão de uma "consciência jurídica universal"[55], integram também a "consciência jurídica geral" de cada povo que pretenda viver dentro da Comunidade Internacional, heterovinculando a liberdade decisória do poder constituinte de cada Estado, o qual nunca se encontra habilitado a contrariar ou a subverter o *ius cogens*[56];

---

[52] Cfr. KARL-PETER SOMMERMANN, ***Völkerrechtlich...***, pp. 402 ss.

[53] Sobre o tema das relações entre o *ius cogens* e a Constituição, cfr. ANDRÉ GONÇALVES PEREIRA / FAUSTO DE QUADROS, ***Manual de Direito Internacional Público***, 3ª ed., Coimbra, 1993, p. 118; JORGE MIRANDA, ***Brevíssima Nota Sobre o Jus Cogens***, RJ, n.º 18 e 19, 1996, em especial, pp. 15 ss.; IDEM, ***Curso...***, pp. 156 ss.; EDUARDO CORREIA BAPTISTA, ***Ius Cogens em Direito Internacional***, Lisboa, 1997, pp. 507 ss.

[54] Cfr. artigo 53.º da Convenção sobre o Direito dos Tratados, assinada em Viena, a 23 de Maio de 1969.

[55] Cfr. JORGE MIRANDA, ***Brevíssima...***, p. 15; IDEM, ***Curso...***, p. 156.

[56] Neste sentido, cfr. JORGE MIRANDA, ***Brevíssima...***, p. 16; IDEM, ***Curso...***, p. 156.

(iii) Tratando-se de normas que incorporam princípios estruturantes da Comunidade Internacional, elas impõem-se por si, isto é, sem qualquer dependência do consentimento dos Estados seus destinatários, funcionando o respectivo acatamento como condição de acesso ou de permanência de tais Estados no convívio dessa Comunidade, razão pela qual a sua violação ou derrogação gera a nulidade do acto interno em causa[57].

Não existe, todavia, cumpre deixar claro, uma supremacia hierárquica do *ius cogens* sobre todas as normas constitucionais, isto em termos tais que se possa afirmar a subordinação genérica da Constituição ao *ius cogens*: a existência de um domínio reservado a favor dos Estados determina sempre uma limitação do campo material de operatividade do *ius cogens*, circunscrevendo, simultaneamente, as áreas de subordinação hiérarquico-normativa do texto constitucional.

Nem se poderá excluir teoricamente que, em áreas materiais de supremacia hierárquica do *ius cogens*, a Constituição formal possa incluir normas programáticas ou prospectivas com um conteúdo subversivo de princípios de *ius cogens*, tal como sucederia, por exemplo, se se dissesse que "Portugal preconiza a abolição da liberdade do Alto Mar": uma tal norma seria, porém, destituída de força jurídica vinculativa, pelo menos enquanto se mantivesse vigente um princípio contrário de *ius cogens*, limitando-se a expressar um simples desejo político de aplicação diferida, nunca gerando, sob pena de nulidade, qualquer dever de acção ou efeito invalidante sobre normas de direito interno infra-constitucional contrárias.

Serve o exemplo, num outro sentido, para ilustrar a susceptibilidade de um texto constitucional também comportar a existência de normas que, sob pena da sua própria invalidade, são destituídas de efeitos vinculativos imediatos, não se lhes podendo reconhecer qualquer função útil presente[58], aparecendo como meras declarações políticas de intenções num quadro normativo supraconstitucional em que a respectiva concretização se tem como proibida e geradora de actos nulos.

Nada disto poderá obnubilar, porém, a existência de uma abertura internacional da Constituição, significando, em última análise, que esta

---

[57] Neste último sentido, cfr. EDUARDO CORREIA BAPTISTA, *Ius Cogens...*, p. 515 e 520.

[58] Negando a admissibilidade de tal tipo de normas constitucionais no ordenamento jurídico, cfr. JORGE MIRANDA, *Manual...*, II, p. 263.

não tem a pretensão de ter um "esquema regulativo exclusivo e totalizante assente num poder estatal soberano"[59].

12. No âmbito da Constituição económica, desenvolveu-se, entre 1976 e 1989, uma Constituição "não oficial" que, tornando inaplicável a opção económica socialista consagrada no texto normativo "oficial", tornou clara a existência de um poder constituinte informal que, silenciosa e invisivelmente, foi modificando a Constituição.

Foi possível aqui recortar, com efeito, a formação de uma normatividade informal e "não oficial" que, possuindo uma força hierárquico--normativa idêntica à do texto formal da Constituição "oficial" (v. *supra*, n.º 5), se transformou em norma fundamental concorrente em posição de paridade hierárquica com a normatividade da Constituição formal: a história registou aqui a prevalência factual do sentido da Constituição económica emergente da normatividade "não oficial" sobre o texto escrito da Constituição "oficial".

É ainda hoje no domínio da normatividade económico-social definida pelo texto constitucional, incluindo os sectores integrantes da Constituição económica e dos direitos fundamentais que lhe são adstritos, que se verifica, numa outra perspectiva, que as opções constitucionais dos Estados--membros da União Europeia se encontram fortemente condicionadas pelo Direito Comunitário primário, produzindo um já mencionado fenómeno da europeização do Direito Constitucional de cada Estado-membro.

Uma tal europeização ou comunitarização do Direito Constitucional dos Estados-membros em matérias de índole económica e social[60], enquanto resultado da expressão configurativa do bem-estar como princípio estruturante da União Europeia[61], segundo um modelo de economia de mercado aberto e de livre concorrência, apesar de historicamente se fundar numa imperatividade heterovinculativa de base autovinculativa[62], pois resulta de textos convencionais que foram objecto de aprovação e ratificação pelos Estados-membros que, deste modo, continuam a fazer depender

---

[59] Cfr. GOMES CANOTILHO, *Direito Constitucional e Teoria...*, p. 363.

[60] Sobre a europeização do Direito Constitucional nacional, cfr. FRANCISCO LUCAS PIRES, *Introdução ao Direito Constitucional Europeu*, Coimbra, 1997, pp. 101 ss.

[61] Cfr. PAULO OTERO, *Vinculação e Liberdade de Conformação Jurídica do Sector Empresarial do Estado*, Coimbra, 1998, pp. 27 ss.

[62] Sobre o sentido desta ideia, cfr. PAULO OTERO, *Lições...*, I, 2.º tomo, pp. 205 ss.

da respectiva vontade conjugada de todos eles a decisão fundamental[63], goza hoje, no entanto, de uma dinâmica própria que, verdadeiramente, se impõe aos Estados: a aprovação e ratificação dos textos convencionais pelos Estados-membros é, cada vez mais, uma formalidade dos respectivos parlamentos nacionais e chefes de Estado diante de uma política do "facto consumado".

Significa isto, afinal, que se observa aqui uma tripla desvalorização da Constituição formal:

(i) Os mecanismos de vinculação internacional dos Estados aos tratados integrantes do Direito Comunitário primário encontram-se concentrados no executivo que, deste modo, é o verdadeiro decisor no momento das negociações, chegando mesmo a compromissos internacionais envolvendo a assinatura de textos materialmente desconformes com a Constituição;

(ii) O próprio poder de revisão constitucional passou a envolver uma tácita iniciativa governamental que, sob um impulso externo, visa harmonizar o texto constitucional a compromissos políticos assumidos pelo executivo nacional em Conselho Europeu, demonstrando ser a Constituição que tem de ficar conforme com o Direito Comunitário e não este último que é elaborado em conformidade com as opções constitucionais;

(iii) Observa-se, num outro sentido, uma reorientação interpretativa do texto constitucional em matéria económica e social, podendo recortar-se a formação aqui de um princípio de interpretação da Constituição em conformidade com o Direito Comunitário[64], conduzindo até, se necessário, à marginalização ou esquecimento das disposições constitucionais contrárias ou pouco compatíveis com certos imperativos decorrentes do

---

[63] Especificamente sobre o princípio contratualista no âmbito comunitário, cfr. MARIA LUÍSA DUARTE, *A Teoria dos Poderes Implícitos e a Delimitação de Competências entre a União Europeia e os Estados-Membros*, Lisboa, 1997, pp. 357 ss.

[64] Fazendo extrair do artigo 7.°, n.° 6, da Constituição esse princípio da interpretação de todo o direito interno, incluindo, por isso mesmo, a Constituição, em conformidade com o Direito Comunitário, cfr. MARIA LUÍSA DUARTE, *O artigo 10.° do Tratado da Comunidade Europeia – expressão de uma obrigação de cooperação entre os poderes públicos nacionais e as instituições comunitárias*, in MARIA LUÍSA DUARTE, *Estudos de Direito da União e das Comunidades Europeias*, Coimbra, 2000, p. 94.

Mencionando o princípio da interpretação do direito interno em conformidade com o direito comunitário no contexto do "«catálogo-tópico» dos princípios de interpretação constitucional", salientando, todavia, o verdadeiro carácter questionável do seu alcance, cfr. GOMES CANOTILHO, *Direito Constitucional e Teoria...*, pp. 1190-1191.

Direito Comunitário: também aqui, recorde-se, a história constitucional portuguesa se mostra ilustrativa deste mesmo fenómeno face às disposições socializantes existentes no domínio económico e social da Constituição formal, conduzindo à sua perda de efectividade através de uma leitura em que tudo se passava como se elas não existissem ou tivessem um conteúdo precisamente contrário.

Em suma, ninguém hoje pode dizer que conhece a Constituição económica de um Estado-membro da União Europeia se se limitar à leitura e interpretação do texto das respectivas Constituições formais. Pode até afirmar-se, sem exagero, que não será pela leitura e interpretação do respectivo texto constitucional que se fica a saber o conteúdo exacto da Constituição económica dos Estados-membros da União Europeia: na normatividade integrante do Direito Comunitário primário reside, em boa verdade, o cerne da Constituição económica dos Estados-membros da União Europeia.

Observa-se aqui uma osmose entre o texto constitucional de cada um dos Estados-membros e o Direito Comunitário, sem prejuízo da prevalência do sentido interpretativo resultante deste último: o sentido interpretativo da Constituição económica interna encontra-se subordinado ao sentido resultante da normatividade integrante do Direito Comunitário primário. Não falta mesmo quem fale em "dissolução da constituição económica portuguesa na constituição económica europeia"[65].

Tudo começou por ser uma prevalência normativa informal, expressão de uma Constituição económica "não oficial" que se foi desenvolvendo logo após o pedido de adesão às Comunidades Europeias, e que, após as sucessivas revisões constitucionais, ganhou "oficialidade".

Com efeito, as próprias revisões constitucionais, numa tentativa quase desesperada de salvar a face de um texto constitucional que em matéria económica está, cada vez mais, expropriado de força normativa autónoma, não conseguem esconder a realidade dos factos: a subordinação da decisão política fundamental em matéria económica ao Direito Comunitário. E, por consequência, a prevalência política e normativa deste sector do Direito Comunitário sobre a própria Constituição.

---

[65] Cfr. EDUARDO PAZ FERREIRA, *A Constituição económica de 1976: «que reste-t-il de nos amours?»*, in JORGE MIRANDA, (org.), *Perspectivas Constitucionais – Nos 20 anos da Constituição de 1976*, I, Coimbra, 1996, p. 408.

É certo, sempre se poderá dizer, que os textos constitucionais internos da maioria dos Estados-membros, incluindo a Constituição Portuguesa, não contêm disposições reconhecendo expressamente essa supremacia do Direito Comunitário primário sobre as Constituições económicas nacionais, antes se observa a existência de preceitos que proclamam a exigência de conformidade de todo o Direito aplicado pelos respectivos tribunais às normas e aos princípios da Constituição.

Sucede, porém, que também aqui se começou por desenvolver uma normatividade informal e "não oficial" que, oriunda das instâncias comunitárias e sobretudo do comportamento reiterado dos executivos nacionais no processo de construção da União Europeia, se foi auto-justificando e impondo, progressiva e paulatinamente, aos textos constitucionais dos Estados-membros, fazendo mesmo emergir, num segundo momento histórico, cláusulas constitucionais implícitas que, por via de uma interpretação evolutiva ou extensiva, procuram ainda encontrar um fundamento constitucional para a limitação da soberania do Estado decorrente da hemorrágica atribuição de poderes para a esfera decisória comunitária e da prevalência do Direito Comunitário sobre o seu Direito interno.

Existe aqui, por tudo isto, um verdadeiro poder constituinte informal de fonte comunitária que, apesar de ainda assente numa base autovinculativa, dita hoje, de forma política e silenciosa, o conteúdo das opções fundamentais de cada Estado-membro em matérias de índole económica e social, desvalorizando ou subalternizando o texto das respectivas Constitucionais formais e envolvendo, por esta via, a exigência de uma interpretação evolutiva ou mesmo de uma modificação dos seus preceitos em conformidade com a dinâmica comunitária. Pode até falar-se, neste sentido, que a União Europeia desenvolveu no seu âmbito um "poder constituinte permanente"[66].

Compreende-se que se diga, por isso mesmo, que o poder constituinte dos Estados-membros sofre uma influência da ordem jurídica comunitária que, colocando em causa a própria exclusividade decisória do poder constituinte nacional, não tem qualquer comparação às demais influências vindas do exterior[67].

---

[66] Cfr. MARCEL KAUFMANN, *Permanente Verfassunggebung und verfassungsrechtliche Selbstbindung im Europäischen Staatenverbund*, in *Der Staat*, 1997, p. 530.

[67] Neste sentido, cfr. ANA MARIA GUERRA MARTINS, *A Natureza Jurídica da Revisão do Tratado da União Europeia*, Lisboa, 2000, p. 318.

Por saber fica, no entanto, se a incidência nacional de um tal poder constituinte de fonte comunitária se trata ainda de uma *longa manus* dos executivos dos Estados-membros ou, pelo contrário, se deparamos com a expressão decisória informal de um submundo burocrático e tecnocrático comunitário. A recente apresentação de um projecto de Constituição Europeia permite reforçar esses mesmos receios de dissolução da Constituição nacional por via de um poder de duvidosa legitimidade democrática.

**13.** Por abordar falta, excluídas as matérias referentes aos direitos do Homem (v. *supra*, n.º 11) e à ordem económica e social (v. *supra*, n.º 12), a normatividade constitucional que diz respeito à organização do poder político e à garantia da Constituição.

Se aqui reside hoje o núcleo mais sagrado do que resta da soberania dos Estados, especialmente dos Estados-membros da União Europeia, enquanto expressão de um cada vez mais minguado domínio reservado, então estamos perante a área material em que a Constituição formal continua a gozar do estatuto de lei fundamental: é no âmbito da organização do poder político e da garantia da Constituição que se encontra actualmente o núcleo duro da superioridade hierárquico-normativa da Constituição formal, sendo aqui, precisamente, que se circunscreve a sua configuração como topo ou vértice de uma pirâmide normativa.

Um tal domínio material de supremacia hierárquico-normativa da Constituição formal não poderá esquecer, no entanto, a existência, também aqui, de expressões normativas concorrentes.

É o que sucede, desde logo, com a normatividade constitucional "não oficial" que, procedendo a um desenvolvimento informal de normas sobre matérias referentes à organização do poder político, se mostra passível de tornar inaplicáveis normas da Constituição "oficial" ou, sem intuitos subversivos, efectuar a sua simples actualização, dando expressão a um poder constituinte originário e informal. Regista-se aqui, por conseguinte, uma vez que há uma paridade hierárquica entre a normatividade informal ou "não oficial" e a normatividade resultante do texto formal da Constituição "oficial" (v. *supra*, n.ºs 5 e 12), que a força jurídica da Constituição formal como lei fundamental da organização política e vértice da pirâmide normativa é perturbada pela formação de uma normatividade "não oficial" *praeter constitutionem* ou *contra constitutionem*: a história constitucional, passada e presente, portuguesa ou estrangeira, ilustra bem esta situação de fragmentação da força jurídica da Constituição formal.

O próprio estatuto dos tribunais, enquanto órgãos de soberania a quem está confiado o papel de últimos garantes da Constituição, sem esquecer o Tribunal Constitucional que é o principal guardião do texto formal da Constituição, além de não serem imunes ao desenvolvimento de uma normatividade constitucional "não oficial", senão mesmo configurarem-se eles próprios como os principais responsáveis pelo seu surgimento, sofrem também hoje os efeitos de existirem normas internacionais e comunitárias instituindo outros tribunais com uma competência concorrente para a garantia das respectivas normas fundamentais: a competência material dos tribunais nacionais, acompanhando a desapropriação ou redução do domínio reservado do Estado e a transferência ou delegação (expressa ou implícita) de poderes para a União Europeia, não pode hoje deixar de ser articulada com as normas fundamentais de fontes não nacional instituindo tribunais com poderes decisórios que se mostram susceptíveis de sobreposição e mesmo com uma autolimitação ou derrogação dos seus poderes de fiscalização sobre normas comunitárias.

O fenómeno da europeização da Constituição política de cada Estado--membro é ainda aqui visível, tal como já antes de analisou, pela (i) existência de uma verdadeira expropriação de poderes de decisão político-legislativa dos órgãos de soberania nacionais, segundo a respectiva configuração constitucional, reduzindo-se ou redefinindo-se as atribuições decisórias dos Estados-membros, (ii) subordinando-se o seu Direito nacional infra--constitucional (pelo menos) aos princípios do primado e da aplicabilidade directa do Direito Comunitário e (iii) amputando-se o Governo do controlo integral sobre todos os sectores da actividade desenvolvida pelos órgãos administrativos nacionais.

A exacta delimitação da competência decisória dos órgãos constitucionais não pode hoje deixar de ser também aferida à luz das normas comunitárias que, expressando os poderes soberanos de decisão do Estado que foram transferidos ou delegados para a esfera comunitária, modificaram, condicionaram ou restringiram as normas constitucionais em matéria de organização do poder político: a Constituição perdeu aqui o monopólio definidor do campo material decisório dos órgãos do Estado, devendo procurar-se no Direito Comunitário a extensão e a natureza dos poderes que restam ao legislador nacional e até o sentido vinculativo a conferir ao exercício interno dos poderes legislativo, administrativo e judicial.

Comprova-se aqui, uma vez mais, a existência de um informal poder constituinte na União Europeia que provoca verdadeiras alterações ou desenvolvimentos constitucionais[68].

O fenómeno é tanto mais grave quanto o Direito Comunitário tem mecanismos próprios de dilatação do seu espaço de acção que, expressando a natureza permanente desse poder constituinte (v. *supra*, n.º 12), amputam, por esta via, a competência legislativa interna do Estado e, neste sentido, geram uma modificação tácita ou indirecta das correspondentes normas da Constituição que atribuem esses poderes normativos aos órgãos de soberania[69].

Além disso, a existência hoje, segundo resulta do artigo 7.º do Tratado da União Europeia, de um mecanismo sancionatório para a "violação grave e persistente" dos princípios da liberdade, da democracia, do respeitos pelos direitos do Homem e pelas liberdades fundamentais e ainda pelo princípio do Estado de Direito no âmbito interno dos Estados-membros da União Europeia[70], apesar de também expressar na sua origem uma heterovinculação de base autovinculativa (v. *supra*, n.º 12), demonstra que mesmo em tais matérias, todas elas intimamente ligadas às opções políticas constituintes e constituídas de cada Estado, o Direito Comunitário, funcionando já aqui como um verdadeiro *ius cogens* regional[71] – ou, talvez melhor, um *ius cogens* europeu[72] –, exerce uma prevalência que apenas deixa ao Estado-membro uma de duas alternativas: ou se submete, modificando o seu comportamento interno que motivou as sanções, ou, pelo contrário, só lhe resta sair da União e com um tal recesso isolar-se internacionalmente.

Em conclusão, a própria força da normatividade constitucional disciplinadora da organização do poder político e da garantia da Constituição

---

[68] Cfr. MARCEL KAUFMANN, *Permanente Verfassunggebung...*, p. 530.

[69] Neste último sentido, cfr. JORGE MIRANDA, *Manual de Direito Constitucional*, V, 2ª ed., Coimbra, 2000, p. 181; IDEM, *Direito Constitucional III*, Policop., Lisboa, 2001, p. 42; IDEM, *O Direito Constitucional Português da integração europeia – Alguns aspectos*, sep. *Nos 25 Anos da Constituição da República de 1976*, AAFDL, Lisboa, 2001, p. 47.

[70] Para mais desenvolvimentos sobre o funcionamento deste mecanismos sancionatório introduzido pelo Tratado de Amesterdão, cfr. cfr. PAULO OTERO, *A Democracia Totalitária*, pp. 254 ss.

[71] Sobre a admissibilidade de um *ius cogens* regional, cfr. FAUSTO DE QUADROS, *La Convention Européenne des Droits de l'Homme: un cas de ius cogens régional?*, in *Festschrift für Rudolf Bernhardt*, Heidelberg, 1995, em especial, pp. 558 ss.

[72] Para uma utilização desta mesma expressão, cfr. ANA MARIA GUERRA MARTINS, *A Natureza...*, p. 297.

encontra-se atravessando tempos de múltipla fragmentação hierárquica. A eventual aprovação de uma Constituição europeia reforçará essa mesma tendência, transformando a própria natureza das Constituições dos Estados-membros da União Europeia.

**14.** Em torno da interpretação da Constituição, sem prejuízo de toda a sua especificidade metodológica, não se pode esquecer que se observa a relevância operativa dos cânones ou regras tradicionais de hermenêutica jurídica[73]: a determinação do sentido dos preceitos constitucionais obedece sempre a regras de interpretação que partem da utilização dos designados "elementos interpretativos".

Neste sentido, a interpretação das normas da Constituição, tal como de qualquer acto jurídico, não pode deixar de tomar em conta o elemento literal e o elemento lógico, desdobrando-se este último, por sua vez, nos subelementos sistemático, histórico e teleológico: o texto constitucional encontra em tais elementos de interpretação os "instrumentos" básicos de revelação do seu sentido.

Há aqui, desde logo, uma natural subordinação das normas constitucionais a tais regras interpretativas que, não se podendo dizer exclusivas de um ramo ou de sector do Direito, assumem uma vocação universal relativamente a todo o ordenamento jurídico: o texto constitucional encontra-se sujeito a elementos de interpretação que, vinculando sempre o seu intérprete, gozam de uma prevalência lógica sobre as próprias normas da Constituição.

Não se discute, todavia, que o legislador tenha a liberdade de definir a articulação ou ponderação de tais elementos interpretativos, criando novas regras ou princípios interpretativos das normas da Constituição ou de todo o restante ordenamento jurídico[74]: aquilo que se afirma é que, se isso não for efectuado, a interpretação da Constituição, sempre sem embargo de uma metodologia própria, não pode deixar de estar subordinada a algumas regras e princípios que são aplicáveis a todas as normas do sistema jurídico.

Vejamos três exemplos:

(i) A interpretação das normas da Constituição não deve cingir-se à

---

[73] Neste sentido, cfr. GOMES CANOTILHO, ***Direito Constitucional e Teoria...***, pp. 1174 e 1175.

[74] O artigo 16.º, n.º 2, da Constituição, mandando interpretar e integrar as disposições constitucionais e legais sobre direitos fundamentais de harmonia com a Declaração Universal dos Direitos do Homem, é disso mesmo um exemplo ilustrativo.

letra da lei[75], sem prejuízo do sentido final não poder deixar de ter na letra da lei "um mínimo de correspondência verbal, ainda que imperfeitamente expresso"[76];

(ii) A interpretação da Constituição deve ser feita tendo em conta "as circunstâncias em que foi elaborada e as condições específicas do tempo em que é aplicada"[77];

(iii) Na fixação do sentido e alcance das normas constitucionais deve presumir-se que "o legislador consagrou as soluções mais acertadas e soube exprimir o seu pensamento em termos adequados"[78].

Existe aqui um fenómeno de prevalência lógica destes princípios estruturais sobre interpretação, enquanto normas sobre normas que regulam a determinação do sentido de todos os actos do sistema jurídico, sobre a normatividade constitucional: são normas, por isso mesmo, que no seu campo material de operatividade merecem o qualificativo de "normas fundamentais", subordinantes da interpretação de todas as normas do ordenamento jurídico, incluindo dos preceitos constitucionais.

A circunstância de tais normas estarem formalmente inseridas no Código Civil não habilita, porém, que se possa dizer estar aqui a Constituição subordinada ao Código Civil. É que, apesar de incluídas no Código Civil, deparamos com normas aplicáveis a toda a ordem jurídica[79], que gozam de uma natureza materialmente constitucional[80].

Não há aqui, por conseguinte, que discutir se estas normas do Código Civil referentes à interpretação são lei ordinárias reforçadas[81]: o artigo 9.º do Código Civil, agrupando um conjunto de princípios interpretativos dotados de uma operatividade universal no sistema jurídico português, não tem já o fundamento da sua validade numa mera norma de direito ordinário, antes deparamos com o resultado de um processo consuetudinário de transformação que lhes conferiu força constitucional.

---

[75] Cfr. Código Civil, artigo 9.º, n.º 1.
[76] Cfr. Código Civil, artigo 9.º, n.º 2.
[77] Cfr. Código Civil, artigo 9.º, n.º 1.
[78] Cfr. Código Civil, artigo 9.º, n.º 3.
[79] Neste sentido, cfr. JOSÉ DE OLIVEIRA ASCENSÃO, *O Direito. Introdução e Teoria Geral – Uma perspectiva Luso-Brasileira*, 11ª ed., Coimbra, 2001, p. 284, nota n.º 404.
[80] Neste sentido, cfr. JORGE MIRANDA, *Manual...*, II, p. 265.
[81] Cfr. JORGE MIRANDA, *Manual...*, V, p. 358; CARLOS BLANCO DE MORAIS, *As Leis Reforçadas*, Coimbra, 1998, pp. 210 ss.

Os princípios interpretativos em causa revestem, por isso mesmo, o valor de normas constitucionais consuetudinárias[82]: tratam-se de princípios jurídicos dotados de natureza *praeter constitutionem*, gozando de uma força hierárquico-normativa idêntica à da Constituição formal, podendo por ela serem revogados ou derrogados[83], sem prejuízo de, enquanto vigorarem, vincularem sempre o intérprete e, neste sentido, funcionando como "normas sobre normas", possuírem uma prevalência lógica sobre o texto constitucional.

Igualmente neste sector se observa, resuma-se, uma concorrência de normas fundamentais limitativas da superioridade da Constituição formal como fonte dotada de um valor hierárquico prevalecente e exclusivo dentro do sistema jurídico.

---

[82] Neste mesmo sentido, cfr. JORGE MIRANDA, *Manual...*, II, p. 265; IDEM, *Manual...*, V, p. 358, nota n.º 5.

[83] Retira-se daqui que, pelo contrário, tais princípios interpretativos, precisamente por gozarem de um valor constitucional, não podem, sob pena de inconstitucionalidade, ser derrogados ou revogados por uma simples lei ordinária.

# A TRANSIÇÃO
# DO DIREITO CONSTITUCIONAL BRASILEIRO

ANDRÉ RAMOS TAVARES[1]

## 1. Intróito

O Direito brasileiro vivenciou, nas últimas décadas, uma nítida e profunda mutação, decorrente, em boa medida, do desenvolvimento jurídico que experimentou o país. Isso se verifica, de maneira muito intensa, no âmbito constitucional, que alcança, atualmente, uma maturidade própria de países com larga experiência constitucional-democrática. Com a promulgação da atual Constituição, de 1.988, houve a necessária e adequada elevação dos estudos em torno desse documento bem como a revalorização da própria norma de natureza suprema, (que há de ser sempre o parâmetro de toda a atividade pública e social).

Contudo, houve constantes mutações formais perpetradas em face da Constituição originária[2], para a sua adequação à nova realidade social que foi se desenhando no contexto posterior a 1988. Mesmo em sistemas rígidos quanto à forma de modificação da Constituição, a exemplo do brasileiro, não se pretende a cristalização de uma Constituição imutável. Por esta razão, toma-se aqui a tarefa da análise dessa dimensão da transição sofrida pelo Direito Constitucional brasileiro após a promulgação da importante Constituição de 1.988.

Aliás, há de se anotar que a própria Constituição de 1.988, de maneira bastante inovadora para a História constitucional pátria, previu que após

---

[1] Professor dos Cursos de Mestrado e Doutorado em Direito da PUC/SP; Autor, dentre outras, das obras: "Curso de Direito Constitucional" e "Tratado da Argüição de Preceito Fundamental", ambas pela editora Saraiva.

[2] Com mais de quarenta e cinco emendas constitucionais formalmente aprovadas.

cinco anos de vigência da Constituição esta sofreria uma revisão geral (art. 3.º do Ato das Disposições Constitucionais Transitórias), que se diferenciava das demais formas de alteração pela facilidade processual introduzida para esse momento. E essa revisão ocorreu com o saldo de seis emendas, que efetivamente não tocaram nas grandes questões nacionais. Também nessa linha fora previsto e realizado plebiscito popular para realizar-se a opção entre a monarquia ou a república[3] e o parlamentarismo ou o presidencialismo.

A perspectiva do presente estudo abre-se, de uma parte, para a evolução histórica do Brasil constitucional e, de outra, com maior atenção, para o significado da Constituição de 1.988 nesse desenvolvimento, com o levantamento de suas mais relevantes implementações. Não se poderia realizar um estudo adequado da "transição do Direito Constitucional Brasileiro" se não houvesse o preliminar enquadramento histórico-normativo do país. Em seqüência, portanto, é que se realiza o estudo dos institutos para os quais a Constituição de 1.988 foi decisiva.

## 2. Breve evolução do direito constitucional brasileiro até 1.988

A primeira Constituição brasileira é de 1.824, tendo sido outorgada pelo Imperador D. Pedro I. O imperador já havia se declarado "imperador constitucional, defensor perpétuo do Brasil" e, embora tivesse convocado uma Assembléia Geral Legislativa Constituinte, *eleita* nos termos de instrução baixada por José Bonifácio, para redigir a Constituição do Brasil independente, dissolveu-a posteriormente, adotando a postura de impor uma Carta Constitucional ao país. Tratava-se de uma Constituição com normas muito peculiares. Nela criou-se um "poder moderador", derivado do "poder neutro" da doutrina de Benjamim Constant, mas que foi delegado ao imperador (art. 98). Ademais, a Constituição era composta por normas que podiam ser alteradas por meras leis (art. 178), perfazendo o que hoje se denomina de Constituição semi-rígida. De qualquer sorte, durante os primeiros quatro anos de sua vigência ficaram vedadas as reformas constitucionais. Consoante o art. 2.º, o território ficou dividido em províncias – que substituíram as capitanias. Pimenta Bueno, publicista do Império, não reconheceu nelas qualquer indício federalista, considerando

---

[3] Que em 1.988 deixou de ser cláusula pétrea.

o império um e único. É de se registrar, por fim, a notável longevidade dessa Constituição, que vigorou por um período de mais de sessenta anos.

Com a proclamação da República, em 15 de novembro de 1.889, impôs-se a necessidade de superar as arcaicas estruturas monárquicas. O Decreto n. 1, dessa mesma data, redigido por Rui Barbosa, consolidou a república. As províncias alcançaram o *status* de estados-membros da *federação* brasileira, no que recebeu os aplausos de outro ilustre publicista da época, João Barbalho. As mudanças profundas que se veriam implantar demandavam uma nova Constituição, que veio a lume em 1.891, sob forte influência de Rui Barbosa. Aliás, o próprio decreto já previa a eleição de um congresso constituinte para o Brasil, que efetivamente vai instalar-se e aprovar a Constituição. Mantida a república e a federação, vale observar que, quanto à separação dos poderes, retorna-se à clássica concepção de Montesquieu. Importante também nessa Constituição foi a previsão do *habeas corpus* que, até a Emenda Constitucional de 1.926, vai ser utilizado como remédio amplo, para proteger não apenas os direitos relacionados à liberdade de locomoção (chamada doutrina brasileira do *habeas corpus*, reconhecida pelo próprio Supremo Tribunal Federal).

Em 1.934 recebia o país sua terceira constituição, a segunda republicana. Contudo, o fim da primeira república ocorre mais precisamente em 1.930. Já com o Decreto n. 19.398, de 11 de novembro de 1.930, instala-se um governo provisório no país. Recorde-se, ainda, do movimento que eclode em São Paulo, chamado de "constitucionalista", em 9 de julho de 1.932, clamando pela convocação de uma Assembléia Constituinte, que vai ser convocada apenas em 19 de agosto de 1.933. A Constituição ali elaborada, promulgada em 16 de julho de 1.934, iria compor normas que permaneceriam no sistema constitucional brasileiro até os dias de hoje. Vale fazer referência à sua forte inspiração na democracia social, à contemplação de uma ordem econômica, a admissão do voto feminino e secreto, criação do mandado de segurança, da representação interventiva e, por fim, da necessidade de que as leis declaradas inconstitucionais pelo S.T.F., em sede de recurso extraordinário, pudessem ter sua execução suspensa por decisão *erga omnes* do Senado.

Com o golpe veio a Constituição ditatorial de 1.937, somando-se ao rol das cartas outorgadas. Tratava-se de Constituição que não se compadecia com institutos democráticos, como era a ação popular, abolida do texto daquela Carta. Assim, foi denominada de "polaca", em referêcia à Carta polonesa de 1.935, do marechal Pilsudski, tendo também sido influenciada pela portuguesa, de 1.933, já com Salazar no poder, de onde proveio a referência ao "Estado Novo". Os poderes do Presidente da República são alargados demasiadamente, considerado autoridade suprema, podendo, inclusive, dissolver a Câmara dos Deputados, dentre outras atribuições. O art. 187 exigia que a Constituição fosse submetida a um plebiscito nacional, que jamais ocorreria, levando alguns a sustentar a inexistência jurídica da Carta.

Apenas em 1.946 restabeleceu-se uma Constituição democrática, pondo fim ao estado autoritário. Os autores costumam se reportar à excelência dos debates constituintes ocorridos. É Constituição de cunho reconhecidamente liberal, valendo ressaltar a referência ao acesso amplo ao Judiciário, bem como ao regime dos partidos políticos.

Em 1.961, por meio de Emenda Constitucional, é aprovado o parlamentarismo que, fracassando, acaba por ser rejeitado em plebiscito popular e, posteriormente, eliminado pela Emenda Constitucional de 1.963.

Com a tomada do poder pelos militares em 1.964 é natural a derrocada da Constituição democrática de 1.946, o que vai consumar-se definitivamente em 1.967, com a nova Constituição. O país, que praticamente já era governado por atos institucionais desde 1.964, viu o Ato Institucional n. 4, de 7 de dezembro de 1.966, convocar o Congresso Nacional para votar o projeto de Constituição apresentado pelo Presidente da República. O Presidente passa a ter, uma vez mais, enormes poderes, como o de fechar o Congresso Nacional e as assembléias estaduais. O *habeas corpus* ficava com sua amplitude também restringida. Como era de se esperar, a idéia de "segurança nacional" ocupava posição de destaque. Em 1.969 foi editada a conhecida Emenda Constitucional n.º 1, dando ensejo à polêmica sobre se seria uma nova Constituição ou uma mera emenda. Na realidade, procedeu à reformulação ampla dos termos constantes da Constituição de 1.967.

## 3. A constituinte e a nova constituição: considerações gerais

Em 1.985 fora criada, pelo Governo federal, uma Comissão para redigir uma espécie de "ante-projeto" de Constituição para o Brasil. Foi a denominada Comissão "Afonso Arinos", que encerrou seus trabalhos propondo um modelo de Constituição.

Contudo, a Assembléia Nacional Constituinte só vai se instalar em 1.º de fevereiro de 1.987, presidida provisoriamente pelo então presidente do Supremo Tribunal Federal, ministro José Carlos Moreira Alves. Em seguida, é imediatamente eleito o presidente da Assembléia, o deputado constituinte Ulisses Guimarães. Essa Assembléia preferiu não partir do projeto formado anteriormente. Depois de intensos e longos debates, em 1.988 é promulgada a atual Constituição brasileira, que inúmeras novidades introduziu, em diversos segmentos.

Houve, não se pode negar, uma revalorização dos direitos fundamentais, colocados logo no pórtico da Constituição, com a previsão expressa de diversos direitos até então não presentes nas constituições pretéritas.

Consagra-se, dentre outros, o direito ao meio ambiente sadio, a necessidade de proteger o consumidor (previsão expressa dos direitos de terceira geração).

São criadas ações como o *habeas data*, o mandado de injunção e a argüição de descumprimento de preceito fundamental, ampliando outras, como a ação popular e a ação direta de inconstitucionalidade (para alcançar a inconstitucionalidade).

Realiza-se uma mudança estrutural do Poder Judiciário, incluindo nele as competências do S.T.F.. Extingue-se o Tribunal Federal de Recursos e institui-se o Superior Tribunal de Justiça, bem como os Tribunais Regionais Federais.

Do ponto de vista da organização territorial, a valorização dos municípios é reforçada.

O Decreto-lei deixa de existir e, em substituição, é engendrada a medida provisória, cuja utilização, contudo, acabou por ser desvirtuada, pervertendo-se o instituto.

No âmbito administrativo, houve uma preocupação muita intensa da Constituição com as despesas e a aplicação de percentuais mínimos em determinados setores, como na educação ou saúde.

Quanto às diversas emendas constitucionais aprovadas nestes últimos anos, teve-se a promoção de uma significativa reforma do texto originário, levando alguns autores a identificarem uma *nova Constituição*, diversa daquela originária de 1.988.

Analisam-se, doravante, pontualmente, os institutos mais relevantes, introduzidos e desenvolvidos pela Constituição de 1.988. Evidentemente, o presente estudo não comporta uma análise exaustiva, limitando-se a traçar os contornos mais gerais desses temas. Muitos institutos que foram apenas confirmados na tradição brasileira pela atual Constituição configuram o atual Direito constitucional de maneira decisiva, como o mandado de segurança, criado em 1.934, ou o *habeas corpus*, expressamente consagrado na Constituição de 1.891. Não haveria aqui, contudo, campo para uma análise tão exaustiva.

## 4. Principais aspectos dos direitos constitucionais

### 4.1. *A nova roupagem dos direitos fundamentais e a dignidade da pessoa humana como princípio*

A Constituição de 1.988 determinou expressamente, em seu art. 5.º, que: "§ 1.º As normas definidoras dos direitos e garantias fundamentais têm aplicação imediata". Portanto, pretendeu o constituinte pátrio impedir a violação de direitos constitucionais por suposta falta de aplicabilidade de certos dispositivos.

Logo adiante consagrou, ainda: "§ 2.º Os direitos e garantias expressos nesta Constituição não excluem outros decorrentes do regime e dos princípios por ela adotados, ou dos tratados internacionais em que a República Federativa do Brasil seja parte". Este dispositivo, fonte de grande polêmica na doutrina nacional, dá ensejo à interpretações variadas sobre a posição que ocupam, no Direito pátrio, os tratados sobre direitos humanos. Prevalece, contudo, uma solução genérica, fixada e cristalizada pela jurisprudência do Supremo Tribunal Federal, no sentido de que aos tratados internacionais internalizados há de se conferir status de lei, e não de norma constitucional ou de norma supra-legal.

A dignidade da pessoa humana consta, atualmente, de maneira expressa, na Constituição de 1.988, que optou por não incluí-la dentre os direitos fundamentais, no extenso rol do art. 5.º. A opção constitucional brasileira, quanto à dignidade da pessoa humana, foi por considerá-la, expressamente, um dos fundamentos da República Federativa do Brasil, consignando-a no inc. III do art. 1.º.

O princípio da dignidade é base de atuação do Estado brasileiro e, ademais, norte na aplicação e interpretação dos demais direitos e normas constitucionais.

A seguir, são analisados alguns dos direitos consagrados constitucionalmente. Optou-se pela indicação dos direitos cuja declaração ou regime foram especialmente relevantes no surgimento da Constituição de 1.988.

### 4.2. *A função social da propriedade, usucapião constitucional e o direito à moradia*

Houve, recentemente, uma mitigação do direito de propriedade, que deixou de considerar-se absoluto. Essa mudança de concepção caminhou paralelamente ao deslocamento do instituto do Direito Privado para o Direito Público. Houve a constitucionalização do direito de propriedade e a conseqüente explicitação constitucional desse direito, com roupagem inegavelmente inovadora e força jurídica mais intensa.

Assim, a Constituição de 1.988 assegura o direito à propriedade dentro do rol dos direitos individuais, no seu inciso XXII. Há diversas normas constitucionais que, contudo, referem-se ao direito à propriedade: arts. 5.º, XXIV a XXX; 170, II e III; 176; 177; 178; 182 a 186; 191 e 222.

A mais relevante referência ao direito de propriedade, essencial para sua correta compreensão, encontra-se no inciso XXIII do art. 5.º. É que a propriedade só está garantida, enquanto propriedade pessoal, pela Constituição brasileira, nos termos do que prescreve enfaticamente o inciso XXIII: "a propriedade atenderá a sua função social".

Em função disso, não há mais como considerar a propriedade como um direito puramente privado ou mesmo como direito individual na acepção em que era tomado pelos civilistas.

Assim, a imposição do cumprimento da função social da propriedade introduziu uma nota na propriedade que pode não coincidir com o interesse de seu proprietário, e certamente não coincidirá com os interesses individuais egoísticos. A adequação impõe-se, contudo, já que a medida do direito de propriedade é dada pela própria ordem jurídico-constitucional, e, assim, deve ser obedecida, sob pena de não se caracterizar o direito.

Importa, para fins constitucionais, distinguir a propriedade urbana da rural, já que cada uma se submete a regime próprio no que tange ao necessário e inafastável cumprimento da função social[4].

Quanto ao solo urbano, a Constituição Federal de 1.988 passou a exigir a racionalização de seu uso, impondo-a como condição para o cumprimento da função social da propriedade urbana. Concretizam essa exigência algumas normas constitucionais (arts. 182 e 183), a lei ordinária federal sobre funções sociais da cidade – diretrizes gerais de política urbana (denominado Estatuto da Cidade) – e o plano diretor de cada entidade municipal. Assim, cumpre a função social a propriedade urbana que satisfizer as exigências fundamentais de ordenação da cidade, expressa no plano diretor (§2.º do art. 182 da C.F.).

---

[4] Vale acentuar que anteriormente à Constituição Federal de 1.988 não houve preocupação em assinalar com precisão qual seria o regime social aplicável à propriedade na área urbana. Apenas a propriedade do solo rural rendia a preocupação constitucional expressa.

Visando ao adequado uso do solo urbano, a Constituição permite, sucessivamente no tempo, as seguintes medidas: 1) parcelamento ou edificação compulsórios; 2) imposto progressivo no tempo; 3) desapropriação.

Quanto à propriedade rural, tem-se que satisfará a função social quando simultaneamente tiver aproveitamento e utilização adequada dos recursos naturais, preservar o meio ambiente, observar as disposições de regulamentação do trabalho e tiver exploração que favoreça o bem-estar dos proprietários e trabalhadores (art. 186, I a IV).

Consoante o disposto no art. 184 da Constituição, poderá a União desapropriar por interesse social, para fins de reforma agrária, o imóvel rural que não cumpra sua função social.

Ao lado da imposição de que haja adequado aproveitamento social da propriedade particular, a Constituição permite, de maneira coerente com essa linha, a aquisição da propriedade por meio da prescrição aquisitiva da propriedade, o denominado usucapião constitucional[5].

São requisitos para o usucapião especial urbano: 1) possuir área urbana; 2) como sua; 3) por mais de cinco anos; 4) ininterruptamente; 5) com até 250 m; 6) utilizando para moradia própria ou da família; 7) não ser proprietário de outro imóvel.

Quanto ao imóvel rural (art. 191), para obter a aquiescência dominial da Constituição os requisitos se seguem: 1) possuir área na zona rural; 2) como sua; 3) por mais de cinco anos; 4) ininterruptamente; 5) até 50 hectares; 6) terra tornada produtiva por seu trabalho ou de sua família; 7) não ser proprietário de outro imóvel (rural ou urbano).

Todo esse regime, vale ressaltar, vem ao encontro da alteração promovida pela Emenda Constitucional n. 26, de 2.000, quando fez acrescentar, ao art. 6.º, no capítulo dos direitos sociais, expressamente, o direito à moradia. Atualmente, portanto, todos têm direito à moradia, o que corrobora a necessidade de que a propriedade atenda à sua função social. Trata-se, sem dúvida, de direito inserido no âmbito da dignidade da pessoa humana, não se podendo tolerar, no mundo atual, a falta de moradia de inúmeras famílias e indivíduos. Cabe ao Estado prover-lhes a adequada e digna inserção social por meio de medida concretas de incentivo e auxílio na construção de casas populares, na utilização do solo e na distribuição de terras.

---

[5] Que não afasta a possibilidade do usucapião com base nas leis civis.

### 4.3. *A consagração constitucional dos direitos de terceira "dimensão" ou coletivos*

Os direitos denominados de terceira dimensão são os de natureza metaindividual, que restaram preocupação expressa da atual Carta Magna brasileira.

A Constituição de 1.988 tratou não apenas de apontar como princípio geral à atividade estatal a proteção do consumidor (art. 5.º, inc. XXXII e art. 48 do ADCT). A defesa do consumidor foi erigida, ainda, em princípio de toda a ordem econômica (art. 170, V). Ademais, também incorporou algumas disposições tópicas sobre a matéria. Assim, no art. 220, §§ 3.º e 4.º e art. 221 tratou dos problemas relacionados à comunicação. No art. 129, III habilitou toda uma instituição (o Ministério Público) a implementar a defesa dos interesses do consumidor, enquanto categoria de interesses coletivos. O art. 150, § 5.º impõe que "A lei determinará medidas para que os consumidores sejam esclarecidos acerca dos impostos que incidam sobre mercadorias e serviços". No art. 175, parágrafo único, inc. II, a Constituição refere-se aos direitos dos usuários de serviços públicos delegados aos concessionários e permissionários.

A proteção do consumidor referida na Constituição Federal (art. 5.º, XXXII), por se revelar um problema crucial para o cidadão e para a própria dignidade da pessoa humana, não pode ser tomada em seu sentido meramente normativo. Trata-se, nesta medida, mais propriamente, como anota COMPARATO, de um "princípio-programa, tendo por objeto uma ampla política pública (*public policy*)"[6]. Em outras palavras, estabelece-se uma meta, só alcançável com a alocação de recursos materiais, humanos, com a criação de instituições, centros de amparo ao consumidor e medidas normativas.

Os direitos metaindividuais, direitos de terceira dimensão, poderiam ser chamadas, também, de direitos coletivos (em sentido amplíssimo). É preciso, contudo, proceder à sua especificicação, dividindo-os em duas grandes categorias: direitos difusos e direitos coletivos (estes em sentido estrito).

Segundo MAZZILLI, os interesses difusos são interesses "de grupos menos determinados de pessoas, entre as quais inexiste vínculo jurídico ou

---

[6] "A Proteção ao Consumidor na Constituição Brasileira de 1988", *Revista de Direito Mercantil, Industrial, Econômico e Financeiro*, v. 80, p. 70. No mesmo sentido: Newton de Lucca, *Direito do Consumidor*, p. 35.

fático muito preciso. Em sentido lato, os mais autênticos interesses difusos, como o meio ambiente, podem ser incluídos na categoria do interesse público"[7].

A definição proposta pelo Código de Defesa do Consumidor brasileiro, em seu art. 81, inc. I, é a seguinte: "Interesses ou direitos difusos, assim entendidos, para os efeitos deste Código, os transindividuais, de natureza indivisível, de que sejam titulares pessoas indeterminadas e ligadas por circunstâncias de fato.".

São características essenciais dos interesses difusos a indeterminação dos sujeitos (com o que sua titularidade transcende ao individual), ligados por uma relação fática comum e indivisibilidade do objeto. Consideram-se, pois, como difusos os direitos que, nos termos do inc. I do parágrafo único do art. 81 do CDC, são transindividuais (pertencentes a diversos indivíduos concomitantemente), indivisíveis (por natureza) pertencentes a pessoas (titulares) indeterminadas, unidas por meras circunstâncias de fato (não há qualquer vínculo jurídico).

Podem implicar na caracterização de interesses difusos tanto o direito ambiental como os direitos do consumidor.

Consideram-se, de outra parte, como coletivos em sentido estrito os direitos que, nos termos do inc. II do parágrafo único do art. 81 do CDC, são transindividuais, pertencentes a pessoas indeterminadas porém determináveis, unidas entre si ou com a parte contrária por uma relação jurídica base.

Por fim, a Constituição de 1.988 foi a primeira a consagrar o direito a um meio ambiente sadio, ressaltando em seu art. 225 que: "Todos têm direito ao meio ambiente ecologicamente equilibrado, bem de uso comum do povo e essencial à sadia qualidade de vida, impondo-se ao Poder Público e à coletividade o dever de defendê-lo e preservá-lo para as presentes e futuras gerações". Fala, a própria Constituição, da necessidade de realizar sempre o estudo prévio de impacto ambiental quando da instalação de obras ou atividade potencialmente causadora de significativa degradação ambiental.

---

[7] Hugo Nigro Mazzilli, *A Defesa dos Interesses Difusos em Juízo*, p. 21.

## 5. Novas garantias constitucionais

### 5.1. *Mandado de injunção*

É preciso assinalar, desde logo, no que tange à origem deste instituto, que "o conceito, estrutura e finalidade da injunção norte-americana ou dos antigos instrumentos lusitanos, não correspondem à criação do mandado de injunção pelo legislador constituinte de 1988 (...)"[8].

O mandado de injunção é uma das novidades trazidas pela Constituição de 1.988. É cabível sempre que a falta (omissão) de norma reguladora torne inviável o exercício de direitos constitucionais. Refere-se, portanto, à denominada "mora legislativa", buscando solucionar esta velha problemática.

Assim, o mandado de injunção "é uma ação judicial, de berço constitucional, de natureza civil, com caráter especial, que objetiva combater a morosidade do Poder Público em sua função legislativa-regulamentadora, entendida em sentido amplo, para que se viabilize, assim, o exercício concreto de direitos, liberdades ou prerrogativas constitucionalmente previstos"[9].

Há que ressaltar que nem todas as normas constitucionais são passíveis de ajuizamento do mandado de injunção, bem como nem toda omissão do Poder Público poderá ser por ele reparada.

Desta feita, anote-se que somente às normas constitucionais de *eficácia limitada* é dirigido o mandado de injunção. Portanto, não cabe o mandado de injunção se a norma constitucional invocada for auto-aplicável, ou mesmo, se por meio do mandado de injunção se pretender que haja legislação modificativa de outra já existente, ainda que incongruente com a Constituição existente.

São cinco os requisitos para o seu cabimento, a saber: 1) previsão de um direito pela Constituição; 2) necessidade de uma regulamentação que torne esse direito exercitável; 3) falta de norma que implemente tal regulamentação; 4) inviabilização referente aos direitos e liberdades constitucionais e prerrogativas inerentes à nacionalidade, cidadania e soberania; 5) nexo de causalidade entre a omissão e a inviabilização.

Com efeito, se são requisitos para o cabimento do mandado de injunção a previsão de um direito e a necessidade de regulamentação desse

---

[8] Alexandre de Moraes, *Direito Constitucional*, p. 162.
[9] André Ramos Tavares, *Curso de Direito Constitucional*, p. 713.

direito, tem-se que serão legitimados ativos todos que não podem exercer referido direito por falta de norma regulamentadora.

A jurisprudência do Supremo Tribunal Federal, contudo, fixou o entendimento de que a natureza da decisão final em mandado de injunção é apenas declaratória da omissão, não podendo o Judiciário, pois, substituir-se à atividade do legislador, ainda que a inércia deste seja flagrante e despropositada. Algumas inovações, contudo, foram admitidas pelo Supremo Tribunal, no que tange ao direito de o prejudicado obter uma indenização do Estado pela falta da regulamentação legal necessária ao exercício de seu direito constitucional.

### 5.2. *Habeas Data*

A Constituição Federal, em seu art. 5.°, inc. LXXII, dispõe que "conceder-se-á habeas data:

"a) para assegurar o conhecimento de informações relativas à pessoa do impetrante, constantes de registros ou bancos de entidades governamentais ou de caráter público;

"b) para a retificação de dados, quando não se prefira fazê-lo por processo sigiloso, judicial ou administrativo".

Esta ação baseia-se no direito de que dispõem todas as pessoas de receber dos órgãos públicos (oficiais ou privados de acesso público) dados que estes guardem a seu respeito, a serem fornecidos no prazo da lei, sob pena de responsabilidade.

Anteriormente à Constituição de 1.988, a jurisprudência vinha admitindo a utilização do mandado de segurança fazendo as vezes do que hoje é atribuição específica do *habeas data*. Portanto, a criação de mais uma medida, que exclui do âmbito do mandado de segurança algumas matérias, só se compreende em face do momento delicado que viveu o país, subjugado por forças que se utilizavam da informação e de seu armazenamento (sempre secreto e sigiloso) como meio de perseguição política.

"Este remédio constitucional surge no Brasil como consectário de toda uma época passada durante a qual o Governo se utilizava de cadastros e arquivos para controlar a atividade e conduta pessoal dos indivíduos, no que se refere ao aspecto político e ideológico"[10].

---

[10] André Ramos Tavares, *Op. Cit.*, p. 720.

A ação de *habeas data* pode servir para alcançar duas finalidades distintas. Primeiramente, visa à obtenção das informações em poder de órgãos públicos ou entidades de caráter público. Em segundo lugar, serve para obter a correção (retificação) das informações existentes nos bancos de dados. Estas são as previsões constantes da Lei Máxima.

Mas a Lei n. 9.507/97, que regulamentou o novel instituto brasileiro, acabou acrescentando uma finalidade a mais para o *habeas data* constitucional. Neste sentido tem-se o art. 7.º da citada lei, que prevê em seu inc. III o cabimento do *habeas data* "para a anotação nos assentamentos do interessado, de contestação ou de explicação sobre dado verdadeiro mas justificável e que esteja sob pendência judicial ou amigável."

Esta última hipótese normativa objetiva exatamente a informação verdadeira, mas parcial ou sintética, e que, justamente por não ser total, pode acabar desvirtuando a realidade dos fatos.

O Supremo Tribunal Federal decidiu que "o acesso ao *habeas data* pressupõe, dentre outras condições de admissibilidade, a existência do interesse de agir. Ausente o interesse legitimador da ação, torna-se inviável o exercício desse remédio constitucional. A prova do anterior indeferimento do pedido de informação de dados pessoais, ou da omissão em atendê-lo, constitui requisito indispensável para que se concretize o interesse de agir no habeas data. Sem que se configure situação prévia de pretensão resistida, há carência da ação constitucional do *habeas data*"[11].

Nesta linha de raciocínio, só se admite o habeas data no caso de o interessado provar: 1) que pleiteou administrativamente as informações e; 2) que este pedido foi recusado ou simplesmente não foi atendido.

Foi este o entendimento encampado expressamente pela Lei n. 9.507/97, cujo art. 8.º, em seu parágrafo único, determina que a petição inicial em *habeas data* seja instruída com 1) a prova da recusa do acesso às informações almejadas, ou; 2) com o decurso de mais de dez dias sem decisão quanto às informações solicitadas, ou; 3) com a recusa em se fazer a retificação ou anotação, ou; 4) com o decurso de mais de quinze dias sem decisão quando se pleiteia retificação ou anotação.

Quanto às custas e despesas judiciais, a própria Constituição Federal isentou o autor no inc. LXXVII do art. 5.º. Isto por se tratar do exercício de um direito que é inerente ao Estado democrático, qual seja, o acesso à informação. A lei não poderia deixar de reafirmar este princípio, o que é feito no art. 21, nos seguintes termos: "São gratuitos o procedimento para

---

[11] Recuso em *Habeas Data* n. 22/DF, Rel. Min. Celso de Mello, *in*: *RTJ* 162/807.

acesso a informações e retificação de dados e para anotação de justificação, bem como a ação de *habeas data*".

### 5.3. Ação popular e moralidade administrativa

O *nomen iuris* "ação popular" só foi inserido na Constituição do Império de 1.824, referindo-se, no art. 156, à repressão ao abuso do poder e prevaricação dos juízes de direito e oficiais de justiça no exercício de seus cargos. Em sua complementação, o art. 157 dispunha que, "Por subôrno, peita, peculato e concussão, haverá contra eles a ação popular, que poderá ser intentada dentro de um ano e dia pelo próprio queixoso ou por qualquer do povo, guardada a ordem do processo estabelecido na lei".

Pimenta Bueno teceu os seguintes comentários sobre o dispositivo em questão:

"Os cidadãos ou indivíduos ofendidos em seus direitos ou legítimos interêsses têm ação própria contra os juízes que cometerem tais abusos. Os cidadãos em geral, mesmo os não ofendidos, têm o direito de denunciar, e assim provocar a responsabilidade dos magistrados quando violem a lei. A Constituição, porém, não contente com isto, e para mais garantir a probidade dos juízes, deu a qualquer do povo o direito de intentar a ação criminal contra aquêle que porventura se torne delinqüente por subôrno, peita, peculato ou concussão. Não só são crimes, mas crimes de um caráter tão ofensivo da honradez do julgador, *que quebranta a moral pública*: é pois justo que qualquer do povo possa vindicar essa injúria feita à lei e à sociedade, promovendo por si mesma a devida punição"[12].

De notar a sagacidade do emérito constitucionalista, que já naquela época pôde vislumbrar a defesa da moralidade pública por meio da ação popular. Foi, na realidade, com o advento da Constituição de 1.988, e o seu texto de clareza mediana, que a moralidade pública tornou-se tutelável (art. 37) via ação popular (art. 5.º, LXXIII).

Já a Constituição de 1.891 aboliu o uso da ação popular. A Constituição de 1.934, que, como se sabe, foi de vida efêmera, estabelecia, em seu art. 113, n. 38, que "qualquer cidadão será parte legítima para pleitear a declaração de nulidade ou anulação de atos lesivos ao patrimônio da

---

[12] Pimenta Bueno, *Direito Público Brasileiro e Análise da Constituição do Império*, p. 337 (*apud* Nélson Carneiro, *Das Ações Populares Civis no Direito Brasileiro*, p. 469) (o grifo é nosso).

União, dos Estados ou dos Municípios". Eis aqui o restabelecimento de uma ação popular pela Constituição, bem como o início dessa ação com as feições, em suas grandes linhas, que permaneceram até nossos dias. De notar, contudo, que não fez referência expressa a uma "ação popular".

O instituto foi suprimido na Carta Totalitária do Estado Novo, de 1.937, que restou disciplinado apenas em normas de legislação ordinária. A Constituição de 1.946, por sua vez, adotou o mesmo texto que continha a Carta de 1.934, apenas alargando o seu uso para a defesa do patrimônio das entidades autárquicas e das sociedades de economia mista.

A Carta Constitucional de 1.967, no art. 150, § 31, também cuidou do instituto, que foi mantido na Emenda Constitucional n. 1, de 1.969.

A Constituição Federal de 1.988 trata o instituto da ação popular nos seguintes termos: "Qualquer cidadão é parte legítima para propor ação popular que vise a anular ato lesivo ao patrimônio público ou de entidade de que o Estado participe, à moralidade administrativa, ao meio ambiente, e ao patrimônio histórico e cultural, ficando o autor, salvo comprovada má-fé, isento de custas judiciais e do ônus da sucumbência".

No tocante à sua natureza, a ação popular é um dos instrumentos de participação política do cidadão na gestão governamental. Se a ação é uma forma de participação política, então se pode dizer que seu exercício é também o exercício de um direito, o de participação, e não apenas o exercício de uma garantia (ação judicial). Assim, embora tenha natureza jurídica de ação judicial, consiste, em si mesma, numa forma de participação política do cidadão.

O direito a ser defendido não é próprio do autor, e sim de toda a comunidade. Só pertence ao autor enquanto integrante de uma unidade maior. A lesão, portanto, não é individual. O direito individual exercido é o referente à participação política via ação popular.

A ação popular pode ser conceituada como "um instrumento de participação política no exercício do poder público, que foi conferido ao cidadão pela Constituição, o que se dá por via do Poder Judiciário, e que se circunscreve, nos termos constitucionais, à invalidação de atos ou contratos praticados pelas entidades indicadas nas normas de regência (Constituição e lei específica), que estejam maculados pelo vício da lesão ao patrimônio público, à moralidade administrativa, ao meio ambiente, ao patrimônio histórico ou cultural"[13]. Do conceito acima é possível concluir que a ação se presta à defesa 1) do patrimônio: a) público ou b) de entidade

---

[13] André Ramos Tavares, *Curso de Direito Constitucional*, p. 682.

da qual o Estado participe; 2) da moralidade administrativa ; 3) do meio ambiente; 4) do patrimônio histórico, ou; 5) do patrimônio cultural.

Observa-se, pois, que a redação do inciso LXXIII, do art. 5, da Constituição Federal não faz qualquer alusão à ilegalidade como requisito para o cabimento da ação popular, como assinalava a doutrina majoritária anteriormente à Constituição de 1.988.

## 6. Controle de constitucionalidade

### 6.1. *Aspectos históricos*

A origem constitucional brasileira que remonta ao ano de 1.824, quando da Constituição do Império daquele ano, não previa qualquer previsão judicial de controle da constitucionalidade. Aliás, consoante o art. 15, n. 8.°, daquela Carta Constitucional, restou expresso a atribuição do Poder Legislativo, representado pela Assembléia Geral, "fazer leis, interpretá-las, suspendê-las e revoga-las" e, ainda, "Velar na guarda da Constituição (...)" (n. 9.°).

Todavia, "a Constituição de 1.824 continha preceito bastante peculiar, já que instituía uma rigidez apenas para determinadas normas constitucionais. Consoante o art. 178 consideravam-se constitucionais apenas os limites e atribuições dos poderes políticos e direitos dos cidadãos"[14].

Contudo, foi a partir de 1.889 com o Decreto n. 1, também denominado de Constituição provisória, e mais especificamente com o Decreto n. 510, de 1.890, passou a ser prevista a competência do Supremo Tribunal Federal para exercer o controle de constitucionalidade nos seguintes termos: "quando se contestar a validade de leis ou atos dos governos dos Estados em face da Constituição ou das leis federais e a decisão dos Tribunais dos Estados considerar válidos os atos ou leis".

Na Constituição de 1.934 implantou-se algumas novidades no sistema de controle de constitucionalidade. Ressalta-se, dentre elas, o *"quorum* especial" para a declaração, pelos Tribunais, da inconstitucionalidade das leis e atos normativos. Vale dizer, que pela regra do art. 179 daquela Constituição, exige-se maioria absoluta dos membros dos Tribunais para que se reconheça a inconstitucionalidade de leis ou atos normativos. Regra também consagrada pela Constituição atual.

---

[14] André Ramos Tavares, *Curso de Direito Constitucional*, p. 243.

A Carta de 1.937, em seu art. 96, manteve a previsão encartada na Constituição anterior, acerca da necessidade de manifestação da maioria absoluta dos membros do Tribunal sobre a inconstitucionalidade, mas trouxe, em seu bojo, precisamente no parágrafo único do referido artigo, uma inusitada modalidade de "reconstitucionalização" de lei inconstitucional, para faze-la prevalecer contra a Constituição.

Na Emenda n. 16, de 1.965, à Constituição de 1.946 foi introduzida no ordenamento pátrio a representação de inconstitucionalidade. Foi aqui que começou a transição constitucional para o controle abstrato-concentrado no S.T.F., que hoje se consagra como a principal forma de controle judicial da constitucionalidade, sem prejuízo do controle difuso, exercido por todos os magistrados, para o caso concreto.

Porém, foi com a Constituição de 1.988 que se implantou um sistema de controle de constitucionalidade bastante complexo. Manteve-se a ação direta de inconstitucionalidade (no controle concentrado), bem como a ação direta de inconstitucionalidade interventiva, sem, todavia, olvidar-se o controle difuso da constitucionalidade, realizado por todos os juízes em todos os graus jurisdicionais e tipos de processos e, ademais, acrescentando novos institutos.

Com efeito, inova a Constituição Federal de 1.988, "trazendo a previsão de uma ação direta de inconstitucionalidade por omissão, bem como o que denominou 'argüição de descumprimento de preceito fundamental', instrumento para o qual não forneceu senão os contornos mais gerais.

"Com a Emenda Constitucional n. 3, de 1.993, introduziu-se mais uma novidade, a saber, a denominada 'ação declaratória declaratória de constitucionalidade', à qual foi atribuído efeito *erga omnnes* e eficácia vinculante"[15].

### 6.2. Argüição de Descumprimento de Preceito Fundamental

A argüição de descumprimento de preceito fundamental tem sua previsão constitucional encampada no art. 102, § 1.º, nos seguintes termos: "A argüição de descumprimento de preceito fundamental, decorrente desta Constituição, será apreciada pelo Supremo Tribunal Federal, na forma da lei".

A lei a que se refere o § 1.º, do art. 102, é, atualmente, a Lei n. 9.882/99 que em seu art. 1.º, *caput*, prevê expressamente a modalidade que

---
[15] André Ramos Tavares, *Op. cit.*, p. 246.

se denomina direta ou autônoma da argüição para se diferenciar daquela que é "subordinada" ou incidental em seu surgimento, dispondo que: "A argüição prevista no § 1.º do art. 102 da Constituição será proposta perante o Supremo Tribunal Federal, e terá por objeto evitar ou reparar lesão a preceito fundamental, resultante de ato do Poder Público".

Essa é a regra-matiz da argüição autônoma. Diz-se autônoma por não depender da existência de qualquer outro processo no qual se controverta sobre a aplicação de preceito fundamental, caso em que ocorreria a argüição por derivação ou incidental, constante do parágrafo único do mencionado art. 1.º.

Pela modalidade autônoma de argüição realiza-se o típico e já tradicional controle concentrado, via direta, da legitimidade das leis, dos atos normativos e, em especial, dos demais atos de natureza estatal, consoantes deixa claro o *caput* do art. 1.º analisado.

Por esse motivo, como já acentuado, pode-se afirmar que a argüição de descumprimento posta-se ao lado da ação direta de inconstitucionalidade, cada uma delas com campo próprio e específico de incidência possível.

Estabelece, de outra parte, a Lei n. 9.882/99, no parágrafo único do art.1.º, que "Caberá também a argüição de descumprimento de preceito fundamental: I – quando for relevante o fundamento da controvérsia constitucional sobre lei ou ato normativo federal, estadual ou municipal, incluídos os anteriores à Constituição".

Ora, após no *caput* ter a lei tratado da argüição como ação judicial, a ser proposta pelos legitimados do art. 103 da Constituição (art. 2.º, I, da Lei da Argüição), passa a tratar de outra modalidade de argüição, declarando que *também* haverá argüição como incidente em processo já em curso.

A rigor, a argüição será cabível sempre, *absolutamente sempre*, que houver violação de preceito constitucional fundamental.

O novel instituto não se contém em área residual porque a compreensão da Carta Constitucional não oferece qualquer indício para que assim se pudesse interpretar a posição do instituto no sistema. Não obstante isso, à primeira vista, a Lei da Argüição parece amesquinhar-lhe a dignidade, ao dispor em seu art. 4.º que "§1.º Não será admitida a argüição de descumprimento de preceito fundamental quando houver outro meio eficaz de sanar a lesividade".

A inserção do instituto no Direito constitucional brasileiro e seu alcance estão a depender, ainda, de posicionamento do Supremo Tribunal Federal.

### 6.3. Ação Direta de Inconstitucionalidade por Omissão

Dispõe o art. 103, §2.°, da Constituição: "Declarada a inconstitucionalidade por omissão da medida para tornar efetiva norma constitucional, será dada ciência ao Poder competente para a adoção das providências necessárias e, em se tratando de órgão administrativo, para fazê-lo em trinta dias". Foi mais uma das grandes novidades introduzidas no sistema jurídico brasileiro em 1.988.

A ação direta de inconstitucionalidade por omissão segue em praticamente tudo a ação direta de inconstitucionalidade genérica. Assim ocorre quanto aos legitimados ativos, quanto ao rito processual e *quorum* de manifestação. É de aplicar, pois, todos os dispositivos da Lei n. 9.868/99 que não conflitem com a natureza peculiar dessa ação, e que consiste exata-mente no combate da omissão reputada violadora da Constituição.

Uma vez julgada procedente a ação direta de inconstitucionalidade por omissão, duas possibilidades se abrem.

Em se tratando de inconstitucionalidade perpetrada pelo Legislativo, o S.T.F. apenas "certificará" a existência da omissão que o autor pretendia combater. É que se entende, no caso, que não poderia o Tribunal Constitucional impor ao legislador a feitura de qualquer diploma normativo, por importar essa atitude, consoante tal entendimento, em violento desmanche do princípio constitucional da separação e harmonia dos poderes.

Ao contrário, outra será a solução no caso de omissão inconstitucional do Poder Executivo. Em tal situação, tendo sido taxativo o Texto Constitucional, pode o S.T.F. assinalar prazo para que a omissão seja cumprida, sob pena de responsabilidade daquele que desatender ao *decisum*, salvo se a omissão decorreu de ato político do chefe do Executivo, como ocorre com as iniciativas privativas de deflagração de projetos de lei sobre determinadas matérias.

### 6.4. Ação Declaratória de Constitucionalidade

Como já acima mencionado, a ação declaratória de constitucionalidade foi introduzida pela Emenda Constitucional n. 3, de 1993, criando um novo mecanismo de controle concentrado de constitucionalidade dos atos normativos nos termos do §4.° do art. 102, que assim dispõe: "A ação declaratória de constitucionalidade poderá ser proposta pelo Presidente da

República, pela Mesa do Senado Federal, pela Mesa da Câmara dos Deputados ou pelo Procurador-Geral da República".

Tem por objetivo, referida ação, a confirmação da constitucionalidade de determinada lei ou ato normativo federal cuja legitimidade esteja sendo questionada.

Não há negar-se que muito embora haja um princípio amplamente reconhecido de que as leis se presumem constitucionais, trata-se de uma presunção relativa. Verifica-se, pois, tal assertiva, se considerarmos a possibilidade de que o Judiciário em sede de controle difuso da constitucionalidade, deixe de aplicar as leis, ou mesmo o Chefe do Poder Executivo, assumindo todos os riscos da empreitada, determine o não-cumprimento de lei por seus subordinados, com fundamento em sua inconstitucionalidade.

Cumpre lembrar, ademais, a regulamentação da ação declaratória na esfera infra-constitucional levada a cabo pela Lei n. 9.868/99.

Determina o art. 14, da referida lei que a petição inicial indique: "I – o dispositivo da lei ou ato normativo questionado e os fundamentos jurídicos do pedido; (...); III – a existência de controvérsia judicial relevante sobre a aplicação da disposição objeto da ação declaratória". Vislumbra-se nesses incisos a presença do que a doutrina denomina *causa petendi* (causa de pedir).

Quanto ao pedido, será o da decretação da constitucionalidade de lei ou ato normativo, conforme mandamento do art. 14, II, da lei.

Segundo a Constituição Federal e a Lei n. 9.868/99, em seu art. 13, o rol dos legitimados ativos para a propositura da ação declaratória é mais restrito se comparado ao da ação direta de inconstitucionalidade, limitando-se apenas ao Presidente da República; a Mesa do Senado Federal; a Mesa da Câmara dos Deputados; e o Procurador-Geral da República.

Ressalta-se também a desnecessidade de manifestação do Advogado-Geral da União nas ações declaratórias de constitucionalidade, pois, à lei dispensa-se curador, já que o objetivo da ação é reafirmar a constitucionalidade desta, ao contrário do que ocorre com a vetusta ação direta de inconstitucionalidade genérica, na qual o Advogado-Geral é presença obrigatória como curador da norma impugnada.

### 6.5. *Controle das leis em face da Constituição estadual*

A primeira elaboração legislativa referente ao controle abstrato de constitucionalidade das leis estadual e municipal em face da Constituição

Estadual constou do art. 19 da Emenda Constitucional n. 16/65, que assegurava aos Estados a criação de mecanismos de controle de constitucionalidade estadual, embora restrito às leis de âmbito municipal. Consoante ditava aquela norma, que alterou o art. 124 da Constituição da época, ficou estabelecido que: "a lei poderá estabelecer processo, de competência originária do Tribunal de Justiça, para a declaração de inconstitucionalidade de lei ou ato de Município, em conflito com a Constituição do Estado".

Todavia, a esta competência introduzida sob a égide da Constituição de 1.946, foi suprimida em 1.967, podendo-se perceber, pois, a efêmera duração de pouco mais de um ano da norma constitucional permissiva.

Todas as Constituições estaduais atualmente em vigor disciplinam o instituto da ação direta (ou representação) de inconstitucionalidade em face de suas disposições, o que afirma a ampla receptividade encontrada no ordenamento atual para a criação desse tipo de controle.

Tendo em vista essas inovações, introduzidas no Direito positivo em 1.988, e observadas pelos constituintes estaduais por ocasião do exercício do poder constituinte decorrente, a discussão do controle abstrato de constitucionalidade estadual ganhou contornos novos e mais extensos que, por não terem sido ainda exaustivamente analisados, permanecem como foco de grave celeuma. Não só a legitimidade da instituição de ação direta por omissão no âmbito estadual foi questionada como também a possibilidade de adoção pelos Estados da ação declaratória de constitucionalidade, introduzida no plano federal pela E.C. n. 3, de 1.993. Some-se a problemática da argüição de descumprimento de preceito fundamental, prevista por poucas constituições estaduais. Também permanecem em questionamento os efeitos das decisões proferidas pelos Tribunais de Justiça nos casos da chamada "inconstitucionalidade reflexa" (em que a norma constitucional estadual atingida é mera reprodução de disposição própria da Carta Magna), assim como todo o mecanismo para se proceder ao controle dos atos normativos municipais; por fim, indaga-se, ainda, se seria possível um controle desses atos em face do texto das leis orgânicas municipais.

### 7. A nova organização federativa: municípios como entes federados

A Constituição Federal de 1.988 encerra por completo um discussão travada ao longo da história constitucional em torno do *status* do Município na organização do Estado brasileiro.

Declara expressamente o atual Texto Constitucional que os Municípios compõem a Federação e são dotados de autonomia. Tal posicionamento fica evidenciado conforme dicção do art. 1.º, 18 e 34. "Pelo art. 1.º, fica certo que a República brasileira é formada pela união indissolúvel dos Estados, Municípios e Distrito Federal. Pelo art. 18, a organização político-administrativa brasileira compreende a União, os Estados, o Distrito Federal e os Municípios. Pelo art. 34 há que ser reconhecida e assegurada a autonomia municipal"[16].

Assim, não se pode mais falar de uma estrutura binária representada apenas por União e Estados como outrora, mas sim em três esferas de governo, federal, estadual e municipal, compartilhando o mesmo território e povo.

O traço mais marcante da autonomia política consiste no fato de que ao Município compete elaborar sua própria lei orgânica, ao revés do que anteriormente ocorria, pois, o regime constitucional pretérito outorgava aos Estados o poder de criar e organizar seus municípios. Era o próprio Estado que editava a lei complementar que servia de lei orgânica municipal.

A lei orgânica municipal corresponde a constituição dos municípios, que a C.F. denominou de maneira particularizada. Sua aprovação é condicionada a aprovação da maioria qualificada de 2/3 dos Membros da Câmara Municipal, com procedimento que contempla dois turnos de votação. "O art. 29, *caput*, prevê o Poder Constituinte decorrente, para o Poder Legislativo municipal. Esse artigo contém, ademais, um rol de limitações materiais à capacidade de auto-organização municipal. Trata-se de um conjunto de normas obrigatórias ao constituinte municipal. Se a lei orgânica não contemplar qualquer dos referidos comandos compulsórios, nem por isso poderão deixar de ser aplicados, visto serem normas de eficácia plena"[17].

## 8. Organização judiciária: a criação do superior tribunal de justiça

A necessidade da criação de um Tribunal Superior para compor a estrutura do Poder Judiciário remonta ao ano de 1.963.

"A criação do S.T.J. e o encaminhamento de recursos que anteriormente seriam da competência do S.T.F. para aquele novo Tribunal preten-

---
[16] André Ramos Tavares, *Op.cit.*, p. 743.
[17] *Op.cit.*, p. 744

dia, ademais, amenizar o colapso iminente do S.T.F. assoberbado por uma quantidade imensa de processos. Esse objetivo, contudo, na prática, foi desprezado pela Constituição, que, se de um lado criou o S.T.J., aliviando parcialmente a carga de tarefas de incumbência do S.T.F., de outra parte, foi extremamente analítica, tratando de diversos temas e, com isso, aumentando as possibilidades de que qualquer causa possa ascender ao S.T.F., por ventilar matéria constitucional"[18].

Insólitas discussões foram travadas acerca da diminuição da importância do Supremo Tribunal Federal com a criação desse novo Tribunal. Ao revés, é preciso reconhecer que a desvinculação da matéria infraconstitucional reforça a importância e a posição do S.T.F.[19]

Assim, é função precípua do S.T.F. a defesa da Constituição, posicionando-se no mais alto grau da estrutura judiciária. Ao S.T.J. cumpre a tarefa de defesa da unificação do Direito federal.

De outra parte, cumpre indagar se se trata de um novo Tribunal, ou se apenas se alterou a denominação do extinto Tribunal Federal de Recursos. Mancuso[20] tende a considerar que se trata de um novo Tribunal. Consoante o art. 27, §2.º, I, do A.D.C.T. da CF/88, foram aproveitados os Ministros do anterior T.F.R. para a composição inicial do S.T.J. Isso, contudo, não permite concluir precipitadamente que se trataria do antigo T.R.F. E, realmente a mudança foi muito mais profunda, já que se instaura, a partir de 1.988, um segundo Tribunal, ao lado do S.T.F., com âmbito nacional, posicionando-se entre estes e os Tribunais de segunda instância, funcionando como um Tribunal nacional de cassação ou revisão, à semelhança do que ocorre na Europa.

Ademais, o cotejo das competências do antigo T.F.R. (art. 122 da E.C. n. 1/69) e dos atuais T.R.F's (art. 108 da C.F.) demonstra que há de se considerar que o papel de sucessor daquele foi cometido aos T.R.F.'s.

Sobre as competências do S.T.J., estas poderão ser originárias e recursais. São competências originárias aquelas indicadas no art. 105, I, da C.F. São recursais aquelas contempladas no art. 105, II e III, da C.F., que tratam, respectivamente, do recurso ordinário e do recurso especial.

---

[18] *Op.cit.*, p. 784.
[19] Nesse sentido: Rodolfo de Camargo Mancuso, *Recurso Extraordinário e Recurso Especial*, p. 64.
[20] *Recurso Extraordinário e Recurso Especial*, p. 72.

## 9. Poder executivo

### 9.1. *Atividade normativa: a medida provisória*

É inegável que a Medida Provisória teve sua origem histórica no direito brasileiro, quando prevista sob a égide da Constituição de 1.967, com o antigo "decreto-lei", cuja criação veio com a nova redação conferida ao art. 55 pela Emenda Constitucional n. 1 de 1.969. A Carta de 1.988 aboliu essa nomenclatura substituindo, em suas linhas gerais, esse instituto, pela medida provisória[21]. Para Ives Gandra Martins[22], o instituto só faria sentido se houvesse sido adotado o modelo parlamentarista no país.

Todavia, em muito o vetusto decreto-lei distingui-se do atual regime da medida provisória. O decreto-lei só poderia ser adotado em casos de urgência e ou interesse público relevante, sendo, ademais, limitado a determinadas matérias. Realmente, apenas poderia haver edição decreto-lei em matérias previamente selecionadas pelo constituinte, a saber: 1) segurança nacional; 2) finanças públicas, incluindo normas tributárias por expressa remissão constitucional, e 3) criação de cargos públicos e fixação de vencimentos.

Considerava-se o prazo do decreto-lei de sessenta dias a contar da data da publicação no Diário Oficial. O maior questionamento quanto ao instituto, contudo, estava na aprovação por decurso de prazo caso o Congresso não se manifestasse dentro de sessenta dias.

Se rejeitada pelo Congresso Nacional seus efeitos operariam *ex nunc*, ou seja, a Constituição considerava que a rejeição não implicaria a nulidade dos atos praticados durante sua vigência, o que tornava o antigo decreto-lei verdadeira lei durante o prazo constitucional de sua vigência.

Atualmente, tem-se a medida provisória, como sublinhado, sendo requisitos constitucionais para sua edição aqueles indicados pelo art. 62 da Constituição Federal, ou seja, a "relevância e urgência".

O Supremo Tribunal Federal tem variado seu posicionamento acerca do controle de mérito desses requisitos, tendo já declarado que "os conceitos de relevância e urgência a que se refere o artigo 62 da Constituição, como pressupostos para a edição de Medidas Provisórias, decorrem, em princípio, do juízo discricionário de oportunidade e de valor do Presidente

---

[21] Nesse sentido: Manoel Gonçalves Ferreira Filho, *Do Processo Legislativo*, p. 235.

[22] *Comentários à Constituição do Brasil*, v. 4, t. I, p. 473.

da República, mas admitem o controle judiciário quanto ao excesso de poder de legislar"[23].

Clèmerson Clève ao assinalar sobre o requisito da relevância, evoluindo em sua análise, passou a entender que a relevância não é apenas um pressuposto relacionado com a matéria a ser veiculada na medida provisória, pois deve lastrear, igualmente, a situação ensejadora do provimento. Para autor, "a relevância demandante de sua adoção não comporta satisfação de interesses outros que não os da sociedade. A relevância há, portanto, de vincular-se unicamente à realização do interesse público. De outro ângulo, a relevância autorizadora da deflagração da competência normativa do Presidente da República não se confunde com a ordinária, desafiadora do processo legislativo comum. Trata-se, antes, de relevância extraordinária, excepcional, especialmente qualificada, contaminada pela contingência, acidentabilidade, imprevisibilidade[24].

No tocante à urgência, consoante Clèmerson Clève "Relaciona-se com a indeferibilidade do provimento, que deve ser tal por impedir o emprego de meios ordinários. Como urgência, está-se indicando perigo de dano, a probabilidade de manifestar-se evento danoso; enfim, a situação de periculosidade exigente de *ordinanza extra ordinem*"[25].

Por sua vez, Geraldo Ataliba observa que "Só se pode reconhecer configurada a urgência, em se tratando de necessidade instante e improrrogável de disciplina normativa, cuja falta seja prejudicial, ou acarrete efeitos danosos, ao Estado ou ao interesse público"[26].

Com efeito, há abuso do uso da medida provisória se a obtenção da medida puder aguardar o processo de feitura das leis pelo Congresso Nacional. Em outras palavras, havendo prazo assinalado ao legislador para cumprir e concluir o processo legislativo, devendo-se considerar especialmente, aqui, a existência do regime de urgência, e desde que a disciplina pretendida pelo Executivo possa aguardar referido trâmite, incabível, porque inconstitucional, sua apresentação pela via excepcional da medida provisória.

A Emenda Constitucional n. 32/2001 alterou significativamente o regime jurídico das medidas provisórias constante do texto original da Constituição de 1.988, especialmente por ter considerado grave a pos-

---

[23] ADIn 162-DF, rel. Min. Moreira Alves.
[24] *Medidas Provisórias*, 2. ed. p. 69-70.
[25] *Op. Cit.*, p. 71-2.
[26] O Decreto-Lei na Constituição de 1967, p. 32.

sibilidade de reedições indefinidas e impunes, pelo Presidente da República, de uma mesma medida provisória. Com o disposto no art. 62, § 3.º, as medidas provisórias perderão a sua eficácia, desde a sua edição, se não forem convertidas em lei no prazo de sessenta dias (o prazo anterior à emenda era de trinta dias), prorrogável, automaticamente, por igual período, no caso de o Congresso Nacional não tê-la apreciado. Ademais, há, agora, um prazo para apreciação legislativa, que é de quarenta e cinco dias. Após esse prazo, e não tendo ocorrido a votação da medida provisória, entrará ela em regime de urgência.

A mutação constitucional implicou, a partir de 2.001, ainda, na limitação expressa da medida provisória quanto a determinadas matérias, o que já ocorria, como visto, com o regime do decreto-lei do sistema constitucional pretérito e que vinha sendo adotado pela doutrina e jurisprudência quanto à medida provisória. Agora, portanto, é vedada expressamente a edição de medida provisória sobre nacionalidade, cidadania, direitos políticos, partidos políticos e direito eleitoral, penal, processual civil e processual penal, organização do Poder Judiciário e do Ministério Público e planos plurianuais, diretrizes orçamentárias, orçamentos e créditos adicionais e suplementares.

### 9.2. *O presidente da república e a possibilidade de* **impeachment**

No Brasil, o sistema presidencialista fica evidenciado pela dicção do art. 76 da Constituição Nacional, dispondo que o Poder Executivo é exercido pelo Presidente da República, auxiliados pelos Ministros de Estado.

O art. 84 por sua vez, concentra na figura do Presidente da República as funções de Chefe de Governo e Chefe de Estado.

Considerar-se-á eleito Presidente da República consoante o art. 77, §2.º, da Constituição, quem alcançar maioria absoluta dos votos. Não ocorrendo essa hipótese, deverá ser convocada nova votação, na qual os dois candidatos mais votados naquele primeiro momento concorrerão, sendo eleito o candidato que obtiver a maioria dos votos válidos[27]. Se dentro do período que medeia a primeira votação e o segundo turno um dos candidatos desistir ou tornar-se impedido, ou ainda falecer, convoca-se o candidato que recebeu maior votação dentre os remanescentes.

---

[27] Estes excluem os votos em branco e os votos nulos.

O art. 85 da C.F. dispõe sobre o crime de responsabilidade do Presidente da República, quando este atenta contra a Constituição ou age contrariamente aos interesses da Administração Pública.

Anota Celso Ribeiro Bastos que "A noção de *impeachment* parte da idéia de que os ocupantes dos altos cargos púbicos do Estado estão sujeitos não apenas às sanções previstas pelas práticas de atos infringentes às leis penais do País, mas também a uma especial apenação

"Essa modalidade paralela de penalização consiste na desinvestidura do cargo, acompanhada da proibição de vir a assumir novas funções de natureza pública no futuro. Essas conseqüências são reputadas políticas, e em virtude disso é que se designam por 'crimes' políticos os atos que as ensejam"[28].

Segundo a redação do art. 40 da Carta Política de 1.967, competia à Câmara dos Deputados privativamente: "I – declarar, por dois terços dos seus membros, a procedência de acusação contra o Presidente da República e os Ministros de Estado".

Tratava ainda o art. 83 deste mesmo diploma legal que: "O Presidente, depois que a Câmara dos Deputados declarar procedente a acusação pelo voto de dois terços de seus membros, será submetido a julgamento perante o Supremo Tribunal Federal, nos crimes comuns, ou perante o Senado Federal, nos de responsabilidade. §1.º – Declarada procedente a acusação, o Presidente ficará suspenso de suas funções; §2.º – Se, decorrido o prazo de sessenta dias, o julgamento não estiver concluído, será arquivado o processo".

Acerca do disposto no art. 83 daquela Carta Política, José Celso de Mello observa que "O *judicium accusationis* se desenvolve perante a Câmara dos Deputados, que atua como tribunal de pronúncia. O *judicium causae* se desenrola perante o Senado Federal, que atua como tribunal de julgamento. A *procedência* da acusação só pode ser declarada pela Câmara dos Deputados pelo voto de 2/3 de seus membros. A *condenação* do Presidente da República só pode ser proferida pelo Senado Federal também pelo voto de 2/3 de seus membros"[29].

---

[28] André Ramos Tavares e Celso Ribeiro Bastos, *As Tendências do Direito Público no Limiar de um Novo Milênio*. São Paulo: Saraiva, 2000, p. 215.

[29] José Celso de Mello Filho, *Constituição Federal Anotada*, p. 271 *apud As Tendências do Direito Público no Limiar de um Novo Milênio*, p. 221-2.

Com efeito, a atual Carta Magna seguiu em linhas gerais a forma de processamento e julgamento referentes aos crimes de responsabilidade praticados pelo Presidente da República.

Nos termos do art. 52, I, da C.F., compete ao Senado Federal processar e julgar os crimes de responsabilidade. À Câmara dos Deputados, compete, preliminarmente, autorizar por 2/3 de seus membros, a instauração desse processo contra o Presidente e o Vice-Presidente da República.

Assim, se for admitida acusação contra o Presidente, pelo *quorum* de dois terços da Câmara dos Deputados, será ele submetido a julgamento perante o Supremo Tribunal Federal.

Após a instauração do processo pelo Senado Federal ficará o Presidente afastado do exercício de suas funções, e, se no correr de 180 dias der-se o julgamento e for concluída por sua culpa, ele sofrerá uma sanção política que é a perda do cargo. Não ocorrendo o julgamento dentro desse prazo, cessa o referido afastamento, sem prejuízo, contudo, de continuidade do processo. Ademais, é expressa a Constituição, no parágrafo único de seu art. 52, em determinar a "perda do cargo, com inabilitação, por oito anos, para o exercício de função pública, sem prejuízo das demais sanções judiciais cabíveis.".

## 10. Considerações finais

Muitas e profundas foram as inovações introduzidas pela Constituição de 1.988. Houve, a partir desta, uma verdadeira "revolução" no Direito brasileiro, que teve de se adaptar ao novo cenário constitucional, reformulando conceitos, substituindo institutos e adaptando-se ao novo regime constitucional. Essa operação alcançou, como não poderia deixar de ser, todas as esferas públicas e, inclusive, a esfera privada, já que a eficácia de muitas normas constitucionais incide nesse âmbito.

Também se observou com a recente Constituição uma confirmação de institutos e direitos já anteriormente previstos, alguns de especial cunho democrático, o que bem revela a precisão e segurança da evolução que se tem operado nesse setor.

Nota-se, ainda, um nítido desenvolvimento do próprio Direito Constitucional brasileiro e, com ele, da teoria e cultura constitucional, havendo, na atual aplicação do Direito, a consideração primeira dos "valores" constitucionalmente incorporados, revelando um verdadeiro Estado Constitucional e Democrático de Direito.

## 11. Bibliografia

ANDRADE, Paes de, BONAVIDES, Paulo. *História Constitucional do Brasil*. Brasília: Paz e Terra Política, 1989.

ATALIBA, Geraldo. *O Decreto-Lei na Constituição de 1967*. São Paulo: Revista dos Tribunais, 1967.

BASTOS, Celso Ribeiro, TAVARES, André Ramos. *As Tendências do Direito Público no Limiar de um Novo Milênio*. São Paulo: Saraiva, 2000.

CARNEIRO, Nélson. Das Ações Populares Civis no Direito Brasileiro. *Revista de Direito Administrativo*, n. 25, 1951.

CERQUEIRA, Marcello. *A Constituição na História: Origem & Reforma*. Rio de Janeiro: Revan, 1993.

CLÈVE, Clèmerson Merlin. *Medidas Provisórias*, 2. ed. ver. ampl. São Paulo: Max Limonad, 1999.

COMPARATO, Fábio Konder. "A Proteção ao Consumidor na Constituição Brasileira de 1988", *Revista de Direito Mercantil, Industrial, Econômico e Financeiro*, v. 80, p. 70.

DE LUCCA, Newton. *Direito do Consumidor*. 2.ed. ver. ampl. São Paulo: Edipro, 2000.

FERREIRA FILHO, Manoel Gonçalves. *Do Processo Legislativo*. 4. ed. São Paulo: Saraiva, 2001.

MANCUSO, Rodolfo de Camargo. *Recurso Extraordinário e Recurso Especial*, 5. ed. ver. atual. São Paulo: Revista dos Tribunais, 1998 (Nelson Nery Júnior e Teresa Arruda Alvim Wambier – orientadores, Recurso no Processo Civil, v.3.)

MARTINS, Ives Gandra da Silva, BASTOS, Celso Ribeiro. *Comentários à Constituição do Brasil*. 2. ed. São Paulo: Saraiva, 1999, v. 4. tomo I.

MAZZILLI, Hugo Nigro. *A Defesa dos Interesses Difusos em Juízo*, 6.ed. rev. ampl. atual. São Paulo: Revista dos Tribunais, 1994.

MORAES, Alexandre. *Direito Constitucional*. 10. ed. São Paulo: Atlas, 2001.

PIOVESAN, Flávia. *Proteção Judicial contra Omissões Legislativas: Ação Direta de Inconstitucionalidade por Omissão e Mandado de Injunção*. São Paulo: Revista dos Tribunais, 1995.

TAVARES, André Ramos. *Curso de Direito Constitucional*. São Paulo: Saraiva, 2002.

— *Tratado da Argüição de Preceito Fundamental*. São Paulo: Saraiva, 2001.

# A EVOLUÇÃO DO SISTEMA JURISDICIONAL COMUNITÁRIO

RUI MANUEL MOURA RAMOS
Membro do Instituto de Direito Internacional
Professor da Faculdade de Direito da Universidade de Coimbra
antigo Juiz do Tribunal de Primeira Instância
das Comunidades Europeias
Vice-Presidente do Tribunal Constitucional Português

SUMÁRIO: 1. Introdução. 2. O Sistema Jurisdicional Comunitário antes da entrada em vigor do Tratado de Nice. 3. As alterações decorrentes deste instrumento. 4. Apreciação.

1. A circunstância de, em Portugal como nos demais Estados-Membros da União Europeia, o direito comunitário integrar igualmente o ordenamento jurídico aplicável, justifica que nos detenhamos sobre alguns aspectos essenciais daquele sistema jurídico. Particular atenção merece, neste contexto, o especial mecanismo de controlo jurisdicional criado para garantir a protecção dos direitos dele decorrentes, que acresce aos meios de tutela que aos sujeitos de direito são em princípio reconhecidos pela ordem jurídica estadual e cuja importância crescente não será demais encarecer. Nas páginas seguintes atentaremos assim nas linhas de força que presidem à organização e funcionamento do sistema de órgãos e instâncias para o efeito criados e na evolução de que com o Tratado de Nice ele foi recentemente objecto, tentando surpreender-lhe o sentido e os limites.

2. O sistema jurisdicional comunitário assentou desde a sua criação em dois eixos ou pilares estreitamente associados num conjunto integrado que exerce o poder judicial no quadro comunitário: a jurisdição comunitária propriamente dita e as jurisdições nacionais[1].

---

[1] Cfr. a este propósito, Gil Carlos Rodríguez Iglesias, «Der EuGH und die Gerichte

A associação das jurisdições nacionais a esta empresa impunha-se de toda a evidência. Se a construção comunitária implicava a criação de direitos e obrigações não apenas na esfera jurídica dos Estados-Membros mas também na dos seus nacionais[2] e mesmo de outras pessoas jurídicas[3], a realização judiciária destes direitos não podia apenas ser confiada ao aparelho judicial directamente criado pelos Tratados[4]. Daí que as jurisdições nacionais tivessem sido chamadas a colaborar nesta tarefa, tendo-lhes sido reconhecida competência para aplicar o direito comunitário. O que redunda, aliás, na extensão à administração da justiça da aplicação de um princípio que vale para toda a administração no sistema comunitário: o princípio da administração indirecta que faz com que este sistema se sirva, para a prossecução dos seus objectivos e para a realização das tarefas que lhe são confiadas, dos órgãos já estabelecidos no seio dos Estados. Se assim acontece para a administração em geral, a simples aplicação desta ideia à administração da justiça justificava que aos tribunais nacionais fosse reconhecido um papel relevante no sistema jurisdicional comunitário.

---

der Mitglierstaaten-Komponenten der richterlichen Gewalt in der Europaischen Union», 27 *NJW* (2000), pp. 1889-1896.

Sobre as relações que esta coexistência organizada tende a desenvolver, cfr. J.H.H. Weiler, «The least-dangerous branch: a retrospective of the European Court of Justice in the arena of political integration», *in The Constitution of Europe*, 1999, Cambridge University Press, pp. 188-218 (192-197) e Olivier Dord, «Systèmes juridiques nationaux et Cours Européennes: de l'affrontement à la complementarité?», *in Pouvoirs*, n.° 96 (Les Cours Européennes. Luxembourg et Strasbourg), pp. 5-18.

[2] Veja-se desde logo o acórdão de 5 de Fevereiro de 1963, Van Gend & Loos, 26/62, *Colectânea*, pp. 205. Relativizando a novidade que geralmente é associada a esta situação, cfr. Ole Spiermann, «The other side of the story: an unpopular essay on the making of the European Community legal order», 10 *European Journal of International Law* (1999), pp. 763-789. Sobre o ponto, e em contraposição a esta última interpretação, cfr. ainda J.H.H. Weiler, «The transformation of Europe» e «The autonomy of the community legal order: through the looking glass», *in The Constitution of Europe* (*cit. supra*, nota 1), pp. 10-110 e 286-323, respectivamente.

[3] Que podem evidentemente ser nacionais de outros Estados. Basta pensar no contencioso das medidas de defesa comercial, no âmbito do qual empresas sujeitas ao direito de Estados terceiros contestam a legalidade das medidas comunitárias que impõem direitos antidumping às suas exportações para as Comunidades. Ou no contencioso da responsabilidade, onde empresas não comunitárias procuram obter a reparação de danos que lhes teriam sido causados pelas Comunidades.

[4] Cfr., na sua versão actual (a que decorre do Tratado de Nice), os artigos 220.° a 245.° do Tratado CE.

Mas se a intervenção das jurisdições nacionais não podia ser afastada na configuração do sistema comunitário ela não poderia obviamente ser exclusiva. Com efeito, havia que garantir a unidade de aplicação do novo sistema jurídico no conjunto do espaço comunitário, sem a qual a simples possibilidade de prossecução dos objectivos das Comunidades quedava ameaçada. Daí a criação de uma jurisdição central (o Tribunal de Justiça) que, dotada de uma função própria, completava o sistema jurisdicional comunitário, constituindo um seu outro eixo que se vinha acrescentar ao formado pelo conjunto dos órgãos judiciais nacionais.

Era porém necessário que as funções respectivas de cada um destes dois ramos fossem definidas de uma forma clara e precisa. Para o efeito, os Tratados basearam-se numa linha de demarcação que, reconhecendo aos tribunais nacionais o estatuto de tribunais comuns do sistema comunitário, caracteriza a competência da jurisdição comunitária como uma competência de atribuição. O que significa que ela apenas se poderá exercer nas situações e para os efeitos previstos nos Tratados[5], sendo todas as controvérsias que aí se não insiram do domínio da competência dos tribunais nacionais. E pode dizer-se, atenta a estabilidade que tem constituído a característica maior da disciplina dos Tratados referente ao sistema jurisdicional, que tal partilha se apresentou até aos nossos dias em termos praticamente idênticos.

Segundo a linha de demarcação estabelecida, o controlo do respeito do direito comunitário pelos particulares cabe exclusivamente aos tribunais nacionais e o Tribunal de Justiça apenas intervém na medida em que estes últimos a ele recorram, a título prejudicial, quando a aplicação do direito comunitário se defronte com questões relativas à interpretação das regras comunitárias e à validade dos actos de direito derivado[6]. Pelo contrário, compete à jurisdição comunitária assegurar o respeito do direito comunitário pelas instituições comunitárias[7]. No que respeita, enfim, ao

---

[5] Vejam-se os artigos 226.º a 244.º do Tratado citado na nota anterior.

[6] Cfr. o artigo 234.º do Tratado CE e o que escrevemos sobre o ponto em «Reenvio prejudicial e relacionamento entre ordens jurídicas na construção comunitária», em *Das Comunidades* à *União Europeia. Estudos de Direito Comunitário*, 2.ª edição, Coimbra, 1999, Coimbra Editora, pp. 213-237.

[7] Cfr. os artigos 229.º a 233.º, 235.º a 237.º e 241.º do Tratado CE. Estes preceitos regulam os recursos directos (de anulação e de omissão), as acções em responsabilidade (contratual e extracontratual) e a excepção de ilegalidade. Sobre estes institutos, mais em particular, cfr. Bruno Nascimbene-Luigi Daniele, *Il ricorso di annullamento nel Trattato Istitutivo della Comunità Europea*, Milano, 1998, Giuffrè Editore, Marianne Dony-

respeito do direito comunitário pelos Estados, o respectivo controlo cabe ao Tribunal de Justiça, quando for desencadeado pela Comissão[8], mas é da competência das jurisdições nacionais nos processos interpostos pelos particulares. Por último, a jurisdição comunitária pode ainda ser dotada da competência para estatuir quer, em virtude de cláusula compromissória, sobre contratos de direito privado celebrados pelas Comunidades ou por sua conta[9], quer, em virtude de um compromisso, sobre qualquer diferendo entre Estados-Membros que tenha conexão com o objecto dos Tratados[10].

Se esta primeira delimitação de competências se caracterizou pela sua estabilidade, outrotanto se não passou com uma outra, estabelecida agora no interior da jurisdição comunitária, entre o Tribunal de Justiça e o Tribunal de Primeira Instância[11]. Assim, após a fase inicial que revelaria a

---

-Thierry Ronse, «Réflexions sur la specificité du recours en carence», 36 *Cahiers de Droit Européen* (2000), pp. 595-636, Fausto Capelli-Maria Migliazza, «Recours en indemnité et protection des intérêts individuels: quels sont les changements possibles et souhaitables?», *ibidem*, v. 31 (1995), pp. 585-640, Francisco Jesus Carrera Hernandez, *La exception de ilegalidad en el sistema jurisdicional comunitário*, Madrid, 1997, Mc-Graw Hill, Koen Lenaerts, «The Legal Protection of Private Parties under the EC Treaty: a coherent and complete system of judicial review?», *in Scritti in onore di Giuseppe Federico Mancini* (v. II) Diritto dell'Unione Europea, Milano, 1998, Giuffrè, pp. 591-623 e Moura Ramos, «Contrôle juridictionnel des actes des institutions communautaires», *in Cursos Euromediterráneos Bancaja de Derecho Internacional*, v. IV (2000), pp. 421-461.

[8] Cfr. os artigos 226.º a 228.º do Tratado CE. Sobre as características do processo para o efeito seguido, cfr. por último, C.W.A. Timmermans, «Judicial Protection against the Member States: Articles 169 and 177 revisited», *in Institutional Dynamics of European Integration. Essays in honour of Henry G. Schermers*, v. II, Dordrecht, 1994, Martinus Nijhoff Publishers, pp. 391-407 e Maria Dolores Blázquez Peinado, *El procedimiento contra los Estados miembros por incumplimiento del derecho comunitario*, Castelló de la Plana, 2000, Publicacións de la Universitat Jaume I.

[9] Cfr. o artigo 239.º do Tratado CE.

[10] Cfr. o artigo 240.º do Tratado CE.

[11] Criado pela Decisão do Conselho 88/591/CECA, CEE, Euratom de 24 de Outubro de 1988 (*in JOCE*, C, 215, de 21 de Agosto de 1989, pp. 1-8), e instalado a 25 de Setembro de 1989.

Para uma visão de conjunto das razões que estiveram na origem da criação do Tribunal, a sua composição, competência, organização e funcionamento, cfr. Francis G. Jacobs, «Proposals for reform in the organisation and procedure of the Court of Justice of the European Communities: with special reference to the proposed Court of First Instance», *in Du droit international au droit de l'intégration. Liber amicorum Pierre Pescatore*, Baden-Baden, 1987, Nomos Verlagsgesellschaft, pp. 287-298, Henry G. Schermers, «The European Court of First Instance», 25 *Common Market Law Review* (1988), pp. 541--558, AAVV, *Le Tribunal de première instance des Communautés européennes. Histoire,*

exclusividade do Tribunal de Justiça na jurisdição comunitária[12], a nova instância jurisdicional seria criada para permitir, por um lado, a instituição de um duplo grau de jurisdição que era visto, nos recursos que necessitavam de um exame aprofundado de factos complexos, como um meio de assegurar a protecção judicial dos particulares e, por outro lado, a concentração da actividade do Tribunal de Justiça na sua tarefa essencial, a interpretação uniforme do direito comunitário. Se a sua competência começou por ser restringida ao julgamento, em primeira instância e sem prejuízo de recurso ao Tribunal de Justiça, limitado às questões de direito, dos recursos introduzidos pelos agentes das instituições, dos recursos introduzidos por pessoas físicas e colectivas no domínio da concorrência no âmbito do Tratado CEE e de certos recursos introduzidos por empresas e associações no âmbito do Tratado CECA[13], bem como das acções de indemnização com eles conexas[14], em breve seria alargada, de acordo aliás com a previsão do legislador[15], e face à avaliação positiva da experiência adquirida[16],

---

*Organisation et Procédure* (édité par Spyros A. Pappas), Maastricht, 1990, Institut européen d'administration publique, Millett, *The Court of First Instance of the European Communities*, London, 1990, Butterworths, Cruz Vilaça-Pais Antunes, «The Court of First Instance of the European Communities: A significant step towards the consolidation of the european community as a community governed by the rule of law», 10 *Yearbook of European Law* (1990), pp. 1-56, Umberto Leanza – Pasquale Paone – Antonio Saggio, *Il Tribunale di Primo Grado della Comunità Europea*, Napoli, 1994, Editoriale Scientifica, Massimo Condinanzi, *Il Tribunale de Primo Grado e la Giurisdizione Comunitaria*, Milano, 1996, Giuffrè, Richard Plender (General Editor), *European Courts Practice and Precedents*, London, 1997, Sweet & Maxwell e Kirschner-Klüppel, *Das Gericht erster Instanz der Europaischen Gemeinschaften*, Koln, 1998, Carl Heymans Verlag.

[12] E que durou, como vimos (*supra*, nota 11), até 1989.

[13] Os relativos às restituições à produção, aos preços, aos acordos entre empresas e às concentrações.

[14] Veja-se o artigo 3.º, parágrafos 1 e 2 da Decisão 88/591/CECA,CEE,Euratom do Conselho, de 24 de Outubro de 1998 (*JOCE*, L, 284, de 22 de Outubro de 1998, p. 35).

[15] Veja-se o artigo 3.º, parágrafo 3, da decisão referida na nota anterior.

[16] Sobre esta experiência, vejam-se sobretudo Cruz Vilaça-Pais Antunes, «Le démarrage d'une nouvelle juridiction communautaire. Le Tribunal de première instance un an après», *in L'Europe et le Droit. Mélanges en hommage à Jean Boulouis*, Paris, 1991, Dalloz, pp. 47-94, Bo Vesterdorf, «The Court of First Instance of the European Communities after two full years in operation», 29 *Common Market Law Review* (1992), pp. 887- -915, Van der Woude, «Le Tribunal de première instance. 'Les trois premières années'», *Revue du Marché Unique européen* (1992), pp. 113-157 e Neville Brown, «The First Five Years of the Court of First Instance and Appeals to the Court of Justice: Assessment and Statistics», 32 *Common Market Law Review* (1995), pp. 743-761

a todos os recursos ou acções introduzidas por pessoas físicas ou colectivas no domínio de aplicação dos Tratados CECA, CEE e CEEA[17].

O critério de repartição de competências entre o Tribunal de Justiça e o Tribunal de Primeira Instância passou assim a caracterizar-se pela sua clareza e simplicidade, uma vez que se ao primeiro está reservado o julgamento dos recursos e acções introduzidos pelos Estados e pelas instituições, para além das questões prejudiciais, já ao segundo incumbe pronunciar-se em primeira linha sobre os recursos e acções introduzidos pelos particulares.

Se a criação do Tribunal de Primeira Instância permitiu de facto que o Tribunal de Justiça se concentrasse nos aspectos essenciais da actividade jurisdicional comunitária, o certo é que os efeitos desta reforma como que se esgotariam em breve, vindo os dois órgãos jurisdicionais a defrontar-se em breve com dificuldades semelhantes às que o Tribunal de Justiça conhecera anteriormente à criação do Tribunal de Primeira Instância. O aumento do volume de processos que esteve na sua origem[18] resultou em parte da inserção de novas áreas do direito na competência da jurisdição comunitária. Assim, o contencioso relativo aos direitos de propriedade industrial foi atribuído ao Tribunal de Primeira Instância, sujeito a recurso para o Tribunal de Justiça, no que respeita aos recursos interpostos contra as decisões do Instituto de Harmonização do Mercado Interno (marcas e patentes, desenhos e modelos) e do Instituto Comunitário das Variedades Vegetais[19], o

---

[17] Cfr. a decisão do Conselho 93/350/Euratom/CECA/CEE, de 8 de Junho de 1993, modificativa da Decisão 88/591 (in *JOCE* L, 144, de 16 de Setembro de 1993, pp. 21-22). Saliente-se que o artigo 3.º desta decisão reportava a uma data ulterior a sua entrada em vigor no que respeita aos recursos relativos às medidas de defesa comercial tomadas em caso de dumping e às subvenções, no âmbito dos Tratados CECA e CEE. Tal data seria fixada em 15 de Maio de 1994 pelo artigo primeiro da Decisão do Conselho 94/149, CECA, CE, de 7 de Março de 1994, modificativa da Decisão 93/350 (in *JOCE* L, 66, de 10 de Maio de 1994, p. 29).

[18] E que se pode ilustrar com a duplicação, em sete anos, do número de processos entrados no Tribunal de Primeira Instância (de 1992 a 1998) e no aumento de 87%, em nove anos, dos reenvios prejudiciais entrados no Tribunal de Justiça (de 1990 a 1998).

[19] Cfr. o artigo 63.º do Regulamento n.º 40/94, do Conselho, de 20 de Dezembro de 1993 sobre a marca comunitária e *JOCE* L, 11, de 14 de Janeiro de 1994, p. 1 e o artigo 130 do Regulamento de Processo do Tribunal de Primeira Instância, tal como alterado a 6 de Julho de 1995 (*JOCE*, L, 172, de 22 de Julho de 1995, p. 3) e Hans Jung, «Gemeinschaftsmarke und Rechtsschutz», in *Festschrift für Ulrich Everling*, Baden-Baden, 1995, Nomos Verlagsgesellschaft, pp. 611-628; e o artigo 73.º do Regulamento n.º 2100/94, do Conselho, de 27 de Julho de 1994, relativo ao regime comunitário de protecção das variedades vegetais (*JOCE* L, 227, de 1 de Setembro de 1994, p. 1).

mesmo acontecendo com o decorrente do direito de acesso dos cidadãos aos documentos detidos pelas instituições comunitárias[20]. E o Tratado de Amesterdão, não só comunitarizou matérias até então inseridas no domínio da cooperação intergovernamental organizada no seio da União Europeia[21], assim sujeitando os actos aprovados a esse propósito ao controlo do

---

[20] Situando este direito num contexto mais geral, no plano da ordem jurídica comunitária, cfr. Hans Ragnemalm, «Démocratie et transparence. Sur le droit général d'accès des citoyens de l'Union européenne aux documents detenus par les institutions européennes», *in Scritti in onore di Giuseppe Federico Mancini*, v. II-*Dirittto dell'Unione Europea*, (*cit. supra*, nota 7), pp. 809-830, Roberto Viciano Pastor, «Publicité et accès aux documents officiels dans les institutions de l'Union européenne avant et après le Traité d'Amsterdam», *in Mélanges en hommage* à *Michel Waelbroeck*, v. I, Bruxelles, 1999, Bruylant, pp. 649-681, Bo Vesterdorf, «Transparency? Not just a vogue word», 22 *Fordham International Law Journal* (1999), pp. 902-929, *maxime* 913-924, D.M. Curtin, «Citizens fundamental right of acess to EU information: An evolving digital *passepartout*?», 37 *Common Market Law Review* (2000), pp. 7-41 e, entre nós, Pedro Cabral, «The Community Courts and the right of acess to documents», 3 *Thémis* (2002), n.° 5, pp. 159-185.

Para um balanço da actividade do Tribunal de Primeira Instância e dos desafios a que foi sujeita, cfr., por último, Juan Manuel de Faraminan Gilbert, «Evolucíon y ampliacíon de competencias del Tribunal de Primera Instancia y la Conferencia Intergubernamental de 1996», *Gaceta Juridica de la C.E.*, 1996, pp. 301-366, Paolo Mengozzi, «Le Tribunal de première instance des Communautés européennes et la protection juridique des particuliers» *Il diritto dell'Unione Europea*, v. 4 (1999), pp. 181-205, Koen Lenaerts, «Le Tribunal de première instance des Communautés européennes: Regard sur une décennie d'activités et sur l'apport du double dégré d'instance au droit communautaire, *Cahiers de Droit Europeén*, v. 36 (2000), pp. 323-411, o balanço de dez anos de protecção jurisdicional dos particulares inserido em *Le Tribunal de première instance des Communautés européennes*, Luxembourg, 2000, pp. 13-76, Emmanuel Coulon, «L'indispensable réforme du Tribunal de première instance des Communautés européennes», *Revue des Affaires Européennes*, 2000, pp. 254-266, Christopher Bellamy, «The Court of First Instance: A day in the life of a judge», *in Judicial Review in European Union Law*, (ed. David O'Keeffe e Antonio Bevasso), The Hague, 2000, Kluwer Law International, 81-96, Koen Lenaerts, «The European Court of First Instance: Ten years of interaction with the Court of Justice», *ibidem*, pp 97-116 e Pernilla Lindh, «The Court of First Instance: Meeting the challenge», *in The Future of the Judicial System of the European Union*, Oxford, 2001, Hart Publishing, pp. 13-18.

[21] Em matéria de justiça e assuntos internos, veja-se o novo Título IV do Tratado CE, relativo aos visas, asilo, imigração e outras políticas ligadas à livre circulação de pessoas (artigos 61.° e 69.°), introduzido pelo Tratado de Amesterdão, que prevê o estabelecimento de um espaço de liberdade, segurança e justiça. Sobre este conceito, cfr. Henri Labayde, «Un espace de liberté, de sécurité et de justice», 33 *Revue trimestrielle de droit européen* (1997), pp. 105-173, Kay Hailbronner, «European Immigration and Asylum Law under the Amsterdam Treaty», 35 *Common Market Law Review* (1998), pp. 1047-1067 e,

Tribunal de Justiça, como permitiria o alargamento da fiscalização judicial exercida por esta instituição aos actos praticados no domínio da cooperação policial e judiciária em matéria penal[22], o sector da anterior cooperação em matéria de justiça e assuntos internos que não foi objecto de comunitarização. Por outro lado, diversas convenções assinadas no âmbito desta cooperação prevêem igualmente a competência interpretativa do Tribunal de Justiça, a título prejudicial, em relação às suas disposições. E o reforço da União Monetária, com a possibilidade de imposição de sanções aos Estados acarreta igualmente um aumento do contencioso.

Face a este complexo de situações que, a manter-se a tendência anterior, apenas poderia conduzir ao alargamento da duração dos processos introduzidos na jurisdição comunitária[23] e ao aumento do número daqueles que nas duas instâncias aguardam decisão[24], o Tratado de Nice, de 20 de Fevereiro de 2001[25], introduziria a mais significativa modificação do sistema jurisdicional comunitário até hoje verificada no plano do direito primário[26].

3. A primeira destas modificações resulta da nova redacção do novo artigo 220.° onde se encontra a definição dos órgãos que integram a jurisdição comunitária e que se afasta nitidamente da versão precedente do mesmo artigo onde a função de garantia do respeito do direito na interpre-

---

entre nós, Anabela Miranda Rodrigues, «O papel dos sistemas legais e a sua harmonização para a erradicação das redes de tráfico de pessoas», 21 *Revista do Ministério Público* (2000), pp. 15-29.

Para a situação anterior, cfr. Peter-Christian Müller-Graf, «Die Europaische Zusammenarbeit in den Bereichen Justiz und Inneres (JIZ). Verbindungen und spannungen zwischen dem dritten Pfeiler der Euroäischen Union und der Europäischen Gemeinschaft», in *Festschift für Ulrich Everling*, v. II (*cit. supra*, nota 19), pp. 925-944.

[22] Veja-se o artigo 35.° do Tratado da União Europeia, tal como ficou após o Tratado de Amesterdão.

[23] Duração que já atingiu hoje, em média, valores próximos dos 21 meses no Tribunal de Justiça e 30 meses no Tribunal de Primeira Instância.

[24] E que era, em 30 de Setembro de 2001, de 961 no Tribunal de Justiça e de 735 no Tribunal de Primeira Instância.

[25] Que entrou em vigor a 1 de Fevereiro de 2003.

[26] Para as reformas (pontuais) anteriores, cfr. Moura Ramos, «O Tratado de Nice e a reforma do sistema jurisdicional comunitário», 6-7 *Temas de Integração* (2001-2002), n.° 12-13, pp. 77-104 (82-84). Sobre as alterações introduzidas em Nice, e para além do nosso estudo acabado de citar, cfr. ainda Georges Vandersanden, «Le système juridictionnel commununtaire après Nice», 38 *Cahiers do Droit Européen* (2003), pp. 3-15 e Antonio Tissano, «La Cours de Justice après Nice: le transfert de compétences au Tribunal de Premiére Instance», 7 *Il Diritto dell'Unione Europea* (2002), pp. 597-619.

tação e aplicação do Tratado era ainda reconhecida, em exclusivo, ao Tribunal de Justiça. O texto actual, para além de reconhecer, no parágrafo 1, que o Tribunal de Justiça e o Tribunal de Primeira Instância partilham, no âmbito das respectivas competências, esta responsabilidade, prevê ainda, no parágrafo 2, que ao Tribunal de Primeira Instância poderão ser adstritas, nas condições do artigo 225.º-A, câmaras jurisdicionais que, em certos domínios específicos, exercerão as competências jurisdicionais previstas no Tratado. Para além de se reconhecer assim expressamente[27] a actual natureza bifronte da jurisdição comunitária, antecipa-se, de forma muito clara, a sua expansão, pela criação de novas instâncias nela integradas.

Passando agora aos três estamentos que passarão a constituir a jurisdição comunitária, há que reconhecer que o Tratado de Nice não apresenta grandes inovações a propósito do Tribunal de Justiça. Em sede de constituição, o artigo 221.º precisa, numa fórmula que poderá dispensar alterações por ocasião dos novos alargamentos, que o Tribunal de Justiça é composto de um juiz por Estado-Membro e, invertendo a situação actual, prescreve que ele se reúne em secções ou em grande secção, em conformidade com as regras previstas para o efeito no seu Estatuto, podendo igual-

---

[27] Ao contrário do que sucede com o artigo 7.º do Tratado CE onde se faz o elenco das instituições comunitárias.

[28] Saliente-se que, até há pouco, o princípio era a reunião em tribunal pleno (que era obrigatória sempre que um Estado-Membro ou uma instituição da Comunidade que seja parte na instância assim o solicitasse – solução que é mantida no artigo 16.º, parágrafo 3 do Estatuto respectivo) ainda que o Tribunal de Justiça pudesse criar secções constituídas por três, cinco ou sete juízes, quer para procederem a certas diligências de instrução quer para julgarem certas categorias de causas.

Acrescente-se que, de acordo com o artigo 16.º do Estatuto, os presidentes das secções são eleitos pelos seus pares mas o mandato dos presidentes das secções de cinco juízes passa a ser de três anos, admitindo-se a reeleição por um novo mandato (até agora era de um ano). Já a grande secção (constituída por onze juízes) será presidida pelo Presidente do Tribunal e integrará, além dos presidentes das secções de cinco juízes, outros juízes designados nas condições estabelecidas pelo Regulamento de Processo. O Tribunal reúne em grande secção sempre que um Estado-Membro ou uma Instituição das Comunidades que seja parte no litígio assim o solicite e, em tribunal pleno, quando lhe seja apresentado um requerimento em aplicação de determinados preceitos de direito primário (o n.º 2 do artigo 195.º, o n.º 2 do artigo 213.º, o artigo 216.º ou o n.º 7 do artigo 247.º do Tratado CE, e o n.º 2 do artigo 107.º-D, o n.º 2 do artigo 126.º, o artigo 129.º e o n.º 7 do artigo 160.º-B do Tratado CEEA) ou quando remeter a esta formação, ouvido o advogado-geral, uma causa que considerar de excepcional importância.

Por último, note-se que o novo artigo 17.º do Estatuto refere o *quorum* necessário para as várias formações de julgamento poderem deliberar.

mente reunir em tribunal pleno quando este documento assim o preveja[28]. Por outro lado, o artigo 222.º continua a prever que o Tribunal de Justiça será assistido por oito advogados-gerais[29] a quem cabe, como até aqui, apresentar publicamente, com toda a imparcialidade e independência, conclusões fundamentadas sobre as causas que, nos termos do Estatuto do Tribunal de Justiça, requeiram a sua intervenção[30]. Enfim, o artigo 223.º mantém os requisitos para a designação dos juízes e advogados-gerais do Tribunal de Justiça[31], a regra da sua substituição parcial de três em três anos[32], e a possibilidade de renovação dos mandatos, e continua a cometer aos juízes a escolha do Presidente, e ao Tribunal a nomeação do respectivo secretário e o estabelecimento do respectivo estatuto. Insere igualmente a regra, até agora constante do artigo 245.º, parágrafo 3.º, que consagra o poder do Tribunal de Justiça de elaborar o seu regulamento de processo, que deverá no entanto ser aprovado pelo Conselho por maioria qualificada[33].

---

[29] Como até agora, este número pode ser aumentado pelo Conselho, por deliberação unanimitária. Sobre esta instituição, cfr. por último, Carl Otto Lenz, «Das Amt des Generalanwalts am Europäischen Gerichtshof», in *Festschrift für Ulrich Everling*, v. I (*cit. supra*, nota 19), pp. 719-727, Damaso Ruiz-Jarabo Colomer, «L'institution de l'avocat général à la Cour de Justice des Communautés Européennes», in *Mélanges en hommage* à *Fernand Schockweiler*, Baden-Baden, 1999, Nomos Verlagsgesellschaft, pp. 523-550 e Francis G. Jacobs, «Advocate General and Judges in the European Court of Justice: Some Personal Reflections», in *Judicial Review in European Union Law. Liber amicorum in honour of Lord Slynn of Hadley* (*cit. supra*, nota 20), pp. 17-28, Florence Benoît-Rohmer, «L'affaire Emesa Sugar: l'institution de l'avocat général de la Cour de Justice des Communautés Européennes à l'épreuve de la jurisprudence Vermeulen de la Cour Européenne des Droits de l'Homme», 37 *Cahiers de Droit Européen* (2001), pp. 403-426 e Celestina Ianone, "L'avvocato generale della Corte di giustizia delle Comunità europeé", 8 *Il Diritto dell'Unione Europea*, (2002), pp. 123-141.

[30] Actualmente (artigo 222.º, parágrafo 2) o advogado-geral apresenta as suas conclusões «nas causas submetidas ao Tribunal de Justiça». A maior flexibilidade da nova redacção encontra eco no parágrafo 5 do artigo 20.º do Estatuto, onde se estabelece que quando considerar que se não suscita questão de direito nova o Tribunal pode, ouvido o advogado-geral, decidir que a causa seja julgada sem conclusões do advogado-geral.

[31] Serem personalidades que ofereçam todas as garantias de independência e que reúnam as condições exigidas, nos respectivos países, para o exercício das mais altas funções jurisdicionais ou que sejam juristas de reconhecida competência. A nomeação continua a fazer-se de comum acordo, por seis anos, pelos Governos dos Estados--Membros.

[32] Que, todavia, passa a fazer-se nos termos previstos no Estatuto (artigo 9.º).

[33] Artigo 223.º, parágrafo 6. Na actualidade, exige-se a aprovação por unanimidade.

Já quanto ao Tribunal de Primeira Instância, as alterações são de maior relevo, se não tanto quanto à composição e funcionamento sobretudo a propósito da respectiva competência. Assim, em sede de composição, o artigo 224.° passa a prever que nele terão assento pelo menos um juiz por Estado-Membro, sendo o respectivo número fixado pelo Estatuto do Tribunal de Justiça que pode igualmente prever que ele seja assistido por advogados-gerais (parágrafo 1)[34]. Por outro lado, mantém-se as condições de designação e o regime do mandato dos membros (parágrafo 2)[35], assim como o poder do Tribunal de, de acordo com o Tribunal de Justiça, estabelecer o seu regulamento de processo que é submetido à aprovação do Conselho deliberando por maioria qualificada (parágrafo 5)[36], prevê-se, à semelhança do Tribunal de Justiça, que os juízes designem entre si, por um período de três anos, o respectivo presidente, que poderá ser reeleito (parágrafo 3), e que o Tribunal nomeie o respectivo secretário e estabeleça o respectivo estatuto (parágrafo 4)[37], e continua a dispor-se que salvo dispo-

---

[34] O aumento possível do número de juízes do Tribunal de Primeira Instância (o artigo 48.° do Estatuto continua presentemente a falar em quinze juízes) assim como a expressa previsão de advogados-gerais resultam do aumento das competências deste órgão judicial e da respectiva importância.

[35] Os membros serão escolhidos de entre pessoas que ofereçam todas as garantias de independência e possuam a capacidade requerida para o exercício de altas funções jurisdicionais; são nomeados de comum acordo por seis anos, pelos Governos dos Estados-Membros. De três em três anos tem lugar uma substituição parcial e os membros cessantes podem ser nomeados de novo.

[36] Anteriormente referia-se, tal como acontece com a aprovação do Regulamento de Processo do Tribunal de Justiça (cfr. *supra*, nota 33), a unanimidade a este propósito.

[37] Esta última regra constava do artigo 45.°, parágrafo 1, do Estatuto do Tribunal de Justiça. Quanto à relativa à presidência do Tribunal, ela encontrava-se no artigo 7.°, parágrafo 1, do Regulamento de Processo do Tribunal de Primeira Instância, constituindo a passagem destas regras para o Tratado uma harmonização com o que se passa com as disposições semelhantes relativas ao Tribunal de Justiça.

[38] Uma destas disposições é o artigo 49.°, nos termos do qual os membros do Tribunal de Primeira Instância podem ser chamados a exercer as funções de advogado-geral sobre algumas das causas submetidas a esta jurisdição não podendo em consequência participar na elaboração do acórdão respeitante a essa causa.

Por outro lado, o artigo 50.° dispõe que o Tribunal de Primeira Instância funciona por secções, compostas por três ou cinco juízes. Os presidentes das secções são eleitos pelos seus pares, como no Tribunal de Justiça, sendo a eleição dos presidentes das secções de cinco juízes por três anos, e admitindo-se a possibilidade de uma reeleição. O mesmo preceito admite ainda que o Regulamento de Processo possa prever que o Tribunal de Primeira Instância reúna em grande secção, nos casos e condições nele previstos.

sição em contrário do Estatuto do Tribunal de Justiça[38] se aplicam ao Tribunal de Primeira Instância as disposições do Tratado relativas ao Tribunal de Justiça (parágrafo 6).

Mas é a propósito da competência que as modificações assumem maior relevância. Assim, o parágrafo 1 do artigo 225.° dispõe que o Tribunal é competente para conhecer em primeira instância dos recursos referidos nos artigos 230.° (recurso de anulação), 232.° (recurso por omissão), 235.° (acções de indemnização), 236.° (litígios relativos à função pública comunitária) e 238.° (litígios em que a competência da jurisdição comunitária resulta de uma cláusula compromissória constante de um contrato de direito público ou de direito privado, celebrado pela Comunidade ou por sua conta), com excepção dos atribuídos a uma câmara jurisdicional e dos que o Estatuto reservar para o Tribunal de Justiça[39]. Em matéria de recursos directos a competência parece assim ser de vocação geral, salva a específica atribuição ao Tribunal de Justiça ou a uma câmara jurisdicional, o que é confirmado pela previsão expressa de que o Estatuto pode atribuir competência ao Tribunal para outras categorias de recursos[40].

---

[39] Saliente-se que o artigo 51.° do Estatuto do Tribunal de Justiça (que integra igualmente o direito primário uma vez que a sua autoria pertence aos Estados-Membros) atribui ao Tribunal de Justiça competência para julgar as acções propostas e os recursos interpostos pelos Estados-Membros, pelas Instituições das Comunidades e pelo Banco Central Europeu.

[40] Cfr. o artigo 225.°, parágrafo 1, primeira frase, *in fine*.

Pela Declaração n.° 12 a Conferência convida o Tribunal de Justiça e a Comissão a proceder com a maior brevidade a um exame de conjunto da repartição de competências entre o Tribunal de Justiça e o Tribunal de Primeira Instância, em especial em matéria de recursos directos, e a apresentar propostas adequadas a fim de serem analisadas pelas instâncias competentes logo que entre em vigor o Tratado de Nice. Correspondendo a este convite, o Tribunal de Justiça, em concertação com o Tribunal de Primeira Instância, propôs que ficassem reservadas ao Tribunal de Justiça apenas os recursos de anulação ou de omissão apresentados por um Estado-Membro, uma instituição ou o Banco Central Europeu nos quais sejam requeridos o Parlamento, o Conselho ou o Parlamento e o Conselho assim como os recursos interinstitucionais dirigidos contra os actos ou abstenções da Comissão ou do Banco Central Europeu. Esta regra geral sofreria porém duas derrogações. Por um lado, o Tribunal será competente para apreciar os recursos introduzidos contra os actos do Conselho no domínio dos auxílios públicos (artigo 88.°, parágrafo 2, alínea 3), das medidas de defesa comercial (artigo 133.°) e ainda aqueles pelos quais esta instituição exerce, segundo as modalidades previstas no artigo 202.°, terceiro travessão, do Tratado CE, competências de execução. Por outro lado, continuariam a ser da competência do Tribunal de Justiça os recursos introduzidos pelos Estados-Membros contra os actos da Comissão quando esta instituição estatuir em matéria de cooperação reforçada por força do artigo 11.°A do Tratado CE.

Como até agora acontecia, as decisões a este propósito proferidas pelo Tribunal de Primeira Instância podem ser objecto de recurso para o Tribunal de Justiça limitado às questões de direito, nas condições e limites previstos no Estatuto[41].

Como consequência da criação das câmaras jurisdicionais, o parágrafo 2 do artigo 225.º reconhece ao Tribunal de Primeira Instância a competência para conhecer dos recursos interpostos contra as decisões que estas venham a proferir. O Tribunal de Primeira Instância passa assim a constituir uma segunda instância de julgamento. Mas admite-se a reapreciação a título excepcional pelo Tribunal de Justiça, nas condições e limites previstos no Estatuto, caso exista grave lesão da unidade ou da coerência do direito comunitário, das decisões que aquele órgão venha a proferir[42].

Por outro lado desaparece o limite actualmente constante da última frase do parágrafo 1 do artigo 225.º, e o parágrafo 3 do artigo 225.º reconhece expressamente ao Tribunal de Primeira Instância competência para conhecer das questões prejudiciais, submetidas por força do artigo 234.º, em matérias específicas determinadas pelo Estatuto. Admite-se contudo que, se considerar que a causa exige uma decisão de princípio susceptível de afectar a unidade ou a coerência do direito comunitário, o Tribunal de Primeira Instância possa remetê-la ao Tribunal de Justiça para que este delibere sobre ela. E prevê-se igualmente, e nas mesmas condições que na hipótese das decisões proferidas relativamente aos recursos interpostos das decistes das câmaras jurisdicionais[43], a possibilidade de reapreciação[44] destas decisões pelo Tribunal de Justiça[45].

---

[41] Cfr. a redacção do artigo 225.º, parágrafo 1, segunda frase.

[42] Cfr. o artigo 225.º, parágrafo 2, segunda frase.

[43] Isto é, a título excepcional, nas condições e limites previstos no Estatuto, caso exista risco grave de lesão da unidade ou da coerência do direito comunitário. A verificação da existência desta condição cabe, nos termos do artigo 62.º do Estatuto, ao primeiro advogado-geral a quem compete propor ao Tribunal de Justiça que reaprecie a decisão do Tribunal de Primeira Instância. A proposta deve ser apresentada no prazo de um mês a contar da data em que tiver sido proferida a decisão deste órgão jurisdicional. E o Tribunal de Justiça decide, no prazo de um mês a contar da recepção da proposta apresentada pelo primeiro advogado-geral, se a decisão deve ou não ser reapreciada.

[44] Tendo a Conferência acrescentado, na Declaração n.º 15 que, nos casos excepcionais em que decida reapreciar uma decisão do Tribunal de Primeira Instância em matéria prejudicial o Tribunal de Justiça deve deliberar por procedimento de urgência.

[45] Refira-se que a Declaração n.º 14 aprovada pela Conferência prevê que, ao adoptar as disposições do Estatuto necessárias à execução dos parágrafos 2 e 3 do artigo 255.º (relativos, respectivamente, à competência para conhecer dos recursos interpostos

Com o novo artigo 225.°-A, parágrafo 1, o Tratado passa a permitir ao Conselho, a criação, através de deliberação unanimitária e mediante proposta da Comissão e após consulta ao Parlamento Europeu e ao Tribunal de Justiça, ou do Tribunal de Justiça e após consulta ao Parlamento Europeu e à Comissão, de câmaras jurisdicionais encarregadas de conhecer em primeira instância certas categorias de recursos em matérias específicas[46]. A decisão que cria a câmara jurisdicional, prescreve o parágrafo 2, fixará as regras relativas à composição dessa câmara e especificará o âmbito das competências que lhe forem conferidas. Por outro lado, e segundo o parágrafo 3, as decisões destas instâncias podem ser objecto de recurso para o Tribunal de Primeira Instância limitado às questões de direito ou, quando tal estiver previsto na decisão que cria a câmara, que incida também sobre as questões de facto.

O parágrafo 4 sujeita a designação dos membros das câmaras jurisdicionais a uma decisão unanimitária do Conselho que terá de incidir sobre pessoas que ofereçam todas as garantias de independência e possuam a capacidade requerida para o exercício de funções jurisdicionais. E reconhece-se ainda às novas instâncias o poder de elaborarem, de acordo com o Tribunal de Justiça, o respectivo regulamento de processo, que será submetido à aprovação do Conselho, deliberando por maioria qualificada (parágrafo 5). Enfim, prevê-se a aplicação às câmaras jurisdicionais, salvo disposição em contrário da decisão que procede à respectiva criação, das disposições do Tratado relativas ao Tribunal de Justiça assim como das do seu Estatuto (parágrafo 6).

---

contra as decisões das câmaras jurisdicionais e à competência para conhecer de questões prejudiciais), o Conselho deverá criar um procedimento que garanta que o funcionamento concreto destas disposições seja avaliado, o mais tardar, três anos após a entrada em vigor do Tratado de Nice.

[46] Saliente-se que por uma Declaração (16.ª) respeitante ao artigo 225.°-A do Tratado CE, a Conferência solicita ao Tribunal de Justiça e à Comissão (instituições a quem é reconhecido o direito de iniciativa no que toca às alterações do Estatuto do Tribunal de Justiça – vide o artigo 245.°) que preparem com a maior brevidade um projecto de decisão que crie uma câmara jurisdicional competente para decidir em primeira instância os litígios entre a Comunidade e os seus agentes [cfr., a propósito, Timothy Millett, «Staff cases in the Judicial Architecture of the Future», *in Judicial Review in European Union Law. Liber amicorum in honour of Lord Slynn of Hadley* (*cit. supra*, nota 20), pp. 221-231]. Acha-se assim claramente identificada já uma matéria em que a experiência das câmaras jurisdicionais será ensaiada, sendo-lhes atribuída uma competência até ao presente exercida pelo Tribunal de Primeira Instância.

O Tratado passa ainda a incluir um novo artigo 229.°-A, nos termos do qual, sem prejuízo das suas restantes disposições, o Conselho, deliberando por unanimidade e após consulta da Comissão e do Parlamento Europeu, pode aprovar disposições destinadas a atribuir ao Tribunal de Justiça, na medida determinada pelo Conselho, competência para decidir sobre litígios ligados à aplicação dos actos adoptados com base no Tratado que criem títulos comunitários de propriedade industrial. A regra parece conter uma habilitação ao Conselho para que venha a adoptar disposições[47] que estendam em determinada medida[48] a competência do Tribunal de Justiça. A solução parece ter designadamente em vista o sistema jurisdicional que deverá presidir à aplicação do regulamento da patente comunitária, assim se abandonando a proposta inicial da Comissão que avançara para o efeito com a ideia da criação de uma nova jurisdição centralizada, afastando expressamente a competência do Tribunal de Justiça e do Tribunal de Primeira Instância[49]. Mas não parece decorrer de uma determinação muito clara a este propósito uma vez que na Declaração n.° 17, a Conferência considera que o artigo 229.°-A não condiciona a escolha do quadro jurisdicional eventualmente a criar para o tratamento do contencioso relativo à aplicação dos actos adoptados com base no Tratado CE que criem títulos comunitários de propriedade industrial.

Em sede de legitimidade activa no contencioso de anulação, a nova redacção do artigo 230.° vem ainda reconher ao Parlamento Europeu o estatuto de requerente privilegiado, o que se afigura estar em consonância com a revalorização do seu papel institucional[50].

---

[47] Que, como se diz no mesmo artigo 229.°-A, *in fine*, deverão ser aprovadas pelos Estados-Membros, de acordo com as respectivas normas constitucionais, o que parece revelar assim a sua natureza de normas de natureza internacional, ainda que a sua aprovação dependa de recomendação do Conselho.

[48] Em referência à solução dos litígios decorrentes da aplicação de certos actos adoptados com base no Tratado que criem títulos comunitários de propriedade industrial.

[49] Cfr. os *consideranda* 7 a 9 e os artigos 30 a 35 da Proposta de regulamento do Conselho relativo à patente comunitária, que cria um tribunal comunitário de propriedade industrial (*in JOCE* C, 337 E, de 28 de Novembro de 2000, p. 278). Sobre a patente comunitária, cfr. Albrecht Krieger, «Das Gemeinschaft Patent- ein essential des europäischen Binnenmarkts», *in Festschrift für Ulrich Everling*, v. I (*cit. supra*, nota 19), pp. 701--717 e Vincenzo Di Cataldo, «From the European Patent to a Community Patent», 8 *Columbia Journal of European Law* (2002), pp. 19-35.

[50] A indicação desta instituição passa assim a figurar no parágrafo 2 deste artigo, sendo omitida no parágrafo 3.

E, por último, a nova redacção do artigo 245.° estabelece, no parágrafo 2, que a alteração do estatuto do Tribunal de Justiça[51] passa a ser feita pelo Conselho, também a pedido da Comissão e após consulta ao Parlamento Europeu e ao Tribunal de Justiça[52]. Trata-se do fim do monopólio da iniciativa do Tribunal de Justiça nesta matéria e do reconhecimento à Comissão, também nesta área, do poder que a este propósito o Tratado em geral lhe atribui.

4. Se pretendermos agora surpreender a linha geral que emerge do conjunto das modificações introduzidas pelo Tratado de Nice no sistema jurisdicional comunitário, parece-nos que ela se reconduz, em grande medida e antes de mais, a uma ideia de continuidade com o sentido das reformas anteriores. Uma continuidade que no entanto é acompanhada desde logo pelo reforço da lógica dessas mesmas reformas.

Tal ocorre desde logo com a complexificação deste sistema, que desde o Acto Único Europeu[53] passara a conhecer novos actores[54] e que a partir de agora integra também as câmaras jurisdicionais. Com a progressiva transferência de competências do Tribunal de Justiça para estas novas instâncias, iniciada timidamente em 1989, progressivamente continuada ao longo do decénio subsequente em favor do Tribunal de Primeira Instância e ensaiada agora em benefício das ora criadas câmaras jurisdicionais. Com a busca de uma maior flexibilidade no funcionamento do Tribunal de Justiça, patente quer nas regras que reforçam o papel das suas secções quer na disposição que altera o modo de aprovação do Regulamento de Processo das duas instâncias jurisdicionais, sujeitando-a tão só ao voto da maioria qualificada[55] do Conselho. E com o alargamento do círculo dos requerentes privilegiados em matéria de recurso de anulação, passando-se a inserir nele o Parlamento Europeu[56].

---

[51] Que, nos termos do parágrafo 1 do mesmo artigo, é fixado em Protocolo separado.

[52] E não apenas, como até agora, a pedido do Tribunal de Justiça e após consulta ao Parlamento Europeu e à Comissão. A deliberação continua em todo o caso a ser feita por unanimidade e não pode abranger o Título I do Estatuto.

[53] Mais precisamente depois de 1989. Cfr. *supra*, nota 11.

[54] O Tribunal de Primeira Instância.

[55] E não mais da unanimidade.

[56] Saliente-se que, com esta reforma, a legitimidade activa em sede de recurso de anulação passa a coincidir com o carácter fundamental da intervenção no *decision-making process* que é reconhecida às Instituições. Mas mantém-se, neste particular, a divergência com o regime do recurso por omissão, onde a condição de requerente privilegiado é atribuída automaticamente a todas as Instituições (e portanto também ao Tribunal de Contas).

Se esta primeira orientação parece traduzir a convicção de que o quadro vigente é ainda adequado no fundamental a enfrentar os actuais desafios, não deixa de ser verdade que aqui e ali pequenas modificações parecem pretender adiantar um início de resposta a estes. Estamos a pensar nas regras relativas à composição das actuais instâncias jurisdicionais, que procuram simultaneamente acautelar um desmesurado crescimento do Tribunal de Justiça[57] e potenciar por outro lado o desenvolvimento do Tribunal de Primeira Instância[58]. E nos termos em que se antevê o reforço das competências deste órgão jurisdicional, ao admitir-se que para ele sejam transferidas competências de natureza prejudicial que até aqui constituem um reduto exclusivo da actuação do Tribunal de Justiça.

Na verdade, ao dar este passo e ao reconhecer que a competência do Tribunal de Primeira Instância se pode expandir sem qualquer limite prévio, o Tratado de Nice configura este órgão jurisdicional de modo algo diferente do actual, entendimento que surge reforçado pela circunstância de ele passar a aparecer nitidamente também como um tribunal de apelação e de se introduzirem limites à contestação das suas decisões. Se a relação com o Tribunal de Justiça se mantém no fundamental na medida em que este último continua a poder reapreciar estas decisões, note-se que tal reapreciação é agora em certos casos sujeita a um processo de filtragem[59] que passa pela revalorização do papel do advogado-geral[60]. Pode assim antever-se uma mutação das linhas de base que até hoje presidiram ao equilíbrio do edifício jurisdicional comunitário, com a nítida valorização do papel reconhecido a alguns dos seus actores e o aparecimento de outros –

---

[57] Limitando os seus membros a um juiz por cada Estado, o que parece resultar do reconhecimento de limites de ordem funcional à sua expansão e institucionalizando o funcionamento da grande secção.

[58] Que se revela possível dado ele funcionar preferencialmente em secções pelo que poderá assim corresponder ao aumento actual e futuro do contencioso.

[59] No caso das decisões que conhecem de questões prejudiciais e das que conhecem dos recursos interpostos contra as decisões das câmaras jurisdicionais.

[60] Anote-se que inicialmente se aventou que a função ora cometida ao primeiro advogado-geral fosse exercida pela Comissão. A solução adoptada afigura-se-nos claramente preferível, não só porque se ajusta em nosso entender ao perfil desta instituição (cfr. os trabalhos citados *supra*, na nota 29), mas porque aquela outra seria dificilmente compatível com o estatuto de parte que em muitos casos é o da Comissão perante o Tribunal de Primeira Instância. A linha divisória entre a «reapreciação» e o «recurso» poderia assim ser difícil de estabelecer nos casos em que a Comissão não tivesse obtido ganho de causa diante daquele órgão jurisdicional.

as câmaras jurisdicionais[61], que poderão vir a ter competências em matérias específicas mas não inicialmente delimitadas.

Mas atente-se, no entanto, que, uma vez mais, os autores do Tratado se limitam a prever as linhas gerais desta evolução e a conter uma habilitação para que os órgãos que exercem o poder de decisão a concretizem, guardando-se de chamar desde já a si o desenho da nova construção. O receio em assumir sem mais o novo quadro[62] pode ficar a dever-se ao desejo de avançar com cautelas, mas pode resultar igualmente da intenção de deixar em aberto, para a dialéctica dos órgnos de iniciativa, consulta e decisão, a conformação do futuro sistema jurisdicional comunitário.

A crença de que esta consideração pesou na mente dos autores da reforma parece reforçar-se com a leitura do disposto no artigo 229.°-A onde se ensaia uma via de solução para o contencioso decorrente dos actos a aprovar com base no Tratado CE que criem títulos comunitários de propriedade industrial, habilitando o Conselho a dar os passos necessários à sua criação, para se acrescentar em seguida[63] que tal disposição não condiciona o quadro jurisdicional *eventualmente*[64] a criar.

Ao devolver a iniciativa aos órgãos de decisão[65] o Tratado de Nice revela aqui uma vez mais não ter ainda uma visão coerente e completa do futuro sistema jurisdicional comunitário, se bem que antecipe desde já algumas das linhas de força por que virá a passar o seu desenvolvimento. E confirma a dificuldade revelada até agora pelos Estados-Membros de perspectivar o sentido da evolução da vida judiciária na Comunidade e a tendência para actuar de forma reactiva face às transformações que se continuam a produzir.

---

[61] Saliente-se que estas são adstritas ao Tribunal de Primeira Instância (artigo 220.°, parágrafo 2), como acontecia inicialmente com esta jurisdição, cuja criação o Acto Único Europeu (artigo 11.°) previra em «associação» ao Tribunal de Justiça.

[62] Cujo esboço, a partir de agora, deixa de ser da exclusiva iniciativa do Tribunal de Justiça, cabendo igualmente uma tal responsabilidade à Comissão.

[63] Na Declaração n.° 17.

[64] Sublinhado nosso.

[65] Presentemente (Setembro de 2003), parece desenhar-se um consenso no sentido de integrar no Tribunal de Primeira Instância o controlo jurisdicional da patente comunitária, o que implicaria a criação possível de câmaras jurisdicionais com competência neste domínio, que poderiam no entanto conhecer alguns elementos de descentralização.

# O TRATADO INTERNACIONAL
# NA ORDEM JURÍDICA DO BRASIL

FRANCISCO REZEK

Este estudo se volta para um tema de direito interno. No que se refere à gênese dos tratados, o direito internacional oferece exata disciplina à representação exterior dos Estados, valorizando quanto por eles falem certos dignitários, em razão de suas funções. Não versa, porém, aquilo que escapa ao seu domínio, porque inerente ao sistema de poder consagrado no âmbito de toda ordem jurídica soberana. Presume-se, em Direito das Gentes, que os governantes habilitados, segundo suas regras, à assunção de compromissos internacionais – todos eles, observe-se, vinculados ao poder Executivo – procedem na conformidade da respectiva ordem interna, e só excepcionalmente uma conduta avessa a essa ordem poderia, no plano internacional, comprometer a validade do tratado.

Dado que o consentimento convencional se materializa sempre num ato de governo – a assinatura, a ratificação, a adesão –, parece claro que seus pressupostos, ditados pelo direito interno, tenham normalmente a forma da consulta ao poder Legislativo. Onde o Executivo depende, para comprometer externamente o Estado, de algo mais que sua própria vontade, isto vem a ser em regra a aprovação parlamentar, configurando exceção o modelo suíço, em que o referendo popular precondiciona a conclusão de certos tratados. O estudo dos pressupostos constitucionais do consentimento é assim, fundamentalmente, o estudo da partilha do *treaty-making power* entre os dois poderes políticos – Legislativo e Executivo – em determinada ordem jurídica estatal. Melhor proveito dará a análise do caso brasileiro se precedida, ainda que em molde sumário, pela consideração de alguns outros sistemas nacionais.

## I. SISTEMAS DE PARTILHA DO PODER CONVENCIONAL

Aqui se desprezam vestibularmente todos os modelos nacionais em que, de direito ou de fato, não há partilha, entre governo e parlamento, do poder de comprometer o Estado no plano internacional[1]. Em tais casos não se pode falar, a rigor, em pressupostos constitucionais do consentimento, visto que nada o precondiciona senão a vontade daquele mesmo poder que o exprime. No cenário restante abordam-se, em razão de sua excelência didática, três modelos: o francês, o britânico e o norte-americano.

### § 1.º
### O modelo francês. O Império do Brasil, o Peru e a Venezuela

No modelo francês a aprovação parlamentar constitui pressuposto da confirmação de *alguns* tratados que a Constituição menciona, no seu artigo 53. São eles os tratados de paz, os de comércio, os relativos à organização internacional, os que afetam as finanças do Estado, os que modificam disposições legislativas vigentes, os relativos ao estado das pessoas, e os que implicam cessão, permuta ou anexação de território. Cuida-se, pois, de um sistema inspirado na idéia do controle parlamentar dos tratados de maior importância, à luz do critério seletivo que o próprio constituinte assumiu[2].

Não há, assim, sob o aspecto qualitativo, diferença entre o modelo francês – herdado pela Constituição de 1958 às linhas gerais de suas predecessoras de 1946 e 1875 – e o que prevaleceu no Império do Brasil, sob a Constituição de 25 de março de 1824. Separa-os um fator puramente quantitativo, vez que neste último caso a aprovação da Assembléia-Geral impunha-se apenas quando o tratado envolvesse cessão ou troca de território imperial – "ou de possessões a que o Império tenha direito" –, e desde que celebrado em tempo de paz[3].

---

[1] Em sua obra de 1943, Paul de Visscher mencionava alguns exemplos ostensivos de concentração do poder convencional nas mãos do governo: o Império do Japão, a Alemanha sob o III Reich, a Etiópia, a República de São Marinho, a Arábia Saudita, o Iêmen e o Vaticano (*De la conclusion des traités internationaux*, Bruxelas, Bruylant, 1943, pp. 26-28).

[2] Quanto ao procedimento: manifestam-se, na França, as duas casas do parlamento, quais sejam a Assembléia Nacional e o Senado; e o fazem por meio de uma lei, aprovando o tratado, e permitindo, pois, sua confirmação pelo Presidente da República.

[3] Constituição política do Império do Brasil, de 25 de março de 1824, art. 102 – VIII.

Com a mesma tônica distintiva *ratione materiae*, mas sem especificações temáticas precisas, a Constituição peruana de 1979, depois de estabelecer que os tratados têm como pressuposto de ratificação o abono do Congresso, ressalva que o Presidente da República pode celebrá-los por si mesmo, devendo apenas informar imediatamente o Legislativo, quando versem "matérias de sua exclusiva competência"[4].

A Constituição venezuelana de 1961 reclama a aprovação legislativa dos tratados, excetuados aqueles que importam execução ou continuidade de obrigações internacionais preexistentes, desempenho de atos ordinários em relações internacionais, exercício de poderes que a lei expressamente confere ao poder Executivo, e, por último, aplicação de princípios expressamente reconhecidos pela república[5].

§ 2.º
## O Reino Unido

A originalidade do modelo britânico, construído sob o pálio de uma constituição costumeira, está no modo de enfocar a matéria. Ali, como nos sistemas até agora vistos, *alguns* tratados não prescindem do beneplácito parlamentar. Não se pretende, contudo, que seja este um requisito de validade da ação exterior do governo, mas um elemento necessário à implementação do pacto no domínio espacial da ordem jurídica britânica. O governo é livre para levar a negociação de tratados até a fase última da expressão do consentimento definitivo, mas não deve deslembrar-se da sua inabilidade constitucional para alterar as leis vigentes no reino, ou para, de qualquer modo, onerar seus súditos ou reduzir-lhes os direitos, sem que um *ato do parlamento* para isso concorra.

Este, pois, o toque peculiar ao modelo britânico. O mais singelo e estereotipado pacto bilateral de extradição reclama, para ser eficaz, o ato parlamentar convalidante, porque não se concebe que uma pessoa, vivendo no real território, seja turbada em sua paz doméstica, e mandada à força para o exterior, à base de um compromisso estritamente governamental. Concebe-se, porém, que tratados da mais transcendente importância política sejam concluídos pela exclusiva autoridade do governo, desde que possa este executá-los sem onerar os contribuintes nem molestar, de algum

---

[4] Constituição peruana de 12 de julho de 1979, arts. 102 e 104.
[5] Constituição venezuelana de 23 de janeiro de 1961, art. 128.

modo, os cidadãos. À margem da colaboração do parlamento pode o governo britânico, dessarte, adquirir território mediante compromisso político; e só não pode *ceder* território ante a presunção de que, com esse gesto, estará destituindo da proteção real os súditos ali instalados[6].

O *Parlement Belge*, embarcação civil de uso do soberano belga, colidiu em 1879, em águas territoriais inglesas, com um barco privado pertencente a súdito local, que de pronto ajuizou no Tribunal do Almirantado um pedido de ressarcimento, envolvendo a apreensão da nave. Em preliminar, o governo belga sustentou a inviolabilidade daquela embarcação pública civil, não diversa da que cobria os navios de guerra, fosse à vista do direito internacional costumeiro, fosse em razão do tratado bilateral belgo-britânico de 1876, que estendia às naves do gênero aquele privilégio.

Robert Phillimore, juiz, na época, do Tribunal do Almirantado, negou, primeiro, que a inviolabilidade geralmente reconhecida pelo direito internacional comum fosse além dos navios de guerra. Em seguida recusou qualquer préstimo ao tratado de 1876 para estabelecer a extensão do privilégio, eis que não podia o governo, sem apoio num ato do parlamento, pactuar com potência estrangeira de modo a reduzir os direitos de um súdito local, entre os quais o de obter satisfação judiciária.

A Corte de Apelação derrubou essa sentença, por entender que o direito internacional costumeiro garantia ao barco real privilégio não inferior ao das naus de guerra. Não desautorizou, porém, a assertiva de Phillimore sobre a inidoneidade do tratado, nos termos em que formulada. O caso do *Parlement Belge* é citado até hoje como ilustração das limitações do Executivo britânico no trato internacional[7].

---

[6] Cf., a propósito, os argumentos de Gladstone e William Harcourt no debate sobre a cessão de Heligoland ao Império Germânico, em 1890 (William Reyne'l Anson, *The crown*, II, p. 140). Relatam autores contemporâneos que de 1924 a esta parte o procedimento do governo britânico tem sido, na prática, mais cauteloso do que lhe manda o direito. Tem ele procurado enviar ao parlamento, com antecedência, todos os tratados não consumados pela assinatura – vale dizer, os dependentes de ratificação –, exprimindo seu consentimento definitivo caso aquele poder não se revele disposto, após algumas semanas, a colocar a matéria em debate. Isso de certo modo aproxima a atual tendência das instituições britânicas, no particular, do modelo dos Países Baixos (v. Nguyen Quoc Dinh, Droit international public, Paris, L.G.D.J., 1975, p. 153).

[7] V. *De Visscher*, pp. 32-33; *O'Connell*, International Law, Londres, Stevens, 1970, p. 867; *McNair*, The Law of Treaties, Oxford, Clarendon, 1961, pp. 83-84.

## § 3.º
## Os Estados Unidos da América

A Constituição americana de 1787 garantiu ao Presidente dos Estados Unidos o poder de celebrar tratados, com o consentimento do Senado, expresso pela voz de dois terços dos senadores presentes[8]. Bem cedo, porém, uma interpretação restritiva da palavra inglesa "treaties" fez com que se estimasse que nem todos os compromissos internacionais possuem aquela qualidade. Além dos *tratados*, somente possíveis com o abono senatorial, entendeu-se que negociações internacionais podiam conduzir a acordos ou ajustes, os ali chamados "agreements", para cuja conclusão parecia razoável que o Presidente prescindisse do assentimento parlamentar. A prática dos *acordos executivos* começa no governo de George Washington, e ao cabo de dois séculos ostenta impressionante dimensão quantitativa. A Corte Suprema norte-americana, levada por mais de uma vez ao exame da sanidade constitucional desses acordos, houve por bem convalidá-los.

Na realidade, em dois casos análogos, *U. S. v. Belmont* (1937) e *U. S. v. Pink* (1942), a Corte Suprema enfrentou de modo curioso a pretensão de particulares, do setor bancário nova-iorquino, que contestavam a validade do *Acordo Litvinov* – um acordo executivo entre o presidente Franklin Roosevelt e o ministro soviético daquele nome, onde se determinava a devolução, à fazenda pública soviética, de somas depositadas em bancos de Nova York por súditos russos, antes da revolução de 1917, e não reclamadas mais tarde pelos depositantes privados. Chamando em seu socorro as leis e a ordem pública do estado de Nova York, Belmont, e mais tarde Pink, afirmaram não vislumbrar no acordo executivo o vigor jurídico bastante para neutralizar a proteção garantida por aqueles padrões de conduta a depósitos bancários particulares.

A Corte Suprema confirmou a validade do acordo executivo, sempre à luz da idéia de que só para "treaties" – não para "agreements" – a carta federal reclama o endosso de dois terços do Senado. Em seguida – e neste ponto reside a curiosidade, por aparente contradição, de tal jurisprudência – afirmou a Corte a prevalência do acordo Litvinov sobre as leis e a ordem pública do estado de Nova York, dando-lhe assim a estatura hierárquica que a mesma carta, no artigo VI, atribui aos "treaties": a de "lei suprema do

---

[8] Constituição dos Estados Unidos da América, de 17 de setembro de 1787, art. II, seção 2.

país" – o que traduz a virtude de prevalecer sobre a ordem jurídica dos estados federados[9].

Embora cresçam em números absolutos, os acordos executivos do governo americano têm revelado o exercício de uma prerrogativa menos ampla do que se costuma supor. Não há indício da pretensão de que esses compromissos possam escapar ao âmbito de *três categorias* geralmente reconhecidas: aqueles que se apóiam em diretrizes ou autorização prévia do Congresso; aqueles que só se executam mediante autorização posterior do próprio Congresso; e aqueles que derivam dos estritos poderes constitucionais do Executivo. O'Connell estabelece um rol exemplificativo de cada uma dessas três categorias, onde se vê que os acordos da terceira – seguramente a mais discutível – são os menos numerosos. Seus temas, entendidos como afetos à "estrita competência governamental", incluem armistício, ocupação militar de território estrangeiro, jurisdição sobre crimes militares, tratamento de súditos americanos no exterior e processualística de registro de tratados[10].

Do ponto de vista processual, é conveniente destacar que o modelo norte-americano poucos seguidores teve no tocante à entrega ao *Senado* – não às duas casas do Congresso – da competência para aprovar tratados. O México adota, tradicionalmente, esse sistema[11], bem assim as Filipinas e a Libéria. Adotou-o também o Equador enquanto teve um Congresso bicameral – vale dizer, até 1970.

## II. O PODER CONVENCIONAL NO BRASIL REPUBLICANO

Mais de um século depois de lavrada a Constituição dos Estados Unidos, e perfeitamente cônscio de todos os seus dispositivos, e da respectiva experimentação centenária, entendeu o constituinte brasileiro da primeira República de dispor sobre o poder convencional nestes termos:

"Compete privativamente ao Congresso Nacional:

. . . . . . . . . . . . . . . . . . . . . . . . . . . . . . . . . . . . . . . . . . . . . . . . . . . . . .

---

[9] Sobre os casos *U. S. v. Belmont* e *U. S. v. Pink*, v. *McNair,* pp. 64-65 e 80; e Bernard Schwartz, *Constitutional Law*; Nova York, Macmillan, 1972, pp. 152-155.

[10] *O'Connell*, pp. 208-210.

[11] Constituição mexicana de 31 de janeiro de 1917, art. 76-I. Não se refere a Constituição à maioria qualificada (2/3).

12.º – resolver definitivamente sobre os tratados e convenções com as nações estrangeiras;

..........................................
Compete privativamente ao Presidente da República:
..........................................
16.º – entabolar negociações internacionais, celebrar ajustes, convenções e tratados, sempre *ad referendum* do Congresso;"[12]

A redundância terminológica – ajustes, convenções, tratados –, alvo constante da crítica doutrinária, persiste até hoje na lei fundamental brasileira, com um mínimo de variedade. Ali viu Carlos Maximiliano a intenção de compreender, pela superabundância nominal, todas as formas possíveis de comprometimento exterior[13]. O estudo da gênese das constituições brasileiras, a partir da fundação da República, não permite dúvida a respeito da correção dessa tese. Desprezado tal critério hermenêutico, e à luz única da linguagem do dispositivo, poder-se-ia, entretanto, chegar à conclusão oposta. Afonso Arinos atentou para esse risco e o deplorou em sua obra de 1957:

"A Constituição brasileira, ao falar em tratados e convenções internacionais, empregou duas palavras para exprimir o mesmo objeto jurídico, o que é de má técnica constitucional. O que é mais grave, porém, é que não ficaria excluída a hipótese de se entender que outros atos internacionais que não viessem rotulados como convenções ou tratados ficariam dispensados da fiscalização do Legislativo."[14]

É notório que os grandes comentaristas da Constituição da primeira República – entre eles, destacadamente, João Barbalho e Clóvis Bevilaqua[15] – sustentaram a inviabilidade do comprometimento externo por obra exclusiva do governo, em qualquer caso. A Constituição de 1934 foi, porém, motivo de algum debate a respeito, ante uma alteração redacional presente nos dispositivos que regem a matéria:

"É da competência exclusiva do Poder Legislativo:

---

[12] Constituição republicana de 24 de fevereiro de 1891, arts. 34 a 48.

[13] Carlos Maximiliano, *Comentários à Constituição brasileira de 1946*; Rio de Janeiro, Freitas Bastos, 1948, vol. II, p. 238.

[14] Afonso Arinos de Melo Franco, *Estudos de direito constitucional*; Rio de Janeiro, Forense, 1957, p. 266.

[15] V., no volume II de *Pareceres dos Consultores Jurídicos do Ministério das Relações Exteriores* (1913-1934), diversos pronunciamentos de Clóvis Bevilaqua, na qualidade de consultor jurídico do Itamaraty.

a) resolver definitivamente sobre tratados e convenções com as nações estrangeiras, celebrados pelo Presidente da República, inclusive os relativos à paz;

..........................................

Compete privativamente ao Presidente da República:

..........................................

6.º – celebrar convenções e tratados internacionais *ad referendum* do Poder Legislativo;"[16]

Desapareceu desta derradeira norma a referência a "ajustes", bem assim o advérbio "sempre", que precedia a expressão *ad referendum*. Superado o regime de 1937, em que o texto básico outorgava ao Conselho Federal o exame de tratados[17], a Constituição de 1946 retomou, quase que literalmente, a linguagem de 1934[18].

A história diplomática do Brasil oferece exemplos de comprometimento externo, na velha República, por ação isolada do poder Executivo e, pois, em afronta aparente ao texto constitucional. Foi, contudo, no regime da carta de 1946 que floresceu neste país a doutrina da licitude dos acordos executivos, tendo Hildebrando Accioly como seu mais destacado patrocinador[19].

---

[16] Constituição de 1934, arts. 40 e 56.

[17] Carta política de 1937:

"Art. 54. Terá início no Conselho Federal a discussão e votação dos projetos de lei sobre:

a) tratados e convenções internacionais;

..........................................

Art. 74. Compete privativamente ao Presidente da República:

..........................................

d) celebrar convenções e tratados internacionais, *ad referendum* do Poder Legislativo;"

[18] Constituição de 18 de setembro de 1946:

"Art. 66. É da competência exclusiva do Congresso Nacional;

I – resolver definitivamente sobre os tratados e convenções celebrados com os Estados estrangeiros pelo Presidente da República;

..........................................

Art. 87. Compete privativamente ao Presidente da República:

..........................................

VII – celebrar tratados e convenções internacionais, *ad referendum* do Congresso Nacional;"

[19] Pela comodidade que proporcionava, a doutrina granjeou adeptos dentro da diplomacia brasileira. Não seria exato, porém, associá-lo de modo raso ao Ministério das

## § 1.º
## A polêmica Accioly-Valladão sobre os acordos executivos no Brasil

A súmula do pensamento *constitucionalista* foi produzida por Haroldo Valladão, em parecer oficial, publicado depois no mesmo periódico em que Accioly defendera seu ponto de vista[20]:

"Consulta o Sr. Ministro das Relações Exteriores sobre a validade de Acordo de Pagamento entre o Brasil e França, por troca de notas entre o Ministério das Relações Exteriores e a Embaixada da França no Rio de Janeiro.
. . . . . . . . . . . . . . . . . . . . . . . . . . . . . . . . . . . . . . . . . . . . . . . . .
A dúvida (. . . . .) concerne à necessidade de aprovação do referido acordo pelo Congresso Nacional.

É lição que vem de Clóvis Bevilaqua: 'É a ratificação que torna o tratado obrigatório. No Brasil, compete a ratificação ao Presidente da República, depois que o Congresso aprove o tratado' (*Direito Público Internacional*, § 168, T. II, 2ª ed., 1939, p. 17).
. . . . . . . . . . . . . . . . . . . . . . . . . . . . . . . . . . . . . . . . . . . . . . . . .
A primeira interpretação, logo após a promulgação da Carta Magna de 24 de fevereiro de 1891, dada, ainda, pelos antigos constituintes, vamos encontrar na Lei n.º 23, de 30 de outubro de 1891, que reorganizou os serviços da administração federal, e ainda em vigor no que não foi expressamente revogada.

Eis o que prescreve o § 3.º do seu art. 9.º: '§ 3.º Os ajustes, convenções e tratados celebrados pelo Presidente da República, em virtude das atribuições que lhe confere o art. 48, n.º 16, da Constituição, serão sujeitos à ratificação do Congresso, mediante um projeto de lei formulado pelo Poder Executivo, nos termos do art. 29 da Constituição'.

Nem outro foi o modo de ver do insigne João Barbalho ao justificar a necessidade de aprovação pelo Congresso dos atos internacionais bilaterais: 'Mas os tratados são uma troca de concessões e estabelecem reciprocidade de obrigações; ora, não é da alçada do poder executivo empenhar *motu proprio* a responsabilidade da nação, criar-lhe compromissos, obrigá-la, ainda que em permuta de vantagens, a ônus e encargos. Por isso ficou reservada ao Congresso Nacional a ratificação dos ajustes, convenções e

---

Relações Exteriores: Levi Carneiro, consultor jurídico do Ministério, ofereceu apoio limitado às concepções de Accioly; e Haroldo Valladão, ocupante do mesmo cargo, notabilizou-se como adversário dessa doutrina, fiel ao pensamento constitucionalista de Clóvis e de outros autores.

[20] 7 BSBDI – Boletim da Sociedade Brasileira de Direito Internacional (1948), pp. 5-11: Accioly.

tratados feitos pelo Presidente da República, o que redunda em corretivos e garantia contra possíveis abusos, contra a má compreensão e comprometimento dos altos interesses nacionais'.

. . . . . . . . . . . . . . . . . . . . . . . . . . . . . . . . . . . . . . . .

Finalmente, do mesmo sentir foi a jurisprudência nacional, manifestando-se a propósito de extradições concedidas com base em promessa de reciprocidade, em simples acordo mediante notas reversais.

. . . . . . . . . . . . . . . . . . . . . . . . . . . . . . . . . . . . . . . .

Expressava, pois, Clóvis Bevilaqua o direito positivo brasileiro ao escrever: 'Ainda que a ratificação seja a solenidade que torna o tratado obrigatório, pode ser dispensada por acordo das altas partes contratantes. Exemplo disso nos dá a convenção postal concluída, entre o Brasil e a Grã-Bretanha, no Rio de Janeiro, a 16 de agosto de 1875. Nenhuma convenção internacional, porém, poderá, hoje, no Brasil, ser executada sem a aprovação do Congresso. Todos os ajustes internacionais, em face da Constituição brasileira, como já ficou exposto, são celebrados pelo poder executivo *ad referendum* do Congresso' (*op. cit.*, II, p. 21).

Teriam os artigos da Constituição de 1934 e da atual, de 1946, já referidos, alterado aquela orientação do direito pátrio pelo fato de nos textos referentes ao Presidente da República falarem apenas em 'convenções internacionais' (1934, art. 56, 6.º) ou 'tratados e convenções internacionais' (1946, art. 87, VII) na forma empregada nos dois diplomas básicos quanto ao Poder Legislativo (1934, art. 40, *a*, e 1946, art. 66, I)?

O elemento histórico desautoriza uma resposta afirmativa.

. . . . . . . . . . . . . . . . . . . . . . . . . . . . . . . . . . . . . . . .

Doutra parte, a expressão 'tratados e convenções' vinha usada desde 1891, no sentido amplo, de quaisquer atos jurídicos bilaterais de caráter internacional.

Não fala, apenas, em tratados, mas em tratados e convenções, com largueza de expressão.

Não se referindo mais os novos textos, qual em 1891, também às negociações internacionais e ajustes nas atribuições do Presidente, ou esses atos entram na chave ampla 'tratados e convenções' ou o Poder Executivo não teria competência para assiná-los.

Já escrevera Lafayette: 'Aos tratados dá-se indiferentemente a denominação de convenções, acordos, pactos e ajustes internacionais' (*Princípios de Direito Internacional*, II, 1902, p. 268). Não divergira Clóvis Bevilaqua (*op. cit.*, § 163 e nota, desde␣a 1.ª edição, 1910) nem Hildebrando Accioly (*Tratado de Direito Internacional Público*, 1934, n.º 1.251).

Há de ser, assim, mantida a interpretação clássica que subordina à aprovação do Congresso Nacional todo e qualquer tratado ou convenção, ainda que com a simples denominação de acordo, ajuste, convênio, etc.

Entretanto ultimamente, em trabalho especial, já mencionado, o eminente internacionalista pátrio, Hildebrando Accioly, sustentou a possibilidade de ser o Brasil parte em atos internacionais que não dependem de aprovação do Congresso Nacional.

Eis os trechos fundamentais de sua argumentação: 'Realmente, o Brasil poderá ser parte em atos internacionais que não dependem de aprovação do Congresso Nacional. São eles, essencialmente, os que não exigem ratificação. Dizer que há tratados que não exigem ratificação poderá parecer contraditório com o preceito de direito internacional segundo o qual a ratificação constitui um dos requisitos para a validade de tais atos, até na ausência de cláusula expressa que a estipule. Trata-se, porém, ainda aqui, de um princípio de ordem geral, que admite exceções, conforme abaixo veremos... Isto posto, indiquemos agora quais as exceções admitidas ao princípio da obrigatoriedade da ratificação. Elas se fundam principalmente na natureza do ato internacional e, às vezes, nas circunstâncias que o cercam ou em que é firmado. Alguns autores mencionam também a forma do ato, como elemento suscetível de tornar dispensável a ratificação; mas, a nosso juízo, a forma nada significa, no caso; o que, na verdade, importa é a matéria do pacto. Acontece, porém, que esta geralmente influi naquela de modo que freqüentemente se dá forma mais simples aos atos que não devem ser ratificados. O princípio geral que deve predominar no assunto é o da competência privativa dos órgãos constitucionais. Se a matéria sobre que versa o tratado é da competência exclusiva do Poder Legislativo, está claro que o aludido ato não se pode tornar válido sem a aprovação legislativa; e, se depende de tal aprovação, deve ser submetido à ratificação. A título de exemplos, podemos citar, no caso do Brasil, os tratados que, por qualquer forma, estabelecem novos ônus para o Tesouro Nacional; os que dispõem sobre a dívida pública federal; os que implicam cessão ou troca de território nacional ou resolvem sobre os limites deste; os que concedem favores aduaneiros; os de aliança militar; os que permitem o trânsito ou a permanência de forças estrangeiras no território nacional; os de comércio e navegação; etc. Nada impede, contudo, que o próprio Congresso tenha disposto previamente sobre o assunto do tratado e este não seja mais do que a aplicação exata do que já se acha regulado por lei, parecendo assim desnecessário que semelhante tratado seja ainda submetido à aprovação legislativa. Às vezes, também, o Congresso autoriza expressamente o Poder Executivo a dispor convencionalmente sobre determinado assunto. Se este, depois, faz objeto de um tratado, nas condições indicadas, é bem de ver que se pode considerar dispensável a aprovação subseqüente, pelo Congresso. O último caso sucedeu, com alguma freqüência, nos Estados Unidos. Foi o que se deu, por exemplo, com os tratados de comércio concluídos durante o período governamental do Presidente Franklin Roosevelt, em virtude de ato do Congresso aprovado a 12 de junho de 1934.

Assim também, naquele país as Convenções Postais são concluídas pelo Presidente e o *Postmaster General*, sem necessidade de 'parecer e consentimento do Senado', porque antiga lei do Congresso, modificada em junho de 1934, dispôs nesse sentido. Por outro lado, é princípio assento na União norte-americana que os tratados meramente declaratórios da lei internacional (*law of nations*), ou direito das gentes, não exigem sanção legislativa, porque a dita lei, conforme tem decidido a Suprema Corte, é reconhecida como parte da lei do país. Como quer que seja, apesar da disposição expressa da Constituição americana a que atrás aludimos, segundo a qual foi concedido ao Presidente 'o poder de, com o parecer e consentimento do Senado, fazer tratados, mediante a aprovação de dois terços dos senadores presentes', é praxe antiga e muito seguida nos Estados Unidos a de concluírem ajustes ou compromissos internacionais, sobre várias matérias, por meio dos chamados 'acordos executivos' (*executive agreements*), para a validade dos quais é dispensado o 'parecer e consentimento do Senado'. Os acordos executivos, segundo diz Miller, não possuem talvez definição exata e compreendem atos da mais variada natureza. Assim, por meio deles, têm sido ajustados, não só assuntos de pouca importância, como, por exemplo, a execução de cartas rogatórias, mas também matéria de mais relevância, como a navegação aérea, e até assuntos de natureza política. Sem falar, porém, na praxe americana, pode dizer-se, de conformidade com a doutrina mais corrente que a ratificação não é geralmente exigida para os seguintes atos internacionais: a) os acordos sobre assuntos que sejam da competência privativa do poder Executivo; b) os concluídos por agentes ou funcionários que tenham competência para isso, sobre questões de interesse local ou de importância restrita; c) os que consignam simplesmente a interpretação de cláusulas de um tratado já vigente; d) os que decorrem, lógica e necessariamente, de algum tratado vigente e são como que o seu complemento; e) os de *modus vivendi*, quando têm em vista apenas deixar as coisas no estado em que se encontram ou estabelecer simples bases para negociações futuras. A esses casos, é freqüente que na prática se acrescentem outros, como, por exemplo, os de ajuste para a prorrogação de tratado antes que este expire, e as chamadas declarações de extradição, isto é, as promessas de reciprocidade, em matéria de extradição, feitas por simples troca de notas.' (*Boletim*, pp. 5 a 8).

A primeira consideração de Hildebrando Accioly, de que independem de aprovação pelo Congresso os tratados que independem de ratificação – importaria em pedir ao direito das gentes a solução de um problema de exegese da Constituição de um determinado país, o que não me parece orientação aceitável.

A maior ou menor amplitude de poderes do Governo de um país para negociar e assinar atos internacionais há de depender, evidentemente, dos textos da Constituição e leis desse mesmo país.

É assunto típico de direito interno, que escapa de todo ao direito internacional.

A consulta, no assunto, ao direito constitucional é o que aconselha a doutrina corrente no direito internacional, salvo, é claro, o caso anormal de um Governo revolucionário, ou melhor, extraconstitucional.

..................................................

Sai, portanto, o modo de ver de Accioly também da orientação brasileira no campo do próprio direito internacional.

Proclama ele, a seguir, o princípio geral da competência privativa dos órgãos constitucionais, fazendo depender da aprovação legislativa os tratados que versam sobre matéria exclusiva do Poder Legislativo.

É, manifestamente, fugir do *jus constitutum* para penetrar no campo do *jus constituendum*.

É criar, nos artigos constitucionais, contra seu texto, abandonando seu histórico, desacompanhando tradição firme, na legislação (Lei 23, de 1890), na doutrina (João Barbalho, A. Milton, Clóvis Bevilaqua), na jurisprudência do Supremo Tribunal Federal, distinção que, em absoluto, não ocorreu quer aos seus autores, quer aos seus intérpretes.

A razão do preceito de nossas constituições republicanas, exigindo a aprovação pelo Congresso dos tratados e convenções, foi dada em trecho que já transcrevemos de Barbalho; visou a estabelecer um controle amplo do Congresso sobre o Presidente da República nas relações internacionais, dadas as graves conseqüências que poderão advir para o país de compromissos assumidos na ordem internacional.

Não olharam os constituintes republicanos brasileiros a matéria ou a importância dos ajustes internacionais.

Quiseram subordinar o Executivo ao Legislativo em matéria de política exterior, não permitindo assuma o Brasil quaisquer responsabilidades, na ordem internacional, sem o consentimento do Congresso.

Aliás, o critério proposto por Hildebrando Accioly, de distinguir entre os tratados que versassem matéria exclusiva do Poder Legislativo e matéria 'privativa' do Poder Executivo, levaria a sérias dificuldades em assunto que deve ser preciso, dada sua altíssima relevância: validade de atos internacionais firmados pelo Brasil.

É 'exclusiva' do Poder Legislativo, além das atribuições básicas referentes à administração federal propriamente dita, especificadas no artigo 65, I a VIII (orçamento, tributos, dívidas públicas, cargos públicos e vencimentos, operações de crédito e emissões, fixação de forças, transferência de sede do Governo Federal, limites do território nacional), toda a legislação

concernente a bens do domínio federal e a 'todas as matérias da competência da União', art. 65, IX, art. 5.º, I a XV, letra *a* a *r*; etc.
É todo o âmbito do Governo Federal.

..................................................
Será possível considerar a matéria de um acordo daquela natureza, 'privativa' do Poder Executivo?

Para isto seria preciso fixar um limite à atividade legislativa no assunto, estabelecendo-se que a partir de um certo marco, a atribuição de estabelecer normas sobre a dívida pública federal cessaria para o Poder Legislativo e começaria, privativamente, para o Poder Executivo.

Tal distinção, separação de atribuições com esse caráter, inexiste no direito constitucional brasileiro.

Se se quisesse, porém, ter em vista, em cada lei, a parte deixada à execução e à regulamentação do Poder Executivo e, pois, parte sem fronteiras 'privativas' a depender da própria lei – nesse mesmo caso seria perigoso admitir fizesse o Presidente acordos, ajustes, tratados ou convenções com Estados estrangeiros no exercício de um poder, o regulamentar, diretamente subordinado ao Legislativo, que, a cada momento, poderia alterar a lei passível de regulamento.

A estabilidade, necessária aos acordos internacionais, apresentar-se-ia de forma bem precária.

E o Poder Executivo poderia criar, na espécie, um caso internacional, de inexecução de um compromisso que assumira para execução imediata.

E tudo sem ponderar a repercussão inevitável de tais acordos no campo orçamentário, de competência legislativa anual.

A doutrina exposta por Hildebrando Accioly está ligada, qual ele próprio o confessa, ao direito doutros povos, em especial, ao dos Estados Unidos.
.................................................."21

Accioly replicaria, em número ulterior do Boletim da Sociedade Brasileira de Direito Internacional:

"
..................................................
Os fatos indicam que nunca se entendeu, entre nós, que a aprovação do Congresso Nacional era necessária ou, melhor, indispensável 'para *quaisquer* atos bilaterais internacionais'.

Ainda no regime da Constituição de 1891 – que era, nesse ponto, talvez mais exigente do que as posteriores, pois não se limitava a mencionar

---

[21] 11-12 BSBDI (1950), pp. 95-108: Valladão.

*tratados* e *convenções*, falando também em *ajustes* –, numerosos são os acordos bilaterais concluídos pelo Governo brasileiro com Governos estrangeiros e que vigoraram sem o preenchimento daquela condição. Percorra-se, por exemplo, o Código das Relações Exteriores, publicado em 1900, e lá se encontrarão vários exemplos de tais acordos.

.............................................................

De datas posteriores a 1900, mas ainda sob a vigência da Constituição de 1891, poderíamos mencionar vários outros exemplos, inclusive alguns acordos para a demarcação de fronteiras e outros sobre a troca de correspondência diplomática em malas especiais.

A opinião de João Barbalho, embora das mais respeitáveis, não impediu a prática acima referida, sem que, aliás, se confirmassem os receios do eminente comentador de nossa primeira Constituição republicana. Por outro lado, custa-nos crer que o nosso Poder Executivo, ou melhor, o Presidente da República, não tenha noção dos 'altos interesses nacionais' e fosse comprometê-los *em matéria atinente à sua competência privativa*, ao tratar, por intermédio de seus agentes, com países estrangeiros.

A declaração de que os constituintes brasileiros 'quiseram subordinar o Executivo ao Legislativo, em matéria externa', carece de provas. E não se justificaria.

Em toda parte, até nos países de regime parlamentar, a política externa é ação confiada precipuamente ao Chefe da Nação ou do Governo e a seu órgão especial para esse fim, que é o Ministro das Relações Exteriores ou dos Negócios Estrangeiros. Por isso, costuma dizer-se que o Chefe do Estado é quem representa este perante os países estrangeiros e que o dito Ministro é o seu mandatário direto para a direção dos serviços relativos às relações exteriores.

Onde funciona o sistema parlamentar, poderá alegar-se que a orientação da política externa depende da maioria do parlamento; mas, ainda aí, quem a executa é, necessariamente, o órgão ordinário dos negócios estrangeiros, ou seja, o ministro da pasta que destes se incumbe.

Como quer que seja, no sistema presidencial, a situação é outra: a responsabilidade pela orientação e execução da política externa cabe simplesmente ao Poder Executivo.

Em nossa Constituição de 1946 (art. 87, VI) está dito claramente que 'compete privativamente ao Presidente da República': 'manter relações com Estados estrangeiros'.

A circunstância de ser a nomeação dos chefes de missão diplomática sujeita à aprovação do Senado não significa, absolutamente, que este deva dirigir a política exterior do país. Ao Senado também cabe, por exemplo, a aprovação da nomeação dos Ministros do Supremo Tribunal Federal, sem que isto possa importar na menor interferência de nossa Câmara alta na ação do mais alto órgão judiciário da República.

O argumento de que aos autores da Constituição de 1891 e aos intérpretes daquele documento nunca ocorreu o critério da competência privativa dos órgãos constitucionais na celebração de acordos internacionais não tem a importância pretendida. Ainda que se comprove sua exatidão, isto não quererá dizer que tal critério seja inaceitável, nem o fato alegado impediu fosse o dito critério seguido várias vezes.

Não nos parece mais procedente a alegação da dificuldade em distinguir a competência privativa do Poder Executivo da competência exclusiva do Poder Legislativo.

Realmente, a Constituição Federal estabelece, primeiramente, o princípio de que os três Poderes pelos quais se dividem as atividades do Estado 'são independentes e harmônicos entre si'. Depois, indica o que compete privativamente a cada um. Evidentemente, haverá pontos de contacto nessas competências; mas parece-nos possível distinguir sempre a que Poder cada uma delas pertence.

. . . . . . . . . . . . . . . . . . . . . . . . . . . . . . . . . . . . . . . . . . . . . . . . . .

Relativamente à prática nacional, já mostramos que foi freqüente, no sentido indicado, durante a vigência da Constituição de 1891. Depois, sob a de 1934 (que durou, apenas, pouco mais de três anos) e a de 1946, podemos referir mais, entre outros, os seguintes casos:

. . . . . . . . . . . . . . . . . . . . . . . . . . . . . . . . . . . . . . . . . . . . . . . . . .

Parece deva ser aqui acrescentado um caso correlato, talvez pouco conhecido, o qual não é propriamente o da ausência de aprovação legislativa e conseqüente ratificação de tratado ou convenção, mas o de *antecipação* de sua execução, determinada por motivo de força maior. Trata-se de um fato que não ocorre somente no Brasil, mas também em outros países. É o que sucede com certas convenções multilaterais, de caráter técnico ou administrativo, que estabelecem data fixa para sua entrada em vigor.

O melhor exemplo disso nos é dado pelas convenções da União Postal Universal, que, em geral, determinam sua entrada em vigor numa data fixada à distância de cerca de um ano após o encerramento do Congresso que as elabora, e dispõem que a partir dessa data os atos postais anteriores ficam revogados.

Como essas convenções exigem tempo demorado para a sua tradução em português e como sua tramitação também é lenta, no Congresso Nacional, o Departamento dos Correios e Telégrafos vê-se sempre forçado a dar início à sua execução, entre nós ou nas relações com os demais países da União Postal Universal, muito antes de sua aprovação e de sua ratificação. A este propósito, baste-nos mencionar que à data em que estamos escrevendo (2-VII-1953), a convenção principal e demais atos do Congresso da União Postal Universal realizado em Paris em 1952 já começaram a ser executados universalmente e, no entanto, entre nós, ainda não puderam ser submetidos ao Congresso Nacional, por se não haver ainda concluído a respectiva tradução, feita pelo órgão administrativo competente.

..................................................

A tese da competência privativa é perfeitamente razoável. Se a matéria de um acordo é das que cabem peculiarmente dentro das atribuições constitucionais do Poder Executivo, e dado que a este é que compete o exercício das relações com outros Governos, não há por que se lhe deva negar a autoridade para celebrar o dito acordo e pô-lo em vigor, sem intervenção do Poder Legislativo.

..................................................

Seja como for, o que principalmente desejávamos era esclarecer que, entre nós, o costume já de muitos anos – ainda que se pretenda estabelecido *extra legem* – é o de não se exigir a aprovação do Congresso Nacional para certos atos internacionais, e mostrar que, nisto, acompanhamos a corrente moderna e a melhor doutrina."[22]

## § 2.º
## O regime constitucional de 1988

A Constituição brasileira vigente diz ser da competência exclusiva do Congresso Nacional "resolver definitivamente sobre tratados, acordos ou atos internacionais que acarretem encargos ou compromissos gravosos ao patrimônio nacional", sendo que ao Presidente incumbe "celebrar tratados, convenções e atos internacionais, sujeitos a referendo do Congresso Nacional"[23].

A Carta não inova substancialmente por mencionar encargos, etc: não há compromisso internacional que não os imponha às partes, ainda que não pecuniários. Ela preserva, ademais, a redundância terminológica, evitando qualquer dúvida sobre o propósito abrangente do constituinte. Uma exegese constitucional inspirada na experiência norte-americana – e em quanto ali se promoveu a partir da compreensão restritiva do termo *treaties* –, se não de todo inglória no Brasil republicano anterior, tornou-se agora (ou mais exatamente desde o regime constitucional de 1967-1969)

---

[22] 13-14 BSDBI (1951), pp. 20-33: Accioly.
[23] Constituição de 1988, art. 49-I e art. 84-VIII.

impensável. Concedendo-se, pois, que tenha Accioly abonado, a seu tempo, uma prática estabelecida *extra legem*, é provável que tal prática, na amplitude com que tenciona convalidar acordos internacionais desprovidos de toda forma de consentimento parlamentar, não se possa hoje defender senão *contra legem*.

Muitas vezes se viu tratar a prática dos acordos executivos como uma imperiosa necessidade estatal, a ser escorada, a todo preço, pela doutrina. Os argumentos metajurídicos que serviram de apoio a essa tese enfatizavam a velocidade com que se passam as coisas na política internacional contemporânea, diziam da importância das decisões rápidas, enalteciam o dinamismo e a vocação simplificadora dos governos, deplorando, por contraste, e finalmente, a lentidão e a obstrutiva complexidade dos trabalhos parlamentares. Não se sabe o que mais repudiar nesse repetido discurso, se o que tem de frívolo ou o que tem de falso. O suposto ritmo trepidante do labor convencional, nas relações internacionais contemporâneas, seria fator idôneo à tentativa de inspirar o constituinte, nunca à pretensão de desafiá-lo. Por outro lado, é inexata e arbitrária a assertiva de que os parlamentos, em geral, quando vestidos de competência para resolver sobre tratados, tomem nisso maior tempo regular que aquele dispendido pelos governos – também em geral – para formar suas próprias decisões definitivas a respeito, mesmo que não considerado o período de negociação, em que agentes destes – e não daqueles – já conviviam com a matéria em processo formativo. Toda pesquisa por amostragem permitirá, neste país, e não apenas nele, concluir que a demora eventual do Legislativo na aprovação de um tratado é companheira inseparável da indiferença do próprio Executivo em relação ao andamento do processo; e que o empenho real do governo pela celeridade, ou a importância da matéria, tendem a conduzir o parlamento a prodígios de expediência[24].

Juristas da consistência de Hildebrando Accioly e de João Hermes Pereira de Araújo não escoraram, naturalmente, seu pensamento em consi-

---

[24] O chamado Tratado de Itaipu foi encaminhado ao Congresso por mensagem presidencial datada de 17 de maio de 1973. No dia 30 do mesmo mês, promulgava-se o Decreto Legislativo 23/73, aprovando-o. No Senado – cujo pronunciamento sucede sempre ao da Câmara – durou *dois dias* a tramitação da matéria.

O Acordo nuclear Brasil-R. F. da Alemanha também ilustra a assertiva do texto. A mensagem presidencial que o mandou ao Congresso é de 21 de agosto de 1975, e o inteiro processo se concluíra, com a promulgação do Decreto Legislativo 83/75, aprobatório do acordo, em 20 de outubro seguinte. Neste caso, foi de vinte dias a permanência da matéria no Senado.

derações do gênero acima referido. Nem se pode dizer que tenham tomado por arma, na defesa da prática dos acordos executivos, o entendimento restritivo da fórmula "tratados e convenções", num exercício hermenêutico à americana. O grande argumento de que se valeram, na realidade, foi o do *costume constitucional*, que se teria desenvolvido, entre nós, temperando a fria letra da lei maior.

Parece, entretanto, que a gênese de normas constitucionais costumeiras, numa ordem jurídica encabeçada por constituição escrita – e não exatamente sumária ou concisa –, pressupõe o silêncio, ou no mínimo a ambigüidade do diploma fundamental. Assim, a carta se omite de abordar o desfazimento, por denúncia, de compromissos internacionais, e de partilhar a propósito a competência dos poderes políticos. Permite assim que um costume constitucional preencha – com muita nitidez, desde 1926 – o espaço normativo vazio. Tal não é o caso no que tange à determinação do poder convencional, de cujo exercício a carta, expressa e quase que insistentemente, não quer ver excluído o poder Legislativo. Não se pode compreender, portanto, e sob risco de fazer ruir toda a lógica jurídica, a formação idônea de um costume constitucional *contra a letra da Constituição*.

A própria realidade do elemento psicológico de qualquer costume é, no caso, muito discutível. Não há *opinio juris* onde, como no Itamaraty, a sombra da dúvida, que se projetava, em seu tempo, sobre o espírito de Raul Fernandes, marca ainda incômoda presença. Está claro que os acordos executivos, até hoje celebrados sob o pálio doutrinário de Accioly, expõem-se à luz plena do conhecimento: publica-os o Diário Oficial da União, e lêem-nos os membros do Congresso. Mas o silêncio usual não perfaz a *opinio juris*, além de se ver quebrado vez por outra.

Na edição de 25 de maio de 1972, à página 3, o jornal *O Estado de S. Paulo* estampou esta notícia:

"O voto de aplauso ao Chanceler Gibson Barbosa, sugerido pelo Deputado Marcelo Linhares à Comissão de Relações Exteriores da Câmara, pelo êxito brasileiro na assinatura do acordo de pesca com Trinidad-Tobago, foi sustado pela unanimidade dos membros daquele órgão técnico, sob a alegação 'de desconhecimento oficial do texto aprovado'.

Lembraram os deputados Flávio Marcílio e Henrique Turner o texto constitucional, que dá competência exclusiva ao Congresso Nacional para resolver definitivamente sobre os tratados, convenções e atos internacionais celebrados pelo Presidente da República, não importando que título tenham tais documentos.

Revelou Flávio Marcílio o interesse da Marinha em que os acordos de pesca fossem ratificados pelo Congresso Nacional, em contraposição à opinião dominante do Itamaraty, pelo não-envio deles ao Legislativo sob o argumento de que sua aprovação seria muito demorada.

Henrique Turner acentuou que, no caso do acordo de Roboré, o governo alegara que se tratava 'apenas de notas reversais', mas acabou remetendo seu texto ao Congresso, para que se soubesse se era realmente um tratado ou realmente 'notas reversais'.

O deputado paulista admitiu a hipótese de o Itamaraty não ter ainda encaminhado o acordo ao Congresso, talvez por não lhe interessar a divulgação antes de serem concluídos entendimentos idênticos com outros países, como ocorreu recentemente com os Estados Unidos.

De qualquer maneira, mesmo com essa tentativa de explicação a Comissão decidiu, por unanimidade, sustar a votação do voto de aplauso e congratulação, proposto pelo Deputado Marcelo Linhares, até que o Ministério das Relações Exteriores forneça à Câmara os necessários esclarecimentos sobre a matéria."[25]

§ 3.º
## Constituição e acordos executivos: juízo de compatibilidade

Sobre a premissa de que um costume constitucional se pode desenvolver em afronta à literalidade da lei maior, os patrocinadores contemporâneos da prática do acordo executivo, no Brasil, prosseguem fiéis ao rol permissivo lavrado sob a vigência da carta de 1946. Na lógica, na observação de outros modelos nacionais, na própria experiência local – não na Constituição –, pretendem encontrar base para sua lista de tratados consumáveis sem consulta ao Congresso. Não é de estranhar, assim, que a lista seja encabeçada justamente por seus dois tópicos indefensáveis – visto que, quanto a eles, nenhuma acomodação aos preceitos da lei fundamental se pode conceber. Trata-se dos acordos "sobre assuntos que sejam da competência privativa do poder Executivo", e daqueles "concluídos por agentes que tenham competência para isso, sobre questões de interesse local ou de importância restrita", que compõem as alíneas *a* e *b* do rol de Accioly[26].

---

[25] A notícia é confirmada pela Ata da 6.ª reunião ordinária da Comissão de Relações Exteriores da Câmara dos Deputados, realizada em 24 de maio de 1972.

[26] 7 BSBDI (1948), pp. 8. V. também *João Hermes Pereira de Araújo*, A Processualística dos Atos Internacionais, Rio de Janeiro, M.R.E., 1958, pp. 160-173.

Tão nebulosa é a segunda categoria – sobre a qual não se produziram fundamentos teóricos, senão exemplos avulsos – que melhor parece não discuti-la em abstrato, sobretudo à vista da probabilidade de que não constitua mais que extensão periférica da primeira. Esta, por seu turno, vem a ser uma versão da terceira categoria norte-americana de *executive agreements*, concebida em termos menos precisos que os do modelo. A adaptação, de todo modo, resulta impossível: no Brasil, os poderes constitucionais que revestem o Executivo são por este amplamente exercitáveis à luz singular da ordem jurídica nacional, mesmo no que tange ao relacionamento diplomático ordinário. Quando se cuide, porém, de legislar internacionalmente, de envolver no contexto outra soberania, assumindo perante esta compromissos regidos pelo Direito das Gentes, e apoiados na regra *pacta sunt servanda*, não há como agir à revelia da norma específica, que exige a combinação da vontade dos dois poderes políticos, independentemente da importância do tratado ou de qualquer outro elemento quantitativo.

Não é ocioso lembrar quanto se encontram já ampliados os poderes reais do Executivo, neste domínio, pela interposição dos entes parestatais dotados de personalidade jurídica de direito privado – e hábeis, assim, para contratar com seus congêneres no exterior, e mesmo com Estados estrangeiros, sob a autoridade política do governo, e sem controle parlamentar.

Por certo que a alegada competência privativa do governo não pretende confundir-se com o poder regulamentar, e buscar legitimidade nas leis votadas pelo Congresso. Se assim fosse, tampouco haveria lugar para acordos executivos no setor: lembrou Valladão que seria insensato assumir compromissos externos em área normativa subordinada, por excelência, ao próprio Congresso, que a todo tempo "poderia alterar a lei passível de regulamento". Idêntico raciocínio proscreve a conclusão de acordos executivos naquele domínio em que a lei formal tenha autorizado o governo à ação administrativa discricionária – concessão de licenças de pesca ou pesquisa mineralógica, entre outros temas comuns –, porque a mutabilidade da lei seria incompatível com o vínculo assumido ante soberania estrangeira. O quadro é, na essência, diverso daquele em que o Congresso norte-americano, por lei, expressamente autoriza o governo a pactuar com nações estrangeiras sobre determinada matéria. Neste caso, a estabilidade dos tratados resultará garantida pela própria lei, conscientemente elaborada para servir de base ao comprometimento exterior.

Mais grave parece o fenômeno da complacência frente aos acordos executivos, em nações cuja ordem constitucional não os abona em princípio, quando se verifica que, a propósito, o padrão norte-americano, mal compreendido alhures, conduziu ou propende a conduzir a conclusões e a práticas alarmantes. Descrevendo o entendimento oficial dessa questão na Argentina, Juan Carlos Puig dá como pacífico que o que pode o governo, ali, resolver por decreto, é matéria idônea para fazer objeto de acordo executivo[27].

No Brasil, como noutras nações de regime republicano presidencialista, o poder Executivo repousa nas mãos do chefe de Estado, a quem o ministério serve como um corpo de auxiliares, na expressiva linguagem da lei fundamental[28]. Os poderes constitucionais privativos do governo são aqueles que a carta vigente atribui no artigo 84 ao Presidente da República, como exercer a direção superior da administração federal, iniciar o processo legislativo, ou vetar projetos de lei. É importante observar que a competência para celebrar "tratados, convenções e atos internacionais" se inscreve nessa mesma lista, só que acrescida do vital complemento "...sujeitos a referendo do Congresso Nacional". Não há, dessarte, como fugir à norma específica, a pretexto de que o tema do ato internacional compromissivo pode inscrever-se noutro inciso da relação. Assim fosse, e nos defrontaríamos com uma perspectiva convencional gigantesca, além de tangente de pontos os mais sensíveis do poder político. O Presidente da República, por sua singular autoridade constitucional, nomeia e destitui livremente os ministros de Estado, bem como exerce o comando supremo das forças armadas[29]. Ninguém, contudo, o estimará por isso autorizado a celebrar acordos executivos, por hipótese, com o Equador e com a Santa Sé, partilhando temporariamente aquele comando supremo, e condicionando a escolha e a dispensa de ministros ao parecer da Cúria Romana.

Apesar de tudo, o acordo executivo – se assim chamamos todo pacto internacional carente da aprovação individualizada do Congresso – é uma prática convalidável, desde que, abandonada a idéia tortuosa dos *assuntos da competência privativa do governo*, busque-se encontrar na lei fundamental a sua sustentação jurídica.

Três dentre as cinco categorias arroladas por Accioly são compatíveis com preceito constitucional: os acordos "que consignam simplesmente a interpretação de cláusulas de um tratado já vigente", os "que decorrem, lógica e necessariamente, de algum tratado vigente e são como

---

[27] Juan Carlos Puig, Derecho de la Comunidad Internacional, Buenos Aires, Depalma, 1975, p. 149.
[28] Constituição de 1988, art. 76.
[29] Constituição de 1988, art. 84, I e XIII.

que o seu complemento", e os de *modus vivendi*, "quando têm em vista apenas deixar as coisas no estado em que se encontram, ou estabelecer simples bases para negociações futuras"[30]. Os primeiros, bem assim estes últimos, inscrevem-se no domínio da diplomacia ordinária, que se pode apoiar em norma constitucional não menos específica que aquela referente à celebração de tratados. Os intermediários se devem reputar, sem qualquer acrobacia hermenêutica, cobertos por prévio assentimento do Congresso Nacional. Isto demanda, porém, explicações maiores.

## 1.° O acordo executivo como subproduto de tratado vigente

Neste caso a aprovação congressional, reclamada pela carta, sofre no tempo um deslocamento antecipativo, sempre que, ao aprovar certo tratado, com todas as normas que nele se exprimem, abona o Congresso desde logo os acordos de especificação, de detalhamento, de suplementação, previstos no texto e deixados a cargo dos governos pactuantes.

Dir-se-á que o acordo executivo, subproduto evidente de acordo anterior aprovado pelo Congresso, escapa assim ao reclamo constitucional de uma análise do seu texto acabado, implícito na fórmula *ad referendum*. Ao contrário, porém, de toda exigência legal de condição *prévia* – que em princípio não se pode suprir com a respectiva satisfação *a posteriori* –, a exigência da referenda pode perfeitamente dar-se por suprida quando ocorre a antecipação do consentimento. Desnecessário lembrar que, neste caso, a eventual exorbitância no uso do consentimento antecipado encontra remédio corretivo nos mais variados ramos do direito, e em todas as ordens jurídicas.

Nos exemplos seguintes observa-se, primeiro, a previsão convencional de acordos executivos, e em seguida a conformação vinculada destes últimos.

a) No acordo Brasil-Marrocos sobre transportes aéreos regulares (Brasília, 1975), aprovado pelo Decreto Legislativo 86/75:
"Art. VIII – 1. Cada Parte Contratante poderá promover consultas com as autoridades aeronáuticas da outra Parte para interpretação, aplicação ou modificação do Anexo ao presente Acordo ou se a outra Parte Contratante tiver usado da faculdade prevista no Artigo III.

---

[30] 7 BSBDI (1948), pp. 8.

2. Tais consultas deverão ser iniciadas dentro do prazo de 60 (sessenta) dias a contar da data da notificação do pedido respectivo.

3. Quando as referidas autoridades aeronáuticas das Partes Contratantes concordarem em modificar o Anexo ao presente Acordo, tais modificações entrarão em vigor depois de confirmados por troca de notas, por via diplomática."

No Acordo básico de cooperação técnica Brasil-Itália (Brasília, 1972), aprovado pelo Decreto Legislativo 31/73:
"Artigo I
4. (. . . . .) Os programas de cooperação serão executados em conformidade com os entendimentos técnicos que forem estabelecidos entre as autoridades qualificadas para tanto. Esses entendimentos passarão a ter força executiva na data em que forem confirmados por troca de notas, as quais passarão a constituir Ajustes Complementares ao presente Acordo."

No Acordo Brasil-Colômbia sobre usos pacíficos da energia nuclear (Bogotá, 1981), submetido ao Congresso pela Mensagem 131/81 do Presidente da República:
"Art. 4. A fim de dar cumprimento à cooperação prevista neste Instrumento, os órgãos designados de conformidade com os termos do Artigo I, parágrafo 2, celebrarão Acordos Complementares de Execução, nos quais serão estabelecidas as condições e modalidades específicas de cooperação, incluindo a realização de reuniões técnicas mistas para estudo e avaliação de programas."

b) No Ajuste complementar ao Acordo básico de cooperação técnica Brasil-R. F. da Alemanha, concluído por troca de notas, em 5 de maio de 1981:
"Senhor Embaixador,
Tenho a honra de acusar recebimento da nota (. . . . . .) datada de hoje, cujo teor em português é o seguinte:
'Senhor Ministro,
Com referência à nota (. . . . .) de 17 de abril de 1979, bem como em execução do Acordo Básico de Cooperação Técnica, de 30 de novembro de 1963, concluído entre os nossos dois Governos, tenho a honra de propor a Vossa Excelência, em nome do Governo da República Federal da Alemanha, o seguinte Ajuste sobre o desenvolvimento de processo bioquímico contra a ferrugem no cafeeiro.
. . . . . . . . . . . . . . . . . . . . . . . . . . . . . . . . . . . . . . . . . . . . . .' (H.J.S.)
. . . . . . . . . . . . . . . . . . . . . . . . . . . . . . . . . . . . . . . . ." (R.S.G.)

No Ajuste complementar ao Acordo de cooperação científica e tecnológica Argentina-Brasil, lavrado em instrumento único e vigente à data da assinatura (Brasília, 15 de agosto de 1980):

"O Governo da República Federativa do Brasil
e
O Governo da República Argentina
Animados do desejo de desenvolver a cooperação científica e tecnológica, com base no Artigo II do Acordo de Cooperação Científica e Tecnológica, firmado em Buenos Aires a 17 de maio de 1980, e
Reconhecendo a importância da cooperação no campo das comunicações para promover o desenvolvimento econômico e industrial,
Acordam o seguinte:
............................................(R.S.G.) (O.C.)

A constitucionalidade do acordo executivo que, em razão do disposto em tratado antes aprovado pelo Congresso, aparece como subproduto daquele, não pode ser colocada em dúvida. Esta tese é, no mínimo, compatível com quanto preceitua o artigo 84 da carta de 1988. Dessarte, serve o costume para convalidá-la.

O Congresso, ademais, tem perfeita ciência do assentimento prévio que confere a esses acordos antevistos na literalidade de um pacto submetido a seu exame. E se, porventura, não deseja no caso concreto abdicar do controle individualizado de todos os subprodutos ali enunciados, procede como quando aprovou o Acordo básico de cooperação Brasil-Líbia:

"Decreto Legislativo n.° 23, de 1981.
*Aprovo o texto do Acordo Básico de Cooperação entre a República Federativa do Brasil e a Jamairia Árabe Popular Socialista da Líbia, celebrado em Brasília, a 30 de junho de 1978.*
Art. 1.° – Fica aprovado o texto do Acordo Básico de Cooperação entre a República Federativa do Brasil e a Jamairia Árabe Popular Socialista da Líbia, celebrado em Brasília, a 30 de junho de 1978.
Art. 2.° – Todas as emendas ou alterações introduzidas no texto referido no artigo anterior só se tornarão eficazes e obrigatórias para o País após a respectiva aprovação pelo Congresso Nacional.
Art. 3.° – Este decreto legislativo entrará em vigor na data de sua publicação.
Senado Federal, em 09 de junho de 1981.
*Senador Jarbas Passarinho*
Presidente."

## 2.º O acordo executivo como expressão de diplomacia ordinária

Precedendo o inciso que se refere à celebração de "tratados, convenções e atos internacionais, sujeitos a referendo do Congresso Nacional", o artigo 84 da Constituição encerra um inciso apartado que diz ser da competência privativa do Presidente da República "manter relações com os Estados estrangeiros". Neste dispositivo tem sede a titularidade, pelo governo, de toda a dinâmica das relações internacionais: incumbe-lhe estabelecer e romper, a seu critério, relações diplomáticas, decidir sobre o intercâmbio consular, sobre a política de maior aproximação ou reserva a ser desenvolvida ante determinado bloco, sobre a atuação de nossos representantes no seio das organizações internacionais, sobre a formulação, a aceitação e a recusa de convites para entendimentos bilaterais ou multilaterais tendentes à preparação de tratados. Enquanto não se cuide de incorporar ao direito interno um texto produzido mediante acordo com potências estrangeiras, a auto-suficiência do poder Executivo é praticamente absoluta[31].

Também no referido inciso – cuja autonomia em relação ao referente a tratados merece destaque – parece repousar a autoridade do governo para a conclusão de compromissos internacionais terminantemente circunscritos na rotina diplomática, no relacionamento ordinário com as nações estrangeiras. Não seria despropositado, mas quiçá por demais rigoroso, sustentar que a opção pelo procedimento convencional desloca o governo de sob o pálio desse inciso lançando-o no domínio da regra seguinte, e obrigando-o à consulta parlamentar. Dir-se-ia então que, livre para decidir

---

[31] Temperam-na, não obstante, os fatores seguintes:

a) A declaração de guerra e a celebração da paz, promovidas pelo Presidente da República, têm sua validade condicionada ao endosso ulterior do Congresso, quando este não haja manifestado antecipadamente sua aquiescência.

b) Na escolha dos chefes de missão diplomática de caráter permanente, depende o Presidente da aprovação prévia do Senado Federal, por voto secreto.

c) Como todo ministro de Estado, encontra-se o chanceler obrigado a comparecer perante a Câmara dos Deputados, o Senado, ou qualquer de suas comissões, desde que convocado por uma ou outra casa para prestar, pessoalmente, informações acerca de assunto determinado. A convocação dirá respeito, presumivelmente, a tema afeto às relações exteriores. Pode transparecer em tal ensejo a desaprovação do Congresso à política exterior do governo. Nada, porém, mais que isso. Num sistema presidencialista, as convicções do Congresso não vinculam o Executivo. Diversamente do que sucede nos regimes parlamentares, não depende entre nós o governo, ou cada um de seus integrantes em particular, da confiança do Legislativo.

unilateralmente sobre qual a melhor interpretação de certo dispositivo ambíguo de um tratado em vigor, ou sobre como mandar proceder em zona de fronteira enquanto não terminam as negociações demarcatórias da linha limítrofe em causa, ou sobre a cumulatividade de nossa representação diplomática em duas nações distantes, ou ainda sobre quantos escritórios consulares poderão ser abertos no Brasil por tal país amigo, o governo decairia dessa discrição, passando a depender do abono congressional, quando entendesse de regular qualquer daqueles temas mediante acordo com Estado estrangeiro. O rigor não elide a razoabilidade dessa tese, que não é, contudo, a melhor. Acordos como o *modus vivendi* e o *pactum de contrahendo* nada mais são, em regra, que exercício diplomático preparatório de outro acordo, este sim substantivo, e destinado à análise do Congresso. Acordos interpretativos, a seu turno, não representam outra coisa que o desempenho do dever diplomático de entender adequadamente – para melhor aplicar – um tratado concluído mediante endosso do parlamento.

Deve-se haver, entretanto, como pedra de toque na identificação dos acordos executivos inerentes à diplomacia ordinária, e por isso legitimáveis à luz do artigo 84 da lei fundamental, o escrutínio de dois caracteres indispensáveis: a *reversibilidade* e a preexistência de *cobertura orçamentária*.

Esses acordos devem ser, com efeito, desconstituíveis por vontade unilateral, expressa em comunicação à outra parte, sem delongas – ao contrário do que seria normal em caso de denúncia. De outro modo – ou seja, se a retratação unilateral não fosse hábil a operar prontamente –, o acordo escaparia às limitações que o conceito de rotina diplomática importa. Por igual motivo, deve a execução desses acordos depender unicamente dos recursos orçamentários *alocados às relações exteriores*, e nunca de outros.

São muitos os exemplos de acordos executivos celebrados pelo governo brasileiro – na pessoa do ministro das Relações Exteriores ou de chefe de missão diplomática, nas mais das vezes –, e caracterizáveis como expressão da atividade diplomática ordinária, coberta por inciso autônomo do artigo 84 da Constituição em vigor. Alguns deles:

Acordo Brasil-Uruguai sobre turismo, concluído por troca de notas, em Brasília, em 11 de setembro de 1980:
"Senhor Ministro,
Tenho a honra de dirigir-me a Vossa Excelência com relação ao intercâmbio turístico entre a República Federativa do Brasil e a República oriental do Uruguai, cujo volume experimentou um crescimento constante nos últimos anos.

2. Esta circunstância requer uma permanente adequação das normas aplicáveis para facilitar e promover o normal desenvolvimento do turismo recíproco.

3. Contudo, as normas que regulam a referida atividade, ou que de alguma maneira sobre ela incidem, referem-se atualmente a temas específicos e conexos, como migrações, transportes, alfândega e outros, cuja harmonia normativa é necessário lograr para estimular as correntes turísticas entre nossos países.

4. Para tal fim, e com o objetivo de harmonizar no maior grau possível as disposições que regulam o desenvolvimento do intercâmbio turístico brasileiro-uruguaio e de consubstanciar num instrumento jurídico a aspiração que nos é comum, é necessário concertar a adoção de medidas adequadas para lograr um acordo de caráter integral sobre facilitação do turismo.

5. Para tanto, o Governo brasileiro concorda com o de Vossa Excelência em celebrar o referido acordo, o qual seria concluído como resultado do seguinte procedimento prévio:

1. Criar uma Comissão ad hoc que terá a seu cargo os estudos prévios correspondentes e a redação de um projeto de convênio para a facilitação do turismo entre a República Federativa do Brasil e a República oriental do Uruguai.

2. A Comissão será integrada por funcionários designados por cada uma das Partes.

3. A Comissão deverá finalizar os estudos prévios e redigir o pertinente projeto de acordo antes do dia 1.° de janeiro de 1981.

6. A presente Nota e a de Vossa Excelência de mesma data e idêntico teor, constituem um acordo entre nossos Governos, o qual entrará em vigor a partir do dia de hoje.

..........................................." (R.S.G.)[32]

Acordo Argentina-Brasil sobre transportes marítimos, concluído por troca de notas, em Brasília, em 18 de junho de 1981:

"Senhor Encarregado de Negócios,

Tenho a honra de acusar recebimento da nota n.° 192, de 18 de junho de 1981, relativa às negociações de novo Convênio sobre Transporte Marítimo entre o Governo da República Federativa do Brasil e o Governo da República Argentina, cujo teor em português é o seguinte:

'Senhor Ministro,

Tenho a honra de dirigir-me a Vossa Excelência, com referência ao Acordo, por troca de notas, celebrado nesta cidade no dia 20 de agosto

---

[32] Diário Oficial de 4.11.80, S. I, p. 21.986.

último, mediante o qual nossos Governos criaram uma Comissão Especial encarregada de preparar texto de um projeto de convênio sobre transporte marítimo, que consolide e atualize as disposições que regulam o citado transporte.

Sobre o assunto, tendo em vista que a citada Comissão Especial deve finalizar seu trabalho antes do dia 18 de junho de 1981, e que, não obstante haver avançado significativamente na tarefa que lhe foi cometida, restam a precisar certos aspectos do Convênio, tenho a honra de manifestar a concordância do Governo da República Argentina com o de Vossa Excelência, em estender por 180 dias adicionais, a partir desta data, o prazo fixado para a conclusão das tarefas da Comissão Especial.

A presente nota e a de resposta de Vossa Excelência, de mesma data e igual teor, constituirão um acordo entre ambos os Governos, que entrará em vigor no dia de hoje.

..............................................' (R.A.R.)

2. Em resposta, comunico a Vossa Senhoria que o Governo brasileiro concorda com a proposta de prorrogação de prazo contida na nota, a qual, com a presente, constitui acordo entre os dois Governos, a entrar em vigor na data de hoje.

..............................................." (R.S.G.)[33]

Acordo Brasil-Malásia sobre estabelecimento de escritório comercial, concluído por troca de notas, em Brasília, em 15 de outubro de 1981:

"Senhor Embaixador,

Tenho a honra de levar ao conhecimento de Vossa Excelência que o Governo brasileiro concorda em que seja mantido na cidade de São Paulo um escritório da Federação da Malásia para fins comerciais, nas seguintes condições:

a) o escritório, designado como Escritório Comercial da Federação da Malásia, constituirá uma seção dos serviços comerciais da Embaixada da Malásia no Brasil;

b) o Escritório Comercial terá exclusiva função de fomentar o intercâmbio comercial entre o Brasil e a Federação da Malásia e promover os interesses comerciais desta última no Brasil, não podendo, entretanto, praticar atos de comércio;

c) as instalações do Escritório Comercial, bem como sua correspondência, gozarão do privilégio de inviolabilidade;

d) os funcionários de nacionalidade malásia que vierem a servir no Escritório Comercial em São Paulo serão considerados um acréscimo ao

---

[33] Diário Oficial de 24.07.81, S. I, p. 13.962.

número total dos funcionários da Embaixada da Federação da Malásia no Brasil;

..................................................

2. Fica assegurada pelo Governo da Federação da Malásia reciprocidade de tratamento ao Governo brasileiro caso este venha a solicitar o estabelecimento de Escritório da mesma natureza na Federação da Malásia.

3. A presente nota e a respectiva resposta de Vossa Excelência, de igual teor, constituirão um Acordo sobre a matéria entre os Governos do Brasil e da Federação da Malásia, o qual entrará em vigor na data de recebimento da nota de resposta.

........................................." (R.S.G.)[34]

Acordo Argentina-Brasil sobre identificação de limites, concluído por troca de notas, em Buenos Aires, em 16 de setembro de 1982:
"Senhor Ministro,
Tenho a honra de dirigir-me a Vossa Excelência para referir-me à conveniência de melhorar a identificação do limite de nossos países, no trecho do rio Uruguai, que compreende os grupos de ilhas Chafariz (argentinas) e Buricá ou Mburicá (brasileiras), tendo em conta que as citadas ilhas, por sua situação geográfica, podem suscitar dúvidas nos habitantes da zona, com respeito à jurisdição sobre as mesmas.

2. As ilhas citadas foram incorporadas definitivamente ao domínio territorial de cada um dos dois países, de conformidade com o Tratado de 6 de outubro de 1898, pelos 'Artigos Declaratórios da Demarcação de Fronteiras entre a República Argentina, e os Estados Unidos do Brasil', assinados no Rio de Janeiro, em 4 de outubro de 1910.

3. A respeito do assunto, é-me grato levar ao seu conhecimento que o Governo brasileiro concorda com o de Vossa Excelência em atribuir à Comissão Mista de Inspeção dos Marcos da Fronteira Brasil-Argentina, constituída por troca de notas de 11 de maio e 17 de junho de 1970, as faculdades para a construção dos marcos que considere convenientes nos grupos de ilhas Chafariz (argentinas) e Buricá ou Mburicá (brasileiras).

4. A presente nota e a de Vossa Excelência, da mesma data e idêntico teor, constituem um acordo entre nossos Governos, que entra em vigor nesta data.

................................................................." (C.S.D.G.R.)[35]

---

[34] Diário Oficial de 28.10.81, S. I, p. 20.515.
[35] Diário Oficial de 19.10.82, S. I, p. 19.809.

Ficou visto que não se enquadra na ação diplomática ordinária, não podendo, assim, celebrar-se executivamente, o acordo que envolva ônus apartado dos recursos do orçamento para as relações exteriores. A aprovação do Congresso é neste caso indispensável.

O Protocolo preliminar Bolívia-Brasil sobre navegação fluvial do Amazonas, firmado em La Paz, em 29 de março de 1958, com que se pôs a funcionar certa comissão mista para estudos e sugestões, teria sido celebrável pela autoridade dos dois governos, não importasse despesas de algum vulto na época. Como conseqüência disto, foi submetido ao Congresso, que o aprovou pelo Decreto Legislativo 4/61.

O Acordo Brasil-FAO sobre estabelecimento de escritório da organização em Brasília (Roma, 1979) não difere, em natureza, daquele acordo Brasil-Malásia citado no item precedente, e consumado pelos dois governos. Aqui, porém, a necessidade do abono do Congresso – que o aprovou pelo Decreto Legislativo 122/80 – explica-se à leitura do artigo IV:

"O Governo, através do Ministério da Agricultura, prestará assistência ao estabelecimento e efetivo funcionamento do Escritório do Representante da FAO no Brasil, emprestando à FAO instalações, móveis, material de escritório e demais acessórios, bem como um aparelho de telex e telefones, e deverá também proporcionar pessoal de apoio técnico e administrativo e serviços de limpeza e manutenção para as instalações acima mencionadas. As despesas decorrentes do uso diário dos aparelhos de telex e telefones e quaisquer outras que a FAO considerar necessárias ao bom funcionamento do Escritório correrão inteiramente à conta da FAO. A contribuição governamental está especificada no Anexo ao presente Acordo."[36]

Um raciocínio analógico talvez explique, a esta altura, a razão por que tradicionalmente se apontam como independentes de aprovação parlamentar os *acordos de trégua* e assemelhados, que se concluem, dentro do estado de guerra, entre chefes militares – agentes do poder Executivo das respectivas partes. Mais que o argumento pragmático, tocante às circunstâncias prementes em que se ajustam estes pactos, vale a consideração de que presenciamos, nesse quadro, o exercício de uma diplomacia de guerra; ou a manutenção de relações – no caso especialíssimas, por óbvio – com Estados estrangeiros, dentro de um clima de guerra. A trégua, o cessar fogo, o acordo para preservação de certas áreas, ou para troca de prisioneiros, e outras tratativas a cargo de comandos militares – quase todas previstas nas

---

[36] Diário Oficial de 15.05.81, S. I, p. 8.842.

grandes convenções de Haia e de Genebra –, configuram à evidência o resultado de uma peculiar diplomacia ordinária; e, tais como os acordos desta resultantes em tempo de paz, ostentam as características do não-comprometimento de recursos indisponíveis e da reversibilidade. Mal há lugar para que se efetive esta última, tão imediata a execução ou tão breve a duração de muitos dos acordos da cena de guerra.

Não se confundam esses acordos com a celebração da paz. Esta é de tal modo valorizada pela Constituição brasileira que, para o simples ato de *fazê-la* – e independentemente, assim, da confirmação de um tratado de paz – depende o Presidente da República de aprovação ou do referendo do Congresso[37].

## § 4.º
## Procedimento parlamentar

Quando o tratado tenha podido consumar-se executivamente, por troca de notas ou pela assinatura do instrumento único, publica-o o Diário Oficial no título correspondente ao Ministério das Relações Exteriores. Em caso algum esses acordos pretendem produzir efeito sobre particulares, mas, por imperativo do direito público brasileiro, a divulgação oficial se impõe para que a própria ação de funcionários públicos da área, no sentido de dar cumprimento ao avençado, seja legítima. Importa agora informar sobre o procedimento que circunda, no Brasil, a apreciação do tratado pelo Congresso Nacional.

Concluída a negociação de um tratado, é certo que o Presidente da República – que, como responsável pela dinâmica das relações exteriores, poderia não tê-la jamais iniciado, ou dela não ter feito parte, se coletiva, ou haver ainda, em qualquer caso, interrompido a participação negocial brasileira – está livre para dar curso, ou não, ao processo determinante do consentimento. Ressalvada a situação própria das convenções internacionais do trabalho[38], ou alguma inusual obrigação imposta pelo próprio

---

[37] Constituição de 1988, art. 84.º. Na vigência da carta de 1946 era necessária, em todos os casos, a aprovação *prévia* do Congresso para a feitura da paz – assim entendida, juridicamente, a terminação do estado de guerra. V., a respeito, o parecer de 26 de julho de 1951, de Levi Carneiro, consultor jurídico do Itamaraty (*Pareceres*, IV, pp. 516-518).

[38] Há também, quebrando a normalidade, este curioso dispositivo de direito interno

tratado em causa, tanto pode o chefe do governo mandar arquivar, desde logo, o produto a seu ver insatisfatório de uma negociação bilateral ou coletiva, quanto determinar estudos mais aprofundados na área do Executivo, a todo momento; e submeter, quando melhor lhe pareça, o texto à aprovação do Congresso. Tudo quanto não pode o Presidente da República é manifestar o consentimento definitivo, em relação ao tratado, sem o abono do Congresso Nacional. Este abono, porém, não o *obriga* à ratificação[39].

---

que é o parágrafo único do art. 2.º do Código Brasileiro de Comunicações (Lei 4.117, de 27 de agosto de 1962):

"O Poder Executivo enviará ao Congresso Nacional no prazo de 180 (cento e oitenta) dias, a contar da assinatura, os atos normativos sobre telecomunicações, anexando--lhes os respectivos regulamentos, devidamente traduzidos".

Em *Oliveira*, II, p. 302, registra-se antigo caso de retirada consentida, do Congresso, pelo Presidente da República, de tratado que ali se encontrava em processo de aprovação (nota de 14 de abril de 1902, Bolívia-Brasil).

[39] Parecer de Hildebrando Accioly, consultor jurídico do Itamaraty, sob a vigência da Constituição de 1946 (8 BSBDI (1948), pp. 164-166):

"Aprovado um tratado pelo Congresso Nacional, pode o Poder Executivo adiar a sua ratificação ou deixar de o ratificar? A questão tem dois aspectos: o internacional e o interno (ou constitucional).

1) Sob o primeiro, é princípio corrente, já consignado até em convenção internacional (art. 7.º da Convenção de Havana, de 1928), que a ratificação de um tratado pode ser livremente recusada por qualquer de suas partes contratantes. Realmente, ou se considere a ratificação como a confirmação explícita, dada pela autoridade competente do Estado, do ato assinado por seu representante, ou se considere, como quer Anzilotti, como a verdadeira declaração da vontade de estipular – é sabido que ela não constitui mera formalidade, sem importância, e que cada parte contratante tem plena liberdade de a dar ou de a recusar. A assinatura ou acordo dos plenipotenciários é apenas – conforme escrevi em meu Tratado de Direito Internacional Público – um primeiro ato, após o qual os órgãos competentes do Estado vão apreciar a importância e os efeitos ou conseqüências do tratado. Essa apreciação, entre nós, cabe em parte ao Poder Legislativo, mas não pode deixar de caber igualmente ao Poder Executivo ou, antes, ao Presidente da República, que é o órgão ao qual incumbe a representação do Estado e aquele a quem compete manter as relações do país com os Estados estrangeiros. Dessa apreciação, pode resultar a confirmação ou a rejeição do tratado. Internacionalmente, a primeira hipótese é representada pela ratificação, expressa pelo Presidente da República. Pouco importa para a outra ou as outras partes contratantes que um dos órgãos do Estado (no caso, o Poder Legislativo) já tenha dado sua aquiescência ao tratado. O que vale é que o Poder representativo do Estado, ou seja, o Executivo, o ratifique. Assim, a potência ou potências estrangeiras não têm propriamente que indagar se já se verificou ou não a aprovação do ato pelo Congresso Nacional: o que lhe ou lhes importa é a ratificação pelo Chefe do Estado.

2) Do ponto de vista constitucional, não vejo onde exista a obrigação do Poder

Executivo ratificar um tratado, como conseqüência necessária da aprovação do mesmo pelo Congresso Nacional. É verdade que a Constituição Federal, em seu art. 66, n.º 1, declara ser da competência exclusiva do Congresso Nacional resolver definitivamente sobre os tratados e convenções celebrados com os Estados estrangeiros pelo Presidente da República. Parece-me, porém, que essa estipulação deve ser entendida no sentido de que o tratado – celebrado como deve ser, pelo Presidente da República (por meio de delegado seu) – não está completo, não pode ser definitivo, sem a aprovação do Congresso Nacional. Aquela expressão significa, pois, que o tratado celebrado pelo Poder Executivo, não pode ser confirmado ou entrar em vigor, sem a aprovação do Congresso Nacional; mas não quererá dizer que essa aprovação obrigue o Presidente da República a confirmar o tratado. E não quererá dizer isso, não só porque seria, então, desnecessária a ratificação, mas também porque o órgão das relações exteriores do Estado, aquele a quem compete privativamente manter relações com Estados estrangeiros, é o Presidente da República – que, por isso mesmo, se acha mais habilitado, do que o Congresso, a saber se as circunstâncias aconselham ou não o uso da faculdade da ratificação. Por outro lado, essa interpretação lógica é confirmada implicitamente por outra disposição da Constituição Federal. De fato, determina esta, em seu art. 37, n.º VII, que ao Presidente da República compete privativamente celebrar tratados e convenções internacionais *ad referendum* do Congresso Nacional; donde se deve concluir que o papel do Congresso, no caso, é apenas o de aprovar ou rejeitar o ato internacional em apreço – isto é, autorizar ou não a sua ratificação, ou seja, resolver definitivamente sobre o dito ato. Assim, o Presidente da República assina o tratado, por delegado seu, mediante uma condição: a de submeter ao Congresso Nacional o texto assinado. Depois do exame pelo Congresso, estará o Presidente habilitado, ou não, a confirmar ou ratificar o ato em causa. A rejeição pelo Congresso impede a ratificação; a aprovação permite-a, mas não a torna obrigatória.

..................................................

Green Hackworth, em seu recente *Digest of International Law* (vol. V, p. 54), menciona um caso bem expressivo dessa interpretação, assinalando o seguinte fato, relativo à convenção internacional da hora (*International Time Convention*), de 1913. O Senado aprovou-a, o Presidente chegou a ratificá-la, o respectivo instrumento de ratificação foi enviado à Embaixada americana em Paris, para depósito, mas, depois, por decisão do próprio Governo americano, foi dali devolvido a Washington, sendo anulado. O consultor do Departamento de Estado, a quem fora submetida a questão de saber se o Poder Executivo podia anular uma ratificação, independentemente de qualquer ação do Senado ou Congresso, opinara em sentido favorável. É de se notar que, no caso, não se tratava de deixar de ratificar um ato aprovado pelo Senado, mas de anular uma ratificação já dada e ainda não depositada. Na verdade, poucas vezes sucederão hipóteses como essa ou como a que vim encarando; porque, em geral, o governo que assina um ato internacional e o submete ao poder competente para sobre ele opinar, deseja que o mesmo seja posto em vigor. Assim, logo que obtém a aprovação ou o parecer favorável, trata de ratificar o ato

Isto significa, noutras palavras, que a vontade nacional, afirmativa quanto à assunção de um compromisso externo, repousa sobre a vontade conjugada dos dois poderes políticos. A vontade individualizada de cada um deles é *necessária*, porém não *suficiente*.

A perspectiva aberta ao chefe do governo, de não ratificar o tratado aprovado pelo Congresso, torna lógica a simultaneidade eventual do exame parlamentar e do prosseguimento de estudos no interior do governo. Ilustram esta hipótese as primeiras linhas de um parecer de Levi Carneiro, consultor jurídico do Itamaraty, com data de 9 de junho de 1951:

"Tendo-se verificado que a convenção sobre privilégios e imunidades das agências especializadas das Nações Unidas, aprovada na Assembléia--Geral de 21 de novembro de 1947, não foi oportunamente submetida à minha apreciação, como havia sido determinado e se afirmou (até acentuando--se a demora do meu parecer) – veio-me agora às mãos, para o mesmo fim, o referido convênio.

No entanto, esse convênio já se acha, ao que fui informado, em exame no Congresso Nacional – e, anteriormente, tivera, provavelmente, a coparticipação e a assinatura do representante do Brasil. Em tais condições, torna--se agora difícil fazer acolher alguma modificação conveniente.

Ainda assim, não me posso furtar à satisfação do pedido que tenho presente.
. . . . . . . . . . . . . . . . . . . . . . . . . . . . . . . . . . . . . . . . . . . . ."[40]

A remessa de todo tratado ao Congresso Nacional, para que o examine e, se assim julgar conveniente, aprove, faz-se por *mensagem* do Presidente da República, acompanhada do inteiro teor do projetado compromisso, e da exposição de motivos que a ele, Presidente, terá endereçado o ministro das Relações Exteriores[41]. Esta mensagem é capeada por um aviso do ministro chefe do Gabinete Civil ao primeiro secretário da Câmara dos Deputados – visto que, tal como nos projetos de lei de iniciativa do governo, ali, e não no Senado, tem curso inicial o procedimento relativo aos tratados internacionais.

---

em apreço. Nada impede, porém, que circunstâncias supervenientes mostrem a necessidade, às vezes imperiosa, de sustar, por certo tempo ou, até, indefinidamente, a ratificação do ato já aprovado pelo Congresso ou, como sucede nos Estados Unidos, pelo Senado."
[40] *Pareceres*, IV, pp. 505-509.
[41] Ocasionalmente, em razão da matéria, firmam a exposição de motivos outros ministros de Estado além do titular das Relações Exteriores.

Os papéis abaixo transcritos dão idéia da integralidade do que tem entrada no Congresso Nacional.
"Em 19 de abril de 1982.
Excelentíssimo Senhor Primeiro Secretário:
Tenho a honra de encaminhar a essa Secretaria a Mensagem do Excelentíssimo Senhor Presidente da República, acompanhada de Exposição de Motivos do Senhor Ministro de Estado das Relações Exteriores, relativa ao texto do Tratado de Amizade e Cooperação entre o Governo da República Federativa do Brasil e o Governo da República do Equador, concluído em Brasília a 09 de fevereiro de 1982.
Aproveito a oportunidade para renovar a Vossa Excelência protestos de elevada estima e consideração." (J.L.A. – Ministro Chefe do Gabinete Civil)
"Mensagem n.° 150
Excelentíssimos Senhores Membros do Congresso Nacional:
Em conformidade com o disposto no artigo 44, inciso I, da Constituição Federal, tenho a honra de submeter à elevada consideração de Vossas Excelências, acompanhado de Exposição de Motivos do Senhor Ministro de Estado das Relações Exteriores, o texto do Tratado de Amizade e Cooperação entre o Governo da República Federativa do Brasil e o Governo da República do Equador, concluído em Brasília a 09 de fevereiro de 1982.
Brasília, em 19 de abril de 1982." (J.F.)
"Senhor Presidente,
Tenho a honra de encaminhar a Vossa Excelência o anexo Tratado de Amizade e Cooperação entre o Governo da República Federativa do Brasil e o Governo da República do Equador, assinado em Brasília, no dia 9 de fevereiro passado, por ocasião da visita ao Brasil do Presidente Osvaldo Hurtado Larrea.
2. Trata-se de documento que, pela flexibilidade e caracterísitca de acordo-quadro, visa a sistematizar a ampla área das relações entre os dois países, além de estabelecer diretrizes básicas de cooperação e prever a institucionalização, por instrumentos complementares, de mecanismos próprios para a consecução dos objetivos nele fixados.
3. O referido Tratado estabelece, em seu Artigo II, a criação de uma Comissão de Coordenação Brasileira-Equatoriana, que terá por finalidade fortalecer a cooperação entre os dois países, analisar e acompanhar o desenvolvimento de assuntos de interesse mútuo relativos à política bilateral, regional ou multilateral, e igualmente propor aos dois Governos as medidas que julgue pertinentes, sobretudo nos seguintes campos:

..................................................
4. Tendo presente a crescente importância do papel que a Amazônia deve desempenhar como elemento de união entre os países que integram e como ponto focal de um vasto processo de cooperação, sob a égide do

Tratado de Cooperação Amazônica, o Tratado de Amizade e Cooperação consigna a decisão das Partes Contratantes de outorgar a mais alta prioridade à execução dos diversos projetos acima relacionados. Constituindo-se, dessa forma, em marco significativo nas relações Brasil-Equador, o referido ato internacional proporcionará elementos para que a cooperação mútua se desenvolva e fortifique de forma harmônica e sistemática, dentro de entendimento e boa vizinhança, em benefício do estreitamento dos laços que unem os dois países.

5. À vista do exposto, Senhor Presidente, creio que o Tratado de Amizade e Cooperação em apreço mereceria ser submetido à aprovação do Congresso Nacional, nos termos do artigo 44, inciso I, da Constituição Federal. Caso Vossa Excelência concorde com o que precede, permito-me submeter à alta consideração, o anexo projeto de Mensagem ao Poder Legislativo, acompanhado do texto do Tratado em apreço.

Aproveito a oportunidade para renovar a Vossa Excelência, Senhor Presidente, os protestos do meu mais profundo respeito." (R.S.G.)

(Segue-se o texto integral do tratado)

A matéria é discutida e votada, separadamente, primeiro na Câmara, depois no Senado. A aprovação do Congresso implica, nesse contexto, a aprovação de uma e outra das suas duas casas. Isto vale dizer que a eventual desaprovação no âmbito da Câmara dos Deputados põe termo ao processo, não havendo por que levar a questão ao Senado em tais circunstâncias.

Tanto a Câmara quanto o Senado possuem comissões especializadas *ratione materiae*, cujos estudos e pareceres precedem a votação em plenário. O exame do tratado internacional costuma envolver, numa e noutra casa, pelo menos duas das respectivas comissões: a de relações exteriores e a de Constituição e justiça. O tema convencional determinará, em cada caso, o parecer de comissões outras, como as de finanças, economia, indústria e comércio, segurança nacional, minas e energia. A votação em plenário requer o *quorum* comum de presenças – a maioria absoluta do número total de deputados, ou de senadores –, devendo manifestar-se em favor do tratado a maioria absoluta dos presentes. O sistema difere, pois, do norte-americano, em que apenas o Senado deve aprovar tratados internacionais, exigindo-se naquela casa o *quorum* comum de presenças, mas sendo necessário que dois terços dos presentes profiram voto afirmativo[42]. Os regimentos internos da Câmara e do Senado se referem, em normas

---

[42] Essa maioria qualificada foi o que não conseguiu obter no Senado, em 1919, o Presidente Woodrow Wilson, em relação ao Pacto da Sociedade das Nações.

diversas, à tramitação interior dos compromissos internacionais, disciplinando seu trânsito pelo Congresso Nacional.

O êxito na Câmara e, em seguida, no Senado, significa que o compromisso foi aprovado pelo Congresso Nacional. Incumbe formalizar essa decisão do parlamento, e sua forma, no Brasil contemporâneo, é a de um *decreto legislativo*, promulgado pelo presidente do Senado Federal, que o faz publicar no Diário Oficial da União.

Alguns comentários tópicos, neste ponto, parecem úteis.

a) O uso do *decreto legislativo* como instrumento de aprovação congressional dos tratados é de melhor técnica que o uso da *lei* formal, qual se pratica na França[43] e já se praticou, outrora, no Brasil[44]. Não faz sentido que esse ato aprobatório, espelhando com absoluta pureza a posição do Congresso, comporte sanção do Presidente da República – e abra, conseqüentemente, a insólita possibilidade do veto.

b) Nos períodos da história do Brasil em que, desativado o Congresso, assumiu o Executivo seus poderes, teria sido lógico que o chefe de Estado simplesmente prescindisse de qualquer substituto formal do decreto legislativo de aprovação. Os juristas da época assim não entenderam. No Estado Novo desencontraram-se, ademais, quanto ao diploma executivo preferível: alguns tratados foram aprovados por decreto simples[45], outros por decreto-lei[46]. Esta última foi também a forma adotada pela junta governativa no recesso parlamentar compulsório de 1969[47]. Em todos esses casos observou-se um curioso processo de determinação da vontade nacional: o Executivo negociava e firmava o compromisso. Analisava-o depois e, se disposto a ir adiante, editava o decreto ou decreto-lei aprobatório. Em seguida, munido de sua própria aprovação, ratificava o tratado.

---

[43] E também, ao que informam os textos, na Argentina, no Chile, na Colômbia e na Venezuela. No México adota-se a forma da *resolução* do Senado.

[44] V. em *Oliveira*, Atos diplomáticos do Brasil, Rio de Janeiro, Jornal do Comércio, 1912, vol. II, p. 48, a referência ao Tratado brasileiro-peruano de 1874, sobre permuta territorial. V. também exemplos de aprovação de tratados na vigência da Constituição de 1891, e cometário de *Araújo*, p. 250.

[45] Tratado de extradição Brasil-Venezuela, de 1938 (*Col. MRE* n.° 160, aprovado pelo Decreto 4.868, de 9.11.39.

[46] Tratado de extradição Brasil-Colômbia, de 1938 (*Col. MRE* n.° 168), aprovado pelo Decreto-Lei 1.994, de 31.01.40; Acordo sul-americano de radiocomunicações, de 1935 (*Col. MRE* n.° 217, aprovado pelo Decreto-Lei 687, de 14.09.38.

[47] Acordo geral de cooperação Brasil-R. F. da Alemanha, de 1969 (*Col. MRE* n.° 644), aprovado pelo Decreto-Lei 681, de 15.07.69; Tratado da Bacia do Prata, de 1969 (*Col. MRE* n.° 633), aprovado pelo Decreto-Lei 682, de 15.07.69; Atos (diversos) do XV Congresso da UPU, de 1964, aprovados pelo Decreto-Lei 544, de 18.04.69.

c) A aprovação pode ter como objeto qualquer espécie de tratado, sem exclusão do que se tenha concluído por *troca de notas*[48], sendo numerosos os decretos legislativos que já se promulgaram para abonar compromissos vestidos dessa roupagem[49].

d) O decreto legislativo exprime unicamente a aprovação. Não se promulga esse diploma quando o Congresso rejeita o tratado, caso em que cabe apenas a comunicação, mediante mensagem, ao Presidente da República. Exemplos de desaprovação repontam com extrema raridade na história constitucional do Brasil, e entre eles destaca-se o episódio do tratado argentino-brasileiro de 25 de janeiro de 1890, sobre a fronteira das Missões, rejeitado pelo plenário do Congresso em 18 de agosto de 1891, por 142 votos contra cinco[50].

e) Um único decreto legistativo pode aprovar dois ou mais tratados[51]. Todavia, novo decreto legislativo deve aprovar tratado que antes, sob esta mesma forma, haja merecido o abono do Congresso, mas que, depois da ratificação, tenha sido um dia *denunciado* pelo governo[52]. Extinta a obriga-

---

[48] O ritual muda, preservado o princípio, se o compromisso, neste caso, já se encontrava em vigor quando da submissão ao Congresso.

[49] Decreto Legislativo 5/51; v. também a Mensagem 532/80 do Presidente ao Congresso; e comentário de Levi Carneiro, em 1949 (*Pareceres*, IV, pp. 318-322) e 1950 (*Pareceres*, IV, pp. 401-414).

[50] Neste caso o próprio governo, e pela voz de Quintino Bocaiúva – que conduzira as negociações com o chanceler argentino Zeballos – recomendou a seus partidários no Congresso a desaprovação do Tratado (v. José Maria Bello, *História da República*; São Paulo, Cia. Editora Nacional, 1964, pp. 73-75). Para outro caso de rejeição, ocorrido em 1949, e atinente a um pacto bilateral com a Tchecoslováquia, v. o comentário de Levi Carneiro em *Pareceres*, IV, p. 410.

[51] Decreto Legislativo 91, de 1972:

"Art. 1.º É aprovado o texto do Tratado sobre Vinculação Rodoviária, assinado em Corumbá, a 4 de abril de 1972, e o do Protocolo Adicional ao Tratado sobre Vinculação Rodoviária, firmado, em La Paz, a 5 de outubro de 1972, celebrados sobre a República Federativa do Brasil e a República da Bolívia.

Art. 2.º Este Decreto Legislativo entra em vigor na data de sua publicação, revogadas as disposições em contrário.

Senado Federal, em 5 de dezembro de 1972.

*Petrônio Portella* – Presidente do Senado Federal."

[52] Decreto Legislativo 77, de 1973:

"Art. 1.º É aprovado o texto da Convenção Nacional Internacional para a Regulamentação da Pesca da Baleia, concluída em Washington, a 2 de dezembro de 1946, aprovada pelo Decreto Legislativo n.º 14, de 9 de março de 1950, promulgada pelo Decreto n.º 28. 524, de 18 de agosto de 1950, e denunciada, por nota da Embaixada do Brasil em Washington, ao Departamento de Estado Norte-Americano, a 27 de dezembro de 1965,

ção internacional pela denúncia, cogita-se agora de assumir novo pacto, embora de igual teor, e nada justifica a idéia de que o governo possa fazê-lo por si mesmo.

f) A forma integral de um Decreto Legislativo que aprove, simplesmente, o tratado internacional é a seguinte:

"Decreto Legislativo n.º 25 – de 28 de maio de 1979

*Aprova o texto do Acordo Básico de Cooperação Técnica e Científica entre o Governo da República Federativa do Brasil e o Governo da República da Guiné-Bissau, celebrado em Brasília, a 18 de maio de 1978.*

Faço saber que o Congresso Nacional aprovou, nos termos do artigo 44, inciso I, da Constituição, e eu, Luiz Viana, Presidente do Senado Federal, promulgo o seguinte:

Art. 1.º É aprovado o texto do Acordo Básico de Cooperação Técnica e Científica entre o Governo da República Federativa do Brasil e o Governo da República da Guiné-Bissau, celebrado em Brasília, a 18 de maio de 1978.

Art. 2.º Este Decreto Legislativo entra em vigor na data de sua publicação.

*Luiz Viana*
Presidente do Senado Federal."

A aprovação parlamentar é retratável? Pode o Congresso Nacional, por decreto legislativo, revogar o igual diploma com que tenha antes abonado certo compromisso internacional? Se o tratado já foi ratificado – ou seja, se o consentimento definitivo desta república já se exprimiu no plano internacional[53] – , é evidente que não. Caso contrário, seria difícil fundamentar a tese da impossibilidade jurídica de tal gesto. Temos, de resto, um precedente.

"Decreto Legislativo n.º 20, de 1962.

*Revoga o Decreto Legislativo n.º 13, de 6 de outubro de 1959, que aprovou o Acordo de Resgate, assinado em 1956, entre os Governos do Brasil e da França.*

---

com efeito a partir de 30 de junho de 1966, em virtude de não haver, na ocasião, maior interesse do Brasil em continuar a participar da referida convenção.

Art. 2.º Este Decreto Legislativo entrará em vigor na data de sua publicação, revogadas as disposições em contrário.

Senado Federal, em 7 de dezembro de 1973.

*Paulo Torres* – Presidente do Senado Federal."

[53] E não é, no caso, importante saber se o tratado já entrou em vigor ou não; ressalvada a possibilidade de retirada da ratificação em circunstâncias excepcionais.

Art. 1.º É revogado o Decreto Legislativo n.º 13, de 6 de outubro de 1959, que aprovou o Acordo de Resgate assinado no Rio de Janeiro em 4 de maio de 1956, entre o Governo dos Estados Unidos do Brasil e da França, para a execução administrativa de questões financeiras e a liquidação, por meio de arbitramento, das indenizações devidas pelo Brasil, em decorrência da encampação das estradas de Ferro São Paulo-Rio Grande e Vitória--Minas, bem como da Companhia Port of Pará.
Art. 2.º Este Decreto Legislativo entrará em vigor na data de sua publicação, revogadas as disposições em contrário.
Senado Federal, em 15 de dezembro de 1962.
*Auro Moura Andrade*
Presidente do Senado Federal."

Este diploma revocatório de decreto legislativo anterior resultou de um projeto que mereceu, no âmbito da Comissão de Constituição e Justiça da Câmara dos Deputados, o parecer seguinte:

"O Deputado José Bonifácio, pelo projeto de decreto legislativo número 36, de 1960, deseja a revogação do decreto legislativo acima transcrito. Em longa e bem articulada justificação, demontra o equívoco a que foi levado o Congresso Nacional para aprovar o Acordo de Resgate assinado no Rio de Janeiro, em 4 de maio de 1956, entre os Governos dos Estados Unidos do Brasil e da França.
É da competência exclusiva do Congresso Nacional resolver definitivamente sobre os tratados e convenções celebrados com os Estados estrangeiros pelo Presidente da República (art. 66, I, da Constituição Federal).
Em face das razões alegadas, algumas delas que atingem o decreto legislativo em vigor para colocá-lo em orla de duvidosa constitucionalidade, consideramos que se deve permitir a tramitação do Projeto Legislativo n.º 36-60.
Brasília, em dezembro de 1960.
*Pedro Aleixo*, Relator."

## III. O CONFLITO ENTRE TRATADO E NORMA DE PRODUÇÃO INTERNA

O primado do Direito das Gentes sobre o direito nacional do Estado soberano é, ainda hoje, uma proposição doutrinária. Não há, em direito internacional positivo, norma assecuratória de tal primado. Descentralizada, a sociedade internacional contemporânea vê cada um de seus integrantes ditar, no que lhe concerne, as regras de composição entre o direito internacional e o de produção doméstica. Resulta que para o Estado a constituição nacional, vértice do ordenamento jurídico, é a sede de determinação da estatura da norma jurídica convencional. Dificilmente uma dessas leis fundamentais desprezaria, neste momento histórico, o ideal de segurança e estabilidade da ordem jurídica a ponto de subpor-se, a si mesma, ao produto normativo dos compromissos exteriores do Estado. Assim, posto o primado da constituição em confronto com a norma *pacta sunt servanda*, é corrente que se preserve a autoridade da lei fundamental do Estado, ainda que isto signifique a prática de um ilícito pelo qual, no plano externo, deve aquele responder.

> Embora sem emprego de linguagem direta, a Constituição brasileira deixa claro que os tratados se encontram aqui sujeitos ao controle de constitucionalidade, a exemplo dos demais componentes infraconstitucionais do ordenamento jurídico. Tão firme é a convicção de que a lei fundamental não pode sucumbir, em qualquer espécie de confronto, que nos sistemas mais obsequiosos para com o direito das gentes tornou-se encontrável o preceito segundo o qual todo tratado conflitante com a constituição só pode ser concluído depois de se promover a necessária reforma constitucional. Norma deste exato feitio aparece na Constituição francesa de 1958, na Constituição argelina de 1976 e na Constituição espanhola de 1978. Excepcional, provavelmente única, a Constituição holandesa, após revisão de 1956, admite, em determinadas circunstâncias, a conclusão de tratados derrogatórios do seu próprio texto, cuja promulgação importa, por si mesma, uma reforma constitucional.

Abstraída a constituição do Estado, sobrevive o problema da concorrência entre tratados e leis internas de estatura infraconstitucional. A solução, em países diversos, consiste em garantir prevalência aos tratados. Noutros, entre os quais o Brasil contemporâneo, garante-se-lhes apenas um tratamento paritário, tomadas como paradigma as leis nacionais e diplomas de grau equivalente.

§ 1.º
**Prevalência dos tratados sobre o direito interno infraconstitucional**

Não se coloca em dúvida, em parte alguma, a prevalência dos tratados sobre leis internas anteriores à sua promulgação. Para primar, em tal contexto, não seria preciso que o tratado recolhesse da ordem constitucional o benefício hierárquico. Sua simples introdução no complexo normativo estatal faria operar, em favor dele, a regra *lex posterior derogat priori*. A prevalência de que fala este tópico é a que tem indisfarçado valor hierárquico, garantido ao compromisso internacional plena vigência, sem embargo de leis posteriores que o contradigam. A França, a Grécia e a Argentina oferecem, neste momento, exemplos de semelhante sistema.

> Constituição francesa de 1958, art. 55: "Os tratados ou acordos devidamente ratificados e aprovados terão, desde a data de sua publicação, autoridade superior à das leis, com ressalva, para cada acordo ou tratado, de sua aplicação pela outra parte".
> Constituição da Grécia de 1975, art. 28, § 1: "As regras de direito intemacional geralmente aceitas, bem como os tratados internacionais após sua ratificação (....), têm valor superior a qualquer disposição contrária das leis".
> Constituição política da Argentina, texto de 1994, art. 75, § 22: "(....) os tratados e concordatas têm hierarquia superior à das leis".

§ 2.º
**Paridade entre o tratado e a lei nacional**

O sistema brasileiro se identifica àquele consagrado nos Estados Unidos da América, sem contramarchas na jurisprudência nem objeção doutrinária de maior vulto. Parte da "lei suprema da nação", o tratado ombreia com as leis federais votadas pelo Congresso e sancionadas pelo presidente – embora seja ele próprio o fruto da vontade presidencial somada à do Senado, e não à das duas casas do parlamento americano. A supremacia significa que o tratado prevalece sobre a legislação dos estados federados, tal como a lei federal ordinária. Não, porém, que seja superior a esta. De tal modo, em casa de conflito entre tratado internacional e lei do Congresso, prevalece nos Estados Unidos o texto mais recente. É certo, pois, que uma lei federal pode fazer "repelir" a eficácia jurídica de tratado anterior, no plano interno. Se assim não fosse – observa Bernard Schwartz – estar-se-ia dando ao tratado não força de lei, mas de restrição constitucional[54].

Nos trabalhos preparatórios da Constituição brasileira de 1934 foi

---

[54] Bernard Schwartz, *Constitutional Law*, Nova York, Macmillan, 1972, p. 87-88.

rejeitado o anteprojeto de norma, inspirada na Carta espanhola de 1931, que garantisse entre nós o primado dos compromissos externos sobre as leis federais ordinárias. A jurisprudência, contudo, não cessou de oscilar até pouco tempo atrás, e a doutrina permanece dividida. Marotta Rangel, partidário do primado da norma convencional, enumerou, entre autores de idêntico pensamento, Pedro Lessa, Filadelfo Azevedo, Vicente Rao, Accioly e Carlos Maximiliano[55]. Azevedo, quando ainda ministro do Supremo Tribunal Federal, em 1945, publicou comentário demonstrativo da convicção unânime da corte, naquela época, quanto à prevalência dos tratados sobre o direito interno infraconstitucional[56].

De setembro de 1975 a junho de 1977 estendeu-se, no plenário do Supremo Tribunal Federal, o julgamento do recurso extraordinário 80.004[57], em que assentada por maioria a tese de que, ante a realidade do conflito entre tratado e lei posterior, esta, porque expressão última da vontade do legislador republicano, deve ter sua prevalência garantida pela Justiça – apesar das conseqüências do descumprimento do tratado, no plano internacional. A maioria valeu-se de precedentes do próprio Tribunal para ter como induvidosa a introdução do pacto – no caso, a Lei uniforme de Genebra sobre letras de câmbio e notas promissórias – na ordem jurídica brasileira, desde sua promulgação. Reconheceu, em seguida, o conflito real entre o pacto e um diploma doméstico de nível igual ao das leis federais ordinárias – o Decreto-lei 427/69, posterior em cerca de três anos à promulgação daquele –, visto que a falta de registro da nota promissória, não admitida pelo texto de Genebra coma causa de nulidade do título, vinha a sê-lo nos termos do decreto-lei. Admitiram as vozes majoritárias que, faltante na Constituição do Brasil garantia de privilégio hierárquico do tratado internacional sobre as leis do Congresso, era inevitável que a Justiça devesse garantir a autoridade da mais recente das normas, porque paritária a sua estatura no ordenamento jurídico[58]. Entretanto ficou claro que, dada a diversidade das fontes de produção normativa, não se deve entender que isso é uma simples aplicação do princípio *lex posterior*

---

[55] Vicente Marotta Rangel, *La procédure de conclusion des accords internationaux au Brésil*; R. Fac. SP (1960), v. 55, p. 264-265.

[56] Filadelfo Azevedo, *Os tratados e os interesses privados em face do direito brasileiro*; BSBDI (1945), v. 1, p. 12-29.

[57] Para comentário à decisão do STF, v. Mirtô Fraga, *Conflito entre tratado internacional e norma de direito interno*, Rio de Janeiro, Forense, 1997.

[58] V. a íntegra do acórdão em RTJ 83/809.

*derogat priori* . O tratado tem, sem dúvida, qualidade para derrogar a lei anterior desde o instante em que passa a integrar nossa ordem jurídica. Mas a lei interna carece de virtude para derrogar uma norma que envolve outras soberanias além da nossa. Diz-se então que o judiciário enfrenta, no caso do conflito real entre tratado e lei mais recente, a contingência de "afastar a aplicação" do primeiro, sem dá-lo por derrogado. Por issso é que se, em termos práticos, resulta preferível não que o governo denuncie o tratado[59], mas que o Congresso revogue a norma interna com ele conflitante, o tratado, jamais derrogado pela lei, volta a aplicar-se entre nós em plenitude. Por acaso, foi justamente o que aconteceu com o texto de Genebra sobre títulos de crédito, uma vez que revogado, algum tempo depois, o decreto-lei que com ele entrara em conflito.

### § 3.º
### Situações particulares em direito brasileiro atual

Há, contudo, exceções à regra da paridade? Há domínios temáticos em que, desprezada a idéia de valorizar simplesmente a última palavra do legislador ordinário, seja possível reconhecer o primado da norma internacional ainda que anterior à norma interna conflitante? Duas situações merecem a propósito um comentário apartado, as que se desenham, no domínio tributário, à luz do artigo 98 do CTN, e, no domínio dos direitos e garantias individuais, à luz do artigo 5.º, § 2.º, da Constituição de 1988.

**1.º Domínio tributário: o artigo 98 do Código Tributário Nacional**

Esse dispositivo diz que os tratados (os que vinculam o Brasil, naturalmente) "...revogam ou modificam a legislação tributária interna e serão observados pela que lhes sobrevenha." Essa linguagem sugere mais uma norma preventiva de conflitos do que uma regra de solução do conflito consumado, mas se assim for entendida ela é virtualmente supérflua. Não há dúvida de que o tratado revoga, em qualquer domínio, a norma interna anterior; nem tampouco de que o legislador, ao produzir direito interno ordinário, deve observar os compromissos externos da República, no

---

[59] O que não nos exonera da responsabilidade internacional por eventuais conseqüências do conflito, enquanto não surte efeito a denúncia.

mínimo para não induzi-la em ilícito internacional. Assim, para que se dê ao artigo 98 efeito útil, é preciso lê-lo como uma norma hierarquizante naquele terreno onde o CTN foi qualificado pela Constituição para ditar "normas gerais". O Supremo Tribunal Federal tem reconhecido, desde que primeiro tratou do assunto até a hora atual, e de modo uniforme, a eficácia do artigo 98 do CTN e sua qualidade para determinar o que determina[60]. Em matéria tributária, há de buscar-se com mais zelo ainda que noutros domínios a compatibilidade. Mas se aberto e incontornável o conflito, prevalece o tratado, mesmo quando anterior à lei.

Resolve-se por mais de um caminho, creio, a questão de saber se o CTN tem estatura para determinar na sua área temática um primado que a própria Constituição não quis determinar no quadro geral da ordem jurídica. Faz sentido, por exemplo, dizer que no caso do conflito de que ora cuidamos a norma interna sucumbe por inconstitucionalidade. Ao desprezar o artigo 98 do CTN e entrar em conflito com tratado vigente, a lei ordinária implicitamente terá pretendido *inovar uma norma geral de direito tributário*, estabelecendo, para si mesma, uma premissa conflitante com aquele artigo, qual seja a de que é possível ignorar o compromisso internacional e dispor de modo destoante sobre igual matéria. É uma hipótese *sui generis* de inconstitucionalidade formal: a lei não ofende a Carta pela essência do seu dispositivo, nem por vício qualquer de competência ou de processo legislativo, mas por uma premissa ideológica hostil à exclusividade que a Carta dá à lei complementar para ditar normas gerais de direito tributário.

### 2.º Direitos e garantias individuais: o artigo 5.º, § 2º, da Constituição

No desfecho do extenso rol de direitos e garantias individuais do artigo 5.º da Constituição de 1988, um segundo parágrafo estabelece que aquela lista não exclui outros direitos e garantias *decorrentes do regime e dos princípios* consagrados na Carta, ou dos tratados internacionais em que o Brasil seja parte. Sobre esta última categoria não há um ensinamento consolidado no Supremo Tribunal Federal, cuja maioria parece entretanto pouco receptiva à idéia de que a norma asseguratória de algum outro direito, quando expressa em tratado, tenha nível constitucional. Isso pode

---

[60] V. Carlos Mário da Silva Velloso, *O direito internacional e o Supremo Tribunal Federal*, Belo Horizonte, CEDIN, 2002.

resultar da consideração de que, assim postas as coisas, a Carta estaria dando ao Executivo e ao Congresso, este no *quorum* simples da aprovação de tratados, o poder de aditar à lei fundamental. Quem sabe mesmo o de mais tarde expurgá-la mediante a denúncia do tratado, já então – o que parece impalatável – até pela vontade singular do governo, habilitado que se encontra, em princípio, à denúncia de compromissos internacionais.

Mas se não se reconhece o nível constitucional dessas normas, tudo quanto o parágrafo quer dizer é que não se negará ao indivíduo um direito previsto em tratado sob o prosaico argumento de que ele não se encontra no rol da própria Carta? Tanto significaria empobrecer demais o dispositivo, quando não negar-lhe um autêntico efeito útil. Como quer que seja, vale lembrar as decisões majoritárias que o Supremo tomou nos últimos anos a propósito da prisão do depositário infiel (ou daqueles devedores que o legislador ordinário brasileiro entendeu de assimilar ao depositário infiel), frente ao texto da Convenção de São José da Costa Rica[61]. As perspectivas da jurisprudência, nesse domínio, parecem sombrias.

*******

---

[61] V., por exemplo, ADIn 1.497-DF , ADIn 1.480-DF e HC 76.561-SP. V. ainda o estudo referido na nota anterior.

# JUSTIÇA E ARRECADAÇÃO NOS IMPOSTOS PORTUGUESES – UM SISTEMA ESGOTADO

> Diogo Leite de Campos
> Professor Catedrático da Faculdade de Direito
> da Universidade de Coimbra

## I. INTRODUÇÃO

### 1. Política fiscal versus arrecadação de receitas

A pergunta que se tem posto é a de saber se existe uma ordem no Direito fiscal português; saber se as normas de Direito fiscal podem ser entendidas em termos de sistema, orientadas por princípios de justiça, organizadas por níveis de generalidade ou imperatividade, harmónicas, não contraditórias e eficazes.

Basta contemplar as constantes alterações a que estão sujeitas as leis fiscais, mesmo as mais recentes e as de maior presumida valia técnica, para se pôr imediatamente em dúvida qualquer sentido de ordem e se começar a suspeitar que as normas tributárias nada mais serão do que um agregado informe, unidas só pela vontade imperiosa e não justificada do legislador. Agregadas por força de múltiplos interesses e pressões, sobretudo pelo interesse do legislador em obter cada vez mais receitas – os fins justificando facilmente os meios.

Tudo em prejuízo do interesse público, do Governo pelo povo e para o povo que está na base da democracia.

O povo, suposto autor das normas tributárias através dos seus representantes do Parlamento, deixa de reconhecer os seus interesses nos impostos que surgem cada vez mais como um sorvedor insaciável de bens. Perante o qual qualquer evasão se afigura mera legítima defesa. Defesa a que corresponde um crescendo de violência tributária pelo aumento das taxas dos impostos e sanções desproporcionadas. Numa espiral injustiça//evasão/injustiça/evasão.

A primeira vítima desta espiral é a certeza do Direito. Segurança que, ao lado da justiça, constitui o pilar de Direito e da própria sociedade.

Os agentes económicos, famílias e empresas, vêem-se impossibilitados de fazer previsões; uma sociedade que se constitui para prosseguir um certo objecto, tem de se extinguir por uma alteração inopinada do Direito fiscal tornar inviável a prossecução dessa finalidade; leis retroactivas vêm pôr em causa as mais estáveis economias domésticas ou empresariais; etc.

O legislador fiscal parece incapaz de prever para mais do que um ano civil.

Não basta que o Direito tributário seja uma ordem – e que seja uma ordem certa. É necessário que seja uma ordem justa para revestir a segunda característica necessária para que as normas legais tributárias mereçam o nome de Direito tributário.

Esta existência de justiça coloca-se a todos os níveis.

Para além da justiça material, o seu outro nível de actuação é o da Administração fiscal e o dos tribunais. Mas a este plano a justiça reveste, a maioria das vezes, a face da segurança. Há que evitar o arbítrio dos funcionários e dos magistrados, vinculando a sua actividade e concedendo os cidadãos não só mecanismos de controlo, como também o maior grau possível de participação nesses mecanismos.

O Direito fiscal português tem vindo a debater-se, tradicionalmente, entre os pólo da justiça, virada para a capacidade contributiva e para a igualdade, e o pólo financeiro, visando a obtenção de receitas.

Daqui, a constante luta entre o contribuinte, descobrindo lacunas e imprecisões nas leis fiscais que lhe permitam diminuir a sua carga fiscal e a vontade do legislador de prever com segurança o montante das receitas que vai arrecadar e que estas sejam suficientes para cobrir as despesas públicas. Em momentos, como o da reforma do fim dos anos 80, prevaleceu o sentido da justiça. Progressivamente tem-se vindo a afirmar a necessidade financeira. Deste movimento vamos dar-nos conta, embora resumidamente, nas páginas seguintes.

## II. OS IMPOSTOS PORTUGUESES ATÉ 1988

### 2. Os impostos portugueses até 1988

O sistema fiscal português em Abril de 1974 era constituído por impostos parcelares, com taxas proporcionais, aos quais era atribuída alguma personalização e progressividade através do "imposto complementar". As taxas eram baixas e a carga fiscal reduzida.

A política subjacente a este conjunto de normas era orientada pela arrecadação de receitas. O Governo determinava o montante de receitas que pretendia receber num ano. E determinava a matéria colectável com vista a esse montante.

Tal intenção era particularmente revelada na tributação das empresas (Contribuição Industrial).

Havia três grupos de contribuintes para efeitos de determinação da matéria colectável: grupo A (em princípio, as grandes empresas) que era tributado com base nos resultados apurados pela contabilidade; grupo B (em regra, médias empresas) que era tributado pelo lucro presumido, determinado a partir de alguns dados exigidos pela lei sobre os seus ganhos e perdas; grupo C (em regra, pequenas empresas) que era tributado pelo lucro normal.

Bastava uma orientação administrativa para que o lucro normal ou presumido aumentasse numa certa percentagem, com consequente acréscimo das receitas.

Os profissionais liberais estavam muito próximo desta situação, por a sua tributação estar muito dependente de quotas de pagamento de imposto atribuídas a cada profissão e a cada profissional.

Em diversos outros impostos (Contribuição Predial e Imposto de Capitais, por ex.) a fixação da matéria colectável era administrativa ou assentava em presunções de rendimentos.

As garantias dos contribuintes eram reduzidas. O controlo dos tribunais estava muito limitado pela larga margem de discricionariedade, livre apreciação ou discricionariedade técnica da Administração. Ainda se estava muito próximo da concepção de que a Administração se julga a si mesma.

O reduzido peso dos impostos e a circunstância de os funcionários públicos não pagarem impostos pelas suas remunerações amorteciam a reacção social contra este estado de coisas.

## 3. A ruptura de 1974

Foi contemporânea das alterações sociais e políticas subsequentes a 1974 uma brusca subida de taxas que passou a introduzir uma forte progressividade no sistema.

Ao que respondeu um acréscimo da evasão fiscal. A que se tentou responder pela criminalização de algumas infracções fiscais.

A rejeição social do sistema de impostos continuou a acentuar-se, assente em severas críticas a um sistema tecnicamente caduco e desajustado da realidade social.

Por um lado, a acentuada progressividade veio multiplicar as injustiças do sistema anterior, desajustando-o da capacidade contributiva.

Injustiças contra as quais os meios de defesa dos contribuintes pareciam ainda mais insuficientes.

Daí que a própria criminalização de certas infracções fiscais tenha ficado não efectiva.

Parecia, portanto, que havia que introduzir justiça material no sistema, nomeadamente através da personalização dos impostos sobre o rendimento. E reforçar as garantias dos contribuintes.

## III. OS IMPOSTOS A PARTIR DE 1988

### 4. A reforma do fim dos anos 80

No fim dos anos 80, o sistema fiscal tentou acompanhar a evolução do Direito tributário europeu. E fê-lo de uma maneira feliz, em alguns aspectos fundamentais.

Salientemos alguns deles.

O peso crescente dos impostos indirectos, nomeadamente através do IVA, do imposto do selo e dos impostos especiais de consumo.

Os rendimentos do trabalho e os dividendos foram tributados com carácter pessoal e progressivo. Os rendimentos do capital, aqui incluídas as mais-valias, foram submetidos a um regime fiscal que conhecia taxas fixas e largas zonas de isenção.

Ou seja: criou-se um "dual income tax", com despersonalização dos impostos sobre os rendimentos do capital.

O sistema fiscal português passou a assentar, desde os fins da década de oitenta: **a)** em dois impostos sobre o rendimento (o imposto sobre o rendimento das pessoas singulares e o imposto sobre o rendimento das pessoas colectivas); **b)** no imposto sobre o valor acrescentado, **c)** em impostos sobre o património, como sejam a Sisa, o imposto sobre as sucessões e doações e a contribuição autárquica; **d)** um imposto sobre os actos jurídicos documentados, denominado imposto do selo (com forte componente de tributação das operações financeiras); **e)** diversos impostos indirectos, **f)** e uma multiplicidade de tributos, designados de diversas maneiras, mas que consubstanciam, na maioria dos casos, verdadeiros impostos a favor das autarquias locais.

Os benefícios fiscais, naquilo que têm de mais permanente, encontram-se nos códigos dos impostos e num diploma denominado Estatuto dos Benefícios Fiscais.

As normas principais sobre procedimento e processo encontravam-se sediadas no denominado Código de Processo Tributário.

Como elemento de modernidade, a reforma dos impostos sobre o rendimento assentava na tributação do rendimento "real" determinado com base na contabilidade do contribuinte ou na sua declaração fundamentada e controlada.

O objectivo da arrecadação mandou que o imposto sobre o rendimento das pessoas singulares (IRS) fosse um imposto analítico, em que os rendimentos eram distinguidos pelas suas fontes, com determinações da matéria colectável autónomas e taxas por vezes diversas. O que diminuia a personalização do imposto, mas permitia prosseguir objectivos de política económica, orientando os investimentos, e controlar a arrecadação.

## 5. As necessidades: a Administração Fiscal, o procedimento e o processo tributários

A "modernização" dos impostos através da sua referência ao rendimento real exigia um significativo reforço dos meios de fiscalização da Administração fiscal. Sob pena de a tributação passar a ser " à la carte", cada contribuinte fixando livremente o montante do imposto que queria pagar. Caindo-se no extremo oposto ao regime anterior: antes, a Administração fiscal fixava o que cada contribuinte devia pagar; agora, cada contribuinte escolhia o montante do imposto que pagava.

Contudo, este rejuvenescimento dos impostos não foi acompanhado pela necessária reforma da Administração tributária, no sentido de acrescer a sua eficiência (a sua informatização nunca atingiu o grau necessário), nem pela reforma do procedimento e do processo.

Manteve-se um elevado grau de ineficiência na cobrança dos impostos e significativa evasão fiscal. Sobretudo, a nível dos pequenos e médios contribuintes.

Nos anos 90 sentiram-se duas necessidades fundamentais: modernização das normas dos impostos criados nos fins dos anos 80, rapidamente desgastados; revisão do procedimento e do processo que não tinham sido devidamente actualizados nos anos 80. E da qual se esperava uma maior eficácia da Administração e dos tribunais e, portanto, uma menor evasão fiscal.

A primeira tarefa, mais urgente e que implicava menos perda de receitas, foi a revisão do procedimento e do processo operada pela Lei Geral Tributária (1999). A reforma dos impostos foi pensada, até agora sem sucesso, a partir de 1999.

## IV. AS REFORMAS: JUSTIÇA E EFICÁCIA

### 6. A reforma do procedimento e do processo

O Código de Processo Tributário pretendia ser a lei do processo e do procedimento tributários. O seu título I continha um grande núcleo de normas sobre procedimento tributário. Contudo, nem sequer retirava da Constituição da República Portuguesa as necessárias consequências das normas procedimentais de carácter garantístico aí consagradas.

Pelo que ficou rapidamente desactualizado com a publicação do tecnicamente evoluído Código de Procedimento Administrativo. Este, embora não aplicável directamente ao procedimento tributário, era invocável a título de direito subsidiário perante as lacunas e deficiências do Código de Processo Tributário. Assim, o procedimento tributário era regulado por dois códigos. Note-se que o Código de Processo Tributário estava visivelmente "gasto". E o Código de Procedimento Administrativo encontrava a resistência de muitos a aplicá-lo em procedimento tributário e o desconhecimento de outros.

O direito processual contido no Código de Processo Tributário parecia corresponder minimamente às necessidades. Pelo que a matéria de mais urgente revisão era a do procedimento.

Sentia-se também a necessidade de uma profunda revisão da obrigação tributária, em termos de renovação sistemática e axiológica.

Existiam no Código de Processo Tributário algumas normas sobre a parte geral da obrigação tributária. O resto, ou estava desprovido de regulamentação, ou encontrava-se disperso por diversas leis e códigos em especial, sem uma lógica de conjunto e frequentemente sem a necessária estrutura dogmática e ética.

Finalmente, os grandes princípios do Direito tributário – capacidade contributiva, não retroactividade, interpretação/aplicação, responsabilidade, objecto da obrigação, etc. – necessitavam de aprofundamento e regulamentação adequados.

Da situação que acaba de se descrever resultava insegurança das indecisões judiciais e administrativas e um crescente sentimento dos cidadãos da injustiça do sistema tributário.

A reforma do procedimento e do processo acoplada a uma revisão dos princípios gerais do sistema tributário e da obrigação tributária, no sentido da satisfação de direitos constitucionais como o direito à vida, à saúde, à habitação, à educação, a constituir família, etc., permitiria uma sobrevida de um sistema fiscal caduco sob o ponto de vista técnico, objecto de crescente rejeição social e cada vez menos adequado a produzir as receitas que o Estado pretendia obter.

Assim, a reforma do sistema a nível da aplicação das normas, acoplada a uma revisão dos princípios gerais, parecia urgente e, em si mesma, não implicando qualquer diminuição de receitas.

## 7. A Lei Geral Tributária

Neste sentido foi criada um comissão para elaborar uma Lei Geral Tributária, a que foi atribuída a tarefa de desenvolver os princípios do Estado-de-Direito em sentido material e de concretizar os princípios do Estado-de-direito em sentido formal, na via de cada vez mais acrescidas garantias dos direitos dos cidadãos.

Estabeleceram-se três grandes metas a atingir pela Lei Geral Tributária: maior justiça material; maiores garantias formais; maior participação dos contribuintes no procedimento administrativo, como meio de atingir mais justiça material e melhor garantia dos seus direitos.

Não pareceu que a Lei Geral Tributária devesse ou pudesse fazer um reexame do sistema tributário português, fixando os grandes princípios da incidência pessoal e real, os benefícios e as taxas, reapreciando criticamente os impostos existentes, a sua articulação e os seus critérios de justiça material. Neste sentido depõe a generalidade das leis gerais tributárias europeias que, mesmo quando se ocupam das grandes linhas do sistema tributário, se limitam a referências muito genéricas aos tipos de impostos. Assim, a Lei Geral Tributária limitou-se a fixar um pequeno conjunto de princípios de justiça material, de carácter muito geral, aparentemente indiscutidos e indiscutíveis, mas de grande relevo axiológico e social.

## 8. O conteúdo

A Lei Geral Tributária veio fazer uma referência ao princípio da capacidade contributiva, sem tentar esgotar o seu sentido. E mencionou os princípios axiológicos fundamentais em matéria de tributação da família e dos idosos.

A Lei Geral Tributária versa também os aspectos da relação jurídica de imposto: posições jurídicas dos sujeitos, modalidades da responsabilidade e seu conteúdo, etc. A exemplo do que acontece na Lei Geral espanhola, na Lei geral Alemã, nos Códigos Tributários nacionais dos Estados da América do Sul, etc.

As maiores novidades são em matéria de procedimento. Transpuseram-se para o Direito Tributário as mais recentes aquisições do Direito português em matéria de procedimento administrativo.

A intenção era completar a Lei Geral Tributária com um Código de Processo Tributário no qual se regulasse esta matéria. Já que na Lei Geral Tributária só constavam em matéria de processo algumas regras gerais.

O que não foi feito. E o entretanto publicado Código de Processo e Procedimento Tributário, para além de duplicar muitas normas procedimentais da Lei Geral Tributária, não inovou suficientemente em matéria de processo.

## 9. Reforma da Administração fiscal?...

As novidades trazidas pela Lei Geral Tributária em matéria de procedimento exigiam a reforma da Administração fiscal. Não tendo sido esta realizada, a Administração fiscal tem encontrado algumas dificuldades em observar as normas procedimentais que visam, sobretudo, garantias dos contribuinte. Nomeadamente, e para só citar uma, a que obriga a Administração a ouvir previamente os contribuintes antes de tomar uma decisão que produza efeitos em relação a eles. E de ponderar e levar em conta, na sua decisão, as razões apresentadas pelos sujeitos passivos no momento da audição prévia.

## 10. A necessidade de reforma dos impostos

A reforma dos impostos do fim dos anos oitenta traduziu-se em alguma melhoria técnica em relação ao sistema fiscal anterior. Caminhando no sentido da determinação da matéria colectável real, assente na declaração do contribuinte fundada em contabilidade organizada ou dados controláveis.

O problema que se punha anteriormente, e que se continua a pôr-se, era o da determinação da matéria colectável em termos de segurança e de justiça.

A combinação de uma matéria colectável determinada com base na declaração do contribuinte e de uma Administração Fiscal incapaz de controlar devidamente essa declaração, levaram a um acréscimo, presumido, da evasão fiscal.

Haveria, portanto, que, simultaneamente, alterar os procedimentos de determinação da matéria colectável e melhorar a eficácia da Administração fiscal.

Contudo, a acção do legislador visou antes o acréscimo significativo das penalizações no caso de não cumprimento das obrigações tributárias. O que, na realidade, conduziu a alguma diminuição da evasão fiscal. Mas ao preço da criação de diversos bodes expiatórios, de sujeitos passivos incumpridores que eram detectados por acaso e sancionados a título de exemplo, o que parece contrário aos princípios éticos do Estado de direito democrático.

Depois, e sobretudo no fim da década de noventa, foi sendo sensibilizada a opinião pública para a existência de uma evasão fiscal que alegadamente introduziria profundas desigualdades e injustiças no sistema fiscal, sobretudo em prejuízo dos mais pobres. E que justificaria medidas (de excepção), como o levantamento do sigilo bancário, o acréscimo das sanções e o estabelecimento de desvios à determinação da matéria colectável real, passando a matéria colectável a ser determinada com base em mínimos, presunções, etc.

Nesta ordem de ideias, sustentava-se uma dialéctica que terminava facilmente, quando não assentava, na ideia de que os fins – combate à evasão fiscal – justificavam todos os meios que se decidissem tomar, mesmo em violação dos direitos e liberdades dos cidadãos.

A Lei Geral Tributária, como referi, não tinha como missão revolucionar o sistema de impostos, em qualquer dos seus aspectos, inclusive da determinação da matéria colectável. Contudo o legislador teve consciência da necessidade de rever os procedimentos de determinação da matéria colectável. Foram introduzidas na Lei Geral Tributária duas normas fundamentais nesta matéria: uma que previa, sem os precisar, os procedimentos de determinação simplificada da matéria colec-tável; e a norma que permitia o recurso a métodos indiciários (denominados métodos indirectos) quando a pessoa colectiva apresentasse lucros claramente desproporcionados em relação aos do seu sector de actividade económica, desproporção determinada por indicadores objectivos de carácter técnico ou científico.

Contudo, nenhuma destas normas entrou imediatamente em vigor. A primeira, a da determinação simplificada da matéria colectável, por falta de regulamentação. A segunda por não ter sido possível determinar ou fixar estes indicadores objectivos de natureza técnico-científica.

O problema que se punha com insistência tanto por parte da opinião pública como pelas forças políticas, era no sentido de fazer uma reforma fiscal que permitisse uma maior equidade e igualdade nos impostos.

## 11. A Lei n.º 30-G/2000

Destas necessidades, deste estado de coisas, integrado num contexto político de que não me vou ocupar, resultou uma "reforma" dos impostos sobre o rendimento consubstanciada na Lei n.º 30-G/2000. O seu principal, senão único, objectivo foi o de obter receitas. Isto, à custa de algumas das muito modestas vantagens que Portugal tinha na concorrência fiscal a nível europeu, e numa altura em que a queda dos valores no mercado de capitais e o abrandamento da actividade económica tornavam ainda mais desaconselháveis tais medidas.

Mesmo a criação de uma determinação matéria colectável com carácter simplificado, levou ao efeito perverso de diminuição de receitas através do agravamento da evasão fiscal.

Quanto à reforma, também necessária, da tributação do património, definiu-se um objectivo muito ambicioso: a substituição da Sisa, do imposto sobre sucessões e doações e da contribuição autárquica por outros impostos. Não se tendo alcançado este objectivo, pelo menos até ao dia de hoje – que só hoje começa a esboçar-se.

## 12. Cont. a)Impostos sobre o rendimento

Comecemos pela chamada "reforma" dos impostos sobre o rendimento.

Esta assentou nos seguintes vectores fundamentais:

*a)* Limitação do sigilo bancário;
*b)* Aumento da tributação das mais-valias obtidas pelas pessoas singulares na venda de acções;
*c)* Criação de um sistema de tributação por métodos simplificados.

### A. *Limitação do Sigilo Bancário*

Em Portugal não havia sigilo bancário no sentido rigoroso do conceito. Com efeito, o juiz podia sempre levantar o sigilo bancário quando entendesse que os interesses da Administração da justiça o impunham. Isto, também, em matéria tributária.

Portanto, não havia sigilo bancário no processo judicial.

A Administração fiscal, contudo, fosse qual fosse o pretexto que invocasse, não podia levantar o sigilo bancário no procedimento tributário.

Com a lei 30-G/2000 criaram-se diversos pressupostos de levantamento do sigilo bancário pela Administração Fiscal.

### B. *Sobrecarga de tributação dos valores mobiliários*

Até ao fim do ano 2000 a pessoa singular que obtivesse mais-valias na transmissão de valores mobiliários (partes sociais) estava isenta de tributação desde o momento em que detivesse esses valores há mais de um ano.

A partir do dia 1 de Janeiro de 2001 eliminou-se tal benefício, pese embora alguma atenuação das regras gerais.

No que se refere às sociedades "holding", estas podiam adiar a tributação das mais-valias realizadas com a transmissão das suas participações em outras sociedades desde o momento em que reinvestissem o produto da venda.

A partir de 1 de Janeiro de 2001 passam a ser tributadas, embora essa tributação seja diferida durante cinco anos, a 20% por ano.

Isto, desde que haja o pressuposto do reinvestimento.

Estas medidas, que me limito a enunciar nos seus aspectos gerais, foram contemporâneas (é difícil de dizer que tenham sido causa) de uma acentuada queda dos valores no mercado de capitais em Portugal. Eliminaram, por outro lado, talvez os únicos dois atractivos que existia no sistema fiscal português, em comparação com as múltiplas vantagens e benefícios que existem nos sistemas fiscais europeus concorrentes do português.

Tais normas foram suspensas pelo OE para 2002, regressando-se até 2003 ao regime anterior. E foram revogadas já em 2003.

### C. *A tributação por métodos simplificados*

Ao lado da tributação com base na contabilidade, exigida para a generalidade das empresas e das pessoas singulares, foi regulamentada a determinação da matéria colectável por métodos simplificados.

A coexistência da tributação por métodos simplificados com a tributação assente na contabilidade, como opção deixada ao contribuinte dentro dos pressupostos legais, levou a resultados perversos.

Com efeito, o contribuinte pode, escolher facilmente aquele dos métodos que leva a menor tributação. Depois, pode fazê-los coexistir no campo da sua actividade profissional.

Escolherá a tributação com base na contabilidade organizada se pretender por este método ocultar os seus verdadeiros rendimentos.

Escolherá a tributação por métodos simplificados se considerar que este sistema lhe é vantajoso.

Fará coexistir ambos de modo a concentrar as seus custos e despesas documentadas no âmbito da contabilidade organizada, obtendo no quadro dos métodos simplificados uma presunção de custos que virá acrecer artificialmente os seus custos.

Ao mesmo tempo, a tributação por métodos simplificados não teve o objectivo que se pretendia – não se sabe bem como ... – o de fazer entrar no sistema fiscal uma multidão de pequenos ou pequeníssimos contribuintes que hoje, aparentemente, não pagam impostos.

Está portanto por implementar um sistema de determinação da matéria colectável adequado aos múltiplos tipos de contribuintes, à dimensão das suas empresas e à qualidade das suas actividades.

Sistema que se possa afastar da determinação da matéria colectável com base no lucro real, para visar outras realidades facilmente acessíveis . E que seja adaptado aos casos concretos através de um intenso diálogo entre o sujeito passivo e a Administração Fiscal.

## V. A EVOLUÇÃO PREVISÍVEL E O OE PARA 2003. A AUSÊNCIA DE PROJECTO

### 13. O OE para 2003

O Orçamento de Estado para 2003 não é propriamente inovador em matéria fiscal. Não define linhas de orientação, novos princípios informadores do sistema, nem aprofunda ou desenvolve os existentes.
Limita-se, no essencial, a favorecer o aumento da arrecadação.

### 14. O aumento da arrecadação

O aspecto que, seguramente, mais releva no Orçamento de Estado para 2003, pelo menos quanto às intenções de futuro, é o novo regime dos pagamentos especiais por conta. As empresas passam a estar obrigadas, a um regime de pagamento especial por conta, ou seja, de antecipações do imposto sobre sociedades devido, em montantes que podem atingir duzentos mil euros. Quando, até aqui, o montante dos pagamentos especiais por conta era uma pequena fracção deste montante.

Há um significativo aumento do custo de oportunidade para o contribuinte, derivado da circunstância de ter de adiantar quantias muito elevadas em relação ao imposto futuro. Futuro quanto a si mesmo e incerto quanto ao seu montante, que pode ser igual inferior ou superior ao montante dos pagamentos especiais por conta. No caso de ser inferior ainda haveria aqui lugar a uma restituição ela própria não indemnizada.

Para além disso, este regime parece inconveniente por, em princípio, vir favorecer a economia clandestina e a evasão fiscal.

Não representando, em si mesmo, uma opção declarada pela tributação com base em rendimentos presumidos ou normais. Mas revelando, antes, uma ânsia de obter receita, independentemente de qualquer plano, qualquer eficácia ou de qualquer orientação de justiça.

Seria preferível, se fosse caso disso, assumir a tributação com base em rendimentos mínimos ou médios, devidamente ancorados numa realidade sujeita a discussão entre o contribuinte e a administração. Do que ir, com base em simples critérios procedimentais, para cobranças desfasadas de segura referência à realidade. Os recursos e desvios verificados durante o ano de 2003 quanto ao texto inicial, vêm-se aproximadamente do respeito pelos princípios da capacidade contributiva.

## 15. O regresso ao passado na tributação dos valores mobiliários

A tributação dos valores mobiliários, a nível das mais-valias, conheceu significativo abrandamento.

Assim, passam a gozar de isenção de imposto as mais-valias de valores mobiliários detidos por pessoas singulares há dez meses.

As sociedades também estarão isentas de tributação pelas mais-valias na alienação de participações sociais desde que as detivessem há um ano e reinvistam o produto, dependendo de um certo montante dessa participação.

Quanto às SGPS, não haverá limites quantitativos quanto à participação.

As variações nesta matéria, e embora a situação actual seja aceitável, não contribuiram para a confiança no legislador.

## 16. Síntese conclusiva

O problema que se põe, hoje, em Portugal é essencialmente o da determinação da matéria colectável. Como, aliás, é o problema fundamental em Direito tributário na generalidade dos países, sob ponto de vista técnico e político.

A determinação da matéria colectável está claramente apertada entre uma profunda exigência de justiça e a necessidade da arrecadação de receitas, ou seja, da eficácia das normas.

Em diversos países europeus, por exemplo, em Espanha e na Itália, tem-se caminhado para uma maior aproximação entre a norma geral e abstracta e a situação concreta do contribuinte. Em termos de a matéria colectável ser pré-determinada, em termos de rendimentos presumidos, normais, mínimos, determinados com base em índices ou parâmetros – mas sempre sujeitos à discussão, eventualmente ao acordo, entre a Administração e o contribuinte.

## 17. Perspectivas de futuro. A ética. A nova justiça fiscal

Há que ultrapassar o discurso que diz visar o combate à evasão fiscal e pressupõe, como principal instrumento desse combate, a diminuição das garantias dos contribuintes. Constituindo, não mais do que um meio de ocultar a efectiva inoperância e falta de vontade política das entidades políticas.

Ou seja: esse discurso aceita, pretende mesmo, que o aumento da receitas públicas decorra, também, da opressão sobre os contribuintes mais fracos, menos avisados, com menos meios para se defenderem que vão pagar impostos que realmente não devem.

Considero imprescindível a qualquer discurso, nos quadros do Estado--de-Direito, a conciliação entre dois valores: "justiça" e "eficácia": só a "justiça" é "eficaz", e não há "eficácia injusta" que seja "eficaz".

As normas assentes na violência acabam por produzir resultados contrários àqueles que visam. Além de serem totalmente indignas do Estado--de-Direito. Só são efectivas, só são eficazes, normas que sejam justas. Sem esta justiça cai-se na dialéctica da injustiça-evasão-injustiça.

A experiência recente em Portugal demonstra que taxas de impostos demasiadamente elevadas, injustas, que não levam ao aumento das receitas fiscais e conduzem à diminuição destas. Hoje parece haver na Europa uma nova ideia de justiça fiscal. Tem vindo a abandonar-se o sentido "social" dos impostos, a sua função de engenharia social, para acentuar a sua função financeira. Deixando-se a função social à segurança social e a outros regimes. Diminuindo-se os benefícios e baixando-se as taxas. Privilegiando-se simultaneamente a simplificação do procedimento administrativo e, em larga medida, a do processo judicial.

Julgo que podemos encontrar aqui, no encontro deste dois vectores, um ponto de equilíbrio a médio prazo que se traduzirá no seguinte: por um lado, a consciência de que há limites, a nível das características essenciais dos impostos (incidência, taxa, etc.), que não se devem poder ultrapassar nomeadamente, estabelecendo uma percentagem do PIB que não poderia ser consumida pelo imposto. Por outro, a consciência de que é a eficácia dos impostos, e os procedimentos inspectivos e penas adequados ao Estado de Direito, passando-se por uma aproximação da ideia de justiça da necessidade de eficácia. Em termos práticos, diriamos que há que aproximar o sistema fiscal, nomeadamente a nível da determinação da matéria colectável, das possibilidades práticas da Administração fiscal e das representações sociais da justiça do sistema.

Outro vector que há que levar em consideração é o da progressiva monetarização da economia e da bancarização da actividade económica. O que permitirá recorrer declaradamente a impostos indirectos, não só ao IVA como a outros impostos, como o imposto de selo português que incide sobre a actividade financeira.

Tudo visto, há que começar pela reforma da mentalidade política. Abordaram a ideia de que todos os bens produtivos (as pessoas incluídas) pertencem ao estado, que deixa os cidadãos por razões de eficácia a sua administração em troca de um e cuja parte das respectivas utilidades – como acontece hoje.

Passando-se ao respeito do cidadão – e dos seus bens – que se limitará a entregar ao Estado – que vem depois dele e está ao seu serviço – uma parte da riqueza. Para satisfazer a necessidades comuns, democraticamente definida; e não para subsidiar o poder do grupo político dirigente.

# O DIREITO TRIBUTÁRIO EM TRANSIÇÃO

IVES GANDRA DA SILVA MARTINS,
Professor Emérito da Universidade Mackenzie,
em cuja Faculdade de Direito foi Titular de Direito Econômico e de
Direito Constitucional e Presidente do Centro de Extensão Universitária.

O Brasil deverá realizar em breve alteração constitucional do sistema tributário. Nada obstante inúmeras alterações que sofreu, em nível de lei suprema, o modelo continua arcaico, fundamentalmente, por três razões.

A primeira delas é ter regionalizado o imposto sobre valor agregado, a que denomina imposto sobre operações relativas à circulação de mercadorias e prestação de serviços. Havendo 26 Estados e um Distrito Federal, de rigor, o país possui 27 sistemas regionais de um pseudo Imposto de Valor Agregado – IVA para um tributo de nítida vocação nacional.

Tal modelo, à evidência, cria profundas distorções, não tendo sido possível eliminar a chamada guerra fiscal entre os Estados, em que alguns, para atraírem investimentos, ofertam isenções, que, pelo sistema da não-cumulatividade, terminam por afetar a receita de outros Estados, obrigados a permitir compensação de tributos pagos e "devolvidos".

Na proposta que eu fizera – de "federalização" do ICMS e "partilha" de sua arrecadação entre União, Estados e Municípios – pelo Governo do Estado de São Paulo, que a encampou em 1993, parece-me a única solução possível, até porque mais de 100 países no mundo têm o IVA centralizado.

A segunda razão pela qual o sistema encontra-se obsoleto é a incidência em cascata que ainda remanesce em relação às contribuições. A solução, será retirar a cumulatividade das contribuições Confis e CPMF (contribuições sociais), que faz o Brasil perder competitividade externa, visto que exporta tributos. Por legislação ordinária, já se afastou a cumulatividade do PIS. Em verdade, todas as "circulações de bens" e "prestações de serviços" são tributadas por IPI, ICMS, ISS, PIS, COFINS, além dos tributos sobre a circulação de dinheiro IOF e CPMF. Se o Brasil não cortar o "nó gordio" desta irracional política tributária nunca crescerá e não terá competitividade internacional.

E o terceiro aspecto a ser resolvido – se não for possível conciliar todos os tributos circulatórios num único IVA partilhado entre as entidades federativas – é equacionar-se a questão relativa ao local da prestação de serviços (ISS), incidida por um tributo municipal, para evitar a dupla incidência.

As outras modificações pretendidas são de pequena expressão e não alterarão substancialmente o sistema, razão pela qual delas não tratarei, ao analisar, embora perfunctoriamente, qual é aquele em vigor no Brasil.

## SISTEMA TRIBUTÁRIO NA CONSTITUIÇÃO

### 1. Normas gerais

O Sistema Tributário na Constituição de 1988 foi plasmado de forma a permitir captação melhor dos verdadeiros contornos superiores que o esculpem.

Dividido em 5 partes, visto que a seção dedicada à repartição de receitas tributárias pertine ao direito financeiro e não à convivência entre os sujeitos ativos e passivos da relação tributária, tem nos artigos 145 a 149 o enunciar dos princípios gerais, que o regem.

Por princípios gerais, há de se compreender, naturalmente, aqueles comandos maiores que delimitam a imposição tributária.

Estou convencido de que o atual sistema, como o anterior, é mais uma carta de direitos do contribuinte contra a excessiva e reconhecida carga tributária da Federação tripartida que é o Brasil, único país do mundo a outorgar, constitucionalmente, competência impositiva aos municípios.

Tendo o constituinte plena consciência de que a carga tributária é excessiva, optou, como já o fizera o constituinte anterior, por um sistema rígido, pelo qual tudo o que estiver em lei é permitido ao Fisco e nada obriga ao contribuinte se em lei não estiver.

A falta de legislação não beneficia o Fisco, mas exclusivamente, o contribuinte. Tem o Fisco o direito de brandir a espada da imposição, mas tem o contribuinte o direito de se defender com o escudo da lei.

É, portanto, o Sistema plasmado mais uma carta do contribuinte do que um Estatuto do Poder Tributante, nada obstante hospedar considerável aumento da carga tributária, que já não era pequena, à luz do velho sistema.

Tenho para mim que o tributo é uma norma de rejeição social, porque todos os contribuintes de todos os espaços geográficos pagam mais do que deveriam pagar para sustentar o governo naquilo que retorna a comunidade em nível de serviços públicos, mas, também, para sustentar os desperdícios, as mordomias, o empreguismo dos detentores do poder. Esta realidade é maior ou menor, conforme o período histórico ou o espaço geográfico, mas é, desgraçadamente, comum a todos os governos.

Por esta razão sempre entendi que para a norma de rejeição social Kelsen tinha razão em considerar a sanção norma primária, pois assecuratória do cumprimento da norma de comportamento, como Cóssio razão tinha em considerar, para as normas de aceitação social, as sanções normas secundárias, pois apenas aplicáveis aos casos patológicos de desobediência.

O tributo pela densidade superior de sua carga, sempre exigido a mais do que as reais necessidades do Estado, é uma norma de rejeição social.

Tal concepção entendo tenha sido hospedada pelo Sistema atual, cuja rigidez demonstra que os princípios da estrita legalidade, da tipicidade fechada e da reserva absoluta da lei continuam nele plasmados.

De início, é bom lembrar que o atual texto foi amplamente discutido na Sub-Comissão de Tributos, na Comissão de Tributos, Orçamento e Finanças Públicas, na Comissão de Sistematização e no Plenário, tendo recebido contribuição de parlamentares e assessores e especialistas convidados, inclusive para o projeto do grupo "Centrão" que terminou prevalecendo para preferência de discussão sobre o da Comissão de Sistematização.

Tal projeto era originário de uma tríplice convergência. Perante a Sub-Comissão de Tributos foram apresentados 2 projetos articulados completos, a saber o da IASP/ABDF e o do IPEA, tendo a conjugação de ambos e a colaboração dos constituintes possibilitado a formação de um terceiro projeto, que foi aquele aprovado pela Sub-Comissão. De longe, aquele projeto original foi o melhor produzido pela Constituinte. De lá para o texto final sofreu notável contribuição de pioria, mas em decorrência da voracidade fiscal das entidades federadas (governadores e prefeitos), que pretendendo alargar o nível de suas arrecadações pressionaram o parlamento com poderes constituintes derivados – ampliar a apreensão de recursos e bens dos contribuintes para atender as nem sempre bem planejadas necessidades públicas.

O aumento do nível da carga tributária, assim como a criação de novos impostos foi a decorrência deste tipo de pressão dos governantes, sem que os contribuintes tivessem "lobbies" preparados para defesa da comunidade contra tais anseios exatores.

Cheguei, com Hamilton Dias de Souza, inclusive a pedido do denominado grupo "Centrão", a enviar anteprojeto para reduzir os aspectos negativos do texto aprovado pela Comissão de Sistematização, tendo, todavia, poucas de nossas sugestões sido aprovadas, seja naquele projeto, seja no texto legal.

Tais considerações preliminares objetivam ofertar rápida escultura sobre o sistema, antes de comentar artigo por artigo a Seção destinada aos princípios gerais do Sistema Tributário.

O primeiro dos artigos é o de n.° 145 da Constituição Federal, tendo a seguinte dicção:

*"Art. 145 A União, os Estados, o Distrito Federal e os Municípios poderão instituir os seguintes tributos:*
*I. impostos;*
*II. taxas, em razão do exercício do poder de polícia ou pela utilização, efetiva ou potencial, de serviços públicos específicos e divisíveis, prestados ao contribuinte ou postos a sua disposição;*
*III. contribuição de melhoria, decorrente de obras públicas.*

*§ 1.° Sempre que possível, os impostos terão caráter pessoal e serão graduados segundo a capacidade econômica do contribuinte, facultado à administração tributária, especialmente para conferir efetividade a esses objetivos, identificar, respeitados os direitos individuais e nos termos da lei, o patrimônio, os rendimentos e as atividades econômicas do contribuinte.*

*§ 2.° As taxas não poderão ter base de cálculo própria de impostos".*

Entendo que a definição, portanto, continua a ser aquela plasmada no artigo 16 do CTN, a saber:

*"Art. 16 Imposto é o tributo cuja obrigação tem por fato gerador uma situação independente de qualquer atividade estatal específica, relativa ao contribuinte".*

As taxas em seguida são conformadas em redação apenas melhor pela eliminação do vocábulo "arrecadados". A expressão anterior não era feliz, pois acrescentava ao perfil do "fato gerador", elemento periférico (arrecadação), a compor sua escultura legislativa.

Continuam, pois, as taxas a serem impostas ou pelo exercício do poder de polícia ou pela utilização efetiva ou potencial de serviços públicos específicos e divisíveis.

A nova redação, não equaciona o discutido problema do que seja taxa e preço público, assim como os seus limites ainda indefinidos, nada obstante a Súmula 545 do S.T.F., assim redigida:

*"Preços de serviços públicos e taxas não se confundem, porque estas, diferentemente daqueles, são compulsórias e têm sua cobrança condicionada à prévia autorização orçamentária, em relação à lei que as instituiu".*

Parece-me que a melhor postura no conflito é aquela assumida pelo Plenário do X Simpósio de Direito Tributário, nestes termos versada:

*"1ª Questão: Em nosso ordenamento positivo, há critério jurídico para distinguir as taxas dos preços públicos? Em caso afirmativo, qual?*
*RESPOSTA: Sim. As taxas remuneram os serviços públicos. Demais serviços que não têm tal natureza serão remunerados por preço, chamados públicos, por serem cobrados pelo Poder Público, direta ou indiretamente.*
*São serviços públicos aqueles inerentes ao Estado, denominados essenciais, além daqueles cuja atividade econômica não compete originariamente à iniciativa privada (art. 8.° XV da C.F.), dependendo da disciplina legal.*
*Atividade monopolizada não possibilita a cobrança de taxa, assim como a atividade econômica prevista no art. 170 da C.F.*

**Nota:** *Esta foi a resposta vencedora com 39 votos do Plenário, contra 38 votos dados à adoção da redação da Comissão I. Em vista dessa diferença de apenas um voto, reputamos interessante reproduzir a redação vencida:*

*"As taxas são tributos vinculados a uma atuação estatal, expressiva de serviço público prestado ou posto à disposição dos administrados, a cargo de entidades governamentais investidas de personalidade jurídica de direito público. Os preços são receitas expressivas de serviços públicos prestados ou postos à disposição dos administrados, a cargo de entidades governamentais ou não governamentais investidas de personalidade de direito privado.*

*No ordenamento legal brasileiro há critério jurídico para distinguir as Taxas de Preços Públicos, a partir da exigência:*

*a) de relação de subordinação no primeiro tipo de remuneração e não no segundo;*

*b) de não possuir o usuário alternativa de não utilização ou de não pagamento para as taxas e possuir tal faculdade aos* preços públicos;

*c) de ser a taxa remuneratória de serviços essenciais ou **periféricos** específicos e divisíveis, só o sendo o preço público, em não ocorrendo as hipóteses enunciadas nos itens "a" e "b".*"

De lembrar-se que o custo dos serviços prestados são aqueles que servem de base de cálculo para o tributo, não se permitindo que se cobrem, a título de taxa, valores superiores, inclusive custos superiores aos gastos para o exercício do poder de polícia.

Por fim, a contribuição de melhoria foi tratada com sensível contribuição de pioria dos constituintes, ao se eliminar o teto representado pelo custo da obra.

Pessoalmente, entendo que nada obstante estar o teto eliminado, o que poderia o intérprete ser levado a entender que deixou de existir, na interpretação teleológica, pois existia nos termos da E.C. n.° 23/83 (art. 18 inciso II da E.C. n.° 1/69), tal teto continua a existir, não mais explícita, mas implicitamente.

Com efeito, se o Poder Tributante pretender em uma obra que custou 10 cobrar 100 a título de contribuição de melhoria, os 90 adicionados teriam estrutura jurídica diversa da contribuição, ganhando conotação de imposto, pois desrelaciona da obra pública a que a contribuição era exigida para realizá-la. Prevalece, na minha opinião, o comando exegético do artigo 4.° do CTN, assim redigido:

*"Art. 4.° A natureza jurídica específica do tributo é determinada pelo fato gerador da respectiva obrigação, sendo irrelevantes para qualificá-la":*

*I. a denominação e demais características formais adotadas pela lei;*
*II. a destinação legal do produto da sua arrecadação",*

que não é simples legislação infraconstitucional regulamentar, mas explicitadora da Constituição, não tendo por essa razão sido alterada, o que vale dizer foi recepcionada pela nova ordem.

Deve-se lembrar em relação às taxas que elas não terão base de cálculo própria dos impostos, redação sensivelmente melhor que aquela do § 2.° do artigo 18 da E.C. n.° 1/69 assim redigido:

"...

*§ 2.º Para cobrança de taxas não se poderá tomar como base de cálculo a que tenha servido para incidência dos impostos".*

A expressão "base de cálculo própria" dos impostos espanca dúvidas que o discurso pretérito aparentava.

Por fim, o parágrafo 1.º cuida de três aspectos relevantes. Da capacidade econômica a ser respeitada, da graduação pessoal dos impostos e do direito do Fisco fiscalizar.

A redação é infeliz, visto que o "sempre que possível" deveria reger apenas a graduação pessoal dos impostos. Isto porque os impostos indiretos não têm caráter pessoal.

Teria sido preferível o constituinte enunciar o dispositivo, declarando que:

*"Os impostos terão caráter pessoal, sempre que possível, e serão graduados segundo a capacidade econômica".*

A infeliz redação, todavia, não pode permitir a interpretação de que a capacidade econômica só era respeitada quando possível, visto que se assim fosse, à evidência o artigo 150, inciso IV, perderia sentido, estando assim redigido:

*"Art. 150 Sem prejuízo de outras garantias asseguradas ao contribuinte, é vedado à União, aos Estados, ao Distrito Federal e aos Municípios:*
*...*
*IV. utilizar tributo com efeito de confisco".*

Por outro lado, confunde o legislador capacidade econômica com capacidade contributiva, e é esta que deve ser respeitada, visto que aquela não deve sequer ser cogitada.

Finalmente, tornar mero ato administrativo, que é o direito de fiscalizar em princípio constitucional é ordinarizar demais o texto constitucional, sobre permitir interpretações menos avisados de que o poder de arbítrio dos poderes tributantes ficou maior. Felizmente, fez o constituinte observação de que os direitos e garantias deverão ser respeitados, com o que, à evidência, não acrescentou ao direito de fiscalizar nada mais do que o Fisco tem atualmente, ou seja, de fiscalizar dentro da lei.

O artigo 146 da Constituição Federal possui o seguinte discurso:

*"Art. 146 Cabe à lei complementar:*

*I. dispor sobre conflitos de competência em matéria tributária, entre a União, os Estados, o Distrito Federal e os Municípios;*

*II. regular as limitações constitucionais ao poder de tributar;*

*III. estabelecer normas gerais em matéria de legislação tributária, especialmente sobre:*

*a) definição de tributos e de suas espécies, bem como, em relação aos impostos discriminados nesta Constituição, a dos respectivos fatos geradores, bases de cálculo e contribuintes;*

*b) obrigação, lançamento, crédito, prescrição e decadência tributários;*

*c) adequado tratamento tributário ao ato cooperativo praticado pelas sociedades cooperativas".*

Cuida, portanto, do mais relevante instrumento do Sistema Tributário, que é a lei complementar. A lei complementar é, simultaneamente, uma garantia do contribuinte e uma segurança de estabilidade do Sistema. Sem ela, os 5.500 municípios brasileiros, os 26 Estados e a União criariam o seu próprio sistema tributário, gerando o caos impositivo numa economia hoje extremamente complexa.

Prevista já na Emenda Constitucional n.º 18/65, foi hospedada pela Constituição de 1967 e pela E.C. n.º 1/69 com a seguinte dicção constante do artigo 18 § 1.º:

*"§ 1.º Lei complementar estabelecerá normas gerais de direito tributário, disporá sobre os conflitos de competência nessa matéria, entre a União, os Estados, o Distrito Federal e os Municípios e regulará as limitações constitucionais do poder de tributar."*

No passado, determinada escola de Direito, por respeitados e brilhantes juristas, defendeu a tese de que a função da lei complementar na sua formulação anterior seria dupla e não tripla, cabendo normas gerais apenas para dirimir conflitos de competência e para limitar o poder de tributar. Assim o dispositivo, transformaria em "gerundio", as segunda e terceira orações, colocadas no indicativo, levando a se ler, da forma seguinte, o dispositivo:

*"Lei complementar estabelecerá normas gerais de direito tributário, dispondo sobre os conflitos de competência nesta matéria entre a União, os Estados, o Distrito Federal e os Municípios, e regulando as limitações constitucionais ao poder de tributar".*

Tal concepção não foi hospedada nem pela maioria da doutrina, nem pela jurisprudência, que entendeu no passado que a lei complementar tinha três funções, a saber: aquelas enumeradas em cada uma das três orações indicativas.

O problema fica, definitivamente, afastado com a nova Constituição. As três funções são apresentadas em três incisos distintos, de tal forma que a redação atual espanca as dúvidas colocadas no direito anterior.

A primeira delas, embora não a mais relevante, é dirimir conflitos de competência entre os entes tributantes, com o que sua função estabilizadora é indiscutível. Prevalece, na dúvida, sobre as leis ordinárias de cada uma das esferas impositivas.

A segunda função é a de regular as limitações constitucionais ao poder de tributar. Tais limitações maiores do que se poderia desejar são aquelas expressas no texto constitucional. O regular tais limitações não oferta grande campo de alargamento. Não pode a lei complementar reduzí-las, podendo, todavia, ampliá-las, desde que a ampliação não implique invasão não aceita na competência das esferas com poder de atuar. Nesta hipótese, os poderes tributantes poderão contestar a legitimidade da ampliação. Esta é a razão pela qual tenho dito que no concernente a esta função o espectro da atuação da lei complementar é pobre. Fica reservada, por exemplo, ao estabelecimento de requisitos para as imunidades condicionadas, por expressa determinação do texto constitucional.

A terceira – e mais relevante função da lei complementar – é o estabelecimento de normas gerais. Discuti, longamente, a matéria quando de minha exposição aos Constituintes na Sub-Comissão de Tributos, entendendo que constitui o mais importante aspecto de estabilização do sistema.

Preferiu o constituinte o discurso explicativo, enumerando hipóteses de normas gerais. Esta relação de hipótese seria taxativa, nos termos do primeiro texto da Sub-Comissão, se, em longa conversa com o deputado Dornelles e com seu assessor, Dr. Accioly Patury, não tivéssemos escolhido o advérbio **especialmente** para tornar a lista de taxativa em exemplificativa. O argumento de que me utilizei para sensibilizá-los foi o de que há normas gerais que são estruturalmente normas gerais, mas que poderiam estar afastadas de veiculação por lei complementar, se a doutrina e a jurisprudência optassem por entender que o elenco seria um *"numerus clausus"*.

Desta forma, hoje se pode dizer que tal elenco é exemplificativo, não excluindo outras normas gerais, cuja estruturalidade tenha este perfil, embora não elencados expressamente no inciso III. Em outras palavras, há normas gerais explícitas e implícitas hospedadas no comando supremo.

Das três letras que compõem o artigo 146, inciso III, a mais importante é a letra "a".

Por ela, nenhum tributo poderá vir à luz sem lei complementar prévia. Todos, todos, sem exceção, devem ter seu perfil desenhado em lei complementar.

O instituto poderia ter colocado o vocábulo *"tributos"* no singular, visto que a seguir fez menção às suas espécies. São elas cinco: impostos, taxas, contribuição de melhoria, contribuições especiais e empréstimos compulsórios. Todas elas deveriam ser definidas em lei complementar antes de serem veiculadas por leis ordinárias. Não tem sido esta, todavia, a orientação pretoriana.

Além da definição, os impostos também deveriam ter, além de seu perfil, a discriminação por lei complementar de seus fatos geradores, bases de cálculo e contribuintes. Alguns deles, inclusive as alíquotas, serão definidas por lei complementar, como se verá adiante.

A obrigação, o lançamento, o crédito, a prescrição e a decadência são institutos obrigatoriamente conformados em lei complementar. Não apenas esses institutos são, entendendo eu que outros aspectos do Código Tributário Nacional que versem sobre lei complementar também só podem ser veiculados por lei complementar, como, por exemplo, moratória, a compensação de tributos etc. O advérbio "especialmente" permite tal exegese, porquanto tornou a enunciação exemplificativa.

Por fim, o ato cooperativo mereceu tratamento em lei complementar. Não só o ato, mas, necessariamente, a legislação pertinente às cooperativas em suas implicações várias.

O artigo 147 da Constituição Federal, com a seguinte redação:

*"Art. 147 Competem à União, em Território Federal, os impostos estaduais e, se o Território não for dividido em Municípios, cumulativamente, os impostos municipais; ao Distrito Federal cabem os impostos municipais",*

cuida de uma ficção científica. Fala do tratamento tributário ofertado aos territórios que são parte da União, cabendo à União os impostos estaduais, assim como os impostos principais se o território não for dividido em Municípios.

O Brasil não tem, todavia, mais territórios, o que vale dizer dispõe o artigo sobre o nada.

Ao Distrito Federal, por outro lado, cabe arrecadar os impostos municipais, em face da vedação do artigo 32 de ser o mesmo dividido em municípios.

O artigo 148 da lei suprema está veiculado como se segue:

*"Art. 148 A União, mediante lei complementar, poderá instituir empréstimos compulsórios:*

*I. para atender despesas extraordinárias, decorrentes de calamidade pública, de guerra externa ou sua iminência;*

*II. no caso de investimento público de caráter urgente e de relevante interesse nacional, observado o disposto no art. 150, III, "b".*

*§ único. A aplicação dos recursos provenientes de empréstimo compulsório será vinculado à despesa que fundamentou sua instituição".*

Ao exigir o constituinte lei complementar para os empréstimos compulsórios, sem, excepcioná-los, exigiu nos termos do inciso III, razão pela qual entendo eu que não apenas a definição, mas a discussão da base de cálculo, fato gerador e contribuintes dependem de lei complementar.

Eliminou, o constituinte, a hipótese do empréstimo compulsório para absorção temporária do poder aquisitivo, fórmula clássica de combate à inflação de demanda, no Brasil jamais cumprida, posto que tal forma implicaria a necessidade de esterilização de tais recursos nas burras oficiais, o que, à evidência, nunca aconteceu no país.

Em boa hora, portanto, o país aboliu hipótese que permitiu a todos os governos passados expedientes impositivos considerados pela doutrina e, muitas vezes, rejeitados pela jurisprudência.

Introduziu, todavia, o empréstimo compulsório para investimento público relevante. No projeto da Comissão de Sistematização, não estava o caráter de urgência constante do texto. Hamilton Dias de Souza e eu acrescentamos, no anteprojeto que preparamos para o Grupo denominado ***"Centrão"***, tal condição, consagrada pelo texto aprovado ao final.

A urgência e a relevância, portanto, compõem a exigência que, no caso, deverá também respeitar o princípio da anterioridade.

À evidência, para empréstimo compulsório criado por causa de calamidade pública ou guerra declarada ou eminência de guerra, o princípio da anterioridade não precisa ser respeitado.

A exceção do artigo 148, inciso II, garante a não aplicação do princípio da anterioridade para as demais hipóteses. E compreende-se. Em caso de guerra ou de calamidade não se pode esperar a obtenção de recursos necessários apenas no ano seguinte do ocorrido.

O artigo 15 do CTN assim redigido:

"*Art. 15 Somente a União, nos seguintes casos excepcionais, pode instituir empréstimos compulsórios:*
*I. guerra externa, ou sua iminência;*
*II. calamidade pública que exija auxílio federal impossível de atender com os recursos orçamentários disponíveis;*
*III. conjuntura que exija a absorção temporária de poder aquisitivo.*
*Parágrafo único. A lei fixará obrigatoriamente o prazo do empréstimo e as condições de seu resgate, observando, no que for aplicável, o disposto nesta Lei",*

salvo a dicção de "absorção temporária", no inciso III, continua regendo a matéria referente aos empréstimos compulsórios.

Por fim, todos os empréstimos compulsórios têm natureza tributária, com o que se coloca fim à discussão sobre se teriam ou não natureza tributária, após a lição de Souto Maior Borges.

O último dos princípios gerais diz respeito às contribuições especiais.

Hoje todos eles têm natureza tributária. O artigo 149 tem a seguinte dicção:

"*Art. 149 Compete exclusivamente à União instituir contribuições sociais, de intervenção no domínio econômico e de interesse das categorias profissionais ou econômicas, como instrumento de sua atuação nas respectivas áreas, observado o disposto nos arts. 146, III e 150, I e III, e sem prejuízo do previsto no art. 195, § 6.°, relativamente às contribuições a que alude o dispositivo.*

*§ 1.° Os Estados, o Distrito Federal e os Municípios poderão instituir contribuição, cobrada de seus servidores, para o custeio, em benefício destes, de sistemas de previdência e assistência social.*

*§ 2.° As contribuições sociais e de intervenção no domínio econômico de que trata o caput deste artigo:*

*I – não incidirão sobre as receitas decorrentes de exportação;*

*II – poderão incidir sobre a importação de petróleo e seus derivados, gás natural e seus derivados e álcool combustível;*

*III poderão ter alíquotas:*

*a) ad valorem, tendo por base o faturamento, a receita bruta ou o valor da operação e, no caso de importação, o valor aduaneiro.*

*b) específica, tendo por base a unidade de medida adotada.*

*§ 3.º A pessoa natural destinatária das operações de importação poderá ser equiparada a pessoa jurídica, na forma da lei.*
*§ 4.º A lei definirá as hipóteses em que as contribuições incidirão uma única vez".*

Desde a E.C. n.º 8/77 coloca-se, na doutrina e na jurisprudência, a discussão sobre se as 3 espécies de contribuições (intervenção econômica, social e interesse de categoria) estariam ou não inseridas no sistema tributário.

A dúvida ficou definitivamente espancada com o seu novo texto.

Todas as contribuições, sem exceção, são partes do sistema tributário e todas elas só devem vir à luz por força de lei complementar.

O artigo 149 é claro ao exigir a obediência ao disposto no artigo 146 inciso III, o que vale dizer que não só a definição de qualquer contribuição social, mas a discriminação de seu fato gerador, base de cálculo e contribuinte devem constar de lei complementar.

De rigor, apenas as taxas e as contribuições de melhoria não necessitam da discriminação dos elementos referidos, mas necessitam apenas da definição em lei complementar. Para os impostos, empréstimos compulsórios e contribuições especiais além de definição, mister se faz a discriminação do fato gerador, base de cálculo e contribuinte.

Por essa razão, é que a contribuição social instituída pela medida provisória n.º 22/86 seria inconstitucional. Faltava-lhe a observância ao disposto no artigo 146, inciso III. O Supremo Tribunal Federal, todavia, considerou-a inconstitucional apenas para o exercício de 1989, por ferir o princípio da irretroatividade, mas não para os exercícios posteriores.

Acrescente-se ainda que as contribuições sociais do artigo 195, a meu ver, também necessitariam de lei complementar, na medida em que o próprio artigo 149 faz referência ao § 6.º, que exclui o respeito ao princípio da anterioridade para aquelas atribuições. Não exclui, todavia, o constituinte a aplicação do princípio da irretroatividade, assim como dos demais princípios de garantia do contribuinte expostos no artigo 150 da C.F.. À evidência não apenas os princípios dos incisos I e III, visto que é do inciso IV proibir o confisco, e tal proibição também é extensível às contribuições, assim como o princípio da isonomia do inciso II, que reproduz o disposto no artigo 5.º, "caput", da Lei Suprema.

As contribuições estão vinculadas às suas finalidades, não podendo ser instituídas além dos limites mencionados.

Por fim, há a considerar que o § 4.° do artigo 195 exige também lei complementar para novas contribuições sociais, nos termos do artigo 154 da C.F., ambos os dispositivos assim redigidos:

*"Art. 195 A seguridade social será financiada por toda a sociedade, de forma direta e indireta, nos termos da lei, mediante recursos provenientes dos orçamentos da União, dos Estados, do Distrito Federal e dos Municípios, e das seguintes contribuições sociais:*

*...*

*§ 4.° A lei poderá instituir outras fontes destinadas a garantir a manutenção ou expansão da seguridade social, obedecido o disposto no art. 154, I."*

*"Art. 154 A União poderá instituir:*

*I. mediante lei complementar, impostos não previstos no artigo anterior, desde que sejam não-cumulativos e não tenham fato gerador ou base de cálculo próprios dos discriminados nesta Constituição;*

*II. na iminência ou no caso de guerra externa, impostos extraordinários, compreendidos ou não em sua competência tributária, os quais serão suprimidos, gradativamente, cessadas as causas de sua criação."*

O § 1.° do art. 149 estende a competência impositiva das contribuições sociais aos Estados, Distrito Federal e Municípios apenas na hipótese de atendimento aos serviços destes poderes de sistemas de previdência e assistência social.

Os demais parágrafos são instrumentais.

Curso Constitucional n.° 39 de 15 de Dezembro de 2002 introduziu um novo artigo (145-A) com a seguinte dicção.

Art. 149-A. Os Municípios e o Direito Federal poderão instituir contribuição, na forma das respectivas leis, para o custeio do serviço de iluminação pública, observado o disposto no art. 150, I e III.

Parágrafo único. É facultada a cobrança da contribuição a que se refere o *caput*, na fatura de consumo de energia elétrica.

Tenho entendido ser necessária lei complementar para instituí-lo, em 60 Município, para que não haja 5.500 Constituições diferentes no país. Sua natureza, por outro lado, deveria ser de "taxa" e não de "contribuição".

## 2. As limitações constitucionais ao poder de tributar

O artigo 150 da Constituição Federal até o inciso V tem a seguinte extensa dicção:

*"Art. 150 Sem prejuízo de outras garantias asseguradas ao contribuinte, é vedado à União, aos Estados, ao Distrito Federal e aos Municípios:*
*I. exigir ou aumentar tributo sem lei que o estabeleça;*
*II. instituir tratamento desigual entre contribuintes que se encontrem em situação equivalente, proibida qualquer distinção em razão de ocupação profissional ou função por eles exercida, independentemente da denominação jurídica dos rendimentos, títulos ou direitos;*
*III. cobrar tributos:*
*a) em relação a fatos geradores ocorridos antes do início da vigência da lei que os houver instituído ou aumentado;*
*b) no mesmo exercício financeiro em que haja sido publicada a lei que os instituiu ou aumentou;*
*IV. utilizar tributo com efeito de confisco;*
*V. estabelecer limitações ao tráfego de pessoas ou bens, por meio de tributos interestaduais ou intermunicipais, ressalvada a cobrança de pedágio pela utilização de vias conservadas pelo Poder Público".*

Nem por isto representa nítida limitação ao poder de tributar. Nas discussões que tiveram lugar entre o anteprojeto inicial da Subcomissão de Tributos e o projeto final aprovado pelo Plenário, houve sensível prevalência da voracidade fiscal, que caracteriza os políticos brasileiros, incidente sobre os direitos dos contribuintes, que os sustentam.

Levados tais legisladores, talvez, pela visão de que poderiam ganhar, facilmente, aquilo que os contribuintes conseguem com dificuldade, sendo os poderes tributantes constituídos de máquinas inchadas, com notável vocação para o desperdício de dinheiro público retirado do setor privado, tais constituintes, entre o excelente anteprojeto aprovado pela Subcomissão e o publicado no dia 5 de outubro de 1988, ofertaram desconcertante "contribuição de pioria" para reduzir tais direitos dos contribuintes àqueles que tinham os escravos da gleba, perante os senhores feudais, na Idade Média. Isto porque são os governadores do Brasil de hoje verdadeiros senhores feudais do século XX, com marcante tendência ao arbítrio, o mais das vezes sustado pela atuação serena e superior do Poder Judiciário.

O art. 150, que se aplica à União, aos Estados, ao Distrito Federal e aos Municípios, faz, de início, menção a outras garantias assegurados ao contribuinte, quase todas elas postadas no art. 5.°, como a da inviolabilidade de correspondência, de domicílio, do direito à propriedade, à plena defesa perante o Poder Judiciário etc.

O primeiro dos princípios por ele expressamente contemplado é o da legalidade, que, como já se viu anteriormente, no direito tributário, é estrita. Estava consagrado no direito anterior não tendo sofrido alterações.

O CTN, portanto, continua intacável, em seu art. 97.

O que de mais importante existe do dispositivo é a eliminação de ressalva, com o que a lei é fundamental sempre e sem ressalvas.

A Lei Complementar n. 104/2001, que pretende reduzir o espectro do princípio como proteção ao contribuinte (norma anti-elisão), está sofrendo contestação judicial.

O inciso II tem redação melhor que o texto anterior, pulverizado pelas variadas competências impositivas, embora pior que a dos anteprojetos.

O tratamento desigual entre contribuintes que se encontrem em situação equivalente, é proibido.

À evidência, mister se fará a interpretação do que seja ocupação profissional, visto que o conceito de função já os direitos privado, administrativo e processual conformaram na doutrina e na jurisprudência.

Penso que, por ocupação profissional, não se deva abranger apenas o exercício profissional de uma atividade por pessoa física, mas toda a atividade que implique uma atuação profissional de pessoas físicas ou jurídicas.

Ora, como os incentivos fiscais federais existem e instituem tratamentos diversos, inclusive em nível constitucional, como consta do art. 40 das Disposições Transitórias, entendo que, na interpretação do texto constitucional, aquele contribuinte que se sentir lesado poderá contestar em juízo o tratamento diferenciado instituído pelo mesmo poder tributante, podendo obter idêntico privilégio, por força do dispositivo mencionado.

No texto, a isonomia é ampla e não limitada como no Direito pretérito.

O terceiro comando diz respeito aos princípios da anterioridade e da irretroatividade.

O inciso III, "a", faz menção à irretroatividade impositiva. O Direito anterior não era tão claro.

O nosso antigo anteprojeto (IASP-ABDF) era melhor e melhor protegia o contribuinte, como ocorria, também, com o da Subcomissão de Tributos.

De qualquer forma, o texto aprovado é superior, no que concerne à irretroatividade, se tomada por referência a Constituição pretérita.

O problema, todavia, remanesce no tocante a alguns tributos, principalmente os diretos, como são os impostos sobre patrimônio e sobre renda.

Para os que entendem que o imposto de renda incide sobre cada aquisição de disponibilidade econômica ou jurídica, no que todas a teoria das fontes e das bases correntes se justifica – inclusive a legislação que criara os popularmente denominados "carnês-leão" e "mensalão" – à evidência, todos os fatos geradores anteriores a qualquer lei não podem ser atingidos.

À luz dessa linha de raciocínio, a própria contribuição social criada pela Lei n. 7.689/88 seria inconstitucional. O fato gerador do lucro de uma empresa não ocorre em um único momento, mas é formado no curso de uma série de aquisições de disponibilidades com o que, efetivamente, tal lucro não poderá ser atingido em relação a todas as entradas e saídas anteriores à lei que a houver instituído. E foi o que decidiu o S.T.F. no R.E.X. 146.733-5-SP.

O que se apura no fim do ano é apenas o lucro líquido que foi composto de uma série de aquisições de disponibilidades econômicas e jurídicas. Os fatos geradores são todos anteriores. A apuração da base de cálculo é que se dá posteriormente, isto é, ao final do exercício.

Como o texto constitucional faz menção a fato gerador e não a base de cálculo, à evidência, tal interpretação parece-me a mais correta e adequada.

Em outras palavras, a base de cálculo pode ser apurada posteriormente ao fato gerador do tributo, mas se o fato gerador for anterior, à evidência, a lei que aumentar ou instituir o tributo não poderá ser aplicada àqueles fatos. O art. 105 do CTN, que cuida dos fatos geradores pendentes, foi revogado pela nova ordem constitucional.

À irretroatividade se acrescenta o princípio da anterioridade, que proíbe que o imposto seja cobrado no mesmo exercício em que foi instituído. Sem a irretroatividade, a anterioridade seria inútil, posto que uma lei criada em 31 de dezembro poderia ser aplicável em 1.º de janeiro, isto é, 24 horas depois, sem falar na utilização de expediente, já com foros de tradição em nosso país, de se produzir uma lei em pleno mês de janeiro, publicando-a no dia "31 de dezembro", com o curioso recurso de se atrasar a veiculação do Diário Oficial.

Parece-me, pois, que o princípio da anterioridade unido ao da irretroatividade garante aos contribuintes, em relação aos impostos sobre o patrimônio e a renda, não os excepcionando. Tal garantia parece mais eficiente do que a ofertada pelo texto constitucional anterior, veiculado no artigo 153, § 29, assim redigido:

*"Nenhum tributo será exigido ou aumentado sem que a lei o estabeleça, nem cobrado, em cada exercício, sem que a lei que o houver instituído ou aumentado esteja em vigor antes do início do exercício financeiro, ressalvados a tarifa alfandegária e a de transporte, o imposto sobre produtos industrializados e outros especialmente indicados em lei complementar, além do imposto lançado por motivo de guerra e demais casos previstos nesta Constituição".*

Garante, todavia, muito menos que o capítulo correspondente do anteprojeto da Subcomissão.

A própria Súmula 584 perde sentido à luz do novo texto constitucional, pois sua utilização implica retroatividade da lei tributária para atingir fatos geradores passados.

O quinto princípio é o da vedação de confisco, que já comentei ao analisar o princípio da capacidade contributiva.

Não é fácil definir o que seja confisco, entendendo eu que, sempre que a tributação agregada retire a capacidade de o contribuinte se sustentar e se desenvolver (ganhos para suas necessidades essenciais e ganhos a mais do que estas necessidades para reinvestir ou se desenvolver), estar-se-á perante o confisco.

Na minha especial maneira de ver o confisco, não posso examiná-lo a partir de cada tributo, mas da universalidade de toda a carga tributária incidente sobre um único contribuinte.

Se a soma dos diversos tributos incidentes representam carga que impeça o pagador de tributos de viver e se desenvolver, estar-se-á perante carga geral confiscatória, razão pela qual todo o sistema terá que ser revisto, mas principalmente aquele tributo que, quando criado, ultrapasse o limite da capacidade contributiva do cidadão. A tese foi reconhecida pelo Supremo Corte, 12 Abril 2000/01

Há, pois, um tributo confiscatório e um sistema confiscatório decorrencial. A meu ver, a Constituição proibiu a ocorrência dos dois, como proteção ao cidadão.

O sexto princípio cuida da vedação à limitação ao tráfego de pessoas ou bens, no país, visto que o Brasil é uma Federação e não uma Confederação. A vedação refere-se aos tributos estaduais e municipais, capazes de gerar tratamento diferenciado.

A exceção é feita aos pedágios, cuja natureza de taxa fica definitivamente consagrada no atual texto constitucional.

Tais princípios são os fundamentais na limitação, lembrando que o da anterioridade não se aplica ao IPI, II, IE, IOF e aos impostos extraordinários por motivo de guerra.

Os princípios da legalidade, da uniformidade, da generalidade, da anterioridade, da irretroatividade, da igualdade, estabelecidos nos incisos I a V, são completados pelo da imunidade.

O velho e o novo texto não trazem muitas alterações. Acrescem-se as fundações dos partidos políticos entre as entidades imunes, assim como as entidades sindicais dos trabalhadores. E mantiveram-se as demais hipóteses do direito anterior.

O inciso VI do artigo 150 e seus parágrafos têm a seguinte dicção:

"*Art. 150 (...) é vedado à União, aos Estados, ao Distrito Federal e aos Municípios: ....*

*VI. instituir impostos sobre:*

*a) patrimônio, renda ou serviços, uns dos outros;*

*b) templos de qualquer culto;*

*c) patrimônio, renda ou serviços dos partidos políticos, inclusive suas fundações, das entidades sindicais dos trabalhadores, das instituições de educação e de assistência social, sem fins lucrativos, atendidos os requisitos da lei;*

*d) livros, jornais, periódicos e o papel destinado a sua impressão.*

*§ 1.º A vedação do inc. III, "b", não se aplica aos impostos previstos nos arts. 153, I, II, IV e V, e 154, II.*

*§ 2.º A vedação do inc. VI, "a", é extensiva às autarquias e às fundações instituídas e mantidas pelo Poder Público, no que se refere ao patrimônio, à renda e aos serviços, vinculados a suas finalidades essenciais ou às delas decorrentes.*

*§ 3.º As vedações do inciso VI, "a", e do parágrafo anterior não se aplicam ao patrimônio, à renda e aos serviços, relacionados com exploração de atividades econômicas regidas pelas normas aplicáveis a empreendimentos privados, ou em que haja contraprestação ou pagamento de preços ou tarifas pelo usuário, nem exonera o promitente comprador da obrigação de pagar imposto relativamente ao bem imóvel.*

*§ 4.º As vedações expressas no inciso VI, alíneas "b" e "c", compreendem somente o patrimônio, a renda e os serviços, relacionados com as finalidades essenciais das entidades nelas mencionadas.*

*§ 5.º A lei determinará medidas para que os consumidores sejam*

*esclarecidos acerca dos impostos que incidam sobre mercadorias e serviços.*

*§ 6.° Qualquer subsídio ou isenção, redução de base de cálculo, concessão de crédito presumido, anistia ou remissão, relativas a impostos, taxas ou contribuições, só poderá ser concedido mediante lei específica, federal, estadual ou municipal, que regule exclusivamente as matérias acima enumeradas ou o correspondente tributo ou contribuição, sem prejuízo do disposto no art. 155, § 2.°, XII, g.*

*§ 7.° A lei poderá atribuir a sujeito passivo de obrigação tributária a condição de responsável pelo pagamento de imposto ou contribuição, cujo fato gerador deva ocorrer posteriormente, assegurada a imediata e preferencial restituição da quantia paga, caso não se realize o fato gerador presumido".*

O capítulo da imunidade não altera a concepção dominante nos tribunais, qual seja, a de que há quatro formas desonerativas, a saber: imunidade, isenção, não-incidência e alíquota zero, além da anistia e remissão, a que se refere o § 6.°, aquela apenas de multas e esta de tributo e pena. Permanece, a meu ver, a mesma inteligência pela qual na imunidade não nascem nem obrigação nem crédito tributário, por absoluta vedação constitucional; na não-incidência não nascem ambos, por omissão legislativa ordinária; na isenção nasce a obrigação, mas não nasce o crédito, por vedação imposta pela lei complementar e veiculada por lei ordinária; na alíquota zero nascem ambos reduzidos à sua expressão nenhuma; na anistia nasce a obrigação que não se transforma em crédito tributário integral, e na remissão nasce obrigação, sendo excluído o crédito por inteiro.

A imunidade objetiva claramente impedir, por motivos que o constituinte considera de especial relevo, que os poderes tributantes, pressionados por seus déficits orçamentários, invadam áreas que no interesse da sociedade devam ser preservadas.

Por essa razão, houve por bem a Suprema Corte consagrar a interpretação extensiva para a imunidade, mantendo a restritiva, nos termos do art. 111 do CTN, para as demais formas desonerativas.

À evidência, mesmo nos casos do art. 111 do CTN, a interpretação não é apenas gramatical, mas sistemática, embora não elástica, não permitindo haja princípios implícitos nos textos examinados. A interpretação, sobre ser restritiva, só pode incidir sobre princípios expressos.

Outro aspecto de relevância no concernente à imunidade, extensível às autarquias, foi ter explicitado que não apenas os concessionários de serviços públicos, como no direito anterior, mas fundamentalmente todas as empresas privadas ou órgão de administração indireta que exerçam atividades concorrenciais ao setor privado ou remuneradas por preços públicos (fala-se incorretamente em tarifas, sem se perceber que a tarifa é espécie de preço público) estão fora da proteção da imunidade. Manteve--se, no resto, o que determinava o texto pretérito.

Parece-me, por fim, que o § 4.° elimina as dúvidas sobre as atividades econômicas de entidades imunes, que não gozam de tal benefício sempre que seus concorrentes estejam sujeitos à imposição tributária.

Por fim, a lei deverá mostrar aos contribuintes o que estão pagando pelo produto e o que estão pagando de tributos. Tal lei ainda não foi produzida.

O 56.° exige lei para as normas tributárias e o 57.° cria o facto gerador fictício, em que se paga antes por eventual facto a ocorrer no futuro.

Finalmente, os arts. 151 e 152 têm a seguinte dicção:

*"Art. 151 É vedado à União:*
*I. instituir tributo que não seja uniforme em todo o território nacional ou que implique distinção ou preferência em relação a Estado, ao Distrito Federal ou a Município, em detrimento de outro, admitida a concessão de incentivos fiscais destinados a promover o equilíbrio do desenvolvimento sócio-econômico entre as diferentes regiões do país;*
*II. tributar a renda das obrigações da dívida pública dos Estados, do Distrito Federal e dos Municípios, bem como a remuneração e os proventos dos respectivos agentes públicos, em níveis superiores aos que fixar para suas obrigações e para seus agentes;*
*III. instituir isenções de tributos da competência dos Estados, do Distrito Federal ou dos Municípios".*
*"Art. 152 É vedado aos Estados, ao Distrito Federal e aos Municípios estabelecer diferença tributária entre bens e serviços, de qualquer natureza, em razão de sua procedência ou destino".*

O inciso I do artigo 151 objetiva permitir política de incentivos fiscais de natureza regional, o inciso II elimina o risco de tributação mútua indireta, e o inciso III evita que a União interfira na política tributária das demais entidades.

O artigo 152, por sua vez, reproduz o princípio da isonomia à luz da vedação de imposição diferencial a partir da procedência dos bens e serviços.

## 3. Os impostos da união

O "caput" do artigo 153 e seus incisos têm a seguinte redação:

*"Art. 153 Compete à União instituir impostos sobre:*

*I. importação de produtos estrangeiros;*
*II. exportação, para o exterior, de produtos nacionais ou nacionalizados;*
*III. renda e proventos de qualquer natureza;*
*IV. produtos industrializados;*
*V. operações de crédito, câmbio e seguro, ou relativas a títulos ou valores mobiliários;*
*VI. propriedade territorial rural;*
*VII. grandes fortunas, nos termos de lei complementar".*

Como se percebe, o elenco da União é reduzido em relação à Carta anterior, cujo artigo 21 apresentava o repertório que se segue:

*"Art. 21 Compete à União instituir imposto sobre:*

*I. importação de produtos estrangeiros, facultado ao Poder Executivo, nas condições e nos limites estabelecidos em lei, alterar-lhes as alíquotas ou as base de cálculo;*
*II. exportação, para o estrangeiro, de produtos nacionais ou nacionalizados, observados o disposto no final do item anterior;*
*III. propriedade territorial rural;*
*IV. renda e proventos de qualquer natureza, salvo ajuda de custo e diárias pagas pelos cofres públicos na forma da lei;*
*V. produtos industrializados, também observado o disposto no final do item I;*
*VI. operações de crédito, câmbio e seguro ou relativas a títulos ou valores mobiliários;*
*VII. serviços de comunicações, salvo os de natureza estritamente municipal;*
*VIII. produção, importação, circulação, distribuição ou consumo de lubrificantes e combustíveis líquidos ou gasosos e de energia elétrica, imposto que incidirá uma só vez sobre qualquer dessas operações, observado o disposto no final do item anterior; e*
*X. transportes, salvo os de natureza estritamente municipal".*

Perde, pois, a União cinco impostos, a saber: os três únicos, o de transportes e o de comunicações, que passam para os Estados, ganhando em contrapartida o imposto sobre grandes fortunas.

Mantêm-se, portanto, em sua competência os três impostos regulatórios (IE, II e IOF), com o que as relações comerciais externas, as operações de câmbio e concernentes à política monetária ficam sob seu controle, no que agiram bem os constituintes, pois, nitidamente, impostos a serem geridos pela União, como guardiã do equilíbrio político-financeiro e econômico da Federação.

A novidade foi não submeter o IOF à proteção do princípio da anterioridade, visto que na precedente Constituição garantidos estavam os contribuintes de sua não-imposição no mesmo exercício em que foi instituído ou elevado.

Em verdade, o princípio da anterioridade não oferta problemas maiores se não aplicado no concernente aos impostos indiretos, como são os três, embora o IOF incida sobre operações de câmbio e/ou de títulos mobiliários, posto que a sua exigência é sobre a circulação de tais bens. Como os fatos geradores são formal e estruturalmente instantâneos, não há o risco, como nos impostos de estrutura complexiva, de se discutir o campo de abrangência do princípio da irretroatividade, razão pela qual nunca afetarão operações pretéritas.

De qualquer forma, a possibilidade de não-submissão ao princípio da anterioridade depende de sua inclusão na lei de diretrizes orçamentárias, em face do ar. 165, § 2.°, assim redigido:

"*Art. 165 Leis de iniciativa do Poder Executivo estabelecerão:*

*§ 2.° A lei de diretrizes orçamentárias compreenderá as metas e prioridades da administração pública federal, incluindo despesas de capital para o exercício financeiro subsequente, orientará a elaboração da lei orçamentária anual, disporá sobre as alterações na legislação tributária e estabelecerá a política de aplicação das agências financeiras oficiais de fomento*".

Prefiro, todavia, a fórmula dotada na subcomissão e sugerida pelo IASP-ABDF, de um prazo de 90 dias entre a promulgação da lei e sua aplicação.

Os impostos regulatórios, no mais das vezes, objetivam menos a arrecadação e mais a instrumentalização de mecanismos para evitar distorções nas relações comerciais, monetárias e cambiais, que poderiam afetar o comércio interno e externo.

Não poucas vezes, a alteração de alíquotas de proteção às industrias nacionais, como represália à política de comércio exterior adotada por outros países, tem que ser imediata, justificando-se, pois, neste caso, não só o não-respeito à anterioridade do exercício, mas a delegação de competência impositiva do Poder Legislativo ao Executivo.

Mantém-se, pois, tal delegação estendida ao IOF exposta no § 1.º do art. 153:

*"É facultado ao Poder Executivo, atendidas as condições e os limites estabelecidos em lei, alterar as alíquotas dos impostos enumerados nos incisos I, II, IV e V".*

A delegação, todavia, não pode ser ofertada à autoridade inferior. Só é titular da delegação concedida o presidente da República, de tal forma que qualquer mudança de alíquota tem que necessariamente ser veiculada pelo presidente da República e dentro dos estritos limites permitidos pela lei que delegou a competência.

Coloca-se o problema sobre se seria o caso de se utilizar da expressa "delegação de competência", visto que a doutrina considera a competência indelegável, sendo delegável apenas a capacidade legislativa.

A questão surgiu quanto ao texto anterior no tocante à definição de competência residual, considerando todos os doutrinadores que a delegação a que fazia menção o art. 18, § 5.º, não era de competência, mas da capacidade.

Embora correta aquela colocação, pois não há delegação de exercício de competência já exercida, no caso a delegação é de competência legislativa. A competência é indelegável, salvo exceção constitucional. A capacidade, não. A hipótese, todavia, é de delegação de competência legislativa, por força do princípio constitucional, no que a exceção se justifica, e não mero exercício de capacidade arrecadatória.

O imposto de importação é nitidamente um imposto de proteção e de arrecadação. O mais antigo nas relações entre os homens, tem esse tributo um caráter internacional inequívoco, na medida em que os acordos gerais ou regionais buscam uniformizá-lo para facilitar o comércio internacional, qualquer que seja a teoria dominante para determinada conjuntura (competitivismo, protecionismo ou da vantagem comparativa).

A União Européia, a ALADI, o Pacto do Caribe, a OMC e, agora, o Mercosul são exemplos de acordos tarifários supranacionais, objetivando a regulação do comércio internacional.

O perfil, em minha opinião, do atual texto e do anterior é o mesmo, razão pela qual até que seja modificado o CTN, continua a ser regulado pelos comandos dos arts. 19 a 22 daquela lei com eficácia de complementar.

O imposto de exportação, diversamente, é um imposto de utilização menor. Apenas incide sobre bens exportáveis, cujo mercado externo não é afetado pela imposição interna. A regra, no comércio internacional, é não exportar impostos. As isenções, imunidades, não-incidências ou alíquotas zero, adotadas por todos os países na sua mercancia extrafronteiras, são formas de ofertar competitividade aos produtos nacionais perante outros produtos de nações concorrentes, sendo um desserviço, nas áreas em que a competitividade é aguda, onerar produtos com tributos, reduzindo a capacidade concorrencial de um país e de seus empresários.

Por esta razão foi curiosa a visão pouco evoluída do constituinte, de permitir que os Estados fixem tributação indireta (ICMS) sobre produtos industrializados semi-elaborados, visto que, sobre não terem os governos dos Estados visão global dos problemas nacionais, mais preocupados na solução de suas dificuldades regionais, tenderão a suprir suas burras – sempre insuficientemente cobertas para atender o elevado nível de desperdício de recursos públicos que constitui o modelo federativo brasileiro – com taxação sobre a exportação. A lei complementar 87/96 corrigiu o equívoco, mas de forma canhestra.

Enquanto todos os países lutam para que seus produtos sejam aceitos, nos acordos internacionais, pelos demais países, sem que sofram qualquer incidência, procurando reduzir os impostos de importação e exportação, o Brasil, com o esdrúxulo princípio distritalesco, é o único que, sem discutir, oferta graciosamente ao cenário internacional a eliminação de competitividade de seus produtos, com política a ser definida, não pela União, mas pelos Estados.

A tradição, no comércio exterior, é não exportar tributos, mas produtos; o Brasil, todavia, com a nova Constituição, cria modelo novo. O Brasil tentará, pois, concorrer no mercado internacional, não reduzindo, mas aumentando os preços de seus produtos industrializados. Resta ver os resultados.

A eliminação dos tributos não significa que o comércio internacional aceite subsídios. Os subsídios são condenados. O produto a concorrer no comércio internacional deve ter a densidade econômica que lhe pertine, sem ter a redução de preços por força do suporte artificial de subsídios.

Não se exportam tributos, mas não se criam preços artificiais, com valores inferiores por força de incentivos monetários, financeiros, cambiais, extrafiscais, como cotas, prêmios ou juros negativos.

O imposto de exportação hospeda o mesmo perfil do sistema anterior, em idêntica linha do IOF, com o que tal tributo regulatório continua também sendo regulado pelo CTN.

As operações de crédito, câmbio e seguro compreendem todas as praticadas pelo sistema financeiro, securitário e cambial, com controle do Banco Central e do IRB, entendendo eu que as operações fora do sistema, como a troca de títulos entre particulares, não estão sujeitas ao referido imposto, por falta de regulação em nível de lei complementar.

O CTN estabelece os limites entre os quais não se encontra tal extensão, não impossível, todavia, por reformulação, seja de lei explicitadora da Carta Magna, seja de lei ordinária.

O IOF anteriormente foi implantado por decreto-lei, recepcionado pelo novo sistema, mas creio que sua alteração não poderá ser feita senão por lei e nunca por medida provisória, que se justificaria apenas em casos de urgência e relevância, hipótese afastada em se tratando de IOF, que não está sujeito ao princípio da anterioridade.

Os impostos regulatórios da União, são, portanto, os três atrás tratados.

Dois impostos do sistema são nitidamente arrecadatórios, ou seja, o IPI e o imposto sobre a renda e proventos de qualquer natureza, muito embora o IPI possa ser também utilizado vicariamente como regulatório, e o imposto sobre a renda e proventos de qualquer natureza, como distributivo.

Em nosso projeto (IASP/ABDF), pretendemos eliminar o IPI, criando um imposto sobre consumos especiais, assim como unindo os três impostos sobre a circulação (produção, comércio de mercadorias e prestação de serviços), mas o outorgando à competência dos Estados. A União conservaria, portanto, sua competência para uma pequena lista de produtos (automóveis, cigarros, bebidas, produtos de beleza etc.), submetendo-se o resto da industrialização à incidência do ICMS.

A Constituição manteve o IPI com o mesmo perfil do IPI anterior, embora, tenha alargado, como se verá adiante, a competência dos Estados sobre as demais operações. Manteve, ainda, a dupla incidência sobre a produção e circulação de mercadorias com idêntico fato gerador (IPI e ICMS).

Mais do que isso, conseguiram Estados e Municípios que a União, tepassasse não mais 33%, mas 47% de sua arrecadação de IPI e IR a Estados e Municípios, e mais a parte que diz respeito à exportação, podendo em certos casos atingir a 57%.

Esta a razão pela qual a União passou a preferir criar novas contribuições ou utilizar o Finsocial, como formas impositivas, para furtar-se às transferências exageradas impostas pelo constituinte. Nem por isso criaram exações constitucionais, como já mostrei em passagens anteriores.

Sendo o IPI e o Imposto de Renda os dois principais impostos de arrecadação da União, essa perda é de tal ordem que, a todo aumento do IPI e do Imposto de Renda, a União necessitará praticamente dobrar a imposição, para poder ficar com a metade, apenas, do recebido.

O IPI é um imposto seletivo, não-cumulativo e inincidível nas operações industrializadas para o exterior.

A ineficiência redacional permanece a mesma do texto anterior no que diz respeito à não-cumulatividade, visto que adotou o legislador a expressão cobrado, quando a doutrina e a jurisprudência já definiram que a não-cumulatividade exclui a incidência anterior e não a cobrança, que pode inclusive nem ser feita.

Três, portanto, são as características do IPI, ou seja, é seletivo, não--cumulativo, e as operações para o exterior são imunes no concernente a essa imposição.

O Imposto de Renda, por outro lado, tornou-se mais justo, na medida em que houve a eliminação do princípio das mordomias oficiais, constante do art. 21, IV, da precedente Constituição, que estava assim redigido:

*"IV. renda e proventos de qualquer natureza, salvo ajuda de custo e diárias pagas pelos cofres públicos na forma da lei".*

Hoje pagarão, todos, imposto sobre a renda pela aquisição de disponibilidade econômica ou jurídica que seja resultado do produto do trabalho, capital ou de ambos, ou ainda de proventos de qualquer natureza, estes considerados os acréscimos patrimoniais não compreendidos como renda.

Os arts. 43 e 45 do CTN aplicam-se, por inteiro, à nova redação do texto maior, visto que sua estrutura nuclear não foi alterada, mas apenas o que diz respeito às mordomias.

O § 2.º do artigo 153, todavia, contém dois dispositivos curiosos, estando assim redigidos:

*"§ 2.º O imposto previsto no inciso III:*

*I. será informado pelos critérios da generalidade, da universalidade e da progressividade, na forma da lei;*
*II. (revogado pela E.C. n. 20, de 15/12/1998".*

O primeiro deles declara que os princípios da generalidade, da universalidade e da progressividade orientam o Imposto de Renda.

Embora a teoria da progressividade, por apresentar feição mais ideológica que prática, esteja em franca decadência no mundo inteiro, houve por bem o constituinte tentar reabilitá-la, tornando-a expressa algumas vezes, muito embora seja uma teoria de restrição de direitos e desestímulo ao trabalho, à poupança e ao investimento.

A generalidade e a universalidade são, por outro lado, princípios pertinentes à imposição tributária, válidos para todos os sistemas civilizados. Constando ou não da Constituição, são permanentemente aplicados. Apenas se a lei suprema os proibisse é que não seriam hospedados pela ordem jurídica. Norteiam todo o sistema tributário nacional e o dos países civilizados.

Por fim, passo a examinar, perfunctoriamente, os dois impostos distributivistas.

De início, é mister esclarecer que o distributivismo, via Estado, é uma falácia. O Estado retira recursos do cidadão e, no mais das vezes, os distribui apenas entre os detentores do poder. A redistribuição de renda, no Brasil, tem o seguinte caminho: sai do povo e é destinada realmente para os governantes, em todos os escalões, algumas migalhas retornando de novo ao povo.

Nada obstante ser esta a tradição brasileira, os constituintes continuaram a insistir na função redistributivista da imposição, mais por um ato de fé do que alicerçados em qualquer evidência. Tal profissão de fé é, aliás, privilegiada, visto que foram eles os primeiros a aumentar seus próprios vencimentos acima de quaisquer índices inflacionários, em antecipação declarada da sua especial visão da redistribuição de rendas. Já a redistribuíram "pro domo sua".

O certo, todavia, é que o ITR e o IGF têm este caráter de "redistribuição".

O § 4.º do artigo 153 está assim veiculado:

*"§ 4.º O imposto previsto no inciso VI terá suas alíquotas fixadas de forma a desestimular a manutenção de propriedades improdutivas e não incidirá sobre pequenas glebas rurais, definidas em lei, quando as explore, só ou com sua família, o proprietário que não possua outro imóvel".*

O imposto objetiva desestimular as propriedades improdutivas e não incidirá sobre pequenas glebas, desde que exploradas pelo próprio proprietário que outra não tenha. A lei que definirá as condições da imunidade, em minha opinião, deverá ser complementar, visto que apenas esta poderá explicitar o pensamento do constituinte. Por ser lei nacional, não sofrerá os impactos deletérios da voracidade fiscal da União, capaz de inviabilizar a boa intenção dos constituintes.

Tal imposto, por outro lado, agora pertence metade à União e metade aos Municípios, com o que se espera maior vontade impositiva da União em sua utilização, já que não mais repassará toda a arrecadação, como fazia quando da Carta anterior (art. 24, § 1.°).

A Lei n. 9393, de 19/12/1996, dispõe sobre o imposto sobre a propriedade territorial rural – ITR e sobre o pagamento da dívida representada por Títulos da Dívida Agrária.

O imposto sobre grandes fortunas é um imposto novo, cujo perfil terá que ser ofertado por lei complementar.

O tributo apenas permitirá a incidência sobre "grandes fortunas", nem mesmo podendo incidir sobre "fortunas" que não sejam grandes. Definitivamente, a classe média e a classe alta não detentora de grande fortuna, estarão a salvo desse tributo, se a Constituição for respeitada pelos legisladores. Fortuna é mais do que riqueza. E grande fortuna é mais do que fortuna. A pessoa rica, portanto, não se deverá submeter a qualquer imposição, incidível apenas sobre os grandes bilionários deste país. O universo de sua aplicação terá que ser necessariamente restrito.

De qualquer forma, é um imposto de desestímulo.

Quando todos os países do mundo reduzem os impostos patrimoniais, o Brasil ingressa decididamente pela contramão da História ao criar tal imposição, a ser definida em lei complementar, entretanto, dentro dos parâmetros oficiais.

A observação de que a lei complementar dará o perfil do imposto é despicienda, visto que o art. 146, III, já o exigia. Não há tributo no sistema brasileiro que não necessite de lei complementar para ofertar-lhe o perfil. Mais uma das escorregadas de nosso prolixo constituinte.

Por fim, uma inovação. O ouro, que é mercadoria, passa a ser ativo financeiro, valendo como se título fosse, se adquirido para reservas e especulação e não para ser utilizado como matéria-prima.

O § 5.° do art. 153 da Constituição Federal tem a seguinte redação:

*"§ 5.° O ouro, quando definido em lei como ativo financeiro ou instrumento cambial, sujeita-se exclusivamente à incidência do imposto de que trata o inciso V do "caput" deste artigo, devido na operação de ori-*

*gem; a alíquota mínima será de um por cento, assegurada a transferência do montante da arrecadação nos seguintes termos:*

*I. 30% para o Estado, o Distrito Federal ou o Território, conforme a origem;*

*II. 70% para o Município de origem".*

A "ficção jurídica", por estar na Constituição, prevalecerá, já que a lei pode fazer do quadrado, redondo e do preto, branco, se por imposição constitucional.

Da mesma forma que uma casa alugada para especulação não é ativo financeiro, o ouro não o seria em tais circunstâncias, do ponto de vista material, mas o será do ponto de vista legal.

A incidência, para tais efeitos, será do IOF e não do ICMS, cabendo à lei traçar o perfil da nova "ficção constitucional" para separar o ouro ativo do ouro mercadoria.

A lei terá que ser necessariamente complementar, visto que as competências atingidas são dos Estados, Distrito Federal e da União, falhando novamente o constituinte, em falar apenas em lei, quando o sistema exige lei complementar. O adjetivo "complementar" está implícito no texto do § 5.° e não explícito.

Passará a União toda a arrecadação do IOF para Estados e Municípios, apenas ficando com a parte dos territórios inexistentes, ou seja, não ficará com coisa alguma.

Tal desestímulo poderia levar a União a nunca tributar tais ativos, razão pela qual impôs o constituinte uma alíquota mínima de 1%.

Por fim, tem a União a competência residual, que, como já se viu, aplica-se também às contribuições sociais novas, sendo que o texto restringe mais os poderes da União que o anterior, a saber os artigos 18, § 5.°, e 21, § 2.°, assim redigidos:

*"A União poderá, desde que não tenham base de cálculo e fato gerador idênticos aos dos previstos nesta Constituição, instituir outros impostos, além dos mencionados nos arts. 21 e 22 e que não sejam da competência tributária privativa dos Estados, do Distrito Federal ou dos Municípios, assim como transferir-lhes o exercício da competência residual em relação a impostos, cuja incidência seja definida em lei federal"* (art. 18, § 5.°);

*"A União pode instituir:*

*I. contribuições, observada a faculdade prevista no item I deste artigo, tendo em vista intervenção no domínio econômico ou o interesse de categorias profissionais e para atender diretamente à parte da União no custeio dos encargos da previdência social; e*

*II. empréstimos compulsórios, nos casos especiais definidos em lei complementar, aos quais se aplicarão as disposições constitucionais relativas aos tributos e às normas gerais de Direito Tributário" (art. 21, § 2.°).*

Sobre ser necessária lei complementar, não podem tais impostos ser exigidos em havendo base de cálculo e fato gerador idênticos aos já existentes, assim como não podem ser cumulativos a eles.

Tal princípio, o do art. 154, assim redigido:

*"Art. 154 A União poderá instituir:*

*I. mediante lei complementar, imposto não previstos no artigo anterior, desde que sejam não-cumulativos e não tenham fato gerador ou base de cálculo próprios dos discriminados nesta Constituição;*

*II. na iminência ou no caso de guerra externa, impostos extraordinários, compreendidos ou não em sua competência tributária, os quais serão suprimidos, gradativamente, cessadas as causas de sua criação",*

é extensivo às contribuições sociais criadas após o dia 5 de outubro de 1988, nos termos do § 4.° do art. 195.

Os artigos 74, § 2.°, e 75 do ADCT conformaram aspectos transitórios da competência residual.

Os impostos extraordinários apenas surgem por motivo de guerra – ou em sua iminência – e são temporários. Deverão ser extintos tão logo cessadas as causas que os criaram.

A iminência de guerra pode justificar a instituição de imposto extraordinário, objetivando permitir a geração de receita para enfrentar, o país, as despesas acrescidas por eventual conflito. O princípio parece-me bom, visto que muitas vezes há inclusive confrontos, no Direito Internacional, sem declaração de guerra oficial. Resta a definição do que seja iminência.

Justifica-se, pois, a extensão dos motivos para sua instituição, pela mera iminência de guerra, assim como firmar-se como um imposto temporário.

São essas as regras básicas que conformam a imposição tributária da União no que concerne aos impostos, que implicará acentuado aumento da carga tributária.

## 4. Os impostos dos estados e do distrito federal

Aos Estados e ao Distrito Federal compete instituir impostos sobre transmissão "causa mortis" sobre bens móveis, semoventes e imóveis, além de direitos a eles referentes, assim como sobre a doação de quaisquer bens e direitos; sobre operações relativas à circulação de mercadorias, prestação de serviços e transporte interestadual e intermunicipal e de comunicação; sobre a propriedade de veículos.

Ganham os Estados e o Distrito Federal um imposto sobre operações relativas à circulação de mercadorias ampliado, absorvendo 5 impostos federais do antigo sistema, a saber: os três únicos, o de transportes interestadual e intermunicipal e o de comunicação. Perdem o imposto sobre transmissões mobiliárias, a título oneroso, mas recebem um novo imposto, que é o da transmissão de bens móveis e semoventes e de direitos sobre os mesmos, por herança, legado ou doação. Mantêm o imposto patrimonial sobre os veículos.

Está o artigo 155, em seus três incisos, assim redigido:

*"Art. 155 Compete aos Estados e ao Distrito Federal instituir impostos sobre:*

*I. transmissão causa mortis e doação, de quaisquer bens ou direitos;*
*II. operações relativas à circulação de mercadorias e sobre prestações de serviços de transporte interestadual e intermunicipal e de comunicação, ainda que as operações e as prestações se iniciem no exterior;*
*III. propriedade de veículos automotores".*

Tenho entendimento de que nas permutas, que não representam transmissões onerosas, não há qualquer incidência, visto que o espectro da competência estadual se circunscreve às transmissões "causa mortis" e "doações", e a dos Municípios, como verei, aos atos onerosos.

O sistema das duas competências não me permite visualizar a competência de Estados ou Municípios sobre as transmissões por "permutas", pois, se por valores idênticos, não são transmissões onerosas e nem tais operações foram contempladas pela Constituição.

Em relação ao imposto patrimonial sobre os veículos, a redação atual é melhor que a anterior, visto que a parte final do art. 23, III, do texto antecedente:

*"vedada a cobrança de impostos ou taxas incidentes sobre a utilização de veículos",*

nunca chegou a ser compreendido, pela inexistência de impostos sobre a utilização de veículos e pelo fato de as taxas não comportarem esse perfil, nem na contraprestação, nem no exercício do poder de polícia.

No máximo, as taxas poderiam corresponder ao uso de estradas (pedágios) ou à vistoria dos veículos, mas nunca à sua utilização.

A redação atual é melhor, representando o imposto um imposto patrimonial sobre os veículos, como o IPTU é sobre a propriedade imobiliária.

Em relação ao imposto sobre transmissões causa mortis e doações, o constituinte esclarece que tem competência para instituir o imposto e cobrá-lo o Estado ou o Distrito Federal em que o bem imóvel esteja situado.

No concernente aos direitos e transações com bens imóveis, no caso de herança ou legado, é competente para cobrá-lo o Estado onde é processado o inventário ou onde há o arrolamento, e, no caso de doação, aquele em que o doador tenha domicílio.

Se o doador residir no exterior ou lá tiver seu domicílio, ou se o "de cujus" possuía bens, residia ou era domiciliado no exterior, ou ainda se seu inventário já tiver sido processado, caberá à lei complementar determinar de quem será a competência para cobrá-lo.

A matéria não será de fácil solução. Uma sugestão seria a de atribuir competência ao Estado onde se situar a maior parte dos bens, seguido do critério do último domicílio do residente no Brasil antes da mudança ou, sendo impossível ou inexistente qualquer dos critérios anteriores, o da residência ou domicílio dos donatários ou dos herdeiros ou legatários.

Por fim, as alíquotas máximas de tal imposto serão fixadas pelo Senado.

Fica a sugestão para o legislador complementar.

O ICMS é aquele que oferta, de longe, os maiores problemas de aplicação.

De início, não é demais lembrar que, embora com espectro consideravelmente aumentado, os Estados e o Distrito Federal serão obrigados a repassar 25% do arrecadado para os Municípios, elevando-se, pois, a participação destes em 5%.

Não é também demais lembrar que o antigo ICM tinha já um perfil doutrinário e jurisprudencial conformado, talvez valendo para sua definição aquela aprovada pelo 1.º Congresso Brasileiro de Direito Tributário, à luz do relatório baseado no texto também sugerido pelo 3.º Simpósio Nacional de Direito Tributário, em 1978, a saber:

*"A hipótese de incidência do ICM tem como aspecto material fato*

*decorrente de iniciativa do contribuinte, que implique movimentação ficta, física ou econômica, de bens identificados como mercadorias, da fonte de produção até o consumo".*

Parece-me que para efeitos do espectro que foi mantido, ou seja, no concernente às operações relativas à circulação de mercadorias, não houve alteração no novo texto, prevalecendo, pois, o critério acima exposto.

Em relação à ampliação do campo de incidência do imposto, todavia, há inúmeras considerações a serem feitas.

De início, mantém o § 2.° a mesma infeliz redação sobre a não--cumulatividade, referindo-se a "imposto cobrado" e não "incidente", visto que a não-cumulatividade implica o direito a crédito, desde que o imposto tenha incidido, independentemente de ter ou não sido cobrado.

Assim já se manifestou a doutrina, assim já decidiu o STF.

O texto atual não faz menção, como o anterior, à lei complementar, mas, à evidência, caberá à lei complementar fixar os critérios da não-cumulatividade, que entendo não poderão ser diversos dos atuais.

O constituinte, em sua teimosia em manter impropriedades jurídicas e não corrigí-las, insiste, por outro lado, em que a "não-incidência", salvo determinação em contrário, não gerará direito a crédito.

O dispositivo se justifica em relação à isenção. Como, quando há isenção, há o nascimento da obrigação tributária, mas não o do crédito, entendeu o constituinte que, nessa hipótese, o ICMS não seria "não--cumulativo", mas "cumulativo". Abre exceção negativa ao princípio da "não-cumulatividade", tornando – para esses efeitos –, salvo disposição em contrário, cumulativo o imposto.

Já nos casos de "não-incidência", porque não há incidência, o que não incide não existe, e o que não existe não gera direito.

O constituinte, em relação à hipótese do inciso II, portanto, ao falar, reiterando o erro do texto anterior, que a não-incidência não gera direito a crédito, adotou fórmula acaciana, como seria a de um dispositivo com a seguinte redação: "O ser humano que não foi concebido não tem direitos garantidos por esta Constituição".

O que a nova Constituição traz, como "acréscimo de pioria", é que a isenção e a "não-incidência" futuras também tornam inexistentes tais isenção e "não-incidência" passadas.

Não há mais, à luz da teoria da não-cumulatividade, isenções e não-incidências nas operações posteriores, posto que sempre terão estas as incidências dos créditos não mantidos das operações anteriores.

A voracidade fiscal – característica da deformada Federação brasileira, que transforma o país, não em Federação Real, mas em Estado Unitário Tripartido, sufocando os cidadãos pagadores de tributos – com o inciso II tornou mais retrógrado o princípio da não-cumulatividade, de tal forma que o ICMS é em parte não-cumulativo e em parte cumulativo.

As isenções das operações anteriores não geram direito a crédito e as isenções e não-incidências das operações posteriores não permitem a manutenção dos créditos anteriores, com o que não mais há, na grande maioria dos casos, nem isenções, nem "não-incidências" nas relações comerciais múltiplas, e sim operações mais ou menos tributadas pelo novo texto.

Outra novidade do sistema é a seletividade do tributo. A essencialidade dos produtos ou dos serviços permitirá alíquota diferenciada.

Em matéria de alíquota, há a considerar algumas alterações no texto anterior.

Tinha o § 5.º do artigo 23 a seguinte dicção:

"§ 5.º *A alíquota do imposto a que se refere o item II será uniforme para todas as mercadorias nas operações internas e interestaduais, bem como nas interestaduais realizadas com consumidor final; o Senado Federal, mediante resolução tomada por iniciativa do Presidente da República, fixará as alíquotas máximas para cada uma dessas operações e para as de exportação".*

O atual texto declara:

*"Art. 155. (...)*

*§ 2.º O imposto previsto no inciso I, b, atenderá ao seguinte:*

*I. será não-cumulativo, compensando-se o que for devido em cada operação relativa à circulação de mercadorias ou prestação de serviços com o montante cobrado nas anteriores pelo mesmo ou outro Estado ou pelo Distrito Federal;*

*II. a isenção ou não-incidência, salvo determinação em contrário da legislação:*

*a) não implicará crédito para compensação com o montante devido nas operações ou prestações seguintes;*

*b) acarretará a anulação do crédito relativo às operações anteriores;*

*III. poderá ser seletivo, em função da essencialidade das mercadorias e dos serviços;*

IV. resolução do Senado Federal, de iniciativa do Presidente da República ou de um terço dos senadores, aprovada pela maioria absoluta de seus membros, estabelecerá as alíquotas aplicáveis às operações e prestações, interestaduais e de exportação;

V. é facultado ao Senado Federal:

a) estabelecer alíquotas mínimas nas operações internas, mediante resolução de iniciativa de um terço e aprovada pela maioria absoluta de seus membros;

b) fixar alíquotas máximas nas mesmas operações para resolver conflito específico que envolva interesse de Estado, mediante resolução de iniciativa da maioria absoluta e aprovada por dois terços de seus membros;

VI. salvo deliberação em contrário dos Estados e do Distrito Federal, nos termos do disposto no inciso XII, g, as alíquotas internas, nas operações relativas à circulação de mercadorias e nas prestações de serviços, não poderão ser inferiores às previstas para as operações interestaduais;

VII. em relação às operações e prestações que destinem bens e serviços a consumidor final localizado em outro Estado, adotar-se-á:

a) a alíquota interestadual, quando o destinatário for contribuinte do imposto;

b) a alíquota interna, quando o destinatário não for contribuinte dele.

VIII. na hipótese da alínea "a", do inciso anterior, caberá ao Estado da localização do destinatário o imposto correspondente à diferença entre a alíquota interna e a interestadual;

IX. incidirá também:

a) sobre a entrada de bem ou mercadoria importados do exterior por pessoa física ou jurídica, ainda que não seja contribuinte habitual do imposto, qualquer que seja a sua finalidade, assim como sobre o serviço prestado no exterior, cabendo o imposto ao Estado onde estiver situado o domicílio ou o estabelecimento do destinatário da mercadoria, bem ou serviço; (Redação dada pela Emenda Constitucional de revisão n.° 33, de 11-12-2001).

b) sobre o valor total da operação, quando mercadorias forem fornecidas com serviços não compreendidos na competência tributária dos Municípios;

X. não incidirá:

a) sobre operações que destinem ao exterior produtos industrializados, excluídos os semi-elaborados definidos em lei complementar;

b) *sobre operações que destinem a outros Estados petróleo, inclusive lubrificantes, combustíveis líquidos e gasosos dele derivados, e energia elétrica;*

*c) sobre o ouro, nas hipóteses definidas no art. 153, § 5.°;*

*XI. não compreenderá, em sua base de cálculo, o montante do imposto sobre produtos industrializados, quando a operação, realizada entre contribuintes e relativa a produto destinado à industrialização ou à comercialização, configure fato gerador dos dois impostos;*

*XII. cabe à lei complementar:*
*a) definir seus contribuintes;*
*b) dispor sobre substituição tributária;*
*c) disciplinar o regime de compensação do imposto;*
*d) fixar, para efeito de sua cobrança e definição do estabelecimento responsável, o local das operações relativas à circulação de mercadorias e das prestações de serviços;*
*e) excluir da incidência do imposto, nas exportações para o exterior, serviços e outros produtos além dos mencionados no inciso X, "a";*
*f) prever casos de manutenção de crédito, relativamente à remessa para outro Estado e exportação para o exterior, de serviços e mercadorias;*
*g) regular a forma como, mediante deliberação dos Estados e do Distrito Federal, isenções, incentivos e benefícios fiscais serão concedidos e revogados".*

e início, o inciso IV faz menção a que o Senado não estabelecerá apenas as alíquotas máximas, mas sim as alíquotas cabíveis nas operações interestaduais e de exportação.

Tal colocação permite uma evolução em relação às operações de exportação, visto que o Senado Federal, por maioria absoluta, poderá estabelecer até a alíquota zero para todos os produtos exportáveis.

Nas operações interestaduais, o texto anterior, que exigia a uniformidade e as alíquotas máximas, oferecia solução não distinta da atual, posto que apenas o teto não poderia ser ultrapassado, mas as alíquotas acordadas entre os Estados teriam que ser uniformes.

É bem verdade que os Estados podiam acordar alíquotas inferiores abaixo ao teto, não tendo hoje tal faculdade. Se estabelecidas as alíquotas devidas, por maioria absoluta, todos os Estados deverão se submeter a uma alíquota única.

As alíquotas foram estabelecidas para as operações interestaduais pela Resolução n. 22/89 do Senado, assim redigida:

"*Estabelece alíquotas do Imposto sobre Operações Relativas à Circulação de Mercadorias e sobre Prestação de Serviços de Transporte Interestadual e Intermunicipal e de Comunicação, nas operações e prestações interestaduais.*
*Art. 1.º A alíquota do Imposto sobre Operações Relativas à Circulação de Mercadorias e sobre Prestação de Serviços de Transporte Interestadual e Intermunicipal e de Comunicação, nas operações e prestações interestaduais, será de doze por cento.*
*§ único. Nas operações e prestações realizadas nas Regiões Sul e Sudeste, destinadas às Regiões Norte, Nordeste e Centro-Oeste e ao Estado do Espírito Santo, as alíquotas serão:*

*I. em 1989, oito por cento;*
*II. a partir de 1990, sete por cento.*
*Art. 2.º A alíquota do imposto de que trata o artigo 1.º, nas operações de exportação para o exterior, será de treze por cento.*
*Art. 3.º Esta Resolução entra em vigor em 1.º de junho de 1989".*

Não estou, todavia, convencido de que tenham os secretários da Fazenda força maior do que aquela que a Lei Complementar n. 24 lhes outorga hoje.

Faculta-se, ainda, ao Senado o estabelecimento de alíquotas máximas nas operações internas, objetivando-se evitar guerra entre os Estados, com aprovação qualificada, vale dizer, aprovação, por maioria absoluta, de resolução cuja iniciativa surja de um terço dos membros daquela Superior Casa Legislativa.

Se a guerra entre os Estados ocorrer, nesta hipótese caberá também ao Senado, por 2/3 de seus membros e iniciativa da maioria absoluta, fixar as alíquotas máximas.

Em tese, o conflito deve ocorrer, mais em relação às alíquotas mínimas, para atração de investimentos, do que em relação às máximas, posto que estas, nas operações internas, são de exclusivo interesse dos próprios Estados, em face de operações que nasçam e morram dentro das forças impositivas daquela unidade federativa, antes rejeitando que atraindo investimentos.

O inciso VI oferta curioso comando, visto que impede que as alíquotas internas sejam inferiores às aplicadas nas operações interestaduais. Como estas são estabelecidas pelo Senado Federal, à evidência, as alíquotas internas, em tese, teriam sua implantação uniforme pelo Senado, tornando praticamente inútil o disposto no inciso anterior, que permite ao Senado estabelecer alíquotas máximas e mínimas para tais operações.

Abre, todavia, o inciso, exceção para a deliberação dos Estados. A Lei complementar n. 87/96 regulou o ICMS, substituindo o Convênio n. 66/88. Permite, inclusive, o crédito do ICMS sobre bens do ativo fixo, afastado Pelas leis complementares n.ºs 52/97 e 102/00, que adiaram sua eficácia imediata. A meu ver, tais leis são inconstitucionais, por não poder em suspender a eficácia de princípio constitucional, que deve apenas regulamentar.

Avanço, todavia, foi o disposto no inciso VII, visto que com ele o constituinte equaciona, de vez, a célebre discussão sobre se haveria ou não uma única alíquota, após o julgamento pelo STF da questão da Tintas Ypiranga. Deixa de existir, portanto, a dúvida criada em face da precedente Constituição.

Em minha opinião, o texto anterior, mesmo após a E.C. n. 23/83, continuou a não permitir a distinção nas operações interestaduais em função da condição do destinatário. As operações eram interestaduais pelo simples fato de as mercadorias atravessarem as fronteiras dos Estados, conforme expus em dois pareceres meus publicados nos livros "Advocacia Empresarial" (Ed. OAP-SP, 1988) e "Direito Administrativo e Empresarial" (Ed. CEJUP).

O texto vigente espanca qualquer dúvida. É a condição do destinatário que determina a alíquota e não a natureza da operação. Tais pendências não mais poderão ser renovadas à luz do atual texto.

Por fim, ainda no concernente às alíquotas, nas operações interestaduais (aquelas em que o destinatário for contribuinte do ICM), o Estado de sua localização terá direito à diferença entre a alíquota interna e a interestadual.

O dispositivo parece nitidamente indicar que, nas operações internas que se sucederem às operações interestaduais, a diferença a maior pertencerá ao Estado onde essas operações sejam realizadas, o que evidentemente torna o dispositivo supérfluo, na medida em que, mesmo que ele inexistisse, caberia ao Estado do destinatário tal diferença.

Se, todavia, pretendeu o constituinte que, em tais operações, o Estado do destinatário recebesse, além dessas alíquotas, praticadas nas operações internas, repasse de diferenças dos Estados exportadores, percebendo destes, por ficção, diferença de alíquota, tal interpretação esbarraria em inviabilidade real, ferindo a autonomia própria da Federação. Ficção dessa natureza conflitaria com a própria estrutura do sistema e seria inadmissível.

Prefiro, pois, ficar com a interpretação que torna o dispositivo inócuo, isto é, a outorga aos Estados de procederem como teriam que necessariamente proceder pela sistemática do ICMS.

O inciso IX cuida das incidências do ICM.

Adota o país, decididamente, o princípio da substituição tributária, assim como a convivência dos princípios da nacionalidade e da territorialidade do contribuinte.

O ICMS é um imposto que incide à saída da mercadoria, sendo seu contribuinte o produtor e deflagrador do processo de circulação.

O inciso IX transfere o fato gerador do deflagrador do processo de circulação para o receptor do bem, mesmo que destinado ao ativo fixo. Há um diferimento do imposto que seria devido pelo exportador estrangeiro – a que o Estado não pode atingir, pois fora das forças soberanas da nação – para o importador nacional, assim como se adota idêntica formulação para os serviços prestados no exterior à empresa ou contribuinte brasileiros,

Se, por outro lado, os serviços prestados no exterior por empresas brasileiras o dispositivo determina que o ICMS incidirá sobre aquelas operações, hipótese, todavia, que entendo não correta. Em verdade, o serviço prestado por empresa brasileira no exterior está fora do âmbito de ação aos Estados, sobre o fato gerador corresponder à prestação de serviços não em outro Estado, mas em outro país.

Na entrada de bem ou mercadoria, importadas, um "não contribuinte habitual" poderá ser tributado.

O dispositivo é inocuo. Ou, o "contribuinte" é "contribuinte" e tudo faz que seja ou não habitual e deve ser tributato, ou "não é contribuinte" e não pode ser tributado.

Desta forma o serviço prestado no exterior para empresa brasileira permite que o ICMS incida quando do pagamento de tal serviço do Brasil ao prestador estrangeiro, substituindo-se a empresa brasileira ao verdadeiro prestador de serviços. Tal incidência apenas onerará mais o custo do serviço contratado, a ser pago com as escassas divisas nacionais.

Não considero, porém, possível que o serviço prestado por brasileiro "não contribuinte" no estrangeiro possa ser atingido pela incidência do ICMS, não tendo a Constituição cuidado desse tipo de serviço.

A alínea b do inciso IX considera da competência estadual os serviços não compreendidos na competência municipal, explicitando conformação que já defendi quando à velha Constituição, de que o Município não tem competência residual, mas preferencial, cabendo à lei complementar definir seus serviços. O que não estiver na competência dos Municípios é que. residualmente, entrará na competência dos Estados e da União.

No caso, as mercadorias produzidas com serviços fora da competência municipal serão tributadas, por inteiro, pelos Estados, redação que, todavia, não equaciona o tormentoso problema referente aos restaurantes, visto que, por força da jurisprudência do STF, os serviços prestados necessitariam estar fora da lista de serviços, para que o valor global fosse incluído como base de cálculo da operação.

Há que se lembrar, no caso concreto, embora não seja esta minha opinião, que o Supremo Tribunal Federal entendeu que, no fornecimento de alimentos por restaurantes, há duplo fornecimento, de mercadorias e de serviços, e base de cálculo teria que levar em conta essa situação.

A Lei Complementar n. 87/96 excluiu da competência municipal tal tipo de serviço, tornando plena a incidência do ICMS.

As imunidades apresentadas como hipótese de não incidência constitucional são três. A primeira delas refere-se aos produtos industrializados, excetuados os semi-elaborados definidos em lei complementar, matéria que já comentei, criticando a outorga de poderes ofertada aos secretários da Fazenda. É certo que essa outorga é limitadíssima, não podendo reduzir a competitividade nacional no comércio exterior. De resto o Senado Federal poderá estabelecer para tais produtos a alíquota zero, com o que se manterá o princípio do Direito anterior (art. 19, § 2.°). Por outro lado, a Lei Complementar n. 87/96 adotou semelhante critério, por excluir a incidência do ICMS sobre semi-elaborados para exportação, anulando os efeitos da Lei Complementar n. 65/91 sobre a matéria.

Acrescente-se à tese – já atrás apresentada, de que os Estados apenas poderiam ter legislado complementarmente por convênio, uma única vez, para regular matéria sem tratamento tributário – e de que o tratamento jurídico anterior já existia, a saber, a desoneração tributária. Por esta razão entendo, como Gilberto de Ulhôa Canto, Miguel Reale, Hamilton Dias de Souza, Alcides Jorge Costa, que o Convênio 66/88 não poderia cuidar de matéria modificada de lei complementar, com tratamento legislativo recepcionado. Ainda aqui a Lei Complementar n. 87/96 pacificou a polêmica.

Com relação à operações que destinam a outros Estados petróleo, inclusive derivados, e eletricidade, a imunidade objetiva permitir circulação não onerosa do produto entre os mesmos, a qual, todavia, beneficiará o Estado receptor na exigência, que fará do ICMS, no fornecimento desses bens.

Sendo que os Estados produtores de combustíveis encontram-se da Bahia para o Sul, tal medida beneficiará fundamentalmente os Estados do

Norte e do Nordeste, não obstante a Usina de Tucuruí colocar-se na região Amazônica. É que esses Estados recebem mais petróleo e derivados, além de energia elétrica, que os Estados do Sul.

O ouro só não será incidido pelo ICMS se deixar de ser mercadoria para se transformar em ativo financeiro, definido em lei, que, entendo, deva ser complementar.

Mantém-se, por outro lado, a norma do § 12 do art. 23 da velha Constituição:

"*§ 12. O montante do imposto a que se refere o item V do art. 21 integrará a base de cálculo do imposto mencionado no item II, exceto quando a operação configure hipótese de incidência de ambos os tributos*".

A redação é melhor no novo texto:

"*XI. não compreenderá, em sua base de cálculo, o montante do imposto sobre produtos industrializados, quando a operação, realizada entre contribuintes e relativa a produto destinado à industrialização ou à comercialização, configure fato gerador dos dois impostos*".

Por fim, o inciso XII é despiciendo em parte:

"*XII. cabe à lei complementar:*

*a) definir seus contribuintes;*

*b) dispor sobre substituição tributária;*

*c) disciplinar o regime de compensação do imposto;*

*d) fixar, para efeito de sua cobrança e definição do estabelecimento responsável, o local das operações relativas à circulação de mercadorias e das prestações de serviços;*

*e) excluir da incidência do imposto, nas exportações para o exterior, serviços e outros produtos além dos mencionados no inciso X, a;*

*f) prever casos de manutenção de crédito, relativamente à remessa para outro Estado e exportação para o exterior, de serviços e de mercadorias;*

*g) regular a forma como, mediante deliberação dos Estados e do Distrito Federal, isenções, incentivos e benefícios fiscais serão concedidos e revogados*".

Quando diz que cabe à lei complementar definir os contribuintes, essa afirmação já estava contida no inciso III, a, do art. 146, já que para todos os impostos tal esfera de atuação é reservada à lei complementar.

A substituição tributária, a meu ver, também já se encontrava na competência da lei complementar, visto que a obrigação tributária 'e de definição por tal veículo e não se pode falar no aspecto material de qualquer imposto sem relacioná-lo ao aspecto pessoal.

O disciplinar o regime de compensação do imposto não oferta, também problemas maiores, visto que se encontrava no inciso II do art. 23 da anterior Constituição.

Os demais casos – de necessidade explícita de lei complementar –, das letras f, e, f e g, também corretamente foram considerados de conformação por tal veículo, visto que a definição do local de estabelecimento responsável pelo pagamento, assim como aquele em que ocorre o fato gerador do tributo, devem ser veiculados por instrumento legislativo mais estável. Mesmo que não houvesse sua exigência na letras d, e, f e g, a necessidade de lei complementar decorreria do art. 146, III.

A exclusão a que se refere a letra e do inciso XII traz uma indagação: a de se saber se dita lei complementar não poderá ter o mesmo perfil daquela a que se refere o art. 19, § 2.º, da EC n.º 1/69. Dizer que a lei complementar pode conceder isenções ou excluir da incidência não é a mesma coisa? Pelo menos quanto a seus efeitos?

No meu entender o dispositivo é até mais amplo, posto que no velho diploma apenas em casos de relevância poderia a União isentar. Para o atual, sendo caso de exportação para o exterior, a lei pode excluir a incidência sem qualquer justificativa até mesmo sobre produtos que não precisariam proteção. E sobre todos, sem excepcionar nenhum.

A manutenção de crédito nas remessas para outros Estados ou para a exportação de serviços e mercadorias também é de bom alvitre que permaneça na competência da lei complementar.

Por fim, o regular isenções, incentivos e benefícios fiscais, no estilo da lei complementar n.º 24, cuja constitucionalidade em alguns dispositivos continua até hoje duvidosa, é útil que continue sob a esfera de influência da lei complementar, visto que dessa forma se evita guerra entre as unidades federativas.

Infelizmente, os artigos da Lei Complementar n. 87/96 destinados a terminar com a guerra fiscal foram vetados pelo Presidente da República a pedido dos governadores dos Estados.

Estando o § 3.º assim redigido:

*"§ 3.º À exceção dos impostos de que tratam o inciso II do caput deste artigo e o art. 153, I e II, nenhum outro imposto poderá incidir sobre operações relativas a energia elétrica, serviços de telecomunicações, derivados de petróleo, combustíveis e minerais do país",*

o que se garantiu é que o ICMS e ICCG são os únicos incidentes, nenhum outro imposto podendo recair sobre tais operações.

A Suprema Corte, em 1.° de julho de 1999, decidiu que, apesar de o COFINS e o PIS serem tributos, poderiam incidir sobre tais operações, em decisão política acerbamente criticada, com argumentos exclusivamente jurídicos, pelos Ministros Moreira Alves, Sydney Sanches e Marco Aurélio de Mello. Nem sempre o Supremo Tribunal Federal é o guardião da Constituição, mas quando decide a Constituição passa a ser o que o Supremo disse que é.

A emenda n. 33/01 acrescentou os §§ 4 e 5.° assim redigidos:

"§ 4.° Na hipótese do inciso XII, h, observar-se-á o seguinte:

I. nas operações com os lubrificantes e combustíveis derivados de petróleo, o imposto caberá ao Estado onde ocorrer o consumo;

II. nas operações interestaduais, entre contribuintes, com gás natural e seus derivados, e lubrificantes e combustíveis não incluídos no inciso I deste parágrafo, o imposto será repartido entre os Estados de origem e de destino, mantendo-se a mesma proporcionalidade que ocorre nas operações com as demais mercadorias;

III. nas operações interestaduais com gás natural e seus derivados, e lubrificantes e combustíveis não incluídos no inciso I deste parágrafo, destinadas a não contribuinte, o imposto caberá ao Estado de origem;

IV. as alíquotas do imposto serão definidas mediante deliberação dos Estados e Distrito Federal, nos termos do § 22, XII, g, observando-se o seguinte:

a) serão uniformes em todo o território nacional, podendo ser diferenciadas por produto;

h) poderão ser específicas, por unidade de medida adotada, ou ad valorem, incidindo sobre o valor da operação ou sobre o preço que o produto ou seu similar alcançaria em uma venda em condições de livre concorrência;

c) poderão ser reduzidas e restabelecidas, não se lhes aplicando o disposto no art. 150, III, h.

§ 5.° As regras necessárias à aplicação do disposto no § 4.°, inclusive as relativas à apuração e à destinação do imposto, serão estabelecidas mediante deliberação dos Estados e do Distrito Federal, nos termos do § 22, XII, g".

Objetivou equacionar problemas surgidos em virtude de decisões judiciais concedendo tutelas antecipadas para que a Petrobrás entregasse a substituídos importâncias recolhidas a maior, a título de tributos, por força de lei. Há, todavia, sinalização do S.T.F. de que a restituição de que trata o § 7.º do artigo 150 só tem cabimento quanto a operações "não realizadas" e nunca "quando realizadas" por valores inferiores, em que o tributo antecipado, na denominada substituição tributária para a frente, for superior ao efetivamente devido na operação futura.

Cuida, pois, concretamente, de solventes, combustíveis, derivados de petróleo, gás natural, criando sistema de partilha entre os Estados e facilitando a técnica de cobrança pelo Fisco.

E, por não mexer com cláusulas pétreas, não é inconstitucional.

O § 5.º cria mecanismos pelos quais a forma de cobrança decorrerá da deliberação consensual dos Estados e do Distrito Federal, até que seja editada lei complementar, como se vê do artigo 4.º da Emenda Constitucional n. 33/2002.

Com retrocessos e avanços, o perfil do ICMS continuará a ofertar problemas de aplicação, mesmo após a Lei Complementar n. 87/96.

## 5. Os impostos municipais

O art. 156 da Constituição Federal está assim versado:

*"Art. 156 Compete aos Municípios instituir impostos sobre:*

*I. propriedade predial e territorial urbana;*

*II. transmissão inter vivos, a qualquer título, por ato oneroso, de bens imóveis, por natureza ou acessão física, e de direitos reais sobre imóveis, exceto os de garantia, bem como cessão de direitos a sua aquisição;*

*III. serviços de qualquer natureza, não compreendidos no art. 155, II, definidos em lei complementar.*

*§ 1.º O imposto previsto no inciso I poderá ser progressivo, nos termos de lei municipal, de forma a assegurar o cumprimento da função social da propriedade.*

*§ 2.º O imposto previsto no inciso II:*

*I. não incide sobre a transmissão de bens ou direitos incorporados ao patrimônio de pessoa jurídica em realização de capital, nem sobre a transmissão de bens ou direitos decorrente de fusão, incorporação, cisão ou extinção de pessoa jurídica, salvo se, nesses casos, a atividade prepon-*

*derante do adquirente for a compra e venda desses bens ou direitos, locação de bens imóveis ou arrendamento mercantil;*
*II. compete ao Município da situação do bem.*

*§ 3.º O imposto previsto no inciso III não exclui a incidência do imposto estadual previsto no art. 155, I, b, sobre a mesma operação.*
*§ 4.º (revogado pela E.C. n. 3/93)".*

Os Municípios brasileiros passaram a ter competência impositiva sobre quatro impostos, a saber: o IPTU, o de transmissão inter vivos, por ato oneroso, de bens imóveis, o de vendas a varejo sobre combustíveis líquidos e gasosos e o ISS.

O perfil do IPTU continua o mesmo. Se se pretender manter a estrutura anterior e o perfil conformado pelo CTN, o legislador complementar poderá rigorosamente fazê-lo. A denominação permanece a mesma e não houve alteração em seu desenho legislativo em todo o texto constitucional.

É um imposto sobre o patrimônio dos municípios, a que se unirá um imposto federal sobre o patrimônio federal (o das grandes fortunas sobre os bens imóveis).

Já, com Aires Fernandino Barreto, cuidei desse tributo no livro Manual do Imposto sobre a Propriedade Predial e Territorial Urbana, mantendo os mesmos conceitos lá expostos.

O imposto sobre a transmissão inter vivos por atos onerosos de bens imóveis é novidade. Emenda anterior no Direito pretérito já permitira que o Município participasse da arrecadação desse imposto, mas a competência impositiva era exclusiva do Estado. Passa esta a ser agora exclusiva do Município, assim como o fruto da arrecadação.

Os bens imóveis mencionados são aqueles esculpidos no Direito Civil.

Reza o novo Código Civil em seus arts. 79, 80 e 81 que:

*"Art. 43. São bens imóveis:*

*Art. 79. São bens imóveis o solo e tudo quanto se lhe incorporar natural ou artificialmente.*
*Art. 80. Consideram-se imóveis para os efeitos legais:*
*I. os direitos reais sobre imóveis e as ações que os asseguram;*
*II. o direito à sucessão aberta.*
*Art. 81. Não perdem o carácter de imóveis:*
*I. as edificações que, separadas do solo, mas conservando a sua unidade, forem removidas para outro local;*

*II. os materiais provisoriamente separados de um prédio, para nele se reempregarem.*

A lição retirada do Direito Civil, que de resto vem do Direito romano, é ainda atual e não precisa ser alterada. Agiu bem o constituinte ao referir--se à experiência civilista para conformar o objeto do imposto. O constituinte refere-se a bens imóveis de dois tipos: o que o é por sua estrutura própria, ou seja, por sua própria natureza, e aquele que cresce por adesão de terras.

O Imposto de Transmissão incide também sobre a cessão de direitos reais sobre os imóveis, assim como sobre direitos obrigacionais relacionados à cessão de direitos à aquisição.

Não há, pois, nenhuma possibilidade de afastar-se a sua incidência através de promessas de cessões ou soluções semelhantes, visto que o IT incide sobre direitos reais e obrigacionais.

À evidência, o limite imposto é o de que a transmissão dos imóveis ou de seus direitos reais ou obrigacionais seja a título oneroso.

Entendo, pois, que as permutas não poderão ser tratadas senão pela diferença entre o valor dos bens permutados. Permutas de imóveis de valores rigorosamente iguais não são a título oneroso, mas mera troca de bens, razão por que a incidência municipal não se realiza e a estadual deixa de hospedá-la. Tal exegese, todavia, não é pacífica.

Em relação ao IPTU, Aires Fernandino Barreto demonstrou que a progressividade apenas é possível em ocorrendo a hipótese do § 4.°, II, do art. 182 da Constituição Federal, com a seguinte dicção:

*"§ 4.° É facultado ao Poder Público municipal, mediante lei específica para área incluída no plano diretor, exigir, nos termos da lei federal, do proprietário do solo urbano não edificado, subutilizado ou não utilizado, que promova seu adequado aproveitamento, sob pena, sucessivamente, de:*

*I. parcelamento ou edificação compulsórios;*

*II. imposto sobre a propriedade predial e territorial urbana progressivo no tempo".*

Parece-me ser esta a melhor postura, visto que o próprio § 1.° faz menção a que, se o imóvel atender a sua função social, à evidência, a progressividade será inadmissível.

A E.C. n. 29/2000, todavia, introduziu a progressividade por valor do imóvel ou localização, com o que poderá ser sancionatória ou regulatória, passando a ter o § 1.° do artigo 156 a seguinte dicção:

*"§ 1.º Sem prejuízo da progressividade no tempo a que se refere o art. 182, § 4.º, inciso II, o imposto previsto no inciso I poderá:*
*I. ser progressivo em razão do valor do imóvel; e*
*II. ter alíquotas diferentes de acordo com a localização e o uso do imóvel".*

Por fim, Aires Fernandino e Miguel Reale terem contestado a constitucionalidade da E.C. n. 29/2000.

O imposto sobre transmissão da mesma forma não incidirá nas incorporações, fusões, cisões e extinções de pessoas jurídicas, desde que seu objeto não sejam preponderantemente as atividades imobiliárias, seja de compra e venda, seja de locação ou arrendamento.

Tal imposto incidente sobre a transmissão de imóvel cabe ao Município onde o bem está situado.

Por fim, o ISS mantém o perfil anterior. Já cuidei do tema no livro Tributos Municipais. A única exclusão é a dos serviços colocados sob a competência do ICMS. No mais, continuam todos os serviços sujeitos ao ISS.

Deve-se lembrar que o único serviço que passa para a competência impositiva dos Estados é o de comunicações municipais, de rigor, inexistente.

O princípio é bom. A lei complementar determinará a lista de serviços própria do ISS, sendo a competência da União e dos Estados residual. Ficam com o que sobrar, se o serviço pretendido preencher a estrutura do ICMS ou do IPI ou do IOF.

A atual lista de serviços é inconstitucional. Foi aprovada à luz do Direito anterior, não por força de lei complementar, com maioria absoluta votando, mas por acordo de lideranças no Senado. Os próprios senadores justificaram o acordo porque não teriam quorum para obter maioria absoluta. A boa vontade dos senadores não poderia suprir a determinação constitucional, razão por que a lista é inconstitucional. Há trabalhos de Manoel Gonçalves Ferreira Filho e Luís Mélega veiculados pelo Repertório IOB (8 e 9/88) nesta linha.

Prevalece o direito da lei complementar de excluir a incidência municipal do ISS nas exportações para o exterior, com o que não haverá, para tais atividades, alteração do desiderato constitucional anterior, exposto no art. 19, § 2.º.

Fica, pois, o ISS regido pelos atuais decretos-leis n. 604 e 834, até nova lei complementar, à falta de conflito com o Direito pretérito e por força do princípio da recepção.

Nova lei complementar acaba de ser aprovada no Estado Federal designada ainda de sanção providencial.

O § 3.º do art. 156, reformulado pela E.C. n. 37/2002, passou a ter a seguinte redação:

"*§ 3.º Em relação ao imposto previsto no inciso III do "caput" deste artigo, cabe à lei complementar:*
*I. fixar as suas alíquotas máximas e mínimas;*
*...*
*III. regular a forma e as condições como isenções, incentivos e benefícios fiscais serão concedidos e revogados*".

Com a criação de alíquotas mínimas e máximas, pretende-se reduzir a denominada guerra fiscal entre Municípios, que, para atrair investimentos, poderiam reduzir o ISS a sua expressão quase nenhuma.

SP., Setembro de 2002.

*IGSM/mos*/A2002-84 O DIR TRIB EM TRANSICAO

# O DIREITO ADMINISTRATIVO PORTUGUÊS NO ÚLTIMO QUARTEL DO SÉCULO XX E NOS PRIMEIROS ANOS DO SÉCULO XXI

Rui Chancerelle de Machete

1. O Direito Administrativo Português, quer tomado no sentido objectivo de sistema de princípios, normas e instituições que regem e caracterizam a Administração Pública nacional, quer no sentido subjectivo de ciência que estuda esse conjunto normativo e institucional, registou no último quartel do século passado uma profunda mutação, seguindo uma evolução similar e aproximando-se dos seus congéneres dos Estados continentais membros da União Europeia.

Para além do desenvolvimento económico e do incremento da complexidade das relações sociais e políticas, dois factos maiores contribuíram para essa evolução: a entrada em vigor da Constituição da República Portuguesa de 1976 e o ingresso em 1985 de Portugal nas Comunidades Europeias.

Em consequência das modificações registadas, a concepção da Administração como poder e a posição de superioridade do Estado-Administração face aos particulares deixaram de ser as notas características necessárias das relações de direito público administrativo. O acto administrativo unilateral como manifestação de autoridade aplicando a lei ao caso concreto, agora inserido num procedimento submetido ao contraditório e sofrendo a concorrência do contrato como instrumento jurídico alternativo, perde o seu lugar central no sistema. As relações administrativas, sobretudo quando de consubstanciam em prestações aos particulares no âmbito de serviços públicos, revestem cada vez menos o carácter de desigualdade que anteriormente as singularizava do direito privado. Assiste-se às tentativas de afirmação de um novo paradigma tendencialmente paritário no relacionamento entre o cidadão e o Estado, garantindo àquele verdadeiros direitos subjectivos efectivamente tutelados pelos tribunais. A participação dos interessados no procedimento generaliza-se, e a igualdade entre a parte pública e privada no contraditório do processo contencioso aproxima este da jurisdição civil. A organização administrativa diversifica-se e a sua unidade fragmenta-se. O direito privado torna-se forma de agir das pessoas públicas em amplas áreas da sua actividade mesmo quando não se revestem de características empresariais. Procura-se introduzir o mercado nas actividades desenvolvidas sob a égide de autoridades independentes, capazes de assegurar o cumprimento das regras de concorrência e a protecção dos utentes, agora vistos predominantemente como clientes.

Fora do âmbito da justiça administrativa, onde a equiparação das partes conflituantes se impõe, parece certamente excessivo falar de um paradigma paritário nas relações jurídicas entre a Administração e os particulares. Mas é já razoável reconhecer que, em múltiplas situações, o modelo hierárquico e autoritário, exacerbado ainda pelo construtivismo pós-pandectístico, foi substituído por esquemas de colaboração e negociação próprios de uma Administração e de um Estado cooperativos[1]. Essas alterações arrastam inevitavelmente consigo mudanças metodológicas e sistémicas na dogmática jurídica, com nova sensibilidade à multiplicidade dos interesses públicos e particulares e aos princípios da justiça e da proporcionalidade, fazendo caducar velhos dogmas e conceitos.

---

[1] Eberhard Schmidt-Assmann, dando conta de que existem numerosas relações igualitárias no direito administrativo, observa, contudo, que a tese paritária é excessiva e não explica, nem a necessidade de legitimação do agir dos órgãos estaduais, nem, tão pouco, a pretensão da validade das decisões administrativas, "Das Allgemeine Verwaltungsrecht als Ordnungsidee", Berlim, Heidelberga, Nova Iorque, 1998, pág. 15. Defende, por isso, a tese da assimetria. Em sentido contrário, e para nos restringirmos, apenas, à doutrina alemã, vejam-se, entre outros, J.Schapp, "Das Subjektive Recht im Prozess der Rechtsgewinnung", 1977, pág. 153, e R.Schmidt-De Caluwe, "Der Verwaltungsakt in der Lehre Otto Mayers", Tubinga, 1999, pág. 8 e segs. Em qualquer circunstância, a pretensão da validade explicativa da eficácia dos actos administrativos, apesar da unilateralidade destes, não deve confundir-se com uma pretensa presunção de legitimidade que conduziria à inversão do ónus da prova no processo contencioso. Importa ainda reconhecer que o paradigma da necessária assimetria em todos os sectores do direito administrativo está posto em causa e que novas explicações e critérios serão necessários.

2. A Constituição de 1976, quer na sua versão original, quer nas várias revisões, em particular nas de 1982,1989, e 1997, trouxe importantes contribuições ao sistema administrativo, que, todavia, tardaram em ser introduzidas na legislação ordinária e na jurisprudência. Os próprios administrativistas em muitos casos só com atraso modificaram velhos modos de pensar, ou aceitaram as inovações. À medida, porém, que nos aproximávamos do final do século XX, nos artigos e dissertações, na manualística e mesmo nos arestos dos tribunais administrativos, começou a tornar-se visível a dimensão da mudança.

3. A proclamação de que a a titularidade do poder político pertence ao povo e é exercida nos termos da Constituição – artigo 108.º –, bem como a subordinação do Estado à Lei Fundamental – artigo 3.º – impedem quaisquer excepções ao princípio da legalidade estabelecido enfaticamente no artigo 266.º da Constituição. Fica, assim, proscrita a possibilidade de qualquer interpretação, baseada na história ou no costume, que, nos domínios das reservas absoluta e relativa da Assembleia da República, e na falta da correspondente habilitação, autorizem a prática de actos administrativos em sentido estrito, isto é, reguladores de relações entre a Administração e os privados. A elaboração de regulamentos requer também a indicação do título legislativo que os justifique – artigo 112.º.8 da Constituição.

A Constituição assume claramente a sua natureza de lei superior; as normas hierarquicamente inferiores existentes no momento da sua entrada em vigor, e que lhe sejam contrárias, são necessariamente revogadas. Esta consequência natural do hierarquia das fontes de direito é particularmente importante quanto à subsistência e extensão de algumas notas características do regime administrativo anterior, que, nem por assentarem em princípios gerais induzidos por abstracção, deixam de depender da vigência das normas que serviram de fundamento à sua construção.

4. A consagração constitucional da força vinculativa imediata dos direitos fundamentais de liberdade consignados na respectiva Declaração de direitos – artigo 18.º. 1 –, extensiva, aliás, aos direitos de natureza análoga constantes da legislação ordinária – artigo 17.º –, criou deveres nas esferas jurídicas das entidades administrativas, no Legislador e no Poder Judicial, robustecendo substancialmente a situação jurídica dos particulares em face dos poderes constituídos do Estado. A instituição de um Tribunal Constitucional com competência de fiscalização abstracta e concreta

da constitucionalidade das leis – sem prejuízo do já anteriormente existente controlo difuso por parte dos restantes tribunais – reforçou mais ainda as garantias dos direitos fundamentais de liberdade.

A Constituição já não se limita a estabelecer regras organizatórias dos órgãos superiores do Estado e princípios orientadores dependentes para a sua efectivação da «interpositio» do legislador ordinário. Disciplina ela própria certas relações jurídicas ou parte delas de modo a que as suas normas sejam imediatamente aplicáveis. Eleva-se, deste modo, acima do Estado – ordenamento e do Estado – Administração, tornando do mesmo passo a relação entre a Administração e o particular mais igualitária[2]. A «Mehrwert» do acto administrativo, individualizada por Otto Mayer e comum a todas as Administrações Públicas do Estado liberal, e que tão bem se acomodou à idiossincrasia dos regimes políticos autoritários, extinguiu-se. Administração e cidadão passam a regular-se igualmente pela lei, não gozando aquela de uma discricionariedade cuja fonte se situe fora do ordenamento jurídico, no domínio da supremacia política e da soberania. É também diminuída a extraordinária vantagem de coincidirem no mesmo órgão, o Governo, as qualidades de legislador normal – com uma competência concorrente com a da Assembleia da República apenas com ressalva das matérias a esta reservadas – e de órgão superior da Administração pública.

---

[2] O modo assimétrico de conceber a relação fundamental entre o Estado e o cidadão tem do ponto de vista doutrinal uma das suas raízes na "Teoria Geral do Estado", tal como se desenvolveu na Alemanha na segunda metade do Século XIX e, de um modo particularmente estruturado, com Jellinek. Na reunião de Hanover dos professores de direito público, ficou patente a divisão entre os que consideravam a "Teoria Geral do Estado" anterior à Constituição – à Lei Fundamental de Bonn – meramente auxiliar da "Teoria da Constituição" e quem entendia as categorias da "Allgemeine Staatslehre" como "constitutivas" para a interpretação do direito constitucional vigente – "Staatswecke im Verfassungsstaat – nach 40 Jahren Grundgesetz – VVDStRL 48, Berlim, Nova Iorque, 1990, com relatórios de H.Link e G.Ress. A outra fonte ou raiz doutrinal do paradigma da desigualdade nas relações de direito público deriva de Otto Mayer. Ambos entroncam na obra de Gerber, "Grundzuege des deutschen Staatsrechts", cuja primeira edição é de 1865.

A recepção orlandiana difundiu as ideias de Laband e Jellinek em Itália. Com outra genealogia, através da primazia dada ao Poder executivo que se exprime designadamente pela decisão executória e que quase se identifica com o Estado, como "puissance publique", Hauriou contribuiu em França para a superioridade do acto administrativo – veja-se em geral, sobre a obra de Hauriou o livro de Lucien Sfez, "Essai Sur La Contribution Du Doyen Hauriou Au Droit Administratif Français", Paris, 1966.

As directrizes orientadoras da actividade administrativa inseridas na Constituição, impondo o respeito pelos princípios da igualdade, da proporcionalidade, da justiça, da imparcialidade e da boa fé – artigo 266.º.1 –, reduziram a discricionariedade da Administração e deram aos tribunais parâmetros de controlo e poderes de cognição que até aí não possuíam, ou só muito timidamente utilizavam. A reiteração pela norma constitucional do dever de fundamentação dos actos administrativos desfavoráveis já consagrado no artigo 1.º do Decreto-Lei n.º 256-A/77, de 17 de Junho, e os direitos de informação sobre o andamento dos procedimentos e de acesso aos arquivos e registos públicos – artigo 268.º, n.ºs 1, 2 e 3-A –, densificou também a vinculação legal da Administração, exigindo, na ponderação dos interesses coenvolvidos no exercício do poder administrativo, uma maior atenção aos resultados da instrução procedimental e permitindo aos superiores hierárquicos e aos tribunais um controlo muito mais intenso.

A imposição da publicação de um código do procedimento administrativo – artigo 267.º.5 –, por um lado, e a consagração do princípio da tutela jurisdicional efectiva, sucessivamente enriquecido nos seus requisitos nas diversas revisões constitucionais – artigo 268.º.4 –, por outro, completam o conjunto de princípios, e de garantias avançados pela Lei Fundamental para melhor modular a subordinação da Administração ao direito e à lei e a defesa dos direitos e interesses legítimos dos cidadãos.

5. A Constituição de 1976 não inovou apenas quanto à relação fundamental entre o Estado e o cidadão. Inovou, também, no que concerne à organização administrativa e à intervenção do Estado na economia. A Revolução do 25 de Abril, sobretudo após o 11 de Março de 1975, assumiu um pendor claramente socializante. A Constituição, na sua versão originária, revestiu um caracter nitidamente compromissório, enformada que foi por dois princípios estruturantes fundamentais: o democrático liberal no que concerne à titularidade do poder, à representação política e separação de poderes e ao enunciado e respeito dos direitos, liberdades e garantias; e o socialista de índole marxista quanto à planificação da economia e à propriedade dos principais meios de produção. Face a algumas irremediáveis antinomias que se foram sucessivamente evidenciando, o princípio democrático prevaleceu e foi-se afirmando nas diversas revisões constitucionais.

A organização administrativa reflectiu os traços da nova Lei Fundamental particularmente na autonomia dada às regiões e ao poder local, e na atenção dedicada às empresas públicas e, depois, às sociedades de capitais públicos, bem como aos processos de privatização, quando o pêndulo se inclinou decisivamente para uma economia mais liberal. O impacto da entrada na União Europeia ajudou igualmente neste último sentido, como adiante diremos mais em pormenor.

6. No domínio da legislação ordinária, há que mencionar os diplomas mais relevantes do nosso sistema administrativo, publicados em execução das normas constitucionais.

No campo da organização administrativa económica, merecem especial referência pelo seu âmbito geral e papel orientador, o Decreto-Lei n.º 260/76, de 8 de Abril – regulando o Estatuto das Empresas Públicas –, o Decreto-Lei n.º 558/99, de 17 de Dezembro, que, revogando o diploma anterior, e acomodando a matéria, designadamente quanto à concorrência, às orientações comunitárias, veio estabelecer o regime do sector empresarial do Estado. A nova disciplina abrange as empresas públicas, agora definidas como sociedades comerciais nas quais o Estado ou outras entidades públicas estaduais possam exercer uma influência dominante por via do capital ou da designação da maioria dos órgãos sociais, e as antigas empresas públicas que passam a ser chamadas entidades públicas empresariais.

Não existe, ainda, porém, uma regulamentação geral dos numerosos institutos públicos que integram a administração indirecta do Estado, nem tão pouco, das entidades administrativas independentes que, por influência comunitária, a partir sobretudo da sua previsão em norma constitucional, após a Revisão de 1997 – artigo 267.º.3 – começaram a multiplicar-se como forma de garantir condições próximas da concorrência em sectores onde anteriormente os serviços públicos se desenvolviam em monopólio.

As associações públicas, igualmente previstas na Constituição. – artigo 267.1 – são igualmente reguladas caso a caso.

A Assembleia da República, no exercício da sua competência legislativa insusceptível de delegação, elaborou leis estatutárias sobre a criação e extinção das autarquias locais e sobre a eleição e estatuto dos respectivos titulares.

O Código do Procedimento Administrativo, anunciado já na redacção originária da Constituição – hoje, artigo 267.º.5 –, foi finalmente aprovado pelo Decreto-Lei n.º 442/91, de 15 de Novembro, e posteriormente alterado pelo Decreto-Lei n.º 6/96, de 31 de Janeiro. O Código, aplicável aos órgãos do Estado, da sua administração indirecta, das regiões e autarquias locais, inscreve-se na corrente tradicional europeia favorável à codificação e recebeu, em particular, a influência da "Verwaltungsverfahrensgesetz" alemã de 1976. O seu objecto principal é disciplinar as diferentes fases da exercício do poder administrativo, desde o momento inicial em que se encontra abstractamente previsto na competência dos órgãos até à sua transformação em acto administrativo de autoridade. O diploma regula, também, embora por forma sucinta e incompleta, a execução dos actos. Disciplina ainda a formação dos regulamentos e dos contratos administrativos. Acto e contrato administrativo tornam-se, em largos sectores da Administração Pública, instrumentos fungíveis. O reforço da participação dos interessados na formação dos actos administrativos constitui, porventura, a nota mais saliente deste Código que representa um progresso assinalável na defesa das situações subjectivas dos particulares e no respeito pelo princípio da legalidade.

O último conjunto de grandes textos legislativos que importa referir diz respeito à justiça administrativa.

O legislador constitucional tem-se antecipado sempre ao legislador ordinário, apontando o caminho nas grandes inovações introduzidas. O Decreto-Lei n.º 256-A/77, de 17 de Junho, para além da introdução do dever de fundamentação dos actos administrativos desfavoráveis que já mencionámos, veio disciplinar, em termos modernos, o processo de execução das sentenças dos tribunais administrativos, seguindo de perto as sugestões de Freitas do Amaral na sua dissertação de doutoramento sobre o mesmo tema. O Estatuto dos Tribunais Administrativos e Fiscais, aprovado pelo Decreto-Lei n.º 129/84, de 27 de Abril, e a Lei de Processo nos Tribunais Administrativos, aprovada pelo Decreto-Lei n.º 267/85, de 16 de Julho, substituíram quase integralmente a Parte IV do Código Administrativo de 1936/40 e a Lei Orgânica do Supremo Tribunal Administrativo. Nessa nova legislação fixou-se com rigor os limites da jurisdição administrativa em face dos poderes político e legislativo, alargou-se a impugnação directa das normas administrativas aos regulamentos do poder central, assentou-se o critério material da justiça administrativa na relação jurídica. Estendeu-se o controlo, para além do anterior «numerus clausus», a todos os contratos que constituam, modifiquem ou extingam relações administrativas, assim alargando ao mesmo tempo a extensão do conceito de contrato administrativo, antes mesmo da sua primeira equiparação funcional aos actos administrativos em amplas zonas da acção administrativa por via do Código do Procedimento Administrativo. Regularam-se, também, as acções para defesa de um direito ou interesse legalmente protegido, nova abertura processual que a Constituição pretendia desenvolver como via complementar do recurso directo de impugnação.

Mais recentemente, foram aprovados o novo Estatuto dos Tribunais Administrativos e Fiscais, aprovado pela Lei n.º13/2002, de 19 de Fevereiro e o Código de Processo nos Tribunais Administrativos, aprovado pela Lei n.º 15/2002, de 22 de Fevereiro, já alterado pela Lei n.º 4--A/2003, de 19 de Fevereiro, e que entrarão em vigor em 1 de Janeiro de 2004. Esta nova reforma da justiça administrativa procura conformar a legislação processual administrativa de modo a garantir a tutela jurisdicional efectiva concedida pela Constituição a todos os administrados. O contencioso administrativo transforma-se numa justiça de plena jurisdição. Torna-se possível propor contra a Administração acções declarativas, acções constitutivas, que desde logo substituem o anterior recurso directo de anulação, mas têm um campo de aplicação mais vasto, e acções de condenação, incluindo a condenação à prática de um acto administrativo devido. A nova disciplina aproxima o direito processual administrativo do processo comum e dá à justiça administrativa uma feição predominantemente subjectiva de acordo, aliás, com as directrizes que podem deduzir--se das normas constitucionais sobre a protecção das situações subjectivas dos particulares.

7. O direito comunitário tem vindo a influir cada vez mais no direito administrativo português, sobretudo a partir do Acto Único Europeu.

A concepção clássica do direito administrativo, também dominante em Portugal, assenta, como já dissemos, na relação jurídica assimétrica, em que o Estado-Administração ou as pessoas colectivas de direito público gozando de prerrogativas similares, através dos seus órgãos, praticam actos de autoridade, isto é, actos administrativos que, apesar da sua unilateralidade, produzem efeitos jurídicos na esfera dos seus destinatários, independentemente ou até contra a vontade destes. A centralidade e supremacia da pessoa colectiva Estado ou dos seus desdobramentos, concretizadas nos actos de autoridade e na sua imperatividade, são as notas características essenciais. Este direito administrativo por força da coadministração desenvolvida entre os Estados nacionais e a União Europeia é agora confrontado com um direito administrativo sem Estado e, sobretudo, quando tem de encarar essa realidade existente nos direitos nacionais, revela-se relativamente indiferente à sua especificidade. Essa coabitação envolve o reconhecimento do pluralismo dos ordenamentos jurídicos, o comunitário e os estaduais, e da multiplicidade dos tipos de sujeitos públicos com inevitável desvalorização da pessoa colectiva Estado. Favorece igualmente a comparação e a convergência entre os sistemas e a circularidade dos cotejos e adopções de conceitos entre os vários ordenamentos. As comparações não se fazem apenas com o direito comunitário, mas através deste, com outros direitos nacionais dos países membros mais influentes[3].

Os princípios gerais, como o da boa fé e o da proporcionalidade, tendem a ser interpretados nos direitos nacionais em termos similares aos do direito comunitário e o conceito de serviço publico adquire um significado objectivo, aproximando-se do de «serviço de interesse geral».

De um modo geral, pode dizer-se que a influência do direito comunitário tende a privilegiar as definições funcionais em detrimento das de carácter estrutural.

A criação de um mercado interno foi o objectivo inicial das então Comunidades Europeias e continua a ser uma das prioridades da União Europeia. Não admira por isso que o mercado e a preservação ou recriação das condições de concorrência constituam uma zona onde a relevância do direito comunitário se faça particularmente sentir. O incremento do mercado e a restrição das actividades do Estado como agente económico constituem uma constante do liberalismo que anima a legislação da União Europeia. Em matéria de serviços públicos – particularmente nos domínios de actuação das «public utilities» onde foi marcante a inspiração anglosaxónica, designadamente, na energia, transportes e telecomunicações –, as directivas comunitárias e a sua transposição na legislação nacional diminuem a importância das concessões quando não as suprimem, e submetem as empresas públicas, em termos idênticos às privadas, às condições concorrenciais impostas por autoridades administrativas independentes. Por um lado, a regulação por parte dessas entidades, quer

---

[3] Para além da colectânea de estudos editada por J.Schwarze, "Administrative Law and European Influence", Baden-Baden e Londres, 1996, e do artigo do mesmo Schwarze, "The Convergence of the Administrative Laws of the EU Member States" in "The Europeanisation of Law", ed. por F. Snyder, Oxford, 2000, pág. 163 e segs., veja-se ainda no mesmo livro, o artigo de Giuliano Amato, "Public Interests And Regulation of Economic Activities", pág. 141 e segs..

Sobre a adaptação e a "cross fertilisation" dos direitos administrativos nacionais pelo direito comunitário e pelos outros direitos nacionais dos Estados Membros de influência mais irradiante, são interessantes os trabalhos de Luisa Torchia, "Developments in Italian Administrative Law Through Cross-fertilisation", John Beed, Mechanisms for Cross-fertilisation of Administrative Law in Europe" e John W. F. Allison, "Transportation and Cross-fertilisation in European Public Law", in "New Directions In European Public Law", Oxford, 1998, respectivamente a pág. 137, 147 e 169.

no seu momento normativo, quer na aplicação das regras que disciplinam o sector, representa um modo de prossecução do interesse público diferente da realizada pelas autoridades públicas tradicionais dependentes do Executivo; o interesse público concreto defendido pelas entidades administrativas independentes é bem delimitado, não é o interesse público primário geral do comum das autoridades administrativas estaduais. Por outro lado, atende-se mais ao que a empresa faz do que à sua qualificação como pública ou privada.

É também olhando à funcionalidade que, no domínio da responsabilidade aquiliana, cede o véu que a personalidade jurídica interpõe entre as entidades públicas, designadamente as sociedades de capitais públicos, e o Estado, e o património deste responde solidaria ou subsidiariamente pelas dívidas daquelas.

Esta convergência entre o direito comunitário e os direitos nacionais, se está longe de constituir, pelo menos na fase actual, um «jus commune», representa, contudo, um importante factor de mudança e, as mais das vezes, de modernização.

8. As soluções constitucionais, nos seus aspectos mais técnicos, e as leis estruturantes a que nos referimos anteriormente, foram em grande parte resultado do pensamento e da intervenção directa dos juspublicistas actuando como legisladores materiais. Por seu turno, as realizações legislativas, elas próprias expressão das novas condições políticas, sociais e económicas entretanto verificadas no País, são ocasião e incentivo para o labor dos juristas. A ciência do direito administrativo, como o sublinha Benvenuti, não deve ser uma teoria geral intemporal, válida no plano puramente lógico, mas reflectir a Administração concreta do seu tempo, oferecendo uma visão compreensiva e sintéctica da realidade[4]. A pandectística ou pós-pandectística, para usar uma expressão impressiva e historicamente carregada de sentido para significar o virtuosismo técnico e abstracto, deve ser substituída por uma «scientia juris» capaz de enquadrar conceptualmente os novos temas e de dar uma resposta aos problemas entretanto postos, iluminando as tendências de fundo e ordenando em novas teorias explicativas a multiplicidade dos factos que vão ocorrendo.

9. Os trinta anos que antecederam o 25 de Abril de 1974 foram dominados pelo sistema e soluções que Marcello Caetano ia expondo no seu

---

[4] "Gli Studi Di Diritto Amministrativo", in "Archivo ISAP, 1962, II, pág. 1278-9.

«Manual de Direito Administrativo», que conheceu numerosas edições[5]. A sua doutrina foi amplamente sufragada pela jurisprudência e pela prática administrativas e constituiu ponto de referência de muitas das monografias que pretenderam aprofundar pontos específicos. Outros autores importantes, como Afonso Queiró e Rogério Soares, em Coimbra e Armando Marques Guedes e André Gonçalves Pereira, em Lisboa, continuam a publicar depois de 1974 e a influência dos seus trabalhos tem-se sobretudo feito sentir no campo teórico, na teoria geral do direito administrativo.

No «Manual» de Marcello Caetano, a teoria geral e o estudo dos principais sectores do direito administrativo especial são analisados numa perspectiva que procura a simbiose entre o método jurídico de Laband e Orlando com a sensibilidade à história e ainda à realidade sociológica contemporânea própria da escola francesa de Hauriou, procurando não esquecer o direito efectivamente vivido. À medida que as edições se vão sucedendo, tal como aconteceu com o seu coevo italiano, Zanobini, o carácter preceptivo e categórico das definições acentua-se, bem como se reforça a centralidade no sistema da pessoa colectiva Estado e das suas prerrogativas, mormente a capacidade para a prática de actos definitivos e executórios.

10. Com o advento do regime democrático e da Constituição de 1976, os primeiros estudos incidiram, como seria natural, sobre as novas realidades constitucionais. Só mais tarde começaram a surgir as investigações sobre as implicações nas instituições e no modo de agir da Administração das profundas mutações político-jurídicas ocorridas, e, ainda depois, os trabalhos tomando por referência as grandes leis administrativas entretanto publicadas[6].

Continuam a ser objecto de pesquisa os temas clássicos relativos à legalidade, ao acto administrativo e à justiça administrativa. Há, assim a registar dissertações sobre o princípio da legalidade no novo contexto constitucional em conexão com a autonomia contratual nos contratos administrativos, sobre a relação entre lei e o regulamento, e sobre a utilização do direito privado administrativo. Aprofunda-se a temática sobre a

---

[5] A partir da 8.ª edição com a colaboração de Diogo Freitas do Amaral e em dois volumes. A última edição é a 10ª para o Tomo I, Lisboa, 1973 e a 9ª para o Tomo II, Lisboa, 1972.

[6] Sem pretensão de proceder a uma menção exaustiva de todas as monografias e artigos publicados neste período, dar-se-á em nota final a indicação daqueles que foram particularmente tidos em conta nas indicações genéricas feitas no texto.

fundamentação do acto, sobre qual o conceito base em que assenta a dogmática administrativa, sobre o poder de substituição e sobre o recurso hierárquico.

A justiça administrativa é objecto de cuidada investigação histórica e reexamina-se a problemática da autoridade do caso julgado e da execução das sentenças administrativas. Vieira de Andrade publica um «Manual» sobre a justiça administrativa e são publicados os primeiros trabalhos sobre a nova reforma, antes mesmo de esgotado o período de «vacatio» das suas leis.

Podemos igualmente recensear monografias importantes em relação às associações públicas, às autoridades administrativas independentes e à regulação.

Desenvolvem-se, acompanhando o progresso técnico nesses domínios, estudos meritórios sobre o direito do urbanismo e sobre o direito do ambiente.

Publicam-se «comentários» alguns de grande valia, sobre o Código do Procedimento Administrativo» e sobre concursos públicos, e multiplicam--se as anotações às leis administrativas mais significativas.

Para além da publicação de «lições» sobre a parte geral do direito administrativo de Esteves de Oliveira, em 1980, de Sérvulo Correia, em 1983, e de Rebelo de Sousa em 1999, que, sem alterações de paradigma, apresentam inovações teóricas interessantes em relação ao livro de Marcello Caetano acima citado, o «Curso De Direito Administrativo», em dois volumes ( o terceiro sobre o contencioso existe apenas, ainda em versão policopiada) de Freitas do Amaral, procurando sintetizar e dar a conhecer estado actual dos estudos de direito administrativo em Portugal, dá continuidade ao ensino de Marcello Caetano, não sem o modernizar e, em importantes pontos, introduzir os resultados das suas próprias investigações.

O «Dicionário Jurídico de Administração Pública», em sete volumes, que retomou a sua publicação após o 25 de Abril, e que já leva dois suplementos de actualização, tem constituído, a propósito de algumas das suas entradas, um repositório riquíssimo de reflexões inovadoras sobre a Administração portuguesa e, particularmente o seu direito. Nele têm colaborado os maiores administrativistas portugueses, espelhando a diversidade do seu pensamento, trabalhando sobre problemas clássicos e introduzindo temáticas inovadoras ou cujo tratamento tem sido esquecido em publicações de tipo mais tradicional.

Das revistas jurídicas, para além das de carácter geral, de que se destacam as publicadas pelas faculdades de direito, pela Ordem dos Advogados, e pela Associação Jurídica de Braga, todas inserindo artigos em matéria de direito administrativo de alta valia, merece um particular destaque, pela sua especialização no comentário à jurisprudência administrativa e pela regularidade com que os seus números se sucedem, os « Cadernos De Justiça Administrativa. O nível científico dos seus artigos e anotações e a sua actualidade representam um precioso manancial de informação e de conhecimento de novas questões e, não poucas vezes, um guia importante para a jurisprudência.

Os nossos juízes administrativos, por razões históricas de carácter político e cultural, nunca se arrogaram poderes pretorianos similares aos do «Conseil d'État» em França, nem sequer aos dos tribunais italianos. Foram, aliás, no período anterior ao que examinamos, particularmente sensíveis aos ensinamentos da doutrina, em especial, à autoridade do «Manual» e dos artigos de Marcello Caetano. Tal não quer dizer que, ontem como hoje, não haja figuras de excepção e que os tribunais não suscitem questões novas, não iluminem pontos até aí negligenciados pela doutrina, ou não ponham em causa a validade de teorias pouco satisfatórias. Nalguns casos construiram-se mesmo, aqui e além, correntes jurisprudenciais inovadoras que integraram lacunas de direito ou supriram omissões dogmáticas. Mas o mundo actual do direito administrativo mudou. A relativa simplicidade de outrora e o ritmo calmo do devir quotidiano desapareceram. O avanço do mercado e o relativo recuo do Estado faz que o próprio direito à existência do direito administrativo seja posto em causa por alguns menos atentos ao verdadeiro florescimento que se regista em países como a Grã--Bretanha e os Estados Unidos, avessos no passado à autonomização deste ramo do direito público. Faltam teorias de nível médio e outras de carácter mais geral que procurem explicar as realidades actuais e sirvam de arrimo seguro a julgadores assoberbados com processos e enfrentando quase todos os dias questões novas. Esse é o papel da doutrina nos ordenamentos dos Estados continentais europeus e esse é o papel da nossa doutrina.

Não pretendemos proceder a um balanço, mas apenas dar uma nota informativa sobre o direito administrativo português nestes últimos anos, destinada primacialmente a leitores estrangeiros[7]. Não queremos contudo eximirmo-nos a fazer, à guisa de conclusão, duas observações: em

---

[7] Seria interessante poder fazer em Portugal um exame valorativo da literatura e da jurisprudência administrativas tal como realizado pela Rivista Trimestrale di Diritto Pubblico, sob a orientação de Sabino Cassese e publicado sob o título "Il Diritto Pubblico nella Seconda Metà del Secolo XX", no fascículo 4/2001 e em separata.

primeiro lugar, que se nos afigura que se a Constituição tem sido ágil em consagrar aspirações legítimas dos cidadãos em matéria da relações com a Administração, abrindo o caminho para um novo paradigma em que os particulares já não sejam tratados como súbditos, o legislador ordinário e a prática burocrática têm sido muito mais morosas em dar satisfação a essas injunções; em segundo lugar, que, apesar da relativa pujança da doutrina actual, que se tem multiplicado em trabalhos de bom nível científico, se regista ainda um déficite de reflexão teorética que facilita algumas hesitações e até desorientações na prática administrativa e nos arestos dos tribunais.

## PRINCIPAL BIBLIOGRAFIA CONSIDERADA NO ARTIGO*

ABREU, JORGE MANUEL COUTINHO DE, Sobre os Regulamentos Administrativos e o Princípio da Legalidade, Almedina, Coimbra, 1987.

ALMEIDA, MÁRIO AROSO DE, Sobre a Autoridade do Caso Julgado das Sentenças de Anulação de Actos Administrativos, Almedina, Coimbra, 1994; Anulação de Actos Administrativos e Relações Jurídicas Emergentes, Coimbra, 2002; Novo Regime do Processo nos Tribunais Administrativos, Almedina, Coimbra, 2003.

AMARAL, DIOGO FREITAS DO, Conceito e Natureza do Recurso Hierárquico, Coimbra, 1981; Código do Procedimento Administrativo Anotado, coautoria com João Caupers, João Martins Claro, João Raposo, Maria da Glória Dias Garcia, Pedro Siza Vieira, Vasco Pereira da Silva, 3ª edição, Almedina, Coimbra, 1997; A Execução das Sentenças dos Tribunais Administrativos, 2ª edição, Almedina, Coimbra, 1997; Curso de Direito Administrativo, Vol. I, 2ª edição, Almedina, Coimbra, 2001; Curso de Direito Administrativo, Vol. II, Almedina, Coimbra, 2001; Estudos Sobre Concessões – e Outros Actos da Administração (Pareceres), coautoria com Lino Torgal, Almedina, Coimbra, 2002; Aspectos Jurídicos da Empreitada de Obras Públicas, coautoria com Fausto de Quadros e José Carlos Vieira de Andrade, Almedina, Coimbra, 2002; Grandes Linhas da Reforma do Contencioso Administrativo, coautoria com Mário Aroso de Almeida, Almedina, Coimbra, 2002.

ANDRADE, JOSÉ CARLOS VIEIRA DE, A Imparcialidade da Administração como Princípio Constitucional, in Boletim da Faculdade de Direito da Universidade de Coimbra, 1974, p. 219; Os Direitos Fundamentais na Constituição Portuguesa de 1976, Coimbra, 1983; O Dever de Fundamentação Expressa dos Actos Administrativos, Almedina, Coimbra, 1991; A Justiça Administrativa (Lições), 3ª edição, Almedina, Coimbra, 2000; Contencioso Administrativo, coautoria com José Eduardo Figueiredo Dias, in Dicionário Jurídico da Administração Pública, 2.º Suplemento, 2001, pp. 109 e ss.

---

* Por razões de espaço, mencionam-se de cada Autor apenas as obras ou artigos que mais influíram nas considerações feitas no texto.

ANDRADE, JOSÉ ROBIN DE, A Revogação dos Actos Administrativos, 2ª edição, Coimbra, 1985.
ANTUNES, LUÍS FILIPE COLAÇO, O Procedimento Administrativo de Avaliação de Impacto Ambiental, Almedina, Coimbra, 1998; Para um Direito Administrativo de Garantia do Cidadão e da Administração – Tradição e Reforma, Almedina, Coimbra, 2000; O Direito Administrativo e a Justiça no Início do Século XXI – Algumas Questões, Almedina, Coimbra, 2001.
ANTUNES, TIAGO, O Ambiente entre o Direito e a Técnica, Associação Académica da Faculdade de Direito de Lisboa, Lisboa, 2003.
ATHAÍDE, AUGUSTO, Poderes Unilaterais da Administração sobre o Contrato Administrativo, Rio de Janeiro, 1981.
AYALA, BERNARDO DINIZ DE, O (Défice de) Controlo Judicial da Margem de Livre Decisão, Lex, Lisboa, 1995.
BOTELHO, JOSÉ MANUEL DA S. / ESTEVES, AMÉRICO J. PIRES / PINHO, JOSÉ CÂNDIDO DE, Código de Procedimento Administrativo, Anotado e Comentado, Almedina, Coimbra, 1992.
BRITO, MIGUEL NOGUEIRA, Sobre a discricionalidade técnica, in Revista de Direitos e Estudos Sociais, 1994, págs. 33 e segs.
CABRAL, MARGARIDA OLAZABAL, O Concurso Público na Formação do Contrato Administrativo, Almedina, Coimbra, 1997.
CADILHA, CARLOS ALBERTO FERNANDES, *A Organização Administrativa*, in Contencioso Administrativo, Braga, 1986.
CAETANO, MARCELLO, Manual de Direito Administrativo, Coimbra, I volume, 10ª edição, 1980; Manual de Direito Administrativo, Coimbra, II volume, 9ª edição, 1980.
CALVÃO, FILIPA URBANO, Os Actos Precários e os Actos Provisórios no Direito Administrativo, ed. Universidade Católica, Porto, 1998.
CANAS, VITALINO, *Princípio da Proporcionalidade*, in Dicionário Jurídico da Administração Pública, Vol. VI, Lisboa, 1994; *Relação Jurídico-Pública*, in Dicionário Jurídico da Administração Pública, Vol. VII, Lisboa, 1996.
CANOTILHO, JOSÉ JOAQUIM GOMES, *Procedimento Administrativo e Defesa do Ambiente*, in Revista de Legislação e Jurisprudência, n.º 123, 1990, p. 134; *Relações Jurídicas Poligonais, Ponderação Ecológica de Bens e Controlo Judicial Preventivo*, in Revista Jurídica do Urbanismo e Ambiente, n.º 1, 1994, pp. 55 e ss.; *Juridicização da Ecologia ou Ecologização do Direito*, in Revista Jurídica do Urbanismo e do Ambiente, n.º 4, Dezembro, 1995, pp 69 e ss.; Protecção do Ambiente e Direito de Propriedade (Crítica de Jurisprudência Ambiental), Coimbra Editora, 1995; Introdução ao Direito do Ambiente (Coordenação), Lisboa, 1998; *Constituição e "Tempo Ambiental"*, in Revista do CEDOUA, 1999, n.º 2, pp. 9 e ss..
CAUPERS, JOÃO, A Administração Periférica do Estado. Estudo de Ciência da Administração, Editorial Notícias, Lisboa, 1994; Introdução ao Direito Administrativo, Âncora Editora, 5ª Edição, 2000.
CORDEIRO, ANTÓNIO, A Protecção de Terceiros em Face de Decisões Urbanísticas, Almedina, Coimbra, 1995.
CORREIA, FERNANDO ALVES, As Garantias do Particular na Expropriação por Utilidade Pública, Coimbra, 1982; O Plano Urbanístico e o Princípio da Igualdade, Almedina,

Coimbra, 1990; Alguns Conceitos de Direito Administrativo, Almedina, Coimbra, 1998; Manual de Direito do Urbanismo, Almedina, Coimbra, 2001.

CORREIA, JOSÉ MANUEL SÉRVULO, Noções de Direito Administrativo, Volume I, Danúbio, Lisboa, 1982; Legalidade e Autonomia Contratual nos Contratos Administrativos, Colecção Teses, Almedina, Coimbra, 1987; Direito Processual Administrativo, (com Bernardo Diniz de Ayala e Rui Medeiros), Lex, Lisboa, 2002.

DIAS, JOSÉ EDUARDO DE OLIVEIRA FIGUEIREDO, Tutela Ambiental e Contencioso Administrativo (da Legitimidade Processual e das suas Consequências), Boletim da Faculdade de Direito de Coimbra, Studia Iuridica, n.º 29, Coimbra Editora, 1997.

ESTORNINHO, MARIA JOÃO, Requiem pelo Contrato Administrativo, Almedina, Coimbra, 1990; A Fuga para o Direito Privado. Contributo para o Estudo da Actividade de Direito Privado da Administração Pública, Almedina, Coimbra, 1996.

FÁBRICA, LUÍS SOUSA DA, A Acção para o Reconhecimento de Direitos e Interesses Legítimos, Lisboa, 1986; Monismo ou Dualismo na Estruturação do Processo Administrativo, in Revista da Faculdade de Direito, Lisboa, 1988, pp. 95 e ss..

FRANCO, ANTÓNIO LUCIANO DE SOUSA, Finanças Públicas e Direito Financeiro, 3ª edição, Almedina, Coimbra, 1990.

GOMES, CARLA AMADO, Contributo para o Estudo das Operações Materiais da Administração Pública e do seu Controlo Jurisdicional, Coimbra Editora, 1999; A Prevenção à Prova no Direito do Ambiente – Em Especial os Actos Autorizativos Ambientais, Coimbra Editora, 2000.

GOMES, JOSÉ OSVALDO, Fundamentação do Acto Administrativo, 2ª edição, Coimbra, 1981; Manual dos Loteamentos Urbanos, 2ª edição, Coimbra, 1983.

GONÇALVES, PEDRO, Concessão de Serviços Públicos, Almedina, Coimbra, 1999; O Contrato Administrativo (Uma Instituição do Direito Administrativo do Nosso Tempo), Almedina, Coimbra, 2003.

GUEDES, ARMANDO MARQUES, A Concessão – Estudos de Direito, Ciência e Política Administrativa, Volume I, Coimbra, 1954; Os Contratos Administrativos, in Revista da Faculdade de Direito da Universidade de Lisboa, Ano XXXII, 1991, pp. 9 e ss..

LEITÃO, ALEXANDRA, A Protecção dos Terceiros no Contencioso dos Contratos da Administração Pública, Almedina, Coimbra, 2002.

LOUREIRO, ANTÓNIO JOSÉ PINTO, O Processo nos Tribunais Administrativos, in Contencioso Administrativo, Braga, 1986.

LOUREIRO, JOÃO GONÇALVES, O Procedimento Administrativo entre a Eficiência e a Garantia dos Particulares – Algumas Considerações, Boletim da Faculdade de Direito da Universidade de Coimbra, Studia Iuridica, n.º 13, Coimbra Editora, 1995.

MAÇÃS, MARIA FERNANDA DOS SANTOS, A Suspensão Judicial da Eficácia dos Actos Administrativos e a Garantia Constitucional da Tutela Judicial Efectiva, Coimbra Editora, 1996.

MACHETE, PEDRO, A Audiência dos Interessados no Procedimento Administrativo, Universidade Católica Portuguesa, Lisboa, 1995.

MACHETE, RUI, Relações Jurídicas Dependentes e Execução de Sentença, in Revista da Ordem dos Advogados, Ano 50, Lisboa, Julho, 1990; Estudos de Direito Público e Ciência Política, Fundação Oliveira Martins – Centro de Estudos da Administração

Pública, Lisboa, 1991; Código do Procedimento Administrativo e Legislação Complementar, Aequitas, Editorial Notícias, Lisboa, 1992; *Execução do Acto Administrativo*, in Direito e Justiça, Vol. VI, 1992, pp. 65 e ss.; *Privilégio de Execução Prévia*, in Dicionário Jurídico da Administração Pública, Vol. VI, Lisboa, 1994; *Sanação (de acto administrativo inválido)*, in Dicionário Jurídico da Administração Pública, Vol. VII, Lisboa, 1996.

MEDEIROS, RUI, Acções de Responsabilidade – Elementos do Regime Jurídico e Contribuição para uma Reforma, Princípia, Cascais, 1999.

MELO, A. BARBOSA DE, Direito Administrativo II (A protecção jurisdicional dos cidadãos perante a Administração Pública), Coimbra, 1987.

MIRANDA, JOÃO, A Dinâmica Jurídica do Planeamento Territorial (a Alteração, a Revisão e a Suspensão dos Planos), Coimbra Editora, 2002.

MIRANDA, JORGE, Funções, Órgãos e Actos do Estado, Lisboa, 1990; *A Administração Pública nas Constituições Portuguesas*, in O Direito, Ano 120, 1988, III-IV, pp. 607 e ss.; *O Direito de Informação dos Administrados*, in O Direito, Ano 120, 1988, III-IV, pp.457 e ss..

MONCADA, CABRAL DE, *A Empresa Pública e o seu Regime Jurídico: Aspectos Gerais*, in Estudos em Homenagem ao Prof. Doutor Afonso Rodrigues Queiró, Boletim da Faculdade de Direito da Universidade de Coimbra, 1984; *O Problema do Critério do Contrato Administrativo e os Novos Contratos-programa*, in Estudos em Homenagem ao Prof. Doutor José Joaquim Teixeira Ribeiro; Estudos de Direito Público, Coimbra Editora, 2001; Lei e Regulamento, Coimbra Editora, 2002.

MONTEIRO, CLÁUDIO, *Suspensão da Eficácia de Actos Administrativos de Conteúdo Negativo*, in Revista Jurídica da Associação Académica da Faculdade de Direito da Universidade de Lisboa, 1990.

MORAIS, CARLOS BLANCO DE, *A Invalidade dos Regulamentos Estaduais e os Fundamentos da sua Impugnação Contenciosa*, in Revista Jurídica da Associação Académica da Faculdade de Direito da Universidade de Lisboa, n.º 8, Out/Dez, 1986.

MOREIRA, FERNANDO AZEVEDO, *Conceitos Indeterminados. Sua sindicabilidade Contenciosa em Direito Administrativo*, in Revista de Direito Público, Lisboa, 1985, p. 15.

MOREIRA, VITAL, Administração Autónoma e Associações Públicas, Coimbra, 1997; Auto-regulação Profissional e Administração Pública, Almedina, Coimbra, 1997.

OLIVEIRA, MÁRIO ESTEVES DE, Direito Administrativo, Vol. 1, Coimbra, 1980; Código do Procedimento Administrativo, coautoria com Pedro Costa Gonçalves e J. Pacheco de Amorim, 2ª Ed., Almedina, Coimbra 1997; Concursos e outros Procedimentos de Adjudicação Administrativa, coautoria com Rodrigo Esteves de Oliveira, Almedina, Coimbra, 1998.

OTERO, PAULO, Conceito e Fundamento da Hierarquia Administrativa, Coimbra, 1992; O Poder de Substituição em Direito Administrativo. Enquadramento Dogmático--constitucional, Lex, Lisboa, 1995; Vinculação e Liberdade de Conformação Jurídica do Sector Empresarial do Estado, Coimbra Editora, 1998, Legalidade e Administração Pública, Coimbra, 2003.

PEREIRA, ANDRÉ GONÇALVES, Erro e Ilegalidade no Acto Administrativo, Lisboa, 1962.

PINTO, MARIA DA GLÓRIA FERREIRA (DIAS GARCIA), *Breve Reflexão sobre a Execução Coactiva dos Actos Administrativos*, in Estudos, Volume II, edição do Centro de

Estudos Fiscais – Comemoração do XX Aniversário, Lisboa, 1983; Da Justiça Administrativa em Portugal – Sua Origem e Evolução, Universidade Católica Portuguesa, 1994; Do Conselho de Estado ao Actual Supremo Tribunal Administrativo, Lisboa, 1998.

PINTO, RICARDO LEITE, Intimação para um Comportamento. Contributo para o Estudo dos Procedimentos Cautelares no Contencioso Administrativo, Edições Cosmos, Lisboa, 1995.

PORTOCARRERO, MARTA, Modelos de Simplificação Administrativa – a Conferência Procedimental e a Concentração de Competências e Procedimentos no Direito Administrativo, Universidade Católica do Porto, Colecção Estudos e Monografias, Porto, 2002.

QUADROS, FAUSTO DE, O Concurso Público na Formação do Contrato Administrativo, *Separata da Revista da Ordem dos Advogados, Lisboa, 1987;* Princípios Fundamentais de Direito Constitucional e de Direito Administrativo em Matéria de Direito do Urbanismo, Lisboa, 1989; Responsabilidade Civil Extracontratual da Administração Pública (Coordenação), Almedina, Coimbra, 1995; A Nova Dimensão do Direito Administrativo. O Direito Administrativo Português na Perspectiva Comunitária, Almedina, Coimbra, 1999.

QUEIRÓ, AFONSO RODRIGUES, O Poder Discricionário da Administração, Coimbra, 1944; Teoria dos Actos do Governo, Coimbra, 1948; Lições de Direito Administrativo, policopiado, Coimbra, 1956; A Função Administrativa, Coimbra, 1977; Estudos de Direito Público, Volume I, Dissertações, Universidade de Coimbra, 1989.

RIBEIRO, MARIA TERESA DE MELO, O Princípio da Imparcialidade da Administração Pública, Almedina, Coimbra, 1996.

SÁ, ALMENO DE, Administração do Estado, Administração Local e Princípio da Igualdade no Âmbito do Estatuto do Funcionário, Coimbra, 1988.

SILVA, JORGE PEREIRA DA, *A Invalidade dos Contratos Administrativos,* in Direito e Justiça, Vol. X, Tomo 2, 1996.

SILVA, VASCO PEREIRA DA, A natureza Jurídica do Recurso Directo de Anulação, Almedina, Coimbra, 1985; O Recurso Directo de Anulação – Uma Acção Chamada Recurso, Cognitio, Lisboa, 1987; Para um Contencioso Administrativo dos Particulares (Esboço de uma teoria subjectiva do recurso directo de anulação), Almedina, Coimbra, 1989; Em Busca do Acto Administrativo Perdido, Almedina, Coimbra, 1996; O Contencioso Administrativo – Como "Direito Constitucional Concretizado" ou "Ainda por Concretizar"?, Almedina, Coimbra, 1999; Ventos de Mudança no Contencioso Administrativo, Almedina, Coimbra, 2000; Verde Cor de Direito – Lições de Direito do Ambiente, Almedina, Coimbra, 2002.

SILVEIRA, LUÍS, *Os Poderes Discricionários da Administração Pública e os Direitos dos Cidadãos,* in Revista de Direito Público, Ano III, n.º 6, Jul/Dez, 1989.

SOARES, ROGÉRIO EHRHARDT, Interesse Público, Legalidade e Mérito, Coimbra, 1955; Direito Público e Sociedade Técnica, Atlântida, Coimbra, 1969; Direito Administrativo (Lições), policopiado, Coimbra, 1978; *Princípio da Legalidade e a Administração Constitutiva,* in Boletim da Faculdade de Direito da Universidade de Coimbra, 1981, pp. 168 e ss.; *O Acto Administrativo,* in Scientia Iuridica, Tomo XXXIX, n.ᵒˢ 223/228, Jan-Dez, 1990, pp. 25 e ss.; *A Propósito dum Projecto*

*Legislativo: o Chamado Código do Processo Administrativo Gracioso*, in Revista de Legislação e Jurisprudência, n.ºs 3694, pp.40 e ss.; 3699, pp. 133 e ss.; 3702, pp. 261 e ss.; *A Administração Pública e o Procedimento Administrativo*, in Scientia Iuridica, Tomo XLI, 1992, n.ºs 238/240, pp. 195 e ss..

SOUSA, ANTÓNIO FRANCISCO, Discricionariedade Administrativa, 1987.

SOUSA, MARCELO REBELO DE, *Administração Pública e Direito Administrativo em Portugal*, in Revista Jurídica da Associação Académica da Faculdade de Direito de Lisboa, 1992; O Concurso Público na Formação do Contrato Administrativo, Lex-Edições Jurídicas, Lisboa, 1994; Lições de Direito Administrativo, Volume I, Lex, Lisboa, 1999.

VASCONCELOS, PEDRO BACELAR DE, Teoria Geral do Controlo Jurídico do Poder Público, Edições Cosmos, Lisboa, 1996.

XAVIER, ALBERTO PINHEIRO, Conceito e Natureza do Acto Tributário, Lisboa, 1972.

# AS NOVAS TENDÊNCIAS DO DIREITO ADMINISTRATIVO

ARNOLDO WALD*

"A crescente parceria com o setor privado na propriedade e gestão da infra-estrutura nacional exigirá a redefinição do papel do Estado."
(Professor FERNANDO HENRIQUE CARDOSO)

"A privatização é a única maneira de assegurar-se de que as necessidades de infra-estrutura serão satisfeitas. Nenhum governo do mundo hoje dispõe de recursos suficientes para fazê-lo por conta própria, seja através de taxação ou de empréstimos. Contudo, o capital está aí, em abundância, como também as oportunidades para investimentos lucrativos."
(PETER DRUCKER, Gazeta Mercantil de 11.7.95, Relatório Especial, p. 4)

## A) *A revisão do papel do Estado*

"O Estado, quando é forte, nos esmaga, quando é fraco perecemos".
(PAUL VALERY)

**1.** Em todos os países, a própria noção de Estado e, em particular, as suas dimensões ideais e as suas relações com a sociedade têm sido objeto de análises e polêmicas. Uma ampla literatura oriunda de políticos, sociólogos, economistas e até juristas se insurge contra o *Estado megalômano*,[1]

---

* Advogado, sócio fundador de Wald & Associados, Professor Catedrático da Faculdade de Direito da UERJ, Presidente da Academia Internacional de Direito e Economia.

[1] JEAN-FRANÇOIS REVEL, *El Estado Megalomano*, tradução em espanhol da obra cujo título original em francês era *La Grâce de l'Etat*, 1984.

onipresente, hipertrofiado e super-desenvolvido, defendendo uma ampla redução do seu papel e exigindo, simultaneamente, maior eficiência no exercício de suas funções básicas. Desenvolve-se, assim, a tese de que precisamos de menos Estado e de mais Justiça comutativa e distributiva, devendo ser adotada fórmula que assegure a existência do *Estado mínimo*,[2] do Estado moderno, que é o *Estado modesto*.[3] Ao mesmo tempo, fala-se no declínio do Estado, na necessidade de um novo pacto social, no qual a democracia se faria sentir não apenas na seleção dos governantes mas, de modo mais intenso, na formação da vontade nacional, devolvendo o Estado, à sociedade, numerosas atividades das quais se incumbiu de modo inadequado e reduzindo a área de sua regulamentação, que se tornou excessiva.

**2.** Há, com efeito, uma certa tendência para "nacionalizar o Estado", ou seja, no fundo, submetê-lo mais diretamente à sociedade. Tal fato decorre tanto do caráter, muitas vezes, casuístico e, algumas vezes, incoerente da regulamentação do Estado, como de ter o mesmo engordado demais, perdendo a flexibilidade e rapidez, que o mundo contemporâneo e a chamada sociedade pós-industrial exigem, nas decisões governamentais. O Estado mantém, outrossim, um aparelho obsoleto, tanto nas suas repartições públicas, quanto nas empresas públicas e sociedades de economia mista, dominadas por um corporativismo condenável e, na maioria dos casos, destituídas do espírito empresarial, que justificou a sua própria criação como instrumento da descentralização administrativa.

**3.** Já se disse que, em relação às monarquias do passado, quiçá, no Brasil, às capitanias hereditárias, tivemos uma mudança de forma política, mas que, no fundo, não evoluímos muito, pois mudamos mais os rostos e o *status* imperial que o regime, ou seja, o comportamento e o método de gestão dos governantes, que continua opondo o Estado administrador e regalista à sociedade civil.[4] Essa falta de identificação se manteve de tal modo que as elites e o povo, ou seja, os cidadãos, mesmo no regime democrático, não se consideram integrados no Estado, não se apropriam da famosa frase de Luiz XIV *"L'Etat c'est moi"*, mas afirmam que "o

---

[2] GUY SORMAN, *L'Etat Minimum*, Albin Michel, 1985.

[3] MICHEL CROZIER, *Etat Moderne, Etat Modeste, Stratégie pour un Changement*, Paris, Fayard, 1987.

[4] RAYMUNDO FAORO, *Os Donos do Poder, Formação do Patronato Brasileiro*, 1958, especialmente p. 261 e seguintes.

Estado são eles", eles os governantes, os funcionários, a Administração como um todo. Em particular, no Brasil, convive uma Administração, que, geralmente, ainda usa métodos arcaicos e mantém uma estrutura centralizada, com alguns setores privados dotados das mais modernas técnicas de produção e de gestão que caracterizam o início do século XXI.[5]

**4.** Na realidade, o contrato social precisa ser revisto porque, em virtude dele, o que ocorreu foi o fato de o Estado ter-se tornado o dono da sociedade, em vez de ser, como deveria, o conjunto de serviços públicos à disposição do cidadão. Assim sendo, decorridos cerca de cinqüenta anos a partir da consagração generalizada do Estado-providência, ficou evidenciado que, em muitos casos, o mesmo levava seja ao Estado totalitário, seja ao Estado ineficaz e falido.[6] O grande desafio atual consiste em reestruturar o Estado, e, simultaneamente, fortalecer o funcionamento dos serviços públicos que deve prestar ou regular. Essa reformulação do Estado se impõe a fim de evitar o seu colapso, que até pode significar o fim de uma civilização e a volta dos bárbaros com a qual alguns cientistas políticos nos ameaçam.[7]

**5.** Mas, se é preciso reinventar o Estado,[8] modificar o seu relacionamento com o cidadão, privatizar a sua gestão, retirar-lhe a arrogância e a onipotência, que não se coadunam com a democracia, submetê-lo à estrita obediência das normas jurídicas, também a sociedade deve criar os seus órgãos de colaboração, controle e intervenção na vida estatal, para reassumir a posição, que sempre deveria ter tido, de titular da verdadeira soberania, que pertence à nação. Se algo já se fez para restringir a função do Estado, mediante um esforço válido no campo das privatizações e da

---

[5] Não se trata, todavia, de situação peculiar ao nosso país. Ela também existe na França, por exemplo, como se verifica pela leitura da obra de um grupo de autores intitulada *Pour Nationaliser l'Etat*, Paris, Editions du Seuil, 1968, p. 238.

[6] PIERRE ROSANVALLON, *La Crise de l'Etat-Providence*, Paris, Editions du Seuil, 1981. No mesmo sentido WILLIAM E. SIMON, *A time for action*, New York, Berkley Books, 1980.

[7] GUY SORMAN, *En Attendant les Barbares*, Paris, 1992; JACQUES ATTALI, *Lignes d'Horizon*, 1990 e ALAIN MINC, *Le Nouveau Moyen Âge*, Paris, 1993. Sobre as transformações sofridas pelo Estado moderno existe ampla bibliografia, destacando-se o volume 21 dos *Archives de Philosophie du Droit* publicado em 1976, intitulado *Genèse et Declin de l'Etat*.

[8] DAVID OSBORNE e TED GAEBLER, *Reinventing Government*, 1992, livro do qual já existe tradução brasileira sob o título *Reinventando o Governo*, 1994.

desregulamentação da atividade econômica, ao contrário, muito poucas têm sido as iniciativas da sociedade para criar mecanismos, e especialmente órgãos de mediação com o Poder Público, para colaborar com a Administração, embora o funcionamento das câmaras setoriais, o diálogo crescente entre empresas, sindicatos e órgãos governamentais, a concepção do *ombudsman* ou corregedor do povo e outras idéias análogas indiquem uma tendência neste sentido, que precisa, todavia, ser concretizada, sedimentada e institucionalizada.

**6.** As afirmações de caráter geral, que acabamos de fazer e que se aplicam à maioria dos países, são ainda mais pertinentes quando se cogita da estrutura do Estado brasileiro. Os sociólogos brasileiros tiveram o ensejo de apontar a manutenção dos *donos do poder*, que continuaram comandando o Estado, formando o chamado *estamento burocrático*, sem que a nação se apropriasse da soberania nacional.[9] Essa situação se manteve, *a grosso modo*, no sistema ditatorial, seja no Estado Novo, seja no regime militar, podendo ter havido mudança das pessoas que exerciam o poder, mas não do sistema, que fazia do Estado patrimonial uma entidade pertencente a um ou a vários grupos, mas sem compromissos com a nação. Já se disse que, no caso, em vez do mandato, que pressupõe a fidelidade do mandatário à vontade do mandante, havia uma simples gestão de negócios, no interesse quase exclusivo do próprio gestor.

B) *O Novo Direito Administrativo*

"Notre droit administratif classique est un droit du commandement, du privilège, du contrôle et, pour tout dire, de la méfiance. Le droit administratif de l'aléatoire, qui s'élabore sous nos yeux, présente et présentera de plus en plus des caractéristiques différentes: ce sera un droit de l'effort commun, encadré par des 'actes collectifs', de l'entraide entre l'Administration et ses partenaires et, pour tout dire, de la confiance."
(ANDRÉ HAURIOU, Le Droit Administratif de l'Aléatoire, in *Mélanges offerts à Monsieur le Doyen Louis Tratobas*, Paris, Librairie Générale de Droit et de Jurisprudence, 1970, p. 224.)

**7.** Desenvolveu-se, recentemente, no Direito Administrativo, a teoria dos contratos de colaboração ou de cooperação, que não eram concebí-

---

[9] RAYMUNDO FAORO, ob. cit.

veis no século XIX e que são, em grande parte, o resultado prático da elaboração do "direito da crise" e da sociedade dominada pelas novas tecnologias.

**8.** Sabemos que o contrato administrativo pode ser de colaboração ou de atribuição. No contrato de colaboração, ou de cooperação, o particular, contratado pela Administração Pública, obriga-se a prestar-lhe determinado serviço ou a realizar determinada obra, como ocorre nos contratos de obras, serviços ou fornecimentos. No contrato de atribuição, a Administração confere ao particular determinadas vantagens ou direitos, como, p. ex., o uso especial de bem público.[10]

**9.** A colaboração entre a empresa privada e a Administração, direta ou indireta, decorre da necessidade de ser dar ao contrato administrativo maior flexibilidade, em virtude das próprias cláusulas exorbitantes, do atendimento imperativo do interesse público e da evolução tecnológica que tem ocorrido em progressões geométricas nas últimas décadas.

**10.** Dentro dos limites em que uma determinada obra é realizada pela Administração ou para ela, pressupõe-se a possibilidade de ocorrência de situações imprevistas, que devem ser superadas, ou de modificações posteriores unilateralmente impostas pelo Poder Público, que devem repercutir o mínimo possível no ritmo dado à obra, resolvendo-se as conseqüências das novas situações criadas em compensação ao contratado. Impõe-se, assim, uma relação dinâmica, negociada ou concertada, que se deve estabelecer entre as partes.

**11.** Ademais, o gigantismo de algumas das obras estatais e a velocidade em que devem ser realizadas, para atender ao interesse público, nem sempre permitem um planejamento prévio e detalhado, tanto no campo técnico como financeiro, obrigando a Administração e o empresário a recorrerem, constantemente, à criatividade para dar soluções aos problemas que surgem.[11]

---

[10] HELY LOPES MEIRELLES, *Direito Administrativo Brasileiro*, 26ª ed., São Paulo, Malheiros, 2001, p. 203.

[11] Foi o caso do eurotunel, cujo custo foi muito superior ao previsto inicialmente, mas que somente pôde ser concluído em virtude de se tratar de concessão, na qual as partes negociaram a continuação da obra, recorrendo à arbitragem para fixar as alterações ime-

**12.** Assim sendo, a viabilidade da realização de grandes obras, especialmente quando pioneiras, de tecnologia complexa e de execução demorada, pressupõe um diálogo constante entre o contratante e o contratado, abrangendo as decisões de situações não previstas contratualmente ou daquelas que sofreram profundas mutações, não imputáveis a qualquer das partes e que não se enquadram nos riscos comerciais assumidos pelo construtor. O mesmo acontece com as concessões, especialmente quando são de longo prazo.

**13.** Deste modo, enquanto o Direito Administrativo do século XIX foi marcado pelo seu caráter autoritário e pela possibilidade de predeterminação de todas as situações, num mundo considerado seguro e estável, a rápida evolução tecnológica e financeira, as constantes modificações legais e a impossibilidade de qualquer previsão, a médio ou longo prazo, no plano econômico, exigiram uma reformulação do Direito Administrativo. Este, como os demais ramos da ciência jurídica, passou a constituir um "direito flexível", na feliz expressão de JEAN CARBONNIER.[12]

**14.** Em artigo pioneiro, no qual examinou os efeitos do aleatório no Direito Administrativo, o Prof. ANDRE HAURIOU, da Faculdade de Direito de Paris, salientou, oportunamente, que "a transformação sofrida pelas Ciências não mais se limita às Ciências Naturais. As noções de condicionamento, aleatoriedade e relatividade desenvolvidas pelos matemáticos e que, inicialmente, renovaram a Física e a Química, começam a transformar as Ciências Jurídicas e, em particular, o Direito Administrativo".[13]

---

diatas do contrato, sem prejuízo de uma decisão final na qual se apurariam direitos e deveres das partes. Os próprios Estados concedentes – a França e a Inglaterra – mudaram as condições, aumentando os prazos da concessão para permitir que a operação fosse rentável. Comparada com a construção, no passado, de obras semelhantes, como a dos canais de Suez e Panamá, o eurotunel realizou um prodígio quanto ao tempo de sua realização, que se deveu não somente ao progresso tecnológico, mas também ao aprimoramento das normas legais e dos mecanismos jurídicos aplicáveis no caso, que permitiram superar os impasses criados.

[12] JEAN CARBONNIER, *Flexible Droit*, 7ª ed., Paris, Librairie Générale de Droit et de Jurisprudence, 1992.

[13] ANDRE HAURIOU, ob. cit., p. 198.

**15.** Efetivamente, no passado, todo o esforço dos juristas foi no sentido de evitar as situações aleatórias e de transformá-las, sempre, mediante prévia regulamentação, em situações determinadas. A determinação das prestações constitui, em geral, uma das condições da própria validade do contrato. Por conseguinte, os riscos criados por oscilações do mercado ou pela própria variação das taxas de juros eram, ou podiam ser, previstos e aceitos pelos contratantes, pois as eventuais modificações, sendo diminutas e só ocorrendo paulatinamente, não abalavam a própria estrutura do contrato. A determinação, certeza e intangibilidade das prestações de ambas as partes puderam, por longo período, caracterizar as situações do Direito Administrativo, num mundo economicamente estável.

**16.** As incertezas decorrentes de mudanças econômicas cada vez mais rápidas, a globalização e a crescente volatilização das economias fizeram, todavia, com que o Direito Administrativo não mais pudesse deixar de reconhecer a importância do aleatório, atribuindo-lhe efeitos específicos para, conforme o caso, rever o contrato ou rescindi-lo, diante de dificuldades novas e imprevistas para a sua execução. Como a rescisão sempre tem efeitos negativos, importando, muitas vezes, em aumentos de custo e prejuízos para ambas as partes, foi introduzida nos contratos de Direito Administrativo uma nova variante, que é a chamada "flexibilidade" (*souplesse* do Direito francês), que significa uma interpretação construtiva e negociada do que foi pactuado, para preencher as eventuais lacunas e superar as dificuldades geradas por normas legais, regulamentares ou contratuais que não previram os fatos da maneira na qual acabaram acontecendo, ou os efeitos deles decorrentes.

**17.** Verifica-se, assim, que não só no campo legal, mas também na área contratual, ocorreu a famosa "revolução dos fatos contra o direito", à qual alude a doutrina francesa.[14]

**18.** Efetivamente, fundadas na teoria da imprevisão ou nos princípios da boa-fé e da lealdade, que devem inspirar os contratos, a doutrina e a jurisprudência reconheceram a necessidade de permitir a revisão dos contratos administrativos, de tal modo que seus objetivos pudessem ser realizados, considerando-se os reflexos das novas situações criadas e que foram conceituadas, nas várias legislações, como interferências imprevis-

---

[14] GASTON MORIN, *La Révolte du Droit Contre le Code*, Paris, Sirey, 1945.

tas (*sujétions imprévues* ou *changed conditions*), que ocorrem na vida dinâmica da operação.

**19.** Enquanto no direito privado as eventuais modificações surgidas podem levar à rescisão do contrato, ou à sua paralisação, com base na *exceptio non adimpleti contractus* (art. 1.092 do CC), ao contrário, no campo do Direito Administrativo, vigora, em tese, o princípio da continuidade das obras públicas, que leva à manutenção do contrato, com a necessária recomposição de preços e a eventual dilação de prazos.

**20.** Entramos, assim, num campo que o Direito francês caracterizou como sendo, na feliz conceituação de BLOCH-LAINE, o da economia concertada, na qual, para realizar seus planos, a Administração vê-se compelida a cumprir suas obrigações de acordo com os princípios da negociação, da boa-fé e do respeito aos compromissos recíprocos das partes.[15]

**21.** A doutrina recente reconhece que existe, nesses contratos, uma obrigação de cooperação, que é até mais densa no seu conteúdo que as de boa-fé e de lealdade, pois estas importam, na concepção tradicional, em simples omissão da conduta de má-fé, enquanto aquela impõe um comportamento ativo de lealdade e negociação construtiva. Como bem salienta o Prof. GERARD FARJAT, trata-se de uma idéia moderna, que a doutrina invoca cada vez mais freqüentemente e de acordo com a qual "o contrato não se fundamenta necessariamente em relações antagônicas entre as partes, mas pode ter a sua base numa relação de cooperação".[16] Essa obrigação não se limita a ocorrer no contrato de sociedade, dominado pela *affectio societatis*, e no mandato dado no interesse comum das partes, mas também existe nos casos de colaboração contratual, como os referentes à subempreitada, à concessão exclusiva de venda e à concessão de serviço público.

**22.** Algumas vezes, o contrato que, por sua natureza, poderia não ser considerado associativo ou de colaboração, passa a sê-lo em virtude da sua

---

[15] FRANÇOIS BLOCH-LAINE, *Pour Une Réforme de L'Entreprise,* Paris, Editions du Seuil, 1963, e ROGER PERCEROU, *in* Prefácio da obra de MICHEL FLEURIET, *Les Téchniques de l'Économie Concertée*, Paris, Sirey, 1974, p. VII. No mesmo sentido, YVES PICOD, *Le Devoir de Loyauté dans l'Exécution du Contrat*, Paris, Librairie Générale de Droit et de Jurisprudence, 1989.

[16] GERARD FARJAT, *Droit Privé de l'Économie: Théorie des Obligations*, Paris, Presses Universitaires de France, 1975, p. 274-276.

própria duração. Assim, nos contratos de trato sucessivo, a cooperação impõe-se para superar as eventuais dificuldades de execução encontradas pelas partes. Neste sentido, manifesta-se o Prof. JEAN CARBONNIER quando escreve:

> *"Se se considera que há – ou, no mínimo, que deveria haver – um espírito de associação entre as duas partes no contrato sucessivo, não é absurdo sustentar que ambas devem cooperar para superar a crise surgida na execução do contrato. É esta fórmula de colaboração que parece explicar o sistema seguido pelo Direito Administrativo. Ela enseja as seguintes conseqüências práticas particulares: 1) não deve ocorrer imediatamente a revisão autoritária do juiz, devendo-se convidar previamente as partes para que cheguem a um acordo amigável; 2) na falta de uma solução negociada, o juiz deve encontrar uma solução eqüitativa..."*[17]

**23.** Ademais, não há conflito entre o espírito de colaboração, que deve inspirar o contrato administrativo, e a existência das cláusulas exorbitantes que o particularizam e o distinguem dos contratos privados. Conforme observou MARCELLO CAETANO:

> *"... não há contradição, senão aparente, entre a idéia de associação ou colaboração e a de sujeição, visto que também o contraente público se encontra submetido ao interesse público; não existe, por conseguinte, colaboração possível entre as duas partes sem essa comum sujeição".*[18]

**24.** No contrato administrativo, muitas vezes, as partes estão participando de um verdadeiro contrato associativo, que se caracteriza pela flexibilidade, pela organização comum do trabalho e pela possibilidade de, frente a situações econômicas adversas ou imprevisíveis, admitir, necessariamente, soluções negociadas ou renegociadas em relação aos problemas que surgem na execução do acordo inicialmente feito, especialmente tratando-se de contratos de longo prazo.

**25.** A flexibilidade do Direito Administrativo contemporâneo, no setor econômico e, particularmente, nos aspectos referentes às relações negociais mantidas pelo Estado com os particulares, com vistas à exe-

---

[17] JEAN CARBONNIER, *Théorie des Obligations*, Paris, Presses Universitaires de France, 1963, p. 262.
[18] MARCELLO CAETANO, *Manual de Direito Administrativo*, 10ª ed., Coimbra, Almedina, 1980, t. I, p. 589.

cução de obras vinculadas às concessões de serviços públicos, é um dos traços essenciais do Direito Administrativo-Econômico hodierno.

**26.** Assim, conforme observou ANDRE DE LAUBADERE:

> *"On considère très généralement que le Droit Administratif Economique est principalement caractérisé par une souplesse que l'on ne rencontre pas, du moins à ce degré, dans les autres parties du Droit Administratif. On ajoute du reste généralement que ce trait se retrouve dans toutes les branches du Droit Economique: en raison des caractéristiques de son milieu propre, en particulier de la matière à laquelle il s'adresse, le Droit Economique aspire à se mouvoir dans le cadre de notions, de règles, de théories moins rigides, moins catégoriques, moins fixes que les autres Droits".*[19]

**27.** Na realidade, podemos assinalar duas tendências paralelas e complementares. De um lado, flexibiliza-se o Direito Administrativo, nele incluindo-se fórmulas de direito privado com as adaptações necessárias. De outro, delega-se aos particulares a realização de determinados serviços públicos, de acordo com a regulamentação e sob a fiscalização do Estado, multiplicando-se as parcerias.

**28.** Já dizia ROGER HOUIN que, num determinado momento, o Estado não se limitou a expropriar os bens dos particulares mas também passou a utilizar as técnicas de direito privado para desenvolver a atividade administrativa, como foi o caso, por exemplo, das sociedades de economia mista.[20] Esta maior flexibilidade da Administração para alcançar os seus objetivos significa, pois, uma privatização dos métodos de trabalho e da organização de poder público e das entidades administrativas para que possam adquirir maior eficiência. Para tanto, utiliza-se a descentralização sob todas as suas formas, a democratização dos vários procedimentos administrativos, com as audiências públicas que precedem as decisões do Poder Público, e amplia-se o controle da sociedade sobre o próprio Estado, seja pela criação do *ombudsman* e de órgãos análogos, seja com a amplia-

---

[19] ANDRE DE LAUBADERE, *Droit Public Economique,* 10ª ed., Paris, Dalloz, 1976, p. 109.

[20] R. HOUIN, La Gestion des Entreprises Publiques et les Méthodes de Droit Commercial, *in Archives des Philosophie du Droit,* nouvelle série, *La Distinction du Droit Privé et du Droit Public et l'Entreprise Publique,* Paris, Recueil Sirey, 1952, p. 79-80.

ção do controle judiciário e a multiplicação de instrumentos para que possa ser realizado adequadamente.

29. Numerosas são as medidas constitucionais, legais e regulamentares neste sentido. Abrangem desde a Emenda Constitucional n.º 19, que determina que o Estado seja eficiente (nova redação dada ao art. 37, *caput*), até a recente reforma da lei societária, que passou a admitir a falência das sociedades de economia mista ao revogar o art. 242 da Lei n.º 6.404[21]. Com a mesma finalidade, foi elaborada toda a legislação específica das Agências Reguladoras, que gozam de ampla autonomia.

30. Por outro lado, multiplicaram-se as formas de parcerias, com densidade maior ou menor da presença do Estado, quer no caso das concessões, quer em virtude de determinadas privatizações, nas quais se manteve a ação especial do Poder Público também denominada "golden share".

31. Toda essa revolução levou alguns autores a admitirem que, após uma fase de relativa publicização do Direito Privado, estamos agora flexibilizando, privatizando e democratizando o Direito Administrativo, ou ao menos alguns dos seus ramos e, em particular, o Direito Público Econômico e o Direito da Regulação.

32. Há um verdadeiro movimento pendular entre a maior e a menor intervenção do Estado no mercado em decorrência da própria evolução política, econômica e social do mundo. Este movimento pendular tem sido assinalado pela melhor doutrina, tanto no exterior quanto no Brasil. A própria distinção entre o Direito Público e o Direito Privado, que continua sendo importante para fins didáticos e para a boa compreensão dos princípios jurídicos básicos, não tem mais a importância que lhe foi atribuída no passado. Temos situações tangentes entre os dois direitos, sendo semi-públicas e semi-privadas, do mesmo modo que existem atos bifaces, com aspectos de direito comercial e outros de natureza administrativa, como ocorre em relação a diversos negócios jurídicos realizados no campo do direito bancário e nas relações decorrentes da atuação das sociedades de capital aberto.[22]

---

[21] Lei n. 10.303 de 31.10.2001, art. 10.
[22] ARNOLDO WALD, Aspectos Peculiares do Direito Bancário: O Regime Jurídico

**33.** A doutrina brasileira tem reconhecido tanto a recente evolução do Direito Administrativo como a importância crescente do direito das Parcerias Público-privadas, que também tem sido um dos temas desenvolvidos recentemente pela doutrina estrangeira.[23]

**34.** Examinando o programa da reforma administrativa, o Professor CAIO TÁCITO assinala o seu caráter gerencial e afirma:

*"Numerosos são os objetivos explicitados neste programa de Governo. Visando a reconstruir o Estado com o propósito de tornar mais eficientes suas atividades exclusivas, propõe-se igualmente a ampliar a presença de serviços sociais competitivos, transformando-os nas chamadas organizações sociais ...".*

**35.** E acrescenta:

*"Estimula-se a descentralização do aparelho do Estado, com ênfase nos contratos de gestão e a maior cooperação entre Municípios, Estados e a União; mediante consórcios e convênios. Valoriza-se a participação dos usuários na Administração Pública e possibilita-se o acesso da autoridade a informações privilegiadas com o sentido de superar o isolamento burocrático e prover canais de maior circulação em benefício do interesse geral.*

---

dos Atos Bifaces, *Revista de Direito Mercantil, Industrial, Econômico e Financeiro*, São Paulo, n. 48, p. 5-15, out./dez. 1982.

[23] A doutrina francesa tem examinado as parcerias entre as entidades públicas e a iniciativa privada em vários estudos dos quais se destacam os seguintes: PAUL LIGNIERES, *Partenariats Publics-Privés*, Paris, Litec, 2000, 361 p.; ISABELLE CHATRIE e JEAN-MICHEL UHALDEBORDE (Dir.), *Partenariat Public-Privé et Développement Territorial*, Paris, Le Monde, 1995, p. 398; HENRY LESGUILLONS e MARCEL SARMET (Dir.), *Financement Privé d'Ouvrages Publics à l'Horizon 1993, Colloque de Paris des 26 e 27 mars 1990*, Paris, FEC, 1991, 325 p. Também tem sido destacada pela doutrina a importância crescente da chamada "atividade de direito privado" da Administração como se verifica por várias monografias italianas, entre as quais se destacam as seguintes: CARLO MARZUOLI, *Principio de Legalità e Attività di Diritto Privato della Pubblica Aministrazione*, Milano, Dott. A. Giuffrè, 1982; ALESSANDRO CROSETTI, *L'Attività Contrattuale della Pubblica Amnistrazione: aspetti evolutivi*, Torino, G. Giappichelli, 1984; SALVATORE ALBERTO ROMANO, *L'Attività Privata Degli Enti Pubblici: Problemi Generali, la Capacità Giuridica Privata*, Milano, Dott. A. Giuffrè, 1979. Também tivemos a ocasião de escrever a respeito um artigo intitulado "Dos Contratos Privados Firmados pela Administração Pública", *in Digesto Econômico*, São Paulo, n. 364, p. 38-42, jan./fev. 1994, e *in Revista da Procuradoria Geral do Estado de São Paulo*, n. 40, p. 13-22, dez. 1993.

*As empresas públicas e as sociedades de economia mista adquirem maior liberdade operacional, sob o regime de direito privado, apenas obrigadas a observar os princípios programáticos enunciados no capítulo do art. 37, para a Administração descentralizada.*"[24]

**36.** Em outro estudo intitulado "O retorno do pêndulo: serviço público e empresa privada. O exemplo brasileiro", escrito em homenagem ao Professor argentino MIGUEL MARIENHOFF, o Professor CAIO TÁCITO reconhece que:

*"A propriedade privada retoma, de certa forma, sua autonomia, obscurecida pela exacerbação do intervencionismo estatal na economia, mas fica nítida a subordinação de sua atividade aos pressupostos da função social que dela se exige.*

*Em termos contemporâneos, o direito público passa a refletir – e são modelos desta tendência as novas constituições do final de século – duas vertentes específicas: a política de privatização e de desburocratização da máquina estatal fortalece a associação entre a iniciativa privada e o serviço público.*"[25]

**37.** E conclui:

*"A abertura da economia e a relativa retirada da presença do Estado na prestação de serviços econômicos é uma das manifestações desta dança do pêndulo entre extremos em busca do equilíbrio estável da perfeição.*"[26]

**38.** Assim, não só se admitiu que, na palavra do Professor MASSIMO SEVERO GIANNINI, "el derecho privado, expulsado por la puerta, volvia a entrar por la ventana"[27], como se chegou a falar na "fuga (do direito administrativo) para o direito privado"[28], numa verdadeira reversão das situações.

---

[24] CAIO TÁCITO, Reforma Administrativa, *in Carta Mensal*, Rio de Janeiro, jul. 1998, n. 520, p. 5-6.
[25] CAIO TÁCITO, O Retorno do Pêndulo: Serviço Público e Empresa Privada. O Exemplo Brasileiro, *in Revista Forense*, Rio de Janeiro, n. 334, abr./jun. 1996, p. 16.
[26] CAIO TÁCITO, ob. cit., p. 18.
[27] apud CAIO TÁCITO, p. 13.
[28] MARIA JOÃO ESTORNINHO, *Fuga para o Direito Privado*, Coimbra, Almedina, 1996; e da mesma autora *Requiem para o Contrato Administrativo*, Coimbra, Almedina, 1990.

**39.** No fundo, tratando-se de reflexos jurídicos de fatos econômicos e de decorrência da globalização, não se deve concluir nem pela privatização do Direito Público, nem pela publicização do Direito Privado, devendo, ao contrário, ser estabelecido um equilíbrio, uma complementação, um *modus vivendi* entre ambos, com a compatibilização das normas e das finalidades dos dois ramos do Direito, cuja razão de ser é a mesma.

**40.** Mantendo-se, assim, algumas das estruturas tradicionais do Direito Administrativo, em vários campos de sua incidência, em outros deve predominar a flexibilidade com a criação de novos modelos.[29] Assim, o Direito Administrativo-Econômico deve ter um regime específico e um espírito próprio, ensejando as parcerias público/privadas, cuja importância crescente é atestada tanto pelos diplomas legislativos como pelas decisões judiciais e pelos estudos doutrinários.[30-31]

---

[29] Neste sentido escreve ALICE GONZALEZ BORGES que: "O surgimento dessas novas tipologias contratuais, no setor público, expurgados os evidentes exageros e atecnias, não aparece por acaso, antes evidenciando o surgimento de novas necessidades, que as atuais estruturas contratuais já não mais satisfazem. A nosso ver, sinalizam no sentido de estudar-se uma nova dimensão para o modelo brasileiro do contrato administrativo, em nosso ordenamento jurídico, para que, efetivamente, torne-se mais consentâneo com as necessidades de aplicação das novas formas de parceria público-privada, que estão eclodindo por toda a parte". (ALICE GONZALEZ BORGES, O Contrato Administrativo Repensado, in Revista da Academia de Letras Jurídicas da Bahia, Salvador, n. 3, p. 15, jul./dez. 1999).

[30] A respeito das parcerias na Administração brasileira, consulte-se MARIA SYLVIA ZANELLA DI PIETRO, *Parcerias na Administração Pública*, São Paulo, Atlas, 1996; DIOGO DE FIGUEIREDO MOREIRA NETO, O Sistema de Parceria entre os Setores Público e Privado, in *Boletim de Direito Administrativo*, São Paulo, n. 2, p. 75-81, fev. 1997; FÁBIO GIUSTO MOROLLI, A Evolução do Direito Público e a Parceria com a Iniciativa Privada, in *Boletim de Direito Administrativo*, São Paulo, n. 10, p. 636-645, out. 1998; SERGIO DE ANDRÉA FERREIRA, A Parceria no Direito Público da Atualidade, in IVES GANDRA DA SILVA MARTINS (Coord.), *Direito Contemporâneo*, Rio de Janeiro, Forense Universitária, 2001, p. 273-284.

[31] Defendemos o ressurgimento da concessão como forma de parceria desde a década de 1980 em estudo que chegou a ser considerado como constituindo uma "contribuição histórica" (ALICE GONZALEZ BORGES, O Ressurgimento das Concessões de Serviços Públicos e a Eclosão de Novas Formas de Contratos Administrativos in CERDÔNIO QUADROS (Org.), *Nova Dimensão do Direito Administrativo*, São Paulo, NDJ, 1997, p. 10).

C) *As Privatizações e o Direito Administrativo. O Direito de Regulação*

**41.** Não há dúvida que o Direito Administrativo influenciou muito as privatizações, como anteriormente as nacionalizações realizadas após a Segunda Guerra Mundial. Ademais, as privatizações também alteraram em parte o Direito Administrativo, que deixou de ser aplicado, no campo econômico, aos serviços e sociedades estatais e regula os serviços delegados às pessoas de direito privado. Há, no caso, não só uma transformação da função, mas também da metodologia do direito administrativo.

**42.** Efetivamente, o Direito Administrativo não é mais uma matéria esotérica, desde que considera as regras de Direito Privado, especialmente as de Direito Comercial. Por outro lado, a maior parte das privatizações seguiu um processo definido em termos multidisciplinares, associando juristas a economistas e administradores.

**43.** Na preparação e efetivação da privatização, os princípios do Direito Administrativo aplicados garantiram a realização de um processo correto, legal e transparente, considerando todos os candidatos da mesma forma, em quase todos os países, salvo algumas raras exceções. É preciso reconhecer que o Direito Administrativo das Privatizações mudou em relação ao do século XIX, tratando-se de um direito que preconiza a informação mais completa (*full disclosure*), a publicidade dos debates (*public hearing*), a lealdade (*fairness*) do Estado e o diálogo entre as partes. Trata-se, assim, de um Direito diferente do Direito Administrativo autoritário tradicional, esotérico, do comando e da disciplina hierárquica, como já salientado por ANDRE HAURIOU.

**44.** Por outro lado, no mundo inteiro, a preparação das privatizações foi precedida pelas criações ou reestruturações de empresas públicas ou de sociedades de economia mista, através de cisões, aportes de ativos e fusões, que são operações regidas pelo Direito Comercial, especialmente o Direito Societário, que completa, o Direito Administrativo nesta matéria.

**45.** Pode-se dizer que houve uma democratização do Direito Administrativo, que acabou por englobar as técnicas do Direito Societário para atingir o objetivo de privatizar as empresas nas melhores condições possíveis. O interesse geral da Administração, ademais, não foi interpretado da mesma maneira em todos os países. Procura-se, muitas vezes, durante uma privatização, superar as contradições entre a preocupação em fixar o melhor preço para o Estado vendedor e o desejo de instaurar uma concorrência eficaz, ou ainda, de proteger os interesses nacionais através da *"golden share"*, ou meios de defesa contra as ofertas públicas hostis. O legislador, às vezes, por ocasião das privatizações, aspira criar ou desenvolver um mercado de capitais, caracterizado pela existência de numerosos pequenos acionistas e de pulverizar as ações. Finalmente, para certos serviços públicos, pretende-se garantir a realização de importantes investimentos, para manter a continuidade e o desenvolvimento das empresas, a fim de que os usuários se beneficiem das prestações regulares e de boa qualidade. Em outros casos, a preocupação maior é com a modicidade das tarifas.

**46.** Todos esses fatores fizeram da privatização um processo complexo no qual, ao lado do Direito Administrativo e do Societário, o Direito da Concorrência e os princípios constitucionais intervêm para regular, também, as relações econômicas, sociais e políticas.

**47.** Essa experiência modificou, num certo sentido, o Direito Administrativo, que já se encontrava em plena evolução, dando-lhe uma nova definição. Por um lado, a Administração se torna mais responsável, mesmo nos países anglo-saxãos, onde dominava, antigamente, o princípio segundo o qual, *"the King cannot be wrong"* e nos quais prevalece, hoje, o princípio da *accountability,* que corresponde à obrigação de prestar contas, tanto sob o aspecto financeiro quanto o de desempenho. O antigo poder discricionário foi corrigido pela lealdade de conduta que é exigida dos servi-dores públicos e dos administradores privados.

**48.** De outro lado, a Administração renuncia aos seus privilégios e se submete às regras de Direito Civil e Comercial, em matéria de contratos internacionais ou nacionais. Certos autores consideram até que é o momento de se fazer um *requiem* do contrato administrativo[32], embora não seja essa a nossa visão.

---

[32] Maria João Estorninho, *Requiem pelo contrato administrativo*, Coimbra, Livraria Almedina, 1990.

**49.** Na fase posterior à privatização, o Direito Administrativo é substancialmente modificado, em razão do poder normativo de Agências Reguladoras Independentes. Estamos assim, diante de uma matéria nova, que se aproxima do Direito Econômico, clamando por sua autonomia. A doutrina discute, principalmente, a terminologia, mas o Direito da Regulação tem regras próprias aplicadas por um órgão dotado de poderes executivos, quase Legislativo e quase Judiciário, que, em certo sentido, representa melhor a sociedade em geral do que o próprio Estado.

**50.** Não se trata mais da aplicação pura e simples do Direito Administrativo, mas da criação de um novo ramo do Direito sobre a Regulação, que aspira a uma autonomia e cujo estudo foi recentemente desenvolvido pela doutrina francesa, especialmente por MARIE-ANNE FRISON ROCHE[33].

**51.** É um direito muito ligado à Economia, que foi desenvolvido pelos mercados e que exerce uma grande influência sobre estes dois campos. A complexidade e a sofisticação crescentes da sociedade conduziram a uma especialização, dir-se-ia mesmo uma reestruturação do Direito, definindo novos ramos, diminuindo um pouco o rigor e a divisão tradicional entre o Direito Privado e Direito Público, apesar da sua manutenção em razão de seu valor didático.

**52.** O desenvolvimento da economia e dos mercados suscitaram soluções que conduziram ao reexame do Direito que lhes é aplicável. O Direito dos Serviços Públicos Privatizados é, pois, um Direito Administrativo especial, que apresenta várias particularidades e que se aplica de um modo relativamente uniforme a todos os serviços públicos sujeitos à regulação, sejam ou não explorados por pessoas privadas sob a forma de serviços delegados.

**53.** Numa época em que se discute as conseqüências da globalização e do néoeliberalismo, os juristas devem conciliar a eficácia dos mercados e, por outro lado, a Justiça e a eqüidade. Pode-se dizer que, talvez, seja necessário ultrapassar a antiga oposição entre o Estado e o mercado, para definir um novo equilíbrio entre os mercados e o Direito. ALAIN MINC escreveu recentemente que:

---

[33] MARIE-ANNE FRISON ROCHE, *Droit administratif de l'économie*, Grenoble, Presses Universitaires de Grenoble, 1996.

*"O mercado sem o Direito é a selva (...). A regra sem o mercado, é a imobilidade".*[34]

**54.** Quando o Estado não tem mais recursos necessários para ser onipresente e as necessidades sociais são cada vez mais prementes, a parceria se impõe em todas as atividades nas quais o Poder Público não tenha função vinculada à soberania. As diversas formas de parceria permitem desenvolver a captação de recursos privados e o desenvolvimento de novas tecnologias no interesse geral. Mas, para que este sistema funcione é preciso um Direito da Regulação que possa garantir a exploração do serviço no interesse geral.

**55.** Numa nova economia, ou numa economia tradicional alterada pelas mais modernas tecnologias e pelo *new management*, o Direito Administrativo deve abranger as delegações dos serviços públicos, quer dizer dos setores onde o Estado, que, antes, era simultaneamente operador e regulador, passa, agora, a ser simples regulador. Trata-se de um Direito Administrativo transparente e flexível, democrático e participativo, conciliando os interesses do Estado, das empresas e dos usuários. É a condição para poder submeter a economia à ética, o que constitui a missão primordial do Direito.

---

[34] ALAIN MINC, www.capytalisme.fr, Paris, Bernard Grasset, 2000, p. 54 *in fine* e 55.

# O DIREITO ECONÓMICO PORTUGUÊS E A SOMBRA DA CONSTITUIÇÃO ECONÓMICA EUROPEIA

Eduardo Paz Ferreira*

## 1. Considerações Introdutórias

É com o maior prazer que correspondo ao honroso convite do Professor Doutor Diogo Leite de Campos para colaborar no presente livro que representa uma empresa académica do mais alto interesse, susceptível de abrir novos caminhos no diálogo científico luso-brasileiro, para o qual aquele ilustre Professor tanto tem contribuído.

Pede-se-me que aborde o perfil actual do direito económico em Portugal, tarefa, a um tempo, estimulante porque obriga a repensar muitas questões que por vezes passam na voragem dos dias e, a outro, reconfortante, na medida em indicia que os organizadores não alinham no coro fácil daqueles que decretaram a morte do direito económico (notícia pelo menos prematura), mas antes têm a percepção de que estamos em presença de um ramo de direito em plena transformação.

Poucos ramos do direito terão, aliás, num período de tempo tão curto sofrido embates de tal impacto, desde a difícil afirmação da sua autonomia, até à profunda revisão de métodos e objectivos em conformidade com as alterações das concepções económicas dominantes e das políticas económicas postas em causa.

Na perspectiva optimista – e que outra se poderia esperar de um cultor do ramo? – afigura-se que esses embates foram um factor de enriquecimento de um ramo de direito que, de outra forma, poderia ter visto o seu âmbito reduzido a bem poucas e interessantes matérias.

---

* Professor da Faculdade de Direito da Universidade de Lisboa.

Nascido com o intervencionismo estatal, o direito económico foi fortemente marcado por essa génese que lhe determinou uma forte coloração pública e fez com que, muitas vezes, o jurídico se confundisse com o político, afastando muitos estudiosos da sua área e reduzindo alguns textos a vulgatas pouco motivadoras.

A reapreciação do papel do Estado na economia e o avanço para formas de concertação económica e outras de cooperação entre público e privado exigiram uma apreciação bem mais delicada em que a definição e garantia do espaço da liberdade privada e do interesse público constituíram uma área central de reflexão.

Naturalmente que o alargamento do número de situações em que a administração pública actua com recurso ao direito privado veio dificultar a definição de fronteiras entre o direito administrativo e o direito económico, a par com uma tendência desde sempre presente no direito administrativo português para o estudo das empresas públicas a par com os institutos públicos e outras formas tradicionais de administração indirecta.

A introdução na Europa de formas de regulação tradicionalmente alheias à cultura europeia, num quadro de liberalização crescente da economia vieram, também, constituir um excelente pretexto para novas reflexões que alargaram o campo tradicional do direito da economia.

Haverá, ainda, assim que prevenir contra as tentativas de reduzir o direito da economia ao direito da regulação económica, ainda quando se reconheça a crescente importância deste último.

A simultaneidade dos processos de construção da União Europeia e da globalização, por outro lado, vieram excluir quaisquer veleidades de manter um direito económico de raiz nacional, porventura cada vez menos importante e obrigando à procura dos espaços para a afirmação da especificidade do direito económico português.

Nas páginas que se seguem, além de se dar conta dos grandes traços desta evolução, procura-se sintetizar os grandes problemas da actualidade do direito económico.

## 2. O Estudo do direito económico em Portugal

Pode dizer-se, de alguma forma, que se encontram duas raízes distintas na origem dos estudos de direito económico em Portugal.

A primeira relaciona-se com os cultores de direito administrativo que, no início da década de setenta do século passado, se aperceberam que a crescente evolução das formas de intervenção do Estado na economia implicava um estudo autonomizado desta matéria, ainda que procurando mantê-lo sobre a tutela do direito administrativo[1].

A segunda liga-se aos estudos sobre constituição económica encetados em especial por Vital Moreira na Universidade de Coimbra, sob uma forte influência da doutrina alemã[2].

O pendor fortemente intervencionista da versão originária da Constituição Portuguesa de 1976 veio a determinar uma importância decisiva desta segunda perspectiva nos estudos de direito económico que se vão estruturar muito especialmente em torno da questão da Constituição Económica.

Tais estudos serão, por outro lado, acompanhados de um intenso labor da jurisprudência constitucional chamada a pronunciar-se amiúde sobre a adequação da legislação ordinária ao texto da Constituição[3].

A circunstância de entre os membros das instâncias de verificação da constitucionalidade se encontrarem com frequência ilustres cultores do direito da economia como Jorge Miranda ou Vital Moreira favoreceu em muito o diálogo entre as universidades e a Comissão Constitucional, primeiro, e o Tribunal Constitucional depois.

A Faculdade de Direito de Lisboa viria, todavia, a ter um papel decisivo na produção doutrinária sobre direito da economia, passando a integrar no seu plano de estudos, a partir da reforma de 1977, uma cadeira de Direito da Economia, obrigatória para todos os alunos e uma outra de Direito da Economia II, reservada apenas para os alunos que optassem pela menção de ciências jurídico-económicas.

Essa opção curricular da Faculdade de Direito de Lisboa viria a estar na origem da publicação de um conjunto de manuais de docentes da área de jurídico-económicas, tais como os de Sousa Franco, Ferreira de Almeida, Simões Patrício e Guilherme d'Oliveira Martins, entre outros, e daria até origem a um saudável diálogo interdisciplinar com um professor

---

[1] O estudo percursor é de Augusto de Ataíde, *Elementos para um Curso de Direito Administrativo da Economia*, Cadernos de Ciência e Técnica Fiscal, n.º 100, Lisboa, 1970.

[2] *Economia e Constituição*, Coimbra, 1974.

[3] Para uma síntese de alguns aspectos dessa jurisprudência, vd. Sérgio do Cabo, "A Delimitação de Sectores na Jurisprudência da Comissão e do Tribunal Constitucional", *Revista da Faculdade de Direito da Universidade de Lisboa*, vol XXXIV (1993), págs. 239 e segs..

da área de jurídicas – Menezes Cordeiro – autor, também ele de Lições sobre a matéria[4].

Se a opção feita na Faculdade de Direito de Lisboa determinou a assinalada proliferação de textos de características didácticas, ela foi igualmente responsável por um conjunto significativo de dissertações de mestrado.

Não se pense, no entanto, que a disciplina não foi cultivada noutras escolas. Em Coimbra, Mota Pinto regeu um seminário de mestrado sobre o tema que esteve na origem de um importante texto da sua autoria[5] e motivou Luís Cabral Moncada para prosseguir estudos nessa senda[6]. Mais recentemente, Vital Moreira deu um especial impulso aos estudos sobre regulação económica, criando o CEDIPRE – Centro de Estudos de Direito Público e Regulação.

Por outro lado, na Faculdade de Direito da Universidade Católica, Jorge Miranda, infelizmente, apenas sob forma policopiada elaboraria importantes lições de Direito Público da Economia[7], enquanto que Manuel Afonso Vaz publicaria lições que tiveram já diversas edições[8].

Sem qualquer preocupação de ser exaustivo, registe-se, ainda, que das faculdades de economia, chegaram igualmente contribuições para o tema com relevo para o livro de Maria Eduarda Gonçalves, Maria Manuel Leitão Marques e António Carlos Santos[9].

## 3. A Constituição Económica de 1976

Ficou já assinalado o forte pendor intervencionista da Constituição de 1976 que procurou romper com a organização económica existente (de resto, já de características fortemente intervencionistas), assumindo um projecto ambicioso de transformação das relações económicas e sociais, abrindo caminho para uma sociedade socialista, ainda que com respeito pelo princípio democrático[10].

---

[4] *Direito da Economia*, 3ª reimpressão, Lisboa, AAFDL, 1994.
[5] *Direito Económico Português. Desenvolvimentos Recentes*, separata do *Boletim da Faculdade de Direito*, vol. LVII (1981.
[6] Vd., *Direito Económico*, 3ª edição, Coimbra Editora, 2000.
[7] Lisboa, 1983
[8] *Direito Económico*, Coimbra Editora, 4ª edição, 1998.
[9] *Direito Económico*, 4ª edição, Almedina, Coimbra, 2001
[10] Recorde-se que o artigo 2.º, da versão originária da Constituição, dispunha:

A Constituição fora, aliás, antecedida da promulgação de vasta legislação económica oriunda dos governos provisórios e que ajudara a criar um corte com a organização económica corporativa, criada à sombra da Constituição de 1933[11].

A legislação que se segue à Constituição de 1976 é, de alguma forma, marcada por um duplo objectivo, por vezes contraditório ou de difícil harmonização: trata-se, por um lado, de desfazer a organização corporativa, concedendo novos espaços de liberdade à iniciativa económica e à livre associação e de subordinar, por outro, essa mesma actividade económica a um projecto de transição para o socialismo.

Qualquer observador imparcial não poderá, no entanto, deixar de reconhecer que o segundo objectivo raras vezes esteve presente do espirito do legislador ordinário que, antes, procurou, por regra, minimizar os aspectos mais rígidos da Constituição de 1976, aproximando-a do que era já, então, a sensibilidade maioritária na sociedade portuguesa e antecipando, em muitos aspectos, as futuras revisões constitucionais.

Essa difícil conjugação entre o texto constitucional e a legislação ordinária deu, aliás, origem a algumas das mais interessantes reflexões do direito económico português dessa época, muito condicionado pelo estudo da Constituição Económica, alvo de ponderações muito diversas, largamente determinadas pelo peso atribuído às declarações proclamatórias da Constituição no seu relacionamento com as soluções concretas muitas vezes de sentido diverso.

A posição sustentada pela maioria dos autores (Sousa Franco[12], Jorge Miranda[13], Mota Pinto[14], Carlos Ferreira de Almeida[15], Menezes Cordeiro[16] e Guilherme Oliveira Martins[17]) vai no sentido de que se trata

---

"A República Portuguesa é um estado democrático baseado na soberania popular, no respeito e na garantia dos direitos e liberdades fundamentais e no pluralismo de expressão e organização política democráticas, que tem por objectivo assegurar a transição para o socialismo mediante a criação de condições para o exercício democrático do poder pelas classes trabalhadoras".

[11] Vd. Sousa Franco – Guilherme Oliveira Martins, *A Constituição Económica Portuguesa. Ensaio Interpretativo*, Almedina, 1993, págs. 137 e segs..

[12] "Sistema Financeiro e Constituição Financeira no Texto Constitucional de 1976", in *Estudos sobre a Constituição*, vol. III, págs. 487 e segs..

[13] *Direito da Economia*, cit., págs. 154 e segs..

[14] "Direito Económico Português. Desenvolvimentos Recentes", cit..

[15] *Direito Económico*, Parte II, cit., págs. 715 e segs..

[16] *Direito da Economia*, cit., págs. 187 e segs..

[17] *Constituição Económica*, 1.º volume, AAFDL, Lisboa, 1983-84.

de uma Constituição em que existe um compromisso entre o princípio democrático e o princípio socialista, embora com prevalência do primeiro.

Para os autores que defendem essa posição apresenta-se como especialmente significativa a circunstância de ser a livre escolha dos eleitores e as opões que vierem a ser concretizadas pelo Governo e pela Assembleia, a determinarem, em cada momento, qual o sentido da legislação e da evolução da economia portuguesa.

Naturalmente que dentro dessa corrente, que acentua a prevalência do princípio democrático, podem reconhecer-se diferentes sensibilidades, que não é aqui possível seguir em pormenor.

Um segundo grupo de autores, de entre os quais se destacam Gomes Canotilho e Vital Moreira[18], Marcelo Rebelo de Sousa[19], e Avelãs Nunes[20], consideram, pelo contrário, que o princípio socialista, dominante na Constituição, na medida em que o legislador não pode executar uma política económica diferente daquela que é imposta pelas normas constitucionais. A Constituição permite uma liberdade de escolha de meios ao legislador, mas nunca uma liberdade de objectivos, uma vez que estes estão definidos no próprio texto constitucional.

Dentro deste grupo de autores, deverá, todavia, salientar-se a posição de Marcelo Rebelo de Sousa que, embora entendendo que do texto constitucional resulta, claramente, a predominância do princípio socialista sobre o princípio democrático, chama a atenção para o facto de a prática constitucional ter ido em sentido inverso, atenuando a predominância do princípio socialista.

Um terceiro grupo de autores ocupou-se da caracterização da constituição económica sobretudo no sentido da análise da sua compatibilidade com a integração comunitária. É o caso de Braga de Macedo[21] e de Paulo Pitta e Cunha[22].

---

[18] *Constituição da República Portuguesa Anotada*, 1.ª edição, Coimbra Editora, 1978.

[19] "A Adesão de Portugal à CEE e a Constituição de 1976", in *Estudos...*, cit., vol. III, págs. 457 e segs..

[20] "A Garantia das Nacionalizações e a Delimitação dos Sectores Público e Privado no Contexto da Constituição Económica Portuguesa", in *Semana Jurídica Portuguesa*, Santiago de Compostela, 1986.

[21] "A Ilógica do Sistema Constitucional Português" in *Estudos do XX Aniversário do Centro de Estudos Fiscais*, I.º volume, Lisboa, 1983, págs. 213 e segs..

[22] "A Regulação Constitucional da Organização Económica e a Adesão à CEE", in *Estudos...*, cit., pág. 441.

Essencial para a análise de Braga de Macedo é a defesa de que existe uma evidente falta de coerência do texto constitucional económico, enquanto Paulo Pitta e Cunha destaca o contraste existente entre as constituições económicas dos Estados-membros da Comunidade Económica Europeia e o sistema constitucional portuguesa, para acentuar aquilo que considerava ser a incompatibilidade do texto constitucional de 1976 com a adesão de Portugal à C.E.E..

Por último, importa referir um grupo de autores como Marcello Caetano[23] e Soares Martinez[24], para os quais a Constituição de 1976, é um texto de índole marxista pura, totalmente fechado, do qual é suprimido o princípio democrático.

Consideram os autores que defendem esta posição que o artigo 2.º é expresso na afirmação de que se trata de uma sociedade onde se visa dar o poder às classes trabalhadoras. Estaria, assim, identificado o princípio da ditadura do proletariado com a consequente afirmação de uma Constituição marxista[25].

Impõem-se, a este respeito, algumas considerações.

De facto, encontramos na Constituição muitas proclamações que se inspiram no marxismo, a par de outras de inspiração diferente – da social democracia à doutrina social da igreja. Não podemos, porém, ignorar as garantias dos direitos e liberdades individuais que dela igualmente constam.

De resto, mesmo em matéria de organização económica, a aceitação do direito de propriedade, concebido embora com os limites já referidos, ou do direito de iniciativa económica privada levam a afastar a possibilidade de qualificar a Constituição como marxista.

Quaisquer destes direitos, por muitas que sejam as limitações introduzidas pelo texto constitucional de 1976, são incompatíveis com as Constituições marxistas existentes até algum tempo nos países do leste europeu.

Não deixa de ser curioso assinalar que os autores mais influenciados pelo marxismo nunca foram tentados pela consideração da Constituição de 1976 como uma constituição marxista.

Esta temática perdeu, entretanto, fora com as revisões constitucionais, orientadas para o reforço, cada vez maior, da componente democrática em detrimento do princípio socialista.

---

[23] *Constituições Portuguesas*, cit..
[24] *Comentários à Constituição de 1976*, Verbo, Lisboa, 1978.
[25] Sobretudo Marcello Caetano, enquanto que para Soares Martinez parece ser particularmente impressionante o artigo 80.º.

## 4. A evolução das concepções de direito económico em Portugal

A consulta dos primeiros manuais de direito da economia publicados em Portugal confirma a ideia de que o direito económico é concebido, num primeiro momento, como um direito de intervenção económica do Estado, sendo especialmente privilegiadas áreas como a das nacionalizações, das empresas públicas ou da reforma agrária.

Estamos, então, no domínio daquilo que constitui essencialmente o **direito público económico** que, com Laubadère[26], podemos definir como o "direito aplicável às intervenções das pessoas públicas na economia e aos órgãos dessa intervenção".

A redução do direito da economia ao campo do direito público é de resto, uma ideia que tem tradição em Portugal [27] e que se pode, de alguma forma, considerar coerente com o desenvolvimento do Estado intervencionista ou de bem estar social, que não hesitou em intrometer-se em toda uma série de áreas tradicionalmente reservadas para o direito privado, operando aquilo que já foi designado por **publicização do direito privado**[28].

A génese do direito da economia em Portugal leva-o a afastar-se muito das concepções privatistas, que o considerariam essencialmente como uma espécie de extensão do direito comercial, partindo da noção nuclear de empresa para a sua caracterização[29].

---

[26] *Direito Público Económico*, tradução portuguesa, Almedina, 1985, pág. 28. No mesmo sentido, Jacquemin e Schrans, Le Droit Economique, Paris, 1974, pág. 53, definem o direito económico como "o conjunto das regras jurídicas permitindo ao Estado agir directamente sobre a economia" e Robert Savy, *Direito Económico*, tradução portuguesa, refere uma concepção restritiva que faria do direito económico o direito de intervenção do Estado na vida económica.

[27] Vd., Augusto de Ataide, Elementos para um Curso de Direito Administrativo da Economia, cit..

[28] Ideia especialmente difundida na doutrina francesa, por autores como Savatier, *Du Droit Civil au Droit Public. Les Personnes, les Biens et la Responsabilité* Paris 1950, Ripert, *Le Déclin du Droit. Études sur la Législation Contemporaine*, Paris, 1949 ou Mazeaud, " Défense du Droit Privé", Chronique Dalloz, 1946.

[29] A ligação entre direito da economia e empresa parece ter a sua origem em sectores da doutrina austríaca, tendo ganho rapidamente seguidores em Itália, como Mossa," Problemi Fondamentali del Diritto Comerciale" in *L' Impresa nell'Ordine Corporativa*, Florença, 1935, e viria a estar, mais tarde, na origem do tratamento conjunto de direito comercial e direito económico, patente por exemplo no *Trattato di Diritto Comerciale e di Diritto Pubblico dell'Economia*, dirigido por Francesco Galgano, Padova, 1979. Entre nós a ideia aflora em Orlando Carvalho, *Critério e Estrutura do Estabelecimento Comercial*, Coimbra, 1967.

Também não tiveram especial eco entre nós concepções como a de Didier Truchet[30] que, criticando a definição do direito da economia baseada na empresa, que considera demasiado limitada, veio propor a sua substituição pela noção de agente económico ou de unidade económica.

A intervenção do Estado em áreas que lhe não eram familiares teve também, a consequência, de há muito assinalada[31], de este se ver forçado a recorrer a instrumentos que não eram normais na sua actividade, assistindo-se, então, a um fenómeno de *privatização do direito público*[32].

Mais importante é, contudo, verificar que se o Estado Social de Direito deu origem ao crescimento por vezes desmedido dos mecanismos de intervenção pública, dentro de uma concepção de base que Baptista Machado[33] bem traduziu, ao falar na tentação do Estado para obrigar à felicidade.

Ora, ainda antes de se assistir ao questionamento global dos modelos do Estado Providência, verificou-se que a intensidade da intervenção pública levou os mais lúcidos analistas a reporem com acuidade a questão dos limites da autonomia privada ou das garantias dos particulares contra a invasão da sua esfera de actuação.

O desencanto com a intervenção pública, que se vai sentir especialmente a partir dos finais dos anos 70, levará a que o Estado tenda a comprimir a sua intervenção directa, refugiando-se, de novo e predominantemente, na definição dos quadros gerais em que se vai desenvolver a actividade económica.

Há no entanto, uma grande distância entre essa situação e as formulações originais do direito do liberalismo económico, em que o Estado se reduzia praticamente a garantir que os resultados do livre jogo da autonomia privada seriam respeitados. Pelo contrário, agora, é o Estado que vai fixar os quadros em que essa autonomia se pode exercer, não se inibindo de intervir vigorosamente para garantir o respeito por esses mesmos quadros.

---

[30] Réflexions sur le Droit Économique Public en Droit Français", *Revue du Droit Public*, 1980, n.§ 4, págs. 1009 e segs..

[31] Ver, por exemplo, Rogério Ehrhardt Soares, *Interesse Público Legalidade e Mérito*, Coimbra, 1955.

[32] M.S. Giannini, "Sull'Azione dei Publici Poteri nel Campo dell'Economia", *Rivista di Diritto Comerciale*, 1959, pág. 317. Para uma versão sintética desta problemática, cfr. Eduardo Paz Ferreira, *Da Divida Pública e das Garantias dos Credores do Estado*, Coimbra, 1995, págs. 325 e segs..

[33] *Participação e Descentralização e Democratização e Neutralidade na Constituição de 1976*, Almedina, Coimbra, 1982, pág. 58.

Deverá, todavia, alertar-se para a tentação que poderia consistir em contrapor acriticamente mercado e regulação jurídica.

Como vem, de resto, sendo crescentemente assinalado, o mercado não, uma simples realidade económica – um mero ponto de encontro entre compradores e vendedores – mas incorpora desde logo toda uma série de regras jurídicas, apenas se podendo discutir se tais regras são necessariamente de origem estadual ou podem corresponder a formas de auto-regulação[34].

Não se poderá, de resto, ignorar que mesmo nos espaços económicos dominados por concepções de raiz acentuadamente liberal, como ocorre com a Comunidade Europeia, se assiste a uma ampla produção legislativa destinada a assegurar o cumprimento de um conjunto de princípios ordenadores da economia, não se hesitando mesmo em atribuir um poder sancionatório aos órgãos comunitários[35].

Ganha, então, maior clareza a concepção do direito da economia como o "sistema resultante da ordenação de normas e princípios jurídicos, em função da organização e direcção da economia" – Menezes Cordeiro[36] ou como o "ramo normativo do direito que disciplina, segundo princípios específicos e autónomos, a organizarão e a actividade económica" – Sousa Franco[37].

É, igualmente, dentro desta concepção que nos colocamos, vendo no direito da economia um conjunto de normas jurídicas ao serviço de uma mesma finalidade de organizativa da actividade económica.

Trata-se, assim, de um sistema de normas que são instrumentais de objectivos claramente definidos e que ultrapassam a tradicional dicotomia direito público/direito privado.

Se é certo que a própria novidade do direito económico contribui para a indeterminação de conceitos, parecem, de facto, ser de recusar outras concepções de direito económico, cuja sistematização e crítica se encontra pertinentemente feita por Menezes Cordeiro[38].

---

[34] Vd., a este propósito, o interessante estudo de Natalino Irti, *L'Ordine Giuridico del Mercato*, Laterza, Roma-Bari, 1998 e a subsequente discussão em *Il Dibattito sull' Ordine Giuridica del Mercato*, Laterza, 1999.

[35] Ver Loren Van Themaat, " Les Rapports entre Les Grandes Principes de 1789 (Leur Évolution dans le Temps et dans l'Espace)", in *Liberté, et Droit Économique*, organizado por Farjat e Remiche, Bruxelles, 1992, pág. 207, considera alias, que a Comunidade Europeia era naquele momento um perfeito laboratório.

[36] *Direito da Economia*, cit., pág. 8.

[37] "Direito Económico/Direito da Economia", cit..

[38] *Direito da Economia*; cit., págs. 10 e segs..

Já bastante mais meritórias aparecem as concepções daqueles autores que, como António Carlos Santos, Maria Eduarda Gonçalves e Maria Manuel Leitão Marques, sem se afastarem do núcleo essencial da definição dada por Sousa Franco ou Menezes Cordeiro, procuram incorporar na própria definição os resultados da evolução para uma sociedade em que o Estado não tem o exclusivo da disciplina da actividade económica.

O direito da economia teria, então, como objecto "o estudo da ordenação (ou regulação) jurídica específica da organização e direcção da actividade económica pelos poderes públicos e (ou) pelos poderes privados, quando dotados de capacidade de editar ou contribuir para a edição de regras com carácter geral, vinculativas dos agentes económicos"[39].

A definição destes autores vem, no fundo, de encontro a uma ideia já antiga de Champaud[40], para quem o direito da economia era uma ordem jurídica que respondia às necessidades de uma civilização ainda em vias de transformação, o que lhe permitia definir o direito económico, como sendo "o direito de organização e do desenvolvimento económico, quer estes resultassem do Estado, quer da iniciativa privada ou da concertação de um e outro".

Estas concepções alargadas de direito económico são tributárias de uma reflexão muito mais ampla sobre as fontes de direito e aquilo que Gomes Canotilho designa pelo "desafio da regulática", proveniente do desaparecimento do monopólio estatal da produção jurídica, confrontado com fenómenos de desconcentração e descentralização, de internacionalização e supranacionalização, de emergência de um "direito dos juízes" e de uma normação privada[41].

Trata-se, no fundo, de construções que tentam fazer face a algumas das mais importantes reservas que se têm colocado nos últimos tempos quanto à existência de um excesso de leis – a juridicização ou juridificação[42] ou até da "colonização do mundo da vida" pelo direito[43].

---

[39] *Direito Económico*, 3ª edição, Almedina, Coimbra, 1998, págs. 17-18.

[40] "Contribution à la Definition du Droit Economique", *Recueil Dalloz*, Chronique, 1967, pág. 215.

[41] *Direito Constitucional.*, cit., págs. 614 e segs..

[42] Ver, a este propósito, as importantes contribuições de Habermas, "Tendências da Juridicização", *Sociologia*, n.º 2, 1987, págs. 185 e segs. e Teubner "Juridificação – Noções, Características, Limites, Soluções", *Revista de Direito e Economia*, ano XIV (1988), págs. 17 e segs. Para um maior desenvolvimento da posição de Teubner, cfr. *O Direito como Sistema Autopoiético*, tradução portuguesa, Gulbenkian, Lisboa, 1989.

[43] Tese desenvolvida por Habermas. Vd., por exemplo *Law as a Medium and Law as Institution*, 1985, págs. 203 e segs..

Pode, então, admitir-se que o problema central que se coloca hoje ao direito é o de substituir a intervenção regulatória directa por formas mais abstractas e indirectas de regulação social, que permitam um controlo juridico-politico da auto-regulação social, o que seguramente, é especialmente verdadeiro em relação ao direito da economia.

Não faltam, no entanto, importantes estudiosos de direito da economia, como Manuel Afonso Vaz, que continuam a insistir na importância fulcral da intervenção do Estado para garantia do interesse geral, definindo o direito económico como "a ordenação jurídica das relações entre entes públicos e entre estes e os sujeitos privados na perspectiva da intervenção do Estado na vida económica, em ordem a prosseguir o interesse geral"[44].

A concepção por último referenciada filia-se, ainda, no pensamento de Mota Pinto que, escrevendo no início da década de 80, considerava apropriada ao nosso tempo histórico "porque dotada de universalidade e operacional, uma noção de direito económico que o veja como a ordenação jurídica das relações entre entes públicos e entre estes e os sujeitos privados na perspectiva da intervenção do Estado na economia"[45].

Estamos, em qualquer caso, em presença de concepções que atribuem um papel central ao Estado na organização e directa da actividade económica e que, nesse sentido, se podem considerar tributárias da tradição cultural e social europeia, que viria a ter a sua expressão política nos Estados Sociais de Direito.

O entusiasmo em torno da política de intervenção do Estado e da planificação da economia levou, alguns autores, como Farjat, a considerar o direito económico como "a antítese do modelo jurídico liberal"[46].

O mesmo autor viria, mais tarde, a alterar significativamente essa posição, admitindo que se assiste a uma nítida recomposição do direito económico como resposta às pressões da economia, passando o direito económico a poder ser definido como um direito de organização da economia em cujo cerne se encontra o direito da concorrência[47].

---

[44] *Direito Económico. A Ordem Económica Portuguesa*, 4ª edição, Coimbra Editora, 1998, pág. 30.

[45] Direito Económico Português. Desenvolvimentos Recentes, cit. Note-se, no entanto, que Mota Pinto advertia, logo, para que a definição era feita "sem olvidar que a delimitação e caracterização do direito económico comporta sempre algo de convencional e pragmático, de molde a fornecer um conceito que sirva a prática".

[46] *Droit Économique*, 2ª edição, Paris, 1982, pág. 701.

[47] "La Notion de Droit Économique", *Archives de Philosophie du Droit*, tomo 37 (1992), págs. 54 e segs..

A concepção do direito económico como um direito de intervencionismo estatal viria, de facto, a ser alvo de criticas muito vivas de autores que, embora aceitem a existência de um direito económico autónomo, insistem na sua íntima ligação com a liberdade de empresa[48] ou consideram que, ao seguir-se esta via de definição, se estaria a condicionar e reduzir o direito económico[49].

Essencial para essas concepções, é a contraposição entre as ordens jurídicas espontâneas e amadurecidas pelas sociedades e as ordens jurídicas ditadas pelos Estados por forma unilateral

De um lado surgiria, então, um direito resultante da própria auto--regulamentação da sociedade e, do outro, um direito produzido pelo Estado e que, a expressão da vontade tutelar desse mesmo Estado em relação à sociedade civil. De um lado, estaria um direito flexível e inovador, enquanto que, do outro, surgiria um direito rigido, limitador da evolução das sociedades.

A consequência lógica de tal orientação foi a defesa de um movimento de desregulamentação, que levaria o Estado a reduzir sensivelmente o seu papel ordenador, dentro de um objectivo geral de conseguir menos Estado, movimento que integrava, também, como elemento essencial, o desenvolvimento de um processo de privatizações.

Estas concepções, ainda que intelectualmente sedutoras, partem, no fundo, da reabilitação da velha ideia liberal de que do somatório das satisfações individuais surgirá o bem estar geral, bem como da contestação da possibilidade de determinação de um interesse geral e, ainda mais, da possibilidade de o Estado interpretar esse mesmo interesse.

Poderá, em qualquer caso, dizer-se que o movimento de desregulamentação deixou de ser a moda dominante e que se recupera a necessidade de uma organização de uma ordem jurídica da economia[50], a que, de resto, a própria sociedade anglo-saxónica não seria imune, como se pode verificar pelo desenvolvimento da *equity*, que Farjat não deixa de aproximar, na sua génese, do direito económico[51].

---

[48] Berthold Goldman, "La Liberté du Commerce dans les Pays Developpées", in *Liberté et Droit Économique*, cit., págs. 87 e segs..

[49] Laurent Cohen-Tanugi, *Le Droit sans l'Etat. Sur la Démocracie en France et en Amerique*, Paris, 1985, pág. 41.

[50] Alain Minc, *L'Argent Fou*, Paris, 1990, pág. 225, defende um papel central para o direito económico.

[51] "La Notion de Droit Économique", cit..

As variações no sentido do direito económico levaram já P. Ver Loren Van Themaat[52] a colocar a hipótese da existência de ciclos de direito económico.

De alguma forma, a mutação do direito económico, explicável pela existência de três modelos diferentes que são explicitados por Farjat[53].

*a*) o direito económico ligado ao intervencionismo público, que conheceria uma relativa crise no nossos dias, embora continuando a subsistir e estando até intimamente ligado à emergência de um direito internacional económico de natureza pública.

*b*) O direito económico que se fica a dever à iniciativa privada e que estaria essencialmente ligado à formação de grupos e às regras de cooperação que lhes presidem.

*c*) O direito criado pela colaboração entre entidades públicas e privadas, resultante das modernas formas de concertação económica e social.

A revisão dos conceitos fundamentais do direito económico ocorre, em qualquer caso, num contexto mais vasto, em que, todo o relacionamento entre o direito e a economia que volta a estar em questão e a motivar importantes aproximações pluridisciplinares.

Para esse alargamento do campo de reflexão contribuem diversos factores que vão desde a crise mais ou menos aberta do paradigma do Estado-Providência e da verificação da proeminência da esfera económica nas sociedades modernas até ao fenómeno de mundialização das trocas económicas, que vai pôr severamente em crise um ordenamento jurídico nacional excessivamente rígido e limitado para responder a uma actividade económica de base essencialmente pluri-nacional.

Entre as novas perspectivas de reflexão sobre as relações entre o direito e a economia não podem deixar de se salientar como especialmente significativas, as que se desenvolvem na sequência dos trabalhos de Teubner, e Habermas[54] e que já foram objecto de uma rápida referência e as que se agrupam em torno da ideia de análise económica do direito ("law and economics").

---

[52] " Les Rapports..." cit., págs. 195 e segs..
[53] " La Notion...", cit, págs. 33 e segs..
[54] Sem esquecer, também, os trabalhos de Niklas Luhmann. Vd., para uma versão sintética, "Le Droit comme Systéme Social", in *Niklas Luhmann Observateur du Droit*, organizado por André-Jean Arnaud e Pierre Guibentif, L.G.D.J., Paris, 1993, págs. 55 e segs. Ver, ainda, sobre o conjunto da obra de Luhmann, a introdução de Pierre Guibentif no mesmo volume

Naturalmente que seria impossível seguir aqui em profundidade os aspectos fundamentais dessas correntes de pensamento, que integram, aliás, sensibilidades muito variadas, mas que, de alguma forma, encontram como ponto comum o reconhecimento do papel predominante do sistema económico nas nossas sociedades e a subalternização do sistema jurídico.

É designadamente, essa a posição da escola da análise económica do direito, "law and economics", nascida no mundo anglo-saxónico e que procura observar todas as regras jurídicas sob o prisma económico, aparecendo a ordem jurídica como um sub-sistema incluído no mecanismo mais amplo da regulação económica e sem qualquer autonomia em relação a esta[55].

A ordem jurídica aparece, então, como uma mera tentativa de conseguir o grau mais elevado de eficiência económica, único valor que está realmente em causa e que pode, nas versões mais radicais desta escola – que nunca terá sido unitária e entretanto se pulverizou – levar a pôr totalmente em causa a disciplina contratual e os pressupostos da responsabilidade civil.

Por muito interessantes que se apresentem essas posições e sem negar a utilidade do recurso à análise económica do direito como ciência auxiliar, continuamos a sustentar a autonomia das normas jurídicas e a função conformadora que o direito exerce em relação à actividade económica.

Trata-se de uma concepção de base tributária das posições ético--jurídicas, assentes na convicção de que o direito não serve só para regular o funcionamento espontâneo da economia, mas também para colocar esse funcionamento ao serviço de valores fundamentais da vida em sociedade[56].

---

[55] Entre as obras fundamentais de referência, registe-se, em ligaçãoà escola de Chicago, a de Richard Posner, *Economic Analysis of Law*, 1973, e, na escola de Yale, a de Guido Calbresi, *The Cost of Accidents. A Legal and Economic Analysis*. Na Europa, a escola teria uma especial aceitação em Itália, chamando a atenção de numerosos estudiosos. Uma importante colectânea dos principais textos foi organizada por G. Alpa, F. Pulitini, F. Romani e S. Rodotà, *Analisi Economica del Diritto*, Giuffrè, Milano, 1983. Em Portugal, cfr. o estudo percursor de Sinde Monteiro, "Análise Económica do Direito", *Boletim da Faculdade de Direito da Universidade de Coimbra*, vol. LVII (1981) e, o número especial da revista *Sub Judice*, n.º 2, 1992, com destaque para o artigo de Sousa Franco, "Análise Económica do Direito e da Justiça". Exercício Intelectual ou Fonte de Ensinamentos ?".

[56] Uma boa síntese das diferentes formas de conceber o relacionamento entre o direito e a economia pode ser vista no conjunto de estudos organizados por Natalino Irti, *Diritto ed Economia. Problemi e Orientamenti Teorici*, CEDAM, Padova, 1999.

## 5. A nova perspectiva sobre o direito económico e a evolução da Constituição Económica

A nova orientação dos estudos de direito económico em Portugal ficou, em larga medida, a dever-se à revisão geral das concepções sobre o relacionamento entre o Estado e a economia, mas também não se pode esquecer que a mesma foi tributária da profunda evolução que se verificou na Constituição Económica Portuguesa.

É sabido como a Constituição Portuguesa tem sido objecto de um processo de profunda e continuada revisão que, no domínio económico, foi especialmente nítida em 1989, quando o processo de revisão afastou do texto constitucional um conjunto de disposições especialmente rígidas.

Como é sabido, um aspecto emblemático dessa revisão foi a supressão do princípio da irreversibilidade das nacionalizações, anteriormente constante do artigo 85.º, n.º 1, o que veio abrir caminho para um extenso programa de privatizações.

Pela minha parte, creio que a revisão representou um corte profundo, mas que ela se caracterizou, sobretudo, por pôr termo ao compromisso dilatório estabelecido no texto originário, apagando quaisquer vestígios de criação de um sistema económico original e, por isso mesmo, no volume evocativo dos vinte anos da Constituição de 1976, coordenado por Jorge Miranda, escrevi um artigo intitulado, "A Constituição Económica de 1976: "Que Reste-t-il de Nos Amours?"".

Se é certo que a revisão constitucional de 1989 foi fortemente influenciada pela adesão às Comunidades Europeias ocorrida em 1986, não se pode ignorar que nos anos subsequentes a legislação económica portuguesa iria ser profundamente marcada pela legislação comunitária, sendo, hoje em dia, em muitos sectores fundamentais praticamente o resultado da transposição de directivas comunitárias.

A isso acresceu que se foi desenvolvendo, entretanto, aquilo que se pode designar por uma verdadeira constituição económica europeia que, como sustentou – num artigo percursor, datado de 1977, Constantinesco estava já implícita nos objectivos e fins tratados no Tratado de Roma e dos meios aí previstos[57].

O aspecto central de tal constituição económica corresponde à consagração das liberdades de circulação de mercadorias, pessoas, serviços e

---

[57] "La Constitution Économique de la C.E.E.", *Revue Trimestrielle de Droit Européen*, ano 13 (1977), n.º 2, págs. 244 e segs..

capitais, que se afigura susceptível de acarretar consequências significativas.

Também a disciplina da concorrência, constante dos actuais artigos 81.° e seguintes, assim como a limitação dos auxílios do Estado (artigo 87.°) constituem aspectos fundamentais dessa ordem económica comunitária que não pode aqui ser desenvolvida.

Deverá, todavia, reconhecer-se que o Tratado de Roma[58] só por si era insusceptível de poder ser considerado como uma Constituição Económica, dada a escassez de meios e que tal constituição só veio a surgir pela acção da jurisprudência comunitária que veio ultrapassar a incapacidade política de desenvolver o processo de integração.

Em certo sentido, poderá reconhecer-se, com Franco Romani[59], que essa constituição europeia se foi afirmando por via evolutiva e não como cumprimento de um programa expresso em tal sentido.

É, por outro lado, inequívoco que, enquanto os políticos não chegavam a acordo sobre a evolução da Comunidade, os juízes do Tribunal de Justiça foram construindo um ordenamento jurídico com uma nítida influência federalista[60] e em que os aspectos essenciais são os seguintes:

*a*) a afirmação da doutrina da eficácia directa introduzida em 1963, que proclama que o direito comunitário confere direitos que podem ser feitos valer perante a própria jurisdição nacional;

*b*) a afirmação do primado das normas comunitárias mesmo se as normas nacionais são posteriores ou de natureza constitucional;

*c*) a integração num sistema judiciário único das jurisdições nacional e comunitária.

A acção da jurisprudência comunitária foi, assim, decisiva na criação de uma situação em que a partir de um conjunto de proclamações se vão criar limites efectivos para os Estados, confrontados com a necessidade de se absterem de qualquer acção que possa pôr em causa os valores tutelados comunitariamente.

---

[58] Sobre esta matéria, vd. Wolf Sauter, "The Economic Constitution of the European Union", *Columbia Journal of European Law*, vol. 4, 1998, págs. 27 e segs..

[59] "La Costituzione Fiscale Europea", comunicação ao Congresso sobre "La Costituzione Fiscale" realizado em Roma a 11 de Junho de 1994, agora in *La Società Leggera. Liberalismo, Mercato, Istituzioni*, Marsilio, Venezia, 1995, págs. 161 e segs..

[60] Sobre a actuação do Tribunal de Justiça da Comunidade nesse processo de constitucionalização, vd. Miguel Poiares Maduro, *We, The Court. The European Court of Justice and the European Economic Constitution*, Hart Publishing, 1998.

Cedem, deste modo, perante a ordem jurídica comunitária muitas das previsões das constituições dos Estados-membros e, em especial, daquelas que envolvem opções intervencionistas desses mesmos Estados[61].

Esta situação viria, aliás, a permitir a Marcelo Rebelo de Sousa ironizar, a propósito da revisão minimalista de 1992, que "(...) se lerem com atenção algumas das disposições da nossa Constituição sobre matéria económica e as cotejarem com o que decorre do Direito Comunitário, verão que é quase romântico e ternurento verificar o que elas dizem, porque não tem a ver nada o que dizem sobre o investimento estrangeiro, o que dizem sobre as grandes linhas de política económica a prosseguir pelo Estado, as grandes prioridades da organização económica do Estado – com aquilo que quotidianamente, a definição de políticas comuns no âmbito comunitário"[62].

Mas, toda essa evolução que foi sinteticamente assinalada teve como consequência fundamental que o estudo do direito económico português é fortemente subsidiário do direito económico comunitário, cuja força expansiva se vem afirmando crescentemente.

Nesse contexto, as áreas da regulação, da concorrência e da defesa do consumo são hoje claramente centrais para os estudos de direito económico que não podem, todavia, esquecer outras questões com especial relevância para a organização do sector público empresarial redimensionado e em especial o dos serviços públicos de interesse geral.

---

[61] Veja-se a impressiva demonstração feita para o caso italiano por Eugenio Picozza, *IL Diritto Pubblico dell'Economia nell'Integrazione Europea, La Nuova Italia Scientifica*, Roma, 1996.

[62] Comunicação sobre a revisão constitucional de 1992, na *Revista Jurídica*,

# O DIREITO ECONÓMICO

GERALDO CAMARGO VIDIGAL
Professor aposentado da Faculdade de Direito da Universidade de S. Paulo

1. Escrevi meu livro "Teoria Geral do Direito Económico" em 1976, depois de haver procurado investigar, na velha e sempre nova Faculdade de Direito de São Paulo e em Paris, na Sorbonne, tudo o que se havia escrito, até então, nos paises ocidentais e alem da Cortina de Ferro, sobre o Direito Económico.

Em 1977, fazendo desse livro minha tese, prestei concurso na Faculdade de Direito de São Paulo, tornando-me, nela, o primeiro Professor Titular da disciplina, que no ano anterior se tinha criado, e o primeiro professor concursado, em todo o país.

Toda leitura que eu acumulara sobre o tema confluiu para que se formasse meu entendimento sobre o Direito Económico e para o teor do livro.

Ao publicar minha Teoria Geral do Direito Económico, defini o Direito, no Capitulo introdutório, como *o sistema valorador, orientado para um ideal de Justiça, dinamicamente estruturado em instituições e preceitos que demarcam esferas de liberdade individual e organizam campos de coercitiva subordinação ao interesse coletivo.*

Expuz depois o radicalismo das posições individualistas, de Adam Smith e Jean Baptiste Say, e coletivista, de Marx. Denunciei sua falsidade, afirmando que a negação das posições extremadas conduzia à nova síntese e ao novo humanismo de comunidades de iniciativa dualista, nas quais coexistiriam *o empreendedor privado e a empresa pública, atuando em mercados que o poder público organiza, sobre roteiros definidos por planejamento democrático,* do Estado e da Empresa.

Os dois parágrafos finais do Capitulo introdutório trouxeram menção do Direito Económico, nascido desses debates, assinalando assumir ele "papel essencial" "na marcha para a organização social fundada na idéia da iniciativa dualista".

No Capítulo seguinte, invoquei incisos da Constituição Imperial brasileira de 1824, de marcante timbre individualista, como sucedia então em numerosos países no clima que brotou da Revolução Francesa, da Declaração da Independência dos Estados Unidos e da obra Smithiana. Evoquei manifestações anteriores, de Pellegrino Rossi e de Proudhon, de Meyer, Wagner e Ferdinando Puglia.

No final do século XIX, John Bates Clark já utilizava a expressão "organizar a concorrência".

Nas primeiras décadas do século XX, estudiosos haviam desenvolvido estudos sobre a moeda e sobre a organização dos mercados. Crises quase decenais que então marcavam o desenvolvimento dos negócios motivaram indagações dos marginalistas sobre o fato social, por traz das normas; sobre a utilidade; os custos de produção; as relações entre o valor da troca e o valor de uso. Pareto, Wicksel, Jevons, Menger, Walras, Dalton e Lionel Robbins, no debate desses temas, impulsionaram o nascimento do Welfare State, como eu já havia exposto detidamente em livro anterior ("Fundamentos do Direito Financeiro").

Na década inicial desse século, surgiram na Alemanha as primeiras obras denominadas "Direito Económico", de Heyman e Hedeman.

No esforço de investigação do económico na primeira metade do nosso século, destacaram-se, como assinalei em páginas da "Teoria Geral do Direito Económico", as contribuições de Irving Fisher, Joseph Shumpeter, Lord John Maynard Keynes. Mais tarde, John Kenneth Galbraith e Joan Robinson tiveram presença marcante.

Ainda no Capitulo primeiro, anotei que diferentes autores visualizaram o Direito Económico de diferentes maneiras. Alguns viam nele o Direito da Economia; outros, o Direito de Empresa; Direito da direção económica, Direito da economia organizada, Direito da comunidade económica – tais são outros diferentes entendimentos do âmbito do Direito Económico; outros, ainda, opunham o Direito Económico a um Direito Político, pretendendo Cottely, nessa linha, que cada um desses dois troncos se dividisse em ramos de direito público e direito privado.

Olivera, Hedeman, Siburu, Kiraly, Hug, Lautner, Aleman, os dois irmãos Goldschmidt, Buwert, Mario Longo, Asquini e Casetta, Santoro Passareli, Mossa, Consechi, Amorth e Grosso, Zanobini e Allorio, Haemerle, Huber, Dochow, Soprano, Farjat, Champaud, Vasseur, Laubadère, Hamel, Jeantet, Savy– cada um viu no Direito Económico objeto de âmbito e características diversas.

Daí a observação, de Champaud, da existência de um "arc em ciel de concéptions".

Observei, a esse ponto, que o caos dos diferentes entendimentos parece receber luz quando distinguimos três diferentes esferas contidas no Direito Económico: o Direito do Planejamento, o Direito Administrativo Económico e o Direito da Organização dos Mercados.

Reconheci que as duas primeiras dessas três áreas se contém no território do Direito Público.

Em 1937, sob o título "Un ordre juridique nouveau", Josserand anotava que:

*a ordem pública económica comandou a transformação da ordem jurídica contratual ...: publicizou-a, cortando largamente nos princípios da liberdade e da autonomia das vontades, que constituíam, outrora, a atmosfera e a aura mesma dos contratos.*

Fundamental, para o meu entendimento do caráter do Direito Económico, foi o que expus nos n.ºs 35 a 44, no final do 1.º Capítulo da Teoria Geral do Direito Económico, sumariado nos seus quadros de fls. 39 e 41.

Sintetizei, no primeiro quadro, que o Direito Público e o Direito Privado se distinguem, já pela matéria, já pelas pessoas, já pela natureza dos interesses presentes, já pelo clima que envolve a relação jurídica. Diferentes autores acentuaram as distinções:

1.º quadro

| | | DIREITO PÚBLICO | DIREITO PRIVADO | |
|---|---|---|---|---|
| C A M P O   D E | I N C I D Ê N C I A | MATÉRIA || Ferrara |
| ^ | ^ | ATIVIDADE DO ESTADO | ATIVIDADE PRIVADA | Roger |
| ^ | ^ | ^ | ^ | Bonnard |
| ^ | ^ | PESSOAS || Asquini |
| ^ | ^ | ENTES PÚBLICOS REVESTIDOS DE SUPREMACIA | AGENTES PRIVADOS | Morelett |
| ^ | ^ | ^ | ^ | Jellineck |
| P R I N C Í P I O | I N S P I R A D O R | INTERESSE || Chironi e Abello |
| ^ | ^ | INTERESSE SOCIAL | INTERESSE PRIVADO | Filomusi Guelfi |
| ^ | ^ | CLIMA || Bluntschli |
| ^ | ^ | AUTORIDADE | LIBERDADE | Elzbacher |

Já o quadro de fls 41, no final do n.° 35, evidenciou a distinção entre os pressupostos do Direito Económico e os das diferentes esferas do Direito Privado e do Direito Público:

Entre os dois quadros descritos, anotei:

> *Não parece suficiente, isoladamente, nenhum dos critérios adotados para a nítida caracterização do Direito Público ou do Direito Privado. Inclino-me a acreditar que a adequada definição do Direito Público o descreverá como o ordenamento jurídico, inspirado prevalentemente no interesse coletivo, que rege os entes públicos enquanto exercem, revestidos de supremacia e num clima de autoridade, atividade de caráter público. De outra parte, eu definiria o Direito Privado como o ordenamento jurídico que, inspirado prevalentemente na preservação dos interesses individuais, rege as relações entre os agentes privados, enquanto exercem, num clima de liberdade, atividade de caráter privado.*
>
> *Acontece, no entanto, que a definição do Direito da Organização dos Mercados corta transversalmente o quadro dos critérios tradicionais de distinção entre os dois grandes troncos jurídicos e requer, ainda, a introdução de um elemento novo, estranho àqueles critérios.*

2.° quadro

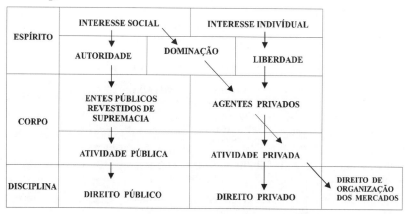

O estudo do Direito da Organização dos Mercados nos leva a reconhecer nos seus quadros a *disciplina dos agentes privados, no exercício de*

*atividades privadas, inspirada no interesse coletivo*. Sob um outro ângulo, caracteriza-se o Direito da Organização dos Mercados por um *clima* diverso dos da liberdade ou da autoridade e que antes deveremos descrever como de *dominação*. Distingue-se o clima de dominação daquele de autoridade, porque o ambiente de dominação envolve a utilização da autoridade para a preservação do máximo de liberdade possível. Caracteriza-se, ademais, o ordenamento jurídico da dominação por visar a coibir relações de dominação que tendem a prevalecer entre os agentes do mercado, nascidas dos campos de força dele, mediante sua substituição por situações de dominação da norma jurídica.

Fui levado, dessa forma, a reconhecer no Direito da Organização dos Mercados um *tertium genus*, o que se representou esquematicamente no 2.º quadro.

Há afinidade entre minha análise e colocações de René Savatier, de Michel Vasseur, de Charley Del Marmol.

Savatier vê a edificação do Direito Público nascendo dos limites estabelecidos horizontalmente, no seio do Direito Administrativo, para a localização de um Direito Administrativo Econômico, e verticalmente, entre o Direito Financeiro e o Direito Fiscal, pela transformação do Direito Financeiro em Direito Econômico.

Por outro lado, supõe o Direito Privado Econômico nascendo dos quadros do Direito da Empresa. O Direito Econômico Administrativo se formaria à volta da economia dirigida e do Plano. Ora, a produção a que o Plano visa supõe unidades produtivas, que sempre se considerou serem as empresas.

Charley Del Marmol observou que "as conseqüências econômicas e sociais das crises econômicas e financeiras,as seqüelas sociológicas das duas guerras mundiais, o desejo legítimo de proteger os economicamente fracos ou de controlar as estrutura industriais e de regularizar os mercados", conduziram a "regras jurídicas restritivas da autonomia contratual", as quais "se separam das técnicas tradicionais inscritas nos códigos do comércio do século XIX e nos precedentes judiciários da *common law*. O direito comercial, regulador da vida dos negócios, tornou-se em verdade um direito de fatura mais econômica, flutuando ao sabor das coalizões políticas, um direito que impõe suas disciplinas e formula suas exigências".

A Vasseur, o Direito Econômico francês, em 1959, parecia um "direito de reagrupamento e de síntese", significando com essas palavras a aproximação entre os campos do direito e da economia.

Assinalou Vasseur o desejo dos juristas modernos de encarar a regra de direito em seu aspecto funcional, do ponto de vista de sua aplicação. Pretenderão alguns, diz Vasseur, "que as relações entre a liberdade e a intervenção do Estado são cheias de subtilezas", merecendo "refinamentos de análise e de expressão análogos aos que utilizaram outrora os teólogos para exprimir, a propósito da responsabilidade espiritual, a parte recíproca da liberdade e da graça". Invoca, porém, lição de Rueff e observa tratar-se "menos de uma oposição entre liberdade e intervenção do que de uma combinação".

Reconhece Vasseur, que "por seu objeto e seu método, o direito económico deixa entrever, também, sua originalidade, assim como sua individualidade tanto em relação ao direito público como em relação ao direito privado". Parece-lhe especialmente notável que o Direito Económico pretenda "penetrar o domínio da atividade privada de preocupações do interesse geral".

Regressando aos nossos esquemas, retro, anotemos que a estreita acoplagem entre o Direito Administrativo Económico e o Direito da Organização dos Mercados se faz por forma em tudo idêntica ao relacionamento entre o Direito Administrativo Clássico e o Direito Comercial. De outro lado, o Plano, vinculando os entes públicos, atua, através dos órgãos da Administração Pública, sobre o funcionamento dos mercados e sobre seus agentes.

Karel Svoboda colaciona manifestações de numerosos juristas franceses, entre os quais Hamel, Savatier, Houin, Vasseur, Brèthe de la Gressaye, no sentido de que o surgimento do Direito Económico convidaria a uma classificação tripartite do Direito. E estranha que nenhum autor se ocupe da determinação dos critérios dessa classificação. Parece-lhe nascer o silêncio de não se haver encontrado "o método apropriado à solução cientificamente motivada dos problemas em causa".

No Capítulo seguinte da Teoria Geral do Direito Económico, Capítulo denominado "Direito da Organização dos Mercados", expus:

É de assinalar-se que os estudos da competição nos mercados internacionais, por um lado, e a compreensão dos mecanismos da formação e do exercício de economias de escala, por outro, deram um sentido diferente à disciplina da concorrência, conduzindo à busca das fórmulas que permitam conciliar a organização dos mercados internos, de um lado, com as dimensões empresariais para competitividade internacional, de outro.

Maurice Kay assinalou as hesitações da legislação do mercado comum europeu quanto à disciplina das fusões e das transferências de controle.

No plano nacional, observa Kay, "mais Estados Membros têm instituições para encorajar fusões do que maquinaria para evitá-las ou controlá--las, campo no qual somente a Inglaterra e a Alemanha estão ativas".

Na European Economic Community, a ambivalência se institucionaliza pela separação entre o departamento de competição e o que lida com política industrial.

Atribuo à expressão *organização dos mercados* significação mais ampla do que o corrente. Denomino *Direito de Organização dos Mercados* a disciplina jurídica corretora do conjunto das distorções características das soluções de liberdade de mercado, abrangendo não apenas as distorções que afetam a competição, como as que induzem repartição desigual e as que alimentam flutuações em direção à crise.

Entendo também o vocábulo *dominação* em sentido mais largo que o de Perroux, considerando elementos de dominação dos mercados não somente a ação das grandes unidades e dos cartéis económicos como os comportamentos sociais globais.

Analisando a evolução do Direito no século XX, Tullio Ascarelli observa que, quando esmorece a crença em mecanismos naturais e automáticos que assegurem a correção das distorções do mercado, modificam--se não somente os limites entre o Direito Público e o Direito Privado, mas os próprios critérios que haviam conduzido à classificação jurídica lançada a partir daqueles dois troncos.

Substancialmente, distribuem-se as preocupações do Direito Económico por três áreas:

a. ordenamento jurídico das situações de mercado que tendem a relações de dominação;
b. tutela jurídica dos sujeitos passivos das relações de dominação;
c. disciplina jurídica orientadora das atitudes, propensões e expectativas que comandam, nos mercados, o comportamento das macrovariáveis económicas.

Capítulo que denominei "A Ordem Económica" demorou-se em referência às sucessivas Constituições promulgadas no Brasil, desde a Constituição Imperial de 1824. Assinalei que essa, assim como a primeira Constituição Republicana e a Emenda Constitucional de 1926, eram documentos expressivos do pensamento liberal.

Mas decretos e portarias da ditadura Vargas, a partir de 11 de novembro de 1930, submeteram toda a estrutura jurídica do país, notadamente as constituições estaduais e federais, às "modificações e restrições" que se estabelecessem "por lei, decreto ou atos ulteriores" do governo ditatorial provisório ou dos seus delegados. E quer o ditador, quer subordinados seus em todos os níveis, utilizaram a autorização espúria.

As Constituições ulteriores do Brasil, desde então e até Governos Militares que sobrevieram, sofreram do mal do dirigismo, resíduo das ditaduras típicas da década de 1930 e dos primeiros anos 40.

2. As numerosíssimas conceituações do Direito Económico persistem. Não há como pretender emprestar unidade às contraditórias definições.

Mas todas essas manifestações foram sempre editadas em função das diferentes estruturas constitucionais que desde então se originaram.

Ora, em 5 de outubro de 1988, onze anos após a publicação da minha "Teoria Geral", sobreveio a Constituição brasileira de 1988, elaborada por Assembléia Constituinte legitimamente convocada.

Importa examinar o novo marco Constitucional.

3. No quadro atual do Direito Económico, persiste muito do que o caracterizava há um quarto de século e mesmo, até certo ponto, desde as grandes guerras. Mesmo percepções mais antigas, como a de John Bates Clark, no século XIX, ou as referentes às práticas dos paises socialistas, ainda têm curso.

Permanecem a multiplicidade de visualizações, conceituações e o entendimento do que é o âmbito do Direito Económico, seu objeto, a variedade na compreensão dos seus objetivos.

No Brasil, promulgada a Constituição de 1988, é de assinalar-se haverem caducado as disposições constitucionais do Brasil que vigiam quando da publicação do meu livro.

Só para fins de História terão cabimento as observações então feitas.

Na Constituição de 5 de outubro de 1988, o Título I, proclamando Princípios Fundamentais, entre os do Artigo 1.º, os valores do trabalho e da livre iniciativa assim como a cidadania, a dignidade da pessoa humana e o pluralismo político – prenunciou, nesses vocábulos, o liberalismo político e social que a caracteriza e o sentimento de fraternidade de todos os homens, especialmente entre os brasileiros e todos os demais povos, abrangendo todo o ecúmeno, assim como ensejando a globalização, a aldeia global, que os instrumentos magnéticos vieram a facultar.

Esse clima ambienta já os demais artigos desse Título, já os setenta e sete incisos do 1.º Capítulo do Título subseqüente e, na verdade, todo o texto da Lei Magna que nos tutela.

Os direitos sociais são detalhados no Capítulo II do Título II, notadamente nos trinta e quatro incisos do Artigo 7.°. Os direitos políticos, por sua vês, são proclamados no Capítulo IV do Título II da Constituição que o saudoso Ulysses Guimarães louvou chamando-a "Constituição cidadã". O caput dos Artigos 1.° e 18.° da Carta Magna presidem à organização republicana e federativa do Brasil, dizendo o Artigo 1.°:

*"A República Federativa e Republicana do Brasil, formada pela União Indissolúvel dos Estados e Municípios e do Distrito Federal ..."*

e acrescentando o Artigo 18.°:

*"A organização política e administrativo da República Federativa do Brasil compreende a União, os Estados, o Distrito Federal e os Municípios, todos autônomos, nos termos desta Constituição".*

Consagrou, dessa forma, a Lei Maior, soluções da Federação de três níveis que singulariza a organização da República brasileira.

Distribuição de poderes e competências entre os três níveis federativos previu lei complementar visando ao equilíbrio do desenvolvimento e do bem estar em âmbito nacional.

As referências a desenvolvimento e a bem estar distanciam a organização social brasileira do estilo clássico que pretendia se limitasse cada país a prover paz, segurança e ordem, deixando os objetivos políticos e sociais a cargo dos cidadãos.

A comunicação social foi objeto de disposições expressas para preservá-la, vedando qualquer embaraço, mesmo de lei, e plena liberdade de informação jornalística.

Em parágrafo ao Artigo 12, mereceu especial referência assegurar, salvo exceções explícitas, que aos portugueses com residência permanente no país "serão atribuídos os direitos inerentes aos brasileiros natos", ressalvada a reciprocidade.

# O DIREITO PENAL EM CRISE DE MUDANÇA

GERMANO MARQUES DA SILVA
Prof. da Faculdade de Direito
da Universidade Católica Portuguesa

SUMÁRIO: Introdução: o Direito Penal em crise de mudança; 1. Características essenciais do Direito Penal em transição; 2. O direito penal do risco; 3. O direito penal económico e do ambiente; 4. A responsabilidade penal das sociedades e demais pessoas colectivas; 5. O direito penal da globalização; 6. Crise do processo penal. A influência do processo americano. Conclusões.

## INTRODUÇÃO: O DIREITO PENAL EM CRISE DE MUDANÇA

I. É comum dizer-se que o direito penal está em crise. Crise que não é senão a tensão reflexa da transformação da sociedade e por isso que em tempo de mais acentuadas e aceleradas mudanças sociais também a crise do Direito, em geral, e da ciência e direito penal, em particular, sejam mais visíveis, reflectindo a passagem para a nova era de civilização que está a implantar-se: a era da globalização[1]. Neste tempo de mudança é possível perspectivar também um novo direito penal, um direito penal moderno, com tudo o que o conceito de "modernidade" implica de ruptura com o passado.

O direito tem por vocação dirigir, é uma disciplina normativa, procura estabelecer o que deve ser, mas em procurando definir e impor o dever ser do comportamento humano em sociedade é necessariamente polémico. Nele se concentram todas as disputas filosóficas e políticas

---

[1] Cf. Luiz Flávio Gomes, «Globalización y Derecho penal», in José Luis Díez Ripollés e outros, *La Ciencia del Derecho Penal ante el Nuevo Siglo*, Madrid, 2002, pp. 331 ss.

sobre o que deve ser a sociedade de hoje e de amanhã, sobre o que deve ser o comportamento humano nas mais diversas das suas manifestações comunitárias.

Também as novas concepções da função do Direito implicam profundas mudanças. No passado, e em passado relativamente recente, o Direito, e em especial o direito penal, cuidava de pouco, quase apenas da tutela dos valores essenciais, do mínimo ético julgado indispensável à paz e progresso comunitário. Com a separação da moral do direito, com a segunda fase da laicização[2], como soe dizer-se, o Direito tornou-se instrumental, procurando predominantemente conformar os comportamentos aos projectos do poder, projectos que são naturalmente controversos, mas imperativamente impostos por lei em obediência às regras democráticas. Em democracia a lei, devidamente promulgada, é a expressão temporal do ideal de Justiça e condição da liberdade, mas não conforma necessariamente inteligências e vontades.

A preponderância do sistema democrático como regime político e o aprofundamento da democracia material, por uma parte, e dos valores da vida em sociedade, por outra, fez com que pessoas que no passado eram intocáveis, simplesmente em razão de privilégios inerentes aos seus estatutos sociais e profissionais, sejam agora também submetidos aos tribunais, frequentemente por comportamentos que até há bem pouco eram irrelevantes ou até sinal de habilidade ou de esperteza. Pense-se especialmente em toda a gama dos crimes fiscais introduzidos na década de 90, no alargamento dos crimes económicos e ambientais e, em geral, da crescente responsabilização profissional, nomeadamente no exercício de funções públicas e tituladas. Tudo isto perturba, tudo isto contribui para a visibilidade da crise. É que antes os criminosos eram sobretudo os "outros", mas com o novo tipo de criminalidade muito poucos poderão dizer em consciência que daquela água não beberam e nunca beberão, sendo esta a principal nota da modernidade do direito penal[3], fruto da implantação da

---

[2] A primeira etapa, que conduziu, no Século das Luzes, à secularização, i.e., à separação do domínio religioso, em geral, do político e, em particular, do penal, sucedeu uma segunda etapa que leva a distinguir a culpabilidade penal da culpabilidade moral. A culpabilidade define-se sempre como a obrigação de responder pelos seus actos (ou omissões), mas esta obrigação incumbe ao ser social antes que ao ser moral que saiu do primeiro plano da cena penal. A culpabilidade adquiriu uma dimensão social preponderante.

[3] Luis Garcia Martin, «Qué es modernización del Derecho Penal?», in José Luis Díez Ripollés e outros, *ob. cit.*, pp. 349 ss.

democracia e consequente aprofundamento do reconhecimento dos direitos dos cidadãos.

II. Neste começo do século e do milénio tudo se encontra em estado de profunda e acelerada mudança, embora muitos pareçam não se dar conta dos novos tipos de conflitos de interesses gerados, nomeadamente pela transformação da economia e da globalização, e alimentem ainda a ingénua crença de que no meio da mudança o Direito permaneça igual.

Ocorre que a lei também já não é o que era – a relação necessária extraída da natureza das coisas – antes passou a ser a expressão do compromisso possível entre várias tendências em confronto e tal solução de compromisso é necessariamente fluída e inevitavelmente ambígua. Quando a lei precisa de ser aplicada ao caso concreto, a solução tem de ser proposta e disputada e o comando normativo concretizado pelos magistrados que passaram a ocupar um espaço político nunca dantes por eles protagonizado. Os agentes da Justiça viram-se assim envolvidos na politização da Justiça e na jurisdicionalização da política e daí resulta ocuparem o centro do debate político, apetecido por alguns e estimulado e ampliado pelos *media*. A cada decisão contrária a um interesse localizado, muitas vezes a uma mera ideologia sobre a função da Justiça, elevam-se as vozes, reclamando quase sempre um controlo externo, controlo que, além de fiscalizar administrativamente o Poder Judicial e o Ministério Público, seja capaz de influenciar os magistrados a decidirem de acordo com os interesses e as ideias que aquelas veiculam.

À boleia do princípio da transparência democrática, a Justiça tornou-se muito apetecida pelos *media* nas últimas décadas do século findo. Valores e princípios tradicionais, como o da presunção de inocência e do secretismo da investigação pré-acusatória, foram confundidos e sacrificados aos da transparência, da comunicação, da publicidade. Hoje toda a gente fala e tem opinião sobre tudo e naturalmente também sobre os processos, sobre o seu objecto, os sujeitos e a tramitação do procedimento, mesmo quando desconhece o essencial da causa, transformando os actos da Justiça numa palrança generalizada, num verdadeiro circo judiciário[4].

Acontece ainda que alguns órgãos de comunicação social, ávidos de escândalos com que alimentam o mau gosto do seu público e consequentes tiragens, quando não por militância por causas várias de que o direito a

---

[4] Daniel Soulez Larivière, *Du Cirque Médiatico-Judiciaire et des Moyens d'en sortir*, Paris. 1993.

informar é mero pretexto, não se coíbem de formular verdadeiros juízos sob a dissimulada aparência de mera narração de factos, antecipando opiniões que directamente afectam o bom nome dos visados e indirectamente podem ter consequências nas decisões das autoridades, em razão da pressão da opinião pública assim consciente ou inconscientemente manipulada e a que alguns não sabem ou não têm força moral para resistir. Esta é uma nova perspectiva da Justiça penal que não pode ser minimamente descurada no que tem de benéfico e de maléfico, no que representa em termos de prevenção geral, mas também no que significa em termos de sanção informal; no passado a publicidade da sentença condenatória constituía uma componente da pena aplicada, mas no presente a "pena" da publicidade é executada logo no momento da *notitia criminis* com o levantamento da suspeita, não ficando espaço para a absolvição mesmo quando os tribunais vêm a declarar a inocência dos suspeitos.

**III.** Perante a evolução rápida e as condições de interdependência do mundo em transformação ninguém pode ficar indiferente; é necessário sobretudo que os juristas militantes tomem a liderança na introdução de novos conceitos e técnicas jurídicas, se quiserem, como devem, preservar o essencial dos valores conquistados na segunda metade do século que há pouco terminou: a defesa dos direitos naturais da pessoa humana, ou seja, os direitos dos fracos e dos oprimidos, de todas as espécies de minorias[5]...

A crise actual, no seu aspecto mais relevante ou pelo menos mais visível, é a morosidade. A justiça lenta está condenada a ser substituída por alternativas mais eficientes de solução dos litígios e que não são necessariamente formas mais adequadas de realização do justo[6] porque a sociedade tem pressa e reclama soluções quase instantâneas, como aquelas que já se verificam noutros sectores. É preciso pôr absolutamente de parte a ideia que o tempo resolve ou ajuda a resolver muita coisa, sobretudo as questões mais difíceis; o tempo não resolve nada, mata a questão, mas na

---

[5] Commission Internationale de Juristes, *Primauté du Droit et Droits de l'Homme*, Genebra, 1966, p. 43 : «Le juriste doit voir au delà des frontières du Droit, au sens strict du terme, et comprendre la société dans laquelle il vit afin de pouvoir jouer son rôle dans son avancement. L'inspiration des juristes du monde entier (...) pourraient jouer un rôle important pour façonner les sociétés libres de l'avenir et promouvoir l'accession de l'homme à sa complète dignité, de manière à faire échec aux périls et aux dangers d'un monde en transformation».

[6] José Renato Naini, «Dez recados ao juiz do III milênio», *Revista CEJ*, Centro de Estudos Judiciários do Conselho da Justiça Federal, Ano III/Abril de 99, pp. 132 ss.

longa caminhada vai fazendo as suas vítimas. A Justiça demorada não compensa nunca os custos e as injustiças causadas pela demora. Impõe-se uma melhor prática no trabalho da Justiça: mais, melhor, mais rápido e mais barato[7].

**IV.** Hoje, a meta dos agentes da Justiça é atender de maneira mais satisfatória e pronta possível à crescente, intensa e impaciente demanda dos serviços de Justiça. Ninguém mais tolera a lentidão.

Celeridade, pois. Naturalmente que há um tempo para tudo, mas não mais do que o estritamente necessário. Não amanhã o que pode ser feito já. Há que estudar o que é preciso mudar nas estruturas, nas formas, nos processos para que a Justiça acompanhe o ritmo do nosso tempo. Da comunicação pessoal do passado ao correio registado ou simples de hoje é preciso pensar já nas comunicações via electrónica...Acautelem-se os riscos, mas faça-se. Previnam-se as anomalias, mas não haja contemplações com a violação dos deveres emergentes da vida em sociedade. Todos são chamados a colaborar, a cumprir os seus deveres, especialmente os que fazem da Justiça profissão: magistrados, advogados, solicitadores, funcionários, todos[8].

Também as Escolas onde se ensina o Direito têm um papel fundamental. Frequentemente esmagadas pela massificação do ensino, devem resistir à degradação resultante do imediatismo profissionalizante, tantas vezes inconscientemente reclamado pelos estudantes, para procurar formá--los no sentido das responsabilidades, formá-los na aprendizagem dos princípios gerais do direito, dos valores que a ordem jurídica prossegue e das virtudes exigíveis ao cidadão e ao jurista em particular, de modo a que se consciencializem da sua função social e se preparem para defender os ideais das profissões jurídicas a que se dedicarem. A formação profissionalizante vem de seguida, na Escola ou fora dela, mas não pode substituir-se às necessidades de formação científica que é a base de toda a acção profissional

As Escolas de Direito devem ser centros não só de ensino, mas também de discussão sobre questões da actualidade, nomeadamente sobre as reformas legislativas e a transformação da sociedade e do Direito, não se limitando à formação técnica dos práticos do direito, mas à formação de

---

[7] *Idem.*
[8] Germano Marques da Silva, «A CRISE DA JUSTIÇA/Três recados aos Magistrados e Advogados do século que começa», *Direito e Justiça*, Vol. XV, 2001, t. 1.

verdadeiros juristas, de agentes de mudança para a modernidade, de militantes pelo Direito e pela Justiça. Devem ser verdadeiras escolas de cidadania.

## 1. Características essenciais do Direito Penal em transição

Costuma assinalar-se os princípios da legalidade, proporcionalidade, subsidiariedade, fragmentariedade, culpabilidade e exclusiva protecção de bens jurídicos que, aliados aos da jurisdicionalidade e do processo equitativo, constituiriam as características essenciais do Direito Penal tradicional[9].

Afirmados no século das luzes e aprofundados ao longo dos últimos dois, aqueles princípios, que constituíam como que o ideário político do Direito Penal a que a lei e dogmática se tinham de submeter, começaram a afrouxar no seu significado de limite ao *ius puniendi*, em termos que fazem adivinhar novos paradigmas do direito penal da era da globalização[10].

### A) *O princípio da legalidade*

**I.** O princípio da legalidade tem natureza essencialmente política e foi com o pensamento iluminístico-liberal que assumiu o significado actual, político antes de jurídico, tendo sido dirigido contra os abusos do «*ancien règime*». A sua matriz coloca-se historicamente nos fins do século. XVIII, nos desenvolvimentos da doutrina da divisão dos poderes e a sua função era a de submeter à lei o exercício dos poderes do Estado, garantindo que fosse legal, que não pudesse transformar-se em arbítrio.

A tradução em termos jurídico-penais do fundamento político do princípio da legalidade ocorre, nos princípios do século XIX, na obra de Feuerbach, que o consagra com o célebre brocardo «*nullum crimen, nulla poena sine lege*» e o liga conceitualmente à questão do fundamento da pena: a prevenção geral. A ameaça da pena deve funcionar para constranger o cidadão a não cometer o crime e para tanto é necessário que os destinatários conheçam primeiro quais são os factos cuja prática comporta a aplicação de uma pena criminal.

---

[9] Germano Marques da Silva, *Direito Penal Português*, I, 2ª Ed., 2001, pp. 79 ss.
[10] Sobre o conceito e distinção relativa ao "direito penal da globalização", cf. Luiz Flávio Gomes, «Globalización y Derecho penal», *ob. cit.*, p.332.

Depois da II Guerra Mundial o princípio da legalidade ressurgiu como elemento fundamental dos sistemas jurídicos da maioria dos países e foi reconhecido e consagrado na Declaração Universal dos Direitos do Homem (art. 11.°), na Convenção Europeia dos Direitos do Homem e das Liberdades Fundamentais (art. 7.°) e no Pacto Internacional sobre os Direitos Civis e Políticos (art. 15.°).

Se politicamente o princípio da legalidade exprime a ideologia liberal garantística, a sua consagração nos textos internacionais para a defesa dos direitos humanos repropõe-no como critério normativo de acção para os poderes do Estado, condição da sua qualificação como Estado de Direito. O princípio da legalidade é hoje sobretudo um postulado de garantia que compõe a parte formal do princípio do Estado de Direito, mas sob esse aspecto formal há toda uma referência material ao Estado de Direito.

Com efeito, como ensina o Prof. Castanheira Neves, «*se o direito cumpre uma positiva função constituinte na sua intencionalidade material, cumpre simultaneamente uma negativa função de garantia com a sua intencionalidade formal*»[11]. Esta função de garantia cumpre-se no direito penal pela definição *expressa*, *exclusiva* e *prévia* do poder punitivo do Estado[12].

Como também ensina o Prof. Jorge Miranda, só existe Estado de Direito quando se dá limitação material e não apenas formal do poder político, o que significa que inere à ideia de Estado de Direito a subordinação do Estado a critérios materiais que o transcendem[13], critérios que bem podem sintetizar-se na ideia de *protecção dos cidadãos contra a prepotência, o arbítrio e a injustiça*[14], função que cabe bem ao princípio da legalidade[15].

A plena virtualidade do princípio da legalidade só se alcança no seio do Estado de Direito Democrático[16], porque «Estado de direito é um Povo livre: é o povo, todo o povo real e concreto, o povo das pessoas humanas, isto é, o povo organizado, representado e conscientemente solidário e participante»[17].

---

[11] A. Castanheira Neves, *Digesta,* I, Coimbra, 1995, pp. 405-406.

[12] *Idem*, pp.406-407.

[13] Jorge Miranda, *A Constituição de 1976*, Lisboa, 1978, p. 476

[14] J. J. Gomes Canotilho/Vital Moreira, *Constituição da República Portuguesa Anotada*, 3ªed., p. 63.

[15] Cf. ainda A. Castanheira Neves, *ob.cit.*, pp. 408 ss.

[16] J. J. Gomes Canotilho/Vital Moreira, *ob. cit*., pp. 62 ss.; Jorge Miranda, *Manual de Direito Constitucional*, IV, p.195 ss.

[17] D. António Ferreira Gomes, *Ecumenismo e os direitos do homem na tradição*

É costume desdobrar o princípio da legalidade nos seguintes subprincípios, sintetizados nos brocardos: *nullum crimen, nulla poena sine lege previa, nullum crimen, nulla poena sine lege certa, nullum crimen, nulla poena sine lege scripta, nulla poena sine judicio*. Importa-nos agora o princípio da lei certa.

A norma penal incriminadora tem de ser certa, isto é, determinar com suficiente precisão o *facto criminoso*: o crime não pode consistir numa situação, numa qualidade ou atitude pessoal. Também o facto – acção ou omissão – não pode ser inferido da lei, tem de ser definido na lei[18]. Para que a garantia seja efectiva é necessário que a descrição do comportamento incriminado seja suficientemente claro e unívoco.

Relacionada com a garantia do *nullum crimen sine lege certa* está a problemática das leis penais em branco. Com efeito, a *ratio* de garantia do princípio é violada quando a lei seja de tal modo incompleta que exija de outro facto normativo não a sua integração, mas a própria definição do comportamento típico, como sucederá, por exemplo, no caso de total reenvio para os regulamentos.

**II.** O que se vem a verificar nas duas últimas décadas e de forma acentuada é a erosão do princípio da legalidade sobretudo na sua componente da certeza da lei. A hipertrofia do direito penal e a sua intervenção generalizada em todos os sectores da vida social degradam a capacidade de efectivo conhecimento das leis pelos seus destinatários e consequentemente a sua função de prevenção geral positiva, degradação que se acentua pela proliferação de leis penais em branco, sobretudo nos sectores de cariz acentuadamente técnico e que são crescentes no domínio da intervenção penal, nomeadamente nas áreas das actividades económicas.

Acresce a política de antecipação da tutela penal pelo recurso cada vez mais frequente à técnica dos crimes de perigo, abandonando-se o princípio tradicional da efectiva lesão dos bens jurídicos e substituindo-o pelos crimes de mero dever, o que contribui para dificultar a compreensão das proibições pelos destinatários das normas e para corroer o princípio da limitação do Poder que o princípio da legalidade representa.

Consequência da aceleração das mudanças sociais, da globalização da criminalidade e da necessidade política de respostas pontuais às pres-

---

*portuguesa antiga*, Cadernos/Telos, Porto, s/d, p.72.; Cf. também José de Sousa e Brito, «A Lei Penal na Constituição», *Estudos sobre a Constituição*, 2.º Vol, p. 218.

[18] Manuel Cavaleiro de Ferreira, *Direito Penal Português*, I, p. 93.

sões securitárias veiculadas pela comunicação social, são também muito frequentes as alterações das incriminações, com o que não só se dificulta o conhecimento das leis e prejudica a sua função de prevenção integradora como se facilita a subversão do princípio da legalidade na sua intencionalidade material e formal.

### B) *Os princípios da proporcionalidade, subsidiariedade, fragmentariedade*.

**I.** O princípio da proporcionalidade, também denominado princípio da *proibição do excesso*, é um princípio geral do Direito que, num sentido muito amplo, preconiza o justo equilíbrio entre os interesses em conflito, obrigando o legislador, os juízes e demais operadores do direito a ponderar os interesses em conflito para em função dos valores subjacentes e os fins prosseguidos os resolver segundo medida adequada.

No Estado de Direito a restrição legítima da liberdade pressupõe a proibição do excesso dessa restrição e, em consequência, a adequação, a necessidade e a proporcionalidade das sanções penais aplicáveis e aplicadas ao crime previsto e cometido, respectivamente.

O princípio da adequação significa que as sanções penais legalmente previstas devem revelar-se adequadas para a prossecução dos fins visados pela lei; o princípio da necessidade, que se concretiza no princípio da intervenção mínima, significa que as sanções devem revelar-se necessárias, porque os fins prosseguidos pela lei não podem ser obtidos por outros meios menos onerosos; o princípio da proporcionalidade, em sentido restrito, significa que os meios legais restritivos da liberdade e os fins obtidos devem situar-se numa justa medida, determinada pela gravidade do mal causado e pela censurabilidade do seu autor[19].

A proporcionalidade em sentido restrito exige, antes de mais, a limitação da gravidade da sanção à gravidade do mal causado pelo crime, na base da adequação da pena ao fim que esta deve cumprir. Tradicionalmente o princípio foi entendido no direito penal como exigência de proporcionalidade entre o facto cometido e a sanção prevista por lei. São razões de justiça e de utilidade que fundamentam este princípio aplicável ao direito penal tradicional: a ordenação dos crimes e das penas em obe-

---

[19] Cf. J. J. Gomes Canotilho / Vital Moreira, *Constituição da República Portuguesa Anotada*, 3ª ed., Coimbra, 1993, p. 152.

diência a critérios que simultaneamente sirvam para humanizar as penas e para facilitar o cumprimento da finalidade das penas e do direito penal.

Deve advertir-se que a questão da justificação do tipo legal e da medida e espécie de pena adequada a cada crime é um problema ético e político, i.e., exclusivamente de legitimação externa, pois como já observou Bentham, a ideia de proporcionalidade da pena ao crime não oferece por si nenhum critério objectivo de ponderação, dado que não existem critérios naturais, mas só critérios pragmáticos baseados em valorações ético-políticas ou de oportunidade para estabelecer a qualidade e quantidade da pena adequada a cada crime.

É claro que num sistema que inclua tanto os princípios axiológicos do dano causado pelo crime como o da culpabilidade do agente devem acolher-se ambos os critérios, no sentido de que os limites das penas têm que variar tanto em relação com o dano como em relação com a culpabilidade, mas permanece sempre em aberto a medida que haja de atribuir-se a cada um dos critérios relativamente ao outro[20].

**II.** Fala-se do carácter subsidiário do direito penal para significar a ideia de que só deve recorrer-se ao direito penal, como instrumento de tutela de bens jurídicos, quando a incriminação for não só necessária, mas também adequada. O princípio da subsidiariedade assim entendido constitui uma especificação no campo do direito penal do princípio da proporcionalidade.

O princípio da subsidiariedade pode ser concebido em duas diversas acepções. Em sentido restrito, o recurso ao direito penal é injustificado ou supérfluo quando a tutela do bem jurídico for eficaz mediante sanções de natureza não penal; em paridade de eficácia dos instrumentos de tutela, o legislador deve optar por aqueles que limitem menos os direitos das pessoas. Numa acepção mais ampla, a sanção penal seria a preferível ainda nos casos de não absoluta necessidade, mas sempre que a função estigmatizante própria do direito penal for útil para os fins de uma mais forte reprovação do comportamento e consequente mais enérgica tutela do bem jurídico[21].

Importa reservar a incriminação para aqueles actos em que seja insuficiente a intervenção dos outros ramos do direito e consequentemente impõe-se a descriminalização sempre que a sanção penal não for nem

---

[20] Santiago Mir Puig, *Derecho Penal*, (reimp. 3ªed.), Barcelona, 1995, p. 110.
[21] Santiago Mir Puig, *ob. cit.*, p. 98.

justificada, nem útil, nem compreendida pela opinião pública, para que o direito penal retome o seu verdadeiro espaço de protecção de valores sociais absolutamente fundamentais, o crime seja entendido como facto insuportável e a pena como censura pública e solene aos criminosos[22].

**III.** O carácter fragmentário do direito penal é um aspecto do princípio da subsidiariedade e pode ser analisado também numa dupla perspectiva, embora ambas complementares.

Se o direito penal é subsidiário, não tutelando todos os casos em que é necessária a intervenção sancionatória da ordem jurídica, mas só aqueles cuja gravidade em termos de dano social justifica a ameaça de uma sanção penal, a escolha desses comportamentos faz-se de modo fragmentário: nem todos os factos socialmente danosos, lesivos de bens jurídicos, constituem crimes, mas só aqueles que o legislador qualifica como tais, aqueles que o legislador considera de tal modo graves para a vida social que justificam a sanção penal para quem os praticar.

O princípio da fragmentariedade é um aspecto do princípio da subsidiariedade. Com efeito, se a opção penal deve representar a *ultima ratio,* é consequente que se recorra à previsão incriminadora só para as agressões mais graves de um bem merecedor de tutela, para as quais o interesse público impõe o meio extremo da punição penal.

Importa anotar que o princípio da fragmentariedade do direito penal representa a projecção do instrumento penal como *ultima ratio.* Por isso, no confronto com um sistema alternativo fechado e totalizante de tutela, a fragmentariedade exalta a aspiração liberal da concepção de um direito penal constitucionalmente orientado[23].

**IV.** Estes princípios, da proporcionalidade, subsidiariedade e fragmentariedade, têm vindo a degradar-se acentuadamente neste tempo de transição.

O da proporcionalidade pela exacerbada preocupação de prevenção mediante a intimidação pela ameaça da dureza da repressão, verificando-

---

[22] Recordemos que não obstante o seu elevado grau de exigência, a moral cristã não contém senão dez mandamentos e sete pecados capitais. Muitos mais são os preceitos da Igreja que, como os do Estado, também são frequentemente supérfluos.

[23] Sobre o princípio da fragmentariedade do direito penal, cf. Manuel Cavaleiro de Ferreira, *Lições de Direito Penal,* I, p. 163; Giovanni Fiandaca / Enzo Musco, *Diritto penale, Parte general*, 2ª ed., pp. 43 ss.; H.H. Jescheck, *Lehrbuch des Strafrecht,* 4ª ed., Berlin, l988, p. 46.

-se que mesmo em relação aos crimes clássicos se verifica um agravamento generalizado das penas aplicáveis. À ineficácia da lei o legislador responde frequentemente com o agravamento das penas, mas a desproporção da sanção com o mal do crime pode por sua vez constituir também causa de ineficácia[24].

O da subsidiariedade e fragmentariedade pela hipertrofia do direito penal resultante da sua utilização generalizada em sectores onde mais conviria o recurso a medidas preventivas e sancionadoras não penais, mas em que o recurso ao direito penal se faz sobretudo como instrumento de políticas de segurança, pela intimidação, em termos que já soe dizer-se que mais cedo ou mais tarde tudo acaba no penal,

Importa considerar que a vulgarização da intervenção penal enfraquece a força preventiva do direito penal, pois os seus preceitos são então geralmente considerados obrigatórios em razão da pena aplicável, da ameaça, e não da sua necessidade para tutela de interesses fundamentais para a vida em comunidade e consequentemente a sua violação não acarreta a reprovação social que constitui componente importantíssima da prevenção criminal.

Acresce que a própria extensão do direito penal contribui para a sua ineficácia por serem proporcionalmente mais os actos incriminados que ficam impunes, o que contribui também para a mais frequente violação dos comandos penais na expectativa da impunidade, enfraquecendo dessa forma ainda a função preventiva do direito penal. A morosidade da Justiça e consequente distanciamento entre a prática do facto ou a sua descoberta e a da condenação são também fruto da hipertrofia das incriminações a que o sistema judiciário não consegue responder com a prontidão que o nosso tempo exige e que a própria doutrina recomenda como componente essencial dos fins de prevenção.

### C) *Princípio da culpabilidade*

**I.** O princípio da culpabilidade é considerado pela doutrina dominante como fundamento e limite de qualquer política criminal num Estado de Direito. Com a invocação deste princípio pretende-se preservar uma

---

[24] Parece ser o que tem acontecido com a legislação penal fiscal em Portugal. As penas aumentam, mas, pelo menos aparentemente, os crimes fiscais não diminuem, o que parece revelar que a eficácia da lei não é consequência directa da gravidade da sanção aplicável.

série de garantias que o princípio encerra e que são a sedimentação de uma progressiva evolução do direito penal.

O princípio em análise significa que a pena se funda na culpa do agente pela sua acção ou omissão, isto é, em um juízo de censura do agente por não ter agido em conformidade com o dever jurídico, embora tivesse podido conhecê-lo, motivar-se por ele e realizá-lo.

A culpa pressupõe a consciência ética, isto é, a capacidade prática da pessoa de dominar e dirigir os próprios impulsos psíquicos e de ser motivado por valores e a liberdade de agir em conformidade, sem cuja admissão não se respeita a pessoa nem se entende o seu direito à liberdade. Por isso que a exigência constitucional da culpabilidade se deduz da dignidade da pessoa humana.

Ninguém, num sistema penal democrático, é qualificado como delinquente por ter certas qualidades ou defeitos segundo os critérios sociais dominantes. O homem é delinquente por haver agido, violando o dever de não agir, ou omitido o cumprimento de um dever jurídico de agir, por própria opção, com consciência e vontade de desobedecer à lei[25].

O princípio da culpabilidade é adequado aos fins de prevenção e garantísticos do direito penal e das respectivas penas. Na verdade, na perspectiva da prevenção geral, só um direito penal que assente no princípio da culpabilidade pode aspirar à função de orientação cultural das pessoas (prevenção geral positiva), na medida em que o apelo à vontade da pessoa para que se comporte de acordo com os ditames do direito pressupõe a sua capacidade de autodeterminação. Do mesmo modo, a ameaça da pena só tem efeito preventivo se o agente se puder determinar em razão da motivação, decidir-se a evitar o ilícito para não sofrer a sanção. Ainda no campo da prevenção especial, só a culpa pode justificar a punição, porque a reintegração social do delinquente através do cumprimento de uma pena pressupõe a capacidade de distinguir e de se determinar em função dos imperativos ético-jurídicos.

O princípio da culpabilidade no direito penal é manifestação de princípios morais elementares que se mantêm vivos na consciência popular. A ideia da responsabilidade do sujeito adulto e mentalmente são é uma realidade inquestionável da nossa consciência social e moral. Geralmente assume-se a certeza da liberdade como pressuposto dos próprios actos e espera-se também uma actuação livre por parte das outras pessoas; da

---

[25] Luiz Vicente Cernicchiaro / Paulo José da Costa Jr., *Direito Penal na Constituição*, 3ª ed., p. 147.

mesma forma pressupõe-se também a responsabilidade de todos os seres humanos uns para com os outros e para com a colectividade.

O sentimento de liberdade de decisão e a consciência da responsabilidade pelos próprios actos está ínsita no foro interno de cada pessoa e, por isso, o compreendem todos, quando são responsabilizados com base no princípio da culpabilidade; este princípio é ao mesmo tempo uma importante protecção para todos. Ninguém pode ser responsabilizado penalmente sem culpabilidade e só é possível punir na medida da culpabilidade.

Também na prática só o princípio da culpabilidade pode servir de fundamento ao Direito Penal, porque as penas que se não considerem merecidas não podem exercer uma influência positiva, nem sobre o condenado nem sobre a colectividade e, portanto, não podem alcançar nem a prevenção geral nem a prevenção especial[26].

O princípio da culpabilidade serve também como protecção da pessoa contra os excessos da intervenção repressiva do Estado e preocupa-se em que a pena seja limitada a condutas que mereçam um juízo de desvalor ético-social.

**II.** Também nesta fase de transição para a era da globalização se tem vindo a verificar uma acentuada transformação funcionalista da culpabilidade fundada na imputação puramente objectiva, especialmente nos domínios da actividade económica e empresarial. Parte da doutrina crê poder prescindir do princípio da culpabilidade por considerar que os fins do direito penal (prevenção geral) melhor se alcançam pela aplicação da pena na medida que seja necessária para manter a confiança das pessoas no direito e assegurar a ordem pública[27].

Culpabilidade e prevenção pertencem a dimensões distintas e têm significados independentes. Na culpabilidade trata-se de determinar se se podem reprovar pessoalmente e de que modo os factos ao seu agente (merecimento da pena); na prevenção geral trata-se de determinar se é necessária e em que medida uma sanção penal contra o autor de um facto

---

[26] Hans-Heinrich Jescheck, *El principio de culpabilidad como fundamento y límite de la punibilidad en el derecho penal y español*, in EGUZKILORE-Caderno del Instituto Vasco de Criminologia, n.° 9-l995,pp.25-38.

[27] O mais conhecido defensor desta orientação na actualidade é Günther Jakobs. Cf. Günther Jakobs, Strafrecht Allgemeiner Teil. Die Grundlagen und die Zurechnungslehre, 2ª ed., Be5rlim, 1991. Há tradução em espanhol de Joaquim Cuello Contreras e Jose Luis Serrano Gonzalez de Murillo – Derecho Penal – Parte Geral – Fundamentos y teoria de la imputación, Madri9d, 1995.

ilícito e culpável (necessidade da pena)[28]. A pena, que serve de ponte entre ambas, não pode considerar-se uma medida coactiva de valor neutro, mas antes como um juízo de desvalor ético-social e, portanto, uma censura pública ao autor pelo facto culpavelmente cometido.

Verifica-se, porém, neste nosso tempo de transição, um grande esforço da doutrina na busca de novos modelos de imputação dos factos típicos em ordem à responsabilização das pessoas colectivas e dos respectivos quadros dirigentes pelos factos danosos e perigosos resultantes da actividade económica, muitas vezes por caminhos puramente preventivos. Alguns modelos de imputação acabam por conduzir a sistemas de responsabilidade criminal puramente objectiva, mas então é verdadeiramente de outro "direito penal" que se trata. O direito penal na matriz tradicional liberal democrática, ainda que aprofundado e adaptado para se ajustar aos novos tempos, não pode prescindir para a sua legitimação da culpabilidade assente na possibilidade de o autor actuar de outro modo, na sua liberdade de querer e de agir, e ser substituído pela atribuição da responsabilidade fundada em razões de pura prevenção e intimidação como sucedia nos tempos em que a preservação da dignidade da pessoa humana não era ainda a tarefa maior do Direito.

### D) *O princípio da exclusiva protecção de bens jurídicos*

**I.** Já os Iluministas consideravam que o direito penal não tinha por função a realização de um ideal de justiça ultraterreno ou abstracto, mas, imbuído da pretensão de justiça que é inerente a todo o Direito, um objectivo prático e socialmente útil: proteger aqueles bens ou interesses de cuja tutela depende a garantia de uma convivência pacífica. Ao mesmo tempo esta perspectiva limitava a tutela penal aos bens essenciais para uma ordenada convivência humana. A tutela penal de bens ou interesses de importância secundária seria desproporcionada, por excessiva, e, por isso, a sua protecção deveria ser feita por meios extrapenais. A dificuldade operativa do conceito consistiu sempre em determinar quais os bens que em concreto deveriam ser objecto de tutela penal.

A teorização do *bem jurídico* como meio de limitar o poder punitivo do Estado surge sobretudo nos fins do século XIX, na obra de Franz v. Liszt[29]. Este grande jurista propôs um conceito material de bem jurídico

---

[28] C. Fiore, *Diritto Penale-Parte Generale*-I, Utet, Turim, 1995, pp. 362 ss.
[29] Franz von Liszt, *Lehrbuch des deutschen Strafrechts*, 14ª ed., 1905.

baseado nos interesses preexistentes à sua tutela pelo Direito: o conteúdo antisocial do ilícito seria independente da valoração pelo legislador. A norma jurídica encontra o bem jurídico, não o cria. Mas também Liszt não conseguiu determinar critérios precisos para seleccionar os dados pré--jurídicos que deviam materializar o conceito.

A ideia de protecção de bens jurídicos como função do direito penal é retomada na Alemanha a partir dos anos cinquenta[30]. A partir de então parte da doutrina repropõe o regresso a um conceito pré-positivo (preexistente ao seu reconhecimento normativo) e crítico dos bens jurídicos. Trata-se de retomar e modernizar a concepção já avançada anteriormente por v. Liszt.

Esta nova tentativa foi motivada sobretudo pelo propósito de emancipar o mais possível o direito penal da sua tradicional subordinação à moral corrente. E de facto, a crítica envolvia todas aquelas incriminações que representavam um resíduo de concepções eticizantes (homossexualidade, pornografia, vilipêndio da religião, etc.), em contraste com o que deveria ser a função de tutela do direito penal liberal democrático e, por isso, laico e secularizado.

O esforço para descobrir critérios aptos a impedir o risco do arbítrio por parte de um legislador omnipotente induziu a doutrina subsequente a eleger a constituição como critério de referência na escolha do que pode legitimamente ser protegido pelo direito penal. Esta orientação persegue o duplo objectivo de elaborar um conceito de bem jurídico que se imponha ao legislador ordinário, por um lado, e de encontrar critérios da sua determinação, por outro.

Acresce que a pena criminal sacrifica bens pessoais constitucionalmente protegidos (*v.g.*, a liberdade) e, por isso, o recurso à pena só encontra justificação se tiver por finalidade a tutela de bens também socialmente dotados de relevância constitucional[31].

A ideia de assumir como objecto de tutela penal só os bens dotados de relevância constitucional, explícita ou implícita, não comporta sempre, porém, o dever para o legislador de criar tipos criminais dirigidos à sua salvaguarda, mas tem sobretudo uma função de legitimação negativa da

---

[30] H. Jäger, *Strafgesetgebung und Rechtsgüterschutz bei Sittlichkeitsdelikten*, Stuttgart, 1957.

[31] Jorge de Figueiredo Dias, «O movimento da descriminalização e o ilícito de mera ordenação social», *Jornadas de Direito Criminal – O Novo Código Penal Português e Legislação Complementar*, p. 323: «a ordem axiológica jurídico-constitucional constitui o quadro de referência e, simultaneamente, o critério regulativo e delimitativo do âmbito de uma aceitável e necessária actividade punitiva do Estado».

intervenção punitiva, no sentido de que fica delimitado o que não pode ser objecto de tutela penal. Mas uma vez aceite quais os bens que podem ser objecto de tutela penal, a escolha do *se* e do *como* punir fica condicionada pela presença de muitos outros factores (*v.g.*, o desenvolvimento económico, técnico, científico, cultural) e até das contingências históricas (*v.g.*, guerra). Surgem assim os critérios de *subsidiariedade* e da *necessidade* das normas incriminadoras e das penas.

Na delimitação dos bens dotados de relevância constitucional, assume função de relevo não só o Estado de Direito em sentido formal, mas também e sobretudo o Estado de Direito em sentido material. É que a noção de Estado de Direito em sentido formal não envolve qualquer limitação ao conteúdo da lei que não seja estabelecida na constituição; o Estado é simplesmente limitado pelo direito que cria. Pelo contrário, no Estado de Direito em sentido material a subordinação do Estado ao direito tem outro significado e mais profundo. Agora, o Estado não está só vinculado pelo direito que cria, está essencialmente vinculado ao Direito que se impõe ao Estado legislador[32].

Ora, o Direito que se impõe ao próprio Estado em todas as suas actividades, incluindo a legislativa, é o que emana da dignidade da pessoa humana[33], em que se fundam os direitos do homem, o que implica que o Estado está obrigado a servir uma certa tábua material de valores que lhe é anterior e superior e que pode designar-se abreviadamente por Direito Natural[34].

II. O princípio da exclusiva protecção de bens jurídicos vem perdendo a sua força crítica como limite do *ius puniendi* e, pelo contrário, tem vindo a assumir um factor positivo de neocriminalização em ordem à protecção funcional de bens jurídicos supra-individuais, especialmente no domínio da actividade económica.

A campanha para a intervenção penal no domínio das actividades económicas mudou a tendência para a descriminalização que se iniciou a

---

[32] Cf. José de Sousa e Brito, «A Lei Penal na Constituição», *Estudos sobre a Constituição*, 2.º Vol., Lisboa, 1978, pp. 225ss. Cf. também Manuel Cavaleiro de Ferreira, *Direito Penal Português, Parte Geral*, I, Lisboa, 1981, pp.83 ss.

[33] Roque Cabral, *Temas de Ética*, Braga, 2000, pp. 273 ss.

[34] Cf. J. Baptista Machado, *Introdução ao Direito e ao Discurso Legitimador*, Coimbra, 1985, pp. 296 ss; Commission Internationale de Juristes, *Le Principe de la Légalitá dans une Société Libre*,[Rapport sur les travaux du Congrès International de Juristes tenu à New Delhi (Janvier 1959)], pp. 208 ss.

partir da Segunda Guerra Mundial, erigindo a bens jurídicos a reclamar a tutela penal bens de carácter institucional como os de mercado, concorrência, defesa do crédito, emprego e política económica, entre muitos outros da mesma natureza supra-individual. Acresce até que meras opções contingentes das políticas de governo são não raras vezes elevadas à categoria de bens jurídicos a justificar a intervenção penal para sua tutela.

E) *Os princípios da jurisdicionalidade e do processo equitativo*

I. Outras características do direito penal tradicional são a jurisdicionalidade e a exigência de processo equitativo.

O princípio da jurisdicionalidade significa que a competência para decidir a matéria penal e aplicar penas e medidas de segurança pertence exclusivamente aos tribunais. À ideia de jurisdição está implícita a ideia de juiz imparcial e essa imparcialidade da entidade competente para decidir a matéria penal e aplicar penas e medidas de segurança criminais constitui uma garantia das pessoas.

Estas características da jurisdição, reforçadas pela garantia de todos os direitos necessários à defesa e de lealdade na recolha e produção das provas constituem também a essência do denominado processo equitativo.

II. Também e até de modo particularmente acentuado, os princípios da jurisdicionalidade e do processo equitativo, características essenciais do Estado de Direito em sentido material, vêm a sofrer limitações, quer pela criação de novos tipos de "criminalidade" que, não obstante, são retirados do âmbito do direito penal estrito, degradando-se a ilícitos de mera-ordenação social ou de direito administrativo penal, quer e sobretudo pela frequência da consagração de regimes processuais especiais de excepção ao processo comum no domínio da criminalidade económica e da criminalidade organizada.

O nosso tempo é de celeridade e por isso suporta mal a morosidade da Justiça. Por toda a parte se reclamam novas formas simplificadas do procedimento e, por influência americana, formas consensuais em ordem a abreviar o tempo de duração dos processos, ainda que com eventual sacrifício da Justiça à economia, e a adopção progressiva de formas de oportunidade no exercício da acção penal com potencial sacrifício do princípio da igualdade entre todos os cidadãos.

Ao invés do aprofundamento dos direitos de defesa que se verificou progressivamente na segunda metade do século passado, acentua-se agora a tendência para a adopção de regimes excepcionais no combate à criminalidade, com a adopção de regras especiais de prova, impondo ao arguido a prova da sua inocência, o recurso generalizado à invasão da privacidade e o uso de agentes infiltrados, senão provocadores, na investigação criminal, e à admissão como meios de prova de testemunhas encobertas, dificultando o contraditório e consequente exercício da defesa, e à aceitação como válida da prova resultante do testemunho dos "arrependidos" a troco do prémio pela sua colaboração para a condenação dos seus comparticipantes...A busca da eficácia na perseguição de certo tipo de criminalidade, em ordem ao objectivo último da segurança colectiva, parece tudo justificar, mesmo o sacrifício de valores até há pouco julgados essenciais ao processo penal democrático[35].

## 2. O direito penal do risco

A sociedade do nosso tempo é uma sociedade de riscos acrescidos, fruto das inúmeras actividades novas que foram e são potenciadas pelo grande desenvolvimento científico e tecnológico das últimas décadas. Estas novas tecnologias arrastam consigo, porém, novos perigos, graves e generalizados, que a ocorrerem seriam de resultados potencialmente devastadores (*v.g.*, genética e energia atómica) e aos perigos reais acresce ainda o temor de outros eventuais efeitos secundários desconhecidos.

Assim, para além da insegurança objectiva que é consequência da introdução de novas tecnologias, a exigir só por si a intervenção cautelar do legislador, o sentimento de insegurança pressentida pelos cidadãos e que a comunicação social constantemente publicita e amplia reclamam a criminalização dos comportamentos sociais que têm lugar nos novos âmbitos de risco. A cada suspeita de perigo grave responde o Estado com novas incriminações, tentando prevenir a concretização desse perigo. Estas novas incriminações caracterizam-se essencialmente pela proibição de comportamentos que representam ainda só um perigo, muitas vezes abstracto ou presumido, e pela generalização da incriminação dos comportamentos meramente negligentes. Assim cresce o âmbito do direito penal na directa medida do desenvolvimento das novas tecnologias.

---

[35] Germano Marques da Silva, «Bufos, Infiltrados, Provocadores e Arrependidos – Os princípios democráticos e da lealdade em processo penal», Direito e Justiça, Vol. VIII, t.2, 1994, pp. 27 ss.

Acresce que o novo tipo de criminalidade não é já gerado por condutas individuais bem delimitadas, mas por factos complexos, resultantes da conjugação de contributos vários no domínio das actividades empresariais, frequentemente dispersos, o que suscita novas e complexas questões quanto à delimitação dos comportamentos típicos, muitas vezes definidos apenas pela potencialidade de perigo a final, mas nem sempre identificados nos actos parcelares das várias empresas ou dentro da mesma empresa em resultado da divisão do trabalho, e quanto à identificação dos seus agentes.

O direito penal nesta sociedade de risco não pode mais limitar-se à incriminação das condutas individuais causadoras da lesão dos bens jurídicos, típicas do direito penal do passado, e tem de considerar a criminalidade gerada pela dispersão dos contributos no seio das empresas e seus agrupamentos, o que obriga a rever conceitos fundamentais relativos ao domínio dos factos geradores do perigo em ordem à definição dos agentes responsáveis. Da responsabilidade construída na base das condutas individuais passa-se agora para o domínio das estruturas organizadas, horizontal e verticalmente, e da responsabilidade exclusiva das pessoas físicas para a necessidade de admitir a das empresas, o que implica por sua vez novas perspectivas de conceitos essenciais como, *v.g.*, o da culpabilidade e a redefinir as sanções aplicáveis a estas novas categorias de criminosos.

## 3. O direito penal económico e do meio ambiente

I. O desenvolvimento das actividades económicas, não só a nível interno de cada país, mas também de mercados comuns a vários países e no plano global, exige a criação de condições que fomentem a sua expansão dentro e transfronteiras, o que, como já se referiu[36], tem vindo a assumir um factor positivo de neocriminalização. As novas incriminações caracterizam-se pela tutela de bens jurídicos supra-individuais que constituem as condições indispensáveis ao desenvolvimento económico, por uma parte, mas também pela mais apertada disciplina dos agentes económicos para que os critérios exclusiva ou predominantemente inspirados na eficácia económica não subvertam as exigências da Justiça, sobrepondo-se a valores que participam directamente da dignidade humana, por outra.

Enquanto tradicionalmente a tutela penal da economia de mercado se concentrou no lado da procura e nas formas de aquisição ilegais, parti-

---
[36] *Supra*, n.º 1, D II.

cularmente a criminalidade contra a propriedade, de agora em diante deve controlar-se o comportamento social lesivo do lado da oferta com uma intensidade adequada à sua importância[37]. Para tanto torna-se necessário desenvolver instrumentos dogmáticos aptos para enfrentar os modernos processos lesivos macro-económicos e as novas formas de organização empresarial, o que implica a revisão de conceitos fundamentais do direito penal, como os dos agentes responsáveis pelos crimes, onde necessaria-mente se tem de ganhar espaço para as empresas enquanto tais, da acção típica, da culpabilidade e até novas modalidades de punição dos crimes, bem como de investigação, identificação e perseguição dos delinquentes.

O direito penal ainda tem de ser legitimado pela ideia de Justiça, como o impõe o aprofundamento da democracia e do respeito dos direitos humanos, e por isso que face aos novos desafios da vida económica se torne necessário o aperfeiçoamento dos meios jurídicos para disciplinar o inevitável e desejável desenvolvimento das actividades económicas, cuidando sempre para que esse desenvolvimento contribua para a realização da ideia de Justiça e prevenindo o risco de que o poder económico transforme os senhores da economia nos novos senhores do crime.

**II.** Um outro espaço de neocriminalização respeita à tutela do ambiente, que corresponde ao aprofundamento da protecção do núcleo fundamental dos bens jurídicos que constituem o cerne do direito penal de matriz liberal, ainda que numa perspectiva mais social. O ambiente é no nosso tempo considerado como um bem essencial e a consciência social reclama crescentemente a sua protecção[38], a ponto de «um ambiente de vida humano, sadio e ecologicamente equilibrado» ser erigido pelas constituições mais modernas[39], como a portuguesa[40], em objecto de um direito fundamental.

A adequação do direito penal para tutela do ambiente tem sido crescentemente defendida pela doutrina e também o Conselho da Europa tem

---

[37] Bernd Schünemann, *Temas actuales y permanentes del Derecho penal después del milenio*, Tecnos, Madrid, 2002, p. 186.

[38] O Princípio 1 da Declaração de Estocolmo de 1972 proclama que «o homem tem um direito fundamental à liberdade, à igualdade e a condições de vida satisfatórias, num ambiente cuja qualidade lhe permita viver com dignidade e bem estar. Ele tem o dever solene de proteger e melhorar o meio ambiente para as gerações presentes e futuras».

[39] Constituição grega de 1975, espanhola de 1978 e brasileira de 1988.

[40] Art. 66.º, desde a redacção originária de 1976.

propugnado o uso deste instrumento de prevenção como adequado[41], embora se lhe preconize uma função eminentemente sancionatória relativamente às normas de outros ramos do direito a que deve caber o papel primário da protecção ambiental.

A novidade da tutela penal do ambiente suscita problemas de técnica legislativa complexos e também relativamente novos, novamente no que respeita à responsabilidade das pessoas colectivas, em razão dos principais agentes contra o meio ambiente serem as actividades industriais desenvolvidas pelas empresas, e da configuração da acção incriminada, hesitando-se na estruturação típica dos crimes ecológicos como crimes de perigo ou de dano[42].

## 4. Responsabilidade criminal das sociedades e demais pessoas colectivas

Neste novo enquadramento jurídico-penal assume especial relevância a responsabilização penal das pessoas colectivas, o que suscita novos problemas pela necessidade de adaptação das categorias dogmáticas tradicionais ou pela criação de novas categorias, nomeadamente no respeitante à culpabilidade própria destas entidades.

Com efeito, as pessoas colectivas não são mais do que entes criados e aceites pelo direito como instrumentos ao serviço do homem. Assentando a ideia de culpabilidade na personalidade ética da pessoa humana, é sempre forçada a atribuição de responsabilidade penal a uma entidade que não tem essa natureza.

Deve convir-se, porém, que embora as pessoas jurídicas não possam delinquir nem ser castigadas como tais, não devem, numa perspectiva político-criminal, ficar impunes os factos que lhe são «atribuíveis» em consideração de que a vontade formal que decide uma dada conduta não seja a vontade de indivíduos concretos, mas antes a «vontade social». É que deve atender-se a que «a pessoa colectiva é, antes de mais, um determinado regime a receber normas transformadas pela presença de novas

---

[41] Nomeadamente na sua Resolução 28/77, de 27 de Setembro de 1977, sobre a contribuição do Direito penal para a protecção do meio ambiente.

[42] Sobre a matéria, cf. Germano Marques da Silva, «A Tutela Penal do Ambiente (Ensaio introdutório)», *Estudos de Direito do Ambiente*, Publicações Universidade Católica, Porto 2003.

normas, agrupadas em torno da ideia de "pessoa colectiva"»[43] e que «qualquer norma de conduta – permissiva ou de imposição – será sempre, em última análise, acatada por seres humanos conscientes, o que é dizer, por pessoas singulares capazes». «Assim, aplicar uma multa à sociedade equivale a retirar dos fundos societários e em detrimento dos sócios e dos credores da sociedade a importância correspondente à sanção[44]».

**II.** Assentando a responsabilidade na culpa, os civilistas cedo consideraram que se a noção de culpa é inaplicável às pessoas colectivas, quando tomada ao pé da letra, como culpa dessas próprias pessoas, visto lhes faltar a personalidade real ou natural, já se concebe que possa falar-se de culpa duma pessoa colectiva no sentido de culpa dos seus órgãos ou agentes. O direito penal manteve-se por mais tempo arreigado à culpa pessoal, do próprio agente, não aceitando a responsabilidade penal por facto de outrem, mas quando a sanção revestia natureza patrimonial cedo aceitou a responsabilidade civil solidária da sociedade com o agente do facto criminoso, o que, ainda que por caminhos indiretos, era uma forma de responsabilizar a sociedade pelos actos dos seus órgãos ou representantes, mesmo no domínio penal.

Não repugna que por esses actos, potenciados pela associação das pessoas em entes jurídicos, sejam impostas sanções a esses mesmos entes, às pessoas simplesmente jurídicas, ainda como forma de prevenir a prática de actos lesivos futuros.

É evidente que as sanções aplicadas às pessoas meramente jurídicas não têm a mesma finalidade das aplicadas às pessoas físicas, ou pelo menos todas as que geralmente são consideradas como fins das penas, pelo menos directamente, mas cumprem ainda a finalidade própria e específica do direito penal, que é a prevenção geral. A ameaça da sanção penal fará com que as pessoas que têm o poder de manifestar a vontade social ou de a condicionar cuidem de que não sejam praticados crimes.

As sanções aplicadas às pessoas colectivas não têm também a natureza aflitiva das penas aplicáveis às pessoas físicas; têm natureza adequada à que é própria dessas entidades, impedindo ou dificultando o fim para o qual o direito as admite no seu seio. É que as pessoas jurídicas, se são nos tempos de hoje imprescindíveis à vida colectiva, só são toleráveis en-

---

[43] António Menezes Cordeiro, *Da Responsabilidade Civil dos Administradores das Sociedades Comerciais*, p. 318.
[44] *Idem*, p. 319.

quanto sirvam os fins da colectividade e não enquanto sirvam de carapaça para promover ou facilitar a violação de interesses que a sociedade quer proteger.

Acresce finalmente que a responsabilização da pessoa colectiva não é uma responsabilização puramente objectiva, exige-se que o comportamento incriminado lhe seja imputável, seja uma forma de manifestação da sua vontade, determinada pelos modos que o direito criou como forma de permitir a sua intervenção autónoma no comércio jurídico[45]. A «vontade» da pessoa jurídica só é vontade por analogia com a vontade das pessoas físicas, mas é essa vontade que o direito considera relevante quando suporte de fins lícitos que é também considerada relevante quando seja suporte de fins ilícitos[46].

## 5. O direito penal da globalização

I. A globalização do planeta, como fenómeno económico, social, cultural e comunicacional não podia deixar de estabelecer múltiplas e complexas relações com o direito penal, mas como fenómeno de significado fundamentalmente económico também a criminalidade que é sua

---

[45] Robert Badinter, apud Jean-Paul Antona, *La Responsabilité Pénale des Cadres et des Dirigents dans le Monde des Affaires*, Dalloz, 1996, p.21: «A imunidade actual das pessoas morais é tanto mais chocante quanto elas estão frequentemente, pela amplitude dos meios de que dispõem, na origem de atentados graves à saúde pública, ao ambiente, à ordem pública económica ou à legislação social. Acresce que a decisão que está na origem do crime é tomada pelos próprios órgãos sociais, que determinam a política industrial, comercial ou social da empresa».

[46] Sobre a responsabilidade penal das pessoas colectivas, cf. Académie Internationale de Droit Comparé, *La Criminalisation du Comportement Collectif*, Kluwer Law International, Haia/Londres/Boston, 1996, que reúne os relatórios apresentados ao XIV Congresso internacional de direito comparado, realizado em Atenas, em 1994, e cujo tema foi o da criminalização do comportamento das pessoas colectivas (O relatório da delegação portuguesa é da autoria de J. Lobo Moutinho e H. Salinas Monteiro). Cf. também Klaus Tiedemann, «La responsabilidad penal de personas jurídicas y empresas en derecho comparado», *Revista Brasileira de Ciências Criminais*, ano 3, n.º 11, Julho-Setembro, 1995, pp. 21ss; Manuel António Lopes Rocha, *«A Responsabilidade Penal das Pessoas Colectivas- Novas Perspectivas»*, in Eduardo Correia e outros, *Direito Penal Económico*, Coimbra, 1985, pp. 197 ss; João Castro e Sousa, *As Pessoas Colectivas em face do Direito Criminal e do chamado «Direito de Mera Ordenação Social»*, Coimbra, 1985; Glanville Williams, *Textbook of criminal law*, Stevens, Londres, 1981; Jean Pradel, *Le Nouveau Code Pénal (Partie générale)*, Dalloz, 1994.

consequência ou efeito tem essencialmente a mesma natureza, embora não exclusivamente. Basta pensar no terrorismo e nos tráficos criminoso de espécies diversas, nomeadamente de mulheres e de drogas.

O fenómeno da globalização e da criminalidade que nele se insere arrasta consigo a necessidade de uniformização das políticas criminais nacionais e mais estreita cooperação policial e judicial, especialmente contra a criminalidade internacional e sobretudo contra o crime organizado, e, mais recentemente, satisfazendo uma reivindicação dos movimentos de defesa dos direitos humanos fundamentais, à globalização da justiça criminal pela criação do Tribunal Permanente Internacional em Julho de 1988, não sem que a resistência de alguns países se manifeste ainda em nome da sua soberania[47]. Este movimento de aproximação da política criminal, cooperação judiciária internacional e da própria justiça criminal é mais acelerado a nível regional, como sucede na Europa, quer pela implementação da dinâmica própria da União Europeia quer por influência decisiva do Conselho da Europa.

**II.** Uma das características da criminalidade que é fruto da globalização, sobretudo da económica ou com ela conexa, respeita às formas como essa criminalidade se desenvolve. Com efeito, enquanto os agentes dos crimes tradicionais são pessoas individuais ou grupos que agem marginalmente, ou organizados de modo precário, a delinquência característica da globalização actua frequentemente através ou sobre as fronteiras e mediante estruturas organizadas de modo permanente e dispondo de grande poder económico e influência em muitos sectores das actividades sociais.

Este tipo de criminalidade económica internacionalizada distingue-se também da doméstica de cada país porque esta decorre a maioria das vezes no contexto da actividade empresarial predominantemente lícita e é frequentemente mera consequência da debilidade das estruturas empresariais enquanto que aquela se caracteriza como criminalidade de organizações dedicadas essencialmente a actividades criminosas ainda que, por razões de logística ou de disfarce exerçam acidentalmente actividades lícitas[48].

---

[47] Germano Marques da Silva, «TRIBUNAL PENAL INTERNACIONAL / Justiça internacional ou simples utopia?», *Boletim da Ordem dos Advogados*, n.º 21, Jul/Ago, 2001.
[48] Luis Gracia Martín, *ob. cit.*, pp. 370 ss.

**III.** Não pode falar-se de direito penal da globalização sem referir o fenómeno do terrorismo internacional que, sobretudo a partir do atentado de 11 de Setembro em Nova Iorque, reclama meios jurídicos de combate internacional global, nomeadamente na colaboração internacional para a perseguição dos terroristas. O processo de colaboração internacional no combate ao terrorismo está em marcha, quer pela via do agravamento das incriminações a nível nacional, quer sobretudo pela cooperação judiciária e instrumentos jurídicos atinentes à extradição dos criminosos e alterações das regras processuais para a investigação e julgamento dos agentes desses crimes.

É inevitável essa aproximação de legislações e colaboração internacional, sob pena da perseguição se fazer por parte dos países poderosos com total desrespeito pela soberania dos Estados.

## 6. Crise do processo penal. A influência do processo americano

**I.** O aprofundamento das garantias de defesa dos arguidos no processo penal como consequência do aprofundamento dos valores democráticos e de garantias dos direitos humanos, por uma parte, e o avolumar dos processos pendentes nos tribunais como consequência possível da própria hipertrofia do direito penal, por outra, e ainda o clima de insegurança resultante do desenvolvimento objectivo e subjectivo dos riscos da sociedade actual, do terrorismo e do crime organizado, em geral, fazem com que por todo o lado se reclamem alterações ao processo penal, quase sempre orientadas para a aceleração do procedimento com o consequente corte nos direitos fundamentais da defesa.

Princípios processuais consolidados e atinentes ao chamado processo equitativo, como os da presunção de inocência, da lealdade, da liberdade e da verdade material, são frequentemente considerados excessivos, pela preocupação de facilitar a operatividade da intervenção penal e a eficácia no combate aos crimes e aos criminosos, que tudo ou quase tudo justifica, mesmo o risco da injustiça e da liberdade individual em nome da segurança colectiva.

A presunção de inocência, mesmo em relação ao seu conteúdo mais técnico, de regra de produção e avaliação da prova, é limitada por excepções que estabelecem presunções de prova e quanto à consideração do arguido como inocente, a regra é antes a contrária: presumido inocente fica desde logo submetido a deveres processuais que limitam a sua liberdade e dificultam a preparação da sua defesa. O princípio da lealdade, mal acaba de ver consagrado como seu elemento essencial o regime das proibições de prova em ordem à preservação da dignidade do arguido como pessoa e dos seus direitos fundamentais e logo vem a lei a admitir com valor probatório o testemunho dos arrependidos e como meios de investigação os agentes infiltrados com o risco de resvalar para a provocação ao crime na busca da eficácia. O princípio da liberdade como regra na pendência do processo até à condenação é sacrificado pela ampla admissão de medidas de coacção privativas ou fortemente restritivas da liberdade e que perdem o seu caracter de excepcionalidade, justificado por necessidades processuais, para se converterem em instrumento de investigação pela coacção ou são aplicadas para satisfação da opinião pública veiculada pelos media quando não pelos mesmos construída para satisfação e conquista do seu público ávido de escândalos. O princípio da verdade material, implicando que as investigações pré-acusatórias sejam conduzidas com objectividade na procura da verdade e que na audiência de julgamento o princípio do acusatório seja completado com o da investigação é sacrificado na busca oficial apenas dos indícios da acusação em nome do princípio da celeridade processual que sacrifica a Justiça à prontidão da decisão.

**II.** Também no âmbito do processo penal, a hegemonia geopolítica dos Estados Unidos, que constitui uma das notas características do processo de globalização[49], faz sentir a sua influência pela progressiva admissão do "processo de partes" ou de alguns dos institutos característicos do sistema processual penal norte americano do género da *plea bargaining*.

Instrumentos processuais conhecidos como manifestações de justiça consensual em que se recorre aos acordos entre acusador e acusado ou se dá especial relevância á confissão ou mera aceitação da sanção proposta pelo Ministério Público são frequentemente inspirados no direito americano e justificados e aceites pela maior celeridade que imprimem ao procedimento, ainda que com eventual sacrifício da verdade material que era uma característica essencial do direito europeu continental de inspiração inquisitória.

Questão é se o avanço crescente da influência do processo penal norte americano não representará a renúncia aos princípios liberais do Estado de Direito que caracterizam o processo penal desenvolvido nos dois últimos séculos na Europa Continental, como alguns entendem[50], em

---

[49] Luiz Flávio Gomes, ob. cit., p. 332.
[50] Bernd Schünemann, *ob. cit.*, p. 302.

troca da celeridade e economia que sempre poderia e deveria ser alcançada com uma mais adequada disposições dos meios do processo.

CONCLUSÃO

**I.** O tempo é de mudança e é razoável prever que na era de globalização que se aproxima ou já se iniciou muitas sejam as transformações que o direito penal vá sofrer e que começam já a desenhar-se.

A nova criminalidade não conhece fronteiras e à semelhança das multinacionais no domínio económico também há agora multinacionais do crime, dotadas de meios sofisticados e poderosos muitas vezes superiores aos que os Estados dispõem para o seu combate, reclamando consequentemente que os meios de prevenção, instrumentos punitivos e de perseguição sejam harmonizados e intensificada a cooperação judiciária e policial internacional no combate ao crime no espaço globalizado.

**II.** O desenvolvimento das actividades económicas, a globalização do planeta, o acrescer dos riscos resultantes das actividades potenciadas pelas novas tecnologias, a consciencialização da relevância do ambiente ecologicamente equilibrado como bem essencial e o fenómeno do terrorismo, entre muitos outros fenómenos do nosso tempo, contribuem decisivamente para a hipertrofia do direito penal deste tempo de mudança.

Esta hipertrofia do direito penal, como resposta preventiva aos múltiplos e graves perigos da nossa sociedade, afasta-o cada vez mais daquele núcleo que no passado ainda relativamente recente o caracterizava e era constituído pelo mínimo ético julgado indispensável em cada tempo à paz e progresso de cada comunidade politicamente organizada em Estado.

A utilização do direito penal como instrumento vulgar e generalizado de tutela de interesses prosseguidos pelo Poder, ainda que legítimos, obriga a repensar os instrumentos dogmáticos tradicionais e a desenvolver novos que sejam aptos para prossecução dos fins que crescentemente lhe são atribuídos, nomeadamente nos domínios das acções realizadas no âmbito de estruturas organizadas e da responsabilização penal de entidades de mera criação normativa como as sociedades e demais entes colectivos, e a buscar meios complementares de prevenção que não assentem apenas na moralidade ou no temor da repressão.

**III.** É preciso, porém, estar atentos para que os apelos constantes para novas incriminações e instrumentos eficazes para perseguição dos criminosos não nos levem a sufocar as liberdades ainda há tão pouco conquistadas e por muitos ainda nem sequer experimentadas.

Por isso que seja necessária, como recomenda aos juristas a Comissão Internacional de Juristas, muita militância na defesa dos direitos naturais da pessoa humana.

Loures, Fevereiro de 2003.

# O DIREITO PENAL EM MUTAÇÃO: A CRIMINALIDADE NO BRASIL:

Antonio Claudio Mariz de Oliveira

De tempos em tempos, impelidos por alterações substanciais nas relações inter-individuais, bem como por modificações sociais que desfiguram o panorama reinante, os doutrinadores e os legisladores se vêem levados a repensar os vários ramos do direito para adaptá-los a uma nova e desafiante realidade. Fenômenos ainda não bem compreendidos ou explicitados, como o da globalização, o avanço tecnológico, o crescimento mundial da violência, a influência da mídia, a prevalência da economia, o enfraquecimento da ideologia estão revelando a verdadeira incapacidade de alguns sistemas jurídicos para lidar e atender situações e demandas deles decorrentes.

E, indiscutivelmente, um dos ramos do direito que mais é fulminado com criticas, apelos de mudança e até mesmo sua abolição é o direito penal. Uma sua marca é ser alvo constante de cobranças por parte do corpo social. Exige-se dele uma eficácia que, com certeza, escapa às suas natureza e finalidades. Pretende-se que a legislação penal seja, por si só, um instrumento apto a dar efetivo combate à criminalidade. A visão meramente repressiva e a pena de prisão como única resposta ao crime acarretaram uma carga de responsabilidade que extrapola os limites de sua efetivação.

Essa exigência, no Brasil, está relacionada com um tradicional posicionamento da sociedade, especialmente das elites, em face da criminalidade. O discurso corrente sobre o crime é distorcido, superficial e não conduz a soluções satisfatórias. A criminalidade é vista e analisada a partir de seus efeitos, ficando as suas causas relegadas a um plano secundário. Na verdade, são elas relegadas ao esquecimento.

Encara-se o crime como uma realidade posta e não como uma realidade a ser evitada. Por tal razão, as exigências em torno do direito penal são desproporcionais e despropositadas. As soluções aventadas para a questão criminal se situam, quase que exclusivamente, no clamor por leis mais rigorosas e na maior criminalização, ao lado de uma atuação policial mais eficiente, passando, vez ou outra, pela pregação da adoção da pena de morte.

Cumpre lembrar que salvo recentes movimentos de reação contra a corrupção e a improbidade administrativa, o crime temido e combatido é o que atenta contra a vida e contra o patrimônio.

Assim, resumindo, encara-se o crime no Brasil como um fenômeno representado pelo aumento dos delitos contra a vida e contra o patrimônio, com causas localizadas, exclusivamente, na periculosidade e na vontade de cada criminoso, com desprezo pelos fatores exógenos e cuja solução não ultrapassa os limites da ação policial e da aplicação de leis mais rigorosas.

As estatísticas, realmente, nos mostram a grande incidência dos homicídios, seqüestros, latrocínios, roubos e outros crimes contra o patrimônio e contra a vida. No entanto, um escorço histórico nos indica que, desde 1940, data do Código Penal, até os nosso dias, as leis penais passaram a tutelar, por meio das normas sancionadoras, uma série de

condutas não consideradas criminosas à época. As ações predatórias do homem, em particular, e da sociedade, como um todo, atingem bens e valores que necessitam da proteção penal. De uns anos a essa data estão se amiudando as agressões ao meio ambiente, à moralidade administrativa, aos direitos do consumidor, às regras que regem os sistemas tributário e financeiro, dentre outras.

Uma primeira e inafastável observação deve ser feita: o rol dos crimes cometidos não se limita àqueles tradicionais, já referidos. Por outro lado, o crime no Brasil não é praticado apenas pelas camadas menos cultas e economicamente desvalidas. No entanto, é contra elas que se voltam as ações repressivas, as estatísticas e o rancor público.

Parece haver uma tendência em se dividir a sociedade em duas partes, uma sã, imune a crimes, e outra contagiada pelo virus da violência. A segunda precisa ser combatida, reprimida e punida. A primeira, quando e se comete delitos, é merecedora de complacência, compreensão e até perdão...

A verdade, no entanto, olvidada de forma deliberada e reiterada, é que o crime atinge todos os escalões sociais. Os componentes das camadas mais afortunadas obviamente também cometem delitos. E, o que é grave, o comportamento delituoso das elites se espraia de forma exemplar e contagiante e provoca, junto àqueles que não se contaminaram pelo crime, a descrença, o sentimento de abandono, a perda dos referenciais éticos e morais.

A respeito, o pranteado Professor Manoel Pedro Pimentel usava uma feliz expressão para mostrar que o crime pode ser e é praticado por todas as camadas sociais. E, mais, que estamentos menos privilegiados são contaminados pela criminalidade das altas esferas. Ele denominava essa influência de "contágio hierárquico da criminalidade". Simplificando a fórmula: se os que detêm privilégios delinqüem, porque os dasafortunados não podem fazê-lo?

O crime, pois, não é uma entidade isolada, distante e estranha à sociedade. Ao contrário, ele constitui uma realidade presente no âmago dessa mesma sociedade, dela faz parte, por ela é gerado e nela produz seus efeitos. Portanto, o pensar sobre o crime implica necessariamente no pensar a sociedade como um todo, tentando nela alcançar as causas e soluções para o problema criminal.

A metamorfose sofrida pela sociedade brasileira foi rápida e radical. Não faz muito tempo, homens desprovidos de cultura e de bens materiais, dedicados a ofícios simples, artesanais, mas possuidores de excelsas qualidades morais e éticas, eram respeitados e considerados pelo corpo social, como "homens de bem". Esse patrimônio, no entanto, não pesa mais na bolsa dos valores sociais.

Nas últimas décadas a sociedade brasileira sofreu profundas modificações que alteraram substancialmente o seu perfil. Valores e princípios são freqüentemente postos em cheque; grassa uma trágica desigualdade social; germinaram e dão frutos as raízes daninhas da corrupção e da violência; inexistem mecanismos de amparo aos desvalidos.

Os rumos impostos e o modelo adotado em nosso país, há alguns anos, não podem ser olvidados A essência desse modelo é tecnocrática e financeira, vale dizer, prioriza o econômico que é considerado a força motriz da sociedade. Vigora a idéia de que a economia constitui um fim em si mesmo. Não é posta a economia como um meio para o desenvolvimento do homem. A crença na eficiência do mercado, nas vantagens da especulação financeira e na supremacia do capital prepondera sobre os valores do espírito. Assim, uma cultura individualista, distante dos interesses nacionais, do bem comum e da solidariedade, origina males inevitáveis: corrupção, violência, miséria, exclusão social, um cínico e cruel desrespeito a valores éticos e morais.

A solidariedade cede lugar ao egoísmo e à emulação destrutiva. A busca desesperada de bens de consumo e de posição social substitui o desejo de aprimoramento intelectual e espiritual. Noções como bem comum e interesse coletivo passaram a ser meras figuras de retórica. Essa atitude personalista avilta o ser humano, pois amortece a sua maravilhosa capacidade de amar o próximo e o condena a mais cruel das penas: a solidão.

A priorização do ter, em detrimento do ser provoca uma sensação de abandono e de injustiça, esgarça o senso ético e deteriora os freios inibitórios. Não raras vezes leva ao crime, mormente quando somadas às nossas vergonhosas carências sociais. Assim, a conjugação de vários fatores nos apresenta um quadro dantesco, trágico, onde o homem carente, excluído, desempregado surge de forma aviltada, indigna, comparado à coisa abandonada.

Cumpre realçar a preocupante situação das gerações mais novas. Despojadas, muitas vezes, de valores éticos, que sequer lhes foram transmitidos, possuem uma tendência quase irrefreável para desprezar e desrespeitar desde as normas mais comezinhas de civilidade até o bem supremo que é a vida humana. As carências, o contágio hierárquico do crime, o contato com o sofrimento alheio e com o próprio, a visão permanente do outro Brasil, rico, sofisticado, esnobe e insensível, os massacrantes apelos consumistas, compõe um painel de fatores criminógenos gerados pela própria sociedade. Uma sociedade do bem estar, para poucos, que, segundo Pinatel, coloca a felicidade como a satisfação imediata do prazer do momento.

Dyonélio Machado em sua obra " Uma definição biológica do crime", afirma ser o crime um excesso colocado pelo homem para realizar-se em sociedade, "sob forma de expressão instintiva". Há como que uma reação inconsciente em razão do rebaixamento da zona de tolerância, contra a humilhação, a exploração, a injustiça sofrida em silêncio, conforme nos mostra Rollo May, no livro "Poder e Inocência".

Uma análise, mesmo que superficial, de nossos índices de qualidade de vida, nos mostra que eles inviabilizam a construção de uma sociedade harmoniosa, pacífica, portadora de índices aceitáveis de criminalidade. Em termos de produto interno bruto "per capta", estamos abaixo de países como a Malásia, Omã e Trinidad. Nossa distribuição de renda é das piores do mundo, senão a pior.

O panorama é dos mais sombrios e constitui um campo fértil para a expansão da criminalidade, sendo difícil imaginar que o direito penal possa barrar tal avanço. A previsão de condutas típicas e as respectivas penas, por mais rigorosas que sejam, obviamente não exerce nenhuma função inibitória. Chega a ser até risível crer-se que a mera previsão de sanções e mesmo a sua execução impeçam as práticas criminosas.

Nota-se a existência de um curioso paradoxo: ao mesmo tempo que inúmeras condutas estão sendo criminalizadas, como resposta oficial à sociedade que clama por punição, a criminalidade aumenta vertiginosamente, demonstrando a ineficácia da resposta meramente repressiva.

Há alguns fatores que devem ser considerados na análise do crime e da atuação do direito penal em nosso país. Os problemas dos sistemas judiciário e penitenciário não podem ser olvidados. A falta de critério na adoção da pena privativa de liberdade; a timidez em aplicar as penas restritivas de direitos; o alheamento de parte dos juízes e dos promotores da realidade social que os cerca; a ausência de uma eficaz assistência judiciária, dentre outros fatores, mostram, na verdade, menos as deficiências das leis penais do que as falhas em sua aplicação e execução. Claro que os erros na efetivação das punições criam um clima de descrença na justiça e as péssimas condições de sua execução frustram os objetivos de readequação social da pena, que ficam relegados a uma mera previsão teórica, sem nenhuma possibilidade de concretização.

Em conferência proferida na Sociedade Brasileira para o Progresso da Ciência, o Professor Manoel Pedro Pimentel, há aproximadamente vinte e cinco anos, alertou, em face da ineficiência de nossos sistemas, para o risco de entrarmos na era do direito penal da periculosidade, em substituição ao direito penal da culpabilidade. A inoperância desses sistemas provocaria pressões sociais que poderiam sensibilizar juristas e doutrinadores a criar as bases de uma doutrina penal voltada para a avaliação da personalidade do indivíduo, em conjunto com os dados fornecidos pela cibernética e relacionados ao crime e já conhecidos ou "institucionalizados", como disse o conferencista. Com tal cotejo se poderia vislumbrar se seria ele portador de tendências criminosas. Teríamos assim o delinqüente típico, o "lombrosiano eletrônico"...

## DISTORÇÕES NA REAÇÃO CONTRA O CRIME:

As deficiências do sistema penal aliadas à corrupção que grassa nos setores empresariais, financeiros e políticos têm provocado uma vigorosa reação por parte das autoridades responsáveis pela "persecutio criminis". A grita da imprensa e dos segmentos sociais participativos formou uma cruzada que impulsiona, motiva e obriga a ação das autoridades, criando um elogiável movimento para redimir nosso passado recente marcado pela impunidade das elites financeiras e políticas.

Se o despertar da consciência para as questões da "alta criminalidade" merece os nossos aplausos, há de se anotar que exageros estão sendo cometidos e precisam ser coibidos.

Estamos assistindo excessos injustificáveis e incompreensíveis quer sob a ótica das garantias individuais de um Estado de Direito Democrático, quer sob o prisma da própria eficácia das investigações, acusações e punições.

Na realidade da impunidade passamos para uma fúria acusatória, transformando nossa época em uma estação de caça às bruxas, na qual direitos e garantias individuais, postulados constitucionais e processuais são desconsiderados. As duas situações conduzem à insegurança jurídica, ao desrespeito à lei, e à violação da dignidade pessoal.

## DISTORÇÕES

Em primeiro lugar, cumpre apreciar a atuação da imprensa. Parte dos veículos de comunicação tem transformado suas investigações e denúncias em instrumento de constante busca do sensacionalismo, do negativo, do destrutivo, sem nenhum compromisso com a ética jornalística, com a verdade e com o respeito ao próximo.

Na maioria dos casos há um açodamento da mídia em noticiar a pseudo-responsabilidade penal de alguém. Fatos desabonadores são lançados sem comprovação ou menção à fonte, protegida esta pelo sigilo, e passam a ser considerados como fatos verdadeiros. Ao contrário do que ocorre na Justiça, não necessitam de comprovação. O tratamento dado à matéria não é imparcial. Noticia-se apenas o negativo. Prevalece uma abominável posição maniqueísta, onde o bom, o positivo, o edificante são esquecidos.

Na verdade, essa má imprensa não se limita a informar, acusa. Não admite defesa, condena. Não quer processo, deseja punição.

Ela extrapola os lindes de seus objetivos e o faz de forma perniciosa e maléfica. Sua atividade na cobertura de eventos criminosos ou tidos por ela como tais desrespeita os mais comezinhos direitos da pessoa humana: sua honra, sua intimidade, sua privacidade, o respeito que merece do corpo social e de seus familiares. Ademais, fere princípios constitucionais de todo Estado democrático ligado à "persecutio criminis", pois não são respeitados o direito de defesa, o devido processo legal, o contraditório e a presunção de inocência.

O Ministério Público brasileiro, por sua vez, indiscutivelmente tem se empenhado no fortalecimento e na efetivação do primado da lei, da intangibilidade do regime democrático e da aplicação da justiça No entanto, alguns reparos devem ser feitos no que tange à sua atuação. Em primeiro lugar, é de se realçar a falsa idéia preponderante junto à sociedade brasileira, de que o objetivo primordial da instituição é o de exercer a acusação sistemática e obstinada. Esta deformação atinge, inclusive, membros do próprio "parquet". Esquecem-se que o alvo de sua missão e de seus esforços intelectuais supera o objetivo de perseguir condenações.

Instituição permanente e essencial à administração da justiça e também responsável pela defesa da ordem jurídica, da democracia e dos interesses indispensáveis, reduzi-la a mero órgão acusador é aviltar e apequenar sua exponencial missão de elemento essencial à função jurisdicional. Com certeza a sua essencialidade não reside na necessária condução de uma postulação condenatória até o termo final do processo, alheio às circunstâncias fáticas carreadas para os autos, o que não poucas vezes a levariam a tomar rumos diversos daqueles inicialmente expostos.

O eminente Hugo Nigro Mazilli, que honrou o Ministério Público paulista, hoje aposentado, em sua obra "Regime Jurídico do Ministério Público" afirmou: *"No campo criminal, porém, ao contrário do que muitos leigos pensam, não é o promotor de justiça obrigado a acusar; tem plena liberdade de convicção e de atuação. Não só pode, como deve pedir a absolvição ou recorrer em favor do acusado, caso se convença de sua inocência. Igualmente pode impetrar habeas corpus em benefício dos acusados, se entender que sofre ele constrangimento ilegal."* (Fls. 76)

Ainda, segundo o ex-promotor, o "parquetier" deve zelar pela justiça e não pela acusação. *"Caminha para séria deformação profissional e pessoal o promotor quando não mais pensa assim, ou quando nem mesmo percebe que inverteu o sentido de seu trabalho."* (obra cit. – Fls. 80). Dessa "deformação" surge um não pequeno rol de condutas censuráveis, que prejudicam a aplicação concreta do direito penal.

Muitas vezes cobrados e pressionados pela imprensa, adotam providências, requerem medidas e dão declarações ainda não consentâneas com as circunstancias do fato, muitas vezes nem sequer apuradas. Requerimentos, por vezes, desprovidos de amparo legal, são formulados exclusivamente em atenção às expectativas criadas pela mídia.

E a imprensa escrita e televisada aproveita-se da precipitação do

Ministério Público para produzir um grande alarde, dar ao fato desproporcional divulgação, sem que ele esteja ao menos caracterizado como delituoso. Ademais, aponta e divulga o nome do indigitado responsável, tido como tal, por frágeis e inconsistentes ilações, produzidas muitas vezes pelo próprio noticiário jornalístico. E a acusação é acolhida pelo promotor, mais preocupado em mostrar sua agilidade e presteza do que em apurar, investigar e formar sua convicção indispensável à adoção das medidas que venha a postular .

Para completar o painel de fatores que deturpam, desenfocam e empanam a realização do direito penal, deve ser analisada a própria posição da sociedade. Na verdade, ela constitui terreno fértil para que germine o escândalo, a maledicência, a acusação leviana e a execração. A sociedade perdeu o seu poder de critica. Recebe como verdade axiomática aquela que lhe é transmitida pela mídia, mormente se atender aos seus anseios de encontrar culpados para exigir castigo.

Ademais, desconhece por completo os princípios que norteiam a administração da justiça penal, sendo indiferente, ou melhor, contrária ao próprio direito de defesa, quando se trata da defesa alheia, pois quanto à pessoal cada cidadão a exige veementemente. Note-se que a sociedade, de um modo geral, confunde a figura do advogado com a do acusado e o enxerga como defensor e apologista do próprio crime praticado.

Aqueles que são colocados à execração pública, em razão do alarido da imprensa e das acusações e manifestações açodadas sobre sua ainda não investigada responsabilidade, passam a ser considerados os grandes vilões e exclusivos criminosos da nação, especialmente nos casos de improbidade ou nos crimes financeiros. O encontro de um culpado aplaca e satisfaz a consciência social, caindo no esquecimento inúmeras outras investigações e apurações que permitiriam o efetivo e real combate à delinquência econômico-financeira e à improbidade administrativa.

Observa-se que dentro desse esquema pouca ou nenhuma condição possui o acusado de desenvolver em sua plenitude o direito de defesa. Os responsáveis pela tutela penal já se encontram com suas convicções constituídas, ficando prejudicadas as alegações e ponderações defensivas. Na verdade, o apontado autor de um crime já foi previamente condenado, sem que houvesse acusação formal, processo, defesa e sentença judicial.

Toda essa iniquidade serve aos propósitos da imprensa, ligados à vendagem dos jornais e às pesquisas de audiência. Com muita propriedade Rafael Bielsa afirmou *"a má imprensa não só lesa direitos e interesses jurídicos e morais das pessoas a quem afeta a publicidade caluniosa ou escandalosa (...) engendra uma espécie de curiosidade e animosidade mostradas no público e, sobretudo, nas pessoas que, por falta de sentido critico, de reflexão ou de experiência, são propensas às vias de fato, perigo que comprova a psicologia das multidões."* (in "Estudos de Direito Público" – vol. III – pág. 733)

Saliente-se, por derradeiro, que as distorções na distribuição da justiça penal atentam contra as próprias instituições do Ministério Público e da Magistratura pois as coloca no mesmo patamar daqueles que, embora agindo incorretamente por não informar com fidelidade a verdade, não são administradores da justiça, não tendo, assim, compromisso com seus postulados. Já juizes e promotores que não possuem obrigações para com a atividade jornalística, nem com a divulgação da própria imagem. Cumpre-lhes fazer justiça. Tudo que possa por em risco o correto desempenho dessa função deve ser desprezado. O único risco admitido para o alcance do justo reside na falibilidade, que é própria da condição humana.

## O DIREITO PENAL: MANUTENÇÃO OU ABOLIÇÃO:

O direito penal, tal como outros ramos do direito, visa, basicamente, a manutenção da paz e da harmonia em sociedade. A normatização das relações inter-sociais possui exatamente o condão de prevenir ou elidir os conflitos que surgem inevitavelmente como decorrência do homem ser um animal gregário.

Se a função normatizadora do Estado, por meio de um de seus poderes, tem sua essencialidade aceita, desejada e aplaudida pela sociedade, aquela voltada a punir condutas proibidas com sanções que atingem a liberdade de locomoção ou que cerceiam o exercício de direitos trazendo sempre gravames e intenso sofrimento moral, ao contrário encontra fortes resistências. Trata-se, no entanto, de uma meia verdade, pois nos países de altos índices de criminalidade prega-se a necessidade de mais rigor na aplicação das sanções penais, bem como se exige que um maior número de condutas seja criminalizada.

De qualquer forma, sob o aspecto doutrinário e filosófico o direito penal sofreu e sofre questionamentos, inclusive a respeito de sua abolição ou de sua substituição por fórmulas menos gravosas.

Claux Roxin afirma que ao lado de constituir um instrumento de estabilidade social, o direito penal submete "numerosos cidadãos, nem sempre culpados, a medidas persecutórias extremamente graves do ponto de vista social e psíquico". A conseqüência mais grave, segundo o autor, é a desclassificação e a exclusão social. ("Tem Futuro o Direito Penal ?" – Claux Roxin – in Revista dos Tribunais, n.° 790; págs. 460/473).

Cumpre esclarecer não ser tão recente a preocupação de penalistas com a excessiva utilização do direito penal. Radbrouch dizia que na sua própria evolução o direito penal iria *"deixar para trás o próprio direito penal"*, que seria substituído por um direito de ressocialização e tutela com certeza *"melhor que o direito penal, mais inteligente e humano que o direito penal"*. (Roxin; ob.cit)

Roxin, no mesmo artigo, aborda a possibilidade do Estado exercer um controle mais intenso do crime. Segundo ele mesmo, no entanto, a vigilância mais intensa mesmo que faça desaparecer o crime, não tornará o direito penal supérfluo. Isto porque tal controle só é viável em setores restritos e só parcialmente permitidos, pois devem ser respeitados os direitos individuais. No entanto, diz Roxin, mesmo com tais restrições, o aprimoramento da vigilância deverá integrar o direito penal do futuro.

As teses abolicionistas esbarram em aspectos da própria condição humana. Em primeiro lugar, na insuperável tendência do homem em agrupar-se. Em face dessa característica surge a existência de conflitos inter-pessoais decorrentes da necessidade de cada qual satisfazer seus interesses e na resistência a tais interesses quando outros se lhe opõe. Tais conflitos não raro geram reações que atingem bens e valores de alta expressão humana e material. Coibir tais reações é função imperiosa atribuída ao Estado. Por outro lado, independente dos conflitos de interesses que geram condutas violadoras de direitos, o homem, por razões as mais variadas, pratica condutas nocivas à harmonia social, pois em desacordo com princípios e valores respeitados pela sociedade como um todo e por cada um de seus componentes.

Em ambas as hipóteses – reação a interesses resistidos e condutas violadoras de bens, direitos e interesses – tem-se que recorrer ao ordenamento jurídico para a respectiva proteção. O direito penal é acionado exatamente quando outros ramos do direito se mostram insuficientes à adequada proteção a tais valores, escolhidos pela própria sociedade como merecedores do amparo penal. Como se tem observado, no entanto, ao contrário de constituir a última "ratio" o direito penal, em nosso país, tem sido utilizado como primeira fonte de reação contra as condutas desviantes.

Há na atualidade não poucas vozes credenciadas defendendo as chamadas teses abolicionistas. Prega-se a própria abolição do direito penal ou a sua substituição por fórmulas menos gravosas

O admirável magistrado José Renato Nalini, fazendo uma síntese sobre as tendências do direito penal na atualidade, aplaudiu o abolicionismo pois ele espelha um louvável esforço *"em favor da humanização do direito penal"*. No entanto, dentre as críticas que comporta, a grande dose de utopia foi por ele destacada. Anotou que a adoção de soluções privadas para os conflitos criminosos, baseadas no ressarcimento civil do dano só tem viabilidade em sociedades de ínfima complexidade tais como a Noruega e a Holanda.

Para ilustrar sua abalizada opinião, fez menção a um exemplo de Hubsman: um televisor foi quebrado em um apartamento habitado por cinco estudantes. A reação dos quatro em relação ao que danificou o aparelho é diversa: um quer castigar "(estilo punitivo)"; outro quer o ressarcimento "(estilo compensatório econômico)"; o terceiro entende que o colega está louco e propõe a sua internação "(estilo terapêutico)"; o último acha que todos devem fazer um "exame de consciência para analisar como e por que se chegou a essa situação (estilo conciliador)".

Na realidade, diz Nalini *"A pretensão abolicionista de deixar nas mãos da sociedade a resolução dos conflitos não passa de uma declaração de boas intenções"*. Caso adotado no Brasil *"essa tendência poderia representar uma espécie de privatização do sistema punitivo, com transferência à comunidade de um equipamento estatal falido"*. Arremata, afirmando que a abolição do sistema penal pode ser útil para os crimes de bagatela, mas *"desserve a combater a criminalidade violenta e organizada"*. ("Aplicação da Lei Penal: Debates e Tendências Atuais" *in* Revista dos Tribunais 770/448).

Roxin, após discorrer sobre o abolicionismo e sobre a prevenção por meio da vigilância, discorre sobre outras idéias desenvolvidas com o intuito do direito penal ser substituído, no todo ou em parte, por outros mecanismos que atendam aos interesses de pacificação e segurança da sociedade. Desta forma, faz uma abordagem a respeito do tratamento dos delinqüentes por meio da adoção de medidas de segurança. Analisa, ainda, a descriminalização e a diversificação. Faz um questionamento a respeito da diminuição ou aumento da quantidade de dispositivos penais e de suas violações. E, por derradeiro, faz duas indagações: o direito penal do futuro será mais suave ou mais severo? Como será o sistema de sanções no direito penal do futuro?

Tomo a liberdade de me alongar nas considerações do grande penalista, porque elas possuem uma amplitude que alcança as principais tendências do direito penal moderno, que, como dito no início, longe de permanecer estático está permanentemente em ebulição, em razão das exigências e da responsabilidade que se imagina recair sobre ele.

Após o exame de cada um dos aspectos acima ventilados Claux Roxin expõe as suas respectivas conclusões. Assim, com todas as deficiências e riscos que oferece, também no Estado social de direito, o abolicionismo não conseguirá acabar com o futuro do direito penal. O tratamento do delinqüente por meio das medidas de segurança poderá ser ampliado, mas o direito penal não poderá ser substituído por tal sistema. Quanto à descriminalização e à diversificação, Roxin entende que elas poderão reduzir as punições às hipóteses que realmente justifiquem a aplicação de pena. Entende, por outro lado, que as taxas de criminalidade aumentarão *"mesmo que em menor medida que nas últimas décadas, eis que grande parte das circunstâncias criminógenas hoje já existe"*. Por derradeiro entende que o direito penal no futuro será mais "suave". Haverá a adoção de sanções substitutivas da pena de prisão e que serão mais propícias à ressocialização *"e não menos eficientes do ponto de vista preventivo que a privação da liberdade"*.

## RESPONSABILIDADE PENAL OBJETIVA:

Como exemplo do descompasso existente entre a aplicação prática do direito penal no Brasil e o dogmatismo penal, deve ser realçada a questão da responsabilidade.

A autoria recebeu por parte dos penalistas percuciente análise e aprofundados estudos para que fosse encontrada a sua adequada conceituação.

Para a chamada teoria subjetiva ou subjetiva causal, o autor seria aquele que de uma maneira ou de outra criara uma condição para a ocorrência do delito. A crítica feita, e com toda procedência, refere-se à ampliação desmedida da autoria, que alcançaria desde os executores até os que não praticaram atos ligados ao fato criminoso, mesmo que indiretamente. Essa concepção, pela sua abrangência, permite, por exemplo, que se responsabilize o vendedor da arma utilizada em um homicídio.

A teoria formal objetiva, ao contrário, limita a autoria à prática da ação descrita no tipo. Desta forma, não estariam envolvidos mesmo aqueles que colaboraram com o resultado, por não terem praticado a conduta típica. Nega, assim, a possibilidade da participação na conduta de outrem.

Por derradeiro, a terceira teoria foi assimilada pela doutrina penal. Trata-se da teoria do domínio da fato. Autor é quem praticou o núcleo do tipo, é o responsável material ou intelectual pela realização do fato. Há uma estreita ligação entre autoria e tipo. O elemento volitivo coloca dentro do conceito de autor também aquele que, sem ter praticado a ação, desejou o resultado e colaborou ao menos intelectualmente para o seu alcance ou utilizou-se de terceiro inimputável ou alguém que agiu ignorando a ilicitude do fato.

A partir do acolhimento da concepção do domínio do fato, os penalistas elaboraram as formas de autoria. Assim, temos o autor executor, o autor intelectual e o autor mediato. O primeiro realiza materialmente a conduta total ou parcialmente. O autor intelectual, por sua vez, determina a realização do fato, sem dele participar. Por fim, o autor mediato é aquele que se utiliza de um inimputável para a prática delitiva ou de pessoas que agem desconhecendo o caráter delituoso de sua conduta. Ao lado do conceito de autoria, temos o de co-autoria e de participação. Na primeira hipótese o agente age como autor, isto é, ele tem o domínio do fato, mas age em conjunto com outro ou outros autores. Já na participação, o fato praticado pelo partícipe é atípico, mas contribui para a concretização do fato típico realizado por outrem. Note-se que a participação pode ser moral e se apresenta sob as formas do induzimento e da instigação. No induzimento o agente cria no espírito de outrem a intenção de praticar o crime. Na instigação há o estímulo, o reforço à idéia delituosa já existente.

Por essas breves considerações vemos que a responsabilidade penal só pode recair sobre quem teve com o fato criminoso uma relação de execução ou de colaboração, marcada pela consciência e pela vontade.

O insígne Professor José Frederico Marques nos mostra que a responsabilidade penal não pode ser ficta, presumida, diversa daquela proveniente da própria conduta do agente e de sua postura psicológica em face do evento delituoso. *"A conduta objetivamente ilícita de que provem a lesão a interesse penalmente tutelado só será delituosa e punível, se contiver o coeficiente subjetivo da culpabilidade. É esta que liga o fato típico e antijurídico ao homem, estabelecendo o nexo necessário entre o conteúdo kobjetivo e a conduta ilícita e o querer interno do agente."* ("Tratado de Direito Penal" – vol. II; pág. 201).

Embora absolutamente sedimentadas, tais noções estão sendo relegadas ao esquecimento, especialmente nos denominados crimes societários, nos quais a conduta, em tese, favorece uma pessoa jurídica e é praticada em seu nome.

Nas hipóteses desses crimes, durante o inquérito policial não há nenhuma preocupação em se investigar a autoria. Não são colhidos elementos aptos a apontar a responsabilidade pessoal. As investigações ficam restritas à materialidade delitiva. Não são raras as vezes, mormente nos casos de crimes tributários, financeiros, ecológicos ou contra o consumidor, nos quais o inquérito policial não é sequer instaurado. A denúncia baseia-se no auto de infração lavrado pela autoridade administrativa e o crime é imputado aos sócios, diretores, administradores ou gerentes da sociedade.

Esta deplorável prática representa um retrocesso na doutrina construída no prol da liberdade individual, por meio da exata definição da responsabilidade penal. E, sem dúvida, tem ela origem na verdadeira sanha acusatória que impulsiona a ação de policiais e promotores públicos em detrimento dos direitos e das garantias previstas pelo ordenamento jurídico, inclusive pela Constituição Federal.

A fúria punitiva, estimulada pela imprensa e por segmentos da sociedade, causa maior estupefação quando se compara o desenvolvimento de outros ramos do direito com o direito penal. Com efeito, o direito tributário, por exemplo, que funda a responsabilidade em critérios objetivos, tem discutido a adoção da tese da imputação subjetiva. O jurista Hector Villega, em seu "Direito Penal Tributário", mostra que vários autores apontam para a nova orientação conceitual. Assim, Bielsa afirmou que "*a noção simplista da chamada responsabilidade objetiva (sem culpa) longe de significar um progresso para o direito, faria com que este retrocedesse aos tempos bárbaros anteriores a lei Aquilia.*" Villegas se refere, ainda, a Spola, para quem, embora prevaleça o fato objetivo, deve-se reconhecer "*que constitui um progresso jurídico, aproximar os dois ramos do direito repressivo, no que concerne ao requisito subjetivo*". Por fim, Hector Villegas cita Jarach, que defende a subjetividade absoluta, com a qual ele, Villegas, não concorda. Diz Jarach que "*a evolução do direito tributário é e deve ser no sentido de, aceitar sem exceções o principio segundo o qual não pode haver pena sem culpabilidade em sentido amplo, por dolo ou simples culpa*" ("Direito Penal Tributário" – pág. 234/235 – Editora Revista Tributária de São Paulo).

Verifica-se, portanto, que no próprio direito tributário, os estudiosos tem avançado seu pensamento em matéria de responsabilidade procurando, ao menos, mitigar o rígido principio objetivo, com a aplicação de alguns princípios ligados à culpabilidade.

A responsabilidade pessoal, que no direito penal passou a ser considerada um verdadeiro dogma, vem, como se viu, sofrendo sérios abalos. É preciso que haja uma pronta reação dos operadores do direito que estejam comprometidos com a correta distribuição da justiça criminal, pois, do contrário, em nome também do combate à corrupção e à impunidade, outros princípios poderão ser olvidados, tais como o da legalidade, do devido processo legal, do contraditório, da ampla defesa, dentre outros.

Deve-se salientar que o desrespeito ao princípio da responsabilidade penal subjetiva está presente na própria legislação criminal. A sua disciplina legal é desnecessária, pois ela segue, em relação a todas as figuras penais, as regras da parte geral do Código Penal, inspiradas na elaboração doutrinária. Portanto, não se justifica, mesmo nos chamados crimes societários, que o legislador dite regras sobre responsabilidade penal pois os conceitos de autoria, co-autoria e de participação não variam de acordo com a natureza dos delitos ou com os seus eventuais beneficiários, bem como são imutáveis os postulados que informam a culpabilidade e a tipicidade.

No entanto, alguns diplomas legais incorrem no erro e adotam a responsabilidade sem culpa. Assim, a antiga Lei Orgânica da Previdência Social (3.807, de 26/8/60) em seu artigo 86, parágrafo único rezava que *"para os fins deste artigo consideram-se pessoalmente responsáveis o titular da firma individual os sócios solidários, gerente, diretores ou administradores das empresas incluídas no regime desta lei"*. A lei que criou o Conselho Monetário Nacional, em seu artigo 44, parágrafo 7.°, dispôs da mesma forma: *"Quaisquer pessoas físicas ou jurídicas que atuem como instituição financeira sem estar devidamente autorizada pelo Banco Central da República do Brasil, ficam sujeitas à multa referida neste artigo e detenção de 1 (um) a 2 (dois) anos, ficando a esta sujeitos, quando pessoa jurídica, seus diretores e administradores"*. A Lei 7.492/86, que define os crimes contra o sistema financeiro nacional, da mesma forma das anteriores, em seu artigo 25, atribui ao controlador e aos administradores da instituição financeira, assim considerados os diretores e gerentes, responsabilidade penal, independente da existência de qualquer vínculo com o fato delituoso.

Todos esses dispositivos encerram uma verdadeira heresia no campo penal e uma agressão jurídica para qualquer sociedade evoluída: a possibilidade de punição por fatos de terceiros. No dizer do grande penalista argentino Soler, a responsabilidade penal por fato de outrem é própria das formas primitivas de cultura, quando não se havia operado o processo de *"diferenciacion individualizadora"*. Para ele o principio da subjetividade da ação conduz a duas importantes conseqüências: a subjetivização da culpa, que exclui as formas de responsabilidade objetiva e a individualização da responsabilidade, que impede que alguém sofra pela do outro (Direito Penal, Tomo I, págs. 249/251).

Hugo de Brito Machado, entre nós, ponderou que *"considera-se responsabilidade penal objetiva o estado de sujeição a uma sanção criminal independentemente de restar demonstrado o dolo ou culpa, bastando o nexo de causalidade material. É a responsabilidade por um acontecimento a alguém em virtude apenas de um nexo de causalidade material, entre a conduta e o resultado, com exclusão de qualquer contribuinte de elemento subjetivo, seja do conhecimento ou de vontade."* ("Responsabilidade penal no âmbito das empresas", in Direito Penal Empresarial", p. 128).

## RESPONSABILIDADE PENAL DA PESSOA JURÍDICA:

Tem-se procurado em vista do crescimento dos delitos coletivos ou societários, encontrar fórmulas de enquadramento das sociedades dentro dos limites do direito penal, sem que seja alterada a estrutura do direito penal da culpa.

O notável advogado e penalista Manoel Pedro Pimentel afirmou ser possível a adoção da responsabilidade penal da pessoa jurídica apenas de "lege ferenda", mas após *"uma profunda reformulação doutrinária"* pois *"vigentes os postulados da responsabilidade subjetiva, não há como punir a pessoa jurídica, e os crimes praticados em nome da sociedade somente podem ser punidos através da apuração da responsabilidade individual dos mandatários da sociedade, desde que comprovada sua participação nos fatos. Responsabilizar a pessoa jurídica nos apertados limites do princípio da responsabilidade por culpa, é solução que a dogmática penal não aceita."* ("Crimes contra o Sistema Financeiro Nacional"; págs. 171/172).

Razão assiste ao ilustre professor. Dentro da dogmática penal prevalente, onde culpabilidade e conduta possuem papel de relevância, parece óbvio que a pessoa jurídica não pode ser sujeito ativo de delito. Este é fruto de uma conduta humana marcada pela vontade e que merece a censura do corpo social.

Cumpre, antes da abordagem da questão sob o prisma da Constituição Federal de 1988, abrir um parênteses para mostrar que há uma tendência mundial em se considerar a pessoa jurídica passível de figurar no pólo ativo do evento criminoso. Tal tendência decorre da verificação de que vários delitos são praticados em nome ou sob o manto organizacional de uma pessoa jurídica "*a empresa foi 'descoberta' pelo direito penal e pela criminologia como um centro susceptível de gerar ou de favorecer a prática de factos penalmente ilícitos, porque de repercussão desvaliosa no tecido econômico-social. A empresa passou a ser um centro, em redor do qual se podem conceber diferenciadas actividades ilícitas.*" (Faria Costa – "Natureza jurídica de crimes contra as relações de consumo" – Revista Brasileira de Ciências Criminais n.º 11; p. 129)

As legislações penais não são uniformes a respeito da responsabilidade penal da pessoa jurídica. Na França, a admissão é expressa. O artigo 121-2, do Código Penal de 1994, dispõe que "*as pessoas jurídicas, com exceção do Estado são penalmente responsáveis segundo as disposições dos arts. 121-4 a 121-7 (tratam da tentativa e da cumplicidade) e nos casos previstos pela lei, pelas infrações cometidas, por sua conta, por seus órgãos e seus representantes*". Saliente-se que vários delitos, e não apenas os econômicos ou ecológicos, segundo o direito penal francês, comportam autoria por parte da pessoa jurídica, tal como o homicídio culposo, a lesão corporal culposa, o tráfico de entorpecentes, a corrupção ativa, dentre outros.

Segundo Fausto Martin de Sanctis, no direito inglês "*a responsabilidade penal das pessoas jurídicas, dentro da responsabildade objetiva, ocorre pelo fato pessoal (strict liability) ou de fato de terceiro (vicarious liability). Ambos são excepcionais e podem recair não só sobre pessoas coletivas mas inclusive sobre as pessoas físicas.*" ("Responsabilidade penal da pessoa jurídica", Saraiva, 1999 p. 49).

A Itália e a Espanha não admitem a imputação criminal à pessoa jurídica. A respeito deste último país, Jesus Maria Sanches mostra que o direito penal espanhol mantem-se fiel à doutrina penal da culpabilidade e à teoria do delito: "*basta hoy la doctrina mayoritaria em España ha entendido que las necesidades de prevencion existentes em el âmbito de la criminalidad de empresa no hacen preciso auténtica penas criminales a las empresas, ni tampoco poder afirmar que la empresa comete delitos. Asi pues, há mantendo firme la estrutura del sistema de la teoria del delito, como orientado a hechos 'personales'* " ("Responsabilidad Penal de las empresas y sus organos em Derecho Español", in "Responsabilidade Penal da Pessoa Jurídica"; R.T., 2001 p. 13).

Na Alemanha, segundo Sérgio Salomão Shecaira, "*às pessoas jurídicas podem ser impostas sanções pela via do chamado direito penal administrativo, ou contravenção à ordem. Estas são infrações de menor gravi-*

*dade. Sua sanção não é a multa penal (Geldsbrafe), mas sim uma multa administrativa (Geldsbusse). Esta é aplicada para as infrações de trânsito e as econômicas*" ("Responsabilidade penal da pessoa jurídica", p. 1998). René Ariel Dotti esclarece que as chamadas multas convencionais, que são penas acessórias (Geoldbusse) podem ser aplicadas "contra as sociedades quando um seu agente, revestido de certa representatividade, comete um crime ou uma contravenção e o fato ilícito guarda relação com o giro comercial da pessoa moral" (in "Revista do Direito Penal e Criminologia"; pág. 148).

O Código Penal Português embora preveja a responsabilidade pessoal, possibilita que haja previsão expressa no sentido da responsabilidade do ente coletivo. No entanto, como adverte Manuel Antonio Lopes da Rocha, "*se se tornar clara que uma pessoa singular é responsável, é a seu respeito que importa agir em primeiro lugar, porque as sanções aplicáveis à pessoa coletiva podem implicar efeitos econômicos nefastos e mesmo desastrosos, de diversos pontos de vista. A sanção só deve atingir o ente coletivo para completar os efeitos da reação dirigida à pessoa singular, nomeadamente quando tirar proveito da infração ou quando não for passível determinar quem é o responsável. Alias, não seria aconselhável que a possibilidade de atingir a pessoa colectiva tivesse como efeito negligenciar a descoberta da pessoa singular responsável, que assim poderia beneficiar de uma imunidade de facto inadmissível, a qual não deixaria de favorecer uma dinâmica do seu sentimento de responsabilidade*". ("A responsabilidade penal da pessoa coletiva: novas perspectivas" in "Direito Penal Econômico" – Coimbra).

No Brasil, a análise da questão passou a merecer extensas considerações após a promulgação da Constituição Federal de 1988. Dois dispositivos passaram a ser vistos como autorizadores da responsabilização penal das pessoas jurídicas. Assim, o parágrafo 5.°, do artigo 173 determina que: "*A lei, sem prejuízo da responsabilidade jurídica individual dos dirigentes da pessoa jurídica estabelecerá a responsabilidade desta, sujeitando-a às punições compatíveis com sua natureza, nos atos praticados contra a ordem econômica e financeira e contra a economia popular*".

Por seu turno, diz o parágrafo 3.°, do artigo 225: "*As condutas e atividades consideradas lesivas ao meio ambiente sujeitarão os infratores, pessoas físicas ou jurídicas, às sanções penais e administrativas, independentemente da obrigação de reparar os danos causadores.*"

O advogado Sérgio Salomão Shecaria afirma que "*a responsabilidade penal da pessoa jurídica continua sendo tema polêmico e candente em direito penal, particularmente na doutrina brasileira. O legislador constituinte reavivou a discussão do assunto, ao editar os dois dispositivos citados. Não obstante existirem opiniões contrárias de juristas de nomeada, a nosso juízo não há dúvida de que a Constituição estabeleceu a responsabilidade penal da pessoa jurídica"* (A responsabilidade penal da pessoa jurídica e a nossa recente legislação, em Responsabilidade penal da pessoa jurídica e medidas provisórias e Direito Penal, p. 134).

Ao contrário da opinião acima, que é esposada por conceituados penalistas, as duas normas constitucionais não contêm permissão para que a legislação infra constitucional passe a punir a pessoa jurídica como autora do delito.

O primeiro deles, dirigido à proteção dos sistemas econômico, financeiro e da economia popular, além de prever a responsabilidade individual dos dirigentes, autoriza que a lei sujeite a pessoa jurídica às punições *"compatíveis com sua natureza"*.

Ora, a natureza das entidades jurídicas é absolutamente incompatível com as sanções penais e com os princípios hoje norteadores do direito penal. A principal sanção adotada pela legislação penal, codificada ou esparsa, é a que limita o direito de locomoção. A própria Constituição Federal, no artigo **5.º**, traz comandos concernentes ao regime de cumprimento da pena e outorga direitos e garantias ao condenado. Assim, adota o princípio da personalidade e da individualização da pena (incisos XLV e XLVI); arrola os tipos de sanções e prioriza a privação ou restrição da liberdade (XLVI); obriga o cumprimento da pena em estabelecimentos distintos (XLVII); garante a integridade física e moral aos presos (XLIX); assegura às presidiárias o direito a amamentar seus filhos (L). Claro, pois, a incompatibilidade entre a prisão e a pessoa jurídica. Poder-se-ia afirmar que há, no entanto, compatibilidade entre esta e algumas outras sanções penais. É verdade. Mas tais sanções tem natureza administrativa, e como o legislador constitucional no parágrafo 5.º, do artigo 173, não dispôs que a punição à pessoa jurídica deveria ser penal, a mencionada incompatibilidade só pode remeter o legislador ordinário às punições administrativas.

Admitindo-se a pessoa jurídica no polo ativo das condutas delituosas, os princípios da personalização e da individualização da pena ficam derrogados. Com efeito, como salienta Renê Ariel Dotti, *"os procedimentos de identificação e submissão acima expostos não se aplicam quando o 'autor' do crime seja pessoa jurídica. Mesmo que o fato típico tenha sido causado somente por um de seus diretores, todos os demais sofrem, em maior ou menor intensidade, os efeitos primários da condenação. E se, em conseqüência da sanção imposta, a pessoa jurídica não tiver condições materiais ou morais para sobreviver, tal evento alcança todas as pessoas físicas e jurídicas que vivem sob a sua divergência*"(ob. cit., p. 152).

Igualmente, o artigo 225, parágrafo 3.°, não trouxe a modificação pretendida por muitos. Quando ele dispõe que as condutas nocivas ao meio ambiente sujeitarão os *"infratores, pessoas físicas ou jurídicas, a sanções penais e administrativas"* está rigorosamente determinando a aplicação das sanções penais às pessoas físicas e as administrativas às pessoas jurídicas. Qualquer outra interpretação representa um excesso, um transbordamento dos limites desejados pelo legislador. Miguel Reali Júnior assim entende. O dispositivo deve ser interpretado no sentido de que as pessoas físicas ou jurídicas sujeitam-se 'respectivamente' a sanções penais e administrativas (Responsabilidade penal da pessoa jurídica R.T. – 2001, p. 138).

A lei 9.605, de 12 de fevereiro de 1998, prevê expressamente o ente coletivo como autor de delitos. Diz seu artigo 3.°: *"as pessoas jurídicas serão responsabilizadas administrativa, civil e penalmente conforme o disposto nesta Lei, nos casos em que a infração seja cometida por decisão de seu representante legal, ou contratual, ou de seu órgão colegiado, no interesse ou benefício da sua entidade"*. O parágrafo único desse artigo afirma que *"a responsabilidade da pessoa jurídica não exclui a da pessoa física, autoras, co-autoras ou partícipes do mesmo fato"*.

A lei, embora afirme de forma explícita a responsabilidade penal de uma sociedade, vinculou-a àquela da pessoa física. Realmente, o próprio artigo citado a condiciona à conduta de um seu representante legal ou de seu órgão colegiado, em benefício ou no interesse da entidade. Ademais, a pessoa física a ela ligada e que tenha o domínio do fato, como autora ou co-autora, ou agindo como partícipe será também punida. Na verdade, a adoção da responsabilidade da entidade coletiva não foi de forma integral, pois vinculada necessariamente à uma conduta de pessoa física. O legislador, na verdade, não se sentiu encorajado em desprezar os postulados da culpabilidade. Como culpa é conduta reprovável, ligou a punição da pessoa jurídica a uma conduta de um ou de vários de seus representantes legais ou contratuais.

## REVISÃO E ALTERAÇÕES DOUTRINÁRIAS:

Quando apontamos o estreito liame ou a relação de causa e efeito, entre o avanço do crime em nosso país e as incessantes e inconseqüentes cobranças por um direito penal rigoroso, como instrumento de combate ao crime, tínhamos em mente mostrar que a tendência punitiva atinge os legisladores que se rendem à grita geral e legislam sem atenção aos cânones e princípios consagrados pelos ordenamentos jurídicos de todo o mundo democrático. Esquecem-se que o direito penal descreve e sanciona condutas proibidas mas ao mesmo tempo garante a liberdade e a dignidade individuais, procurando, por meio de normas gerais, impor-lhe claros e intransponíveis limites. Os princípios da legalidade, da responsabilidade subjetiva, da culpabilidade, da personalidade da pena, dentre outros, constituem excepcionais conquistas do humanismo e da democracia.

A previsão legal da responsabilidade penal dos entes coletivos, sem as indispensáveis revisões doutrinárias e a adoção da responsabilidade objetiva são apenas dois exemplos do tratamento que se dá ao direito penal sob o influxo de movimentos repressivos.

Extremamente eloqüente é a manifestação, seguida de um ilustrativo exemplo, do prof. Augusto Thompson, (Direito Penal, vol. I, p. 144), ao abordar os riscos da adoção da responsabilidade objetiva: "a moda pode pegar... aí voltaremos a topar com a condenação de seres humanos a título, tão apenas, de responsabilidade objetiva. O risco é manifesto. A retirada dessa garantia pois a cobrança da responsabilidade subjetiva representa uma sublime garantia – já foi realizada no período da ditadura. E tal prática, **anunciada** pela inclusão da pessoa jurídica como autora do crime, pode voltar, sobretudo naquelas áreas em que a persecução penal ocorre em estado de plena histeria. Impossível?" Nesse ponto, responde com a transcrição de uma preocupante notícia de jornal: *"as crescentes apreensões de drogas em escolas e o envolvimento de alunos e até professores com o tráfico tornaram-se uma das maiores preocupações da polícia Federa. Em relatório encaminhado no fim de abril ao Ministério da Justiça, a Policia Federal destaca a importância de responsabilizar criminalmente os diretores de estabelecimentos escolares que sejam omissos com a prevenção do tráfico e consumo de drogas em suas dependências"*(Jornal do Brasil, 04-06-1996, p. 04) ".

A respeito das questões suscitadas pela adoção da responsabilidade penal da pessoa jurídica Cezar Roberto Bitencourt salientou: *"a polêmica sobre a responsabilidade penal das pessoas jurídicas apresenta inúmeros problemas, dentre os quais pode-se destacar, os seguinte: a) questões de política criminal; b) o problema da capacidade de ação c) a incapacidade de culpabilidade d) o princípio da personalidade da pena; e) as espécies ou natureza das penas aplicáveis às pessoa jurí-*

*dicas*" (Responsabilidade penal da pessoa jurídica e medida provisória Direito Penal, p. 57).

O Ilustre Promotor Dr. Fábio Guedes de Paula Machado prega a necessidade da criação de um microssistema para que a pessoa jurídica venha a ser responsabilizada penalmente, em face do grande rol de problemas e de questões envolvidas, tendo em vista a dogmática penal vigente. O novo sistema refletirá "em novo conceito de ação, de imputação objetiva, de culpabilidade, e de pena, ou melhor, como defende Hassemer, a criação de um novo direito. Segundo sua visão a culpabilidade tal como a concebemos seria afastada. Ademais, provas poderiam ser obtidas "*à margem do sistema constitucional, pois o que de fato impunha é a instrumentalização dos meios previstos de impedimento da ocorrência do crime*". (Crise do Direito Penal, R.T, 765/418).

Trata-se, na verdade, de opinião que espelha o pensar de boa parte dos responsáveis pela "persecutio criminis" em nosso país. Adeptos do chamado funcionalismo crêem no direito penal como instrumento capaz de se opor ao crime com eficiência e de dar à sociedade maior segurança. Posicionamento que, infelizmente, olvida todos os fatores desencadeadores do crime, sejam de que natureza forem e atribuem ao direito penal total responsabilidade pelo combate à delinqüência.

A respeito do movimento que deseja operar modificações radicais no âmbito do direito penal, objetivando atender demandas incompatíveis com sua estrutura doutrinária, Alberto Silva Franco mostrou-nos que na década de noventa ao lado da intensa criminalização que atingiu condutas até então distantes das leis penais, duas perigosas tendências surgiram: uma, a chamada "funcionalização do mecanismo controlador", que coloca o direito penal a serviço de um discurso político-criminal repressivo e outra que prega a desformalização daquele mecanismo em detrimento de garantias penais e processuais individualmente conquistadas "todas essas tendências da denominada 'pós modernidade penal' centram-se na idéia preventiva e repressiva, em detrimento dos princípios penais liberais que informam o Estado Democrático de Direito", arremata o notável penalista. (Comentários declarado Boletim 58 do IBCCrim – setembro de 1997).

## CAOS LEGISLATIVO:

Vimos como tem sido nociva a influência da imprensa na aplicação da lei penal. Arvora-se ela em detentora dos poderes tais que lhe permitem substituir, pelo menos aos olhos e no sentir do povo, o próprio Poder Judiciário. Acusa, julga e pune . Suas acusações são desprovidas de prova, de defesa e de contraditório, mas se tornam verdades indestrutíveis. Seus julgamentos são inapeláveis. E, a sua punição – execração pública – é indelével. Observamos, igualmente, que a sociedade aceita o papel desempenhado pela mídia e recebe, sem nenhum senso crítico, as "sentenças" dela advindas, passando, por sua vez, a exercer, com eficiência, o papel de algoz do "condenado".

No entanto, a imprensa exerce também um outro deletério papel ligado ao direito penal, qual seja a de indutora da elaboração de novas leis criminais. Com efeito, nesse setor ela age de forma pontual, episódica, pois sempre atua quando sabe da reação social em face de determinados eventos. Na verdade, não com pouca frequência ela mesma se incumbe de provocar e de insuflar aquela reação. Nesse momento, passa, em nome da coletividade, a exigir novas leis penais ou o maior rigor com as punições previstas para condutas já previstas como criminosas pelo ordenamento.

Esse comportamento da mídia vem colaborando para a crescente desordem legislativa existente no campo penal em nossos dias.

Aliás, o quadro que se apresenta reflete o estado de estupefação e de ausência de rumos em que nos encontramos, em face do aumento da criminalidade e da obstinada recusa das elites em reconhecer as suas causas e enfrentá-las. Como, de qualquer forma, algo deve ser feito para dar resposta aos clamores da sociedade, leis e mais leis penais são promulgadas sem nenhum critério científico e mesmo pragmático.

Damásio Evangelista de Jesus apreendeu com perspicácia a situação reinante. Afirmou que o poder público, premiado pela delinqüência e pela obrigação de garantir a segurança, tem definido as violações correntes "em leis novas, numa verdadeira esquizofrenia legislativa". Como exemplo, cita os crimes contra a economia popular descritos em pelo menos três diplomas legislativos. (Justiça e Criminalidade. Revista Brasileira de Ciências Criminais n.5 – janeiro-março de 1994, p. 83.)

Como já foi afirmado, transformou-se em dogma, em verdadeira cultura, a idéia de que o direito penal e a repressão policial constituem o único caminho a ser trilhado contra o crime. Para não assumirem suas responsabilidades relacionadas às causas e aos fatores criminógenos, os políticos propagam à exaustão seu surrado discurso e legislam desordenada e descriteriosamente, atendendo, assim, aos reclamos gerais. A própria sociedade não deseja desvendar essa cortina de fumaça, para não se ver diante de sua parcela de culpa. A imprensa, de sua banda, participa com eficácia da encenação, e todos possuem a confortável ilusão de que estão atuando contra o crime. Esta impressão é diariamente desfeita, mas nem por isso o jogo termina e a realidade é assumida.

Em primoroso trabalho, denominado "Abalos à Dignidade do Direito Penal" o Procurador de Justiça Marco Antônio de Barros demonstrou, após uma análise criteriosa do nosso direito penal positivo, a absoluta balbúrdia, marcada pelas incoerências e ausência de critério, reinante no conjunto das leis esparsas hoje existentes ("Revista dos Tribunais" n.º 747/495).

Ele coloca no frontispício de seu trabalho uma assertiva do Professor José Francisco de Faria Costa: *"O Direito Penal é o Direito à liberdade. É o conjunto de leis que estabelece o espaço de liberdade do indivíduo. O Direito Penal não pode ser utilizado como instrumento de solução dos problemas sociais; ele não pode distribuir riqueza. É preciso haver uma política social. Não peçam ao Direito Penal aquilo que ele não pode dar."*

Esta verdade reflete o real escopo do direito penal. Ele tutela a liberdade mostrando ao homem quais as condutas que lhe são negadas, não com o cunho de restringi-lo, mas de demarcar com precisão o seu espaço de conduta lícita. Não é um meio de por fim ao crime, pois este precisa sim ter as suas origens detectadas e evitadas, função política administrativa que foge do âmbito de incidência da lei penal.

Mas, voltando ao trabalho do Dr. Marco Antonio de Barros, nele encontramos exemplos de incongruência e incorreta avaliação da importância dos bens jurídicos protegidos, examinados comparativamente. Desta forma, o estupro e o atentado violento ao pudor, conforme reza a Lei 8.072/90, passaram a ser apenados com 6 a 10 anos de reclusão, numa equivalência desproporcional à respectiva gravidade. E mais, ambos, no que tange à pena mínima, estão comparados ao homicídio simples. Outra comparação estarrecedora é a feita entre um atentado violento ao pudor cometido contra criança – 9 anos de reclusão, de acordo com os artigos 214, do CP e 9.º da Lei 8072/90, com um homicídio simples praticado também contra uma criança – 6 anos de reclusão.

Quanto ao homicídio qualificado que passou a ser considerado crime hediondo, Marco Antônio de Barros assevera que esse crime foi assim classificado para atender ao clamor popular cuja origem foi o assassinato de uma atriz de televisão. Tal clamor *"foi fomentado pelos órgãos de comunicação, cujo poder de pressão que sobre os congressistas exerce não pode ser ignorado e, em alguns casos, não parece ser dos mais saudáveis"*.

Trata-se de um exemplo típico de "atuação legislativa" da mídia.

Muitos outros exemplos foram citados pelo autor, demonstrando a imperiosa necessidade de uma codificação que reúna de maneira orgânica e coerente as inúmeras normas penais existentes em leis esparsas, procurando-se assim curar nosso ordenamento da "esquizofrenia legislativa". Torna-se necessário, no entanto, que as leis sejam inteligentes, expressem os valores que efetivamente necessitem de tutela penal e não sejam elaboradas ao sabor dos acontecimentos rumorosos. Não se pode legislar casuisticamente. Do contrário, continuará em marcha a banalização do direito penal, com conseqüências gravíssimas, dentre as quais o desrespeito e a descrença da sociedade em seus postulados e princípios e nas leis editadas.

Oportuno é o ensinamento do velho Marques de Beccaria, citado pelo Dr. Marco Antonio de Barros: "*Desejais prevenir os crimes? Fazei leis simples e evidentes e esteja o país inteiro preparado a armar-se para defendê-la, sem que a minoria de que falamos se preocupe sem em destruí-la*". Lembra o ilustre Procurador de Justiça que Beccaria, em 1764, advertia ser mais sábio e útil procurar evitar o mal do que repará-lo. E mais, que uma legislação boa e eficiente é a "*arte de propiciar aos homens a maior soma de bem-estar possível*".

Sábios, oportunos, mas lamentavelmente não apreendidos ensinamentos. A cegueira em relação à reação ao crime persiste em colocar os esforços do legislador nos seus efeitos e não na adoção de medidas aptas a evitá-lo.

Ao escrever sobre a necessidade de uma nova codificação penal, o professor paranaense René Ariel Dotti escreveu que além do grande número de leis penais existentes ou em decorrência mesmo desse excesso, os operadores da justiça penal estão sofrendo em face da "*amarga experiência da inflação legislativa, responsável por um tipo de direito penal do terror*". Duas marcas desse direito são apontadas pelo eminente Professor: "*a massificação da responsabilidade criminal e a erosão do sistema positivo*". A primeira provoca a subversão do princípio da presunção de inocência e "*alimenta a fogueira da suspeita que é a Justiça das paixões, consagrando a responsabilidade objetiva*" e a segunda impõe a anarquia nos meios e nos métodos do controle da violência e da criminalidade e "*estimula o discurso político e revela a ausência de uma política criminal em nível de Governo Federal*" (in Revista Brasileira de Ciências Criminais" n.° 28; pág. 152).

## CONCLUSÃO:

A análise do direito penal em nosso país implica no exame da questão da criminalidade, mais especificamente na avaliação que a sociedade faz desse fenômeno. Esse exame prévio nos revela uma visão exclusivamente repressiva no que tange ao combate ao crime, que justifica o clamor permanente e geral por leis mais rigorosas, maior criminalização e aplicação da pena de prisão como únicas respostas ao crime. É ele encarado como uma realidade posta e não como um fenômeno a ser evitado. A criminalidade, pois, é observada a partir dos seus efeitos, ficando os fatores que a desencadeiam relegados a um plano secundário. Desta forma, exige-se do direito penal uma eficiência não consentânea com a sua natureza e com as suas finalidades. Por outro lado, a reação ao avanço da criminalidade tem provocado uma série de distorções sentidas na atuação da imprensa bem como de autoridades responsáveis pela "persecutio criminis". A própria dogmática penal vem sofrendo abalos, pois a aplicação do direito penal muitas vezes destoa de princípios consagrados universalmente. Dentro da linha de ampliação de abrangência do direito penal, como instrumento de repressão, alguns penalistas defendem a adoção da responsabilidade penal da pessoa jurídica, contrariando aspectos doutrinários da maior relevância, tais como a culpabilidade, a conduta e a responsabilidade subjetiva. Esta última, também como resultado da aplicação desmesurada e imprópria do direito penal, está sendo substituída pela responsabilidade objetiva, até então rejeitada pelos doutrinadores. Por derradeiro, a descriteriosa criminalização, representada por um número excessivo de leis penais esparsas também reflete a hipertrofia do direito penal, como fruto de uma visão eminentemente repressiva sobre a criminalidade.

# A RESPONSABILIDADE CIVIL
# NO DIREITO CONTEMPORÂNEO

ANTÓNIO PINTO MONTEIRO
Professor Catedrático da Faculdade de Direito
da Universidade de Coimbra

**1.** Em sentido amplo, ser *responsável* significa e implica ter alguém de suportar certas consequências por determinado tipo de actos ou omissões, seus ou de outrem. Essas consequências podem ir de um mero juízo de censura ou de reprovação ética ou social até à pena privativa da liberdade, consoante se trate de uma simples responsabilidade moral ou, no extremo oposto, de responsabilidade penal.

Interessa-nos aqui apenas a *responsabilidade jurídica* e, dentro desta, tão-só a *responsabilidade civil*, cujas consequências se traduzem na *indemnização* a atribuir ao lesado, seja em espécie, seja por equivalente, em dinheiro.

**2.** Relativamente às tendências com que se confronta a responsabilidade civil, apetece lembrar, com Adriano De Cupis[1], que "o pensamento jurídico moderno parece oscilar de um extremo ao outro, num brevíssimo espaço de tempo", pois se nos anos 60 e 70 se apelidavam de "reaccionários", "imbecis" e "fechados ao pensamento moderno" os autores que continuavam a reivindicar a importância da ilicitude e da culpa no âmbito da responsabilidade – por se entender que a grande preocupação seria o ressarcimento do lesado, só à posição deste se devendo atender e não também à conduta do lesante –, assiste-se hoje, de vários lados, à recuperação de tais pressupostos, voltando a ilicitude e a culpa a emergir e surgindo mesmo, no discurso de muitos, um tanto paradoxalmente, o apelo a uma

---

[1] *Sul tema del danno e del risarcimento*, in "Le pene private", Milano, 1985, sob a direcção de F. BUSNELLI e de G. SCALFI, pp. 321-322.

"ressuscitada" pena privada, assim como o interesse pelo conhecimento e estudo da doutrina dos *punitive damages*, do direito anglo-americano[2].

Não é estranha a este movimento a reacção contra um sistema (que de alguns lados se estava desenhando) que se determinaria apenas pela vítima e o dano, abstraindo do agente, da sua culpa e da sua conduta, como entre nós foi oportunamente denunciado por António Castanheira Neves[3].

3. Historicamente, a afirmação do princípio da culpa como pressuposto de responsabilidade constituiu uma aquisição de inegável importância. A responsabilidade, de *colectiva, objectiva* e *penal* (com o direito de vingança da vítima, num primeiro momento, e, mais tarde, com as composições, inicialmente voluntárias, depois obrigatórias), tornou-se *individual, subjectiva* e *civil*[4]. E culminou, com o iluminismo e a codificação, na enunciação de uma cláusula geral consagrando o *princípio da culpa* como fundamento único de responsabilidade.

Esta surge assim como corolário da liberdade e autonomia do homem. Mas a estes valores, de inegável recorte moral e pedagógico – ainda que

---

[2] Sobre esta doutrina, cfr., por ex., PETERSON/SARMA/SHANLEY, *Punitive damages*, Santa Monica, 1987, *passim*, HANS STOLL, *Consequences of liability: remedies*, in "International Encyclopedia of Comparative Law", vol. XI, cap. 8, pp. 99,ss, e PONZANELLI, *I punitive damages nell'esperienza Nordamericana*, in "Rivista di diritto civile", 1983, I, pp. 435,ss.

Quanto ao debate que se vem travando sobre a responsabilidade civil, recordem-se os trabalhos de ALPA e BESSONE, *La responsabilità civile*, Milano, 1976, de RODOTÀ, *Il problema della responsabilità civile*, Milano, 1964, de SAVATIER, *Les métamorphoses économiques et sociales du droit civil d'aujourd'hui*, 3ª ed., Paris, 1964, de SINDE MONTEIRO, *Estudos sobre a responsabilidade civil*, Coimbra, 1983, e de ANTÓNIO PINTO MONTEIRO, *Cláusulas limitativas e de exclusão de responsabilidade civil*, Coimbra, 1985 (reimp. 2003), pp. 54,ss, *Idem, Cláusula penal e indemnização*, Coimbra, 1990 (reimp. 1999), pp. 659,ss, notas 1536 e 1537.

[3] *Nótula (A propósito do "Estudo sobre a responsabilidade civil", de Guilherme Moreira – e justificativa da sua selecção para a "Antologia do Boletim da Faculdade de Direito de Coimbra")*, Separata do "Boletim da Faculdade de Direito da Universidade de Coimbra", vol. LIII, Coimbra, 1977, pp. 8-9 e *passim*.

[4] Acompanhamos o nosso *Cláusulas limitativas e de exclusão de responsabilidade civil*, cit., pp. 55,ss. Mas ver ainda, por exemplo, M. J. ALMEIDA COSTA, *Direito das Obrigações*, 9.º ed., Coimbra, 2001, pp. 473,ss, ANTUNES VARELA, *Das Obrigações em geral*, vol. I, 10ª ed., Coimbra, 2000, pp. 518,ss, CARLO CASTRONOVO, *La nuova responsabilità civile*, 2ª ed., Milano, 1997, *passim*, H. DESCHENAUX/P. TERCIER, *La responsabilité civile*, Berne, 1975, pp. 32,ss e KARL LARENZ, *Lehrbuch des Schuldrechts*, Band I, *Allgemeiner Teil*, 14ª ed., München, 1987, pp. 420,ss.

compreendidos numa óptica individualista –, juntava-se, em apoio do princípio da culpa, a dimensão económica, segundo a perspectiva da doutrina do "laissez-faire".

Seria mais vantajoso, para uma economia em princípios de expansão, descuidar a segurança das pessoas do que sacrificar os interesses da empresa. Esta deveria tomar a seu cargo apenas os custos dos danos por si culposamente provocados, pois de outra forma entravar-se-ia o processo de industrialização, designadamente porque se desincentivaria o empreendimento de novas actividades e a utilização de novas máquinas e processos de fabrico.

Com o desenvolvimento industrial, contudo, *aumentou assustadoramente* o número de eventos danosos. Criada pela civilização europeia, a tecnologia industrial veio a constituir-se na primeira ameaça à sua sobrevivência.

O princípio de que «não há responsabilidade sem culpa» vai-se revelando cada vez mais inadequado à nova realidade, que difere da anterior não só pelo elevadíssimo número de acidentes, mas sobretudo pelas novas características destes.

O progresso técnico-industrial acarreta, com efeito, uma mudança *qualitativa* – e não apenas quantitativa – do acidente. A utilização de meios técnicos cada vez mais complexos e sofisticados, aliada à organização do trabalho em grupo, faz com que o acidente surja com a marca do *anonimato*, dificultando, ou impossibilitando mesmo, a descoberta da culpa de alguém, diluída na cooperação de múltiplas pessoas e máquinas.

O princípio da culpa, convertido em verdadeiro dogma, surge, pois, cada vez mais desfasado da nova realidade social, em virtude das diferentes *espécies* de danos que o desenvolvimento técnico origina. Como acentua RODOTÀ, «o evento danoso, nos domínios assinalados pelo progresso, não é mais o produto de uma fatalidade cega, de um destino adverso (…): ele torna-se um facto que acompanha normalmente o trabalho humano, ficando porém subtraído à tradicional configuração do elemento da vontade, dado que se trata de danos que *devem* acontecer»[5].

Ganharam assim foros de cidadania as *teorias do risco*, acabando por se consagrar, em largos e importantes sectores da vida, uma responsabilidade objectiva, que prescinde, em certos termos, da culpa do lesante, e até da ilicitude da conduta. E talvez não tenha sido de todo irrelevante o facto de esta viragem surgir numa segunda fase da revolução industrial, isto é,

---

[5] *Op. cit.*, p. 21.

num período em que o crescimento das empresas lhes permitia já suportar os riscos da sua actividade, tomando-se consciência pois de que a indústria já não necessitava de ser *subsidiada* ...à custa das suas vítimas (operários, sobretudo)[6].

Temperado o princípio clássico da culpa com a aceitação, em certos domínios de actividade, de uma responsabilidade pelo risco, um novo factor viria a desempenhar um papel relevante no processo de crescente socialização da responsabilidade. Referimo-nos ao *seguro de responsabilidade*, que contribuiu em grande medida para o alargamento da esfera da responsabilidade civil, assim como para a nova fisionomia de que esta passa a revestir-se.

Na verdade, a consagração do seguro vem conferir outras características à responsabilidade. Deixa de ser o lesante a suportar individualmente a indemnização, surgindo, em lugar dele, uma colectividade (a companhia de seguros), que toma a seu cargo a reparação. Por outro lado, o seguro distribui os riscos pelo conjunto dos segurados (e até pelo conjunto do corpo social), sendo os prémios que industriais e comerciantes vão ter que pagar incorporados nos preços dos produtos e, consequentemente, distribuídos os seus custos pelos consumidores e utentes em geral. O que traduz uma certa *socialização da responsabilidade*.

Esta *repartição social* de riscos e danos confere assim ao seguro de responsabilidade importância extraordinária, a ponto de se ter tornado obrigatório para certos domínios de actividade.

Mas a socialização da responsabilidade vai mais longe. Com a consagração de *fundos de garantia* (destinados a ressarcir o lesado quando o responsável é desconhecido, não segurado, ou se verifique a falência da companhia seguradora), constitui-se um mecanismo de reparação colectiva, complementar à responsabilidade individual.

Daqui até à defesa de mecanismos de *segurança social* vai um passo. O número impressionante de acidentes e os danos de nova espécie emergentes do desenvolvimento técnico-industrial; a menor resignação das vítimas; o desenvolvimento dos seguros e a consagração de fundos de garantia; o abandono das teses proteccionistas, em face de uma realidade industrial já amadurecida; e, por último, o «ethos» do Estado de Direito Social, intervencionista e empenhado na realização da justiça social e na segurança dos cidadãos, são factores que têm contribuído para uma *socialização* crescente dos riscos e danos.

---

[6] Neste sentido, ALPA e BESSONE, *op. cit.,*, p. 101.

Processo que haveria de culminar, de acordo com certas perspectivas, em mecanismos de *segurança social*, aos quais caberia, em primeira linha, dar guarida aos objectivos "outrora" prosseguidas pelo instituto da responsabilidade civil, ficando para este um papel meramente secundário e residual.

**4.** *"Requiem"* pela responsabilidade civil? Cremos bem que não! Desvirtuamento da sua "ratio" e função, desvalorizando o comportamento do agente para olhar apenas para a vítima e atender, tão-só, à necessidade do seu ressarcimento? Também já dissemos que não: a ilicitude e a culpa reocupam o seu posto, no discurso actual. *La verdeur de la faute* é saudado![7]

Convirá todavia lembrar que à propalada *crise* da responsabilidade civil não será decerto estranho um excesso de *inputs*, pedindo-se-lhe que dê resposta a múltiplos fins, por vezes contraditórios: com efeito, reparar o lesado, repartir perdas, distribuir riscos, punir o lesante, prevenir comportamentos ilícitos, controlar a actividade de produção, assegurar o respeito da pessoa humana, promover a sua segurança, etc, são tarefas numerosas e quantas vezes difíceis de harmonizar entre si, cuja realização ameaça o sentido e a unidade do instituto[8].

Para já não falar do recurso à responsabilidade civil (de par com a responsabilidade penal) para reagir contra comportamentos susceptíveis de constituirem um qualquer ilícito de outra natureza – um ilícito político, por exemplo, mas já não, ou não tanto, um ilícito civil ou penal... Ou seja, para já não falar de casos em que a responsabilidade civil é indevidamente convocada, por se tratar de comportamentos que configuram responsabilidades de outra índole – de índole política, designadamente, tendo em conta a natureza dos *bens* a proteger e os *princípios* e *valores* que se visa preservar.

**5.** A responsabilidade civil será sempre um instituto destinado predominantemente à *reparação* de danos – por isso actua através da *obrigação de indemnização*; pressupõe a *existência* de prejuízos – é por isso um instituto que visa *ressarcir* o lesado.

---

[7] Cfr., a propósito, LE TOURNEAU, *La verdeur de la faute dans la responsabilité civile (ou de la relativité de son déclin)*, in «Revue trimestrielle de droit civil», 1988, pp. 505,ss.

[8] Cfr. já o nosso *Cláusula penal e indemnização*, cit., p. 662, nota 1536.

Mas a reparação do lesado será feita *à custa* do lesante, *sobre este recaindo* em último termo as consequências desvantajosas sofridas pelo primeiro. Torna-se necessário, para o efeito, que o lesante seja *responsável*, a título de *culpa* ou de *risco*.

Não é, assim, a responsabilidade civil um instituto alheio à conduta do lesante: a função *preventivo-sancionatória* da responsabilidade civil (mesmo que relegada para um plano meramente acessório ou subordinado, ou remetida, tão-só, para o plano dos efeitos), bem como a sua dimensão *ético-jurídica*, são irrecusáveis.

De algum modo, culpa e risco não são fundamentos antagónicos, antes complementares; e correspondem ambos à preocupação de reparar o lesado por danos *atribuíveis*, a um ou a outro título, ao lesante, e em princípio *à custa* deste, mesmo que esse custo possa não ir além do prémio do seguro ...

Não pode assim esperar-se da responsabilidade civil uma reparação *automática* do lesado, *alheia* ao comportamento do lesante – esse será *um outro caminho* a percorrer, uma *outra via* a seguir, porventura através de esquemas de *reparação colectiva* ou de *segurança social*. O que permite concluir que a responsabilidade civil visa *reparar* o lesado – mas *não esgota* os meios de reparação; e repará-lo *à custa do lesante* – mas só quando este for *responsável* pelo dano causado ao lesado.

Assim como não poderá esperar-se da responsabilidade civil uma eficácia de índole *preventivo-sancionatória* superior à que este instituto possui – note-se que o dano é *pressuposto* e *limite* da indemnização e que se um reduzido grau de culpa permitirá *atenuar* o montante da indemnização, já em contrapartida uma culpa grave não atribui ao juiz o poder de fixar indemnização *superior* ao dano causado. Dano que poderá ficar mesmo aquém do *benefício* do lesante, o que nos conduziria a discutir agora o problema da *faute lucrative* e convocaria já ao debate também o instituto do enriquecimento sem causa[9].

Não se peça nem se espere da responsabilidade civil, pois, num caso e no outro, algo que este instituto não pode dar. Nem uma reparação absoluta e automática da vítima... nem uma dissuasão plena e eficaz de comportamentos ético-juridicamente reprováveis. Numa palavra, a responsabi-

---

[9] Recorde-se, a propósito, F. PEREIRA COELHO, *O enriquecimento e o dano*, separata da "Revista de Direito e de Estudos Sociais", anos XV e XVI, Coimbra, 1970, pp. 31,ss e *passim*, e DIOGO LEITE DE CAMPOS, *A subsidiariedade da obrigação de restituir o enriquecimento*, Coimbra, 1974.

lidade civil *não esgota* os meios de reacção, seja para *reparar* o lesado, seja para *sancionar* o lesante, seja, até, para *prevenir* comportamentos ilícitos e danosos.

    Desfeitos tais equívocos, saúde-se a responsabilidade civil! Que o seu *rumo* a conduza sempre ao encontro da *dignidade do Homem* – autor e vítima do inter-agir social.

# O NEGÓCIO JURÍDICO
# NO NOVO CÓDIGO CIVIL BRASILEIRO

José Carlos Moreira Alves
Prof. Titular aposentado de Direito Civil da Faculdade
de Direito da Universidade de São Paulo
Ministro aposentado do Supremo Tribunal Federal

SUMÁRIO: 1. O negócio jurídico e os demais atos jurídicos lícitos. 2. A estrutura da disciplina do negócio jurídico. 3. Alterações nas disposições gerais. 4. A representação. 5. Inovações nos preceitos sobre condição, termo e encargo. 6. Os defeitos do negócio jurídico. 7. A invalidade do negócio jurídico.

1. **O negócio jurídico e os demais atos jurídicos lícitos** – É na disciplina dos negócios jurídicos que o novo Código Civil Brasileiro, no tocante à sua Parte Geral, apresenta maiores alterações em face do Código Civil de 1916.

Ao redigir o projeto deste, no final do século XIX, não contava Clóvis Beviláqua com os subsídios que, alguns anos mais tarde, viria a ministrar a doutrina germânica para a distinção, em categorias, dos atos jurídicos lícitos. Em 1899, a diferença entre negócio jurídico e ato jurídico em sentido estrito ainda se apresentava, até na obra dos mais eminentes romanistas e civilistas alemães, de maneira pouco precisa. Regelsberger, que nessa época se destaca no particular, não vai além destas palavras:

"Sie scheiden sich wieder in zwei Arten, je nachdem die Rechtsfolge positiv angestrebt ist oder eintritt, auch wenn sie ausserhalb der Absicht des Handelnden lag. Die Handlungen der ersten Art sind die *Rechtsgeschäfte*. Für die andern fehlt eine anerkannte Bezeichnung. Mann kann sie *rechtsgeschäfts ähnliche Handlungen nennen*" (Eles dividem-se, de novo, em duas espécies, conforme se aspira positivamente ao efeito jurídico, ou este ocorre ainda fora da vontade do agente. Os atos da primeira espécie são os negócios jurídicos. Para outros falta uma denominação reconhecida. Pode-se dar-lhes o nome de *atos semelhantes a negócios jurídicos*[1]).

Não havia, ainda, estudo mais aprofundado dessas espécies de atos jurídicos lícitos. Faltava maior precisão à linha divisória entre essas duas figuras; suas consequências careciam de exame.

Outro é o panorama nos dias que correm. Graças aos esforços, inicialmente de MANIGK[2] e de KLEIN[3], e, depois, dos mais autorizados juristas que se ocuparam com esse problema, poucos são os que, atualmente, negam a distinção conceitual dessas duas espécies de atos jurídicos lícitos[4]. É certo que ainda não está escoimada de imprecisões e de incertezas a construção doutrinária da categoria que REGELSBERGER denominava *atos semelhantes a negócios jurídicos*[5], e que, hoje, geralmente é designada pela expressão *atos jurídicos em sentido estrito*. Atos há que, para alguns, são negócios jurídicos, e, para outros, atos jurídicos em sentido estrito. Ainda é casuística a aplicação, ou não, a esta categoria, das normas que disciplinam aquela. Apesar desses percalços, não se pode negar que atos jurídicos há a que os preceitos que regulam a vontade negocial não têm inteira aplicação.

---

[1] *Pandekten, erster Band*, § 129, p. 475,

[2] Das Anwendungsgebeit der Vorschriften für die Rechtsgeschäfte, Breslau, 1901; Willenserklärung und Willensgeschäft, Berlin, 1907; e Das rechtswirksame Verhalten, Berlin, 1939.

[3] Die Rechtshandlungen im engeren Sine, München, 1912.

[4] A propósito do desenvolvimento desses estudos, vide Soriano Neto, "A construção científica alemã sobre os atos jurídicos em sentido estrito e a natureza jurídica do reconhecimento da filiação ilegítima", separata, Recife, 1957; Mirabelli, "L'atto non negoziale nel diritto privato italiano", Napoli, 1955. Panuccio, "Le dicchiarazioni non negoziali di volontà", Milano, 1966. Castro y Bravo, "El negocio jurídico", ps. 21/50, Madrid, 1967; Flume, "Das Rechtsgeschäft", § 9.°, ps. 104 e seguintes.

Combatem a distinção entre negócio jurídico e ato jurídico em sentido estrito Andreoli, "Contributo alla teoria dell'adempimento", ps. 52 e seguintes, Padova, 1937; e José Paulo Cavalcanti, "A representação voluntária do Direito Civil – a ratificação no Direito Civil", ps. 40/42, nota 68, Recife, 1965.

[5] Ob. cit., § 129, p. 475. Igualmente, Enneccerus-Nipperdey, "Lehrbuch des Bürgerlichen rechts, Allgemeiner Teil des Bürgerlichen Rechts, erster Band, zweiter Halbband", § 137, IV, 2, "a", 14ª ed., Tübingen, 1955.

Atento a essa circunstância, o novo Código Civil brasileiro, no livro III de sua Parte Geral, substituiu a expressão genérica *ato jurídico*, que se encontra no Código de 1916, pela designação específica *negócio jurídico*, pois é a este, e não necessariamente àquele, que se aplicam todos os preceitos ali constantes. E, no tocante aos atos jurídicos lícitos que não negócios jurídicos, abriu-lhes um título, com um artigo único, em que se determina que se lhes apliquem, no que couber, as disposições disciplinadoras do negócio jurídico. Seguiu-se, nesse terreno, a orientação adotada, a propósito, no artigo 295.º do Código Civil português de 1967.

Assim, deu-se tratamento legal ao que já se fazia, anteriormente, com base na distinção doutrinária que corresponde à natureza das coisas.

Ambas as normas – a do artigo 295.º do Código Civil português de 1967 e a do artigo 185 do novo Código Civil brasileiro – esgotam a disciplina das ações humanas que, por força do direito objetivo, produzem efeitos jurídicos em consideração à vontade do agente, e não simplesmente pelo fato objetivo dessa atuação. Quando ocorre esta última hipótese, já não há que falar em ato jurídico, mas sim – e é dessa forma que o considera o direito – em fato jurídico em sentido estrito (são os atos-fatos jurídicos da doutrina germânica)[6].

**2. A estrutura da disciplina do negócio jurídico** – Ao ordenar as normas concernentes ao negócio jurídico, o Código novo afastou-se do sistema adotado no Código de 1916, como se vê do quadro comparativo seguinte:

---

[6] Expressão divulgada no Brasil especialmente por Pontes de Miranda, "Tratado de Direito Privado", tomo II, 3ª ed., § 209, 1, p. 372, Rio de Janeiro, 1970. Outras denominações são, também, utilizadas pelos autores, Assim, Enneccerus-Nipperdey, ob. cit., § 137, IV, 2, "b", p. 579 – que consideram pleonástica a expressão atos-fatos (*Tathandlungen*), *ibidem*, nota 25 – preferem a denominação *Realakte* (Pontes de Miranda, porém, ob. cit., § 21, 1, ps. 373/4, considera os *atos reais* – também denominados *atos naturais* ou *atos meramente externos* – como espécie do gênero *atos-fatos jurídicos*). A designação atos meramente externos (*rein äussere Handlungen*), para indicar os atos-fatos jurídicos, se encontra em Manigk (cfe. Enneccerus-Nipperdey, ob. cit., § 137, IV, 2, p. 579, nota 25). *Meros atos jurídicos* é como os denomina Cariota Ferrara ("El negocio jurídico", trad. Albaladejo, p. 31, Madrid, 1956).

| Código Civil de 1916 | O novo Código Civil |
|---|---|
| Cap. I – disposições gerais | Cap. I – Disposições gerais |
| Cap. II – Dos defeitos dos atos jurídicos | Cap. II – Da representação |
| Cap. III – Das modalidades dos atos jurídicos. | Cap. III – Da condição, do termo e do encargo |
| Cap. IV – Da forma dos atos jurídicos e da sua prova | Cap. IV – Dos defeitos do negócio jurídico. |
| Cap. V – Das nulidades | Cap. V – Da invalidade do negócio jurídico |

Do confronto, verifica-se que, embora conservando o mesmo número de capítulos – cinco –, o novo Código não só modificou a ordem de colocação, mas também retirou um que está no Código de 1916 ("Da forma dos atos jurídicos e da sua prova"), acrescentando, em contrapartida, outro que neste não se acha ("Da representação").

Exclusão e inclusão explicam-se facilmente.

Retirou-se o capítulo "Da forma dos atos jurídicos e da sua prova", porque se entendeu que a maior parte do seu conteúdo, que é referente à prova, diz respeito, em rigor, aos fatos jurídicos em sentido amplo, e não apenas aos negócios jurídicos. Daí a razão por que, no novo Código, o Título V do livro III da Parte Geral – que se denomina "Dos fatos jurídicos" – é dedicado todo à prova. Quanto às normas concernentes à forma do negócio jurídico, e cuja *sedes materiae* no Código de 1916 se encontra também no capítulo ora excluído, foram elas colocadas, no novo, nas "Disposições gerais", onde se estabelecem os preceitos gerais sobre os requisitos de validade do negócio jurídico, um dos quais é a forma prescrita ou não defesa em lei.

Incluíram-se, por outro lado, em capítulo próprio, na Parte Geral do novo Código, regras genéricas sobre representação legal e voluntária, suprindo-se, dessa forma, omissão do Código de 1916.

Na ordem de matérias observada, no tocante ao negócio jurídico, pelo novo Código, prevaleceu, afinal, no seio da Comissão Elaboradora de seu Anteprojeto, o sistema originariamente proposto no Projeto parcial relativo à Parte Geral: não se segue a tricotomia *existência-validade-eficácia* do negócio jurídico, posta em particular relevo, no Brasil, por PONTES DE MIRANDA, no seu *Tratado de Direito Privado*. À objeção de que a sistemática que veio a preponderar seria antiquada, antepôs-se-lhe a demonstração de que a observância daquela tricotomia, que para efeito de codificação se reduziria à dicotomia *validade-eficácia*, conduziria a discrepâncias desta ordem: a) no capítulo "Da validade dos negócios jurídicos", tratar-se-ia apenas dos casos de *invalidade* do negócio jurídico (nulidade e anulabilidade); b) no capítulo "Da eficácia dos negócios jurídicos" não se abrangeriam todos os aspectos da eficácia, mas apenas uma parcela deles (os impropriamente denominados *elementos acidentais* do negócio jurídico). Ademais, a disciplina da condição e do termo antes das normas sobre a nulidade e a anulabilidade – como se encontra no novo Código Civil – tem largo apoio doutrinário, especialmente entre os autores alemães da segunda metade do século XIX e do século XX, como, a título exemplificativo, REGELSBERGER[7], WENDT[8], WAECHTER[9], ARNDTS[10], ENNECCERUS-NIPPERDEY[11], LANGE[12]. A colocação de matérias seguida, no particular, pelo novo Código justifica-se se se atentar para a circunstância de que, depois de se estabelecerem os requisitos de validade do negócio jurídico, se trata de dois aspectos ligados à manifestação de vontade: a interpretação do negócio jurídico e a representação. Em seguida, disciplinam-se a condição, o termo e o encargo, que são auto-limitações da vontade (isto é, uma vez apostos à manifestação de vontade, tornam-se inseparáveis dela). Finalmente, a parte patológica do negócio jurídico: defeitos e invalidade.

**3. Alterações nas disposições gerais** – Ao contrário do que ocorre no Código de 1916, com relação ao ato jurídico, o novo não definiu o negócio jurídico, atento à diretriz de se retirarem de seu bojo princípios de caráter meramente doutrinário[13].

Em contrapartida, não têm símile, no Código de 1916, os artigos 106, 110, 111 e 113 do novo.

---

[7] Ob. cit., §§ 151 a 158 (ps. 556 a 580) e §§ 174 a 176 (ps. 631 a 641).

[8] *Lehrbuch der Pandekten*, Jena, 1888, §§ 50 a 58 (ps. 128 a 155) e §§ 59 a 61 (ps. 158 a 170).

[9] *Pandekten*, I (Allgemeiner Theil), Leipzig, 1880, §§ 75 a 80 (ps. 364 a 403) e § 84 (ps. 420 a 440).

[10] *Lehrbuch der Pandekten*, 14ª ed., Stuttgart, 1889, §§ 66 a 74 (ps. 94 a 118) e § 79 (ps. 130 a 132).

[11] Ob. cit., §§ 193 a 210 (ps. 837 a 861) e §§ 202 a 204 (ps. 861 a 893).

[12] *BGB Allgemeiner Teil*, 9ª ed., München und Berlin, 1967, §§ 45 a 48 (ps. 283 a 302) e (ps. 304 a 314).

[13] Por isso mesmo, as disposições preliminares do livro III (Dos fatos Jurídicos) da Parte Geral do Código Civil de 1916 – artigos 74 a 80 – não foram reproduzidas no novo.

O artigo 106 – que deriva do Projeto de Código de Obrigações de 1965[14] – contempla a hipótese de impossibilidade do objeto do negócio jurídico quando da sua celebração, e estabelece que esta, se relativa, não invalida o negócio jurídico, o mesmo sucedendo se, ainda quando absoluta, cessar antes de realizada a condição a que ele estiver subordinado.

Da reserva mental trata o artigo 110[15], que a tem por irrelevante, salvo se conhecida do destinatário, caso em que se configura hipótese de ausência de vontade, e, consequentemente, de inexistência do negócio jurídico.

O artigo 111 preceitua quando o silêncio importa anuência, o que se verifica toda a vez em que as circunstâncias ou os usos o autorizarem, e não for necessária a declaração de vontade expressa. No Brasil, a fonte remota desse dispositivo acha-se no artigo 2.º do anteprojeto de Código das Obrigações de 1941, e a próxima no artigo 2.º, segunda parte, do Projeto de Código das Obrigações de 1965[16].

Em ambas essas tentativas anteriores de reforma do Código de 1916 – artigos 66 e 23, respectivamente – já se acha a norma que, no novo, se consagra no seu artigo 113, e que diz respeito à interpretação: "Os negócios jurídicos devem ser interpretados conforme a boa-fé e os usos do lugar de sua celebração". Boa-fé, nesse dispositivo, não é a boa-fé subjetiva, mas, sim, a boa-fé objetiva, que se situa no terreno das relações obrigacionais e do negócio jurídico em geral, e se caracteriza como regra de reta conduta do homem de bem no entendimento de uma sociedade em certo momento histórico, não se fundando, pois, na vontade das partes, mas se ligando ao dever de cooperação que nessas relações se exige. É, portanto, algo exterior ao sujeito, e que, no concernente à interpretação, se

---

[14] Artigo 6, que reza: "A impossibilidade do objeto não invalida a declaração se relativa, ou quando cessar antes de realizada a condição a que esteja subordinada".

[15] Esse dispositivo reproduz, com ligeira alteração, o artigo 17 do Anteprojeto de Código de Obrigações, de 1941, cujo teor é o seguinte.

"A declaração de vontade subsiste ainda que o seu autor haja feito a reserva mental de não querer o que declara, salvo se o destinatário tiver conhecimento da reserva".

[16] Seus textos são, respectivamente:

"Artigo 2 – O silêncio importa anuência, quando, segundo os costumes ou as circunstâncias do caso, como tal deva ser interpretado"; e

"Artigo 2 – ..................................................................

................................................................................

O silêncio importa anuência quando as circunstâncias o autorizarem e não for necessário o consentimento explícito".

relaciona com a hermenêutica integradora, possibilitando que o conteúdo do negócio jurídico seja integrado por deveres que não decorrem da declaração de vontade, mas que se caracterizam como secundários, anexos ou instrumentais, como, por exemplo, o dever do vendedor de tudo fazer para que a coisa vendida a ser entregue ao comprador chegue íntegra a este.

A par dessas inovações, em dois dos seus dispositivos – os de n.ºs 105 e 112 – corrigem-se preceitos semelhantes que se encontram nos artigos 83 e 85 do Código de 1916, e que, de longa data, eram objeto de crítica. Com efeito, como acentua EDUARDO ESPÍNOLA[17], esse artigo 83, em sua segunda parte, não tem sentido, por não haver reproduzido, com exatidão, o artigo 700.º do Código Civil Português de 1867, sua fonte remota. Daí, a alteração introduzida pelo novo Código, que, no artigo 105, reza: "A incapacidade relativa de uma das partes não pode ser invocada pela outra em benefício próprio, nem aproveita aos co-interessados capazes, salvo se, neste caso, for indivisível o objeto do direito ou da obrigação comum". Por outro lado, ao preceituar ele, no artigo 112, que "nas declarações de vontade se atenderá mais à intenção *nelas consubstanciada* do que ao sentido literal da linguagem", visou a deixar bem explícito que a regra determina que se atenda à intenção consubstanciada na declaração, e não ao pensamento íntimo do declarante, consoante observa EDUARDO ESPÍNOLA, ao interpretar o artigo 85 do Código de 1916:

"São precisamente o respeito à boa-fé e à confiança dos interessados, e a consequente responsabilidade do autor que, no caso de interpretação judicial do ato jurídico, mandam atender, em regra, à *intenção consubstanciada na declaração*, ao invés de procurar o pensamento íntimo do declarante.

Nesse sentido devemos compreender o artigo 85 do nosso Código Civil, exatamente como os intérpretes compreendem o artigo 133, do Código Civil alemão, ainda que este mande investigar a vontade real (...ist der wirkliche wille zu erforschen...), imprecisão de linguagem que aquele evitou"[18].

**4. A representação** – O novo Código, suprindo lacuna do de 1916, reservou, na Parte Geral, um capítulo para os preceitos gerais sobre a representação legal e a voluntária.

---

[17] *Manual do Código Civil Brasileiro, Parte Geral, Dos fatos jurídicos*, vol. III, parte primeira, 2ª ed., n.º 43, ps. 159/60, Rio de Janeiro, 1929.

[18] Ob. cit., n.º 48, p. 178.

Seguindo a orientação do Código Civil de 1916, o novo disciplina essa matéria no capítulo concernente ao mandato, uma vez que, em nosso sistema jurídico, a representação é da essência desse contrato[19]. Por isso, preceitua o artigo 120: "Os requisitos e os efeitos da representação legal são os estabelecidos nas normas respectivas; os da representação voluntária, são os da parte especial deste Código". O que é, aliás, reprodução do artigo 43 do Projeto de Código das Obrigações de 1965, que, nesse particular, se afastou do anteprojeto de Código de Obrigações de 1941, onde a disciplina da representação voluntária se exauria na seção respectiva, integrante da Parte Geral[20].

Nesse capítulo do novo Código, destaca-se o artigo 117, que se refere ao *negócio consigo mesmo*, declarando-o anulável, salvo se o permitir a lei ou o representado. O tratamento agora dado ao autocontrato segue a mesma linha de orientação que foi trilhada pelo artigo 261.º do atual Código Civil português, que, assim, supriu a lacuna do anterior, de 1867. Digno de menção, também, o disposto no seu artigo 119, *caput*, o qual reza: "É anulável o negócio concluído pelo representante em conflito de interesses com o representado, se tal fato era ou devia ser do conhecimento de quem, com aquele tratou".

**5. Inovações nos preceitos sobre condição, termo e encargo** – o Código Civil de 1916, sob o título "Das modalidades dos atos jurídicos", trata da condição, do termo e do encargo (*modus*), afastando-se do seu modelo, no tocante à Parte Geral, que foi o BGB. Este, aí, ocupa-se apenas da condição e do termo, por não reconhecer, certamente, caráter de generalidade ao *modus*, que somente pode ser aposto aos negócios gratuitos.

---

[19] Dispõe o artigo 653:

"Opera-se o mandato quando alguém recebe de outrem poderes para, em seu nome, praticar atos ou administrar interesses. A procuração é o instrumento do mandato".

[20] Na exposição de motivos do Anteprojeto de Código de Obrigações de 1941, firmada por Orosimbo Nonato, Philadelpho Azevedo e Hahnemann Guimarães, lê-se, a propósito:

"O instituto da representação foi libertado da sua condição servil ao mandato, deixando-se à disciplina deste contrato apenas as relações entre as próprias partes contratantes.

A representação, seja qual for a sua origem, legal ou convencional, obedecerá a princípios uniformes, que devem resguardar a boa-fé de terceiros, obrigados a tratar com interposta pessoa".

Também no Anteprojeto originário da parte Geral do novo Código Civil brasileiro, que é da nossa autoria, os preceitos relativos à representação voluntária aí se encontravam.

Diversa, porém, era a sistemática observada pelos pandectistas germânicos, que estudavam o *modus* na Parte Geral. REGELSBERGER, analisando o conteúdo do negócio jurídico, examina o encargo (*modus*), e salienta, de início:

> "Von den Nebenbestimmungen kommt die Auflage in Verbindung mit Rechtsgeschäften verschiedener Art vor und ist darum unter den allgemeinen Lehren zu erörtern" (Das determinações acessórias apresenta-se o modo em ligação com negócios jurídicos de vária espécie, e é, por isso, de se examinar entre as doutrinas gerais)[21].

Nesse sentido orientou-se o novo Código, abandonando, porém, por impróprio, o título "Das modalidades do ato jurídico".

No que diz respeito à condição, procurou ele aperfeiçoar o Código de 1916, corrigindo-lhe falhas e suprindo-lhe lacunas. No artigo 121 (que corresponde em parte ao 117 do Código de 1916), a inclusão da frase "derivando exclusivamente da vontade das partes" serve para afastar do terreno das condições em sentido técnico as *condiciones iuris*. Substituiu-se a fórmula empregada pelo artigo 115 do Código de 1916 – "São lícitas, em geral, todas as condições, que a lei não veda expressamente" – por esta, mais exata: "São lícitas, em geral, todas as condições não contrárias à lei, à ordem pública ou aos bons costumes". Ao tratar das condições que invalidam o negócio jurídico e das que se têm por inexistentes, o novo Código, nos artigos 123 e 124, corrige falhas de há muito observadas no Código de 1916, além de tornar expresso que as condições incompreensíveis ou contraditórias são causas de invalidade do negócio a que foram apostas. Ao disciplinar a eficácia da condição resolutiva, no artigo 128, ele inova, com relação ao Código de 1916, ao estabelecer que, se ela for aposta a um negócio de execução continuada ou periódica, "a sua realização, salvo disposição em contrário, não tem eficácia quanto aos atos já praticados, desde que compatíveis com a natureza da condição pendente e conforme aos ditames de boa-fé". Ademais, suprime-se, no novo Código, a referência que o parágrafo único do artigo 119 do Código de 1916 faz à condição resolutiva tácita, que não é condição em sentido técnico, pois esta só se configura se aposta ao negócio jurídico: ademais, a denominada condição resolutiva expressa – que é, propriamente, a condição resolutiva – opera, como qualquer outra condição em sentido técnico, *ipso iure*. Em

---

[21] Ob. cit., § 166, p. 603.

seu artigo 130, o novo Código estendeu à condição resolutiva – o que se impunha para a proteção da parte que, enquanto pende essa condição, é titular de direito expectativo[22] – a regra (limitada no Código de 1916 à hipótese de condição suspensiva)[23] de que ao titular de direito eventual é permitido exercer os atos destinados a conservá-lo.

No tocante ao termo, estabeleceu-se, no § 3.º do artigo 132, o princípio de que os prazos de meses e anos expiram no dia de igual número de início, ou no imediato, se faltar exata correspondência. Seguiu-se, no particular, a orientação que já se encontrava no artigo 63, § 3.º, do anteprojeto de Código das Obrigações de 1941, que se inspirara no Código das Obrigações da Suíça (artigo 77, 3).

Preenchendo lacuna do Código de 1916, o novo contém preceito (artigo 137) sobre o encargo ilícito ou impossível com o seguinte teor: "Considera-se não isento o encargo ilícito ou impossível, se constituir o motivo determinante da liberalidade, caso em que se invalida o negócio jurídico".

**6. Os defeitos dos negócios jurídicos** – Ao tratar dos defeitos do negócio jurídico, o novo Código apresenta várias inovações em face do Código de 1916. Dois institutos – o estado de perigo e a lesão – que não se encontram neste, têm assento naquele. Demais, alterações se introduziram na disciplina do erro, do dolo, da coação, e da fraude contra credores. O tratamento da simulação foi inteiramente reformulado, sendo deslocado para o capítulo V ("Da invalidade do negócio jurídico").

O estado de perigo, de que trata o artigo 156 do novo Código, era objeto do artigo 121 do Projeto de CLÓVIS BEVILÁQUA[24] – é certo que em

---

[22] Como salienta Radke (*Anwartschaften und Anwartschaftrechte des bürgerlichen Rechts*, p. 7, Borna-Leipzig, 1913):

"Das Anwartschaftsrecht lässt sich bezeichnen als ein Recht auf künftigen Erwerb eines Vollrechtes. Als solches ist es immer ein Recht auf künftigen Eintritt in eine bestimmte Rechtsstellung".

[23] O artigo 121 do Código Civil brasileiro de 1916 dispõe:

"Ao titular do direito eventual, no caso de condição suspensiva, é permitido exercer os atos destinados a conservá-lo".

[24] Eis o teor do artigo 121 do Projeto de Clóvis Beviláqua:

"O contrato feito quando alguma das partes se acha sob a ameaça de um perigo iminente de naufrágio ou parada no alto mar, inundação, incêndio, ou operação cirúrgica, acarretando risco de vida, presume-se nulo por vício da vontade, enquanto não for ratificado, depois de passado o perigo, sob cuja iminência foi feito. A mesma presunção de nulidade existe em relação aos contratos celebrados em estado crítico de moléstia aguda e grave".

termos algo diversos, e com solução diferente: o negócio jurídico presumia-se nulo por vício da vontade, enquanto não ratificado, depois de passado o perigo –, e foi suprimido pela Comissão Revisora, sem que saibam os motivos que a isso a conduziram[25]. Em virtude dessa lacuna, que também ocorre em vários sistemas jurídicos, a doutrina, no Brasil, não é uníssona sobre a solução a ser dada a essa hipótese, seguindo as vacilações dos autores franceses e italianos. Espínola[26] chega, até, a afirmar que o artigo 138 do BGB resolve, na Alemanha, esse caso, quando, em verdade, esse dispositivo se refere, propriamente, ao instituto da lesão[27], em que se não configura perigo de vida. Tratando-se de estado de perigo, o novo Código, no seu artigo 171, II, declara anulável o negócio jurídico, e, ao contrário do que sucede no direito italiano (artigo 1.447, 2ª parte), que determina que o juiz, ao rescindir o negócio, pode, segundo as circunstâncias, fixar compensação equitativa à outra parte pelo serviço prestado, não estabelece regra semelhante, o que implica dizer que o prestador do serviço só se ressarcirá se se configurar hipótese de enriquecimento sem causa.

No tocante à lesão, o novo Código brasileiro se afastou do sistema alemão e do italiano, e, portanto, do adotado pelo Código Civil Português, que se orientou por ambos, já que observou a conceituação daquele, mas preferiu a solução deste. Assim, na linha do Anteprojeto de Código de Obrigações de 1941 (de cujo artigo 31 deriva o seu artigo 157[28]), não se preocupa em punir a atitude maliciosa do favorecido – como sucede no direito italiano e no português, e que, por isso mesmo, não deveriam admitir se evitasse a anulação se, modificado o contrato, desaparecesse o defeito –, mas, sim, em proteger o lesado, tanto que, ao contrário do que ocorre com o estado de perigo em que o beneficiário tem de conhecê-lo, na lesão o próprio conhecimento é indiferente para que ela se configure.

---

[25] Cfe. Espínola, ob. cit., vol. III, parte primeira, p. 378.

[26] Ob. cit., *ibidem*.

[27] De feito, como salienta Riezler (*Staudingers Kommentar zun Bürgerlichen Gesetzbuch, I. Band, Allgemeiner Teil*, ps. 480 e segs., München und Berlin, 1910), a segunda parte do § 138 do BGB – que é a que interessa – diz respeito a negócio usurário (Wuchergeschäft). Trata-se, no caso, da usura real.

[28] Eis o teor do artigo 31 do Anteprojeto de Código de Obrigações de 1941:
"Artigo 31 – É anulável a declaração pela qual uma pessoa, sob premência de necessidade, ou por inexperiência, se obriga a prestação manifestamente desproporcionada ao proveito resultante da prestação oposta.

§ 1.º – Não se decreta a invalidade do ato, se é oferecido suplemento suficiente, ou se a parte favorecida concorda com a redução do proveito.

§ 2.º – Aprecia-se a desproporção ao tempo em que se realizou o ato".

Em matéria de erro, inova ele em vários pontos, com relação ao Código de 1916. O artigo 138 adotou o critério da cognoscibilidade do erro pela outra parte, como se verifica no Código Italiano (artigo 1.428), seguido nesse ponto, pelo Código Civil Português de 1967 (artigo 247.°). É silente, porém, no tocante à necessidade de o erro, em que incide o declarante, ser escusável, à semelhança do que ocorre com o Código de 1916, que a doutrina, apesar de seu silêncio, entende ser indispensável para a sua caracterização: assim, entre outros, CLÓVIS BEVILÁQUA[29], EDUARDO ESPÍNOLA[30], ORLANDO GOMES[31], CAIO MÁRIO DA SILVA PEREIRA[32] e SÍLVIO RODRIGUES[33]. Por outro lado, ao enumerar os casos em que há erro substancial, o novo Código, em seu artigo 139, supre omissão do Código de 1916 (o erro que diz respeito à identidade da pessoa a quem se refere a declaração de vontade), e determina que, tanto nesse caso, quanto na hipótese de erro sobre qualidade essencial dessa mesma pessoa, é mister, para ser substancial, que a falsa identidade ou qualidade essencial tenha influído, de modo relevante, na declaração de vontade. Contempla, também, o mesmo dispositivo, no inciso III, o erro de direito, nos moldes do Código italiano (artigo 1.249, 4). No artigo 140, corrige a impropriedade do artigo 90 do Código de 1916, substituindo *falsa causa* por *falso motivo*; e o artigo 143 é expresso no sentido de que o erro de cálculo apenas autoriza a retificação da declaração da vontade. É de notar-se, finalmente, que o novo Código, na esteira do de 1916, atribui o mesmo efeito (a anulabilidade) ao erro-motivo), não tratando das duas figuras separadamente. Por isso, seu artigo 144 se dirige a ambas as espécies de erro, e não apenas ao erro-obstáculo, à semelhança do disposto no artigo 1.432 (combinado com o artigo 1.433, no particular) do Código Civil italiano. Estabelece ele: "O erro não prejudica a validade do negócio jurídico, quando a pessoa, a quem a manifestação de vontade se dirige, se oferecer para executá-la na conformidade da vontade real do manifestante".

Manteve o novo Código, no concernente ao dolo, a distinção – acolhida pelo Código de 1916, que, nesse ponto, se afastou do BGB – entre

---

[29] *Teoria Geral do Direito Civil*, 4ª ed., § 51, p. 232, Rio de Janeiro, 1972.

[30] *Sistema do Direito Civil Brasileiro, Parte Geral*, vol. II, n.° 297, ps. 275/6, Rio de Janeiro; e *Manual do Código Civil Brasileiro, Parte Geral, Dos Fatos Jurídicos*, vol. III, parte primeira, 2ª ed., n.° 55, ps. 207/8, Rio de Janeiro, 1929.

[31] *Introdução ao Direito Civil*, n.° 314, p. 389, Rio de Janeiro.

[32] *Instituições de Direito Civil*, vol. I, n.° 89, p. 364, Rio de Janeiro.

[33] *Dos Defeitos dos Atos Jurídicos*. Vol. I, 2ª ed., n.° 46, ps. 94 e segs., São Paulo, s/data.

*dolus causam dans* e *dolus incidens*, somente considerando o primeiro como vício da vontade, e, portanto, como capaz de acarretar a anulabilidade do negócio jurídico. Nessa seção, aliás, introduziu poucas alterações, a saber: no que diz respeito ao dolo de terceiro, e na destinação que faz, quanto ao dolo de terceiro, entre representante legal e voluntário. Merece destaque o disposto no artigo 150: "se ambas as partes procederam com dolo, nenhuma pode alegá-lo, para anular o negócio, ou reclamar indenização"[34].

No que concerne à coação, o novo Código apresenta algumas alterações de relevo, embora, à semelhança do que se verifica no de 1916, não aluda à coação física absoluta (caso de inexistência do negócio jurídico por ausência de vontade), mas discipline apenas a *vis compulsiva*. Não foi adotada a tese de ESPÍNOLA[35], que aplaude a orientação do Esboço de TEIXEIRA DE FREITAS – seguida pelo Código Civil argentino –, segundo a qual ambas as espécies de coação, como se dá com as duas modalidades de erro, acarretam a anulabilidade. O novo Código, em seu artigo 151, exige que o dano temido seja eminente e considerável, não mais contendo as expressões finais do artigo 98 do Código de 1916: "igual, pelo menos, ao receável do ato extorquido". Admite-se, por outro lado, coação, ainda que o dano diga respeito a pessoa que não pertença à família do coato. E se altera substancialmente a disciplina da coação exercida por terceiro. No Código de 1916, a coação, nesse caso, sempre vicia o negócio jurídico. Pelo sistema do novo, o negócio subsiste, se a coação decorrer de terceiro, sem que dela tivesse ou devesse ter conhecimento a parte a quem aproveite, mas o autor da coação responderá por todas as perdas e danos do coato[36].

O último dos defeitos de cuja disciplina trata o novo Código é a *fraude contra credores*. Manteve ele a anulabilidade como consequência da fraude contra credores, embora reproduza, no artigo 162 a regra do artigo 110 do Código de 1916, na qual PONTES DE MIRANDA[37] identifica hipótese de ineficácia relativa. Algumas inovações são dignas de realce: ampliou-se a legitimação ativa para a propositura da ação pauliana, atribuída que foi, também, aos credores cuja garantia se tornar insuficiente[38];

---

[34] A propósito, no tocante ao Código de 1916, vide Espínola, ob. cit., vol. III, parte primeira, n.º 77, ps. 309/310.
[35] Ob. cit., vol. III, parte primeira, n.º 95, p. 373.
[36] Artigo 155.
[37] *Tratado de Direito Privado*, vol. IV, 2ª ed., § 496, 3, p. 466.
[38] Artigo 158, § 1.º.

e admitiu-se que o adquirente dos bens do devedor insolvente, se o preço for inferior ao corrente, poderá conservá-los, se depositar em juízo o que lhes corresponda ao valor real[39].

**7. A invalidade do negócio jurídico** – Consoante orientação já adotada no Código de 1916, o novo não acolhe a distinção entre anulabilidade e rescindibilidade. No início dos trabalhos da Comissão elaboradora do seu Anteprojeto, manifestou-se um de seus membros – o Prof. Couto e Silva – favorável a essa distinção, entendendo que o estado de perigo e a lesão deveriam acarretar, não a anulabilidade do negócio jurídico, mas, sim, sua rescindibilidade. A esse propósito, naquela oportunidade assim me manifestei:

"Finalmente, é de opinião, o Prof. Couto e Silva de que, nos artigos 168 e 169 do Anteprojeto (artigos 156 e 157 do novo Código), relativos ao estado de perigo e à lesão, se deveria mudar a expressão *anulável* por *rescindível*.

Não me parece deva ser acolhida a proposta. Aliás, a simples substituição de um termo por outro não bastaria, sendo necessária a inclusão da disciplina da ação rescisória, tal como – por exemplo – se encontra nos Códigos Civis da Itália de 1865 e de 1942, e no Projeto do Código das Obrigações do Prof. Caio Mário da Silva Pereira.

Sou dos que entendem que não há razão de fundo para que se acolha, em nosso direito, a distinção entre a anulabilidade e a rescindibilidade quanto ao estado de perigo e a lesão. São muito elucidativas estas ponderações de Chironi e Abello (*Trattato di Diritto Civile Italiano*, vol. I, p. 498):

"3.º – L'invalidità del negozio dà origine ad un'azione, che è dalla legge detta di *nullità* o di *rescissione*, sebbene questa seconda denominazione sia più specialmente riservata a significare la pretesa d'annullamento che ha causa nel vizio nato dalla *lesione*. Ma differenza assoluta tra i due termini non v'è, e la legge li ricorda entrambi meglio per ragioni d'ordine storico che per altro, poichè la nullità e la rescissione d'un atto conseguono dall'invalidità sua a ragion d'un vizio che gli era inerente fin dal tempo di sua nascita:
............................................................................................................".

---

[39] Artigo 160, parágrafo único.

Atualmente, os maiores defensores, na Itália, da distinção se limitam, em última análise, a defendê-la com dois argumentos, dos quais um é de natureza substancial, e o outro, de natureza legal:

1.°) O vício que dá margem à anulabilidade ataca a parte íntima do negócio jurídico, enquanto, em se tratando de rescindibilidade, acentua Barassi (*Teoria della* Ratifica *del Contratto Annullabile*, p. 174, n.° 87): "Ma pur essendosi sviluppato l'organismo del negozio giuridico, che anatomicamente è perfetto nelle sue parti, motivi speciali che hanno la loro ragion d'essere al *di fuori dell'atto* e che sorgono simultaneamente coll'irrompere della dichiarazione di volontà nel campo del diritto, possono dare all'agente, cui que, motivi concernono, um diritto di *rescindere* il negozio giuridico considerando non fatto ciò che fu fatto nei rapporti col coagente"; e

2.°) Os efeitos diversos da anulabilidade e da rescindibilidade estabelecidos no Código Civil.

Desses argumentos só é de analisar-se o primeiro, pois o segundo é consequência de se admitir, ou não, a distinção baseada naquele.

E esse argumento substancial não é exato, para justificar diferença de tratamento. Os próprios civilistas italianos não estão bastante seguros dele, como o demonstram estas palavras de Candian (*Nozioni Instituzionali di Diritto Privato*, p. 481, n.° 336):

"Geralmente la rescindibilità non è collocata nel quadro della invalidità; e ciò, più o meno dichiaratamente, perchè non sarebbe determinata da mancanza o vizio di presupposti od elementi constitutivi del negozio. Essa viene pertanto, da taluni autori, assegnata alla categoria delle cause di inefficacia; e da altri, non meno autorevolmente, esclusa da quella inefficacia come da quella della invalidità, e considerata come facente parte a se atessa. A me parrebbe invece che la classificazione qui proposta sia plausibile. A ben guardare, il fatto al quale l'ordinamento consente di reagire con l'azione di rescissione induce uma anomalìa in alcuno degli elementi constitutivi del negozio; o sotto il profilo della causa, in quanto lo scopo viene, nel concreto caso, raggiunto per via anormale, cioè con necessitata e immoderata sproporzione fra la quantità del dato e quella del ricevuto; oppure sotto il profilo della volontà, in quanto è turbato, al di là del limite tollerato dall'ordinamento, il processo della formazione autonoma dell'atto di volontà da parte del soggetto iugulato;

oppure, più probabilmente, sotto il profilo della combinata anomalìa dell'uno e dell'altro elemento".

E Messineo – ardoroso defensor da distinção –, para distinguir os vícios de que resulta a rescisão dos vícios da vontade, tem de apelar, no final das contas, para os termos do Código Civil Italiano, e, não, para diferença de substância;

"C) Non si può concepire la rescissione neppure come vizio della volontà di una parte (violenza), sebbene il pericolo o il bisogno abbiano agito da motivo determinante e l'origine lontana (artigo 1.674 segg. Cod. Francese) del rimedio in questione deponga per tale concezione(59). La rescissione non era un vizio della volontà giá nel codice italiano abrogato (artt. 1529 segg.), perchè era legata non ad alcun presupposto del genere, sibbene alla sproporzione fra le prestazioni. Non può esser vizio oggi, ancorchè una delle figure di rescissione sia legata all'influenza, che, sull'animo del contraente, ha esercitato lo stato di pericolo (1447) e, nell'altra figura, incida lo stato di bisogno.

Secondo si è notato (*retro*, Capitolo II, n.° 19), neppure nel nuovo códice, è violenza in senso técnico, il timore – il quale *non* sia provocato *da una persona* (minaccia) – del pericolo attuale di un danno grave, nè è violenza il fatto di dover soggiacere a uma necessità, che stimoli a concludere um contratto (60)" (*Dottrina Generale del Contratto*, p. 464).

Por outro lado, estabelecendo o Código Civil brasileiro atual – princípio que foi mantido no Anteprojeto – que a fraude contra credores é vício que acarreta a anulabilidade, seria incoerente considerar a lesão e o estado de perigo – vícios da manifestação de vontade que se aproximam do dolo e da coação – causas de rescindibilidade.

Preferi, portanto, não introduzir no nosso direito essa distinção, que surgiu na França por motivos históricos e em termos diversos dos atuais, que desapareceu depois da revolução francesa quando esses motivos feneceram, e que ressurgiu no Código Napoleão, passando daí a outros Códigos. Por isso, reconhece Messineo (*Dottrina Generale del Contrato*, p. 465), que "storicamente il rimedio della rescissione e quello dell'annulamento sono vicini; anzi, in certo momento, sono stati insieme fusi", e, em nota, esclarece:

"Il termine *rescissione* e la corrispondente figura giuridica derivano a noi dal diritto consuetudinario francese, dove le azioni

dette di rescissione (per dolo, violenza, o lesione), erano distinte dalle azioni di annullamento. Le prime, essendo fondate su testi di diritto romano, non potevano aver corso nei paesi di diritto *coutumier*, senza che il sovrano, all'uopo richiesto, rilasciasse speciali autorizzazioni (che erano dette appunto *lettres de rescission*), a mezzo della cancelleria del Parlamento e che avevano forza rescissoria in ordine al contratto. La Rivoluzione, abolendo le cancellerie del Parlamenti, ha abolito le lettere regie di rescissione ed è venuta così a *unificare*, indirettamente, *il rimedio dell'annulamento con quello della rescissione*.
................................................

Non vi è dubbio, quindi, che la rescindibilità, è, *storicamente*, una sottospecie di invalidità, per quanto non identificabile con la nullità; tuttavia non è lontana – negli effetti – dall'annullabilità (per un'assimilazione da un certo punto di vista: 1757 terzo comma)".

A orientação por mim adotada encontra precedente, no nosso país, no *Anteprojeto de Código de Obrigações* de Orosimbo Nonato, Philadelpho Azevedo e Hahnemann Guimarães, onde, no artigo 31, se lê:

"Artigo 31 – É anulável a declaração pela qual uma pessoa, sob premência de necessidade, ou por inexperiência, se obriga a prestação manifestamente desproporcionada ao proveito resultante da prestação oposta.

§ 1.º – Não se decreta a invalidade do ato se é oferecido suplemento suficiente, ou se a parte favorecida concorda com a redução do proveito.

§ 2.º – Aprecia-se a desproporção ao tempo em que se realizou o ato".

E o Prof. Caio Mário da Silva Pereira, no Anteprojeto de Código de Obrigações (o que foi mantido no Projeto revisto), depois de estabelecer no artigo 75 (relacionado com a lesão e o estado de perigo) que
"A declaração de vontade portadora de alguns dos defeitos mencionados nos artigos 62 e 64 poderá ser *rescindida* a pedido do prejudicado, *até dois anos da data de sua emissão*",
ao tratar da prescrição e da decadência, dispõe no artigo 198, § 3.º:

"Artigo 298. Prescreve:
................................................

§ 3.º – Em três anos:

..........................................

II – O direito de invalidar os negócios jurídicos, nos casos em seguida indicados, contado o prazo:

..........................................

b) no de erro, dolo, lesão ou estado de perigo, no dia em que se realizou o ato".

Duas são as gradações de invalidade a que alude o novo Código: a nulidade e a anulabilidade.

Os casos de nulidade estão discriminados nos artigos 166 e 167. O inciso III do artigo 166 ("quando o motivo determinante, comum a ambas as partes, for ilícito") é preceito novo; dá-se relevância jurídica, nesse caso, ao motivo. Também não consta do Código de 1916 o preceito do artigo 166, VI, do Projeto, o qual reza: "Quando tiver por objetivo fraudar lei imperativa". Trata-se de negócio *in fraudem legis*, a respeito de cuja sanção há três posições defensáveis: a) o ato em fraude à lei é ineficaz, e, portanto, inoponível ao terceiro prejudicado; b) a ele se deve cominar a mesma sanção que a lei burlada pela fraude impõe ao ato que a viola frontalmente; c) o ato fraudulento é nulo. O novo Código adotou a terceira dessas soluções, e que – como salienta ALVINO LIMA[40] – é a dominante. Ao disciplinar a simulação, no artigo 167, apartou-se o novo Código inteiramente do sistema observado pelo de 1916. A simulação, seja a relativa, seja a absoluta, acarreta a nulidade do negócio simulado. Se relativa, subsistirá o negócio dissimulado, se válido for na substância e na forma. Não mais se distingue a simulação inocente da fraudulenta; ambas conduzem ao mesmo resultado: nulidade do negócio simulado, e subsistência do dissimulado, se for o caso. Essa, aliás, a consequência – segundo a melhor doutrina[41] – que resulta do artigo 103 do Código de 1916, que não con-

---

[40] *A fraude no Direito Civil*, p. 314, São Paulo, 1965.

[41] A esse respeito, escreve Espínola (ob. cit., vol. III, parte primeira, n.º 127, ps. 470/1):

"A única interpretação plausível do artigo 103, tendo em vista o histórico de sua elaboração e os princípios universais do direito, é a seguinte:

A lei não condena o emprego da simulação, em qualquer das hipóteses e por qualquer dos processos de que fala o artigo 102, "se não houve intenção de prejudicar a terceiros, ou de violar disposição de lei".

Daí, necessariamente, as seguintes consequências:

sidera defeito a simulação inocente. Enfim, o novo Código, ressalvando os direitos de terceiros de boa-fé em face dos contraentes do negócio jurídico simulado, admite, como decorrência mesma da nulidade, que a simulação possa ser invocada pelos simuladores em litígio de um contra o outro, ao contrário do que reza o artigo 104 da Codificação de 1916.

Ainda com relação à nulidade, o artigo 169 – que também é novo – explicita que o negócio jurídico nulo não é susceptível de confirmação, nem convalesce pelo decurso do tempo, mas admite-se sua conversão (o Código de 1916 é omisso a respeito) *ex vi* do artigo 170, que preceitua: "Se, porém, o negócio jurídico nulo contiver os requisitos de outro, subsistirá este quando o fim, a que visavam as partes, permitir supor que o teriam querido, se houvessem previsto a nulidade".

No tocante à anulabilidade, as diferenças entre sua disciplina no Código novo e no de 1916 são, em geral, de somenos importância. Para atender à melhor técnica, substitui-se o termo *ratificação* por *confirmação*[42]. Num ponto, porém, a divergência é capital: no Código de 1916, os prazos para a anulação do negócio jurídico são de prescrição: no novo Código – como declara expressamente o artigo 178 –, são de decadência[43].

---

1ª – Existe uma simulação que as partes podem empregar, porque a lei a não condena; é a simulação inocente, isto é, que se não propõe a fins fraudulentos.

2ª – Uma vez que a simulação inocente é admitida por lei, não se pode recusar às partes o direito de demonstrar que a empregaram na constituição de determinado ato jurídico.

3ª – Demonstrado que houve simulação inocente, segue-se irrefragavelmente que o ato simulado, que as partes só na aparência quiseram, se anula, se considera inexistente.

4ª – Anulado o ato simulado, ou nenhuma relação subsiste entre as partes, porque efetivamente nenhum negócio quiseram formar (simulação absoluta); ou subsistem as relações decorrentes do ato dissimulado, isto é, daquele ato que elas realmente quiseram constituir, ocultando-o sob a aparência do ato simulado (simulação relativa)

.................................................................

Não é correto também dizer, como aliás comumente se diz, que *a simulação inocente não é motivo de nulidade*. Não é, sem dúvida, uma causa de nulidade do *ato dissimulado*, quando seja o caso de *simulação relativa*. Mas, o que se pode asseverar, de modo geral, é que a simulação, seja *inocente* ou *fraudulenta*, seja *absoluta* ou *relativa*, *é sempre capaz de determinar a anulação do ato simulado*, quer promovam essa anulação os terceiros prejudicados (simulação fraudulenta), quer os próprios contraentes (simulação inocente)".

[42] Artigo 169.

[43] Nesse sentido, também, o artigo 179, que reza: "Quando a lei dispuser que determinado ato é anulável, sem estabelecer prazo para sua anulação, será este de dois anos, a contar da data da conclusão do ato".

# EXIGÊNCIAS DE UM NOVO DIREITO DO TRABALHO*

Por Pedro Romano Martinez**

**Plano**

1. Direito do Trabalho; situação actual
   a) Proliferação legislativa
   b) Flexibilidade
   c) A crise das relações colectivas
2. A fuga para o trabalho autónomo
3. Distinção entre trabalho subordinado e trabalho autónomo
   a) Dificuldade de delimitação
   b) Concretização da dificuldade de delimitação
      b.1) Actividades que podem ser exercidas com autonomia
      b.2) Profissões liberais e situações afins
      b.3) Trabalhadores no domicílio
      b.4) Trabalho prestado por pessoas colectivas
      b.5) Qualificação feita pelo legislador
4. Novas perspectivas
   a) Do movimento operário ao «imperialismo do Direito do Trabalho»; o retorno
   b) Diferenciação entre tipos de trabalhadores
   c) Desenvolvimento do trabalho autónomo

---

\* Este artigo corresponde a uma conferência cujo texto foi publicado nas Memórias do III Congresso Nacional de Direito do Trabalho, Almedina, Coimbra, 2000, pp. 325 ss., com o título «Os Novos Horizontes do Direito do Trabalho», tendo-se introduzido algumas alterações, nomeadamente actualizando dados.

\*\* Professor da Faculdade de Direito de Lisboa e da Faculdade de Direito da Universidade Católica.

1. **Direito do Trabalho; situação actual**

   *a) Proliferação legislativa*

   Nos últimos anos, tem havido um legislação numerosa neste domínio, reunida, muitas das vezes, nos chamados «pacotes laborais»; trata-se, no entanto, quase sempre, de legislação sobre questões pontuais[1]. Por outro lado, visto que, com alguma frequência, os diplomas são elaborados em momentos de crise e sobre grande pressão social e política, leva a que, do ponto de vista técnico-jurídico, nem sempre estejam bem elaborados, daí as frequentes dúvidas que suscitam, sendo amiúde alterados e substituídos. Esta permanente mutação tem tido reflexos, inclusive, no nome do Ministério que tutela o trabalho: tradicionalmente conhecido por Ministério do Trabalho, foi também designado por Ministério do Emprego e da Solidariedade Social, Ministério para a Qualificação e o Emprego, Ministério do Trabalho e da Solidariedade e, actualmente, Ministério da Segurança Social e do Trabalho.
   A frequente e abundante intervenção legislativa, muitas das vezes previamente discutida na concertação social, em nada facilita o conhecimento deste ramo do Direito. Nota-se, com alguma frequência, que a legislação laboral é elaborada sem a necessária ponderação, que acarreta, designadamente, a sua repetida substituição; a título de exemplo, é de mencionar o regime do trabalho dos desportistas profissionais, que depois de largos anos sem regulamentação específica, foi alvo de duas intervenções legislativas, em que o Decreto-Lei n.º 305/95, de 18 de Novembro, depois de uma vigência inferior a três anos, foi substituído pela Lei n.º 28/98, de 26 de Junho. Neste contexto é ainda conveniente aludir a algumas das mais recentes intervenções legislativas, seguindo a ordem cronológica. A Lei dos Acidentes de Trabalho (Lei n.º 100/97, de 13 de Setembro, finalmente regulamentada em 1999 (Decreto-Lei n.º 143/99, de 30 de Abril), que deveria ter entrado em vigor a 1 de Outubro de 1999, mas só se aplica a partir do dia 1 de Janeiro de 2000 (Decreto-Lei n.º 382-A/99,

---

[1] Cfr. JOSÉ JOÃO ABRANTES, «As actuais Encruzilhadas do Direito do Trabalho», *Direito do Trabalho. Ensaios*, Lisboa, 1995, p. 32; MONTEIRO FERNANDES, *Direito do Trabalho*, 11.ª ed., Coimbra, 1999, pp. 42 s.; ROMANO MARTINEZ, *Direito do* Trabalho, Coimbra, 2002, pp. 95 ss.; BERNARDO XAVIER, *Curso de Direito do Trabalho*, 2.ª ed., Lisboa, 1993, pp. 79 s.

de 22 de Setembro)[2]. O regime da duração do trabalho (Decreto-Lei n.º 409/71, de 27 de Setembro) foi sucessivamente alterado pela Lei n.º 21/96, de 23 de Julho (conhecida pela Lei das 40h), pela Lei n.º 73/98, de 10 de Novembro e pelas Leis n.ºs 58/99 e 61/99, de 30 de Junho[3]; relacionado com esta questão, foi publicada a Lei n.º 103/99, de 26 de Julho, sobre trabalho a tempo parcial. Foi instituído o regime da rotação emprego--formação pelo Decreto-Lei n.º 51/99, de 20 de Fevereiro. O regime do processo de despedimento colectivo foi alterado pela Lei n.º 32/99, de 18 de Maio. Com a Lei n.º 36/99, de 26 de Maio, institucionalizou-se a participação dos representantes dos empregadores na elaboração da legislação do trabalho. A Lei n.º 40/99, de 9 de Junho, criou os conselhos de empresa europeus, que asseguram a informação e consulta dos trabalhadores em empresas ou grupos de empresas transnacionais. Por via do Decreto-Lei n.º 219/99, de 15 de Junho, reformulou-se o sistema de garantia salarial. A Lei n.º 58/99, de 30 de Junho, alterou algumas regras do trabalho de menores, nomeadamente os arts. 121.º, 122.º e 124.º da Lei do Contrato de Trabalho (LCT). Só no mês de Agosto de 1999, o legislador alterou o regime das contra-ordenações laborais (Lei n.º 114/99, de 3 de Agosto, Lei n.º 116/99, de 4 de Agosto e Lei n.º 118/99, de 4 de Agosto), o regime da segurança, higiene e saúde no trabalho (Decreto-Lei n.º 133/99, de 21 de Agosto), o regime do *lay-off* (Lei n.º 137/99, de 28 de Agosto), o regime das férias, feriados e faltas, equiparando os cônjuges aos que vivem em união de facto (Lei n.º 135/99, de 28 de Agosto) e o regime de protecção da maternidade e da paternidade (Lei n.º 142/99, de 31 de Agosto). Por último, no dia 1 de Setembro foi alterado o regime do trabalho temporário (Lei n.º 146/99, de 1 de Setembro).

Esta indicação, meramente exemplificativa, elucida as dificuldades de aplicação do Direito do Trabalho e a necessidade do seu cabal conhecimento, que carece de uma permanente actualização.

Não obstante a multiplicidade de intervenções legislativas em sede de Direito do Trabalho, subsistem áreas sem regulamentação, como seja o teletrabalho, situações de trabalho atípico[4] e regimes de trabalho especial,

---

[2] Relacionado com os acidentes de trabalho, veja-se ainda o Decreto-Lei n.º 142/99, de 30 de Abril e o Decreto-Lei n.º 159/99, de 11 de Maio, respectivamente sobre o fundo de acidentes de trabalho e sobre o seguro de acidentes de trabalho para trabalhadores independentes.

[3] Acrescem, ainda, outras alterações de redacção, como por exemplo a alteração de redacção do art. 29.º LDT (trabalho nocturno) pelo Decreto-Lei n.º 96/99, de 23 de Março.

[4] Nas situações de trabalho atípico recorre-se com frequência, indevidamente, aos

designadamente a relação laboral que se estabelece com professores[5] e outras profissões em que predomina a autonomia técnica. No fundo, o legislador, num pressuposto igualitário, atende pouco a especificidades de regimes, preconizando a uniformidade. Até porque o regime laboral assenta ainda na situação paradigmática do contrato de trabalho baseado no pressuposto de uma relação duradoura a tempo integral, em que o trabalhador inicia, ainda jovem, a actividade numa empresa e, depois de uma vida de dedicação, em que foi obtendo formação profissional derivada da prática, sendo sucessivamente promovido, sem mudar de empresa e de local de trabalho, termina a vida laboral com a reforma. Este modelo tradicional em que o legislador, em grande parte, assenta está em vias de extinção, facto que deveria ser ponderado.

Mas não se julgue, numa perspectiva positivista, que seria possível legislar exaustivamente e de modo correcto todos os aspectos do Direito do Trabalho. A mutação social e os novos problemas que se colocam[6] só se coadunam com o estabelecimento de princípios gerais, que deverão ser tidos em conta na solução dos casos concretos. Todavia, no estado actual de evolução do Direito do Trabalho, atendendo aos trabalhos científicos dos últimos quarenta anos e à recente jurisprudência social, chegou o momento de proceder à codificação deste ramo do Direito.

A opção por um Código do Trabalho assenta na circunstância de o Direito do Trabalho já ter alcançado uma estabilidade científica suficiente.

---

chamados «recibos verdes», mas importa distinguir estas hipóteses daquelas em que, por faltar a subordinação jurídica, não se podem qualificar como relação laboral, integrando a multiplicidade de contratos de prestação de serviço.

[5] Quanto aos docentes universitários, a intervenção legislativa foi prometida pelo art. 40.º, n.º 2 do Decreto-Lei n.º 271/89, de 19 de Agosto (hoje revogado) e no art. 24.º, n.º 1 do Decreto-Lei n.º 16/94, de 22 de Janeiro, afirma-se: «O regime de contratação de pessoal docente (...) consta de diploma próprio», que não existe. Sobre a especificidade do regime laboral dos docentes, que justifica a necessidade de estabelecer regras que se afastem dos princípios gerais, vd. ROMANO MARTINEZ, «O Regime Laboral dos Docentes. Alguns Problemas», *Educação e Direito*, n.º 2, 1999, pp. 41 ss. De facto, a autonomia científica e pedagógica na organização do ensino pode colocar em causa garantias dos trabalhadores e, em geral, regras laborais, em particular relacionadas com o tempo de trabalho, a ocupação efectiva e a retribuição (cfr. autor e ob. cit., pp. 47 ss.).

[6] Exemplificativamente, pode aludir-se aos problemas suscitados pela liberdade de opinião nas designadas empresas de tendência (política, religiosa, etc.), que se relaciona também com o despedimento baseado em causas externas à relação laboral. Sobre estas questões, em particular quanto à liberdade de opinião e empresas de tendência, vd. GEORGES DOLE, *La Liberté D'Opinion et de Conscience en Droit Comparé du Travail*, I, Paris, 1997.

A codificação não obsta, evidentemente, a que as regras sejam alteradas, melhoradas e adaptadas a novas circunstâncias, pois qualquer ramo do Direito está permanentemente em mutação e a sua evolução não pode ser posta em causa pela existência de um conjunto sistemático – tendencialmente sintético e científico – de normas, denominado *Código*. Um Código não pressupõe, por isso, nem a estagnação das relações sociais, nem dos preceitos que as regem.

*b) Flexibilidade*

A flexibilidade, assente em bases neo-liberais, tem, nos últimos anos, preconizado a liberalização do período normal de trabalho, da contratação temporária de trabalhadores, da mobilidade geográfica e funcional da mão-de-obra – a chamada polivalência profissional –, etc., porque tais limites sacrificam os desempregados e os jovens à procura do primeiro emprego, só beneficiando, de forma ilusória e temporária, os que têm emprego, pondo em risco a sobrevivência das empresas, pretendendo-se obstar a uma protecção rígida e desrazoável dos trabalhadores. Em suma, a designada flexibilidade tem em vista contrariar uma orientação excessivamente garantística da legislação laboral[7].

---

[7] Cfr. NUNES DE CARVALHO, «A Flexibilidade do Direito do Trabalho Português», *Seminário "Flexibilidade e Relações de Trabalho"*, Lisboa, 1998, pp. 73 s. e «Ainda sobre a Crise do Direito do Trabalho», in *II Congresso Nacional de Direito do Trabalho. Memórias*, Coimbra, 1999, pp. 49 ss. Sobre as várias medidas de flexibilização introduzidas em Portugal, veja-se NUNES DE CARVALHO, «A Flexibilidade do Direito do Trabalho Português», cit., pp. 79 ss.

Em crítica a estas tomadas de posição, *vd.* JORGE LEITE, «Direito do Trabalho na Crise», *Temas de Direito do Trabalho*, Coimbra, 1990, pp. 25 ss.

Sobre a flexibilidade no mercado de trabalho, *vd.* o Relatório Dahrendorf, RDES XXX (1988), n.º 1, pp. 113 ss. Veja-se também JOSÉ JOÃO ABRANTES, «As Actuais Encruzilhadas...», cit., pp. 33 ss.; NUNES DE CARVALHO, «A Flexibilidade do Direito do Trabalho Português», cit., pp. 67 ss.; ABEL SEQUEIRA FERREIRA, *Grupos de Empresas e Direito do Trabalho*, Dissertação de Mestrado, Lisboa, 1997, pp. 19 ss.; FURTADO MARTINS, «O Acordo Económico e Social e a Evolução do Direito do Trabalho Português», *Os Acordos de Concertação Social em Portugal - Estudos*, I, 1993, pp. 138 ss. e 147 ss.; MASCARO NASCIMENTO, *Curso de Direito do Trabalho*, 14.ª ed., S. Paulo, 1997, pp. 106 ss., em especial pp. 113 ss.; BERNARDO XAVIER, «Direito do Trabalho na Crise», *Temas Laborais*, Coimbra, 1990, pp. 107 ss., 118 ss. e 124 ss.

Quanto à estabilidade e promoção do emprego, *vd.* conferências de MONTOYA MELGAR, MESQUITA BARROS JR. e JORGE LEITE, *Anais das I Jornadas Luso-Hispano-Brasileiras*

c) *A crise das relações colectivas*

A intervenção do Tribunal Constitucional a nível das relações colectivas, pondo em causa a estrutura tradicional e certos dogmas, pressupõe a revisão deste regime. Por um lado, as declarações de inconstitucionalidade que pesam sobre a Lei das Relações Colectivas de Trabalho (Decreto-Lei n.º 519-C1/79, de 29 de Dezembro)[8] podem pôr em causa o relevante papel dos instrumentos de regulamentação colectiva; por outro lado, a reduzida taxa de sindicalização e a dificuldade de introduzir um regime de representatividade sindical (à imagem do que ocorre em países, como Espanha e França), em particular por violar a regra da liberdade sindical (art. 55.º Constituição) e o princípio de igualdade entre associações sindicais que lhe está subjacente, limitam de modo considerável a aplicação das convenções colectivas de trabalho.

## 2. A fuga para o trabalho autónomo

A opção por um regime jurídico de trabalho autónomo obsta à aplicação de regras jurídico-laborais, tendo em vista a flexibilização do vínculo jurídico.

De modo sintético, podem indicar-se duas razões que justificam o recurso ao trabalho autónomo.

Em primeiro lugar, as partes podem ter enquadrado a relação jurídica num regime de trabalho autónomo por um motivo fraudulento: para evitar a aplicação das normas imperativas de Direito do Trabalho, como meio de prejudicar, em princípio, o prestador de trabalho. De facto, a fuga para o trabalho autónomo, tendo em vista a flexibilização do vínculo jurídico, pode implicar que não se apliquem as regras jurídico-laborais que melhor protegem o trabalhador. Em tal caso, haverá uma errada (ou abusiva) qua-

---

*de Direito do Trabalho*, Lisboa, 1982, pp. 27 ss. Sobre os problemas do emprego, *vd.* o Relatório do BIT (Secretariado Internacional do Trabalho), intitulado *O Emprego no Mundo 1995*, editado em Lisboa, no ano de 1996, no qual, depois de considerações gerais (1.ª Parte), se estudam os problemas do emprego nos países em vias de desenvolvimento (2.ª Parte), nas economias da Europa de Leste (3.ª Parte) e nos países industrializados (4.ª Parte), terminando com considerações sobre a possibilidade de redução do desemprego global (5.ª Parte).

[8] *Vd.* por exemplo Acórdão do Tribunal Constitucional n.º 517/98, Diário da República, II Série.

lificação do contrato, que não vincula o intérprete, cabendo ao tribunal corrigir o lapso[9].

Por outro lado, a qualificação jurídica querida pelas partes pode ter um motivo lícito, sendo o enquadramento pretendido justificado por razões técnicas, por exemplo relacionadas com o modo de prestar a actividade[10], ou por motivos conjunturais, nomeadamente derivados da necessidade de adaptabilidade das empresas a novos métodos e à crescente competitividade. Se, atentas as circunstâncias, a actividade pode ser desempenhada de modo independente, a escolha feita pelas partes de uma relação jurídica de trabalho autónomo é lícita.

Como razões de ordem técnica para a opção por um regime de trabalho autónomo podem, entre outras, indicar-se: a computurização; a maior necessidade de trabalho intelectual do que de força braçal (com a superação da nova escravização do trabalhador); a permanente mutação do trabalho para adaptação a novos condicionalismos; o valor acrescentado na terciarização; a desmaterialização e a deslocação laboral, com as consequentes questões de *dumping* social (não só na União Europeia, como a nível de outros continentes, com particular relevância quando algumas multinacionais ameaçam sair de Portugal para se instalarem nos chamados países de leste ou na Ásia); e o surgimento de uma nova estrutura empresarial com poucos trabalhadores e muitos prestadores de serviços.

## 3. Distinção entre trabalho subordinado e trabalho autónomo

*a) Dificuldade de delimitação*

I. O trabalho subordinado corresponde à prestação de uma actividade mediante contrato de trabalho, contrapondo-se ao trabalho autónomo, em que a actividade é exercida sem dependência jurídica e que pode enquadrar-

---

[9] Contudo, como refere FURTADO MARTINS, «A Crise do Contrato de Trabalho», RDES, 1997, n.º 4, pp. 344 s., tal solução não é fácil, porque, mesmo que o trabalhador conheça os seus direitos, terá de recorrer a tribunal, provar a existência do contrato de trabalho e aguardar por uma decisão, que se espera morosa.

[10] Por vezes, afirma-se que as novas técnicas, nomeadamente relacionadas com a utilização de computadores, justificam do trabalhador mais inteligência do que força braçal, superando a escravização do trabalhador à empresa. Sobre situações lícitas de trabalho autónomo, *vd.* FURTADO MARTINS, «A Crise do Contrato de Trabalho», cit., pp. 355 ss.

-se em diversas figuras negociais, nomeadamente os contratos de prestação de serviço, de mandato, de agência ou de empreitada[11].

II. O contrato de trabalho poderia ter sido qualificado como um subtipo de contrato de prestação de serviços. Em sentido amplo, a prestação de serviços abrange o próprio contrato de trabalho, mas o legislador português, na sistematização do Código Civil, contrapõe o contrato de trabalho ao contrato de prestação de serviços, como se verifica na relação entre os arts. 1152.º e 1154.º do Código Civil (CC).

Regulamenta-se, por um lado, o contrato de trabalho e, por outro, o contrato de prestação de serviço que, como refere o art. 1155.º CC, se divide em três subtipos: o mandato, o depósito e a empreitada.

Em termos teóricos, podemos aceitar que há um contrato de prestação de serviços em sentido amplo, o qual engloba a prestação de serviços subordinada – onde se inclui o contrato de trabalho – e a prestação de serviços autónoma, que corresponde ao contrato de prestação de serviço propriamente dito[12]. Este, por sua vez, subdivide-se em quatro categorias: a prestação de serviços atípica[13], o mandato, o depósito e a empreitada.

---

[11] Para uma indicação de figuras afins ao contrato de trabalho, que consubstanciam trabalho autónomo, *vd.* ROMANO MARTINEZ, *Direito do Trabalho*, cit., pp. 145 ss. e pp. 289 ss.

[12] A este propósito, interessa aludir à sistematização do Código Civil Italiano, que, no Livro V (Do Trabalho), distingue o trabalho autónomo (Título III) do trabalho subordinado (Título IV), remetendo-se, neste último caso, em geral, para o trabalho na empresa (Título II). Quanto ao trabalho autónomo, o Código Civil Italiano contrapõe o contrato de obra manual (arts. 2222 ss. CCIt.) ao contrato de obra intelectual (arts. 2229 ss. CCIt.). Sobre estas duas modalidades de trabalho autónomo, veja-se o estudo de PERULLI, *Il Lavoro Autonomo in Trattato di Diritto Civile e Commerciale*, Cicu/Messineo, Vol. XXVII, T. 1, Milão, 1996. O contrato de obra manual consubstancia aquilo que poderemos designar por empreitada de Direito Civil, em que o empreiteiro não integra a noção de empresa (sobre esta questão, *vd.* autor e ob. cit., pp. 85 ss.). O contrato de obra intelectual relaciona-se com prestações a efectuar por profissionais intelectuais (*vd.* autor e ob. cit., pp. 351 ss. e 417 ss.), que, no Direito português, correspondem, em regra, a contratos de prestação de serviço.

Cabe ainda referir que SÖLLNER, *Grundriß des Arbeitsrechts*, 11.ª ed., Munique, 1994, p. 241, depois de enquadrar o contrato de trabalho no Direito Civil, afirma categoricamente que é um tipo de prestação de serviços.

[13] Há uma multiplicidade de prestações de serviços atípicas, algumas das quais socialmente tipificadas (cfr. PAIS DE VASCONCELOS, *Contratos Atípicos*, Coimbra, 1995, pp. 207 ss.), nomeadamente as várias situações de prestação de serviços por parte de profissionais liberais, médicos, advogados, arquitectos, etc. e outras que surgiram recentemente. Quanto a estas últimas, a título de exemplo, é de indicar o contrato de reposição em

III. O contrato de prestação de serviço encontra-se definido no art. 1154.º CC. Comparando esta definição com a noção de contrato de trabalho, constante dos arts. 1152.º CC. e 1.º LCT, verifica-se que há, realmente, várias afinidades. Mas, na dita comparação, detectam-se, essencialmente, três diferenças.

Primeiro, no contrato prestação de serviço uma das partes proporciona à outra «certo resultado», enquanto, no contrato de trabalho, «presta a sua actividade».

Esta distinção relaciona-se com a diferença entre prestações de resultado e prestações de meios. No contrato de trabalho, a obrigação é de meios e no contrato de prestação de serviço tem-se em vista, por via de regra, a obtenção de um certo resultado[14].

Contudo, no contrato de trabalho, muitas das vezes, está igualmente em causa a obtenção de um resultado[15]. Assim, sendo o contrato de trabalho a termo incerto para «Execução, direcção e fiscalização de trabalhos de construção civil (...)»[16], denota-se um papel relevante do resultado a atingir. Mas, em qualquer outro contrato de trabalho, atendendo às regras

---

hipermercados, normalmente ajustado pelas empresas que se dedicam ao fabrico e/ou comercialização de produtos (alimentares, de higiene, etc.); muitas vezes, o prestador de actividade dedica-se a repor nas prateleiras dos hipermercados os produtos de uma ou mais empresas do ramo, sendo frequente a existência dos mencionados repositores como decorrência do contrato de comercialização ajustado entre a empresa e a grande superfície (sobre esta figura, cfr. SOARES RIBEIRO, «O Contrato de Reposição» in *I Congresso Nacional de Direito do Trabalho. Memórias*, Coimbra, 1998, pp. 265 ss.).

No Ac. Rel. Pt. de 7/9/1999, CJ XXIV, T. IV, p. 255, qualificou-se como contrato de trabalho a relação estabelecida com uma repositora, por se considerar que estavam preenchidos os indícios deste contrato; todavia, como consta do aresto citado, a execução da tarefa era controlada pelo hipermercado e não pela empresa contratante, o que leva a concluir pela existência de uma situação atípica de trabalho com similitudes com o trabalho temporário e a cedência ocasional.

[14] Cfr. Ac. Rel. Lx. de 29/1/1992, CJ XVII, T. I, p. 200.

[15] MÁRIO PINTO/FURTADO MARTINS/NUNES DE CARVALHO, *Comentário às Leis do Trabalho*, Vol. I, Lisboa, 1994, anot. n.º 6 ao art. 1.º, p. 28, afirmam, mesmo, que uma actividade produz sempre um resultado. JOSÉ IGNACIO GARCÍA NINET, *El Contrato para la Realización de Obra o Servicio Determinado*, Valencia, 1995, a propósito do art. 15 do *Estatuto de los Trabajadores*, que alude ao contrato de trabalho para realização de obra ou serviço determinado, explica o regime jurídico dessa modalidade de contrato a termo (pp. 37 ss.).

[16] Cfr. art. 41.º, n.º 1, alínea f), da Lei da Cessação do Contrato de Trabalho (LCCT) *ex vi* art. 48.º LCCT. Sobre o contrato a termo, vd. ROMANO MARTINEZ, *Direito do Trabalho*, cit., pp. 617 ss. e bibliografia aí citada.

da boa fé na realização da actividade, não se pode concluir que o resultado não seja tido em conta. Em contrapartida, no contrato de prestação de serviço, frequentemente, tem-se em vista uma prestação de meios; na realidade, o médico ou o advogado, por via de regra, não se obrigam à obtenção de um resultado.

Em segundo lugar, o contrato de trabalho é, necessariamente, oneroso. A retribuição corresponde a um elemento essencial deste negócio jurídico, sem a qual não há contrato (art. 1152.° CC)[17]; diferentemente, o contrato de prestação de serviço pode ser celebrado com ou sem retribuição (art. 1154.° CC). Portanto, o contrato de prestação de serviço pode ser gratuito ou oneroso.

Terceiro, a actividade que é objecto do contrato de trabalho tem de ser prestada «sob autoridade e direcção» do empregador; deste modo, a actividade será exercida com base na subordinação jurídica do trabalhador relativamente ao empregador[18]. No contrato de prestação de serviço não há subordinação jurídica, o prestador de serviços exerce a sua actividade com autonomia.

Esta última é a distinção mais frequentemente usada para contrapor o contrato de trabalho ao contrato de prestação de serviço[19]. Atendendo às dificuldades de concretização da designada subordinação jurídica tem-se tentado recorrer a outros critérios, como a alienidade da tarefa, ou admitir a existência de situações híbridas, entre as quais importa destacar a para-subordinação[20].

---

[17] Por isso, no art. 1.°, n.° 3, alínea d), do *Estatuto de los Trabajadores*, determina-se que o regime laboral não se aplica ao trabalho realizado a título de amizade, benevolência ou boa vizinhança. Sobre a questão, *vd*. ALONSO OLEA, «Reflexiones Actuales sobre el Trabajo Realizado a Título de Amistad, Benevolencia o Buena Vecinidad», in *Trabajo Subordinado y Trabajo Autónomo. En la Delimitación de Fronteras del Derecho del Trabajo*, org. por Cruz Villalón, Madrid, 1999, pp. 15 ss.

[18] Como se refere no Ac. Rel. Cb. de 23/2/1995, CJ XX, T. I, p. 78, é pressuposto do contrato de trabalho que o empregador possa, de algum modo, orientar a actividade do trabalhador, dando-lhe instruções genéricas para o exercício das suas funções.

[19] A distinção entre autonomia e subordinação é clássica para se proceder à classificação de um contrato como sendo de trabalho, inclusive noutros espaços jurídicos. Cfr., nomeadamente, ANGIELLO, *Autonomia e Subordinazione nella Prestazione Lavorativa*, Pádua, 1974, em especial, pp. 7 ss.; LYON-CAEN/PÉLISSIER/SUPIOT, *Droit du Travail*, 18.ª ed., Paris, 1996, p. 103; PAPALEONI in MAZZONI, *Manuale di Diritto del Lavoro*, Vol. I, 6.ª ed., Milão, 1988, pp. 227 ss.

[20] Em situações de fronteira, a doutrina italiana, por vezes, recorre à designada para-

*b) Concretização da dificuldade de delimitação*

*b.1) Actividades que podem ser exercidas com autonomia*

Na prática, a distinção entre as duas situações nem sempre é fácil[21]. Por exemplo, um contrato com um motorista de táxi, mediante o qual este, todos os dias, às nove horas, leva ao emprego e às cinco horas da tarde traga a casa a contraparte, em princípio, deverá ser qualificado como contrato de prestação de serviço. Mas se, diferentemente, uma pessoa que tem automóvel próprio contratar um motorista duas horas por dia (das 9h às 10h e das 17h às 18h), tendo este de fazer o mesmo trabalho que o taxista, o contrato seria, em princípio, considerado como sendo de trabalho.

A distinção entre ambos os contratos não pode assentar na propriedade do automóvel, porque o direito de propriedade sobre o veículo não deverá ser o critério de distinção jurídica[22].

Poderá, então, recorrer-se ao critério da subordinação jurídica, mas em ambos os casos há um trajecto e um horário a respeitar, determinados pelo beneficiário da actividade. Porém, o cliente não tem poder disciplinar sobre o condutor de táxi, mas já o terá sobre o seu motorista. Além disso,

---

-subordinação, principalmente quando o prestador da actividade, atendendo à sua categoria social, não carece da protecção conferida pela lei laboral, cfr. ANNA MARIA GRIECO, *Lavoro Parasubordinato e Diritto del Lavoro*, Nápoles, 1983, pp. 13 ss. Porém, como refere NASCIMENTO, *Curso de Direito do Trabalho*, cit., pp. 319 s., na medida em que a para-subordinação não pressupõe um regime diferenciado, mantém-se a dicotomia entre trabalhador autónomo e subordinado.

[21] Idêntica dificuldade surge em outros ordenamentos, mesmo com concepções jurídicas diversas, como na Inglaterra; veja-se os problemas de delimitação entre o *employee* e o *independent contractor* em BOWERS, *Employment Law*, 4.ª ed., Londres, 1997, pp. 12 ss.

[22] Dificuldade similar suscitou a qualificação do contrato celebrado entre a Santa Casa da Misericórdia e os escrutinadores do totobola. Com a informatização do escrutínio do totobola, prescindiu-se das pessoas que verificavam as matrizes. A questão residia em saber se se estava perante um despedimento derivado de um contrato de trabalho ou uma denúncia de um contrato de prestação de serviço, com regras diferentes. Os escrutinadores iam, uma vez por semana, verificar as matrizes dos boletins de totoloto e de totobola; e punha-se a questão de saber se eles não seriam meros prestadores de um serviço, ou seja, tarefeiros. Os tribunais consideraram que se tratava de um contrato de trabalho, mas a questão é polémica e foram apresentados pareceres em sentido oposto, considerando que se tratava de meros contratos de prestação de serviço (Sobre a questão, cfr. Procuradoria Geral da República (Parecer, n.º 58/84, de 25 de Julho de 1984), «Totobola. Contrato de Trabalho», BMJ, 342 (1985), pp. 138 ss., em especial pp. 142 ss. e 147 ss.).

o dever de obediência apresenta-se com contornos diversos nas duas situações.

Com contornos similares cabe aludir ao contrato relativamente divulgado, em que ao motorista da empresa é concedido um empréstimo pelo «antigo» empregador para aquisição de um veículo próprio com o qual passa a exercer a actividade que já desempenhava na empresa. Na medida em que o trabalhador passa a desenvolver a actividade com utensílios por ele fornecidos (veículo) pretende-se que a actividade se enquadre nos parâmetros do trabalho autónomo, pois o motorista, de trabalhador por conta de outrem, pelo menos aparentemente, transformou-se em empresário em nome individual no ramo do transporte[23].

*b.2) Profissões liberais e situações afins*

I. Frequentemente, estando em causa uma actividade enquadrável no objecto das designadas profissões liberais (médicos, advogados, arquitectos, etc.), tendo em conta a autonomia que a caracteriza, pode ser difícil entender que a relação jurídica se qualifique como um contrato de trabalho.

Dúvidas também têm surgido a propósito da qualificação de contratos celebrados entre instituições de ensino e os respectivos professores[24], atendendo à autonomia técnica destes na leccionação e às especificidades da organização do ensino, que pressupõem, anualmente, alterações de horário, de carga horária e até, eventualmente, de remuneração[25].

---

[23] Sobre esta situação com contornos algo diferentes dos indicados no texto, *vd.* FURTADO MARTINS, «A Crise do Contrato de Trabalho», cit., p. 356 e MONTOYA MELGAR, «Sobre el Trabajo Dependiente como Categoría Delimitadora del Derecho del Trabajo», in *Trabajo Subordinado y Trabajo Autónomo. En la Delimitación de Fronteras del Derecho del Trabajo*, org. por Cruz Villalón, Madrid, 1999, pp. 67 ss.

[24] Cfr. Ac. STJ de 26/6/1996, CJ (STJ) 1996, T. II, p. 285; Ac. Rel. Lx. de 31/1/1990, CJ XV, T. I, p. 198; Ac. Rel. Lx. de 3/2/1993, CJ XVII, T. I, p. 184; Ac. Rel. Lx. de 15/1/1997, CJ XXII, T. I, p. 177.

Quanto ao regime jurídico do pessoal não docente do ensino não superior, *vd.* Decreto-Lei n.º 515/99, de 24 de Novembro.

[25] *Vd.* ROMANO MARTINEZ, «O Regime Laboral dos Docentes. Alguns Problemas», *Educação e Direito*, n.º 2, 1999, pp. 41 ss. De facto, a autonomia científica e pedagógica na organização do ensino pode colocar em causa garantias dos trabalhadores e, em geral, regras laborais, em particular relacionadas com o tempo de trabalho, a ocupação efectiva e a retribuição (cfr. autor e ob. cit., pp. 47 ss.).

II. A autonomia técnica não constitui, por si, óbice à qualificação da situação jurídica no âmbito laboral, como se depreende do disposto no art. 5.º, n.º 2 LCT. A autonomia técnica não é conferida ao trabalhador pelo empregador, pois ela resulta da natureza da actividade e da qualificação profissional do trabalhador; em tal caso, o trabalho continua a ser organizado, orientado, controlado e utilizado pelo empregador, subsistindo um contrato de trabalho com uma responsabilidade acrescida para o trabalhador[26].

Todavia, em sede de profissões liberais surgem, com frequência, dúvidas de qualificação. Os profissionais liberais, por exemplo médicos[27] ou advogados[28], podem estar vinculados mediante contratos de trabalho ou de prestação de serviço, por vezes integrados num subtipo designado por contratos de avença[29]. No entanto, mesmo quando celebram um contrato de prestação de serviço, em princípio, a sua obrigação costuma ser de meios e não de resultado. Por outro lado, não obstante poderem celebrar um contrato de trabalho, em que predomina a autonomia técnica, os profissionais liberais, por via de regra, não ficam sujeitos a um horário de trabalho e, muitas das vezes, não exercem a profissão junto do empregador. Por exemplo, se um médico celebra um contrato com uma empresa para dar assistência aos trabalhadores desta e uns doentes são atendidos no próprio consultório, outros na empresa, mas sem horário rígido, poder-se-á estar perante um contrato de trabalho ou um contrato de prestação de serviço[30].

---

[26] Cfr. ROMANO MARTINEZ, *Direito do Trabalho*, cit., pp. 298 ss. Veja-se igualmente RODRIGUEZ-PIÑERO Y BRAVO FERRER, «Contrato de Trabajo y Autonomia del Trabajador», *in Trabajo Subordinado y Trabajo Autónomo. En la Delimitación de Fronteras del Derecho del Trabajo*, org. por Cruz Villalón, Madrid, 1999, pp. 36 s.

[27] Cfr. Ac. Rel. Lx. de 7/2/1996, CJ XXI, T. I, p. 165.

[28] Com qualificações diferentes, atendendo à factualidade distinta relativamente à prestação de actividade por parte de advogados, veja-se Ac. STJ de 13/11/1991, BMJ 405, p. 345; Ac. Rel. Lx. de 9/12/1992, CJ XVII, T. V, p. 199; Ac. STJ de 9/7/1998, ADSTA, p. 269. Sobre a questão, *vd.* ISABEL RIBEIRO PARREIRA, *Contrato de Trabalho de Advogado. Uma Tarefa de Qualificação*, Relatório de Mestrado, Lisboa, 2000.

[29] Acerca do contrato de avença (modalidade de contrato de prestação de serviços), veja-se o Ac. STA de 5/5/1998, Justiça Administrativa, 11 (1998), pp. 50 ss., e a anotação de LIBERAL FERNANDES, pp. 56 ss.

[30] O alargamento do âmbito de aplicação do Direito do Trabalho aos profissionais liberais, tradicionalmente qualificados como trabalhadores independentes, leva a que VICTOR RUSSOMANO, *Curso de Direito do Trabalho*, 6.ª ed., Curitiba, 1997, p. 61, aluda à chamada «proletarização das profissões liberais». Veja-se igualmente NUNES DE CARVALHO, *Das Carreiras Profissionais no Direito do Trabalho*, Lisboa, 1990, p. 16, referindo--se a uma «atracção» de certos fenómenos pelo Direito do Trabalho.

É perante cada hipótese concreta que os tribunais têm de qualificar as situações, podendo haver algum casuísmo na respectiva resolução. Casuísmo, não no sentido de incerteza, mas tendo em conta a especificidade de cada caso concreto, que será um factor relevante.

Tal como em relação aos docentes e profissionais liberais, em que a autonomia técnica dificulta a qualificação, no domínio de actividades artísticas, nas quais a criatividade tem um papel relevante, podem-se suscitar dúvidas quanto à integração no âmbito laboral. Assim, questionar-se-á da existência de um contrato de trabalho com um actor de teatro, uma bailarina[31], ou um toureiro[32].

Para estas situações, justificar-se-ia o estabelecimento de regimes laborais diferenciados, em que, nomeadamente, não deveria prevalecer o princípio da estabilidade no emprego[33], pois o contrato de trabalho no modelo paradigmático não se ajusta bem a modalidades em que predomina a autonomia técnica ou a criatividade artística[34].

*b.3) Trabalhadores no domicílio*

I. Colocam-se igualmente problemas de qualificação com respeito aos trabalhadores que prestam serviços no seu próprio domicílio. Os industriais de calçado, de tecelagem, etc., recorrem, com frequência, a pessoas que trabalham em casa, às quais, semanal ou quinzenalmente, entre-

---

[31] No Ac. Rel. Lx. de 8/11/1998, inédito, não se qualifica o contrato ajustado entre a Companhia Nacional de Bailado e as bailarinas como contrato de trabalho, apesar de se verificarem vários elementos que apontariam nesse sentido, porque a criatividade não se adequa à típica relação laboral. A este propósito cabe invocar o art. 9.°, alínea c), do Regime Geral de Segurança Social dos Trabalhadores Independentes (Decreto-Lei n.° 328/93, de 25 de Setembro), onde se presume que os artistas de bailado são trabalhadores independentes. Todavia, da orgânica da Companhia Nacional de Bailado (Decreto-Lei n.° 245/97, de 18 de Setembro, alterado pelo Decreto-Lei n.° 269/99, de 15 de Julho, em particular art. 30.°), conclui-se que os contratos celebrados com as bailarinas são de trabalho.

[32] No Ac. STA de 22/12/1942, citado por RAÚL VENTURA, *Teoria da Relação Jurídica de Trabalho*, Porto, 1944, p. 96, nota 1, qualificou-se como contrato de trabalho, pese embora se ter reconhecido que, na arena, a tarefa não era rigorosamente determinada pela empresa.

[33] Um regime laboral diferenciado sem estabilidade no emprego foi estabelecido para os desportistas profissionais (Lei n.° 28/98, de 26 de Junho).

[34] Neste sentido, *vd.* ROMANO MARTINEZ, «O Regime Laboral dos Docentes ...», cit., p. 50.

gam trabalhos (tarefas). Os prestadores de tais actividades trabalham na sua própria casa, recebem uma quantia correspondente às tarefas realizadas, não estão sujeitos a horário de trabalho e a subordinação jurídica, por estas razões, está bastante atenuada.

O Decreto-Lei n.º 440/91, de 14 de Novembro, insere o trabalho no domicílio em parâmetros idênticos aos do contrato de trabalho. Por conseguinte, situações que, pelo menos tendo em conta as características do contrato de trabalho referidas, não se incluiriam no mesmo, são apresentadas em termos relativamente similares aos do contrato de trabalho, de modo a aplicar a essas situações as regras deste, com base no disposto no art. 2.º LCT. No fundo, não são contratos de trabalho, mas contratos de prestação de serviço (costumam até ser execuções à peça, aproximando-se de prestações de resultado), equiparados ao contrato de trabalho, identificando-se, de algum modo, os trabalhadores no domicílio aos demais trabalhadores com contratos de trabalho[35].

II. No Decreto-Lei n.º 440/91 (art. 1.º, n.º 1), quanto ao âmbito de aplicação, reitera-se o disposto no art. 2.º LCT, explicando, no preâmbulo, que se estava a regulamentar a matéria constante deste último preceito[36]. Procede-se a uma quase transcrição do art. 2.º LCT no art. 1.º, n.º 1 do Decreto-Lei n.º 440/91, mas o legislador esclarece que este regime se aplica ao «(...) trabalho realizado, sem subordinação jurídica (...)». Pode, por isso, dizer-se que o trabalho no domicílio é uma relação laboral (para) autónoma – sem subordinação jurídica –, em que não se deve descurar a protecção do prestador de trabalho.

No art. 1.º, n.º 1, do Decreto-Lei n.º 440/91 volta a reiterar-se, como critério para a equiparação dos contratos, a dependência económica.

A empresa não pode recorrer a novos trabalhadores no domicílio se, em relação aos seus trabalhadores, decorre um processo de redução de períodos normais de trabalho ou de suspensão dos contratos de trabalho e de despedimento colectivo, impedimento que se mantém nos três meses subsequentes a qualquer destes processos (art. 10.º do Decreto-Lei n.º 440/91).

---

[35] Sobre o trabalho no domicílio, nomeadamente quanto à noção de dependência económica, vd. ROMANO MARTINEZ, *Direito do Trabalho*, cit., pp. 341 ss.

[36] A situação é idêntica em Itália, em que no art. 2128 CCIt. se alude à prestação de trabalho no domicílio, regulamentada pela Lei n.º 877, de 18 de Dezembro de 1973, que apresenta algumas similitudes com o Decreto-Lei n.º 440/91, em apreço. Cfr. NICOLINI, *Manuale di Diritto del Lavoro*, 2.ª ed., Milão, 1996, pp. 53 ss. e 739 ss.

III. A propósito do trabalho no domicílio cabe aludir ao teletrabalho[37]. No teletrabalho, o prestador da actividade não trabalha na empresa beneficiária, mas, nomeadamente, no seu domicílio. O trabalhador, ligado por meios electrónicos à empresa, presta a actividade, por exemplo, em sua casa[38].

O teletrabalho apresenta vantagens, tanto para as empresas como para os trabalhadores. No primeiro caso, é de salientar a redução de custos devida à menor exigência de espaço na empresa para instalar os empregados. Quanto aos trabalhadores, o trabalho no domicílio permite que não se desloquem para a empresa, facilitando a execução de outras tarefas em casa[39].

O teletrabalhador, por via de regra, desenvolve um trabalho intelectual, pelo que está excluída a aplicação do regime do trabalho no domicílio (art. 1.º, n.º 5, do Decreto-Lei n.º 440/91).

Relativamente ao teletrabalho, como em qualquer situação de trabalho no domicílio, a subordinação jurídica, mesmo que exista, encontrar-se-á, necessariamente, atenuada[40]. Por isso, o teletrabalho, em determinadas situações, pode qualificar-se como um verdadeiro contrato de trabalho[41], apesar de, frequentemente, ser difícil a prova da existência de subordinação jurídica. Faltando a subordinação jurídica, se existir dependência económica, estar-se-á perante um contrato equiparado, a que não se aplica o regime do trabalho no domicílio, devendo retomar-se a querela interpretativa do art. 2.º LCT. Na falta de regulamentação, prevalecem as regras de Direito Civil, com adaptação aos princípios de Direito do Trabalho, podendo tomar-se como paradigma algumas das soluções consagradas no Decreto-Lei n.º 440/91, nomeadamente quanto à remuneração e à cessação do contrato.

IV. Todavia, não obstante o disposto no art. 2.º LCT, nada impede que, em determinadas circunstâncias, um trabalhador no domicílio tenha

---

[37] Sobre a figura, veja-se, designadamente, REGINA REDINHA, «O Teletrabalho», in *II Congresso Nacional de Direito do Trabalho. Memórias*, Coimbra, 1999, pp. 85 ss.

[38] Refira-se, contudo, que, em sentido lato, teletrabalho abrange qualquer actividade prestada à distância; mas, em sentido estrito, relaciona-se com situações em que o trabalhador se encontra ligado por meios electrónicos à empresa beneficiária da actividade.

[39] Relativamente aos incentivos ao emprego domiciliário de trabalhadores portadores de deficiência, cfr. Lei n.º 31/98, de 13 de Julho.

[40] Cfr. GAETA, *Lavoro a Distanza e Subordinazione*, Nápoles, 1993, pp. 109 ss.

celebrado um verdadeiro contrato de trabalho com a empresa para a qual desempenha a actividade. Se as partes, ainda que o trabalho seja realizado no domicílio, pretenderem ajustar uma relação laboral, não será o local onde a actividade é exercida (domicílio do trabalhador) que obsta à qualificação do contrato como sendo de trabalho. Mas se a vontade das partes não for óbvia, a prova da existência de um contrato de trabalho pode ser árdua, atendendo ao facto de a subordinação jurídica se encontrar, por natureza, bastante atenuada.

Situação idêntica verifica-se na hipótese de teletrabalho, em que o prestador de actividade, à distância, recorrendo normalmente a meios electrónicos, trabalha para outrem.

*b.4) Trabalho prestado por pessoas colectivas*

Importa ainda fazer referência a um aspecto já mencionado[42]: o facto de, por vezes, a mesma actividade poder ser exercida tanto por pessoas singulares como por pessoas colectivas. Partindo do pressuposto de que, na relação laboral, o trabalhador terá de ser uma pessoa singular, sempre que uma determinada actividade seja exercida por uma pessoa colectiva não se poderá estar perante um contrato de trabalho. Assim, se alguém contrata outrem para, por exemplo, limpar o escritório entre as seis e as dez horas, estão preenchidos os pressupostos para a existência de um contrato de trabalho (tem de se realizar uma determinada actividade, que se protela no tempo, exercida junto do empregador, com um horário de trabalho fixo). Mas cabe distinguir se quem se obriga a fazer a limpeza é uma pessoa singular ou uma pessoa colectiva. Sendo uma pessoa singular, o contrato poderá ser de trabalho; se for uma pessoa colectiva, uma empresa contratada para fazer a limpeza do escritório nas mesmas circunstâncias, estar-se-á perante um contrato de prestação de serviço[43]. A situação apresenta-se idêntica sob vários aspectos, pois os pressupostos são similares,

---

[41] Assim, o tradutor que, em sua casa, está permanentemente disponível para fazer as traduções de que uma editora o encarrega, havendo continuidade na realização dessas tarefas, pode ser qualificado como trabalhador com subordinação jurídica.

[42] Cfr. ROMANO MARTINEZ, *Direito do Trabalho*, cit., pp. 107 ss.

[43] Nos últimos anos, além das tradicionais empresas de limpeza e de segurança, proliferaram empresas de prestação de serviços de objecto variado, que, muitas vezes, constituem a resposta a uma necessidade de especialização. Estas múltiplas prestações de serviços relacionam-se com o designado *outsourcing*.

todavia, partindo da ideia de que o contrato de trabalho só existirá na medida em que se verifique uma relação com um trabalhador, entendido como pessoa singular, estas situações enquadram-se no contrato de prestação de serviço. O contrato de trabalho existirá, depois, entre a empresa que foi encarregue da limpeza e os seus trabalhadores, que vão materialmente executar a tarefa.

O recurso a pessoas colectivas para o exercício de tarefas que seriam, por via de regra, exercidas pelo trabalhador é, em princípio, lícita; por isso, nada impede que uma empresa substitua os trabalhadores encarregues de tarefas de limpeza por uma empresa de limpeza ou o porteiro e os guardas por uma empresa de segurança. Mas a exteriorização das actividades, conhecida por *outsourcing*, quando generalizada, pode, em última análise, esvaziar a empresa de trabalhadores, sendo todas as tarefas incumbidas a diferentes empresas. Deste modo, por exemplo, uma empresa que se dedica à comercialização de certos produtos poderia encarregar diferentes empresas da limpeza e segurança do estabelecimento, de actividades de secretariado e de contabilidade, assim como encarregar outras empresas de desempenhar materialmente a própria actividade de venda; tais situações não são, necessariamente, ilícitas, tudo dependendo dos contornos em que se materializam[44].

### b.5) Qualificação feita pelo legislador

Por vezes, o legislador facilita a tarefa de delimitação. No caso de revisores oficiais de contas, nos termos do disposto no Decreto-Lei n.º 487/99, de 16 de Novembro (Estatuto da Ordem dos Revisores Oficiais de Contas), o contrato é necessariamente de prestação de serviço, não sendo viável a celebração de contratos de trabalho[45]; de facto, por um lado, do art. 53.º, n.º 1 deste diploma consta: «O revisor oficial de contas exerce as suas funções (...) mediante contrato de prestação de serviços, reduzido a

---

[44] Sobre esta questão, *vd*. REGINA REDINHA, *A Relação Laboral Fragmentada*, Coimbra, 1995, pp. 46 ss., conhecendo-se situações em que os actuais prestadores de serviços eram antigos trabalhadores da empresa.

[45] A situação era idêntica no domínio do diploma precedente (Decreto-Lei n.º 422--A/93, de 30 de Dezembro, art. 44.º, n.º 1, cuja revisão estava prevista na Lei n.º 125/99, de 20 de Agosto). Antes de ter sido publicada esta legislação, nos Ac. STJ de 25/7/1986, TJ 22 (1986), p. 24 e Ac. STJ de 3/10/1986, TJ 22 (1986), p. 24, admitiu-se que o técnico de contas tivesse um contrato de trabalho.

escrito (...)», reiterando-se nos arts. 57.° e 58.° que se exclui outro modelo contratual para além da prestação de serviços, e por outro lado, nos arts. 59.° e 60.° determina-se que o revisor recebe honorários e não uma retribuição.

A tomada de posição do legislador dever-se-á, presumivelmente, à independência requerida a estes profissionais, que não se compagina com a subordinação jurídica; contudo, idêntica independência é requerida a outros prestadores de actividade, mormente aos advogados, sem que as respectivas ordens ou câmaras estabeleçam tais limitações[46].

## 4. Novas perspectivas

*a) Do movimento operário ao «imperialismo do Direito do Trabalho»; o retorno*

I. O moderno Direito do Trabalho, com origem na Revolução Industrial, teve um especial incremento dos designados anos de ouro do mundo laboral, no período das «vantagens sem retorno», dos anos 50 e 60 do séc. XX. Poder-se-á, deste modo, dizer que o regime laboral desenvolve-se na segunda metade do séc. XIX, na sequência do movimento operário, tendo, essencialmente, em vista a protecção dos operários, em particular daqueles que trabalhavam nas fábricas; mas no séc. XX, com especial incidência depois da II Grande Guerra, assistiu-se a um processo de alargamento do âmbito do regime laboral, de molde a abarcar nestas regras proteccionistas outros prestadores de actividades. Neste contexto, verifica-se a proletarização de certas profissões[47] associada ao «imperialismo do Direito do Trabalho»[48].

---

[46] A Ordem dos Advogados, neste aspecto, mostrou-se bastante mais permissiva do que a Ordem dos Revisores Oficiais de Contas. Nos termos do art. 55.° do Estatuto da Ordem dos Advogados (Decreto-Lei n.° 84/84, de 16 de Março), admite-se que o advogado possa celebrar um contrato de trabalho, desde que a relação laboral não afecte a sua plena isenção e independência técnica, nem viole o estatuto. Considerando que, para o exercício da advocacia, o advogado não pode ter um contrato de trabalho, *vd.* ISABEL RIBEIRO PARREIRA, *Contrato de Trabalho de Advogado. Uma Tarefa de Qualificação*, cit., pp. 56 ss., 185 ss. e 210.

[47] Quanto à designada proletarização de certas profissões, importa fazer referência, em particular, às profissões liberais, podendo dar-se o exemplo paradigmático dos advogados.

[48] MÁRIO PINTO, *Direito do Trabalho*, Lisboa, 1996, p. 78, alude a «certas bolsas de

II. Recentemente, assiste-se a um retorno ao modelo tradicional, com o incremento de formas de trabalho autónomo (*vd.* art. 3.º da Lei dos Acidentes de Trabalho, Lei n.º 100/97, de 13 de Setembro), em que o domínio laboral se circunscreve a determinado tipo de trabalhadores; o Direito do Trabalho não tem, hoje, evidentemente o seu campo de aplicação limitado aos operários fabris, mas há um crescente número de trabalhadores que presta a sua actividade de modo independente.

Para o mencionado retorno muito contribuiu o novo modelo empresarial que se tem desenhado, com contornos diferentes daqueles em que o Direito do Trabalho dos anos sessenta entende a empresa. A empresa moderna tende a ser de pequena dimensão, com poucos trabalhadores (a chamada empresa "magra e musculada"); esta empresa, com vista a evitar o gigantismo empresarial, divide-se, associa-se, etc., em suma fragmenta-se e forma grupos de empresas. Ora, o regime laboral não se encontra preparado para resolver os múltiplos problemas suscitados com as situações de grupos de empresas, nomeadamente, se se aplica o princípio da igualdade retributiva, em que medida valem as regras de alteração de local de trabalho, e se há solidariedade das diferentes empresas no pagamento de salários ou de outras prestações em dívida, como se processa a reintegração, etc.

### b) *Diferenciação entre tipos de trabalhadores*

I. O Direito do Trabalho, num postulado igualitário, actualmente, assenta num tipo indiferenciado de trabalhador.

Mas, na realidade, cada vez mais, a tendência aponta para a inexistência de uma classe única na qual se incluem todos os trabalhadores, pois deve atender-se aos diversos tipos de prestadores de trabalho. No n.º 1 do art. 1.º LCT fala-se em prestar «a sua actividade intelectual ou manual» e no art. 5.º, n.º 1 LCT, diz-se que «A actividade a que o trabalhador se obriga pode ter carácter intelectual ou manual». Só que a distinção entre trabalho manual e intelectual perdeu relevância, não devendo contrapor-se

---

tendência expansionista» e GAUDU, *Le Contrat de Travail*, Paris, 1996, p. 16, fala num progressivo alargamento do critério da subordinação jurídica. Por seu turno, MONTOYA MELGAR, «Sobre el Trabajo Dependiente...», cit., p. 64, alude a uma «vis attractiva» do Direito do Trabalho, que permite enquadrar como trabalhadores dependentes aqueles que por motivos sociológicos e económicos permaneciam fora deste ramo do Direito; mas o mesmo autor (ob. cit., p. 65) faz referência à recente atenuação da vocação expansiva do Direito do Trabalho, dando como exemplos (pp. 66 ss.) os contratos de agência e de transporte.

o trabalhador manual ao intelectual[49]. De facto, tanto na actual Lei do Contrato de Trabalho, como nos diplomas que a alteraram ou completaram, não se distingue entre trabalhadores manuais e intelectuais[50]; as alusões a tal diferenciação, que ainda se mantêm nos artigos da Lei do Contrato de Trabalho citados, têm por base a primitiva lei reguladora do contrato do trabalho de 1937, em que se estabelecia a distinção entre empregados (trabalhadores intelectuais) e assalariados (trabalhadores manuais). A Lei n.º 1952, de 10 de Março de 1937, impunha regimes diferentes, consoante se estivesse perante um assalariado ou um empregado, ou seja, em função de o trabalho ser manual ou intelectual. Consideravam-se trabalhadores intelectuais, para além daqueles que desenvolviam uma actividade predominantemente intelectual, os colaboradores de direcção da empresa ou da entidade patronal, os gerentes, os empregados de balcão, os contabilistas, os dactilógrafos, etc. Os trabalhadores intelectuais, para além das referências indicadas, determinavam-se por oposição àqueles em que o aspecto físico era predominante na realização da actividade, designados assalariados ou trabalhadores manuais.

---

[49] Sobre este aspecto, cfr. MOTTA VEIGA, *Lições de Direito do Trabalho*, 8.ª ed., Lisboa, 2000, pp. 29 ss.; BERNARDO XAVIER, *Curso*, cit., p. 317. Quanto a uma distinção entre trabalhador intelectual e manual, vd. ALONSO OLEA/CASAS BAAMONDE, *Derecho del Trabajo*, 14.ª ed., Madrid, 1995, pp. 34 s. e 64 s. MENEZES CORDEIRO, *Manual de Direito do Trabalho*, Coimbra, 1991, p. 107, considera que não releva uma distinção sociológica entre trabalhadores, que contraponha os altos cargos das empresas aos trabalhadores subordinados.

[50] Quanto a este aspecto, MONTEIRO FERNANDES, «Sobre o Objecto do Direito do Trabalho», *Temas Laborais*, Coimbra, 1984, pp. 39 ss. e *Direito do Trabalho*, cit., p. 185, critica a inexistência de critério diferenciado de qualificação em relação a quadros dirigentes e técnicos das empresas, para os quais também é a subordinação jurídica o aspecto relevante para a legislação laboral. Segundo o autor citado, «Sobre o Objecto...», cit., p. 40, a simplificação de estatuto profissional, levando à uniformização, tem por base «condicionamentos ideológicos conhecidos». Todavia, o mesmo autor, *Direito do Trabalho*, cit., p. 184, afirma que a indiferenciação constitui um fenómeno generalizado, para a qual a «terciarização» aponta. Também em crítica à indistinção, que conduz a uma categoria abstracta de trabalhador, onde se inclui o director de um banco, um operário não especializado, um chefe de orquestra ou um investigador, cfr. MENEZES CORDEIRO, *Manual*, cit., pp. 109 s. Quanto à diferenciação de tipos de trabalhadores, cfr. PAPALEONI *in* MAZZONI, *Diritto del Lavoro*, Vol. I, cit., pp. 371 ss. e pp. 382 ss.; RICHARDI, *Münchener Kommentar zum Arbeitsrecht*, Vol. I, Munique, 1992, § 23, anot. 36 ss., pp. 326 ss.; SÖLLNER, *Arbeitsrechts*, cit., pp. 25 ss. Para maiores desenvolvimentos, com indicações de direito comparado (incluindo referências a Portugal), cfr. WANK, *Arbeiter und Angestellte*, Berlim e Nova Iorque, 1992.

É evidente que a diferenciação entre trabalhadores manuais e intelectuais levantava dificuldades de qualificação relativamente a casos de fronteira, até porque a especialização do trabalho tem conduzido, por vezes, a algumas indiferenciações entre trabalho manual e intelectual. Tendo em conta estas dificuldades, por um lado, e por uma razão política de igualdade entre os trabalhadores, por outro lado, tentou-se, a partir de 1966, colocar em pé de igualdade os diferentes prestadores de trabalho subordinado, deixando de se estabelecer diferenças de regime entre os vários tipos de trabalhadores[51].

II. Deste modo, a lei hoje prevê uma figura genérica de trabalhador, embora este entendimento possa levantar algumas dificuldades, por exemplo, quanto à subordinação exigível.

O grau de subordinação exigível relativamente às actividades manuais pode não ser equiparável àquele que se verifica no domínio de actividades intelectuais, em que haverá a ponderar a autonomia técnica (cfr. art. 5.º, n.º 2 LCT)[52]. Supondo um médico contratado por um hospital privado; a subordinação que ele, como trabalhador, tem relativamente à entidade patronal, não é de forma alguma equiparável à de um empregado encarregado da limpeza desse mesmo hospital. O empregador (hospital) não pode impor ao médico uma conduta quanto ao modo de curar um determinado doente, enquanto a um empregado de limpeza pode indicar, por exemplo, a forma como quer as escadas limpas ou os produtos a utilizar na limpeza. Também em relação ao advogado de um banco podem-lhe ser dadas ordens no sentido de agir ou não agir, consoante, por exemplo, o banco esteja ou não interessado em reclamar um crédito, mas o advogado não recebe ordens quanto ao modo como deve elaborar uma petição inicial ou uma reclamação de créditos, pois está-se no âmbito da sua autonomia técnica[53], não obstante ser um trabalhador do banco. Em suma, o grau de subordinação exigível a um trabalhador manual ou intelectual pode ser muito diverso.

---

[51] Cfr. MÁRIO PINTO/FURTADO MARTINS/NUNES DE CARVALHO, *Comentário*, cit., anot. II.4 ao art. 1.º, p. 27.

[52] A autonomia técnica não é uma característica da actividade intelectual, mas está frequentemente associada a estas prestações.

[53] À autonomia técnica de muitos trabalhadores intelectuais, por exemplo, médicos e advogados, MENEZES CORDEIRO, *Manual,* cit., p. 110, acrescenta a autonomia deontológica. Acerca desta questão, MONTEIRO FERNANDES, *Direito do Trabalho*, cit., p. 133, fala em trabalhadores com subordinação jurídica e sem dependência técnica.

Por outro lado, e em contrapartida, quanto ao grau de responsabilidade requerida a um trabalhador manual ou intelectual não deve igualmente haver equiparação. Enquanto a subordinação deve ser mais elevada em relação ao trabalhador manual do que ao intelectual, em termos de responsabilidade a situação é oposta; a um trabalhador intelectual, em princípio, deve ser exigida uma maior responsabilização no trabalho que efectua do que a um trabalhador manual. Retomando os exemplos anteriores: se o médico falhou no seu diagnóstico ou medicamentou o paciente de forma errada, se o advogado não podia ter cobrado a dívida por aquela via ou deixou passar o prazo, torna-se responsável perante a entidade patronal; de outro modo, a responsabilidade do trabalhador manual não existirá tão correntemente. Hipóteses idênticas colocam-se em relação, por exemplo, a contabilistas ou a gerentes e demais trabalhadores que ocupam cargos de direcção numa empresa[54], em que a sua responsabilidade não pode ser comparada à que é exigível a um operário de uma linha de montagem. Há reais diferenças, a vários níveis, que deveriam ser tidas em consideração. A protecção conferida ao trabalhador pelo Direito do Trabalho, atentas até as razões históricas do desenvolvimento deste ramo do Direito, não se justifica muitas das vezes com respeito a trabalhadores intelectuais, principalmente quando estes ocupam cargos de direcção ou de especial confiança nas empresas.

III. Tendo isto em conta, recentemente, surgiu legislação onde a ideia de trabalhador em sentido genérico, como um tipo uniforme, já não é aceita, estabelecendo-se regras diferentes quanto a certas categorias de trabalhadores. Há, pois, indícios de mudança nesta posição e a noção de trabalhador, como tipo unitário, começa a flexibilizar-se, admitindo-se, em determinadas hipóteses, a existência de tipos diferenciados de trabalhadores.

Concretizando, cabe aludir ao Decreto-Lei n.º 404/91, de 16 de Outubro, sobre o regime do trabalho em comissão de serviço[55]. Neste diploma

---

[54] Distinguindo entre trabalhadores, consoante tenham ou não funções de direcção, cfr. MENEZES CORDEIRO, *Manual*, cit., p. 111; ALONSO OLEA/CASAS BAAMONDE, *Derecho del Trabajo*, cit., pp. 68 ss.

[55] Considerando este diploma «um importante passo para contrariar aquela tendência uniformizadora que, em nome de um igualitarismo cego à realidade, acaba por empobrecer o direito do trabalho», cfr. FURTADO MARTINS, «O Acordo Económico e Social e a Evolução do Direito do Trabalho Português», *Os Acordos de Concertação Social em Portugal*, I, Estudos, Lisboa, 1993, pp. 135 s. O diploma em causa gorou as expectativas, pois restringe severamente a possibilidade de contratação em regime de comissão de serviço.

estabelece-se um regime específico só para os trabalhadores que ocupam «altos cargos» de administração, como, por exemplo, gerentes, em que a responsabilidade e a subordinação apresentam particularidades. Do mesmo modo, com o Decreto-Lei n.º 440/91, de 14 de Novembro, que disciplina o trabalho no domicílio, no art. 1.º, n.º 5, atribui-se relevância à distinção entre trabalhador manual e intelectual, estando excluída a aplicação deste diploma a contratos que tenham por objecto a prestação de trabalho intelectual. Refira-se, ainda, que, quanto à duração do trabalho, se admite o estabelecimento de regimes especiais para quadros dirigentes (art. 13.º, n.º 1, alínea a) LDT e art. 12.º, n.º 2 Lei n.º 73//98, de 10 de Novembro).

Noutro plano, a lei admite certas particularidades com respeito a diferentes categorias de trabalhadores. Na Lei do Contrato de Trabalho estabeleceu-se o regime comum e, em outros diplomas, encontram-se regimes especiais para certos prestadores de trabalho, como seja os trabalhadores rurais, domésticos, portuários, da função pública[56]. Vigora igualmente um regime especial de trabalho para os desportistas profissionais (Lei n.º 28/96, de 26 de Junho) e, à imagem do que ocorreu com os desportistas profissionais, há outras profissões que se podem enquadrar no domínio laboral, desde que sujeitas a regime especial. Os docentes, atendendo às particularidades do ensino, com alterações anuais de carga horária, de horário e, até, de remuneração, assim como a necessidade de prestação de provas para a promoção na carreira e a apreciação de méritos pelos seus pares, carecem de um regime laboral próprio[57]. O mesmo se diga quanto a profissionais de espectáculos (bailarinas, toureiros, etc.). Justifica-se o estabelecimento de regimes laborais especiais para actividades que se afastam do modelo tradicional. Esta distinção leva a contrapor o contrato de trabalho de regime comum aos contratos de trabalho sujeitos a regime especial[58].

A dificuldade de delimitação não pode constituir entrave à distinção entre os tipos de trabalhadores, pois há verdadeiras diferenças, e importa estabelecê-las.

IV. Atendendo à visão unitária da lei laboral, cabe aos tribunais, consoante as situações concretas, averiguar das diferenças existentes e decidir em conformidade.

---

[56] Acerca destes regimes especiais, *vd.* ROMANO MARTINEZ, *Direito do Trabalho*, cit., pp. 659 ss.
[57] *Vd.* ROMANO MARTINEZ, «O Regime Laboral dos Docentes ...», cit., pp. 47 ss.
[58] Cfr. BERNARDO XAVIER, *Curso*, cit., p. 317.

A primeira distinção a fazer respeita à contraposição entre trabalhadores independentes ou autónomos e trabalhadores dependentes ou com contrato de trabalho. Nesta sequência, importa ainda diferenciar os trabalhadores com um contrato de trabalho (de regime comum ou especial) daqueles que estão obrigados a prestar uma actividade para outrem por via de um contrato equiparado ao contrato de trabalho, tal como prescrevem o art. 2.º LCT e o Decreto-Lei n.º 440/91, de 14 de Novembro.

Relativamente aos trabalhadores dependentes cabe diferenciá-los consoante, no exercício da sua actividade, actuem ou não como representantes do empregador. Nos termos do art. 5.º, n.º 3 LCT, «Quando a natureza da actividade do trabalhador envolver a prática de negócios jurídicos, o contrato de trabalho implica a concessão àquele dos necessários poderes». Isto constitui uma excepção às regras gerais, pois o trabalhador, cuja actividade implica a celebração de negócios jurídicos por conta da entidade patronal, automaticamente tem poderes de representação, não carecendo de uma procuração; pelo facto de se encontrar adstrito a praticar negócios jurídicos, presume-se que lhe foi conferida a necessária representação[59]. Tal atribuição tem em vista a protecção das pessoas que negoceiam com esse trabalhador; na medida em que é automaticamente concedido um poder de representação ao trabalhador, a entidade patronal não pode invocar a ilegitimidade deste quanto à celebração de contratos em relação às pessoas que com ele negociaram.

Uma outra classificação possível pode estar relacionada com a qualificação do trabalhador. A diversidade de categoria profissional não representa um regime jurídico diferenciado, embora haja aspectos que devem ser tidos em conta. De facto, quando a actividade a praticar implica uma determinada aptidão, conferida, designadamente pela categoria profissional, pode estar em causa a validade do contrato de trabalho. No art. 4.º LCT determina-se a necessidade de posse da carteira profissional para a celebração de certos contratos, pois é a carteira profissional que habilita o trabalhador a exercer uma dada actividade. Para além da posse da carteira profissional, pode ser necessário que o trabalhador tenha uma determinada habilitação para exercer uma actividade profissional. É o que acontece sempre que uma empresa pretende contratar um técnico com determinada especialização, seja em actividades que carecem de um diploma universitário (como a medicina ou a engenharia) ou de qualquer outra aptidão

---

[59] Cfr. MÁRIO PINTO/FURTADO MARTINS/NUNES DE CARVALHO, *Comentário*, cit., anot. II.6 ao art. 5.º, p. 14.

(como técnico de informática). Em função da qualificação têm de ser feitas distinções entre os trabalhadores; distinções essas com repercussão a vários níveis, desde o acesso ao trabalho, à fixação do salário ou à promoção na carreira.

Poder-se-ão ainda distinguir os trabalhadores dependentes atendendo a aspectos pessoais, que se relacionam com uma maior necessidade de protecção. Neste ponto, cabe aludir a regras específicas de protecção dos menores, das mulheres, de trabalhadores com capacidade de trabalho reduzida ou de trabalhadores-estudantes[60].

Tendo em conta as situações factuais, muitas outras distinções se poderiam tentar, como, por exemplo, em função da antiguidade, que pode ter repercussões em termos de salário, de reforma, etc.

Todas estas classificações têm interesse para contrariar o postulado da existência de uma categoria unitária de trabalhador. Não obstante as óbvias dificuldades de delimitação em situações de fronteira, as classificações têm utilidade para explicar as diferenças de regime, que necessariamente existem.

Além disso, não se justifica uma idêntica protecção a todos os trabalhadores de uma empresa. Os quadros dirigentes, por um lado, e os quadros técnicos, por outro, devem ter um tratamento laboral diferenciado com respeito ao trabalhador menos qualificado, até porque o trabalho manual não qualificado é cada vez menos necessário; não se justifica conceder, nomeadamente, aos quadros dirigentes e técnicos a mesma protecção atribuída à generalidade dos trabalhadores, em particular no que respeita à segurança no emprego.

*c) Desenvolvimento do trabalho autónomo*

A moderna empresa recorre, cada vez mais, a prestadores de serviços externos[61], não se pode considerar que quem queira prestar um serviço a uma empresa esteja necessariamente a violar a lei e, como se sabe, proliferam os intermediários em vários sectores de serviços, situação que corresponde às necessidades de mercado.

---

[60] Cfr. BERNARDO XAVIER, *Curso*, cit., pp. 317 s.
[61] Serviços de atendimento telefónico, serviços de atendimento ao público, transportes, limpeza das instalações, segurança das instalações, publicidade, recrutamento de pessoal, informática.

Além de um crescimento significativo de empresários em nome individual que prestam múltiplos serviços às empresas, que anteriormente eram desempenhados por trabalhadores, os novos modelos contratuais no Direito Comercial mostram que esta tendência é relevante, por exemplo, contratos de agência e de franquia (*franchising*), demonstram que tarefas desempenhadas por trabalhadores dependentes são cada vez mais desenvolvidas por trabalhadores independentes. Associado com este recurso a diversos contratos, a que se poderia acrescentar uma variante do contrato de transporte, mediante o qual o anterior motorista (trabalhador dependente) assume as funções de transportador (trabalhador independente), nos moldes já anteriormente referidos (n.º 3.b.1)), é de salientar que o frequente recurso a serviços externos, muitas vezes conhecido pela terminologia inglesa *outsourcing*, permite reduzir o número de trabalhadores dependentes (*vd. supra* n.º 3.b.4)).

A isto acresce que as tradicionais noções de posto de trabalho e de categoria encontram-se em crise

Estas alterações no mundo empresarial têm de ser entendidas sem ideias preconcebidas, mas é sabido que numa sociedade organizada em torno do trabalho subordinado, não se pode alterar de imediato e profundamente esta estrutura; não se deverá, contudo, é remar contra a maré.

# EXIGÊNCIAS DE UM NOVO DIREITO DO TRABALHO

IVES GANDRA DA SILVA MARTINS FILHO
Ministro do Tribunal Superior do Trabalho

## I. NEGOCIAÇÃO COLECTIVA E FLEXIBILIZAÇÃO DOS DIREITOS TRABALHISTAS

Anunciado o resultado das **eleições presidenciais** no Brasil, no próprio dia 27 de outubro de 2002, com a vitória do candidato do Partido dos Trabalhadores **Luís Inácio Lula da Silva**, que obteve uma significativa maioria de quase **62%** dos votos válidos, uma série de reflexões assomavam naturalmente à cabeça, voltadas ao **futuro das relações trabalhistas** no país e, conseqüentemente, ao campo do Direito do Trabalho.

A primeira delas refere-se ao problema da **flexibilização das normas trabalhistas**, objeto de um projeto de lei enviado pelo Governo (PL 5483/01, aprovado pela Câmara dos Deputados, em tramitação no Senado Federal como PLC 134/01, mas que foi retirado pelo novo governo), visando a alterar o **art. 618 da CLT**, e que foi alvo de duros embates no Congresso e fora do Congresso, pela resistência da então oposição à sua aprovação, ao argumento de que se estaria a **sepultar o Direito do Trabalho**, retornando-se ao regime do liberalismo econômico pós revolução industrial.

O texto aprovado pela Câmara dos Deputados tem a seguinte redação:

*"Art. 618. Na ausência de convenção ou acordo coletivo firmados por manifestação expressa de vontade das partes e observadas as demais disposições do Título VI desta Consolidação, a lei regulará as condições de trabalho.*

*§ 1.º A convenção ou acordo coletivo, respeitados os direitos trabalhistas previstos na Constituição Federal, não podem contrariar lei complementar, as Leis n.º 6.321, de 14 de abril de 1976 (relativa ao programa*

*de alimentação do trabalhador), e n.° 7.418, de 16 de dezembro de 1985 (relativa ao vale-transporte), a legislação tributária, a previdenciária e a relativa ao Fundo de Garantia do Tempo de Serviço – FGTS, bem como as normas de segurança e saúde do trabalho.*

*§ 2.° Os sindicatos poderão solicitar o apoio e o acompanhamento da central sindical, da confederação ou federal a que estiverem filiados quando da negociação de convenção ou acordo coletivo previstos no presente artigo"* (parênteses explicativos nossos).

O objetivo da alteração do art. 618 da CLT foi o de **explicitar** melhor o que já se encontrava latente na Constituição Federal de 1988, quando admitiu a flexibilização de direitos trabalhistas mediante **negociação coletiva** em relação a **salário e jornada de trabalho** (CF, art. 7.°, VI, XIII e XIV). Conforme já havíamos sustentado, se os dois principais direitos trabalhistas são passíveis de flexibilização, todos aqueles que deles decorrem, ou seja, parcelas de natureza salarial ou decorrentes da conformação da jornada de trabalho, também podem ser flexibilizados por acordos e convenções coletivas. Os próprios incisos do art. 7.° da Constituição, a nosso ver, **não são cláusulas pétreas**, uma vez que o art. 60, § 4.°, IV, da Constituição, ao limitar o poder de emenda aos **direitos e garantias individuais**, não abrangeu nem os **direitos coletivos** do art. 5.°, nem os **direitos sociais** do art. 7.°, cingindo a sua proteção a parte dos incisos do art. 5.° da Constituição. Ademais, aquilo que é passível de flexibilização pelas partes, através de negociação coletiva, não pode ficar à margem de alteração pelo legislador (cfr. nosso "Os Direitos Fundamentais e os Direitos Sociais na Constituição de 1988 e sua Defesa", *in* "A Efetividade do Processo do Trabalho", Coordenação **Jairo Lins de Albuquerque Sento-Sé**, LTr – 1999 – São Paulo, pgs. 14-22). Portanto, se a reforma proposta seria possível por via de emenda constitucional, quanto mais pela via da **lei ordinária** e de forma **menos abrangente**.

No entanto, a resistência do **PT** e dos sindicatos ligados à **CUT** à **prevalência do negociado sobre o legislado** foi de tal ordem, que muitos distúrbios se verificaram, quer dentro do Congresso Nacional, quer nas ruas, com passeatas em defesa da CLT em sua integralidade. Com efeito, no dia 4 de dezembro de 2001, foi aprovado pela Câmara dos Deputados o referido projeto de Lei n.° 5.483/01, sendo sua aprovação noticiada na abertura da Revista LTr de dezembro/2001 nos seguintes termos:

*"O projeto tem sido objeto de acirrada polêmica, quer nos meios de*

*comunicação geral ou especializados, quer no próprio Congresso Nacional, onde o debate da matéria na Comissão de Trabalho da Câmara foi acompanhado de invasão de sindicalistas, quebra de portas, manifestações de repúdio por parte de trabalhadores, culminando com a falha do painel eletrônico do Plenário da Câmara na primeira votação, que levou ao adiamento do embate para uma semana depois.*

*Os adversários do projeto sustentam que a filosofia da flexibilização nele inserida constituiria verdadeira derrocada de conquistas trabalhistas obtidas a duras penas, fragilizando-se o sistema protetivo insculpido na CLT. Ademais, num país de sindicalismo fraco, onde apenas algumas categorias melhor organizadas poderiam fazer frente à pressão econômica do setor patronal, seria uma temeridade abandonar os trabalhadores nas mãos de entidades sindicais que não têm condições de defender seus interesses de forma satisfatória.*

*Já os defensores do projeto têm sustentado que o princípio da flexibilização já tinha sede constitucional (CF, art. 7.º, VI, XIII e XIV), limitando-se a alteração a permitir a flexibilização de normas infraconstitucionais, sem deixar de respeitar as conquistas obtidas com a Constituição de 1988, mas possibilitando que em contexto econômico de desemprego crescente e de competitividade maior entre economias globalizadas possam ser preservados postos de trabalho, em benefício do próprio trabalhador, a par de trazer de volta à economia formal os quase 50% da força de trabalho brasileira, que se encontram atualmente na informalidade. Além disso, a reforma busca a prestigiar a negociação coletiva, dando cumprimento à Convenção n. 154 da OIT e seguindo na esteira da Reforma do Judiciário, que está reduzindo o Poder Normativo da Justiça do Trabalho (PEC 29/00, que altera a CF, art. 115, §§ 2.º e 4.º), para estimular a negociação direta das partes"* (Revista LTr 65-12/1413).

A depender do **TST**, desnecessária seria a aprovação do projeto de lei pelo Congresso Nacional, quer pelo posicionamento de seu Presidente, Ministro **Francisco Fausto Paula de Medeiros**, contrário a qualquer flexibilização, quer pela **jurisprudência** da Corte, que já tem sinalizado, independentemente da aprovação do projeto, no sentido da possibilidade de se flexibilizarem diversos direitos laborais, mediante o prestígio à negociação coletiva, conforme se pode perceber do seguinte precedente:

"*ADICIONAL DE PERICULOSIDADE PROPORCIONAL – VALIDADE DA NORMA COLETIVA – FLEXIBILIZAÇÃO CONSTITUCIONAL*. Existindo cláusula *de instrumento coletivo prevendo a proporcionalidade do pagamento do adicional de periculosidade, não há que se falar em supremacia da lei sobre a vontade das partes, ante o que dispõe o inciso XXVI do art. 7.º da Constituição Federal. Trata-se de hipótese típica de prevalência do negociado sobre o legislado, em flexibilização autorizada pela própria Carta Política. Isso porque a redução do adicional de periculosidade à sua percepção proporcional ao tempo de exposição ao risco encontra respaldo nas hipóteses de flexibilização autorizadas pela Constituição Federal, pois se a Carta Magna admite a redução dos dois principais direitos trabalhistas, que são o salário (CF, art. 7.º, VI) e a jornada de trabalho (CF, art. 7.º, XIII e XIV), todos aqueles que deles decorrem também são passíveis de flexibilização. Assim, tendo o adicional de periculosidade natureza salarial e não meramente indenizatória, comporta negociação coletiva quanto aos parâmetros de sua percepção. Revista conhecida e provida"* (RR-483120/98.6, Rel. Min. **Ives Gandra Martins Filho,** *in* DJ de 15/03/02).

No entanto, tal como vista a questão da flexibilização pelo **Supremo Tribunal Federal**, a alteração legal seria necessária, uma vez que, dentro do atual quadro normativo infraconstitucional, **não tem admitido a prevalência do negociado sobre o legislado**, como se verifica do seguinte precedente:

*"ESTABILIDADE PROVISÓRIA DA EMPREGADA GESTANTE (ADCT, ART. 10, II, B): INCONSTITUCIONALIDADE DE CLÁUSULA DE CONVENÇÃO COLETIVA DO TRABALHO QUE IMPÕE COMO REQUISITO PARA O GOZO DO BENEFÍCIO A COMUNICAÇÃO DA GRAVIDEZ AO EMPREGADOR.*

*1. O art. 10 do ADCT foi editado para suprir a ausência temporária de regulamentação da matéria por lei. Se carecesse ele mesmo de complementação, só a lei a poderia dar: não a convenção coletiva, à falta de disposição constitucional que o admitisse.*

*2. Aos acordos e convenções coletivos de trabalho, assim como às sentenças normativas, não é lícito estabelecer limitações a direito constitucional dos trabalhadores, que nem à lei se permite"* (RE 234.186-3-SP, Rel. Min. **Sepúlveda Pertence,** *in* DJ de 31/08/01).

A rigor, a questão da flexibilização das normas trabalhistas, pela **quebra da rigidez** do Direito do Trabalho, segundo a qual as normas protetivas do trabalhador são sempre **indisponíveis**, já contava, antes da Carta Política de 1988, com regras atenuantes do protecionismo legal indiscriminado, para as situações de força maior pelas quais poderia passar a empresa. É exemplo disso a regra do **art. 503 da CLT**, que prevê:

"***Art. 503****. É lícita, em caso de força maior ou prejuízos devidamente comprovados, a redução geral dos salários dos empregados da empresa, proporcionalmente aos salários de cada um, não podendo, entretanto, ser superior a 25%, respeitado, em qualquer caso, o salário mínimo da região.*
*****Parágrafo único****. Cassados os efeitos decorrentes do motivo de força maior, é garantido o restabelecimento dos salários reduzidos".*

Não obstante o próprio diploma consolidado estabeleça que é a empresa quem assume os **riscos da atividade econômica** (CLT, art. 2.°), não é menos verdade que as situações de **força maior** ou de **prejuízos devidamente comprovados** se dão com certa freqüência, mormente em períodos de **recessão econômica** e de desestabilização da economia. Nessas conjunturas, é do interesse do próprio trabalhador **preservar o emprego**, mesmo ao sacrifício de certa parcela de seus ganhos. A situação econômica precária da empresa, muitas vezes, é do conhecimento dos seus empregados e do próprio sindicato que os representa, o que explica que concorde com a flexibilização proposta pela empresa, para **manutenção da atividade produtiva**, ainda que em níveis mais reduzidos.

Por isso, um dos dilemas do novo governo que ora assume o comando da nave "Brasil" será o de coordenar o processo legislativo qunto à **flexibilização** das relações laborais. Reconhecendo essa necessidade, estará valorizando a participação dos sindicatos na elaboração do Direito do Trabalho. Desprezando-a, estará olvidando-se de que a manutenção do sistema atual, de maior rigidez, pode inviabilizar a atividade econômica em muitos setores. Isso porque, na moderna **economia globalizada**, com os mercados internacionais abertos aos produtos nacionais, mas com nossas empresas recebendo a carga da **competitividade** dos produtos estrangeiros disputando o mercado interno, a contínua elevação dos encargos sociais no Brasil faz com que os empregos passem a ser gerados em outros países, naquilo que o Prof. **Ives Gandra Martins** denominou de **"protecionismo às avessas"**, praticado por nossas autoridades econômicas.

O debate não deixará de ser mais candente dentro do contexto da formação da Área de Livre Comércio das Américas (**ALCA**), que tantas controvérsias tem gerado em nosso país. Os padrões norte-americanos de remuneração dos seus empregados, sendo elevado, é compensado pelo barateamento de custos da produção pelo seu **avanço tecnológico**. Sem a generalização de acesso ao ***know-how***, torna-se impossível, na prática, a adoção de padrões similares de direitos trabalhistas em todos os países que comporão o novo bloco econômico, na medida em que o produto mais barato, quer pela redução do custo "mão-de-obra", quer pela redução do custo "tecnologia", será aquele que se imporá e dominará o mercado, fazendo perecer empresas e trabalhadores das empresas menos preparadas para o embate econômico competitivo.

Portanto, a nosso ver, uma das **exigências** do moderno Direito Laboral é a de encontrar o **justo equilíbrio** na questão da **flexibilização** das normas trabalhistas, de forma a não inviabilizar a atividade produtiva numa economia globalizada, nem comprometer os pilares do próprio Direito do Trabalho, desguarnecendo o trabalhador numa etapa da evolução histórica em que mais necessitado se mostra da segurança oferecida pelo ordenamento jurídico estatal de defesa de seus direitos.

Para discutir a questão, o TST promoveu nos dias 8, 9 e 10 de abril de 2003 o Seminário Internacional sobre a **Flexibilização do Direito do Trabalho,** em colaboração com a Academia Nacional de Direito do Trabalho, trazendo renomados mestres do Brasil e do mundo, como os professores **Jean-Claude Javillier** (Professor da Universidade de Paris e Diretor de Normas da OIT) e **Arturo Bonstein** (Doutor pela Universidade de Paris e Conselheiro da OIT) da França, **Wolfgang Daubler** (Professor da Universidade de Bremen) da Alemanha, **Juan António Sagardoy Bengoechea** (Professor da Universidade Complutense de Madrid) da Espanha, **Daniel Funes de Rioja** (Vice-Presidente do Conselho de Administração da OIT) da Argentina, **Oscar Ermida Uriarte** (Professor da Universidade da República) do Uruguai, **Arnaldo Süssekind** e **Mozart Victor Russomano** (ministros aposentados do TST), **Amauri Mascare Nascimento** e **Cássio Mesquita Barros** (Professores da USP) do Brasil e tantos outros.

O que se viu ao longo das exposições e dos debates foram as experiências dos vários países, mostrando os aspectos positivos e negativos da flexibilização adotada, deixando claro que a palavra *"flexibilização"* não pode ser **anatematizada** como **heresia social,** nem **aplaudida** como **redenção económica,** mas contemplada como uma das várias alternativas que, conjugadas, poderão dar **equilíbrio** à difícil **equação** que conjugue adequadamente os vários fatores envolvidos nas relações trabalhistas, a saber:

| Dignificação do Trabalhador + Proteção Social + Empregabilidade + Remuneração Justa + Jornada de Trabalho Saudável | = | Promoção da Atividade Produtiva (Produtividade) + Competitividade Empresarial (Economia Globalizada) |
|---|---|---|

O **PLC 134/01** sobre flexibilização, que tramitava no Senado Federal, de iniciativa do Poder Executivo, enviado pelo governo anterior ao Congresso Nacional e que já havia sido aprovado pela Câmara dos Deputados, foi **retirado** pelo novo governo, o que, a nosso ver, não resolve a questão, uma vez que a matéria não pode deixar de ser discutida, para que se encontre uma solução satisfatória para patrões e empregados quanto às regras do jogo negocial e normativo.

## II. A REDUÇÃO DO PODER NORMATIVO DA JUSTIÇA DO TRABALHO

Nesse contexto de **valorização da negociação coletiva**, discutiu-se, na **Reforma do Judiciário** (PEC n.º 29/00 do Senado Federal, relatada pelo Sen. **Bernardo Cabral**) a **redução do Poder Normativo** da Justiça do Trabalho, tendo em vista que a intervenção dos Tribunais Trabalhistas na composição dos conflitos coletivos do trabalho, mediante a imposição de novas normas de trabalho, a par do **desconhecimento** das reais condições de trabalho num determinado setor, estariam **esvaziando** o poder de negociação de empresas e sindicatos, uma vez que, em qualquer impasse, já uma das partes ajuizava **dissídio coletivo**, frustrando a consecução de uma solução autônoma do conflito.

Como o Tribunal tem **precedentes normativos** instituindo novas vantagens laborais para determinadas categorias e vinha aplicando esses precedentes, de forma genérica, a outras categorias, elevando substancialmente o rol dos direitos laborais da massa trabalhadora como um todo, muitos sindicatos fugiam da negociação, esperando ver-se aquinhoados com os direitos insertos nesses precedentes, até que **o TST, em 1998, cancelou 28 de seus 119 precedentes**, como ápice do processo de estímulo à negociação coletiva das partes, iniciado pela jurisprudência, encabeçada pelo Min. **Almir Pazzianotto Pinto**, no sentido de **extinguir** a maioria dos dissídios coletivos que chegavam em grau de recurso no TST, por **ausência de demonstração do esgotamento das tentativas de negociação coletiva** (cfr. TST-RODC 93889/93.9, *in* DJ de 02/09/94; TST--RODC 157497/95, *in* DJ de 29/09/95).

Esvaziada, desse modo, pela própria jurisprudência, a atuação da Justiça do Trabalho na elaboração do Direito Material do Trabalho nos dissídios coletivos, com a redução prática do exercício do seu Poder Normativo, verificou-se a aprovação, pela Câmara dos Deputados, sem maiores dificuldades, do texto que ora se debate no Senado Federal, mas que já foi endossado pelo seu Relator, quanto aos **novos parâmetros da atuação das Cortes Laborais em dissídios coletivos**:

"*Art. 115. Compete à Justiça do Trabalho processar e julgar:*

*(...)*

*§ 1.º Frustrada a negociação coletiva, as partes poderão eleger árbitros.*

*§ 2.º Recusando-se qualquer das partes à negociação ou à arbitragem, é facultado às mesmas, de comum acordo, ajuizar dissídio coletivo de natureza econômica, podendo a Justiça do Trabalho decidir o conflito, respeitadas as disposições mínimas legais de proteção ao trabalho, bem como as convencionadas anteriormente.*

*§ 3.º Em caso de greve em atividade essencial, com possibilidade de lesão do interesse público, o Ministério Público do Trabalho poderá ajuizar dissídio coletivo, competindo à Justiça do Trabalho decidir o conflito*".

O que se percebe, pela redação da Proposta de Emenda Constitucional, é que o **Poder Normativo** atribuído à Justiça do Trabalho restou **substancialmente reduzido**, na medida em que:

a) apenas de **comum acordo**, o dissídio coletivo poderá ser ajuizado, o que faz das Cortes Trabalhistas meros **árbitros**, pois a característica própria da arbitragem é a livre eleição das partes, mas, uma vez eleito o árbitro, sua decisão deve ser respeitada pelas partes; e

b) os únicos **dissídios coletivos genuínos** serão aqueles propostos pelo **Ministério Público**, nos casos de **greve** em **serviços essenciais**, que comprometam o interesse público.

A alteração constitucional parece salutar, na medida em que se promove dentro do contexto de **valorização** da **composição** dos conflitos **coletivos, de preferência diretamente pelas partes envolvidas**, que são as que melhor conhecem as condições de trabalho e a situação por que passa o setor produtivo em questão.

Por outro lado, os **impasses** na solução desses conflitos, levando à manutenção de movimentos paredistas que comprometam a prestação de serviços essenciais, têm a válvula de escape da **intervenção do Ministério Público**, em defesa da sociedade prejudicada, ajuizando o **dissídio coletivo típico**, tanto de natureza jurídica (pela declaração, ou não, da abusividade da greve) como de natureza econômica (compondo os interesses em conflito, mediante o estabelecimento das condições de trabalho que façam cessar os problemas decorrentes da prestação de serviços nas condições atuais).

Se, por um lado, a **Reforma do Judiciário** (tal como aprovada na Câmara dos Deputados), não tem contado com o apoio do atual governo, o que, no que tange aos **dissídios coletivos** leva à não redução do Poder Normativo de que hoje goza a Justiça do Trabalho, por outro, a **alteração da orinetação do TST** quanto ao processo coletivo sinaliza justamente no sentido da **ampliação desse poder**.

Com efeito, no dia 20 de março de 2002, em sessão do Pleno do TST, da qual não participei (nem o Min. **João Oreste Dalazen),** decidiu a Corte, acolhendo proposta do Min. **Francisco Fausto,** revogar a **Instrução Normativa n. 4/TST,** editada em 1993, bem como os **dispositivos do Regimento Interno do TST** que albergavam seus comandos, e que refletiam a tendência anterior do Tribunal, em jurisprudência capitaneada pelo Min. **Almir Pazzianotto,** de **restringir ao máximo** o recurso aos dissídios coletivos, de modo a estimular a negociação coletiva.

Com a revogação da referida Instrução, aplaudida por sindicatos e causídicos a eles ligados, cogita-se de uma reabertura das Cortes Laborais aos dissídios coletivos, sem a sina da **extinção sumária** da maioria deles com base em **vícios formais.**

Se, por um lado, a expectativa desses segmentos não deixa de ter fundamento *in re,* pois um dos *leitmotiv* da revogação da referida instrução foi justamente dar maior flexibilidade à apreciação dos dissídios coletivos, deixando fluir a jurisprudência com maior liberdade, por outro, isso não significa que os dissídios coletivos carecerão de regras formais para sua tramitação, apreciação e julgamento, servindo a **jurisprudência anterior** de **sinalização** quanto ao **procedimento** a ser seguido pelas partes, ainda que passível de uma interpretação mais flexível. A quase totalidade da Instrução Normativa n. 04/93 do TST já havia **migrado para o RITST** (na esmagadora maioria dos itens, literalmente), conforme demonstra o seguinte quadro comparativo:

## QUADRO COMPARATIVO

| IN 04/93 | RITST/02 | MATÉRIA |
|---|---|---|
| I | Art. 213 | Ajuizamento de dissídio coletivo, após frustração da negociação coletiva |
| II | Art. 213, § 1.º | Instituto do protesto judicial em dissídio coletivo |
| III | Art. 213, § 2.º | Prazo de vigência do protesto judicial (30 dias) |

| | | |
|---|---|---|
| IV | Art. 214 | Legitimidade de sindicatos e empresas para propor dissídio coletivo |
| V | Art. 215 | Legitimidade do Ministério Público para propor dissídio coletivo em caso de greve |
| | Art. 216 | Espécies de dissídio coletivo |
| VI | Art. 217 | Requisitos da representação para instauração do dissídio |
| VII | Art. 217, § único | Documentos que devem acompanhar a representação de dissídio coletivo |
| VIII | Art. 218 | Despacho saneador no dissídio coletivo |
| IX | Art. 218, § 1.º | Extinção do dissídio por inépcia da inicial |
| X | Arts. 218, §2.º, e 219 | Acolhimento da petição inicial, designação de audiência e definição da autoridade que a presidirá |
| XI | Art. 220 | Contestação do dissídio, referindo as condições financeiras e da empresa e económicas do setor produtivo |
| XII | Art. 220, § único | Instrução do feito, uma vez recusadas as propostas de conciliação |
| XIII | Art. 221 | Distribuição do dissídio coletivo por sorteio |
| XIV | Art. 221, § 1.º | Parecer do Ministério Público |
| XV | Art. 221, § 2.º | Registro em ata da audiência de conciliação e instrução |
| XVI | Art. 222 | Prazo para o relator examinar o dissídio coletivo |
| | Art. 223 | Pauta preferencial para dissídio coletivo de greve |
| XVII | Art. 224 | Forma de apreciação do dissídio (cláusula a cláusula) |
| XVIII | Art. 225 | Ordem Judicial para atendimento das necessidades inadiáveis da população |
| XIX | Art. 226 | Apreciação da abusividade da greve (qualificação jurídica do movimento paredista) |
| XX | Art. 227 | Consignação de prazo para suprir deficiências da representação |
| XXI | | Compensações de aumentos salariais |
| XXII | | *Dies a quo* das diferenças salariais deferidas no dissídio |
| XXIII | | Salário Normativo |
| XXIV | | Reajuste salarial do empregado admitido após a data-base |
| XXV | | *Dies a quo* do reajuste salarial quando houver protesto judicial |
| XVI | Arts. 228 e 229 | Homologação de acordo |
| XXVII | | Prazo para a lavratura do acórdão (10 dias) |
| XXVIII | | Medidas de celeridade do dissídio coletivo, mesmo com férias ou licença do relator |
| XXIX | | Vigência da Instrução Normativa (08/06/93) |

Diante da nova realidade normativa (ou melhor, da ausência dela), **não convém aos sindicatos descuidarem** do cumprimento dos requisitos que o TST, como intérprete da lei, exige para a apreciação efetiva do dissídio coletivo, segundo a jurisprudência e a Instrução Normativa revogada, de modo a não ser surpreendido com a extinção do dissídio. De outro lado, ao contestarem um dissídio ou recorrerem da sentença normativa imposta, **não se surpreendam os empregadores** se o TST, analisando o caso concreto, não venha a tratar com tanto rigor as eventuais deficiências da representação, tendo em vista a necessidade de compor o conflito coletivo e não deixar desguarnecida a categoria, pelo vazio normativo.

## III. ESTÍMULO À DEFESA COLETIVA DE DIREITOS

Com a redução proposta para o Poder Normativo da Justiça do Trabalho, haverá, naturalmente, uma maior valorização de um instrumento cujas potencialidades ainda estão sendo descobertas pela comunidade jurídica pátria, na **defesa coletiva de direitos**, que é a **ação civil pública**.

Com efeito, na evolução dos instrumentos processuais visando à **ampliação do acesso à Justiça**, houve necessidade de se quebrar os moldes tradicionais do binômio **"interesse público – interesse privado"**, como os únicos passíveis de defesa em juízo, pela imediata captação dos sujeitos que os detinham (a sociedade como um todo ou o indivíduo em particular), para se reconhecer uma nova gama de interesses intermediários e meta-individuais como passíveis de empolgar demandas judiciais.

Assim, tanto a Lei 7.347/85 (Lei da Ação Civil Pública) quanto a Lei 8.078/90 (Código de Defesa do Consumidor) introduziram em nosso ordenamento jurídico as figuras dos **interesses difusos, coletivos e individuais homogêneos**, com características próprias e distintivas uns dos outros, ainda que semelhantes, que pudessem ensejar a defesa de causas que envolvessem elevado número de pessoas, sem, no entanto, afetarem a sociedade como um todo.

Os **interesses difusos**, definidos legalmente como aqueles *"transindividuais, de natureza indivisível, de que sejam titulares pessoas indeterminadas e ligadas por circunstâncias de fato"* (CDC, art. 81, parágrafo único, I), supõem a existência de uma **lesão a um bem usufruído por muitos**, sem que se possa definir previamente os lesados. Assim, as lesões ao meio ambiente, ao patrimônio histórico, artístico, estético, turístico ou paisagístico, bem como aos direitos do consumidor, são típicas lesões de caráter difuso, na medida em que o bem lesado é **indivisível** (um rio contaminado, um monumento destruído, um remédio ineficaz, um posto de trabalho com discriminação no preenchimento) e as pessoas afetadas não são passíveis de imediata identificação, uma vez que, **potencialmente**, aqueles que utilizam os produtos de um determinado fabricante, freqüentam um determinado lugar ou ambicionam um determinado emprego compõem o conjunto (fluido) dos afetados (ligados, pois, apenas pela **circunstância de fato** de usufruírem ou pretenderem usufruir do bem lesado) pelo descumprimento do ordenamento jurídico protetivo desses bens.

Os **interesses coletivos**, cuja definição legal os identifica como *"os transindividuais de natureza indivisível de que seja titular grupo, categoria ou classe de pessoas ligadas entre si ou com a parte contrária por uma relação jurídica-base"* (CDC, art. 81, parágrafo único, II), distinguem-se dos difusos pela possibilidade de **determinação do conjunto** dos potencialmente lesados, uma vez que não se ligam por mera circunstância de fato, mas por **relação jurídica**, tanto entre si (associados de um sindicato) como com a parte contrária (empregados de uma empresa).

Finalmente, quanto aos **interesses individuais homogêneos**, a lei singelamente os define como aqueles *"decorrentes de origem comum"* (CDC, art. 81, parágrafo único, III). Essa definição, substancialmente distinta das demais, pois não traz em seu bojo a característica da indivisibilidade, denota que, nessa hipótese, a lesão não é potencial, mas **efetiva** (empregados aidéticos dispensados por esse motivo; empregados que não receberam horas extras e que efetivamente as prestaram, quando a empresa não admite a realização de sobrejornada), a demandar uma **reparação** determinada.

Ora, justamente porque a lesão aos interesses individuais homogêneos não é apenas potencial do grupo, mas efetiva de alguns de seus membros, o CDC, ao criar essa **nova categoria jurídica** (já que os interesses difusos e coletivos já gozavam do foro de cidadania com a Lei 7.347/85 e com a Constituição Federal de 1988), também criou o instrumento idôneo para defendê-los em juízo, que é a **ação civil coletiva** (CDC, art. 91), que supõe a habilitação dos lesados, para percepção da indenização a que fazem jus (CDC, arts. 98 e 100).

Já a **ação civil pública**, pela sua natureza de **ação cominatória** (imposição de obrigação de fazer ou não fazer, sob pena de pagamento de multa) ou **condenatória genérica** (indenização para um fundo genérico de reparação dos interesses lesados) (Lei 7.347/85, arts. 3.º, 11 e 13), **não tem feição reparatória**, pois seria impossível a reparação individualizada de um conjunto indeterminado de lesados. Na realidade, o objetivo da ação civil pública é solucionar o problema da lesão em relação ao **futuro**, impedindo que se perpetue no tempo uma situação contrária ao ordenamento jurídico. Já **à ação civil coletiva** visa, justamente, a reparação da lesão em relação ao **passado**.

Daí que somente possam empolgar a ação civil pública os interesses difusos e coletivos, por **expressa limitação constitucional** (CF, art. 129, III). Ao Ministério Público é cometida a defesa dos interesses individuais homogêneos, mas através de distinto instrumento processual (CF, art. 129, IX), ofertado pela lei (CDC, art. 91).

Nesses termos, decisão recente do **TST** reconhece a **limitação subjetiva** dos interesses a serem esgrimidos através de ação civil pública:

*"AÇÃO CIVIL PÚBLICA. INTERESSES INDIVIDUAIS HOMOGÊNEOS. MINISTÉRIO PÚBLICO DO TRABALHO. ILEGITIMIDADE. Conquanto irrefutável o cabimento de ação civil pública na Justiça do Trabalho, trata-se de instituto concebido eminentemente para a tutela de interesses coletivos e difusos, quando desrespeitados os direitos sociais constitucionalmente garantidos. Ao órgão do Ministério Público do Trabalho não é dado manejá-la em defesa de interesses individuais homogêneos, cuja metaindividualidade exsurge apenas na forma empregada para a defesa em juízo. Embora de origem comum, trata-se de direitos materialmente divisíveis, razão pela qual a reparação decorrente da lesão sofrida pelo titular do direito subjetivo é sempre apurável individualmente. Exegese que se extrai da análise conjunta dos artigos 129, inciso III, da Constituição da República de 1988 c/c 83 da Lei Complementar n.° 75/93. Embargos de que não se conhece"* (E-RR-596135/99.0, Rel. Juiz Convocado **Georgenor de Sousa Franco Filho,** julgado em 30/09/02).

Portanto, a ação civil pública apenas poderá desempenhar o relevante papel que se lhe atribuiu constitucionalmente, de solução dos **macro-conflitos** sócio-econômicos, se **desvencilhada do lastro** que se lhe busca impor, ligada à veiculação de interesses individuais homogêneos em seu bojo, com intuito reparatório. Ao que tudo indica, dois fatores têm, de algum modo, confluído para explicar uma certa repulsa ou fobia de alguns magistrados ou Cortes em relação a esse instrumento processual:

a) **desconhecimento** de suas potencialidades e vantagens, no sentido da **redução das ações** (pela solução administrativa através de assinatura de termo de ajuste de conduta perante o Ministério Público) ou de **con-**

**centração de demandas** (substituindo milhares de ações individuais pela ação coletiva); e

b) **manejo canhestro** de algumas ações, com postulações que **inviabilizariam o próprio processo** ou a solução mais adequada dos problemas decorrentes da lesão (pretensão de reparação direta de todos os lesados, que impede a solução gradual do problema em relação ao futuro).

O **Supremo Tribunal Federal**, em recente decisão proferida em ação civil pública por nós ajuizada (cujas principais peças, referentes ao inquérito civil público e à ação encontram-se publicadas na "Revista do Ministério Público do Trabalho" n.º 7, LTr – 1994 – São Paulo, pgs. 57-81), reconheceu a plena legitimidade do Ministério Público do Trabalho para a **defesa de interesses coletivos na Justiça do Trabalho**, *verbis*:

*"RECURSO EXTRAORDINÁRIO. TRABALHISTA. AÇÃO CIVIL PÚBLICA. 2. Acórdão que rejeitou embargos infringentes, assentando que ação civil pública trabalhista não é o meio adequado para a defesa de interesses que não possuem natureza coletiva. 3. Alegação de ofensa ao disposto no art. 129, III, da Carta Magna. Postulação de comando sentencial que vedasse a exigência de jornada de trabalho superior a 6 horas diárias. 4. A Lei Complementar n.º 75/93 conferiu ao Ministério Público do Trabalho legitimidade ativa, no campo da defesa dos interesses difusos e coletivos, no âmbito trabalhista. 5. Independentemente de a própria lei fixar o conceito de interesse coletivo, é conceito de Direito Constitucional, na medida em que a Carta Política dele faz uso para especificar as espécies de interesses que compete ao Ministério Público defender (CF, art. 129, III). 6. Recurso conhecido e provido para afastar a ilegitimidade ativa do Ministério Público do Trabalho"* (RE 213015/DF, Rel. Min. **Néri da Silveira**, *in* DJ de 24/05/02).

Assim, a ação civil pública vai, aos poucos, após quase 10 anos de sua previsão expressa no âmbito trabalhista (Lei Complementar 75/93, art. 83, III), ganhando o reconhecimento judicial de sua **importância capital** para a solução rápida e ampla das macrolesões ocorridas no campo das relações laborais. No entanto, uma das **exigências** desse pleno reconhecimento e aproveitamento do meio processual ofertado é a de que, pela natureza das lesões e dos provimentos jurisdicionais postulados, deve contar com a possibilidade da **prestação jurisdicional rápida**, que a **tutela antecipada** oferece, sob pena de frustração dos objetivos que o legislador teve em mente quando concebeu esses dois instrumentos processuais: a ação civil pública e a antecipação da tutela jurisdicional.

Nesse sentido, o **TST**, ainda que não de forma já definitivamente pacificada, tem reconhecido a necessidade do provimento antecipatório ou liminar, para propiciar a solução das graves lesões geralmente veiculadas nas ações civis públicas. Exemplo dessa postura jurisprudencial é o seguinte acórdão, de nossa lavra:

"*MANDADO DE SEGURANÇA – TUTELA ANTECIPADA EM AÇÃO CIVIL PÚBLICA – LEGALIDADE.*

*1. Não fere direito líquido e certo a concessão de tutela antecipada em ação civil pública sustando a intermediação fraudulenta de mão-de-obra por cooperativa, quando conta com sólido respaldo fático e jurídico, agindo o juiz dentro da estrita legalidade ao conceder a antecipação da tutela, de vez que presentes os elementos exigidos pelo art. 273 do CPC e fundamentado convenientemente o seu convencimento (CPC, art. 273, § 1.º).*

*2. In casu, a ação civil pública decorreu de procedimento investigatório deflagrado por denúncia da fiscalização do trabalho quanto a empregados não registrados nas empresas fiscalizadas, que trabalhavam como "cooperados". O inquérito constatou a intermediação de mão-de-obra, através da Cooperativa, quer para atividades-fim das tomadoras de serviços, quer para suas atividades-meio, mas com subordinação e pessoalidade na prestação dos serviços. Destaca-se o caso, em relação a uma das tomadoras de serviços, de dispensa dos empregados e recontratação, através da Cooperativa, para prestação dos mesmos serviços, mas com redução remuneratória. Por outro lado, algumas das empresas investigadas firmaram o termo de compromisso com o Ministério Público, reconhecendo o vínculo empregatício direto com os trabalhadores "cooperados", assinando suas CTPSs.*

*3. Além da verossimilhança das alegações, retratada nesse quadro fático, fruto do procedimento investigatório, a tutela antecipada, limitada à vedação de intermediação de mão-de-obra pela cooperativa, sem impor reconhecimento de vínculo pelas tomadoras dos serviços, foi deferida em face da existência de fundado receio de dano de difícil reparação, pela exploração a que os trabalhadores estavam sendo submetidos, com sobrejornadas excessivas, sem pagamento de horas extras, férias, 13.º salário e FGTS.*

*4. Convém destacar que a disciplina das liminares e da tutela antecipada em sede de ação civil pública, proposta pelo Ministério Público do*

Trabalho em defesa de interesses coletivos, é distinta dos processos meramente individuais. Isto porque, dispondo o Ministério Público de amplo poder investigatório, instrui a ação civil pública com os autos do inquérito civil público, nos quais se oferece ampla possibilidade de defesa, justificação e composição com os inquiridos, não havendo que se falar em ausência do contraditório.

*5. Ademais, a liminar e a tutela antecipada são o veículo oportuno para se dar celeridade à prestação jurisdicional nas ações de caráter coletivo, quando patente o descumprimento do ordenamento jurídico trabalhista e urgente a correção da ilegalidade, pelos efeitos danosos que provoca na sociedade. Recurso ordinário desprovido"* (ROMS-746061/01.9, Rel. Min. **Ives Gandra Martins Filho,** *in* DJ de 13/08/01).

Quanto à **competência funcional e territorial**, o **TST**, adotando a orientação do Código de Defesa do Consumidor, reconheceu que as **lesões de âmbito nacional** têm por foro de ajuizamento da ação civil pública o **Distrito Federal**, conforme o seguinte precedente:

*"AÇÃO CIVIL PÚBLICA. COMPETÊNCIA FUNCIONAL. COMPETÊNCIA TERRITORIAL.*

*1. Ação civil pública intentada pelo Ministério Público do Trabalho diretamente no Tribunal Superior do Trabalho visando à imposição de obrigações de fazer e de não fazer em favor de empregados de empresa de âmbito nacional.*

*2. A ação civil pública "trabalhista" não é causa que se inscreve na competência originária dos Tribunais do Trabalho, pois: a) assemelha-se mais a um dissídio individual plúrimo; b) a Lei Complementar n.º 75/93 deferiu ao Ministério Público do Trabalho a titularidade para a ação civil pública "junto aos órgãos da Justiça do Trabalho" (art. 83 "caput" e inc. III); c) não há lei que cometa aos Tribunais do Trabalho tal competência, mostrando-se tecnicamente insustentável para tanto a invocação da analogia. Assim, como todo dissídio individual, deve ingressar perante uma Vara do Trabalho.*

*3. Na determinação da competência territorial, cumpre tomar em conta a extensão do dano, pautando-se pela incidência analógica da norma do art. 93, do Código de Defesa do Consumidor. Portanto, é competente para causa a justiça local: I – no foro do lugar onde ocorreu ou deva ocorrer o dano, quando de âmbito local; II – no foro da Capital do Estado ou no do Distrito Federal, para os danos de âmbito nacional ou regional.*

4. *Postulando-se na ação civil pública a emissão de provimento jurisdicional em prol de trabalhadores subaquáticos que prestam labor a empresa de âmbito nacional, em diversos pontos do território brasileiro, fixa-se a competência territorial em uma das Varas do Trabalho do Distrito Federal.*
*5. Declara-se, de ofício, a incompetência funcional do Tribunal Superior do Trabalho e determina-se o envio dos autos à Vara do Trabalho do Distrito Federal, a quem couber, por distribuição."* (TST-ACP 92.867/ /1993.1, Rel Min. **João Oreste Dalazen**, julgado em 14/11/02).

Quanto à **legitimidade passiva** na ação civil pública, reconhece-se a necessidade de se figurar o **ente grupal representativo das empresas,** quando a lesão é de caráter difuso ou coletivo e é impossível o chamamento de todas as empresas envolvidas ao processo. Situação ilustrativa disso pode ser encontrada no seguinte precedente do TST:

*"MANDADO DE SEGURANÇA. AÇÃO CIVIL PÚBLICA. CONCESSÃO DE LIMINAR COM IMPOSIÇÃO DE OBRIGAÇÃO DE FAZER AOS FILIADOS DO SINDICATO LOJISTA. SUSPENSÃO DO FUNCIONAMENTO DOS ESTABELECIMENTOS AOS DOMINGOS. CONCESSÃO DE FOLGA. MULTA PELO DESCUMPRIMENTO. LEGITIMIDADE DO SINDICATO PARA FIGURAR NO PÓLO PASSIVO DA ACP – O fenômeno da coletivização do processo, cuja 2.ª onda descrita por Cappelletti e Garth abrangeu a defesa dos interesses difusos em juízo, supõe a quebra dos cânones clássicos do processo, ligados principalmente aos limites subjetivos e objetivos da coisa julgada, para admitir a legitimação dos entes grupais e a formação da coisa julgada apenas "secundum eventum litis" e "in utilibus". Tanto a Lei da Ação Civil Pública (Lei n.º 7.347/85) quanto o Código de Defesa do Consumidor (Lei n.º 8.078/90) abergaram no Brasil esses princípios, reconhecendo a necessidade da aglutinação dos interesses comuns numa única ação, sob pena da ocorrência de decisões díspares para composição de lesão caracterizada pela indivisibilidade do objeto. Nesse sentido, não se compatibiliza com o procedimento da ação civil pública a admissão de litisconsórcio ativo ou passivo dos lesados com a prática violadora da lei ou afetados com o provimento jurisdicional a ser concedido. A legitimação ativa ou passiva deve ser grupal, sob pena de que a pulverização de integrantes da lide inviabilize o andamento do processo e a solução do conflito. Assim, não fere direito líquido e certo do impetrante, SINDILOJAS, a sua inclusão no pólo passivo de ação civil pública, como ente grupal que representa as lojas que funcionam nos Shoppings Centers de Salvador, que visou à imposição de*

*obrigação de não fazer, referente à abertura aos domingos, enquanto não firmado o acordo ou convenção coletiva exigidas por lei, sob pena de multa por estabelecimento encontrado em situação irregular. In casu, pretender que a ação civil pública incluísse todas as lojas ou que fosse proposta contra cada uma delas seria desnaturar o regime da defesa coletiva de direitos instaurado pela Carta Magna de 1988 (art. 129, III) e a própria Lei n.º 7.347/85, ampliada pela Lei n.º 8.078/90 (art. 1.º, IV, da LACP) – Patente a legitimidade passiva "ad causam" do Sindicato dos Lojistas do Comércio do Estado da Bahia – SINDILOJAS. (Ministro Ives Gandra Martins Filho). Recurso Ordinário parcialmente provido."* **(TST-ROMS-5 5 5228/1999.7, Rei. Min. Luciano de Castilho Pereira,** *in DJ 25.04.2003).*

Em suma, uma das **exigências** do moderno Direito do Trabalho, a ser concretizada numa melhor e mais ampla utilização da ação civil pública, é a de ofertar instrumentos processuais capazes de célere e abrangentemente compor os **macro-conflitos sociais** que afloram numa sociedade politicamente democrática, economicamente em desenvolvimento e socialmente pluralista.

## IV. SUBSTITUIÇÃO PROCESSUAL AMPLA DOS SINDICATOS

Na prática, após a edição, pelo TST, do **Enunciado n.º 310**, que reduziu substancialmente as hipóteses de **substituição processual** no âmbito da Justiça do Trabalho, os sindicatos se voltaram para a utilização da ação civil pública como sucedâneo da defesa coletiva de direitos que a substituição ampla lhes permitia. No entanto, esse não é o melhor caminho para se obter o resultado esperado, já que, como visto acima, a ação civil pública não tem feição reparatória, pois só deve versar sobre interesses coletivos, não se prestando para a defesa dos interesses individuais homogêneos, que podem ser patrocinados tanto pelo Ministério Público, através da **ação civil coletiva**, quanto pelo sindicato, através das **reclamações trabalhistas** em que funcione como **substituto processual**.

A **Súmula n.º 310 do TST** encontra-se assim redigida:

*"SUBSTITUIÇÃO PROCESSUAL. SINDICATO:*

*I – O art. 8.º, inciso III, da Constituição da República, não assegura a substituição processual pelo sindicato.*

*II* – *A substituição processual autorizada ao sindicato pelas Leis ns. 6.708, de 30.10.79 e 7.238, de 29.10.84, limitada aos associados, restringe-se às demandas que visem aos reajustes salariais previstos em lei, ajuizadas até 3 de julho de 1989, data em que entrou em vigor a Lei n.º 7.788.*
*III* – *A Lei n.º 7.788/89, em seu art. 8.º, assegurou, durante sua vigência, a legitimidade do sindicato como substituto processual da categoria.*
*IV* – *A substituição processual autorizada pela Lei n. 8.703, de 30 de julho de 1990, ao sindicato alcança todos os integrantes da categoria e é restrita às demandas que visem à satisfação de reajustes salariais específicos resultantes de disposição prevista em lei de política salarial.*
*V* – *Em qualquer ação proposta pelo sindicato como substituto processual, todos os substituídos serão individualizados na petição inicial e, para o início da execução, devidamente identificados, pelo número da Carteira de Trabalho e Previdência Social ou de qualquer documento de identidade.*
*VI* – *É lícito aos substituídos integrar a lide como assistente litisconsorcial, acordar, transigir e renunciar, independentemente de autorização ou anuência do substituto.*
*VII* – *Na liquidação da sentença exeqüenda, promovida pelo substituto, serão individualizados os valores devidos a cada substituído, cujos depósitos para quitação serão levantados através de guias expedidas em seu nome ou de procurador com poderes especiais para esse fim, inclusive nas ações de cumprimento.*
*VIII* – *Quando o sindicato for o autor da ação na condição de substituto processual, não serão devidos honorários advocatícios".*

A **substituição processual**, como instituto jurídico, recebeu essa denominação de **Chiovenda**, como **forma extraordinária de legitimação *ad processum***, através da qual se pleiteia **em nome próprio direito alheio**, desde que autorizado expressamente por lei (CPC, art. 6.º).

O **art. 8.º, III, da Constituição Federal**, no qual o TST não vislumbrou a figura da substituição processual, reza que:

"*Art. 8.º (...)*
*(...)*
*III* – *Ao Sindicato cabe a defesa dos direitos e interesses coletivos ou individuais da categoria, inclusive em questões judiciais ou administrativas;"*

O **Supremo Tribunal Federal**, intérprete máximo da Constituição Federal, ao deparar-se com o referido dispositivo constitucional, deu-lhe **interpretação mais ampla** do que aquela ofertada pelo TST na referida súmula, entendendo que:

"*A legitimação a que se refere o inciso III, do art. 8.º, da Constituição só pode ser a extraordinária, como veio a ser explicitado pelo art. 3.º da Lei n.º 8.073/90, quando dispôs que as entidades sindicais poderão atuar na defesa dos direitos e interesses coletivos ou individuais dos integrantes da categoria, como substitutos processuais*" (RE n.º 202.063-PR, 1ª Turma, Rel. Min. **Octávio Gallotti**, *in* DJ de 10/10/97).

Nesse mesmo diapasão seguem os precedentes do **STF** nos processos MI n.º 3475-SC, Rel. Min. **Néri da Silveira**, Tribunal Pleno, *in* DJ de 08/04/94 e RE 182.543-SP, Rel. Min. **Carlos Velloso**, *in* DJ de 07/04/95). Tal entendimento tem sido acompanhado pelo **STJ**, conforme se percebe do seguinte julgado:

"*RMS. SINDICATO. LEGITIMIDADE ATIVA. SUBSTITUIÇÃO PROCESSUAL. 1. Está o Sindicato legitimado para, em nome próprio, ingressar em juízo, com pedido cautelar inominado, na defesa de interesses dos filiados, sem necessidade de prévia autorização, a teor do art. 8.º., III, da Constituição Federal. 2. Recurso improvido*" (STJ-RMS n. 7.454-PR, 6ª Turma, Rel. Min. **Fernando Gonçalves**, *in* DJU 24/02/97).

Ora, a **Lei n.º 8.073/90**, a que se refere a decisão do STF, de lavra do Min. **Octávio Gallotti**, lei do **artigo único**, já que a nova política salarial por ela veiculada foi integralmente vetada pelo então presidente **Fernando Collor**, deixando, no entanto, a norma assecuratória da **substituição processual**, dispunha, nesse preceito escoteiro, que:

"*Art. 3.º As entidades sindicais poderão atuar como **substitutos processuais** dos integrantes da **categoria**"* (grifos nossos).

Essa **substituição processual ampla**, pelo prisma **subjetivo**, já era albergada pelo **art. 8.º da Lei n.º 7.788/89**.

Já o **art. 3.º da Lei n.º 6.708/79** limitava a **substituição processual** do sindicato aos seus **associados**, para o pleito da **correção automática de salários** prevista na política salarial do governo **Figueiredo**, *verbis*:

"*Art. 3.º A correção dos valores monetários dos salários, na forma*

*do artigo anterior, independerá de negociação coletiva e poderá ser reclamada, individualmente, pelos empregados.*
*(...)*
*§ 2.° Será facultado aos **Sindicatos**, independente da outorga de poderes dos integrantes da respectiva categoria profissional, apresentar reclamação na qualidade de **substituto processual** de seus associados, com o objetivo de assegurar a percepção dos valores salariais corrigidos na forma do artigo anterior"* (grifos nossos).

Na mesma esteira da Lei n.° 6.708/79 seguiu o **art. 3.° da Lei n.° 7.238/84**, limitando a substituição processual de que cogitava para o pleito de correção salarial aos **associados** da entidade sindical.

Assim, pelo **prisma subjetivo**, relativo à amplitude dos abrangidos pela substituição processual, a legislação de política salarial mais antiga limitava-a aos **associados**, vindo a legislação mais moderna a ampliá-la para atingir toda a **categoria, evolução** que se fez notar justamente **após a promulgação da Carta Política de 1988**, quando incluiu em seu art. 8.°, III, a defesa judicial dos interesses individuais e coletivos da **categoria** como atribuição dos sindicatos.

O problema que se coloca, além do enfoque subjetivo, é do **enfoque objetivo**, voltado às **questões passíveis de serem veiculadas** em ação em que o sindicato atue como substituição processual. Além das leis de **política salarial**, as únicas hipóteses legalmente elencadas como passíveis de substituição processual são:

**a) ação de cumprimento** de sentença normativa (CLT, art. 872, parágrafo único) ou de convenção ou acordo coletivo (Lei n.° 8.984/95);
**b)** cobrança de **adicional de insalubridade** (CLT, art. 195, § 2.°); e
**c)** recolhimento dos depósitos para o **FGTS** (Lei n.° 8.036/90, art. 25).

Quanto às hipóteses legalmente previstas para a substituição processual, verifica-se igualmente que as **anteriores** à Carta Magna de 1988 contemplam apenas a substituição dos **associados** do sindicato, enquanto as **posteriores** sinalizam para a substituição de toda a **categoria**.

O **Ministério Público do Trabalho**, fazendo uso da faculdade que lhe confere o art. 83, VI, da Lei Complementar n.° 75/93 (Lei Orgânica do Ministério Público da União), postulou o **cancelamento da Súmula n.° 310 do TST** na sua integralidade, uma vez que incompatível com a orientação traçada pela Suprema Corte, a quem compete dar a palavra final sobre a exegese dos preceitos da Carta Magna da República, no caso, ao **art. 8.º, III**.

Levando-se em conta os elementos supra-referidos, não há como fugir de duas **conclusões**:

a) o art. 8.º, III, da Constituição Federal contempla hipótese de **legitimação extraordinária**, reconhecida como de **substituição processual**, que abrange, sob o **enfoque objetivo**, todo e qualquer **interesse e direito individual e coletivo** e não apenas aqueles referidos em leis esparsas; e

b) o mencionado dispositivo constitucional, bem como a legislação particular pós Constituição Federal de 1988, tratam da substituição processual sindical como abrangente de **toda a categoria**.

Num contexto constitucional de **unicidade sindical** (CF, art. 8.º, II) e de imposição de **contribuição sindical** de toda a categoria ao sindicato único que a representa (CF, art. 149), esse modelo de **substituição processual ampla, geral e irrestrita**, quer quanto aos sujeitos substituídos, quer quanto às matérias veiculáveis, é **aceitável** e não compromete a atuação sindical na defesa do trabalhador.

Na realidade, o maior benefício trazido pela **substituição processual** ao trabalhador é o de descaracterizar a Justiça do Trabalho como a **"Justiça do Desempregado"**, para permitir que o empregado lesado durante a manutenção do vínculo empregatício possa ver defendidos seus direitos, **sem o risco da dispensa** em represália à reclamatória. Nesses casos, é o Sindicato que *"dá a cara"* pelo empregado e, sendo em defesa de toda a categoria, não há o risco da retaliação individualizada.

O mesmo não se pode dizer numa perspectiva de **reforma da estrutura sindical** de que há muito se cogita, para que o Brasil possa subscrever a **Convenção n.º 87 da OIT**, para adotar o modelo da **liberdade sindical**, sem a garantia de fonte de recursos parafiscal aos sindicatos. Por esse prisma, o ideal seria a **substituição processual limitada aos associados** do sindicato, o que **estimularia a filiação** aos sindicatos que melhor defendessem em juízo os interesses dos trabalhadores.

Parece-nos, pois, que uma das **exigências** do novo Direito do Trabalho deve ser, justamente, a **substituição processual ampla** quanto às **matérias** e **restrita** quanto aos **sujeitos**, num universo sindical pautado pela liberdade de criação e filiação às entidades representativas das categorias.

Se, como anunciado recentemente, o novo governo que assumirá a direção do Brasil a partir de 2003 tenciona, efetivamente, **acabar com o monopólio sindical**, visando a modernizar a estrutura sindical brasileira, deverá ter em conta o atendimento das exigências que neste estudo sucintamente se fizeram, de modo a prestigiar as **formas alternativas de composição dos conflitos laborais** (negociação coletiva e flexibilização das normas laborais) e as **ações de caráter coletivo** (ação civil pública, ação civil coletiva e substituição processual ampla), com o que se estará contribuindo substancialmente para a modernização das relações laborais em nosso país.

# A EVOLUÇÃO DO DIREITO DAS SOCIEDADES COMERCIAIS EM PORTUGAL

Pelo Prof. Doutor António Menezes Cordeiro,
catedrático da Faculdade de Direito de Lisboa
e da Universidade Católica Portuguesa

## I. INTRODUÇÃO

**1. Introdução**

I. A evolução do Direito das sociedades comerciais em Portugal pode ser tipificada em três grandes vectores:

– o problema da fiscalização;
– o Código das Sociedades Comerciais de 1986;
– a legislação comunitária.

Trata-se de vectores que se entrelaçam no tempo. Embora a questão da fiscalização seja mais antiga, ela conserva-se, até hoje, como aspecto candente. Os restantes interligam-se: basta ver que, desde o início, o Código das Sociedades Comerciais operou a transposição de directrizes comunitárias.

II. O Direito das Sociedades Comerciais veio a libertar-se do Direito comercial[1]. Mantém, todavia, ligações estreitas com todo o Direito privado. A sua evolução é sempre pautada pelo progresso que vem norteando o privatismo. A situação complica-se, na medida em que o próprio Direito público tem, nas sociedades comerciais, uma presença actuante. Mais do que sucede em qualquer outra área privada, o Direito das sociedades é

---

[1] Cf. Karsten Schmidt, *Gesellschaftsrecht*, 4ª ed. (2002), 15-16.

marcado por esquemas públicos de decisão, por posições unilaterais, por direitos potestativos e por situações funcionais.

Tudo isto deixa antever o relevo que a evolução do Direito das sociedades tem para a própria Ciência do Direito em geral.

III. Finalmente, cumpre acentuar a internacionalização do Direito das sociedades comerciais. Trata-se de um campo jurídico-científico onde as inovações ultrapassam fronteiras e são rapidamente adoptadas por outros países. Figuras como a das sociedades por quotas, de invenção alemã, são, hoje, património comum dos Direitos continentais. Preocupações como as ligadas ao sector mobiliário, de origem anglo-saxónica, são compartilhadas pelos vários sistemas nacionais.

Compreende-se, assim, a presença permanente do Direito comparado, no estudo das sociedades comerciais.

## II. O PROBLEMA DA FISCALIZAÇÃO

### 2. As origens do tema

I. Um dos grandes motores da evolução do Direito das sociedades comerciais em Portugal, ao longo do século XX, tem a ver com a sua fiscalização.

Até 1867, o problema não se pôs, dado o número escasso de sociedades existentes. Também no período de vigência da Lei de 22 de Junho de 1867, nada há a apontar. Porém, no final do século, já sob a vigência do Código VEIGA BEIRÃO, o incremento das sociedades e a verificação de crises cíclicas levaram os Governos a reagir. Recorde-se, aliás, que fenómenos semelhantes ocorreram, nesse mesmo período, noutros países europeus.

Particularmente impressivo foi o *crash* de 1891, com situações de falência da Companhia Real dos Caminhos de Ferro, do Banco Lusitano e do Banco do Povo[2]. Esses eventos levaram o VISCONDE DE CARNAXIDE, então deputado, a apresentar um projecto de lei

> (...) destinado a evitar, quanto possível, que as sociedades anónimas,

---

[2] Segundo informa o VISCONDE DE CARNAXIDE (ANTÓNIO BAPTISTA DE SOUSA), *Sociedades Anonymas* (1913), 17-18, a primeira foi reparada com um convénio fundado em lei especial, a segunda tentou-se enfrentar com uma concordata e a terceira ficando sem solução.

quer bancos, quer companhias, possam continuar a coberto da limitação da sua responsabilidade e da inefficacia da actual fiscalisação, a defraudar os seus credores, ou sejam depositantes, ou sejam obrigacionistas[3].

A ideia seria admitir, no caso de crise, a intervenção do Governo, através de comissários especiais. Levantaram-se vozes de crítica, com relevo para JOSÉ BENEVIDES que preferiria

> (...) uma determinação precisa e rigorosa da responsabilidade civil e penal dos directores e fiscaes das sociedades anonymas (...)[4]

De todo o modo, o Decreto de 12 de Julho de 1894, relativo a *instituições bancárias* e visando combater

> O desvariamento da especulação [que] invadiu o mundo inteiro acarretando consigo, como resultado transformar por vezes instituições destinadas a fomentar o commercio e auxiliar o trabalho, em instrumentos provocadores das ruinas (...)[5]

adoptou a proposta do VISCONDE, em parte, e no tocante àquelas instituições – artigos 14.° e 15.°[6]. O esquema foi retomado pela Lei de 3 de Abril de 1896 – artigos 15.° e 16.°[7].

II. O projecto do VISCONDE DE CARNAXIDE e a discussão havida, a esse propósito, permitem documentar os dois caminhos possíveis, quanto à fiscalização das sociedades anónimas: a fiscalização pelo Estado e o controlo interior, através de responsabilização dos administradores. Com os antecedentes dos diplomas de 1894 e de 1896, a legislação da República inclinar-se-ia, de modo decidido, para a primeira das duas opções.

Assim, um Decreto de 13 de Abril de 1911, do Governo Provisório, veio dispor,

---

[3] ANTONIO BAPTISTA DE SOUSA, *Projecto de lei relativo à fiscalização de sociedades anonymas* (1892), 3.

[4] JOSÉ BENEVIDES, *Um projecto de lei e a responsabilidade na gerência das sociedades anonymas* (1893), 27.

[5] Cf. o *Relatório*, em CLP 1894, 214-217 (214). Faz-se, aí, referência ao projecto de BAPTISTA DE SOUSA – ob. cit., 215 – em termos que provocaram o protesto deste – cf. VISCONDE DE CARNAXIDE, *Sociedades Anonymas* cit., 19-20.

[6] CLP 1894, 217-219 (219, 1ª col.).

[7] CLP 1894, 57-59 (58).

Artigo 1.º É instituída a fiscalização de todas as sociedades anonymas a cargo de uma Repartição Technica, cuja organização e attribuições constam do regulamento annexo.

A fiscalização incidia, essencialmente, sobre a escrita e outros documentos[8]. O Regulamento foi revogado, pelo artigo 19.º da Lei do Orçamento, de 30 de Junho de 1913; porém, alguns dos seus artigos foram, de novo, postos em vigor, pelo Decreto n.º 24, de 7 de Julho de 1913, que veio regular o funcionamento do serviço de fiscalização das sociedades anónimas e a situação dos respectivos funcionários[9].

III. A fiscalização das sociedades, particularmente das anónimas seria discutida, durante todo o período do Estado Novo, sendo certo que se mantiveram, fortes, as tendências para uma fiscalização estadual, um tanto ao arrepio das experiências exemplares, registadas noutros países europeus.

A Lei n.º 1:936, de 18 de Março de 1936, autorizou o Governo a modificar, oportunamente, o regime de fiscalização das sociedades anónimas, de modo a ser realizada, com a intervenção de técnicos especializados e ajuramentados, designados por entidade estranha à sociedade[10]. Porém, o Governo só se desempenharia, anos depois, aprontando uma *Proposta de lei relativa à fiscalização das sociedades por acções*, finalmente aprovada como Lei n.º 1:995, de 17 de Maio de 1943.

Carecida de regulamentação, que nunca viria a ser aprovada[11], a Lei

---

[8] O *Regulamento da fiscalização das sociedades anonymas,* de 13-Abr.-1911, assinado pelo Ministro das Finanças JOSÉ RELVAS, pode ser confrontado na CLP 1911, 2072-2077. Note-se que este Regulamento, mau grado o título, abrangia, também, as sociedades por quotas.

[9] CLP 1913, 343-344.

[10] Lei n.º 1:936, de 18 de Março de 1936, Base VII.

[11] Não obstante, chegou a ser publicado um *Projecto de Decreto Regulamentar da Lei n.º 1:995*, "... elaborado por alguns professores de direito, membros da Comissão de Revisão do Código Civil, revisto no Ministério da Justiça": BMJ 25 (1951), 157-195. Tratava-se dum projecto complexo, de 96 artigos, em seis capítulos, pormenorizado e tecnicamente bem elaborado. O interesse suscitado, na época, pela fiscalização das sociedades anónimas, ressalta, ainda, no escrito de RUY ENNES ULRICH, *Sociedades anónimas e sua fiscalização*, ROA 1941, 1, 14-27, onde se esquematizam os regimes vigentes na época, incluindo o português, fazendo-se, em paralelo, um certo apelo aos valores tradicionais das sociedades anónimas e na obra de JOSÉ PIRES CARDOSO, *Problemas do anonimato – II Fiscalização das sociedades anónimas* (1943), onde são ponderadas as experiências italiana (25 ss.), francesa (66 ss.), inglesa (114 ss.) e alemã (164 ss.).

n.º 1:995, de 17 de Maio de 1943, acabaria por não vigorar, dando lugar a um "... insucesso ...", nas palavras do preâmbulo do Decreto-Lei n.º 49.381, de 15 de Novembro de 1969[12]. Não será arriscado avançar que tal "... insucesso ..." ficou a dever-se a um excesso de intervenção estadual, nas sociedades anónimas, pouco consonante com a inclusão do País no bloco ocidental, após o termo da II Guerra Mundial.

IV. Seguiu-se o Decreto-Lei n.º 49.381, de 15 de Novembro de 1969, praticamente acolhido no Código das Sociedades Comerciais. Esse diploma veio tentar um compromisso entre as duas correntes que, desde as críticas de BENEVIDES, ao projecto do VISCONDE DE CARNAXIDE, há quase um século, se defrontavam: a duma fiscalização exterior, das sociedades anónimas, e a da fiscalização interior, através de órgãos e dos próprios sócios, e concretizada, se necessário, na responsabilidade civil.

Na parte atinente à fiscalização, a regra fundamental constava do artigo 1.º/3: um dos membros do conselho fiscal ou o fiscal único e um suplente têm de ser designados de entre os inscritos, na lista de revisores oficiais de contas. Trata-se de uma regra que, hoje, consta do artigo 414.º/2 do Código das Sociedades Comerciais. O artigo 43.º previa uma regulamentação, para as actividades de revisor oficial de contas e de sociedades de revisão: matéria que estudaremos mais adiante.

## 3. A evolução legislativa

I. O problema da fiscalização dominou largamente a panorâmica do Direito das sociedades comerciais, quase até às vésperas da preparação do Código das Sociedades Comerciais de 1986.

Para além desse ponto, e descontando a já referida Lei de 11 de Abril de 1901, relativa às sociedades por quotas, cumpre relevar os aspectos mais importantes relativos à evolução legislativa processada. Assim:

> O Decreto n.º 1:645, de 15 de Junho de 1915, autorizou as sociedades anónimas, por deliberação das assembleias gerais extraordinárias, a criar acções privilegiadas, conferindo aos seus possuidores preferência quer sobre os lucros, quer sobre o capital, quer sobre ambas as coisas, salvo se os estatutos contiverem disposição proibitiva expressa. Este Decreto foi suspenso

---

[12] DG, I Série, n.º 268, de 15-Nov.-1969, 1665.

pela Lei n.º 338, de 30 de Julho de 1915 e reposto em vigor, com alterações, pelo Decreto n.º 4:118, de 18 de Abril de 1918.

O Decreto n.º 10:634, de 20 de Março de 1935, no seu artigo 68.º declarou que se considerassem abandonadas e, como tal, pertença do Estado, as acções cujos direitos não sejam exercidos durante 20 anos; e pelo seu artigo 69.º, revertem para o Estado os dividendos não reclamados pelos accionistas.

O Decreto n.º 16:731, de 13 de Abril de 1931, no seu artigo 137.º, § único, determinou que o balanço e o relatório do conselho fiscal das sociedades anónimas, sejam aprovados no prazo de três meses depois do termo do exercício.

O Decreto de 3 de Abril de 1896 e o de 27 de Agosto do mesmo ano vieram dispor quanto à emissão de obrigações.

II. Na fase final do Estado Novo, particularmente sob o impulso doutrinário do Prof. RAÚL VENTURA, surgiram alterações legislativas importantes, no campo das sociedades comerciais.

Assim:

– o Decreto-Lei n.º 598/73, de 8 de Novembro, relativo à fusão e à cisão de sociedades; em causa estava já a transposição de Directrizes comunitárias.
– o Decreto-Lei n.º 49 381, de 15 de Novembro, e referente à fiscalização das sociedades e à responsabilidade dos administradores.

### III. O CÓDIGO DAS SOCIEDADES COMERCIAIS DE 1986

#### 4. A preparação

I. Ao longo do século XX, foi-se desenvolvendo e ganhando corpo uma ideia de reforma do Direito Comercial.

Uma primeira iniciativa foi promovida pela Comissão Permanente do Direito Marítimo Internacional, que funcionava no Ministério da Marinha. Nesse âmbito, preparou-se, em 1935, um Projecto para o novo Livro IV do Código Comercial. Foi relator LUIZ DA CUNHA GONÇALVES[13], tendo o projecto sido aperfeiçoado, no âmbito da Comissão, até 1941. Não teve seguimento.

---

[13] FERNADO OLAVO, *Alguns apontamentos sobre a reforma da legislação comercial*, BMJ 293 (1980), 5-22 (18-19).

A reforma do Direito comercial foi referida pelo Decreto-Lei n.º 33:908, de 4 de Setembro de 1944, que autorizou o Ministro da Justiça a promover a elaboração de um projecto de revisão geral do Código Civil: aí se exarou que o projecto poderia englobar ou não o Direito comercial, consoante se achasse preferível. Mas logo a Portaria n.º 10:756, de 10 de Outubro de 1944, que nomeou a Comissão de Reforma, remeteu para mais tarde o tratamento do Direito comercial.

II. O Ministro da Justiça, por despacho de 1 de Agosto de 1961, determinou a revisão do Código Comercial: essa tarefa não seria, todavia, levada a cabo antes de elaborado o projecto definitivo do Código Civil. Por despachos de 1 de Junho de 1966 e de 20 de Setembro de 1967, foram nomeados membros de uma Comissão incumbida dos estudos preparatórios de uma revisão do Direito das sociedades comerciais[14]. Um tanto individualisticamente, os membros desta comissão foram elaborando estudos e anteprojectos relativos a temas de sociedades comerciais. De acordo com a ordenação que a matéria veio a assumir no Código das Sociedades Comerciais de 1986, assinalamos: de FERRER CORREIA, com a colaboração de ANTÓNIO A. CAEIRO, as disposições gerais[15], de RAÚL VENTURA, com a colaboração de BRITO CORREIA, a responsabilidade dos administradores[16] e a transformação de sociedades[17], de ALBERTO PIMENTA, a prestação de contas do exercício nas sociedades comerciais[18], de FERNANDO OLAVO, sobre as sociedades em nome colectivo[19], de RAÚL VENTURA, as socieda-

---

[14] Todos estes elementos constam de FERNANDO OLAVO, *Alguns apontamentos* cit., 19.

[15] A. FERRER CORREIA, *Lei das Sociedades Comerciais (Anteprojecto)*, BMJ 185 (1969), 25-81 e 191 (1969), 5-137.

[16] RAÚL VENTURA/LUÍS BRITO CORREIA, *Responsabilidade civil dos administradores de sociedades anónimas e dos gerentes de sociedades por quotas/Estudo comparativo dos direitos alemão, francês, italiano e português*, BMJ 192 (1970), 5-112, 193 (1970), 5-182 e 194 (1970), 5-113.

[17] RAÚL VENTURA/LUÍS BRITO CORREIA, *Transformação de sociedades/Anteprojecto e notas justificativas*, BMJ 218 (1972), 5-129, 219 (1972), 11-69 e 220 (1972), 13-83.

[18] ALBERTO PIMENTA, *A prestação das contas do exercício nas sociedades comerciais*, BMJ 200 (1970), 11-106, 201 (1970), 5-71, 202 (1971), 5-57, 203 (1971), 5-53, 204 (1971), 5-48, 205 (1971), 5-58, 207 (1971), 5-46 e 209 (1971), 5-36.

[19] FERNANDO OLAVO, *Sociedade em nome colectivo – Ensaio de anteprojecto*, BMJ 179 (1968), 15-37.

des por quotas[20-21], de FERRER CORREIA, LOBO XAVIER, ÂNGELA COELHO e ANTÓNIO CAEIRO, também as sociedades por quotas[22], de VAZ SERRA, as acções das sociedades anónimas[23] e a assembleia geral[24] e de FERNANDO OLAVO e GIL MIRANDA, as sociedades em comandita[25].

A partir do momento em que os estudos preparatórios se concentraram sobre as sociedades comerciais, ficou comprometida qualquer revisão global do Código Comercial: é evidente que nunca os diversos aspectos contemplados no texto de VEIGA BEIRÃO poderiam acompanhar o dinamismo do Direito societário.

III. Em 1977, o então Ministro da Justiça, ALMEIDA SANTOS, designou diversas comissões de reforma, das quais uma para o Direito comercial. A esse propósito, acentuou a necessidade de se legislar no campo das sociedades comerciais[26], num repto aceite por FERRER CORREIA, presidente da Comissão do Código Comercial[27]. Rapidamente os trabalhos se concentraram sobre as sociedades comerciais.

Nos princípios dos anos 80, o novo Ministro da Justiça, JOSÉ MENÉRES PIMENTEL, consagraria definitivamente esta orientação: incumbiu o Prof. RAÚL VENTURA de elaborar um anteprojecto de sociedades comer-

---

[20] RAÚL VENTURA, *Sociedades por quotas de responsabilidade limitada/Anteprojecto – primeira redacção*, BMJ 160 (1966), 75-113 e *Segunda redacção*, BMJ 182 (1969), 25-196.

[21] Segundo informação de FERNANDO OLAVO, este anteprojecto foi reelaborado por VAZ SERRA, num trabalho que não chegou a ser publicado; cf. FERNANDO OLAVO, *Alguns apontamentos* cit., 19.

[22] ANTÓNIO FERRER CORREIA/VASCO LOBO XAVIER/MARIA ÂNGELA COELHO/ANTÓNIO A. CAEIRO, *Sociedades por quotas de responsabilidade limitada/Anteprojecto de lei – 2ª redacção e exposição de motivos*, RDE 3 (1977), 153-224 e 349-423 e RDE 5 (1979), 111-141 e 142-200; tratar-se-ia de uma reelaboração do anteprojecto de VAZ SERRA.

[23] ADRIANO PAES DA SILVA VAZ SERRA, *Acções nominativas e acções ao portador*, BMJ 175 (1968), 5-43, 176 (1968), 11-82, 177 (1968), 5-94 e 178 (1968), 17-85.

[24] ADRIANO PAES DA SILVA VAZ SERRA, *Assembleia geral*, BMJ 197 (1970), 23-176.

[25] FERNANDO OLAVO/GIL MIRANDA, *Sociedade em comandita/Notas justificativas*, BMJ 221 (1972), 11-42, 223 (1973), 15-65 e 224 (1973), 5-79.

[26] ANTÓNIO DE ALMEIDA SANTOS, *Discurso na posse dos Presidentes das Comissões encarregadas de preparar a revisão dos Códigos Civil, de Processo Civil, Penal, de Processo Penal e Comercial, em 10 de Janeiro de 1977*, BMJ 263 (1977), 5-24 (21).

[27] ANTÓNIO FERRER CORREIA, *Discurso na posse dos Presidentes das Comissões encarregadas de preparar a revisão dos Códigos Civil, de Processo Civil, Penal, de Processo Penal e Comercial, em 10 de Janeiro de 1977*, BMJ 263 (1977), 25-34 (29).

ciais[28]. Este foi revisto por FERNANDO OLAVO e ANTÓNIO CAEIRO[29], só não tendo sido adoptado pela demora da Assembleia da República em aprovar a necessária autorização legislativa[30]. De todo o modo, foi publicado um projecto completo[31].

## 5. O Código das Sociedades Comerciais

I. Na sequência dos preparatórios acima sumariados, o Decreto-Lei n.º 262/86, de 2 de Setembro, veio aprovar o Código das Sociedades Comerciais.

Precedido por um lato preâmbulo justificativo e descritivo, o Decreto-Lei n.º 262/86 apresenta-se como fruto da "necessidade urgente" de transpor as directizes comunitárias[32], com o "objectivo fundamental" de actualizar o regime das sociedades comerciais, tomadas como "principais agentes económicos de direito privado"[33].

Nessa senda, o preâmbulo do Decreto-Lei declara aproveitar a rica experiência portuguesa e a evolução recente, marcada pela evolução tecnológica e informática; afirma pôr termo a inúmeras dúvidas e afiança receber as directizes europeias, alargando-as e acolhendo, ainda, trabalhos preparatórios de futuros e eventuais instrumentos comunitários.

II. O Código das Sociedades Comerciais assume a orientação de não bulir com os conceitos comerciais provenientes da tradição de VEIGA BEIRÃO, com especial referência ao artigo 13.º do Código Comercial. Também se assume a delimitação formal das sociedades comerciais ou – melhor dizendo – do regime que lhes é aplicável[34].

---

[28] Cf. a nota preambular a *Código das Sociedades Comerciais (Projecto)*, BMJ 327 (1983), 43-44 (43).

[29] *Idem*, loc. cit..

[30] JOSÉ MENÉRES PIMENTEL, *Discurso na sessão de despedida, em 8 de Junho de 1983*, BMJ 327 (1983), 5-32 (25).

[31] *Código das Sociedades (Projecto)*, BMJ 327 (1983), 45-339.

[32] Cf. o ponto 2 do preâmbulo do Decreto-Lei n.º 262/86.

[33] *Idem*, ponto 3.

[34] *Idem*, ponto 4.

III. As diversas novidades de fundo são relatadas no preâmbulo do Decreto-Lei n.º 262/86: iremos encontrá-las nas rubricas respectivas.

O Código das Sociedades Comerciais assumiu uma feição codificadora: ele veio revogar o essencial das normas pré-vigentes sobre sociedades comerciais, ordenando o respectivo material em função de critérios jurídico-científicos.

O artigo 3.º daquele diploma preambular procede, no seu n.º 1, a uma revogação genérica de toda a legislação relativa às matérias reguladas no Código. O n.º 1 especifica:

*a)* Os artigos 21.º a 23.º e 104.º a 206.º do Código Comercial: ficam envolvidos os preceitos mais significativos referentes às sociedades comerciais, no âmbito de VEIGA BEIRÃO;
*b)* A Lei de 11 de Abril de 1901: trata-se da Lei das Sociedades por Quotas, absorvidas pelo novo Código;
*c)* O Decreto n.º 1:645, de 15 de Junho de 1915: veio permitir a criação de acções privilegiadas, susceptíveis de conferir aos seus possuidores preferência sobre os lucros, até determinada percentagem;
*d)* O Decreto-Lei n.º 49 381, de 15 de Novembro de 1969: regula a fiscalização das sociedades e a responsabilidade dos administradores;
*e)* O Decreto-Lei n.º 1/71, de 6 de Janeiro: regula a transmissão de acções por negociação particular, no tocante a certos tipos de sociedades;
*f)* O Decreto-Lei n.º 397/71, de 22 de Setembro: autoriza as sociedades anónimas a emitir obrigações que confiram aos seus titulares o direito de conversão em acções da sociedade emitente;
*g)* O Decreto-Lei n.º 154/72, de 10 de Maio: dá nova redacção ao artigo 183.º, quanto a limitações do direito de voto e estabelece normas quanto às divergências entre sócios;
*h)* O Decreto-Lei n.º 598/73, de 8 de Novembro: estabelece normas quanto à fusão e cisão de sociedades comerciais;
*i)* O Decreto-Lei n.º 389/77, de 15 de Setembro: determina a obrigatoriedade de o órgão colegial de administração das sociedades anónimas ser composto por um número ímpar de membros, não sendo obrigatória a qualidade de accionista para ser administrador.

## 6. Sistema geral e apreciação

I. O Código das Sociedades Comerciais reparte os seus 545 artigos – hoje 544, mercê das supressões e aditamentos verificados nestes últimos quinze anos[35] – por oito títulos, numa sequência que cumpre rememorar:

| | |
|---|---|
| *Título I* | – Parte geral |
| *Título II* | – Sociedades em nome colectivo |
| *Título III* | – Sociedades por quotas |
| *Título IV* | – Sociedades anónimas |
| *Título V* | – Sociedades em comandita |
| *Título VI* | – Sociedades coligadas |
| *Título VII* | – Disposições gerais e de mera ordenação social |
| *Título VIII* | – Disposições finais e transitórias |

Ilustrando as grandes dificuldades com que, há cem anos, se debatem as "partes gerais" do pandectismo[36], a "Parte geral" do Código das Sociedades Comerciais, não obstante o mérito da ousadia, constitui um ponto particularmente controverso e duvidoso.

Desde logo, é de estranhar que, havendo uma "Parte geral", o desenvolvimento subsequente do Código das Sociedades Comerciais não se limite a "partes especiais". As Partes II, III, IV e V tratam, na verdade, de tipos especiais de sociedades: em nome colectivo, por quotas, anónimas e em comandita. Mas seguem-se-lhes nada menos de três outras partes, de conteúdo manifestamente geral: sociedades coligadas, disposições penais e de mera ordenação social e disposições finais e transitórias. Pois bem: a matéria desta última deveria ter sido reconduzida ao diploma preambular, de acordo com a boa e já velha tradição do Código Civil. A das sociedades coligadas, para respeitar as próprias opções sistemáticas do legislador, deveria ter sido inserida, como capítulo, na Parte I. E finalmente, é muito problemática a inclusão de "disposições penais e de mera ordenação social" num Código de Direito privado, como é o Código das Sociedades Comerciais e isso sem desconhecer que essa solução tem antecedentes, noutros países. Por certo que tal inclusão, a fazer-se, tem vantagens práticas para os operadores jurídicos: torna mais fácil a consulta da matéria. Em termos científicos, porém, a junção é mais compilatória do que codi-

---

[35] O Código ganhou 25 novos artigos e perdeu 24 dos que tinha inicialmente.
[36] Cf. MENEZES CORDEIRO, *Teoria Geral do Direito Civil / Relatório* (1988) = separata da RFDUL, 77 ss., com bibliografia.

ficadora: ainda não há instrumentos aperfeiçoados para, em conjunto, tratar matéria civil e penal, sendo pouco recomendável que se faça a experiência num Código de fôlego e, para mais, de uso corrente e alargado, com muitos não-juristas como destinatários.

II. A Parte geral do Código das Sociedades Comerciais coloca, porém, outros problemas de fundo e bastante mais sérios.

Essa "Parte geral" só seria possível se, entre as diversas partes especiais, isto é, os diversos tipos societários em si, houvesse aspectos comuns que permitissem tal teorização. De facto, tais aspectos existem; só que se colocam num plano de abstracção tão elevado que se tornam de Direito comum, isto é, de Direito civil. O problema é colocado, sobretudo, pelas circunspectas sociedades em nome colectivo que, não dispondo duma organização elaborada, quase caem nas sociedades civis puras, na designação dada, por PAULO CUNHA, às sociedades civis sob forma civil. A literatura jurídica alemã tradicional negava-lhes, mesmo, a personalidade jurídica, numa orientação que só recentemente tem vindo a ser, em parte, revista, como abaixo melhor será explicado[37].

III. Em consequência da problemática acima assinalada, o Código das Sociedades Comerciais apresenta limitações sistemáticas, para que cabe chamar a atenção.

Primeiramente surgem, na Parte geral – ou, melhor dizendo, na Parte I – disposições que só na aparência têm aplicação aos diversos tipos de sociedades comerciais. De um modo geral, o legislador teve em vista – poderia ter feito outra coisa? –, na aludida Parte I, as sociedades de capitais; boa parte dos seus preceitos não tem alcance prático, perante as sociedades em nome colectivo.

Nessas condições estarão, por exemplo, os complexos normativos relativos à fusão e à cisão de sociedades – artigos 97.° ss. e 118.° ss.. Também a matéria da transformação das sociedades – artigos 130.° ss. – apesar de conter um dispositivo claramente destinado a contemplar as sociedades de personalidade ilimitada – artigo 139.° – tem uma textura complexa, pouco adequada a sociedades mais simples.

---

[37] GOTTFRIED E. BREUNINGER, *Die BGB – Gesellschaft als Rechtssubjekt im Wirtschaftsverkehr / Voraussetzungen und Grenzen* (1991), 6 ss. e *passim*, e THOMAS RAISER, *Gesamthand und juristische Person im Licht des neuen Umwandlungsrechts*, AcP 194 (1994), 495-512 (501 ss.).

A liquidação da sociedade – artigos 146.º ss. – e a publicidade dos actos – artigos 166.º ss. – transcendem largamente, pelo cuidado regulamentativo, o *minimum* requerido por todas as sociedades a que se irão aplicar. Mas outro ponto há – e porventura mais grave – que merece reparo. Mesmo nas disposições cuja aplicabilidade geral menos dúvidas suscitaria, o CSC, ao generalizar, acabou por prever esquemas de grande complexidade – assim os Capítulos III e IV relativos, respectivamente, ao contrato de sociedade e às deliberações dos sócios, ou o Capítulo VI referente à apreciação anual da situação da sociedade – que penalizam a pequena empresa. A complicação é, aliás, agravada por todo um conjunto de pesadas exigências burocráticas, exteriores ao próprio Código, que tornam o espaço jurídico português um dos mais avessos à formação de novas sociedades[38]. Francamente inadequado, pela sua complexidade, para uma aplicação geral a todas as sociedades é, ainda, o Capítulo VII relativo, como já foi visto, à responsabilidade civil.

IV. De seguida e curiosamente, verifica-se que o fenómeno inverso também ocorreu: o legislador de 1986 não incluiu matéria geral, no local sistematicamente apropriado, acabando por ter de se repetir três ou quatro vezes, a propósito dos diversos tipos societários. Particularmente atingidos foram, a este nível, os deveres dos administradores, gerentes ou directores das sociedades. O Código das Sociedades Comerciais contentou-se com o tímido artigo 64.º que, em termos de grande generalidade, cuida do "dever de diligência". Há, porém, muitos outros aspectos, comuns às diversas sociedades, que poderiam aí ter sido incluídos e desenvolvidos.
Podem ser dados diversos exemplos ilustrativos das críticas aqui formuladas. A proibição de concorrência é básica no fenómeno societário; nas sociedades de pessoas, ele atinge os próprios sócios, numa regra que poderá mesmo ser alargada às sociedades por quotas, pelo menos em certos casos – cf., aliás, o artigo 990.º do Código Civil; em todas, ela atinge os administradores. Ora o Código das Sociedades Comerciais nada diz, em geral; retoma a matéria nos artigos 180.º (sociedades em, nome colectivo), 254.º (sociedades por quotas), 398.º (sociedades anónimas) e 477.º (sociedades em comandita simples). Estes preceitos apresentam configurações nem sempre coincidentes, abrindo questões melindrosas, quanto a saber se as flutuações serão apenas formais.

---

[38] Nos últimos anos, têm sido anunciadas diversas medidas para pôr côbro a esta anomalia no espaço comunitário: sem êxito.

Toda a sociedade tem uma administração; e toda a administração tem uma competência básica. A Parte geral é omissa sobre esse ponto. Nas partes especiais, a competência da administração vem tratada nos artigos 192.º, 259.º, 405.º e 431.º relativos, respectivamente, às sociedades em nome colectivo, às sociedades por quotas, às sociedades anónimas, com conselho de administração e às sociedades anónimas com direcção e conselho geral[39]. Todos estes preceitos têm evidentes aspectos comuns e que, isoladamente tomados, se apresentam muito incompletos. Inserir, na Parte geral, os aspectos gerais da competência de qualquer administração e depois, disso sendo o caso, desenvolver o necessário, quanto aos diversos tipos singulares, teria sido uma vantagem que, classicamente, está ao alcance de qualquer codificação. A situação existente, tal como resulta do Código de 1986, obriga a aproximar os artigos dispersos sobre a matéria, com todas as dúvidas a que isso dá lugar.

O provimento dos lugares de administração levanta uma série de dúvidas, abaixo estudadas. De todo o modo, há regras básicas paralelas nos diversos tipos sociais, uma vez que semelhantes são os valores em jogo. Também a duração do mandato e o problema da destituição, com justa causa, dos administradores, carece de uma regulamentação mínima capaz. O Código das Sociedades Comerciais dispensou essa regulamentação onde era esperar vê-la. A Parte geral é totalmente omissa, surgindo depois, nas partes especiais, variadas e desencontradas normas; no tocante à destituição com justa causa, vejam-se os artigos 191.º/5, 6 e 7[40], 257.º, 403.º e 430.º relativos, respectivamente, a sociedades em nome colectivo, por quotas, anónimas com administração e anónimas com direcção e conselho geral, respectivamente.

Outros exemplos seriam possíveis.

As insuficiências da Parte geral, assim denotadas, prendem-se directamente com as limitações científicas existentes no momento da elaboração do Código. Como tem sido referido pela doutrina interessada, uma codificação, mais do que um ponto de partida, traduz o porto de chegada de toda a Ciência que a antecedeu e elaborou. Por isso, num plano estritamente científico, ela tende a limitar-se ao nível pré-existente.

---

[39] Nas sociedades em comandita, o Código das Sociedades Comerciais remete para as sociedades em nome colectivo e para as sociedades anónimas – artigos 474.º e 478.º – conforme, respectivamente, se trate de comandita simples ou de comandita por acções.

[40] Este artigo apresenta ainda a originalidade de tratar a destituição dos gerentes das sociedades em nome colectivo, a propósito da ... composição da gerência.

Pois bem: o Código das Sociedades Comerciais não tratou, em sede geral, o papel da administração e o provimento e destituição dos administradores, porque a doutrina não tinha, até à sua data – como não tem hoje – desenvolvido uma teoria geral da administração de sociedades, no Direito privado.

V. As limitações extrínsecas, à confecção da Parte geral, têm inevitáveis reflexos internos; recorde-se que o próprio Código Civil foi atingido – e, por vezes, com severidade – por esse tipo de refluxo.

A Parte geral do CSC alarga-se por dezasseis capítulos; descontando o I, relativo ao seu âmbito de aplicação, ele versa, sucessivamente, a personalidade e capacidade (II), o contrato de sociedade (III), as deliberações dos sócios (IV), a administração (V), a apreciação anual da situação da sociedade (VI), a responsabilidade civil (VII), as alterações do contrato (VIII), a fusão (IX), a cisão (X), a transformação (XI), a dissolução (XII), a liquidação (XIII), a publicidade de actos (XIV), a fiscalização pelo MP (XV) e a prescrição (XVI).

Há aqui uma ondulação: passa-se, do contrato, a aspectos internos para, depois, regressar aos externos. Uma ordem alternativa seria, por hipótese, a clássica constituição, modificação – com a fusão, a cisão e a transformação – e extinção da sociedade e, então, os seus aspectos orgânicos e internos. A prescrição deveria estar no capítulo VII, a fiscalização do MP, num capítulo geral sobre fiscalização, a publicidade de actos, num capítulo geral sobre publicidade, e assim por diante.

Uma boa ordenação permitiria poupar imensos preceitos. Por exemplo, a exigência de escritura pública para a celebração do contrato de sociedade e – o que é óbvio – para as suas modificações, aparece nos artigos 7.º/1, 85.º/3, 106.º e 135.º/1 e ainda, com adaptações, nos artigos 283.º/1, 370.º/1, 492.º/2 e 498.º. Uma revisão apurada teria reduzido tudo isto a um único preceito, com algumas especificidades. Muitos outros exemplos seriam possíveis.

VI. Tudo visto, conclua-se. O Código das Sociedades Comerciais incorreu em problemas sistemáticos que não foi possível solucionar, aquando da sua elaboração.

Nessas condições, ele apresenta uma prolixidade marcada, com repetição de matérias. Além disso, ele articula-se com desarmonias e lacunas, dispersando, pelo seu vasto interior, matéria que poderia, com vantagens teóricas e práticas, ter sido unificada.

Entre os seus méritos – que os tem, como é evidente – o Código das Sociedades Comerciais acaba, assim, por apresentar um, do maior interesse: oferece, à doutrina, um material vasto para se intensificarem as reconstruções dos problemas, dele derivados.

## 7. Fontes doutrinárias e legislativas

I. As fontes doutrinárias e legislativas do Código das Sociedades Comerciais resultam em parte da evolução histórica que o antecedeu e dos preparatórios que o possibilitaram. Vamos, todavia, sistematizar agora alguns pontos fundamentais.

II. Existe, seguramente, um importante fundo comum, constituído pelo Código VEIGA BEIRÃO e pela Lei das Sociedades por Quotas. Subjacente a esses dois diplomas, encontramos todo um acervo doutrinário significativo.
A literatura jurídica das sociedades comerciais, particularmente após a primeira metade do século XX, através de FERRER CORREIA[41] e de RAÚL VENTURA[42], empreendeu uma importante viragem: da área de influência franco-italiana para a alemã. Todo o sistema das sociedades comerciais seria profundamente modificado. Todavia, essa evolução não teve a amplitude acusada pelo processo similar ocorrido cinquenta anos antes, no Direito civil. Importantes elementos italianos foram retidos, enquanto a reforma francesa de 1966 não podia deixar de exercer influência e fascínio.

III. Como fontes particularmente impressivas do Código das Sociedades Comerciais podemos apontar a lei alemã das sociedades anónimas, de 1965, o Código francês das sociedades, de 1966 e o Código Civil italiano.
Toda esta matéria foi recolhida pelos trabalhos preparatórios. O legislador português, porventura melhor do que qualquer outro, conhecia perfeitamente, a propósito de cada problema, as diversas soluções encontradas nos outros ordenamentos. Pode escolher as melhores, aperfeiçoando-as à

---

[41] Temos em mente, sobretudo, a obra *Sociedades fictícias e unipessoais* (1948), que marcou o início da recepção da doutrina alemã.

[42] Mais precisamente: *Sociedades comerciais; dissolução e liquidação* (1960) a que se seguiram diversos títulos sobre as sociedades por quotas.

luz das críticas feitas nas literaturas respectivas. Por vezes, foi mesmo mais longe: ele deu guarida, em sobreposição, às soluções dos vários sistemas. Conseguiu-se, assim, um diploma único na panorâmica europeia: o seu estudo requer o permanente recurso ao Direito comparado e à Ciência jurídica universal.

IV. Em múltiplos aspectos, o Código das Sociedades Comerciais pode parecer inadequado, perante as realidades do País. Ele apresenta uma estrutura complexa, difícil de reter pelos agentes económicos e em permanente tensão com outros diplomas, também de grande complexidade, com relevo para o Código dos Valores Mobiliários. Todavia, em termos doutrinários, constitui um permanente e aliciante desafio.

## IV. A LEGISLAÇÃO COMUNITÁRIA

### 8. Generalidades

I. No domínio das sociedades comerciais, as exigências do Tratado de Roma têm um relevo específico. Segundo o artigo 54.°/3, o Conselho e a Comissão devem exercer as funções que lhes são confiadas designadamente:

> (...)
> g) Coordenando as garantias que, para protecção dos interesses dos sócios e de terceiros, são exigidas nos Estados membros às sociedades, na acepção do segundo parágrafo do artigo 58.°, na medida em que tal seja necessário, e a fim de tornar equivalentes essas garantias;

Por seu turno, o artigo 58.° vem dispor:

> As sociedades constituídas em conformidade com a legislação de um Estado-membro e que tenham a sua sede social, administração central ou estabelecimento principal na Comunidade são, para efeitos do disposto no presente Capítulo, equiparadas às pessoas singulares, nacionais dos Estados-membros.
> Por "sociedades" entendem-se as sociedades do direito civil ou comercial, incluindo as sociedades cooperativas, e as outras pessoas colectivas de direito público ou privado, com excepção das que não prossigam fins lucrativos.

II. Na base destes normativos, o Direito das sociedades comerciais tem feito progressos assinaláveis no domínio da aproximação, dentro da União[43] entre os ordenamentos dos diversos Estados.

Operam, aqui, os constrangimentos histórico-culturais e dogmáticos que impedem a pura e simples adopção de um Direito uniforme entre os diversos Estados. Por isso, a integração jurídica seguiu a via das directrizes: instrumentos comunitários que fixando os parâmetros são, depois, transpostos pelos legisladores nacionais, de acordo com os ditames das Ciências respectivas.

## 9. As directrizes das sociedades comerciais e a sua transposição

I. O quadro geral das directrizes das sociedades comerciais e a sua transposição é o seguinte:

*Directriz n.º 68/151/CEE do Conselho, de 9 de Março de 1968* ou *Primeira Directriz das Sociedades Comerciais*: coordena as garantias que, para protecção dos interesses dos sócios e de terceiros, são exigidas nos Estados-Membros, às sociedades[44]; foi transposta pelo CRC, aprovado pelo Decreto-Lei n.º 403/86, de 3 de Dezembro[45] e, ainda, pelo próprio CSC[46];

*Directriz n.º 77/91/CEE do Conselho, de 13 de Dezembro de 1976* ou *Segunda Directriz das Sociedades Comerciais*: coordena as garantias que, para protecção dos interesses dos sócios e de terceiros, são exigidas pelos Estados-Membros às sociedades, no que respeita à constituição da sociedade anónima, bem como à conservação e às modificações do seu capital social[47]; esta Directriz foi transposta pelo próprio Código das Sociedades Comerciais[48],

---

[43] Cf. KARSTEN SCHMIDT, *Gesellschaftsrecht*, 4ª ed. cit., 36 ss. e MICHEL DE JUGLART/ /BENJAMIN IPPOLITO/JACQUES DUPICHOT, *Les sociétés commerciales* (1999), 14.

[44] JOCE N.º L-65, 8-12, de 14-Mar.-1968. Cf. RAÚL VENTURA, *Adaptação do Direito português à 1.º Directiva do Conselho da Comunidade Económica Europeia sobre Direito das sociedades*, DDC 2 (1980), 89-217, com o texto da Directriz, 219-228.

[45] Cf. os pontos 1 e 11 do preâmbulo do Decreto-Lei n.º 403/86, de 3 de Dezembro, bem como o ponto 16 do preâmbulo do Decreto-Lei n.º 262/86, de 2 de Setembro.

[46] Cf. o ponto 23 do preâmbulo do Decreto-Lei n.º 403/86, de 3 de Dezembro.

[47] JOCE N.º L-26, 1-13, de 30-Jan.-1977.

[48] Cf. os pontos 11 e 31 do preâmbulo do Decreto-Lei n.º 262/86, de 2 de Setembro.

aflorando em múltiplas das suas soluções, com relevo para a realização do capital em espécie, para o regime restritivo das acções próprias e o direito de preferência dos accionistas, na subscrição de novas acções;

*Directriz n.º 78/660/CEE do Conselho, de 25 de Julho de 1978* ou *Quarta Directriz das Sociedades Comerciais*[49]: relativa às contas anuais de certas formas de sociedades[50]; foi transposta pelo POC, aprovado pelo Decreto-Lei n.º 410/89, de 21 de Novembro[51];

*Directriz n.º 78/855/CEE do Conselho, de 9 de Outubro de 1978* ou *Terceira Directriz das Sociedades Comerciais*: dispõe sobre a fusão de sociedades anónimas[52]; foi transposta pelo Código das Sociedades Comerciais[53];

*Directriz n.º 82/891/CEE do Conselho, de 17 de Dezembro de 1982* ou *Sexta Directriz das Sociedades Comerciais*, relativa às cisões das sociedades anónimas[54]; foi transposta pelo Código das Sociedades Comerciais[55], tendo ainda obtido um estudo especial de RAÚL VENTURA[56];

*Directriz n.º 83/349/CEE do Conselho, de 13 de Junho de 1983* ou *Sétima Directriz das Sociedades Comerciais*, relativa às contas consolidadas[57]; foi transposta, para o Código das Sociedades Comerciais pelo Decreto-Lei n.º 238/91, de 2 de Julho[58];

*Directriz n.º 84/253/CEE do Conselho, de 10 de Abril de 1984* ou *Oitava Directriz das Sociedades Comerciais*, relativa à aprovação das pessoas encarregadas da fiscalização legal dos documentos contabilísticos[59]; foi transposta pelo Decreto-Lei n.º 422-A/93, de 30 de Dezembro, que aprovou o Estatuto dos Revisores Oficiais

---

[49] Como se vê, a *Quarta Directriz* veio a surgir antes da *Terceira*.
[50] JOCE N.º L-222, 11-31, de 14-Ago.-1978.
[51] Cf. o presente *Manual*, 1.º vol. cit., 306.
[52] JOCE N.º L-295, 36-43, de 20-Out.-1978.
[53] Cf. o ponto 12 do preâmbulo do Decreto-Lei n.º 262/86, de 2 de Setembro.
[54] JOCE N.º L-378, 47-54, de 31-Dez.-1982.
[55] O qual foi "melhor adequado" à Directriz pelo Decreto-Lei n.º 280/87, de 8 de Julho; cf. o ponto 3 do preâmbulo deste diploma.
[56] RAÚL VENTURA, *Adaptação do direito português à Sexta Directiva do Conselho da Comunidade Económica Europeia relativa às cisões das sociedades por acções*, DDC 10 (1982), 7 a 89, com o texto da Directriz.
[57] JOCE N.º L-193, 1-17, de 18-Jul.-1983.
[58] Cf. o preâmbulo do citado Decreto-Lei n.º 238/91, de 2 de Julho.
[59] JOCE N.º L-126, 20-26, de 12-Mai.-1984.

de Contas[60]; este diploma foi substituído pelo Decreto-Lei n.º 487/99, de 16 de Novembro, para onde transitou a competente regulação;

*Directriz n.º 89/666/CEE do Conselho, de 12 de Dezembro de 1989* ou *Décima Primeira Directriz das Sociedades Comerciais*, relativa à publicidade das sucursais criadas num Estado-Membro por certas formas de sociedades reguladas pelo Direito de outro Estado[61];

*Directriz n.º 89/667/CEE do Conselho, de 21 de Dezembro de 1989* ou *Décima Segunda Directriz das Sociedades Comerciais*, relativa às sociedades de responsabilidade limitada com um único sócio[62]; foi transposta, para o Código das Sociedades Comerciais pelo Decreto-Lei n.º 257/96, de 31 de Dezembro[63].

II. Além das referidas, cumpre ainda dar nota das directrizes seguintes:

*Directriz n.º 89/592/CEE do Conselho, de 13 de Novembro de 1989* ou *Directriz da transparência*, sobre informações privilegiadas ou *insider trading*[64]; foi transposta pelo CVM[65];

*Directriz n.º 90/434/CEE do Conselho, de 23 de Julho de 1990*, relativa ao regime fiscal comum aplicável às funções, cisões, de cativos e permutas de acções entre sociedades de Estados-Membros diferentes[66];

*Directriz n.º 90/435/CEE do Conselho, de 23 de Julho de 1990*, relativa ao regime fiscal comum aplicável às sociedades-mães e sociedades afiliadas aos Estados-Membros diferentes[67];

*Directriz n.º 92/101/CEE do Conselho, de 23 de Novembro de 1992*, que altera a *Segunda Directriz das Sociedades Comerciais* ou *Directriz n.º 77/91/CEE*[68].

---

[60] Cf. o preâmbulo do Decreto-Lei n.º 422-A/93, de 30 de Dezembro, no DR I Série, n.º 303, de 30-Dez.-1993, 7240-(6)/I; vide, ainda, o ponto 3 do preâmbulo do Decreto-Lei n.º 257/96, de 31 de Dezembro.
[61] JOCE N.º L-395, 36-39, de 30-Dez.-1989.
[62] JOCE N.º L-395, 40-42, de 30-Dez.-1989.
[63] Cf. o ponto 2 do referido Decreto-Lei n.º 257/96, de 31 de Dezembro.
[64] JOCE N.º L-334, 30-32, de 18-Nov.-1989.
[65] Cf. o ponto 21 do preâmbulo do Decreto-Lei n.º 486/99, de 13 de Novembro.
[66] JOCE N.º L-225, 1-5, de 20-Ago.-1990.
[67] JOCE N.º L-225, 6-9, de 20-Ago.-1990.
[68] JOCE N.º L-347, 64-66, de 28-Nov.-1992.

III. Além das directrizes referidas, cumpre ainda dar conta dos seguintes projectos:

*Quinta Directriz das Sociedades Comerciais*, relativa à estrutura das sociedades[69];
*Nona Directriz das Sociedades Comerciais*, sobre os grupos de sociedades[70];
*Décima Directriz das Sociedades Comerciais*, sobre fusões internacionais de sociedades anónimas[71];
*Décima Terceira Directriz das Sociedades Comerciais*, sobre ofertas públicas de aquisição[72].

Estão, ainda, em preparação directrizes sobre a liquidação de sociedades de capitais e sobre o capital e a fusão de sociedades por quotas[73].

## 10. Balanço

I. A transposição, para as diversas ordens internas, das directrizes europeias veio provocar uma aproximação de soluções, em pontos sensíveis. Porventura mais importante foi o permanente espírito de reforma introduzido nos diversos ordenamentos: o Direito das sociedades comerciais representará por isso e porventura o mais dinâmico e instável dos sectores tradicionais do Direito privado.

Relevante ainda é o intercâmbio de experiências e de culturas tecido em torno das sociedades comerciais.

II. O Direito das sociedades comerciais, mercê destes constrangimentos comunitários, deve ser estudado e aplicado sempre num permanente confronto com as fontes dadoras.

---

[69] Terceira proposta alterada de uma Quinta Directriz, de 20-Nov.-1991, JOCE N.º C-321, 9-17, de 12-Dez.-1991.
[70] MARCUS LUTTER, *Europäisches Unternehmensrecht*, 4ª ed. (1996), 239 ss..
[71] Proposta de 8-Jan.-1985, JOCE N.º C-23, 11-22, de 14-Jan.-1985.
[72] Proposta alterada de uma Décima Terceira Directriz, de 7-Fev.-1996, K. SCHMIDT, 39.
[73] Cf. K. SCHMIDT, *Gesellschaftsrecht*, 4ª ed. cit., 39.

Um especial relevo deve ser conferido ao Direito alemão das sociedades comerciais: a sua influência nas fontes comunitárias é especialmente conhecido.

Aos cultores da Ciência do Direito, no campo das sociedades comerciais, caberá o ónus de um permanente esforço de estudo e de actualização.

# "O DIREITO CONTEMPORÂNEO EM PORTUGAL E NO BRASIL" "PRINCIPAIS ALTERAÇÕES NA LEI DE SOCIEDADES ANÔNIMAS: JUÍZO ARBITRAL E ACORDO DE ACIONISTAS"

MODESTO CARVALHOSA

## 1. Introdução

A Lei n. 10.303, promulgada em 31 de outubro de 2001 introduziu alterações bastante significativas tanto na Lei n.º 6.404, de 1976 – Lei das S.A. – como na Lei n.º 6.385, de 1976, que criou a Comissão de Valores Mobiliários e disciplinou o mercado de capitais.

Dentre as diversas modificações ocorridas na Lei n. 6.404/76 no bojo da reforma de 2001, merecem destaque a expressa previsão do juízo arbitral como mecanismo de solução de controvérsias no âmbito da companhia (art. 109, §3.º), e a nova sistemática do acordo de acionistas (art.118, *caput* e §§ 6.º a 11).

## 2. Arbitragem

A Lei n. 10.303/01 trouxe importante inovação no §3.º acrescido ao art. 109 da Lei n. 6.404/76, permitindo a inclusão de cláusula compromissória arbitral no estatuto social, remetendo a solução das controvérsias entre os acionistas e a companhia, ou entre acionistas controladores e minoritários, a um juízo arbitral.

### 2.1. *A arbitragem no direito brasileiro*

O instituto da arbitragem já era previsto no ordenamento jurídico brasileiro desde a Constituição Federal de 1824, tendo sido, até 1996, disciplinado pelo Código Civil e pelo Código de Processo Civil como mecanismo excepcional de solução de controvérsias, cuja decisão final dependia de homologação do Poder Judiciário para produzir efeitos entre as partes. Ocorrendo tal homologação a decisão arbitral tinha eficácia de título executivo, no caso de conter condenação. Era a homologação judicial, portanto, requisito necessário à eficácia da sentença arbitral, conforme estabeleciam os arts. 1.078 a 1.097 do CPC.

Em 1996 foi promulgada a Lei n. 9.307 ("Lei da Arbitragem"), específica sobre a matéria, revogando os arts. 1.037 a 1.048 do Código Civil de 1916 e os arts. 101 e 1.072 a 1.102 do Código de Processo Civil, garantindo autonomia ao laudo arbitral ao eliminar a necessidade de sua homologação judicial, tornando-o título executivo. Com isso, permitiu-se às partes substituir, por sua vontade, a jurisdição estatal pelo juízo arbitral, o que de início gerou dúvidas acerca da constitucionalidade dessa lei diante do princípio contido no art. 5.°, XXXV, da Constituição Federal de 1988, segundo o qual a lei não pode excluir da apreciação do Poder Judiciário lesão ou ameaça a direito. No entanto, em julgamento ocorrido em 12 de dezembro de 2001 o Supremo Tribunal Federal, por maioria de votos, decidiu pela constitucionalidade da Lei n. 9.307/96, abrindo caminho à ampla aplicação da arbitragem.

Assim, por força da Lei n.° 9.307/96, a sentença arbitral é irrevogável pela vontade das partes e autônoma no sentido que não mais depende de homologação judicial para a sua eficácia entre as partes, não obstante possa conhecer o Poder Judiciário sobre as nulidades do processo arbitral ou sua ineficácia com respeito aos procedimentos adotados e às partes envolvidas.

Cabe ressaltar que, fundamentalmente, o juízo arbitral advém de renúncia a direito essencial do pactuante, pelo que se trata de pacto personalíssimo inquestionavelmente declarado em seu aspecto formal, e que não se transmite por sucessão ou cessão à pessoa do sucessor ou cessionário.

Constitui, assim, a arbitragem sob a égide da Lei n.° 9.307/96, meio eficaz e irrevogável de composição de litígios, independentemente da jurisdição estatal. Assim, o árbitro ou o colégio arbitral, embora não investidos em nenhum momento de funções próprias do Poder Judiciário, têm suas decisões reconhecidas como impositivas para as partes, valendo como título judicial para execução[1], no caso de condenação, e demais efeitos

---

[1] Conforme o art. 584, III do CPC, alterado pela Lei n.° 9.307/96.

próprios das decisões condenatórias envolvendo os direitos patrimoniais dos particulares. Como referido, trata-se de jurisdição privada com força obrigatória para as partes que a convencionaram, devendo ser cumprida direta e suficientemente, sem qualquer interferência da jurisdição estatal.

Em nosso ordenamento o poder privado de decidir atribuído aos árbitros deriva da referida lei de 1996, que trata de matéria processual aplicável a este instituto e dos seus pressupostos de autonomia de vontade e de sua expressa manifestação, tendo por objeto litígios que versem sobre direitos patrimoniais disponíveis.

Essa característica de obrigatoriedade da sentença arbitral, de natureza eminentemente privada, lhe confere função jurisdicional e não contratual, no sentido de que, embora fundada na obrigatoriedade da **cláusula compromissória** e do **compromisso** que definitivamente o instituem, transcende em seus efeitos à mera noção da obrigatoriedade dos contratos para institucionalizar-se como elemento social capaz de dirimir conflitos entre as partes de acordo com as normas processuais previstas na referida Lei n.º 9.307/96.

Não se trata, portanto, de um juízo de exceção, pois fundado rigorosamente nos procedimentos legais que o contemplam e disciplinam. Como substituto da jurisdição estatal, o processo arbitral constitui uma jurisdição também contenciosa cujos efeitos transcendem à vontade das partes que a instituíram, sobrepondo-se portanto à mera vontade contratual destas.

Trata-se, sim, o juízo arbitral de um serviço público e como tal institucional, embora não possam os árbitros ser equiparados aos agentes públicos no exercício de seu mister de julgar[2].

### 2.2. *Pressupostos da formação do juízo arbitral*

São diversos os pressupostos para a validade e eficácia da instauração do juízo arbitral. O primeiro deles é a **capacidade de contratar** das partes que, por meio da cláusula ou compromisso arbitral comprometem-se a submeter-se ao juízo arbitral. O segundo consiste na **autonomia da vontade** no plano do direito privado, que reveste as partes contratantes do poder de prevenir futuros litígios decorrentes do contrato mediante a

---

[2] Nesse sentido, Tavares Guerreiro: *"Não existe oposição entre a origem contratual da arbitragem e sua função jurisdicional."* (in Fundamentos da Arbitragem do Comércio Internacional, Saraiva, São Paulo, 1993. pág. 37).

adoção do juízo arbitral. O terceiro pressuposto é o da absoluta **imparcialidade dos árbitros**, já que revestem-se estes de funções jurisdicionais. O quarto pressuposto é o da existência de **interesses de natureza patrimonial que sejam disponíveis**, em contraste com os indisponíveis, que são de ordem pública.

Caracteriza-se essa **disponibilidade** pela suficiência da vontade do titular do seu patrimônio para dele dispor com exclusividade, na medida em que nele não se mesclam outros interesses que não os de si próprio. Trata-se, portanto, de direitos subjetivos em cuja esfera operam livremente os interesses daquele que renuncia à jurisdição do Estado. Um verdadeiro núcleo de interesses de natureza patrimonial a que não se opõem outros interesses de ordem pública capazes de intervir na sua livre aquisição e disposição, dentro das regras do ordenamento jurídico.

Desse quadro surge a capacidade plena, dentro do direito privado, da pessoa física ou jurídica **auto-regular** os seus próprios interesses e as relações que daí decorrem com os titulares de outros interesses privados disponíveis dos que se contrastam ou que confluem, como se verifica no caso particular dos contratos associativos. Essa autonomia da vontade individual é recebida pelo ordenamento, que cria institutos que legitimam o seu exercício por parte dos titulares desses direitos patrimoniais disponíveis. É o caso do instituto da arbitragem em nosso ordenamento jurídico.

Evoluindo das práticas de informalidade para a disciplina normativa, o instituto da arbitragem traz na lei que o regula resquícios de sua origem, ao permitir que ao invés de julgamento arbitral baseado na lei possa a sentença arbitral fazê-lo com base na eqüidade.

Têm assim as partes em um contrato de natureza patrimonial a liberdade de contratar a arbitragem, podendo escolher livremente as regras de direito interno ou de tratados internacionais que serão aplicadas na arbitragem, ou, ainda, fundar o juízo decisório nos princípios gerais de direito, nos usos e costumes e nas regras internacionais de comércio[3].

Com efeito, é acentuado o poder da vontade individual e da autodeterminação das partes nos contratos de natureza patrimonial, cujos conflitos podem ser dirimidos conforme as regras formais ou informais mais próprias ao objeto da lide trazida ao juízo arbitral convencionado, o qual visa a composição amigável (*ex aequo et bono*) das partes, valendo-se de regras que transcendem às vezes aquelas do próprio ordenamento jurídico positivo.

---

[3] Art. 2 e seus parágrafos da Lei 9.307/96.

É, portanto, a **autonomia da vontade,** ou **autonomia privada**, que constitui, no plano dos direitos subjetivos, o poder de **auto-regulamentação** ou **autodisciplina** dos interesses patrimoniais, o principal fundamento da arbitragem. E no plano sociológico a *ratio* do instituto é a de **promover melhor distribuição da justiça**, em decorrência da presteza e aprofundamento técnico que a sentença arbitral pode trazer às partes que a convencionaram.

### 2.3. *Formação do juízo arbitral*

Duas são as etapas que levam à instalação do juízo arbitral: (i) o estabelecimento da **cláusula compromissória** no estatuto, e (ii) o **compromisso arbitral** que é firmado visando a composição da lide ou controvérsia já instituída.

Cabe ao estatuto antecipadamente a qualquer litígio[4] instituir a **cláusula compromissória**, que é o compromisso assumido pelas partes contratantes em adotar o procedimento arbitral para dirimir futuros litígios ou divergências que se originem das relações entre os acionistas e a companhia ou entre os acionistas controladores e os acionistas minoritários. Na cláusula compromissória estatutária não haverá menção ao objeto do litígio mas apenas à adoção do juízo arbitral em eventuais litígios que decorram estritamente das relações entre acionistas e destes com a sociedade.

À cláusula compromissória instituída no estatuto da companhia, derrogatória da jurisdição estatal na solução de divergências, sucederá o **compromisso** propriamente dito, que institui o juízo arbitral tendo em conta um litígio já instalado. No compromisso estará identificado o objeto da lide, e, portanto, a causa de pedir, o pedido e os valores que estejam nele envolvidos, quando condenatório, ou a declaração dos direitos requeridos

---

[4] Vale notar que a Lei n. 10.303/01 excepcionava essa regra exclusivamente na hipótese de conflito de interesses. Previam os vetados §§ 7.º, 8.º e 9.º do art. 115 que configurando-se o conflito de interesses, poderiam as partes – no caso os acionistas – deliberar na assembléia geral a instauração do juízo arbitral, ainda que não existisse cláusula compromissória estatutária, firmando, então, um compromisso arbitral tendo em vista a lide ou controvérsia já estabelecida. Nesse caso o compromisso arbitral assemblear vincularia apenas a sociedade e os acionistas que por maioria tivessem aprovado no conclave o compromisso arbitral, ficando os demais acionistas com o pleno direito de socorrerem-se do Poder Judiciário com a mesma *causa petendi*.

pela parte. Portanto, só existe compromisso quando a divergência ou o litígio já estão instaurados. E esse compromisso deve ater-se à Lei da Arbitragem, e especificamente aos termos da **cláusula compromissória** de que se origina, estabelecida no estatuto social.

A cláusula compromissória estatutária deve ser explícita quanto às partes e às relações societárias entre elas e sobre os limites da competência arbitral.

Mais do que isso, visando dar concreção e viabilidade à etapa seguinte, a do **compromisso** que instituirá o juízo arbitral *in concreto*, é prudente que a entidade arbitral seja desde logo indicada na cláusula arbitral estatutária para o efeito de tornar indiscutível a competência da mesma, na conformidade preestabelecida das suas regras e regulamentos, que regerão, portanto, o processamento da arbitragem[5].

Desse modo, exemplificativamente, a cláusula compromissória estatutária pode ter, em linhas gerais, a seguinte redação: *"As divergências que poderão surgir entre as partes, assim entendidas a sociedade e seus acionistas, e ou entre acionistas controladores e minoritários em relação a interesses legais e estatutariamente reconhecidos, e as divergências de interpretação, aplicação e exercício dos direitos e obrigações decorrentes da atividade social ou da situação de acionistas, serão dirimidos pela Câmara de Arbitragem "X", segundo as normas e os regulamentos arbitrais dessa mesma entidade, e nos estritos termos da Lei n.º 9.307/96."*

Essa **cláusula compromissória cheia** facilita imensamente a posterior instituição do **compromisso**, na medida em que não será necessário apontar árbitros no momento da controvérsia ou da lide. Do contrário, a discussão sobre os nomes e o número de árbitros tornaria difícil a celebração do sucessivo compromisso, frustando, por conseguinte, os objetivos visados quando da previsão do juízo arbitral no estatuto.

### 2.3.1. Nomeação dos árbitros

Como sugerido, a entidade arbitral deve ser indicada desde logo na cláusula compromissória estatutária, a fim de que, posteriormente, não tropece o compromisso com arguições em juízo.

---

[5] Nesse sentido, Giorgio Bianchi, L'arbitrato nelle controversie societarie, CEDAM, Padova, 2001, p. 7, afirma que essa cláusula estatutária compromissória poderá ser *per relationem*, ou seja, indicando determinado tribunal arbitral, de forma precisa e incontroversa.

Se tal medida de mínima prudência não ocorrer, estando, portanto, a cláusula compromissória estatutária *in albis*, fica afastada a competência da assembléia geral para nomear os árbitros, pois não se trata de matéria deliberativa que envolva os interesses de todos os acionistas, votantes e não votantes. Sendo a cláusula compromissória estatutária um pacto parassocial, cabe às partes compromissadas, em documento apartado, ou em juízo, conforme o procedimento do art. 7.° da Lei n.° 9.307/96, instituir o **compromisso arbitral** com a indicação dos árbitros, tendo em conta a demanda já suscitada. Não será, portanto, oponível às partes – sociedade e acionistas compromissados – qualquer deliberação da assembléia geral a respeito, sendo ela inválida e ineficaz.

Será, portanto, igualmente inválida e ineficaz a cláusula compromissória estatutária que prever a competência da assembléia geral para nomeação de árbitros, pois, como reiterado, não se trata de competência daquele órgão social, que não pode servir de foro para instituição de com-promisso a favor da própria sociedade e daqueles acionistas compromissados.

Mesmo se tal deliberação alcançar a unanimidade, persiste a invalidade e ineficácia da mesma, pois se trata de implementação do **compromisso** entre os pactuantes e não matéria decorrente das normas organizativas da sociedade, de competência desse órgão.

### 2.3.2. Partes e objeto da arbitragem

São **partes** para os efeitos de celebração da cláusula compromissória estatutária a própria sociedade, e os acionistas que expressamente concordaram com essa substituição do foro judicial pelo arbitral.

E os administradores da sociedade não são partes na cláusula compromissória estatutária, adstrita que está, conforme já aventado, à sociedade e àqueles acionistas que a instituíram ou aderiram posteriormente. Em consequência, quando forem litisconsortes a sociedade e seus administradores, de um lado, e acionistas pactuantes, de outro, não cabe a aplicação da cláusula compromissória estatutária, pois não estão vinculados os administradores.

Ainda quanto às partes vinculadas pela cláusula compromissória estatutária, será a sociedade necessariamente parte em todas as lides submetidas ao juízo arbitral, na medida em que sempre está envolvida nas controvérsias entre os acionistas controladores e minoritários a falta de citação da sociedade envolvida na arbitragem tornará ineficaz a respectiva decisão, na medida em que tem ela interesse nato na contenda envolvendo as posições societárias dos minoritários frente aos controladores e vice-versa.

Os litígios arbitráveis devem ter por objeto direitos de que as partes possam dispor e, consequentemente, possam ser objeto de transação. E, com efeito, é constitucionalmente reservado ao Estado o poder exclusivo de assegurar coativamente o exercício de direitos e sua reparação. A propósito, vale ressaltar que o juízo arbitral é uma exceção com respeito à prerrogativa absoluta das partes de recorrer ao Poder Judiciário, ao qual o ordenamento jurídico atribui as decisões das controvérsias entre as partes[6].

Em consequência, há um limite para a adoção do juízo arbitral no que respeita à *causa petendi*.

E ainda no que respeita à cláusula compromissória estatutária, esta se aplica unicamente a controvérsias originadas da aplicação da lei societária e do estatuto social. Não pode haver extensão do objeto e das partes nas lides submetidas ao juízo arbitral.

Assim, as controvérsias e lides em que, além dos acionistas e da sociedade, haja o envolvimento de administadores, fiscais ou terceiros estão excluídas do juizo arbitral instituído pela cláusula compromissória estatutária.

Ademais não pode ser objeto do compromisso arbitral a discussão sobre as cláusulas organizativas da sociedade, pois estas interessam à coletividade dos acionistas como um todo, sendo assim indisponíveis[7].

As cláusulas organizativas da sociedade originam-se de normas imperativas do ordenamento e, por isso mesmo são indisponíveis por parte de alguns acionistas compromissados ou mesmo pela totalidade deles, por se tratar de matéria de ordem pública. Com efeito, as cláusulas estatutárias organizativas não tem natureza puramente contratual, mas, sobretudo institucional. Cabe, portanto, ao Poder Judiciário decidir sobre a adequação dessas normas organizativas estatutárias à lei de regência ou ao próprio ordenamento jurídico[8].

Para a concreção do campo de aplicação da cláusula compromissória estatutária a fonte segura é o elenco de ações que estão previstas nos arts. 285 a 287 da Lei n.° 6.404/76.

---

[6] A respeito, M. Rubino Sanmartiano, *Il Diritto del'Arbitrato*, Padova, 1994, p. 121 e ss.

[7] Cf. Tetti, La Giurisprudenzia e L'Arbitrato nelle società, in AA.VV. *L'arbitrato. Fondamenti e Tecniche,* Napoli, 1995, p. 301.

[8] Cf. P. Spada, *La tipicita delle societa*, Padova, 1974, pp. 52 e ss.

Quanto às partes, estão excluídos dessas lides (arts. 285 a 287) submetidas ao juízo arbitral os peritos, os credores, os liquidantes, administradores e fiscais. As sociedades de comando dos grupos de sociedades devem subscrever o pacto para que o juízo arbitral lhes seja oponível.

Também não podem compor a lide os simples titulares de outros títulos emitidos pela sociedade, ou seja, os que detém opções de ações ou *Depositary Receipts* negociados no exterior. Na mesma exclusão estão os debenturistas enquanto tais, mesmo que sejam eles também acionistas. Também excluído está o agente fiduciário, bem como terceiros, ainda que tenham praticado atos contra a sociedade e seus acionistas, como é o caso de violação do dever de sigilo, ou ainda mais genericamente, quaisquer terceiros que, agindo isoladamente ou como associados a acionistas ou à própria sociedade, tenham praticado atos culposos ou dolosos, e com violação da lei societária.

E, ainda quanto ao objeto, são suscetíveis de compromisso as questões controversas versando sobre o exercício do direito de recesso, resgate de ações, valor das ações em aumentos de capital e todos os abusos no exercício do direito de voto, seja dos controladores (art. 117), seja dos minoritários (art. 115).

Também são suscetíveis de decisão arbitral as questões envolvendo os direitos dos acionistas preferencialistas, desde que estes tenham aderido expressamente à cláusula compromissória, ou que de sua instituição tenham participado no momento da constituição da sociedade.

Enfim, são da competência do juízo arbitral todas as questões envolvendo o exercício de direitos por parte da sociedade e dos seus acionistas, entre si.

Temos, assim, uma **limitação da *causa petendi*** no juízo arbitral e uma **limitação das partes**, que devem ser necessariamente a sociedade e seus acionistas pactuantes, não na dupla qualidade de administradores, fiscais ou titulares de outros títulos e direitos emitidos e outorgados pela sociedade.

Cabe reiterar que a sociedade será sempre parte em todas as demandas arbitrais envolvendo seus acionistas. Não deve, portanto, a sociedade ser considera mero centro de imputação de direitos dos acionistas, ou seja, a esfera onde operam seus direitos e de onde originam-se seus conflitos.

Assim, exemplificativamente, podem ser objeto do juízo arbitral estatuariamente compromissado as questões envolvendo deliberações da assembléia geral. Não o serão, no entanto, as que envolverem deliberações do conselho de administração, pois neles estão envolvidos administradores enquanto tais, que também devem ser acionistas[9]. Estas deliberações estão, portanto, excluídas da cognição do juízo arbitral. O mesmo ocorre com as deliberações e os votos dos conselheiros fiscais.

### 2.3.3. Nulidades e arbitragem

A propósito, discute-se a questão momentosa da oponibilidade do juízo arbitral em questões envolvendo negócios jurídicos **nulos** e não apenas **anuláveis**. Isto porque a nulidade do negócio ou da deliberação implica em infringência de matéria de ordem pública, não sendo por isso disponível para decisão arbitral[10].

Essa questão de nulidade e anulabilidade, no entanto, não pode ser definida desde logo, no compromisso arbitral. E, com efeito, será difícil dirimir os efeitos anulatórios do negócio jurídico, notadamente quando referentes a deliberação da assembléia geral. Consequentemente a *causa petendi* poderá levar à declaração de nulidade ou de anulabilidade. Se a conclusão for de nulidade, esta, pelas razões de ordem pública envolvidas, não é passível de transação sobre o respectivo direito subjetivo envolvido. Em consequência, a decisão arbitral não terá eficácia, por estar configurada nulidade.

A idéia, portanto, é de submeter ao juízo arbitral as questões surgidas das controvérsias entre os sócios e destes com a sociedade, independentemente portanto da colocação apriorística acerca dos efeitos da nulidade ou anulabiliade da deliberação assemblear ou do negócio jurídico entre acionistas.

### 2.3.4. Arbitragem e Poder Judiciário

Cabe, ainda, levantar a questão relacionada a qualquer negócio jurídico que interessa à coletividade ou a determinados grupos de acionistas, uns compromissados e outros não compromissados.

Neste caso, a competência do juízo arbitral não estará excluída em razão da mesma causa de pedir estar sendo trazida ao Poder Judiciário

---

[9] De acordo com o art. 146 da Lei n.º 6.404/76, o membro do conselho de administração deve ser acionista.

[10] Alessandro Nigro. *Questioni vecchie e nuove in materia di clausula compromissoria negli statuti di societa*, in *Rivista delle Società*, fasc. 1, genn.-febb., 175.

pelos acionistas que não subscreveram ou aderiram à cláusula compromissória. Os acionistas compromissados podem submeter a controvérsia ao juízo arbitral sobre uma mesma questão submetida ao juízo estatal pelos demais acionistas não compromissados. Ainda que as decisões de um e outro juízo (estatal e arbitral) sejam diversas estarão os acionistas compromissados vinculados ao decisório arbitral e respectivos efeitos. Já os acionistas não compromissados estarão, por sua vez, vinculados à decisão judicial sobre a mesma matéria, não podendo escusar-se de seus efeitos sob a alegação de que maior benefício ou menor condenação, ou mesmo procedência ou improcedência, lhe adviriam por força da decisão arbitral simétrica. Assim vale para a mesma matéria e a mesma causa de pedir deduzida perante o juízo estatal, para os acionistas não compromissados e para a sociedade, já que necessariamente citada. E vale o juízo arbitral nesse mesmo caso, para os acionistas compromissados e a sociedade, não obstante a discrepância entre as decisões de um e outro juízo[11].

Outra questão refere-se à possibilidade de a mesma matéria poder ser objeto de dois ou mais processos arbitrais. Não se vê dificuldade maior para que isto ocorra desde que no **compromisso** os pactuantes coloquem-se de acordo. E, com efeito, a mesma matéria poderá trazer questão típica de direito, de um lado, e matéria probatória e de fato, de outro, como será, v.g., matéria envolvendo aumentos de capital em que pode se discutir, de um lado, a validade formal das convocações ou das deliberações sobre a matéria e, sobre o mesmo aumento de capital, discutir-se a apuração do valor de emissão das novas ações, o que demandará perícia para a verificação do valor da ação frente ao critério contábil de avaliação adotado no caso. Nesta hipótese, como em tantas outras, poderá haver cisão da *causa petendi*, para que um mesmo ou outro colégio arbitral decidam em processos separados, sobre a matéria do aumento de capital questionado: um sobre matéria de direito, outro sobre matéria de fato.

### 2.4. *Necessidade de expressa concordância das partes quanto à previsão do juízo arbitral*

Para que a instituição do juízo arbitral seja válida e eficaz, devem as partes envolvidas declarar sua concordância de forma expressa, tanto na cláusula compromissória quanto no compromisso propriamente dito.

---

[11] A esse propósito é expresso o art. 11 da lei italiana n.º 25, de 5 de janeiro de 1994.

Há, com efeito, um requisito necessariamente de forma para a validade e eficácia da cláusula compromissória estatutária, que depende de sua específica e formal adoção por parte de todos os compromissados. Sem essa expressa aprovação a cláusula compromissória é nula, por ferir o direito essencial do acionista de socorrer-se do Poder Judiciário[12].

E essa aprovação vincula os fundadores na constituição[13] e os acionistas que nas alterações estatutárias tiverem expressamente renunciado ao direito essencial prescrito no §2.º do art. 109 da Lei 6.404/76, admitindo a inclusão dessa cláusula no estatuto.

A aplicação da cláusula compromissória apenas aos que a tenham subscrito atende ao princípio fundamental de que na sociedade não pode ocorrer qualquer restrição à livre disponibilidade dos direitos essenciais dos sócios, no caso, como já referido, o de socorrer-se do poder judiciário para a declaração ou a imposição dos seus interesses[14].

Assim, a cláusula compromissória não vincula nem os acionistas atuais que não subscreveram o pacto e nem os acionistas que posteriormente adentram a sociedade sem expressamente aderi-lo[15].

Não há presunção de renúncia de direito essencial de qualquer acionista, não sendo possível presumir que alguém haja deferido a solução de controvérsia a um colégio arbitral pelo simples fato de estar ele previsto no estatuto. E, evidentemente, também não há implícita renúncia a direito essencial do acionista. Não pode, assim, a sociedade ou a maioria dos acio-

---

[12] Nesse sentido, pela necessidade de manifestação por escrito da vontade das partes para que possam validamente comprometer-se à solução arbitral dos conflitos decorrentes do contrato, em razão da derrogação da competência da autoridade judiciária ordinária, que constitui uma garantia constitucional, a decisão judicial da Corte de Cassação Civil Italiana, de 25/01/1997, n. 781, in *Giurisprudenzia Italiana*, 1998, p.250.

[13] Cf. Giorgio Bianchi, op. cit. p. 19, na constituição da sociedade, o consenso deve existir sempre quanto a todos os elementos que compõe o ato constitutivo, inclusive a cláusula arbitral.

[14] Nesse sentido, a decisão arbitral do Collegio Arbitrale di Padova, de 19/06/1996, in *Rivista di Arbitragio*, 1998, p.112, que afirma não poder a derrogação da competência do juízo estatal operar em oposição a um sujeito que não é parte do compromisso, não podendo esse terceiro participar legitimamente do procedimento arbitral, ativa ou passivamente.

[15] Cf. decisão citada da Corte de Cassação Italiana, de 25/01/1997, julgou-se competente o juízo estatal para declarar a nulidade do laudo arbitral por ter se revelado insubsistente a vontade contratual das partes na instituição do juízo arbitral, que é o fundamento do poder decisório dos árbitros.

nistas impor a cláusula compromissória estatutária a quem não a tenha constituído ou aderido expressamente, por documento formal[16].

Não pode, por outro lado, a sociedade, com base nos §§1.º e 2.º do art. 4.º da Lei n.º 9.307/96 impedir ou condicionar a livre transferência de ações em seus livros à adesão do novo acionista ao pacto comissório. Tal exigência constitui grave abuso de poder contra direito essencial do novo acionista, cuja nulidade é manifesta, sem embargo das perdas e danos cabíveis.

O novo acionista não será parte na cláusula compromissória estatutária pelo simples fato de ter passado a integrar o colégio acionário, a não ser que por escrito, em documento apartado revestido de todas as formalidades, tenha aderido ao pacto, em conformidade com o §2.º, do art. 4.º da Lei n.º 9.307/96[17].

Como ensina A. Nigro *"a exigência de prévio conhecimento e a consciente aceitação do aderente a respeito da pactuação que a lei presume merecedora de especial atenção, garante e cria a relação entre a vontade do sujeito que adere e o conteúdo da cláusula para cuja formação ele não concorreu. Portanto a cláusula compromissória inserida no ato constitutivo ou no estatuto da sociedade deve ser especificamente aprovada por escrito pelos sócios que nela posteriormente ingressam e, assim, juntam-se ou substituem os acionistas anteriores, sob pena de sua invalidade."*[18].

Esse requisito legal de adesão expressa e formal do novo acionista faz lembrar outro elemento fundamental, qual seja, o de que o contrato de compra e venda de ações dá-se entre acionistas, sem nenhuma interferência da sociedade, que não é parte nessa transação. E, com efeito, o negócio entre os acionistas tendo por objeto as ações de uma sociedade é inteiramente estranho à companhia emitente, como também é estranha aos demais acionistas.

---

[16] Nesse sentido, as decisões judiciais da Corte de Cassação Civil Italiana, de 09/04/1993, n. 4351, e de 24/09/1996, n. 8407, enfatizam que, sendo a cláusula compromissória uma cláusula vexatória, nos termos do art. 1341 do Código Civil italiano, caso se insira nas condições gerais de um contrato, predispostas por um dos contraentes, será eficaz contra o outro se este dela tiver tomado conhecimento ou puder dela conhecer empregando a diligência ordinária, no momento da conclusão do contrato.

[17] Cf. Giorgio Bianchi, op. cit., p. 7, essas cautelas são necessárias para a certeza de que um ato tão importante como a renúncia à jurisdição ordinária seja realmente desejada por cada uma das partes.

[18] Alessandro Nigro, ob. cit. p., p. 192.

Daí essa exigência legal de adesão expressa dos novos acionistas que atende ao principio segundo o qual deve haver absoluta identidade entre os que estipulam a cláusula compromissória e aqueles frente aos quais surgem as controvérsias cuja solução é atribuída ao colégio arbitral[19].

Aqui cabe ressaltar que a cláusula compromissória não é norma organizativa da sociedade, não vinculando, portanto, todos os seus acionistas. A sociedade aí não aparece como centro de imputação de interesses, mas como parte num pacto arbitral.

A sociedade despe-se, portanto, do seu poder de impor a todos os acionistas a cláusula compromissória, na medida em que coloca-se como **parte** no compromisso frente a outras partes, ou seja, os acionistas que individualmente aceitarem essa convenção arbitral para dirimir conflitos.

Como referido, no momento da constituição da sociedade (arts. 80 e segs. da Lei 6.404/76) estarão vinculados à cláusula compromissória todos os fundadores que subscreveram o capital social.

São eles que fundam a sociedade e aprovam o seu estatuto. Pode-se dizer, portanto, que os fundadores-subscritores da sociedade não aderem ao estatuto, mas efetivamente o aprovam. Fique bem clara a distinção. No caso, os atos constitutivos e, dentre eles, a aprovação do estatuto, são *tratactus* entre os fundadores e não *dictatus*.

O caráter de *dictatus* do estatuto social somente dá-se no caso de aquisição de ações posteriormente aos atos constitutivos. Ressalte-se este ponto. No momento da constituição da sociedade a relação contratual é direta entre a sociedade constituída e seus fundadores-subscritores de capital.

Por outro lado, nas aquisições sucessivas de ações, a cláusula compromissória estatutária é *dictatus* e não *tratactus*. Em consequência, impõe-se a adesão expressa dos acionistas derivados à cláusula compromissória estatutária, por força do que dispõe o precitado §2.º, do art. 4.º da Lei 9.307/96.

---

[19] Cf. Alessandro Nigro, ob. cit. p. 189, esta medida dá a garantia do conhecimento de todos os contraentes, tendo em vista a gravidade da pactuação, pela qual se opera a mudança do juízo ordinário para aquele nomeado pelas partes, e do processo ordinário para aquele especial.

## 2.5. A cláusula compromissória no contrato plurilateral de sociedade

Existem questionamentos acerca da validade e eficácia da cláusula compromissória nos contratos plurilaterais, já que o juízo arbitral tem sua manifesta aplicação nos contratos de justaposição, em que a bilateralidade vai acompanhada de reciprocidade de prestações.

Verifica-se, com efeito, que a Lei n.° 9.307/96 destina-se claramente a esse tipo contratual, como se pode verificar na leitura dos arts. 1.°, 3.° e 4.°, inclusive do §1.° deste último, ao determinar que *"a cláusula compromissória deve ser estipulada por escrito, podendo ser inserta no próprio contrato ou em documento apartado que a ele se refira"*.

De fato, o juízo arbitral em sua longa formação no campo dos usos e costumes e na legislação aplicável atem-se à teoria contratual clássica, em que não se prescinde do *sinalagma*, ou seja, o contrato entre duas únicas partes do qual emana uma relação recíproca de dependência entre as prestações, tendo como fundamento interesses contrastantes e que, na avença, encontram sua composição.

Transpor o instituto do juízo arbitral para os contratos plurilaterais demanda a construção de conceitos diferenciados encontráveis no seio desta espécie convencional. A propósito, falta aos contratos plurilaterais associativos a exceção de não cumprimento (*exceptio non adimpleti contractus*) e, via de consequência, a resolução da avença. O contrato plurilateral associativo não se resolve pelo descumprimento daqueles que o convencionaram, na medida em que dele resulta uma pessoa jurídica que se destaca de seus fundadores para se tornar autônoma com respeito à convenção que a instituiu.

Tem assim o contrato plurilateral associativo natureza especial, na medida em que há entre os contratantes *un lien sympathique*, ou seja, um interesse comum e não um interesse contrastante[20].

E, com efeito, nos contratos associativos e dentre eles o da sociedade anônima, todos os fundadores constituem uma pluralidade de partes que se congregam em torno de interesses idênticos, voltados para um mesmo fim. Nele as prestações dessa pluralidade de partes são qualitativamente idênticas. Falta, portanto, o requisito da reciprocidade e da contraposição de interesses, típicos dos contratos celebrados entre duas partes com inte-

---

[20] Aurelio Candian, Per la qualificazione del contratto di societa commerciale, in *Rivista delle Societa*, 1963, p. 233 e ss.

resses opostos (v.g. um quer vender e receber o preço, outro quer comprar e receber a coisa).

Ocorre que, não obstante o diverso direcionamento obrigacional dos contratos associativos, os vários contratantes têm muitas vezes interesses contrastantes[21]. A propósito, a lição de A. Nigro a respeito do assunto[22]: *"Não parece exata a tese segundo a qual o contrato de sociedade (contrato com comunhão de escopo) pressupõe sempre a inexistência de um conflito de interesses entre os contraentes (os sócios). Tal afirmação, de fato, funda-se em uma grande confusão conceitual entre comunhão de escopo e identidade de interesses: o fato que os interesses de cada um dos sócios sejam destinados a confluir, a convergir para a persecução de um objetivo comum não pode obviamente significar que os interesses devam ser idênticos ou mesmo, não contrastantes. Na realidade, conflito e contraposição de interesses entre sócios pode ocorrer em qualquer momento, seja no ato constitutivo, seja durante a vida da sociedade."*

Há sem dúvida, entre os acionistas um **signalagma funcional**, na célebre lição de Ascarelli[23].

Nessa diferenciação entre objetivo comum da pluralidade das partes e o interesse individual de cada uma delas na realização desses mesmo objetivo é que reside a inclusão válida e eficaz no contrato plurilateral constitutivo da sociedade anônima da cláusula compromissória arbitral.

E esse conflito tanto mais existe que a própria lei societária pressupõe a sua existência ao disciplinar, em diversas normas, os diferentes interesses dos acionistas entre si (controladores e minoritários, ordinaristas e preferencialistas) e da própria sociedade em confronto que a multiplicidade de interesses do seu colégio acionário[24].

A cláusula compromissória constitui, portanto, um **pacto parassocial** entre a sociedade e os seus fundadores e acionistas que a inscreveram no estatuto ou que expressamente aderiram aos seus termos.

A cláusula compromissória estatutária é uma convenção entre a sociedade e determinados acionistas que manifestaram expressamente sua vontade individual e a da própria sociedade. Por isso mesmo trata-se de um pacto parassocial entre a sociedade e estes acionistas individuais.

---

[21] Ascarelli, *Problemas das Sociedades Anônimas e Direito Comparado*, São Paulo, Saraiva, 1945, p. 276 e ss.

[22] Alessandro Nigro, op.cit., p. 175 e ss.

[23] Ascarelli, La Liceita dei Sindicati Azionari, *Riv. Del Dirit. Commerciale*, 1931, v. 29, pp. 256 e ss.

[24] A respeito, Ascarelli, in *Tema di Contratti*, Milao, 1952, p. 100 e ss.

Não se confunda a cláusula compromissória estatutária com as normas estatutárias impostas a todos os acionistas coletiva e individualmente. Há, como lembra Oppo[25], com apoio em Vivante, uma clara distinção entre a livre declaração de vontade dos acionistas e a obrigação dos acionistas como membros da sociedade.

Ao renunciar a jurisdição estatal para adotar o juízo arbitral, o acionista e a sociedade estão **renunciando** a um direito essencial, que, portanto, tem caráter personalíssimo, não se transmitindo aos acionistas que não renunciaram expressamente a esse direito constitucionalmente assegurado (art. 5.º, XXXV da Constituição Federal).

Em consequência, o **pacto parassocial** que instituiu a cláusula compromissória estatutária restringe seus efeitos e sua exigibilidade à sociedade e individualmente aos acionistas estipulantes.

Trata-se de convenção que não se impõe às relações sociais, que se mantém fundadas no juízo estatal[26]. Não logra, com efeito, a cláusula compromissória estatutária, estabelecer uma relação de subordinação aos seus termos com respeito aos acionistas que individualmente não a subscreveram.

Trata-se, portanto, a cláusula compromissória estatutária de convenção entre partes, oponível à sociedade e aos acionistas individualmente comprometidos[27].

Assim, a cláusula compromissória prevista no §3.º do art. 109 da Lei n. 6.404/76 tem a mesma natureza institucional dos acordos de acionistas previstos no art. 118 dessa mesma lei. Tanto aquela como estes não constituem normas estatutárias organizacionais da sociedade, mas pactos parassociais que a lei prevê como válidos e eficazes[28].

No acordo de acionistas a sociedade está vinculada à sua observância formal – desde que o mesmo seja arquivado na sede da companhia – e os acionistas pactuantes nos seus aspectos propriamente contratuais e obrigacionais. Já na cláusula compromissória estatutária a sociedade é **parte** na avença, tanto quantos os acionistas que individualmente a subscreveram.

---

[25] Giorgio Oppo, *I Contratti Parassociali*, Milao, Vallardi, 1942, pp. 3 e ss.
[26] Giorgio Oppo, ob. cit. p. 7 e ss.
[27] Cf. Antonio Pedrol, *La Anonima Actual y la Sindications de Acciones*, Madrid, Editorial Revista de Derecho Privado, 1969, p. 17 e ss.
[28] Cf. Giorgio Bianchi, op. cit. p. 1, a cláusula compromissória é um pacto acessório com a função de obrigar as partes a remeter à decisão de árbitros as controvérsias decorrentes do contrato principal, tendo ela individualidade própria e autonomia, destacando-se do contrato ao qual acede.

A cláusula compromissória estatutária, como **pacto parassocial** que é, visa alcançar vantagens individuais de eficiência para a sociedade e acionistas convenentes, nas divergências que, no futuro, possam ocorrer entre eles. A cláusula compromissória, com efeito, visa dar maior eficiência à proteção dos interesses dos pactuantes, que encontram no juízo arbitral uma via judicante alternativa para dirimir seus litígios. Trata-se, portanto, de cláusula que atende ao critério de conveniência dos convenentes e resulta de sua livre manifestação de vontade de renunciar ao juízo estatal, que é garantia constitucional de todos.

Temos assim que a **função** do pacto parassocial consubstanciado na cláusula compromissória estatutária é a de implementar, no âmbito da companhia, interesses individuais da própria sociedade e daqueles sócios pactuantes.

Nessa implementação não podem os interesses dos pactuantes sobrepor-se aos direitos essenciais dos demais acionistas não pactuantes, previstos no próprio art. 109, §2.° da lei societária, como referido.

A cláusula compromissória estatutária é um negocio jurídico autônomo que não se confunde com as cláusulas organizativas constantes do mesmo estatuto social. Não tem essa cláusula compromissória estatutária o condão de cassar o acesso dos acionistas não pactuantes ao Poder Judiciário.

Não há uma unidade jurídica entre a cláusula compromissória e as normas organizativas constantes do estatuto social. A cláusula compromissória estatutária não afeta o direito dos acionistas não pactuantes. Não há oponibilidade dessa cláusula aos direitos essenciais dos acionistas que não estão vinculados aos seus termos por expressa manifestação individual de vontade.

A cláusula compromissória não é oponível fora das relações estabelecidas nesse sentido entre as partes, que são a sociedade e aqueles acionistas convenentes, ou seja, não é oponível aos demais acionistas e nem a terceiros. Não é, outrossim, o pacto compromissório estatutário oponível aos administradores e fiscais da sociedade, nos eventuais conflitos e litígios destes com a sociedade e com seus acionistas.

Convêm notar que em razão de estar inserido no estatuto social o pacto parassocial compromissório tem natureza plurilateral, o que permite a adesão permanente de acionistas a essa cláusula. Trata-se, com efeito, de uma **convenção em aberto**, que por adesão pública e simples podem integrar-se a todo o tempo outros acionistas interessados. Trata-se de um único e mesmo pacto, aberto à adesão individual.

Por outro lado, a instituição ou adesão do acionista à cláusula compromissória estatutária não se transmite aos seus sucessores *causa mortis* ou aos adquirentes de suas ações a qualquer título, sejam pessoas físicas ou jurídicas. Ainda, não estarão vinculados os novos acionistas subscritores de aumentos de capital ou que assumam essa condição em decorrência da conversão de debêntures, ou de opções.

Reitere-se que a renúncia ao direito essencial de valer-se do Poder Judiciário para dirimir divergências e litígios de natureza societária é personalíssima, não sendo possível, sob nenhum pretexto, ainda que contratual, convencionar essa sucessão. Em hipótese alguma a cláusula compromissória pode impor-se aos novos sócios, ainda que herdeiros ou sucessores ou por aquisição a qualquer título. O juízo arbitral constitui uma exceção com respeito ao livre acesso ao Poder Judiciário, a quem o ordenamento jurídico atribui a competência para dirimir as controvérsias *inter cives*.

Por se tratar de típico pacto parassocial, não se confundido com as normas organizativas da sociedade, é absolutamente irrelevante que tenha a cláusula compromissória sido instituída no momento da constituição da sociedade, por seus fundadores, por unanimidade, portanto. Essa unanimidade necessária não transforma esse pacto parassocial em regra organizativa da sociedade. Esta por sua natureza sujeita-se à mobilidade constante de seu colégio acionário. E, ainda que seja aprovada a cláusula compromissória estatutária por unanimidade em alteração estatutária, o pacto compromissório não vinculará os futuros acionistas.

A propósito, o novo acionista não sucede o antigo em um contrato, mas sim na propriedade de uma ação, que é um titulo circulável.

Sucede ou herda assim o novo titular desse titulo uma coisa, e não uma obrigação contratual. Não se transmite o pacto com a venda do título, já que não é o pacto compromissório estatutário uma cláusula organizativa da sociedade, mas convenção parassocial, ao qual deve o adquirente das ações, *mortis causa* ou *inter vivos* expressamente aderir na forma supra referida. Se não o fizer a cláusula compromissória não lhe será oponível.

Cabe ressaltar que as cláusulas organizativas do estatuto social são aplicáveis indistintamente a todos os acionistas. A cláusula compromissória, no entanto, constitui-se verdadeiro pacto parassocial inserido no estatuto, inoponível aos que não a pactuaram. O princípio de igualdade de tratamento para todos os acionistas aplica-se no que tange às cláusulas organizativas do estatuto. O pacto compromissório não rege a organização da sociedade, da mesma forma como o acordo de acionistas (art. 118) também não o faz, pois constituem ambos pactos parassociais.

Por sua vez, a sociedade estará sempre vinculada à cláusula compromissória estatutária, já que originada da vontade por ela livremente manifestada pela maioria dos acionistas votantes, *uti soci*.

Em consequência da natureza parassocial da cláusula compromissória, estão estabelecidos os pressupostos da plena aplicação do §2.º do art. 4.º da Lei n.º 9.307/96.

### 3. Acordo de Acionistas

A Lei n. 10.303, de 31/10/01 alterou de forma significativa a disciplina do acordo de acionistas, com a nova redação do *caput* do art. 118, e os novos §§ 6.º a 11 acrescentados a esse dispositivo legal.

#### 3.1. *Acordos de voto em bloco para o exercício comum do poder de controle* – Pooling Agreements

Ao incluir expressamente como matéria do acordo de acionistas, e, portanto, vinculativa da sociedade, o exercício comum do poder de controle (art. 116), a Lei n.º 10.303/01 instituiu o **acordo de voto em bloco** (*pooling agreement*), através do qual os acionistas convenentes deliberam majoritariamente, em **reunião prévia**, a direção dos votos que serão dados pelas ações do bloco de controle nas assembléias gerais ou especiais, ou então, da direção dos votos que serão dados sobre as matérias decididas na mesma reunião prévia, pelos administradores representantes do *pool* nas reuniões dos órgãos de administração da sociedade de que participam.

O conceito de acordo de voto em bloco como espécie de acordo de acionistas, voltado para o exercício comum do controle societário, foi tratado pela jurisprudência norte-americana, pela primeira vez, em 1897, no *leading case* Smith v. San Francisco & N.P. Ry. Co.[29]

---

[29] Lattin on Corporations, West Group ed. 1971, p. 582. Comentando a decisão Lattin observa que, "é absolutamente legal os acionistas convencionarem o exercício do poder de controle. No caso reiteramente citado (Smith v. San Francisco & N.P. Ry. Co.) três acionistas adquiriram ações e as submeteram a um *pooling agreement*, convencionando que durante cinco anos, o bloco de ações formado por eles votaria nas assembléias gerais da companhia na estrita conformidade com o que a maioria, dentre esses três convenentes, decidisse. Um dos três tentou votar com suas ações incluídas no *pool* contrariamente ao acordo. Seu voto foi rejeitado prevalecendo o voto do bloco, como determinado pelo

A partir desse célebre caso, construiu-se no direito norte-americano o conceito de que o acordo de voto em bloco representa para as partes um mandato recíproco, em razão do qual os convenentes que logrem, em **reunião prévia**, alcançar majoritariamente o direcionamento do voto de todo o bloco de controle, estão investidos do mandato de votar com todas as ações incluídas nesse mesmo bloco, mesmo que do direcionamento obtido na reunião prévia dos convenentes tenha havido votos minoritários discordantes.[30]

A respeito do acordo de voto em bloco para o exercício conjunto do poder de controle, lembra Henn: *"Em muitas jurisdições (estaduais) os acionistas podem convencionar que antecipadamente exercerão seus votos em determinadas direções. Através desses acordos de voto em bloco, os acionistas em geral convencionam que o **bloco dessas ações é que votará** determinadas matérias previstas no próprio acordo, passando, em* consequência *as ações de cada um dos contratantes a valer **conjuntamente** para tal fim e não mais individualmente"*.[31]

Os acordos de voto em bloco são também comentados por Hamilton: *"O pooling agreement como são usualmente chamados, resulta em um pacto segundo o qual as ações dos participantes desse acordo passam a **votar como um todo** (unit) (...). Nesse acordo de voto em bloco (pooling agreement) os acionistas mantém todos os requisitos de propriedade de suas ações, exceto o poder de voto. A propósito, o pooling agreement é mais vantajoso do que os voting trust, por ser menos formal, mais fácil de convencionar e não implicar na perda de outros atributos próprios da propriedade das ações"*.[32]

O entendimento consagrado no direito norte-americano a respeito da validade e eficácia dada pela maioria das ações submetidas a um acordo de voto em bloco (*pooling agreement*) para o exercício do controle é de que se trata de um **mandato irrevogável** outorgado à maioria do bloco, na medida em que esse acordo visa alcançar um interesse comum.

---

acordo firmado e manifestado pelos outros acionistas. A Corte decidiu que o acordo de voto em bloco de ações constitui um contrato inteiramente válido, sustentando ainda que o mesmo era irrevogável como poder jurídico instituído para a realização de um determinado interesse".

[30] Lattin, ob.cit., p. 380 e segs., Henn e Alexander, Law of Corporations, 3ª ed, West Group, 1983, pág. 518 e segs

[31] Henn, ob. loc. Cit

[32] Hamilton, Robert W., The Law of Corporations, 5ª edicao, West Group, 2000, pag. 278 e segs.

A respeito, ainda Hamilton: *"Certos mandatos são irrevogáveis. A característica do mandato para determinar se ele é efetivamente irrevogável é se o mesmo está vinculado a um interesse. (...) E um dos tipos de mandato caracterizados como vinculados a um interesse, (...) é o constituído como forma de executar as cláusulas de um pooling agreement"*.[33]

Ainda no mesmo sentido da adoção do **acordo de voto em bloco** na pratica norte-americana, Thomas Joyce: *"Não há qualquer limitação legal no que respeita aos pooling agreements. Os acionistas podem convencionar que votarão de acordo com a decisão da maioria dos acionistas pertencentes ao acordo, ou mesmo na conformidade com o que um deles vier a decidir"*.[34]

Na doutrina italiana, a partir de Ascarelli, também é consagrado o acordo de *voto* em bloco – *sindicato di blocco* – como espécie dos *sindacati di voto*. Assim, Cottino, dentro da concepção ascareliana, observa que *"com o sindicato de voto, na sua configuração típica, vários acionistas se vinculam visando dar ao seu voto um determinado direcionamento, no sentido decidido pela maioria ou pela unanimidade dos acionistas "sindacati"*.[35]

Verifica-se assim que os **acordos de voto em bloco**, como modalidade de acordo de acionistas aplicável ao exercício do controle comum, são consagrados na prática há mais de um século, com pleno respaldado na legislação, jurisprudência e doutrina.

Pode-se, dessa forma, conceituar o **acordo de voto em bloco** como modalidade de acordo de acionistas visando, durante o prazo de sua duração, o exercício do controle comum, para o que os convenentes formam um bloco de ações que em reunião prévia estabelecerá o *quorum* majoritário que irá direcionar os votos que devem ser dados, **com todas essas ações do bloco**, pelos acionistas convenentes nas assembléias da companhia ou por seus representantes, e pelos administradores eleitos em virtude do acordo, nas reuniões dos órgãos de administração de que participam.

---

[33] Hamilton, ob.cit., p. 275 e segs.

[34] Thomas Joyce, Shareholders Agreements: A U.S. Perspective, in Sindacati di Voto e Sdindacati di Blocco, as cura di franco Bonelli e Pier Giusto Jaeger, Giuffre, 1993, pg. 355 e segs.

[35] Cottino, Le Convenzioni di Voto nelle Societa Commerciali, Giufree, 1958, pg. 3 e segs.

### 3.2. Noção e principais características do acordo de voto em bloco

Os acordos de acionistas serão da espécie **acordo de voto em bloco** quando na respectiva convenção os seus signatários instituem um **órgão deliberativo interno**, geralmente designado de **reunião prévia**. Em outras palavras, contendo o acordo de acionistas o procedimento de reunião prévia para que os convenentes decidam antecipadamente sobre a maneira como irão votar as ações componentes do controle nas assembléias, e como serão dados os votos dos representantes desse mesmo acordo nas reuniões do conselho de administração ou da diretoria, estará caracterizada a existência do acordo de voto em bloco.

Nessas reuniões prévias a deliberação será sempre tomada por **maioria absoluta** dos convenentes. Não pode, sob nenhuma hipótese, prevalecer o requisito de unanimidade, mesmo porque tal quorum inviabilizaria o exercício do **poder-dever de controle** na medida em que qualquer um dos convenentes desejasse obstruir a decisão desse órgão interno do acordo.

Também será ineficaz a cláusula que exija que na **reunião prévia** determinadas matérias sejam apreciadas por quorum qualificado. Também, neste caso, a obstrução de algum convenente poderá impedir o exercício do **poder-dever de controle** nas deliberações que deverão ser tomadas nos órgãos deliberativos da companhia (assembléias, conselho de administração ou diretoria).

A propósito, deve ser ressaltado que o acordo de voto em bloco é instrumento convencional do exercício do controle comum da sociedade.

É, portanto, **meio eficiente** para o exercício do poder-dever de controle, que é imprescindível para a consecução do interesse social, a realização do seu objeto e de seus fins.

A obstrução no exercício do poder-dever de controle comum acarreta irreversíveis danos à companhia e graves responsabilidades para os seus titulares. Essa obstrução por qualquer participante do acordo de voto em bloco caracteriza desvio e abuso de poder. Fere, com isso, os princípios de **lealdade**, **boa fé** e **diligência** que devem marcar a conduta dos participantes do controle comum.

A deslealdade não pode prevalecer sob nenhuma forma ou pretexto, por afetar a própria vida da sociedade controlada. Daí a necessidade de imediata declaração da ineficácia dos atos de obstrução que os dissidentes do acordo produzam contrariamente ao decidido por maioria nas reuniões do órgão interno do acordo, as denominadas reuniões prévias, na forma prevista nos novos §§ 8.° e 9.° do art. 118.

A propósito, tratando o novo § 9.° de **matéria processual** no campo da autotutela, produz efeitos imediatos, alterando todos os procedimentos que estão em curso na execução dos acordos de voto em bloco celebrados anteriormente à vigência da Lei n. 10.303/01. Deve-se acrescentar que o dever legal contido no novo §8.° a respeito da obrigatoriedade da suspensão do voto contrário ao acordo por parte do presidente da assembléia ou do conselho de administração e da diretoria, tornam imperativos os procedimentos que vêm sendo uniformemente adotados na prática das convenções de voto em bloco.

Assim, o procedimento suspensivo previsto no novo § 8.° apenas torna obrigatória a prática legítima já anteriormente adotada na execução dos acordos de voto em bloco arquivados na sociedade.

No caso do novo §8.°, portanto, a imediata imperatividade dessa norma não altera os procedimentos que nesse mesmo sentido sempre foram adotados pelos presidentes de mesa, notadamente no plano do conselho de administração, em que os votos dados pelos conselheiros convenentes contrários à orientação majoritariamente obtida na **reunião prévia** nunca foram considerados pelos presidentes desses órgãos, que assim, legitimamente, sempre suspendem a sua eficácia, tendo em vista a vinculação da sociedade à perfeita execução do acordo nela arquivado.

Como referido, o acordo de voto em bloco visa, o exercício do poder--dever de controle comum da companhia. Em consequência, o direcionamento dos votos para o exercício desse controle comum deve ser majoritariamente definido em reunião desses mesmos acionistas que compõem o bloco de controle. As graves responsabilidades incutidas nesse poder--dever de controle demandam, com efeito, que o seu exercício pelo bloco de ações de controle seja uniformemente direcionado, não podendo ser fragmentado e, assim, prejudicado pela eventual dissidência de alguns dos seus participantes.

Essa dissidência não poderá prevalecer nas deliberações que demandam os votos do controlador comum nas assembléias da companhia, e dos conselheiros e diretores eleitos em decorrência do acordo.

Essa dissidência, portanto, não pode produzir efeitos frente à absoluta indispensabilidade do exercício uniforme e, portanto, harmônico, do poder-dever de controle, tendo em vista o interesse social. Este seria necessariamente prejudicado se tal dissidência pudesse conturbar ou prejudicar o exercício das graves responsabilidades que advém desse poder-dever. A dissidência de acionista componente do controle deve manifestar-se em juízo ou perante os árbitros, em cujo âmbito deve o dissidente argüir o seu conflito frente aos acionistas majoritários que integram o acordo de voto em bloco.

### 3.3. O interesse social e o voto em bloco

Não existe dissonância entre o voto em bloco direcionado em reunião prévia e o interesse social. Pelo contrário, não se pode imaginar que o grupo que exerce o controle comum possa fragmentar-se no momento da votação das matérias que demandam o exercício efetivo do poder-dever de controle, tanto nas assembléias da companhia como nos seus órgãos de administração (conselho de administração e diretoria).

Se o controle é comum, deve ser exercido em bloco nas diferentes instâncias deliberativas da companhia. Permitir-se a argüição de dissidência no seio do bloco de controle levaria a uma conturbação na vida societária, com grave e irreversível prejuízo para o interesse social.

E, a propósito, o voto dado em bloco pelos controladores comuns agregados em acordo de acionistas em nada é incompatível com o interesse social. É nesse sentido a clássica lição de Ascarelli[36], que nega a existência de um interesse social que se possa ser considerado superior ao interesse dos acionistas: *"As companhias constituem não apenas a comunhão dos interesses, mas, pelo fato de serem voluntárias, também a comunhão dos fins. E é através da constituição contratual de um conjunto de objetivos que se constitui a comunhão de interesses da sociedade (...). O interesse social é entendido como o interesse comum dos sócios e com estes identificado."*

E, com efeito, o preconceito de que o interesse social não pode ser confundido com aqueles dos sócios é que leva ao equívoco de que o voto direcionado pelo bloco de controle, em reunião prévia, não atenderia ao primeiro.

Não há essa dicotomia. E no caso do exercício do poder-dever de controle não existe apenas o interesse no seu exercício por parte dos conveniente do acordo respectivo, mas a grave responsabilidade na condução do processo societário, o que demanda uma uniformidade de orientação entre os participantes desse grupo de acionistas controladores.

Assim, o voto em bloco obtido majoritariamente na reunião prévia atende ao interesse dos acionistas participantes do controle e, ao mesmo

---

[36] Studi in Tema di Societa, Giuffre, 1952, pags. 46 e segs. e 148 e segs.

tempo, ao interesse social, já que é na esfera da sociedade que esse interesse dos sócios vai se produzir.

No caso de abuso não se pode falar em interesse dos sócios, mas sim em **desvio** desses interesses, que se refletem prejudicialmente no interesse social.

Assim, quando o interesse do bloco de controle é legítimo, por si só estará atendido o interesse social. Este não transcende aquele.

Da mesma forma, o interesse do bloco de controle produz-se diretamente nos órgãos deliberativos da sociedade, na medida em que é nestas instâncias da administração social que se tomam deliberações fundamentais para a companhia, seja para sua implementação direta, seja para propor à assembléia geral a aprovação de determinadas matérias relevantes previstas no respectivo acordo.

E, com efeito, o exercício do poder-dever de controle se dá tanto no plano das deliberações do conselho de administração e da diretoria, como nas assembléias gerais ou especiais da companhia. Imaginar que o poder-dever de controle restringe-se ao voto em bloco nas assembléias da companhia seria desconhecer inteiramente o seu exercício, que se dá a todo o tempo, em todos os atos relevantes da administração da sociedade, abrangendo as deliberações tomadas pelo conselho de administração e também pela diretoria.

### 3.4. *Mandato no exercício do voto em bloco – Novo §7.° do art. 118*

O novo § 7.°, ao dispor sobre a não aplicação das restrições de prazo constantes do §1.° do art. 126 da lei societária estabelece a natureza de **mandato** do síndico representante dos acionistas componentes do acordo de voto em bloco nas assembléias gerais ou especiais da companhia. Esse mandato é **irrevogável** pelo prazo que for nele assinalado, o qual, pela prática dos acordos de voto em bloco, deve coincidir com o prazo do próprio acordo. Assim o **síndico** do acordo vota com todas as ações do bloco de controle nas assembléias gerais e especiais. Seu mandato não pode, assim, ser revogado individualmente por qualquer dos convenentes.

O mesmo mandato irrevogável tem aqueles titulares dos votos majoritários obtidos na reunião prévia, que direcionar o voto dos administradores eleitos pelo acordo nas reuniões de seus órgãos de administração, inclusive para os efeitos previstos nos novos §§8.° e 9.° deste mesmo art. 118.

Aplica-se a esse mandato irrevogável, tanto do **síndico** como da **maioria dos participantes do bloco,** os arts. 683 e 684 do Código Civil de 2002, que prescreve essa irrevogabilidade quando o mandado constituir meio de cumprir uma obrigação contratada.

É o caso dos acordos de voto em bloco, que demandam uma representação do síndico ou da maioria dos convenentes para exprimir o direcionamento obtido na reunião prévia e o respectivo voto consonante nas assembléias da companhia, no seu conselho de administração e na diretoria.

### 3.5. *Representante do acordo perante a sociedade – novos §§10 e 11 do art. 118*

A obrigatoriedade de nomeação de um dos subscritores do acordo de acionistas para representá-los perante a sociedade (§10) constitui providência fundamental, notadamente em se tratando de **acordo de voto em bloco** para o exercício de controle comum. Caberá a esse representante a função de dirimir dúvidas da sociedade quanto ao alcance e a aplicação das cláusulas da convenção.

O §11 faculta à sociedade suscitar dúvidas a respeito da interpretação e execução de cláusulas do acordo nela arquivado. A essa faculdade corresponde a obrigação do representante do acordo (§ 10) prestar fundamentadamente todos os esclarecimentos e informações requeridas pela sociedade, inclusive quanto à situação acionária de seus componentes e suas alterações. Sem embargo dessa relação direta entre o representante do acordo e a sociedade para os fins do novo §11, a sociedade poderá solicitar esclarecimentos de qualquer participante do acordo de acionistas, direta e individualmente, em tudo aquilo que, pela lei e pelo estatuto, deva ele informar a sociedade.

### 3.6. *Vinculação dos administradores indicados pelo acordo de voto em bloco*

Como ressaltado, com o advento da Lei n. 10.303/01, passa a haver o expresso reconhecimento legal de que os acordos de acionistas vinculam não apenas os seus subscritores, mas também os **membros do conselho de**

**administração** ou os **diretores** – em não havendo conselho de administração – ainda que não tenham sido partes signatárias do mesmo.

É o que dispõe o novo § 8.°, ao obrigar o presidente do conselho de administração ou o diretor-presidente da diretoria a não computar o voto proferido pelo conselheiro ou diretor em desacordo com o direcionamento de voto dado pela maioria dos convenentes.

E é o que se verifica também do novo §9.°, ao facultar que conselheiro ou diretor eleito em virtude do acordo vote pelo conselheiro ausente ou que, estando presente, abstenha-se de votar.

Trata-se de mais um efeito da adoção do *pooling agreement* pelo novo *caput* e pelos novos §§ 6.° à 11 do art. 118.

### 3.7. *Alcance das alterações havidas – §§8.° e 9.°*

O objetivo desses dispositivos que foram acrescentados à Lei n. 6.404/76 pela Lei n. 10.303/01 é o de reforçar os meios de **coercibilidade** do acordo de voto em bloco, por três diferentes maneiras, que vão desde a **tutela judicial** (art. 118, §3.°) **ou arbitral** no caso dos acionistas (art. 109, §3.°), passando pela **coercibilidade** *interna corporis,* exercida pelo presidente da mesa da assembléia geral ou especial, ou do presidente do conselho de administração ou da diretoria, (§8.°) terminando pelo exercício da **autotutela** pelas partes acordantes prejudicadas ou seus representantes que se sentirem prejudicados pela ausência ou abstenção de voto de acionista convenente ou de administrador eleito em virtude do acordo.

Cria, assim, o novo §9.° do art. 118, uma legitimidade substitutiva da parte dos acionistas prejudicados e de seus representantes nos órgãos administrativos da sociedade. Essa autotutela criada pela lei (§9.°) constitui meio legítimo e eficaz para o cumprimento do acordo, na hipótese de existir algum signatário recalcitrante, ou administrador representante do acordo no conselho de administração ou na diretoria que procure obstruir a respectiva deliberação ou sua eficácia majoritária.

Há, portanto, dois procedimentos que consubstanciam essa legitimidade substitutiva.

Pode-se argüir que não poderia haver, na hipótese do §9.°, legitimidade substitutiva para implementar a vontade de uma parte que sequer foi manifestada, como seria o caso de ausência do acordante ou de seu representante, respectivamente, na assembléia geral ou especial ou na reunião do conselho de administração ou da diretoria. Tal argüição não prevalece, na medida em que a vontade do acionista já foi manifestada quando firmou o acordo de acionistas, pelo qual comprometeu-se a votar em bloco, diretamente na assembléia geral ou especial ou por representantes seus nos órgãos de administração da companhia. E essa vontade do convenente manifestou-se no sentido de prevalecer nas reuniões prévias a orientação de voto da maioria dos acordantes.

Desse modo, a legitimidade substitutiva por autotutela, prevista no novo §9.° deste art. 118, é perfeitamente acolhível pelo ordenamento jurídico.

E, com efeito, admite-se esse remédio quando alguém, manifestando anteriormente sua vontade, deixa de implementá-la, prejudicando o cumprimento e a execução do acordo e, consequentemente, prejudicando também as demais partes que o firmaram.

E essa legitimidade substitutiva nos contratos plurilaterais impõe-se pela necessidade de que seja alcançado o fim comum previsto no acordo de acionistas respectivo, notadamente quando se trata de exercício do poder-dever de controle instituído nesse mesmo acordo, o que não pode ser impedido pela dissidência ou pela obstrução de um ou mais de seus signatários, ou de seus representantes no conselho de administração ou na diretoria, causando danos a todas as demais partes signatárias e, assim, à própria sociedade.

### 3.8. *Vinculação dos conselheiros e diretores ao acordo de acionistas – novos §§8.° e 9.°*

Significativa alteração foi trazida pela Lei n. 10.303/01, ao incluir na esfera do acordo de acionistas as deliberações tomadas pelos representantes dos convenentes no conselho de administração e, na inexistência deste, as tomadas em reunião de diretoria (art. 143, §2.°).

Como referido, antes da reforma de 2001, em matéria de voto, os acordos oponíveis à sociedade poderiam versar apenas sobre o exercício desse direito nas assembléias gerais, consubstanciados nos acordos de **comando** (controle) e de **defesa** (minoria). Não obstante, não havia qualquer impedimento legal a que as partes também convencionassem sobre outras matérias, inclusive de orientação vinculativa de voto no conselho de administração. A única diferenciação estava em que tais cláusulas validamente vinculativas das deliberações dos órgãos de administração da companhia, embora perfeitamente eficazes entre as partes, não tinham eficácia perante a sociedade, que, como referido, somente vinculava-se aos acordos de voto nas assembléias gerais. A respeito, afirmamos em nossos Comentários:

*"A lei não excluiu a eficácia, mas, sim, a validade perante a companhia e terceiros em geral dos acordos de acionistas que versem sobre outras questões, v.g. sobre critérios de decisões no âmbito do Conselho de Administração.*[37]"

Assim, no regime anteriormente vigente, a vinculação das deliberações do conselho de administração ou da diretoria ao acordo de acionistas era considerada cláusula acessória do próprio acordo, que embora dele integrante não era oponível à sociedade nesse particular. As **sanções**, portanto, para o descumprimento dessa cláusula acessória davam-se **inter partes**, fora do âmbito da sociedade objeto do acordo. Ao convencionarem sobre diretrizes de voto ou sobre a disponibilidade das ações, os acionistas convenentes geralmente estabeleciam cláusulas acessórias, imprescindíveis à própria eficácia da vontade manifestada. Assim, quando convencionam sobre o voto, poderiam os convenentes explicitar que as matérias vinculadas ao acordo na assembléia geral deviam ser da mesma forma votadas no conselho de administração pelos acionistas contratantes integrantes deste ultimo órgão."

Essa cláusula acessória sempre foi de largo uso nos acordos de voto em sociedades que possuem conselhos de administração.

Insista-se, portanto, que tal cláusula acessória nunca foi contestada quanto à sua legitimidade e legalidade e sua validade e eficácia *inter partes*. Apenas não vinculava a sociedade.

Agora, a nova lei não mais considera essa cláusula como acessória, sendo ela também vinculativa para a sociedade, que deverá observá-la nas reuniões do conselho de administração ou nas reuniões de diretoria.

E essa vinculação é oponível à sociedade, que não apenas deve acatá-la como também exigir a sua observância por parte dos administradores representantes dos convenentes nas reuniões dos respectivos órgãos da administração, na conformidade com o disposto no novo §8.º do art. 118, ao determinar que *"o presidente da assembléia ou do órgão colegiado de deliberação da companhia não computará o voto proferido com infração a acordo de acionistas devidamente arquivado"*.

---

[37] MODESTO CARVALHOSA, Comentários à lei de sociedades anônimas, vol. 2, São Paulo, Soraina, 2003, p. 552.

### 3.9. *A vinculação dos administradores ao acordo e o dever de independência dos acionistas que os elegeram*

Não há incompatibilidade entre o dever de independência do administrador eleito em virtude do acordo de voto, e o acatamento das decisões majoritárias que os acionistas convenentes adotarem em reunião prévia. Inexiste, em tal conduta qualquer infringência ao §1.º do art. 154 da Lei n. 6.404/76.

Isto porque é o próprio acordo deve conformar-se com o interesse social, consoante o §2.º do artigo 118, ao prescrever que os *"acordos não poderão ser invocados para eximir o acionista de responsabilidade no exercício do direito de voto ou do poder de controle."*

Em consequência, o interesse social deve ser absolutamente preservado pelos termos do acordo de acionistas e na sua execução e implementação.

E esse interesse social, como reiterado, não é incompatível com o interesse coletivo dos acionistas convenentes, sejam esses controladores (acordo de mando), sejam minoritários (acordo de defesa).

Em consequência, presume-se que a orientação tomada majoritariamente em reunião prévia dos acionistas, dirigida aos representantes dos acordantes nos órgãos de administração da companhia, está em consonância com o interesse social.

O acatamento, pelos administradores representantes dos acionistas convenentes nos órgãos de administração, das diretrizes majoritariamente estabelecidas nas reuniões prévias será legítima. E esse acatamento é inteiramente compatível com seus deveres de administrador.

Pelo contrário. A ilegitimidade ocorrerá se tal orientação de voto não for seguida por administrador representante de algum signatário dissidente da decisão majoritária havida na reunião prévia do acordo.

Neste caso, o voto contrário à diretriz tomada pela maioria dos acionistas convenentes constitui não apenas obstrução ao cumprimento do acordo como também forma de **lesão** ao interesse social, ao criar o administrador, assim, conturbação nas deliberações tomadas no exercício do poder-dever de controle. Haverá, no caso, **abuso** de poder do administrador vinculado ao acordo se o seu voto for contrário à diretriz previamente tomada na forma prevista no respectivo acordo. Haverá, aí, infringência do acordo, que requer a intervenção do presidente do órgão (conselho de administração ou diretoria), para, obrigatoriamente, suspender a eficácia desse voto contrário à diretriz de voto majoritariamente dada pelos acionistas convenentes, *ex vi* do novo §8.º deste art. 118.

É aí que se aplica o prescrito no §2.° do art. 118. Uma vez empossados não podem mais os administradores eleitos em virtude de acordo de acionistas representar os convenentes que os indicaram, mas representar precipuamente o próprio acordo. Insista-se. O administrador, nesse caso, será eleito **pelo acordo** e não por determinado grupo de acionistas que integram esse mesmo acordo.

Assim, não poderá o administrador representante do acordo de controle obstruir o exercício desse poder-dever estabelecido na convenção de voto em bloco. Ao desobedecer, por ação ou omissão, à diretriz dada majoritariamente pelo bloco de controle, estará ele praticando abuso de poder, para o qual o próprio artigo 118 prevê o dever de **suspensão da eficácia** desse mesmo voto abusivo (§8.°) ou a execução especifica mediante autotutela (§9.°) por parte dos outros acionistas convenentes, ou de seus repre-sentantes no conselho de administração ou na diretoria.

A segurança e a eficácia do acordo de voto em bloco reside, portanto, nessas salvaguardas legais que instrumentalizam a sociedade na sua obrigação de fazer observar a convenção arquivada em sua sede (§8.°), ou na execução específica judicial (§3.°) ou então na execução específica por autotutela dos convenentes prejudicados e seus representantes nos órgãos de administração da sociedade (§ 9.°).

Assim, a infringência, do acordo, por ação ou omissão, por parte de qualquer administrador eleito em virtude do mesmo, constitui **conduta ilícita**, contrária ao interesse social, não podendo, em consequência, prevalecer.

### 3.10. *Regime de autotutela – novo §9.° do art. 118*

O regime de autotutela insere-se no universo dos direitos pessoais relativos, que permitem ao sujeito de direito exigir o cumprimento do dever legal ou o adimplemento do contrato.

Trata-se de um direito subjetivo, que outorga legitimidade jurídica de, diretamente, exigir ação ou omissão de pessoas certas e determinadas.[38]

No âmbito dos direitos subjetivos pessoais relativos, encontram-se os de proteção, ou seja, os que permitem o efetivo e concreto exercício dos direitos do seu titular.

---

[38] Em sentido diverso do direito absoluto, imponível *erga omnes*. Cf. as lições de Gofredo da Silva Telles, in Enc. Saraiva de Direito, verbete, "Direito Subjetivo", vol.28, pág. 298 e segs.

Dentre eles está o direito de defesa contra atos ilícitos. E nele incluí-se, além dos direitos de ação e de petição, o direito de autotutela. Este somente pode existir nos estritos casos expressos em lei.

Os direitos pessoais relativos, portanto, referem-se a atos praticados por pessoas determinadas (**dever legal**) ou pelas partes contratantes (**dever contratual**).

Isto posto, o novo §9.º do art. 118 introduziu no ordenamento jurídico pátrio mais um dentre os casos excepcionais de autotutela legítima (*Selbsthilfe*).

A propósito, cabe lembrar que o Estado detém o **monopólio** do exercício do poder, de modo que, correntemente, cabe-lhe equacionar as pretensões derivadas da resistência de outrem à satisfação voluntária de um direito, seja para declarar sua existência, seja para implementar, na prática, o direito declarado.[39]

Não obstante, o direito processual moderno tem privilegiado meios alternativos de acesso à justiça, diante da morosidade da tutela jurisdicional do Estado frente a situações ilícitas que, se concretizadas, causam danos de difícil ou inútil reversibilidade. Daí a criação de soluções parajurisdicionais que podem ser mais aptas ao pleno atendimento dos escopos de pacificação social e do pleno acesso à ordem jurídica justa.

Em situações especiais, desde que exaustivamente previstas em lei, a autotutela emerge como um desses meios alternativos de pacificação social.

Não obstante a repulsa em sua utilização como modo corrente de satisfação de pretensões, há previsão legal de algumas exceções como o direito de retenção; o desforço imediato nas ações possessórias, o penhor legal; o direito de cortar raízes e ramos de árvores limítrofes que ultrapassem a extrema do prédio, a auto-executoriedade das decisões administrativas; o poder estatal de efetuar prisões em flagrante e, como contraponto, a legítima defesa ou estado de necessidade e o direito de não cumprir obrigação assumida em contrato bilateral, quando a outra parte não cumpre a sua (*exceptio non adimpleti contractus*).

---

[39] Cf. Cintra-Grinover-Dinamarco, Teoria geral do processo, 15 ed. São Paulo, Malheiros, 1999. págs. 20 e segs.: "*A quase absoluta exclusividade estatal no exercício da função pacificadora de conflitos implica ser a auto-tutela definida como crime na legislação penal, praticada ela por particular (art. 345 do Código Penal), ou pelo próprio Estado* (art. 350 do Código Penal).

No regime de autotutela temos, ainda: *"o direito de retenção: a) do pagamento, enquanto a quitação regular não for dada ao devedor que paga (CC, art. 939); b) da coisa vendida à vista, enquanto o vendedor não receber o preço (arts. 1.130 e 1.131); c) da coisa alugada, enquanto o locador não efetuar o pagamento das benfeitorias que o locatário tiver feito, tanto das necessárias como, quando expressamente consentidas pelo locador, das úteis (art. 1.199); d) das benfeitorias necessárias e úteis, que o possuidor de boa fé tiver feito, até que ele seja indenizado pelo seu valor (art. 516); e) da coisa gerida, enquanto o gestor não for reembolsado das despesas necessárias ou úteis, por ele feitas (art. 1.339); f) do objeto do mandato, até que o mandatário seja reembolsado do que despendeu, no desempenho do encargo (art. 1.315); g) da coisa depositada, até que as despesas, feitas com ela, e os prejuízos, que do depósito provieram, sejam pagos ao depositário (art. 1.279); h) da coisa dada em garantia por anticrese, enquanto a dívida não for paga (art. 760); i) da coisa dada em penhor, até que o credor seja indenizado das despesas que não tenham sido ocasionadas por culpa sua, mas que foram pagas por ele (art. 772)"*.[40]

Inscreve-se agora nessa longa lista de auto-tutela exaustivamente admitida pelo nosso ordenamento, o direito dos acordantes prejudicados por abstenção de voto ou por ausência, de votarem favoravelmente em lugar dele nas assembléias gerais ou especiais ou, por seus representantes, nos órgãos de administração da sociedade, nas matérias que foram majoritariamente decididas em reunião prévia dos participantes do acordo.

Assim, os administradores representantes do acordo nos órgãos de administração não podem votar contra o decidido por maioria pelos integrantes desse mesmo acordo de voto em bloco, em reunião prévia. Insista-se neste ponto. Os administradores indicados em virtude do acordo de acionistas são representantes desse mesmo acordo. É claro o § 1.° do art. 154 a respeito: *"O administrador eleito por grupo ou classe de acionistas (...)"*

Assim, havendo acordo de voto, os administradores são representantes dá coletividade de seus signatários e não dos convenentes individualmente, ainda que estes, singularmente, os tenham indicado no âmbito interno desse mesmo acordo.

Fica claro, assim, ser de maior razoabilidade e proporcionalidade, o disposto no novo §9.° deste art. 118 da lei societária, ao conferir à parte convenente prejudicada por eventual omissão ou ausência da outra, ou de administrador que o representante nos órgãos da administração da compa-

---
[40] Gofredo da Silva Telles, ob. loc. cit.

nhia, a prerrogativa de votar em seu nome. Cabe ao acionista dissidente o ônus de recorrer ao Poder Judiciário em caso de eventual abuso no exercício dessa autotutela.

Diante da grande evidência do direito da parte prejudicada pela omissão e não cabendo ao omisso furtar-se, de forma alguma, ao cumprimento da obrigação, é medida de justiça a instituição dessa modalidade de autotutela. Na hipótese, não há qualquer lesão ao princípio da **inafastabilidade da tutela jurisdicional** (CF, art. 5.°, XXXV). A norma em questão não afasta a matéria da apreciação do Poder Judiciário. Há apenas uma inversão de papéis. A parte prejudicada pela omissão ou ausência de votos, que deveria figurar como autora na execução específica do acordo, agora passará a ser ré, em eventual demanda proposta pela parte omissa ou ausente que sinta-se eventualmente prejudicada pela utilização da prerrogativa contida no §9.° do art. 118.

E, com efeito, diante do direito potestativo de produzir por meios próprios o resultado útil da obrigação de votar, conforme o majoritariamente decidido pelos acordantes em reunião prévia, a parte prejudicada do acordo que exerceu a autotutela carecerá de interesse de agir para a propositura de qualquer demanda em caráter preventivo, com o fito de assegurar que a outra parte cumpra sua obrigação.

Isto porque, sendo possível a constituição do voto do acionista ou administrador omisso ou ausente por meios próprios, não há o interesse-necessidade de recorrer ao Poder Judiciário por parte dos convenentes prejudicados que se autotutelaram.

### 3.11. *Ainda o novo §8.° do art. 118*

Conforme o disposto no *caput* e no parágrafo primeiro do art. 118 da Lei 6.404/76, desde que arquivado na sede da sociedade, o acordo de acionistas tem sua eficácia expandida além das partes contratantes, de modo a tornar-se de observância obrigatória para a sociedade e oponível a terceiros.

No caso de acordo de voto e de exercício do poder de controle, desde que cumpridas as formalidades aventadas, é dever da sociedade promover a sua eficácia. Desse modo, deverá a mesa da assembléia proceder em conformidade com as cláusulas da convenção, no tocante ao voto dos seus participantes, seja quanto às matérias, seja ainda quanto às diretrizes a serem observadas no exercício do voto, quando previstas podendo a assembléia geral, por proposta da mesa ou de qualquer acionista, contratante ou não, declarar nulo o voto dado em desconformidade com o acordo de acionistas.

Sendo passível de anulação o voto desconforme com os termos do acordo de voto em bloco, não pode a sociedade levá-lo em consideração, restando evidente a impossibilidade de as partes contratantes esquivarem-se de seus termos na assembléia geral ou especial da sociedade, ou nas reuniões deliberativas dos órgãos da administração da companhia.

# SIMPLIFICAÇÃO DAS FORMAS PROCESSUAIS

João Álvaro Dias*

## I. O QUE É QUE JÁ FOI FEITO?

Num tempo de aceleração histórica radical, as liturgias, formas e procedimentos que não sejam comprovadamente essenciais à prossecução de finalidades previamente definidas e racionalmente escrutinadas[1] correm inapelavelmente o risco de serem – também elas – radicalmente questionadas. Nem o facto de a "forma" ser um índice de civilização[2], uma qualquer espécie de salvaguarda procedimental na vida de relação – vida jurídica incluída – retira que a eficiência dos procedimentos, ou se se preferir dos mecanismos processuais, haja de ser tida permanentemente em conta. Para que serve uma boa "forma" se conduz a uma deficiente substância? Abstrair de tal questão é proceder a uma inversão de valores onde o instrumental se sobrepõe ao material, onde o adjectivo ganha primazia sobre o substantivo. O normal encadeamento de actos e formalidades em que todo o processo se consubstancia (*pro* + *caedere*) não pode, em nenhuma circunstância, ser erigido como um fim em si mesmo. O que não retira a excepcional importância dos actos e formas processuais como instrumento de prossecução de justiça.

---

\* Professor da Faculdade de Direito da Universidade de Coimbra, (jaad@clix.pt).

[1] É significativa, a tal propósito, a consagração legislativa do designado princípio de adequação formal. Nos termos do artigo 265-A do Código do Processo Civil português, "Quando a tramitação processual prevista na lei não se adequa às especialidades da causa, deve o juiz oficiosamente, ouvidas as partes, determinar a prática dos actos que melhor se ajuste ao fim do processo, bem como as necessárias adaptações". Sobre o tema, cfr. Miguel Teixeira de Sousa, Estudos Sobre o Novo Processo Civil, 2.ª Edição Lex, Lisboa, 1997, pp.37-38.

[2] Sirvam de exemplo as inflamadas proclamações de Jhering, por sinal profundamente actuais, segundo o qual "a forma é a inimiga jurada do arbítrio, a irmã gémea da liberdade".

Quando falamos de ritos e formas processuais civis em Portugal é obrigatório recordar José Alberto dos Reis. À sua argúcia, ao seu espírito analítico, à sua inventividade, se ficaram a dever muitas das mais notáveis locubrações jurídico-processuais. Alberto dos Reis cultivou como poucos o terão feito antes[3] e como, seguramente, ninguém o fez depois dele a ciência e a arte da "arquitectura" jurídico-processual.

Construiu pilares, projectou e executou abóbadas, alindou vitrais, esculpiu retábulos, aqui e além pintou frescos processuais de indiscutível beleza. Sucede que o tempo de Alberto dos Reis era um tempo agro-rural de previsível e cadenciada certeza. Não assim o tempo em que vivemos, que tem como marca distintiva uma incontornável perigosidade e incerteza[4]. Um tal tempo não é compaginável com instrumentos, no essencial, obsoletos porque incapazes de prosseguir e alcançar os desígnios que deles se esperam.

Toda a história do Código de Processo Civil de 1939[5] – com as sucessivas reformas que foi sofrendo – exemplifica bem como o legislador é vagaroso, e às vezes pouco hábil, nas respostas que procura dar aos ingentes problemas e solicitações que o crescimento exponencial de litígios e a respectiva complexidade vão suscitando.

Cremos ser relativamente fácil a demonstração do que acaba de dizer-se. O que não retira que seja facilmente diagnosticável e demonstrável uma firme tendência no sentido da progressiva simplificação ou agilização processual.

**1.** A progressiva redução do âmbito do que devam ser considerados actos estritamente judiciais – e a consequente alocação dos recursos humanos judiciários (leia-se dos magistrados judiciais e do Ministério Público) para o núcleo duro da função de decidir e julgar o que tem realmente relevância no planos dos direitos, liberdades e garantias – é seguramente a expressão de tal tendência agilizadora.

---

[3] Sobre as fontes do direito processual civil anteriores ao Código de Processo Civil de 1939, cfr. Antunes Varela, J. Sampaio Nora, Miguel Bezerra, Coimbra Editora, 1984, pp. 27-32.

[4] Sobre o tema, cfr. João Álvaro Dias, Dano Corporal, Quadro Epistemológico e Aspectos Ressarciórios, Coimbra, Almedina, 2001, pp. 22 e ss.

[5] Em abono da verdade, note-se – aliás – que o Código de Processo Civil de 1939 representava já ele, no confronto com o Código de 1876, uma "verdadeira revolução da estrutura do processo, destinada a assegurar a prevalência do fundo substantivo do litígio sobre a mera forma da liturgia adjectiva". Em tal sentido, cfr. Antunes Varela, J. Miguel Bezerra, Sampaio Nora, Manual de Processo Civil, Coimbra Editora, 1984, p.31.

A abolição da figura do despacho de indeferimento liminar, instituto de larga tradição jurídico-processual entre nós (art. 474.º do Código de Processo Civil), de molde a que o juiz tome contacto com o processo apenas na fase da elaboração do saneador, excepcionados os limitados casos em que a citação continua a depender de despacho do juiz (art. 234-A), é bem expressão de tal linha de força. Exigências de simplificação e almejada celeridade fizeram com que a triagem formal da petição seja feita pela secretaria[6] e não pelo magistrado judicial, libertando assim o juiz do processo para tarefas estritamente judiciais, procurando evitar a repetição do "rastreio" do processo em momentos distintos, com as inelutáveis perdas de eficiência e racionalização de recursos daí emergentes[7].

---

[6] Daqui decorre que os casos em que a secretaria está legalmente autorizada a recusar a recepção da petição inicial, (art. 274º do C.P.C., na versão actual) devem considerar-se taxativos. Mas daqui decorre também que – a fim de evitar situações clamorosas de irregularidades ou falta de pressupostos processuais que a secretaria judicial não pode sindicar e que, por isso mesmo, se arrastam até ao saneador – se vão erguendo algumas vozes no sentido de facultar à secretaria, isto é aos funcionários judiciais, o poder (dever) de suscitar a questão perante o juiz. Preocupações a que alguns trabalhos legislativos não parecem ser insensíveis. A questão que, legitimamente, pode colocar-se é a de saber se é necessária a consagração legislativa de tal poder (dever) – que os mandatários das partes podem interpretar como acintosa afronta – ou se o exercício criterioso de funções por parte dos referidos funcionários judiciais não permite já hoje que, na discrição do que é realmente sério e importante, tal alerta possa ser suscitado com toda a urbanidade, perante o juiz do processo.

[7] Em desabono de tal solução sempre pode dizer-se que muitos dos pressupostos processuais perderam, por força da alteração introduzida, a sua função depuradora ou de "filtro", *ab initio*, das irregularidades processuais mais graves. Com efeito, mesmo que a incompetência absoluta, a falta de personalidade, capacidade ou legitimidade sejam "manifestas" ocorrerá – em circunstâncias normais – que só no despacho saneador o juiz da causa se pronunciará sobre a falta ou irregularidade de tais pressupostos processuais, com os custos de toda a ordem (v.g. preparo inicial a cargo do réu, constituição de mandatário, perdas de tempo, publicidade negativa) que um despacho liminar criterioso poderia ter evitado. Simplesmente, na ponderação entre tais benefícios – que terá julgado sociologicamente menos relevantes – e o custo de tal intervenção originária (destinada a expurgar pecados capitais do processo) o legislador português entendeu por bem jugular a figura do despacho liminar, salvos os casos contados em que a citação é precedida de despacho judicial (art. 234 A do C.P.C.). Ao proceder a tal alteração, o legislador sentiu-se legitimado – dir-se-ia, ironicamente, por questão de elementar coerência no erro – a alterar a configuração normativa do conceito de legitimidade (art. 26, n.º 3 do C.P.C.). Onde antes se falava da "relação material controvertida" fala-se hoje da "relação "tal como configurada pelo autor". Poder-se-á dizer que o conceito de legitimidade ficou assim à rédea solta – pelo menos até à fase do saneador – tudo dependendo do bom senso (ou falta

**2.** É manifesta a tendência para a progressiva redução do número de articulados ou dos casos e termos em que os articulados ditos eventuais (réplica e tréplica) são admissíveis. Bastará referir a tal propósito que, até data não muito longínqua, a par das indefectíveis petição inicial e contestação marcavam presença no processo a réplica, a tréplica e eventualmente a quadrúplica[8]. Hoje não só a quadrúplica desapareceu definitivamente como a própria réplica e tréplica são articulados eventuais, apenas admitidos em circunstâncias bem delimitadas (artigos 502.º e 503.º do Código de Processo Civil).

**3.** A regra de que a citação se faz por via postal (art. 233, n.º 2 do C.P.C.) – expressando uma firme tendência de agilizar tal mecanismo e procurando obstar, designadamente, a tácticas dilatórias de diversa ordem que impeçam o normal desenrolar do processo – é ela própria um mecanismo procedimental que merece ser posto em evidência (art. 236 do C.P.C.). Tanto mais quanto é certo que nas "acções para cumprimento de obrigações pecuniárias emergentes de contratos reduzido a escrito" a citação é feita não por meio de carta registada com aviso de recepção mas mediante o envio de carta simples (art. 236-A do C.P.C.)[9]. Também a possibilidade de a citação ser feita por mandatário judicial (artigo 233, n.º 3 do C.P.C.) expressa claramente a preocupação de simplificar procedimentos e agilizar mecanismos.

**4.** Na mesma linha de progressiva, e desejável, simplificação de formas processuais se insere – a nosso ver – a abolição de um número significativo de processos especiais (artigos 944 e ss. do C.P.C.). Balizado pela

---

dele) daquele a quem cabe o esboceto da acção (o Autor). Sobre os termos tradicionais em que o problema se colocava, cfr. Antunes Varela, ob. cit., pp. 133-145.

[8] Cfr. Antunes Varela, Manual de Processo Civil, ob. cit., pp. 339-351.

[9] No jogo natural de evoluções e involuções, sentiu o legislador necessidade de – através do Decreto-Lei n.º 38/2003, de 8 de Março – proceder a "uma alteração significativa do regime relativo à citação". Através do referido diploma legal extinguiu-se a citação por via postal simples para as acções intentadas a partir da sua entrada em vigor (15 de Setembro) e estabeleceram-se novos procedimentos a observar na citação em acções para cumprimento de obrigações pecuniárias emergentes de contrato reduzido a escrito em que as partes tenham convencionado o local onde se têm por domiciliadas em caso de litígio. Daí que a Portaria n.º 953/2003 de 9 de Setembro tenha procedido à padronização dos modelos oficiais de carta para citação e notificação por via postal, de forma a permitir a sua utilização pelas diversas entidades remetentes sem deixar de contemplar as especificidades de cada tipo de processo.

distinção, considerada crucial nos tempos presentes, entre os chamados processos de jurisdição contenciosa e voluntária, por um lado, e processos especiais e processo comum, por outro, o legislador português tem vindo a abolir diversos processos especiais. Cremos convictamente que diversos outros poderiam ser abolidos, sem prejuízo para a inteligibilidade do sistema ou para a tutela dos interesses em presença. Sirva de exemplo a acção de despejo que o Código de Processo Civil durante largos anos consagrou como processo especial e que hoje, tranquilamente, segue a forma de processo comum.

**5.** Também a criação de múltiplas formas processuais simplificadas – com destaque para o processo de injunção[10] – enfatizam e evidenciam a mesma preocupação que constitui o núcleo integrador deste breve excurso. Ao permitir que por simples acto da secretaria judicial seja aposta, em requerimento não contestado, a fórmula do "exequatur", dotando-o assim de força executiva, o legislador quis manifestamente imprimir à cobrança das pequenas dívidas uma significativa celeridade e eficácia, por outra forma dificilmente alcançáveis, mesmo que à custa do sacrifício de princípios anteriormente considerados inderrogáveis.

**6.** O legislador português tem vindo a alargar o âmbito dos casos e termos em que deverá ter lugar a chamada "audiência preliminar" e – sobretudo – a ampliar os objectivos ou tarefas processuais que no seu decurso devem ser levadas a cabo[11]. É certo que os operadores judiciários menos experimentados poderão ter a tentação de não hierarquizar devidamente as finalidades essenciais[12] – e, de entre elas, a mais importante que é indiscutivelmente a "conciliação das partes" – no confronto com as finalidades acessórias[13]. Mas não é menos verdade que o tribunal está hoje investido de latos poderes que lhe permitem, se for conhecedor do seu ofício, agilizar sobremaneira os passos subsequentes do processo. Desnecessário será dizer que a falta de maturidade, de preparação ou de colaboração recíproca de todos os operadores envolvidos, pode transformar tal audiência preli-

---

[10] A tal propósito, cfr. o Decreto-Lei n.º 269/98 de 1 de Setembro.

[11] Sobre o regime jurídico de tal audiência preliminar, cfr. Miguel Teixeira de Sousa, Estudos Sobre o Novo Processo Civil, ob. cit., pp. 304-315. Sobre a sua configuração anterior ("audiência preparatória"), cfr. Antunes Varela, Manual de Processo Civil, ob. cit., pp. 357-366.

[12] Cfr. Miguel Teixeira de Sousa, ob. cit., pp. 308-314.

[13] Cfr. Miguel Teixeira de Sousa, ob. cit., pp. 314-315.

minar em mais um entrave ao desígnio último da descoberta da verdade material e, por essa via, em mais uma oportunidade perdida. Não deixa de ser curioso – e porventura lamentável – que algumas experiências pessoais menos bem sucedidas, por parte dos magistrados judiciais, vão tendo como consequência natural um menor recurso ao mecanismo ou instrumento processual da audiência preliminar.

Não faltam, aliás, argumentos para se poder considerar que a própria fixação da matéria de facto sobre a qual haverá de recair a prova poderia, eventualmente, ser feita no início da instrução[14].

Em definitivo, a conciliação das partes pode fazer-se a todo o tempo – como a experiência forense demonstra – podendo acusar-se de alguma ingenuidade a ideia, legislativamente consagrada, de que a conciliação tem dia e hora para ser feita[15].

**7.** Algumas alterações em matéria de procedimentos instrutórios – *maxime* de produção da prova – no direito processual civil português evidenciam a preocupação de agilizar o sistema processual.

O velho sistema das cartas precatórias deu lugar ao moderno sistema da videoconferência quando se trate de ouvir testemunhas que, residindo fora do círculo judicial, as partes não se tenham obrigado a apresentar (art. 623 do C.P.C.).

Mesmo que algumas disfunções pontuais sejam detectadas aqui e além, o sistema comporta virtualidades imensas que permitem tornear algumas das tácticas dilatórias que o sistema das cartas precatórias sempre comportava. E é bom de ver que a imediação que tal inquirição por videoconferência permite tem largos créditos sobre o sistema de administração da justiça resultante do somatório de depoimentos, reduzidos a escrito, com os quais o juiz do processo – por definição – não tinha qualquer contacto directo.

**8.** Também o sistema de apuramento da matéria de facto – com a substituição do tribunal colectivo (três juízes) por um único juiz acom-

---

[14] Em tal sentido se pronuncia, por exemplo, o artigo 451 do Código de Processo Civil Brasileiro, ao preceituar que "Ao iniciar a instrução, o juiz, ouvidas as partes, fixará os pontos controvertidos sobre que incidirá a prova".

[15] Também a este propósito o legislador brasileiro, com profundo sentido prático, estipula que "Antes de iniciar a instrução, o juiz tenta conciliar as partes. Chegando a acordo, o juiz mandará tomá-lo por termo".

panhado de gravação da prova – corresponde claramente a uma ideia de agilização do processo, embora a preocupação precípua dos mentores de tal alteração tenha sido, alegadamente, o reforço das garantias das partes. Com efeito – diz-se – o registo da prova nos termos em que foi consagrado (artigos 522-B e 646, n.º 1, alínea c) do C.P.C.) permite a existência efectiva de um duplo grau de jurisdição em matéria de facto.

Mais uma vez, a realidade tem demonstrado que das pias intenções às duras realidades vai uma assinalável distância. Não falta quem – sensatamente – defenda que a gravação da prova produzida em audiência de discussão e julgamento não deveria funcionar como alternativa ao sistema do tribunal colectivo mas antes como um aditivo – um qualquer *"plus"* – a tal sistema colegial de apuramento da matéria de facto.

Em definitivo, a troca de magistrados por gravadores não parece ter sido um bom negócio para a causa de administração da justiça embora possa sê-lo na estrita óptica da contenção de custos e de libertação de meios humanos para a tarefa de julgar a "enxurrada" de litígios com que os tribunais vão sendo assolados.

Salutar, no limite, seria a existência de um tribunal colectivo exigente, preparado e atento, secundado por um sistema de gravação da prova que nem sequer deveria limitar-se ao registo fonográfico (audio), devendo abranger também o registo de imagem (gravação vídeo).

Enquanto o legislador, por questões de política orçamental ou legislativa em sentido estrito, não decidir dar esse passo podem as partes, de comum acordo, não requerer a gravação da prova e permitir, por essa forma, a intervenção do tribunal colectivo em obediência a uma tradicional e consolidada prática judiciária. À face da legislação em vigor, basta – como se sabe – que uma das partes requeira a gravação da prova para que a intervenção do tribunal colectivo fique excluída.

## II. O QUE FALTA FAZER?

São múltiplos e insusceptíveis de inventariação exaustiva os aspectos que qualquer legislador processual deveria, sem demoras nem transigências, pôr em marcha. Sucintamente, referir-nos-emos a alguns dos que nos parecem mais evidentes.

**1.** Em matéria de formas de processo, a abolição do processo sumaríssimo parece-nos de acerto indiscutível. Não existem, com efeito, quaisquer singularidades, de essência ou de procedimento, que justifiquem a existência de tal forma de processo (art. 462.º do CPC). O próprio elemento histórico (visão diacrónica) abona pouco em favor de uma qualquer distinção entre o processo sumário e o sumaríssimo.

**2.** Em consequência de tal desejável alteração, também a delimitação – em razão do valor – entre o âmbito de aplicação de processo ordinário e o processo sumário deveria sofrer ajustamentos. Sabendo-se que tal delimitação se faz por referência ao valor das alçadas e conhecendo-se as consequências daí resultantes (*v.g.* admissibilidade ou não de recurso, competência dos tribunais em razão do valor) não repugna aceitar que o valor actual das alçadas dos Tribunais de Comarca e da Relação fosse significativamente alterado, aumentando os valores actuais[16]. Com isso se agilizariam procedimentos e se evitariam significativos caudais de recursos. Com isso se daria também um claro sinal de confiança cívica e política à depauperada credibilidade das decisões de primeira instância.

**3.** Também o número de processos especiais (artigos 944 e ss. do C.P.C.) deveria – em nosso entender – ser reduzido ao mínimo. São múltiplos os processos que, pela sua real inutilidade prática ou pela sua fácil formatação às regras do processo comum, deveriam perder o estatuto de "especiais". Com isso ganharia o sistema maior inteligibilidade, evitar-se-iam constrangimentos normativos ao apuramento de responsabilidades (*v.g.* artigos 1083 e ss. do C.P.C.), suprimir-se-iam processos sem efectivo interesse prático (*v.g.* artigos 1069 e ss. do C.P.C.) que justifique especial previsão, deslocar-se-iam para sede mais adequada normas que aparecem no leque de tais processos (*v.g.* artigos 1063 e ss. do C.P.C.). Far-se-ia, em suma, a higienização dos chamados processos especiais, sem prejuízo para a correcta administração da justiça mas pagando o devido tributo a ideias tão simples como a racionalidade, a inteligibilidade e a agilidade das formas processuais.

**4.** Em matéria de citações e notificações, não pode o legislador dispensar-se de aprofundar, de forma persistente e incessante, os múltiplos esforços e medidas que tem empreendido.

---

[16] Cfr. João Álvaro Dias, Os Custos da Justiça, Actas do Colóquio Internacional, Coimbra, 25-27 de Setembro de 2002, pp. 563-564.

Tudo de forma a que um exacerbado garantismo não tolha o passo à administração da justiça em tempo razoável, tanto quanto possível breve. Os novos meios de comunicação e de domiciliação (*v.g.* endereços electrónicos) e os seus inestimáveis contributos não podem deixar de influenciar, decisivamente, o muito que há por fazer no âmbito a que nos referimos.

**5.** Se o número de articulados e, sobretudo, os casos e termos em que os chamados articulados eventuais (réplica e tréplica) são admissíveis nos parecem ajustados, já a fase do saneamento ou condensação carecerá no futuro de profundos ajustamentos. Atrevemo-nos a pensar que nesta fase do processo e no mecanismo dos recursos (*v.g.* sua correcta configuração acompanhada de uma drástica simplificação) residem duas das causas maiores de estrangulamento de uma salutar e desejável resolução célere dos litígios judiciais.

Cremos, aliás, que alguns estudos de campo – com a análise do tempo de trabalho e prazos dispendidos em cada um destes momentos processuais – evidenciam isso mesmo.

Muito claramente não são a fase dos articulados – onde os prazos assinalados às partes são peremptórios e por isso mesmo escrupulosamente cumpridos – nem mesmo a fase da audiência de discussão e julgamento (onde o princípio da continuidade e a própria catarse que o epílogo do julgamento propicia servem de catalisador) que, em regra, contribuem para entorpecer a rápida resolução dos litígios judiciais.

Ao contrário, é frequente que os processos judiciais fiquem durante largos meses – excepcionalmente um ou mais anos – aparcados no lugar que o tráfego judiciário reservou ao "saneamento" ou "condensação" do processo.

Sendo tal realidade incontornável, uma de duas soluções se afigura razoável, podendo, no limite, indagar-se sobre o modo de uma criteriosa articulação entre ambas.

Ou se entende que o saneamento ou condensação do processo civil – nos precisos termos em que o conhecemos – é intocável por razões de cultura jurídica ou de funcionalidade, caso em que haverá que buscar soluções imaginativas e consistentes que permitam lidar com tal dado incontornável.

Ou se entende que o saneamento ou condensação – que nos habituámos a considerar incontornável – é um instrumento, entre muitos, susceptível de ajustamentos, alterações ou modificações que podem, no limite, ser radicais.

Ponto é que de tal radicalidade possa resultar um melhor serviço para a causa da administração da justiça, um melhor produto judiciário.

Ora, mesmo dando como adquirido que a actual configuração da fase do saneamento ou condensação não é imutável, é nossa convicção que, num primeiro momento, valeria a pena repensar o modo de intervenção judiciária em tal fase do processo. Reservando, designadamente, tal função a magistrados com um certo número de anos de carreira, nos tribunais onde o volume de tráfego judiciário e o número de magistrados em funções tornassem viável tal desígnio. Pela mesmíssima razão que há a figura do "juiz presidente do tribunal colectivo" poderia haver a figura do "juiz do saneamento ou condensação"[17]. Tudo de molde a permitir que a maturidade humana, profissional e técnica, permitisse, de forma estruturada e célere, distinguir, por um lado, o que é juridicamente relevante e o que é espúrio e, por outro lado, entre o que está provado (especificação) e o que importa provar em audiência de discussão e julgamento (base instrutória).

É sabido que os magistrados em início de carreira sofrem de verdadeira angústia face à dificuldade – que é real – em proceder criteriosamente às operações intelectuais que ficaram descritas, não sendo razoável exigir-lhes, prematuramente, tarefas para as quais não estão preparados.

A alternativa natural a tal delimitação de tarefas intra-processuais seria repensar o acesso e, sobretudo, o sistema de formação de magistrados judiciais[18].

Com o que se obteriam evidentes ganhos não apenas de produtividade mas sobretudo de credibilidade e eficácia na relação dos operadores judiciários que dão pelo nome de magistrados judiciais com os utentes do sistema.

**6.** No que toca ao sistema de recursos judiciais, mal se percebe a parafernália de dificuldades e subtilezas (*v.g.* de qualificação) de toda a ordem com que os operadores judiciários se confrontam. O sistema dualista que conhecemos (apelação e revista por um lado e agravo por outro) bem poderia dar lugar a um sistema monista (recurso para a Relação e

---

[17] Cfr. João Álvaro Dias, Os Custos da Justiça, Actas do Colóquio Internacional, Coimbra, 25-27 de Setembro de 2002, p. 564.

[18] Cfr. Benjamim Silva Rodrigues, Necessidades e Custos de Formação dos Operadores Judiciários, in Os Custos da Justiça, Actas do Colóquio Internacional, Coimbra, 25-27 de Setembro de 2002, pp. 18-30.

recurso para o Supremo) simples, racional e estruturado. Tal como se encontra o sistema é labiríntico, apenas inteligível (quando o é …) para iniciados, com rituais também eles iniciáticos.

Basta atentar na importância relativa e na extensão descritiva e analítica que os manuais de ensino universitário dispensam a tal matéria[19] para nos darmos conta de que o "curso" normal do processo se joga frequentemente nos "recursos". O que deveria ser excepcional adquire foros de normalidade e, à custa da frequência estatística e da complexa standardização de regime, o legislador viu-se mesmo obrigado a distinguir entre recursos ordinários e extraordinários.

Dentro da excepcionalidade que deveria caracterizar a ideia dos "recursos", o legislador vê-se obrigado a atribuir foros de cidadania a uns para sublinhar o carácter alienígena de outros.

Os 126 artigos que o Código de Processo Civil português dispensa a tal matéria, exigidos pela própria complexidade intrínseca com que tratou a mesma, poderiam salutarmente sofrer uma poda revigorante[20].

Curiosamente, pouco se tem falado disto em Portugal como se o estado de coisas vigente não fosse susceptível de vigorosas críticas e, questão decisiva e lamentável, como se o sistema não fosse susceptível de aperfeiçoamentos significativos.

**7.** Por último, o breve excurso que nos propusemos empreender ficaria sobremaneira amputado se não fizéssemos referência ao muito que há por fazer em matéria de simplificação do processo executivo.

Os múltiplos paradigmas possíveis da acção executiva põem em evidência que há ritos e procedimentos não apenas carecidos de sentido útil mas sobretudo gravemente entorpecedores da acção da justiça.

Sabendo-se que no processo executivo se joga a própria ideia de eficácia da justiça cível, ou a falta dela, nunca serão excessivos os esforços tendentes à simplificação e agilização do processo executivo[21]. Tal eficá-

---

[19] A título exemplificativo pode confrontar-se Miguel Teixeira de Sousa, Estudos Sobre o Novo Processo Civil, ob. cit., pp. 369-565.

[20] Sem quaisquer comparações apressadas ou despropositadas, sempre se dirá que o legislador brasileiro resolve idênticos problemas com 69 artigos (Título X, artigos 496 a 561 do Código de Processo Civil).

[21] São múltiplas as soluções consagradas pelo Decreto-Lei n.º 38/2003 de 8 de Março, que expressam a preocupação de tornar célere e transparente o mecanismo da execução. Desde a realização da penhora por comunicação electrónica (art. 838.º, n.º 1 do CPC), à publicidade da venda através, *inter alia*, da inclusão na página informática da

cia poderá passar, em grande número de procedimentos e actos, pela desjudicialização da acção executiva. Sem que, contudo, se perca de vista que o juiz da execução haverá sempre de ser o último garante da defesa dos direitos dos executados ou de terceiros em tudo o que não seja estritamente necessário a que a execução produza o seu efeito útil normal.

A reformulação da acção executiva (artigos 801 e ss. do C.P.C.) poderá ser um primeiro passo de uma longa caminhada[22]. E é bem provável que algum voluntarismo em tal reforma se tenha sobreposto à maturação, sedimentação e partilha de pontos de vista qualificados que bem necessários seriam, a bem de todos[23].

De momento pairam fundadas dúvidas e naturais apreensões sobre o acerto da caracterização funcional da figura (v.g. selecção, atribuições e competências) que o legislador decidiu baptizar de "solicitador de execução".

A reforma da acção executiva valerá o que valer o referido solicitador[24].

---

secretaria de execução (art. 890.º, n.º 1, do CPC), passando pela amplitude dos casos em que não tem lugar o despacho liminar (art. 812-A) – com o consequente reforço de poderes da secretaria judicial (art. 811.º) – até à possibilidade de efectivação da penhora sem citação prévia do executado (art. 812-B, n.ºs 1 e 2). Para já não falar da própria ordem de realização de penhora (art. 834.º), da agilização processual do mecanismo da penhora dos bens comuns do casal (art. 825) – em especial quando se trate de dívida constante de título diverso de sentença (art. 825.º, n.º 2). Se acrescentarmos – sempre a título puramente exemplificativo – a possibilidade de venda directa quando os bens a vender tenham sido objecto de contrato-promessa com eficácia real (art. 903.º), a dispensa de requisitos legais incontornáveis em situações de venda não executiva [(v.g. licença de utilização ou construção) (art. 905.º, n.º 6)] e a criação de um autêntico mercado mensal de venda de bens que se encontrem em depósito público (art. 907.º-A) bem se compreende como o legislador, com decidido voluntarismo, pretende pôr a funcionar os mecanismos da execução cível.

[22] O Decreto-Lei n.º 38/2003 de 8 de Março introduziu significativas alterações ao regime da acção executiva, procurando agilizar tal processo e dotá-lo da eficácia e credibilidade que a erosão social, económica e histórica lhe haviam retirado. Para uma análise não estritamente jurídica, particularmente qualificada, cfr. Diogo Lacerda Machado, in Actualidade Jurídica, Ano VII, Série III, 2003, pp. 5-7.

[23] Para uma análise essencialmente descritiva de algumas das mais significativas alterações introduzidas no processo executivo, cfr. Paula Costa e Silva, A Reforma da Acção Executiva, Coimbra Editora, 2003, p. 3 e ss.

[24] A centralidade da figura do solicitador de execução é absolutamente incontornável (art. 808.º do C.P.C.). Com efeito é ele que procede à penhora por comunicação electrónica (n.º 1 do art. 838 CPC e art. 48 do C. Registo Predial) ou nos termos gerais; é

Resta-nos esperar – é o que **solicitamos** – que tal personagem valha por si e traga, por essa forma, uma valia adicional a um processo executivo sobremaneira debilitado[25].

---

ele que lavra o auto de penhora e publica os editais (n. 3 do art. 838) e mais tarde publicita a venda (art. 890, n.ºs 2 e 3); é ele que é constituído depositário dos bens e deles toma posse efectiva (art. 840). – A ele cabe requerer ao juiz que determine a requisição do auxílio da força pública se necessário (art. 840, n.º 2); administrar os bens, socorrendo-se, de colaboradores que actuam sob a sua responsabilidade (art. 843, n.º 3 do CPC); decidir sobre a modalidade da venda, o valor de base dos bens a vender e a eventual formação de lotes, com vista à venda em conjunto de bens penhorados (art. 886, n.ºs 1 e 2), embora com intervenção judicial havendo discordância relativamente à decisão (art. 885, n.º 5 do CPC). Ao solicitador de execução cabe ainda promover o cancelamento dos registos dos direitos reais que caducam com a venda (art. 888 CPC) e não sejam de cancelamento oficioso pela conservatória; assistir à abertura das propostas entregues na secretaria do Tribunal (art. 893, n.º 1 CPC); emitir o título de transmissão a favor do adquirente (art. 900 n.º 1 CPC) e comunicar a venda ao conservador do registo predial competente (art. 900 n.º 2).

É à ordem do solicitador de execução que é depositado o preço pelo comprador, em instituição de crédito (art. 905, n.º 4 do CPC); é a ele que pode ser feito o pagamento mediante entrega directa (art. 916, n.º 3); é à ordem dele que o gerente do estabelecimento de leilão deposita o preço da venda (art. 906, n.º 4).

Curiosamente pode coincidir na mesma pessoa a qualidade de agente de execução e de gerente da casa de leilões.

A única figura capaz de se atravessar no caminho do solicitador de execução é o "mediador oficial" (art. 905, n.º 3) e – passe a ironia – só excepcionalmente o juiz.

[25] Procurando pôr termo a tácticas dilatórias e fraudatórias de diversa natureza, o legislador criminaliza condutas de frustração de créditos (art. 227-A do Código Penal), institui o mecanismo da sanção pecuniária compulsória (1% ao mês) para os casos de declarações falsas (art. 833, n.º 7), obriga à entrega de meios efectivos de pagamento (v.g. cheque visado) ao agente de execução no momento da entrega das propostas de compra (art. 897.º n.º 1) e permite a venda antecipada de bens (art. 886.º-C), podendo a respectiva urgência determinar a venda por negociação particular (art. 904.º, al. c)).

# A SIMPLIFICAÇÃO DO PROCESSO CIVIL BRASILEIRO

SÁLVIO DE FIGUEIREDO TEIXEIRA*

SUMÁRIO: 1. Introdução: origem e evolução do processo Civil; 2. A evolução histórica do processo civil no direito brasileiro; 2.1 Brasil Colônia; 2.2 Brasil Império; 2.3 República; 2.4 Código de Processo Civil de 1939; 2.5 Código de Processo Civil de 1973; 2.6 A década de oitenta; 3. O processo civil brasileiro em face da Constituição de 1988; 4. A "Reforma" processual; 5. A arbitragem no sistema brasileiro; 6. As simplificações introduzidas pela Lei n. 9.756/98. As decisões monocráticas pelos relatores; 7. A segunda etapa da "Reforma"; 8. A terceira etapa da "Reforma": a extinção do processo de execução por quantia certa contra devedor solvente; 9. Novos anteprojetos; 10. Conclusão.

## 1. Introdução: origem e evolução do processo

Segundo a classificação mais difundida, os grandes sistemas jurídicos se dividiriam em três grandes famílias, a saber, a romano-germânica, a do *common law* anglo-americana e a dos direitos socialistas, figurando em um quarto grupo os outros sistemas, entre os quais os africanos e os orientais (muçulmanos etc).

O direito brasileiro situa-se na primeira dessas famílias, conhecida como *civil law*, regida preponderantemente por normas escritas, localizando-se as origens do nosso processo, por via de conseqüência, no antigo direito romano. Festejados pela formulação dos seus institutos jurídicos e pelo culto ao direito, os antigos romanos muito deixaram a desejar,

---

* Ministro do Superior Tribunal de Justiça. Professor. Doutor em Direito. Membro da Academia Brasileira de Letras Jurídicas. Presidente da Comissão de Reforma do Código de Processo Civil.

entretanto, em suas concepções no campo processual, especialmente no período arcaico (da Monarquia) e na fase clássica (da República), períodos que foram da fundação de Roma (754 a.C.) ao século III d.C., correspondentes à chamada *ordo judiciorum privatorum*.

Se o período seguinte (pós-clássico, imperial), conhecido como da *cognitio extra ordinem*, representou considerável avanço pelo surgimento do juiz oficial e, em decorrência, da Justiça pública e da função jurisdicional, não menos certo também é que o processo, então conhecido como *iudicium* (*actum trium personarum*), pouco evoluíra como instrumento eficaz de solução dos litígios.

Lenta foi também a sua evolução sob o domínio barbárico e até mesmo sob os influxos do direito comum, que resultara da reação romano--canônica, influenciada inclusive pelo surgimento das primeiras Universidades no século XI. E não menos moroso foi o seu avançar no período intermédio, sem embargo do trabalho desenvolvido por glosadores e pós--glosadores.

Os primeiros sinais de vitalidade, todavia, surgiram com o "procedimentalismo francês", que, emergindo no crepúsculo do século XVIII, influenciou diversos ordenamentos europeus, fase na qual tiveram marcante presença as conquistas da Revolução de 1789, abolindo formalidades e enriquecendo o processo com princípios como o da publicidade, o do contraditório e o dispositivo clássico, segundo o qual *iudex secundum allegata et probata partium iudicare debet*.

Em meados do século XIX, estudos de maior profundidade, realizados na Alemanha, sobretudo por Windscheid e Muther, Oscar von Bulow e A. Wach, vieram dar autonomia científica ao Direito Processual, aí surgindo a denominada fase autonomista, levada à Itália via Chiovenda, seu vulto mais notável, sendo ainda de destacar-se a valiosa contribuição dada por Franz Klein, o grande reformador do processo civil austríaco, ao focalizar o processo em seu modelo social e como manifestação cultural, ligando-o aos grandes movimentos intelectuais da História.

Célere tem sido a evolução do processo desde então, sendo acaciano dizer do seu relevo nos dias atuais, o que se reflete não apenas na densidade jurisprudencial em temas processuais, mas particularmente no número impressionante de teses e obras que são publicadas.

Vive-se uma nova fase, a da instrumentalidade, que descortina o processo como instrumento da jurisdição imprescindível à realização da ordem jurídica material, à convivência humana e à efetivação das garantias constitucionalmente asseguradas, apresentando-se como tendências atuais do processo, entre outras, a sua internacionalização e a preocupação com o social e com a efetividade da tutela jurisdicional.

Desvinculando-se do seu antigo perfil liberal-individualista, o processo contemporâneo, sem abandonar o seu prioritário escopo jurídico, tem igualmente objetivos políticos e sociais, na medida em que reflete o estágio histórico e cultural do meio em que atua.

Segundo doutrina de ponta, algumas "ondas" têm caracterizado essa fase instrumentalista. Na primeira delas, deu-se ênfase à assistência judiciária e, na segunda, ao acesso de grupos sociais à tutela judicial.

Na "onda" atual, a preocupação se volta para a efetividade dessa prestação, refletindo ideais de justiça e princípios fundamentais, tendo como idéias matrizes o acesso a uma "ordem jurídica justa" (Kazuo Watanabe) e a celeridade na solução do litígio, ao fundamento de que somente procedimentos ágeis e eficazes realizam a verdadeira finalidade do processo.

Outra idéia sempre presente nos atuais estudos processuais de vanguarda é a vinculação cada vez mais próxima do processo com o Direito Constitucional. A uma, porque é no Direito Constitucional que o processo vai buscar seus princípios mais nobres. A duas, porque é no processo que o Direito Constitucional encontra o instrumento eficaz para assegurar as garantias da cidadania e a realização coativa da ordem jurídica. Nesse quadro é que se situa o processo brasilciro, hoje na primeira fila dos estudos processuais contemporâneos.

## 2. A evolução histórica do processo civil no direito brasileiro

### 2.1. *Brasil Colônia*

Quando do descobrimento do Brasil em 1500, Portugal regia-se pelas "Ordenações Afonsinas", de 1446, sucedidas em 1521 pelas "Manuelinas". Tais "Ordenações" eram calcadas no direito romano, no direito canônico, nas leis locais, na praxe e nos costumes.

Em 1603, no reinado de Felipe I, foram promulgadas, também em cinco (5) livros, as "Ordenações Filipinas", mais conhecidas como "Ordenações do Reino", que tiveram longa vigência em relação ao nosso País, por mais de três séculos, a ultrapassarem no tempo até mesmo a nossa independência política de 1822.

O seu Livro III cuidava do processo civil, predominantemente escrito e sem iniciativa do juiz, como era característico à época, recordando-se que somente em meados do século XIX iria surgir o processualismo científico, que resultou na autonomia do processo como ramo da ciência jurídica.

A Justiça, entre nós, de feição municipal, era prestada pelos juízes de fora, impostos pelos reis, mas sobretudo era exercida pelos chamados juízes ordinários ou da terra, juízes locais escolhidos pelo povo, em eleição, entre os homens bons da terra, que aplicavam um processo verbal e sumário[1].

Estava-se, então, no período do direito comum, sob a influência dos direitos romano e canônico.

Logo após, todavia, por volta de 1563, surgiria um novo período, "dos práticos", influenciado, entre outros, pelos seguintes fatores:

> "a) o cansaço originário do estudo sistemático de obras antigas, especialmente do direito romano, todas escritas em latim e dificultando, conseqüentemente, o acesso às mesmas por parte considerável daqueles que desejavam estudar o direito;
> b) o interesse dos povos voltado para o nacionalismo, pelas coisas da própria terra, em abandono – embora não sistemático – do passado remoto de outros povos;
> c) a invenção da imprensa, gerando oportunidade para a impressão de maior quantidade de livros. Em se aumentando a quantidade, necessário se faria também o aumento do número de leitores;
> d) o abandono da língua latina em favor da língua nacional, do vernáculo; com isto, os escritores poderiam ser lidos por um número bem maior de pessoas;
> e) a necessidade de se dotar os estudiosos do direito de obras práticas, em lugar das até eminentemente técnicas e científicas"[2].

Apesar de ter perdurado até 1806, esse período não foi dos mais produtivos em se tratando de progresso do direito, em que pese o número de livros editados. Sua contribuição, contudo, não foi tão insignificante e reduzida como chegaram muitos a afirmar. Ademais, não se pode deixar de considerar que se vivia, à época, sob os absurdos e temores da Inquisição.

---

[1] PACHECO, José da Silva. *Evolução do Processo Civil Brasileiro*. 2. ed. Rio de Janeiro: Renovar, 1999. n.ºs 7, 9 e 10.

[2] PRATA, Edson. *História do processo civil e sua projeção no direito moderno*. Rio de Janeiro: Forense, 1987. cap. V.

Em Portugal, os autores se dividiam em "comentadores" (das "Ordenações"), "casuístas" (que comentavam as decisões judiciais) e "praxistas" (que se dedicavam à matéria processual e às práticas notariais).

Nesse contexto, é de recordar-se que, não obstante nossas mais distantes origens processuais estejam sobretudo no direito romano, com os acréscimos do direito comum, o direito processual brasileiro descende diretamente do direito português, sendo marcante a influência, entre outros, de Pereira e Sousa, Lobão e Correia Teles.

### 2.2. *Brasil Império*

Declarada no Brasil a sua Independência em 7 de setembro de 1822, pouco a pouco a legislação lusa foi sendo substituída, tendo muito contribuído para tanto a primeira Constituição brasileira.

Para substituir as "Ordenações" e as várias leis que as modificavam, em 28.12.1876 adotou-se a "Consolidação Ribas", que, não se contentando em compilar a disciplina legal existente, foi além, enriquecendo o seu texto com suporte no direito romano e na doutrina.

Ainda no Império, um outro importante fator viria contribuir para a evolução da ciência processual no Brasil, a saber, a criação das nossas primeiras Faculdades de Direito, a primeira delas em 11 de agosto de 1827, em São Paulo, e a segunda, de Olinda, Pernambuco, instalada em 15 de maio do ano seguinte, dando-se ênfase ao ensino do direito público e à teoria do processo.

Nesse período, destacaram-se nos estudos do processo civil, entre outros, o pernambucano Paula Batista e o paulista João Mendes Júnior.

### 2.3. *República*

Proclamada a República em 15 de novembro de 1889, a primeira Constituição republicana, de 1891, instituiu a dualidade de Justiça – Justiça Federal e Justiça Estadual – assim como a dualidade de processos, incumbindo à União Federal e aos Estados legislar sobre a matéria processual.

Da parte atribuída ao Governo federal, a consolidação restou aprovada em fins de 1898, pelo Dec. 3.084. Quanto aos Estados, foram editados Códigos de Processo Civil em quase todos eles, à exceção do Amazonas, Alagoas e Mato Grosso

### 2.4. Código de Processo Civil de 1939

Na Constituição de 1934, ao retornar-se ao sistema unitário, atribuiu-se somente à União a competência para legislar em matéria processual, sistema igualmente adotado nas Constituições seguintes, de 1937, 1946 e 1967.

Como conseqüência dessa nova orientação, a partir de 1934 tornou-se necessária a feitura de um Código de Processo Civil de âmbito nacional.

Largamente influenciado pelo processo continental europeu e pelo aprimoramento da técnica processual que caracterizava a fase autonomista do processo civil, inaugurada na segunda metade do século XIX, voltou o legislador suas preocupações para o princípio da oralidade e em evitar as nulidades sanáveis, pecando pelo grande número de recursos, procedimentos especiais e, sobretudo, pela ausência de preocupação, a refletir a nossa doutrina à época, com os escopos sociais e políticos do processo, com os novos ventos de renovação que já se faziam sentir no estrangeiro em torno da sua instrumentalidade.

### 2.5. Código de Processo Civil de 1973

O descompasso do Código de 1939 com a sociedade de então, particularmente após a queda da ditadura no País e a derrota do nazi-facismo na Segunda Grande Guerra em meados da década de quarenta, assim como o seu distanciamento da doutrina que aflorava em países mais adiantados, refletiam-se na insatisfação com o modelo então vigente, a exemplo do que ocorria com o Código de Processo Penal, a gerar movimentos pela modificação do quadro existente.

Preocupado com a ineficiência da prestação jurisdicional, o governo militar, que se instalara no País em 1964, convidou ilustres professores para essa tarefa, sob o comando do Prof. Alfredo Buzaid.

O Código de 1973, todavia, não alcançou seus objetivos. Embora de elogiável técnica, muito deixou a desejar em termos de aplicação.

Dinamarco, ao apreciá-lo, em aguda análise observou que o Código de 1973 não alterou substancialmente o Código de 1939, concluindo que o Código de Processo Civil não representou

> "uma revolução metodológica, ideológica ou estrutural em relação ao precedente. Consagra um modelo processual equivalente ao que tínhamos

antes, embora revestindo de melhor aspecto estético alguns institutos, aperfeiçoando outros e, sem dúvida alguma, introduzindo alguns progressos substanciais. É um Código individualista como o de antes e o estilo de processo e procedimentos que oferece é o mesmo"[3].

Sua ineficiência se deveu, ainda, sem dúvida, ao processo da sua elaboração, a refletir o regime totalitário então existente e à pouca preocupação, à época, com a efetividade.

Na década de setenta, outra inovação de destaque foi o surgimento da "Lei do Divórcio" (Lei 6.515, de 26.12.1977), que, a par das suas normas de direitos material, contém muitas outras de direito processual, algumas das quais a adaptar a legislação codificada ao novo diploma.

Enquanto as reivindicadas alterações do Código não se faziam, paralelamente, no entanto, já na década seguinte, foram surgindo modificações significativas na legislação especial brasileira no tocante ao processo civil, a alcançar até mesmo o texto constitucional.

### 2.6. A década de oitenta

Já em 1980, novas leis de cunho processual foram editadas.

A primeira delas, a Lei n.° 6.825, de 22.9.80, buscou dar maior celeridade à Justiça Federal.

A segunda, a Lei n.° 6.830, de 22.9.1980, veio dispor sobre a cobrança judicial da dívida ativa da Fazenda Pública, ainda vigente.

Quatro anos depois, em 1984 (7.11), surgiu importante inovação legislativa no plano processual, com a edição da Lei n.° 7.244, que disciplinava o processo e o procedimento dos "Juizados de Pequenas Causas" a serem instituídos pelos Estados e Distrito Federal, cujo sucesso veio ter repercussão favorável na Constituição de 1988 (art. 98), que tornou obrigatória a adoção dos Juizados Especiais Cíveis e Criminais, posteriormente disciplinados pela Lei 9.099/95.

Outra lei de excepcional relevo surgiu no ano seguinte, em 24.7.1985, a "Lei da Ação Civil Pública", a tutelar jurisdicionalmente os interesses e direitos difusos e coletivos, a disciplinar ações coletivas e a legitimação do Ministério Público, de associações e entidades para a

---

[3] DINAMARCO, Cândido Rangel. *A reforma do Código de Processo Civil*. 5. ed. rev., ampl. e atual. São Paulo: Malheiros, 2001, cap. I, n.° 2.

defesa do meio-ambiente, do consumidor, de bens e direitos de valor artístico, estético, histórico, turístico e paisagístico.

Aprimorando em parte essa lei, editou-se em 11.9.1990 a Lei 8.078, conhecida como "Código de Defesa do Consumidor", lei também avançada e bem elaborada. Além de modificar substancialmente o direito material, notadamente no plano do direito privado, rejuvenescendo em muito o nosso direito positivo nessa área, trouxe ela, igualmente, importantes modificações sob o prisma processual. A par de integrar-se à precedente lei da ação civil pública (Lei 7.347/85), por hábil mecanismo de interação de normas (art. 117), aprofundou-se na disciplina das ações coletivas, dispondo ainda sobre a tutela de interesses homogêneos, legitimação de partes e a coisa julgada *erga omnes* e *ultra partes*[4].

Outras leis importantes foram ainda editadas nessa quadra legislativa, merecendo registro a Lei 7.115, de 29.8.1983, a Lei 8.009, de 30.3.1990 e a Lei 8.069, de 11.9.1990.

A primeira delas, por facilitar o acesso à Justiça, ao dar presunção *juris tantum* de veracidade às declarações do interessado ou seu procurador sobretudo no que toca à condição de pobreza, tema que se vincula à proteção constitucional da assistência jurídica integral e gratuita.

A segunda, ao estabelecer e disciplinar a impenhorabilidade do bem de família, como tal qualificado o imóvel residencial do executado.

A terceira, por dispor, em capítulo específico, no campo da criança e do adolescente, sobre a "*proteção judicial dos interesses individuais, difusos ou coletivos*".

Como se nota, três leis com conteúdo também processual e de largo alcance social.

## 3. O processo civil brasileiro em face da Constituição de 1988

Não bastassem tantas e tão significativas mudanças legislativas na década de oitenta, são de acrescentar-se as inovações introduzidas pela Constituição de 1988, pródiga no campo processual. Por vezes, poder-se--ia aduzir, até em excesso.

---

[4] A respeito do sistema brasileiro de proteção ao consumidor, sob os ângulos do direito material e do direito processual, Milão, 14.5.2002, in *Revista do Direito do Consumidor*, n. 43/69-110, São Paulo, 2002.

Com efeito, não obstante a nossa tradição em Constituições analíticas, não se justificava constitucionalizar com tanta ênfase a disciplina processual no respeitante às regras, e até mesmo em relação a princípios, conhecida a distinção entre estes e as garantias. Além de ampliar desnecessariamente o texto constitucional, a inclusão de determinadas normas de índole processual no corpo da Lei Maior desservem ao processo e ao próprio sistema jurídico, sabido o quão difícil é a emenda de uma Constituição.

Exemplo eloqüente disso é o sistema recursal, em parte expressiva engessado no texto constitucional, enquanto o número de recursos, já alarmante no Supremo Tribunal Federal, no Superior Tribunal de Justiça e no Tribunal Superior do Trabalho, continua crescendo aos milhares nessas Cortes, de forma esdrúxula, sem que nada de mais efetivo, sob tal enfoque, se possa fazer em nível infraconstitucional, porque as alterações, como a adoção do *writ of certiorari*, a súmula vinculante e outros mecanismos de contenção, ficam na dependência da reforma constitucional, que tramita lentamente há anos no Congresso Nacional.

Outro exemplo é o concernente à competência. Mais de uma década passada após a criação do Superior Tribunal de Justiça (1988), ainda persistem os choques de competência entre esse Tribunal e o Supremo Tribunal Federal, o que, muitas vezes, faz a mesma matéria ser apreciada, desnecessariamente, por ambos os Tribunais, e a situar o Superior Tribunal de Justiça como instância intermediária. Outras vezes, fica a perplexidade em definir-se a qual dos dois Tribunais deve ser dirigido o recurso, como nos casos de alegação de direito adquirido, dado que esse instituto é previsto, entre nós, tanto na lei ordinária ("Lei de Introdução") como no texto constitucional.

Além disso, segundo os estudiosos no tema estão a consignar, se a criação do Superior Tribunal de Justiça teve também por objetivo deixar ao Supremo Tribunal Federal a matéria constitucional, e estando esse Tribunal com sobrecarga de serviço, não se justifica que certas matérias ainda permaneçam na esfera de sua competência.

Esses e outros exemplos estariam a demonstrar a necessidade de uma purificação do sistema em matéria de competência.

O que é inegável, porém, é que a Constituição de 1988 foi generosa em contemplar o direito brasileiro com novos institutos e novas regras no campo do processo civil.

Com efeito, além de preocupar-se com a atuação do julgador, prestigiar o Ministério Público e valorizar o advogado e o defensor público e acentuar o valor do devido processo legal, a Constituição de 1988 priorizou o acesso à Justiça, destacando, *verbi gratia*:

1 – a obrigatoriedade da instalação de juizados especiais para o julgamento e execução de causas cíveis de menor complexidade e infrações penais de menor potencial ofensivo, mediante procedimento oral e sumaríssimo, permitido o julgamento de recursos por turmas de Juízes de primeiro grau;

2 – a legitimação de entidades associativas para atuarem em juízo representando seus filiados, mitigando a rigidez do art. 6.º do CPC;

3 – a ampliação das funções institucionais do Ministério Público;

4 – a adoção da defensoria pública a nível constitucional, como órgão incumbido da orientação jurídica e da defesa, em todos os graus, dos necessitados;

5 – a diversificada legitimação ativa para a propositura da ação de inconstitucionalidade a nível federal, ensejando também o controle pela via direta em nível estadual, vedada a atribuição da legitimação para agir a um único órgão;

6 – o tratamento constitucional à ação popular para a proteção de direitos coletivos vinculados ao meio ambiente, ao consumidor e ao patrimônio histórico e cultural;

7 – o alcance dado ao mandado de segurança para proteger direito coletivo quando demonstradas de plano a liquidez e certeza;

8 – o *habeas data*, para acesso do cidadão a registros de bancos de dados, assim como para a retificação de dados, ressalvada ao interessado a preferência por processo sigiloso, judicial ou administrativo;

9 – a previsão do "mandado de injunção" quando a falta de norma regulamentadora tornar inviável o exercício das liberdades constitucionais e das prerrogativas inerentes à nacionalidade, à soberania do povo e à cidadania.

## 4. A "Reforma" processual

A par de outras alterações, a década de noventa, em sua primeira metade, notadamente nos anos de 1992 a 1995, se caracterizou pelas mudanças trazidas pela primeira fase do movimento conhecido como "Reforma Processual".

Após 20 anos de frustradas tentativas da comunidade nacional em ver modificado o Código de 1973, movimentos gerados pela "Associação dos Magistrados Brasileiros" e pelo "Instituto Brasileiro de Direito Processual", Seccional do Distrito Federal, levaram o Ministério da Justiça a expedir a Portaria n.º 145/92 (DOU de 30.3.92), na qual se nomeou o então Diretor da "Escola Nacional da Magistratura" para presidir "Comissão de Juristas encarregada de promover estudos e propor soluções com vistas à simplificação dos Códigos de Processo Civil e de Processo Penal"[5].

Antevendo que um importante canal se abria, não apenas para corrigir deficiências e suprir carências há muito apontadas, mas sobretudo para a participação da comunidade jurídica na elaboração e no aprimoramento das nossas leis, a "Escola", não obstante suas carências materiais, aceitou a missão e de início fixou como metodologia: a) localizar os pontos de estrangulamento da prestação jurisdicional; b) deixar de lado divergências de ordem doutrinária ou meramente acadêmica, valendo-se inclusive das boas sugestões apresentadas anteriormente; c) encaminhar as sugestões não em um único anteprojeto, mas em vários, setoriais, inclusive para viabilizar a aprovação no Congresso Nacional, uma vez que um único pedido de vista poderia comprometer todo o trabalho; d) aproveitar a própria disposição dos artigos existentes, abrindo espaço para novos se necessário (v.g., arts. 272/273), mas sem alterar a fisionomia do Código; e) buscar o consenso nas alterações propostas, democratizando o debate, fazendo da reforma não uma manifestação isolada da magistratura, mas uma reivindicação uníssona de todos os segmentos interessados, nela integrando foro e Universidade, professores, doutrinadores, juízes, advogados, defensores e representantes do Ministério Público.

Com o prestigioso aval do "Instituto Brasileiro de Direito Processual", sem maiores formalidades, foram constituídas comissões e passou-se à formulação de anteprojetos.

Dezesseis(16) foram os anteprojetos elaborados em relação ao processo penal, dos quais quinze(15) foram divididos em cinco(5) blocos pelo critério da afinidade e um(o do júri) foi destacado, conforme se vê de publicação no DOU de 25.11.1994(págs. 17.854/17.869), onde lançada uma correspondente exposição de motivos.

Convertidas em projetos, com algumas alterações do Executivo, e levadas ao Legislativo, essas propostas já começavam a ser debatidas e aprovadas no Congresso Nacional(v.g., Lei n.º 9.271, DOU de 18.4.1996), quando o Ministério da Justiça resolveu reexaminá-las[6].

---

[5] *Revista de Processo,* 67/135.

[6] Sobre o prosseguimento dessa reforma do processo penal, v. Revista Forense, Rio de Janeiro, vol. 352/167.

A reforma do Código de Processo Civil, que antecedeu à do Código de Processo Penal, embora com idêntica metodologia e com objetivos também de agilização, simplificação e eficiência, – efetividade, em suma –, partiu, no entanto, de premissas até certo ponto distintas. Com efeito, enquanto o Código de Processo Penal se tornou ineficiente pelo envelhecimento, sem oportunas e parciais cirurgias, o Código de Processo Civil, ainda jovem, com pouco mais de vinte e cinco (25) anos e bela arquitetura, estava a necessitar, praticamente, apenas de correções que o ajustassem às suas finalidades, dado o divórcio entre o modelo e a realidade.

Com esse objetivo, onze(11) foram os anteprojetos elaborados, dos quais dez(10) se converteram em leis – n.º 8.455/92 (perícias); n.º 8.710/93 (citação/intimação por via postal); n.º 8.898/94 (liquidação); n.º 8.950/94 (recursos); n.º 8.951/94 (consignação e usucapião); n.º 8.952/94 (processos de conhecimento e cautelar); n.º 8.953/94(processo de execução); n.º 9.079/95 (ação monitória); n.º 9.139/95 (agravo) e n.º 9.245/95 (procedimento sumário), restando no Congresso apenas o da uniformização da jurisprudência relativamente às "demandas múltiplas" (causas repetitivas), no aguardo da solução prevista na reforma constitucional, que poderá prejudicá-lo.

Deu-se por concluída, assim, a primeira etapa da "Reforma".

Muitas e significativas foram as alterações havidas nessa primeira etapa, de que são exemplos os avançados institutos da "tutela antecipada"(art. 273) e da "tutela específica"(art. 461), os quais, bem aplicados, estão a dar novo perfil à prestação jurisdicional no Brasil, hoje no grupo de vanguarda do processo civil contemporâneo.

São tantas as inovações e aspectos a assinalar que inviável se apresenta uma síntese em breve exposição[7].

Ultrapassada a fase de adaptação e o natural ceticismo de alguns, a realidade forense já está a refletir as conseqüências dessas mudanças, pelas quais foro e doutrina tanto reivindicavam desde quando editado o Código em 1973.

## 5. A arbitragem no sistema brasileiro

A segunda metade da década de noventa, além de outras alterações menores, trouxe ao nosso ordenamento importante diploma processual, a

---

[7] *Reforma do Código de Processo Civil*, Saraiva, SP, 1996, cap. 53; DINAMARCO, Cândido Rangel, *A reforma do Código de Processo Civil*, Malheiros, 1995 (1ª ed.).

chamada "lei da arbitragem" (Lei n.° 9.307, de 23.9.1996), que não só extirpou do Código de Processo Civil o ineficiente "juízo arbitral", nele disciplinado, como reintroduziu em nosso direito, de forma bem mais aprimorada[8], a arbitragem, de tanta eficiência em países mais evoluídos, mas cuja inserção na realidade brasileira sempre encontrou dificuldades, à falta de uma cultura desse instituto entre nós.

A arbitragem brasileira, modelada pela Lei n. 9.307, de 23.09.1996, ao revogar os arts. 1.072 a 1.102, CPC, instituiu duas modalidades: arbitragem de direito e arbitragem de eqüidade, além de disciplinar os efeitos, no Brasil, da arbitragem internacional.

A arbitragem se diz de direito ou de eqüidade conforme devam os árbitros decidir de acordo com as regras de direito ou com os princípios da eqüidade, a critério das partes (art. 2.°, *caput*, LA). Estas podem escolher livremente as regras de direito que serão aplicadas na arbitragem, desde que não haja violação dos bons costumes, da ordem pública (art. 2.°, § 1.°, LA), nem ofensa à soberania nacional.

Embora a lei de arbitragem brasileira não contenha expressa permissão para a decisão de uma controvérsia mediante aplicação conjunta de regras de direito e princípios de eqüidade, nenhum obstáculo se opõe a que as partes autorizem o árbitro ou tribunal arbitral a fazê-lo. Podem também as partes convencionar que a arbitragem se realize com base nos princípios gerais de direito, nos usos e costumes e nas regras internacionais de comércio (art. 2.°, § 2.°, LA). A propósito, observa Carreira Alvim que, quando a arbitragem é de direito, a atividade do árbitro se equipara à atividade do juiz togado, com a única diferença de ser o julgador um juiz convencional, mas esbarra, igualmente, nos limites do que tiverem as partes convencionado.

A arbitragem brasileira, além de dispensar a homologação da sentença proferida pelos árbitros, é do tipo facultativa, dependendo da vontade das partes a sua instituição, ao contrário de outros sistemas jurídicos, em que ela é obrigatória. Entre nós, jamais poderia a lei impor a arbitragem ser obrigatória, porque ofenderia a garantia posta no art. 5.°, XXXV, da Constituição, segundo o qual *"a lei não excluirá da apreciação do Poder Judiciário a ameaça ou lesão a direito"*.

---

[8] CARMONA, Carlos Alberto. *A arbitragem no Processo Civil Brasileiro*. São Paulo: Malheiros, 1993. ALVIM, José Eduardo Carreira. *Tratado geral da arbitragem*. Belo Horizonte: Mandamentos, 2000.

Daí a razão da "convenção de arbitragem", compreendendo: a) a "cláusula compromissória", mediante a qual, com o concurso da vontade das partes, mesmo antes do surgimento de eventuais conflitos, as partes assumem o compromisso de se louvar em árbitro para a sua resolução; b) o "compromisso arbitral", mediante o qual as partes submetem à apreciação do árbitro um conflito atual para que seja resolvido por essa via alternativa mas jurisdicional (arts. 4-.° e 9.°, LA).

## 6. As simplificações introduzidas pela Lei n. 9.756/98. As decisões monocráticas pelos relatores

Sob a iniciativa do Superior Tribunal de Justiça e com o apoio do Legislativo, do Supremo Tribunal Federal e do Tribunal Superior do Trabalho, contando ainda com a contribuição do movimento reformista, o Executivo fez aprovar, em 1998, o projeto que resultou na Lei 9.756/98, a introduzir significativas mudanças no sistema recursal vigente.

Constituíram os principais objetivos desse novo diploma: a) – tornar mais ágil o sistema recursal, quer ao adotar-se a modalidade retida dos recursos extraordinário e especial, quer ao simplificar e coibir os excessos de índole procrastinatória, quer ao ampliar os poderes do relator; b) – dar maior eficácia às decisões emanadas dos Tribunais Superiores e do Supremo Tribunal Federal, valorizando a jurisprudência sumulada, uniforme ou dominante; c) – simplificar o controle da constitucionalidade das leis, valorizando, inclusive, as decisões do Supremo Tribunal Federal e dando-lhes, de forma indireta, efeito vinculante (CPC, art. 481, parágrafo único).

Além desses, diversos outros aspectos seriam merecedores de atenção.

O art. 2.°, por exemplo, cuida especificamente de matéria processual no campo laboral, dando nova disciplina aos arts. 896/897, CLT.

O art. 511, CPC, por sua vez, na linha da jurisprudência que veio a formar-se no Superior Tribunal de Justiça, procurando mitigar a rigidez do pressuposto recursal, recebeu um novo parágrafo (2.°), pelo qual se possibilita ao recorrente completar, no prazo de cinco (5) dias, o preparo insuficiente. A propósito, convém observar que a intimação, de que fala a norma, deve efetivar-se na pessoa do advogado do recorrente, nos termos dos arts. 236/237, CPC, não se aplicando à espécie a intimação "pessoal" da parte, o que somente se dá nos casos especificados em lei (v.g., arts. 267-§ 1.°; 343-§ 1.°).

Outra alteração, decorrente da experiência vivenciada pelo Superior Tribunal de Justiça, e de natureza simplificadora, com reflexos na rapidificação dos processos, situa-se na introdução do parágrafo único do art. 120, pelo qual se deferiu ao relator dos conflitos de competência poderes para decidir de plano e monocraticamente, desde que a questão em tela já tenha orientação tranqüila no Tribunal.

Um dos pontos de destaque dessa nova lei, por outro lado, e também sugerido pelo Superior Tribunal de Justiça, reside no § 3.º que foi acrescentado ao art. 542 do Código. Com efeito, introduziram-se nesse parágrafo as figuras dos recursos extraordinário e especial retidos, para evitar que processos, nos quais ainda não proferida decisão final nas instâncias ordinárias, subam uma ou mais vezes ao Supremo Tribunal Federal e/ou ao Superior Tribunal de Justiça para a definição de questões concernentes a decisões interlocutórias, a saber, decisões que no curso do processo resolvem questões incidentes (CPC, art. 162, § 2.º).

Em face do texto legal, questionar-se-ia o que se deve entender por "decisão final", expressão não classificada no Código (cfr. art. 162). Como os despachos são irrecorríveis (art. 504) e as decisões interlocutórias doravante somente ascenderão ao Supremo e ao Superior Tribunal de Justiça pela via retida, sobram as sentenças, de mérito (também chamadas "definitivas", por definirem o mérito) ou terminativas. Como, entretanto, somente viabilizam o recurso especial (Constituição, art. 105-III) as causas decididas em única ou última instância, a conclusão a que se chega é que por "decisão final" devem ser entendidas(salvo exceções, *v.g.* Constituição, art. 102-III; Lei 6.830/80, art.34) as decisões colegiadas de segundo grau (v. art. 163, CPC) que tenham posto fim ao processo, apreciando ou não o mérito, ou sejam, as decisões não-interlocutórias susceptíveis de serem examinadas em recurso especial.

Em um sistema recursal como o brasileiro, com tanta facilidade de acesso à instância extraordinária *lato sensu*, sem mecanismos de controle de aferição da relevância da questão a ser por ela apreciado, a exemplo do instituto do *writ of certiorari* do *Common Law*, a inovação, proposta pelo Superior Tribunal de Justiça, tem elevado alcance e poderia vir a constituir-se em efetivo embrião de uma mudança mais profunda.

Pelo § 3.º do art. 544, CPC, outrossim, em sua nova redação, inspirada em proposta da Comissão de Reforma do Código, enseja-se ao relator no Superior Tribunal de Justiça não só determinar a conversão do agravo em recurso especial, nos moldes como já autorizava a lei, como também prover, monocraticamente, o próprio recurso especial, desde que o acórdão impugnado esteja em oposição a jurisprudência sumulada ou predominante daquele Tribunal.

As modificações introduzidas no art. 557, igualmente inspiradas em propostas da "Comissão de Reforma", têm afinidade com a alteração do art. 544, § 3.º, mas seu círculo de incidência é diverso e mais amplo, considerando que inserida em capítulo aplicável a todos os recursos.

Com efeito, na instância ordinária (segundo grau), o relator pode negar seguimento não só a recurso manifestamente inadmissível (relativo aos pressupostos), improcedente (relativo ao mérito do recurso) ou prejudicado, como também quando o mesmo estiver em "confronto"(leia-se divergência) com jurisprudência sumulada ou dominante do Supremo, de Tribunal Superior ou do próprio tribunal. Esse relator, porém, na instância ordinária, não pode dar provimento, monocraticamente, se a jurisprudência sumulada ou dominante não for do Supremo ou de Tribunal Superior. Em outras palavras, no segundo grau, o relator, isoladamente, em se tratando de jurisprudência sumulada ou dominante do respectivo tribunal, somente pode negar seguimento, não lhe sendo permitido, todavia, dar provimento.

Esse art. 557 prevê, por outro lado, multa de um (1) a dez por cento (10%) do valor corrigido da causa, em favor do agravado, e impossibilidade da interposição de qualquer outro recurso se não depositado o *quantum* dessa multa, para o caso de ser manifestamente inadmissível ou infundado o agravo eventualmente interposto contra a decisão do relator nas hipóteses nesse artigo contempladas.

Na exegese e aplicação dessa lei, da qual, como anotado, teve a principal iniciativa, o Superior Tribunal de Justiça tem tido interpretação bastante flexível.

### 7. A segunda etapa da "Reforma"

Após um intervalo para melhor reflexão e consultas, deu-se início à segunda etapa da "Reforma", sem açodamento, com amplo debate e a mesma metodologia até então adotada[9], ainda na década de 1990.

Em seqüência aos objetivos de aprimorar a legislação processual civil brasileira, para dar-lhe mais efetividade, a Comissão coordenada pelo "Instituto Brasileiro de Direito Processual" e pela "Escola Nacional da

---

[9] *Revista de Processo*, n. 83/191 e n. 95/ 9.

Magistratura", após debates e colheita de sugestões e críticas, elaborou novas propostas, encaminhadas ao Congresso Nacional, em meados de 2000, após demorada e difícil negociação com a área econômica do Governo, "senhora do baraço e do cutelo" nos tempos de enervantes medidas provisórias.

Vieram a lume, a partir dos anteprojetos 13, 14 e 15, as Leis n. 10.352 (DO 27/12/2001), 10.358 (DO 28/12/2001) e 10.444 (DO 8/5/2002).

Dessas novas propostas advieram importantes inovações, a modificar substancialmente, em alguns pontos, o processo civil brasileiro.

Para ficar apenas nos aspectos mais relevantes, são relacionados os pontos que se seguem:

> a) o procedimento sumário passou a ter por teto 60(sessenta) salários mínimos(art. 275-I) e a admitir também a intervenção de terceiro fundada em contrato de seguro(art. 280);
> b) dispensou-se a audiência de conciliação se o direito em litígio não admitir transação(art. 331);
> c) aprimoraram-se as disciplinas dos institutos da antecipação da tutela (art. 273) e da execução provisória (art. 588);
> d) na área dos recursos, uma das mais visadas, em face das múltiplas deficiências do nosso sistema, além das inovações que atingem até a sistemática do reexame obrigatório (art. 475), limitando o seu raio de ação, merecem especial enfoque as propostas concernentes aos embargos infringentes e ao agravo, reduzindo a incidência daqueles e aperfeiçoando a disciplina deste;
> e) quanto à apelação, pretendia-se dar ao art. 520 esta redação: "A apelação terá somente efeito devolutivo, salvo nas causas relativas ao estado e à capacidade das pessoas".

A exemplo do sistema italiano, o recurso contra as sentenças, como regra, teria efeito apenas devolutivo. Assim, salvo as exceções mencionadas no próprio texto legal, a parte apelante, para obter eventual efeito suspensivo, teria que o postular no segundo grau, através de cautelar, como ocorre, *verbi gratia*, relativamente ao recurso especial, no Superior Tribunal Justiça, que tem sido criterioso no deferimento das pretensões nesse sentido. Esse sistema, como se pode antever, desestimularia em muito a interposição de apelações protelatórias, dinamizando a entrega da prestação jurisdicional. Optou-se, no entanto, considerando a possibilidade de os apelantes congestionarem o segundo grau com mandados de segurança e cautelares, em substituir a proposta, sugerindo-se a inclusão de mais um inciso(VII) no art. 520, a fim de que o efeito da apelação seja apenas o devolutivo também nos casos em que a sentença tenha confirmado a antecipação dos efeitos da tutela, pois certamente esses efeitos já terão sido efetivados;

> f) no que tange aos embargos infringentes, a Lei 10.352 alterou o art. 530 para a seguinte redação:
> "Cabem embargos infringentes quando o acórdão não unânime houver reformado, em grau de apelação, a sentença de mérito, ou houver julgado procedente ação rescisória. Se o desacordo for parcial, os embargos serão restritos à matéria objeto da divergência."

Em face da divergência entre manter ou suprimir essa modalidade de recurso, optou-se por uma solução intermediária, a reduzir consideravelmente a sua incidência. Pela proposta, não incidirão eles: a) quando a sentença não tiver apreciado o mérito; b) quando a apelação tiver "mantido" a sentença; c) quando a rescisória não tiver sido acolhida;

> g) no concernente ao agravo, é de recordar-se, em primeiro lugar, o quanto era deficiente o sistema anterior à Lei n.° 9.139/95, pela morosidade, pelos incidentes que proporcionava, pelas chicanas procrastinatórias que ensejava, pelo uso anômalo do mandado de segurança etc, etc.

Veio o novo modelo, reconhecidamente bem superior na concepção. Todavia, encontrou ele uma nova realidade forense, em conseqüência do aumento das decisões interlocutórias, causadas pelo instituto da antecipação da tutela e demais medidas de urgência. Estivéssemos hoje com o modelo pretérito de agravo de instrumento e inviabilizada praticamente estaria a prestação jurisdicional.

Não se pode deixar de reconhecer, no entanto, que excessivo vinha sendo o número de agravos em sua modalidade de instrumento, a abarrotar os tribunais. Entretanto, como não se recomenda suprimir esse tipo de recurso, ou admiti-lo apenas em sua feição retida(o que ensejaria o retorno abusivo e anômalo de cautelares e do mandado de segurança para a obtenção de efeito suspensivo), após muitas reflexões a solução encontrada foi permitir ao relator converter o agravo de instrumento em agravo retido em inexistindo perigo de dano de difícil ou incerta reparação, encaminhando os autos, então, ao juízo da causa(art. 527).

Tal mecanismo não só desestimula o uso desnecessário do agravo por instrumento como permite ao relator, em exame rápido, separar os casos, normalmente poucos, merecedores de pronto reexame pela instância revisora.

E, em alguns casos (art. 523, § 4.°), aduza-se, o agravo passou a somente ser possível em sua forma retida;

> h) expressivas igualmente foram as inovações no processo executivo, justificadamente um dos pontos mais criticáveis da nossa legislação.

A "Reforma", com a introdução do procedimento monitório(Lei n.° 9.079/95) e as modificações da Lei 8.953/94, já vinha buscando modernizar a execução civil brasileira. Agora, com o novo anteprojeto, vai além, dando um passo largo na concretização desse objetivo.

Com efeito, o que se propôs foi a supressão do processo executivo autônomo, em se tratando das obrigações de dar coisa (certa ou incerta) e das obrigações de fazer ou de não-fazer, o que importa dizer que, nessas modalidades de obrigações, em se tratando de título judicial(sentença), a execução passou a ser uma simples fase, sem possibilidade de embargos do devedor, a exemplo do que já ocorria com as ações possessórias, com as ações de despejo e com a ação de nunciação de obra nova. Dá-se aí, um "processo sincrético", no qual se fundem cognição e execução(arts. 461 e 461-A e 644);

> i) a liquidação, por sua vez, também se aperfeiçoou, recebendo o art. 604 dois parágrafos, com esta redação:
>
> "§ 1.° Quando a elaboração da memória do cálculo depender de dados existentes em poder do devedor ou de terceiro, o juiz, a requerimento do credor, poderá requisitá-los, fixando prazo até trinta (30) dias para o cumprimento da diligência; se os dados não forem apresentados no prazo assinado, ou no de eventual prorrogação, aplicar-se- á o disposto no art. 601.
>
> § 2.° Poderá o juiz, antes de determinar a citação, valer-se do contador do juízo quando a memória apresentada pelo credor aparentemente exceder os limites da decisão exeqüenda e, ainda, nos casos de assistência judiciária. Se o credor não concordar com esse demonstrativo, far-se-á a execução pelo valor originariamente pretendido, mas a penhora terá por base o valor encontrado pelo contador."
>
> j) é de assinalar-se ainda que a Lei n.° 10.358, de 28.12.01, trouxe ao direito brasileiro, especialmente no campo da execução, o que há de melhor no sistema *Common Law* em termos de efetividade e eficácia da tutela jurisdicional, a saber, os institutos da *injunction* e do

*contempt of Court*. A esse respeito, introduziram-se no art. 14 os seguintes inciso (V) e parágrafo, alterados em parte no Congresso:

"V – cumprir com exatidão os provimentos mandamentais e não criar embaraços à efetivação de provimentos judiciais, de natureza antecipatória ou final.

Parágrafo único. A violação do disposto no inciso V deste artigo constitui ato atentatório ao exercício da jurisdição, podendo o juiz, sem prejuízo das sanções criminais, civis e processuais cabíveis, aplicar ao responsável multa em montante a ser fixado de acordo com a gravidade da conduta e não superior a vinte por cento do valor da causa; não sendo paga no prazo estabelecido, a multa será inscrita como dívida ativa do Estado ou da União, conforme o juízo competente."

Imperfeita como toda obra humana, e certamente ainda muito longe do ideal, a "Reforma" já representa, no entanto, um considerável avanço em termos de ciência e de cidadania, tendo deixado, em suas duas primeiras etapas, algumas certezas. Entre elas: a) que um importante passo foi dado em termos de aprimoramento do ordenamento processual civil brasileiro; b) que imprescindível modernizar-se também a organização judiciária, inclusive adotando órgãos permanentes de planejamento e reflexão; c) que, juntos, os segmentos da comunidade jurídica muito podem contribuir no sentido do aperfeiçoamento do sistema processual e da própria Justiça.

Em síntese, como anotou a Comissão, realizou a comunidade processual civil brasileira mais uma etapa em seus propósitos de contribuir para o aperfeiçoamento do nosso sistema jurídico, sem embargo da consciência que se tem da imprescindibilidade de modificar-se, também profundamente, as normas de cunho processual hoje engessadas na Constituição, notadamente nas áreas da competência e do sistema recursal, assim como a própria organização judiciária brasileira, que adota modelo ultrapassado, hermético e sem criatividade.

## 8. A terceira etapa da "Reforma": a extinção do processo de execução por quantia certa contra devedor solvente

Na seqüência da Reforma, outra proposta há para aprimorar o processo executivo. Na apresentação do anteprojeto, sob a relatoria do Prof. Athos Gusmão Carneiro, afirmou-se:

"É tempo, já agora, de passarmos do pensamento à ação em tema de melhoria dos procedimentos executivos. A execução permanece o 'calcanhar de Aquiles' do processo. Nada mais difícil, com freqüência, do que impor no mundo dos fatos os preceitos abstratamente formulados no mundo do direito.

Com efeito: após o longo contraditório no processo de conhecimento, ultrapassados todos os percalços, vencidos os sucessivos recursos, sofridos os prejuízos decorrentes da demora (quando menos o 'damno marginale in senso stretto' de que nos fala Italo Andolina), o demandante logra obter alfim a prestação jurisdicional definitiva, com o trânsito em julgado da condenação da parte adversa. Recebe então a parte vitoriosa, de imediato, sem tardança maior, o 'bem da vida' a que tem direito? Triste engano: a sentença condenatória é título executivo, mas não se reveste de preponderante eficácia executiva. Se o vencido não se dispõe a cumprir a sentença, haverá iniciar o processo de execução, efetuar nova citação, sujeitar-se à contrariedade do executado mediante 'embargos', com sentença e a possibilidade de novos e sucessivos recursos.

Tudo superado, só então o credor poderá iniciar os atos executórios propriamente ditos, com a expropriação do bem penhorado, o que não raro propicia mais incidentes e agravos.

Ponderando, inclusive, o reduzido número de magistrados atuantes em nosso país, sob índice de litigiosidade sempre crescente (pelas ações tradicionais e pelas decorrentes da moderna tutela aos direitos transindividuais), impõe-se buscar maneiras de melhorar o desempenho processual (sem fórmulas mágicas, que não as há), ainda que devamos, em certas matérias (e por que não ?), retomar por vezes caminhos antigos (e aqui o exemplo do procedimento do agravo, em sua atual técnica, versão atualizada das antigas 'cartas diretas' ...), ainda que expungidos rituais e formalismos já anacrônicos.

Lembremos que ALCALÁ – ZAMORA combate o tecnicismo da dualidade, artificialmente criada no direito processual, entre processo de conhecimento e processo de execução. Sustenta ser mais exato falar apenas de *fase processual de conhecimento* e de *fase processual de execução*, que de processo de uma e outra classe. Isso porque "a unidade da relação jurídica e da função processual se estende ao longo de todo o procedimento, em vez de romper-se em um dado momento" (*Processo, autocomposición y autodefensa*, UNAM, 2ª ed., 1970, n. 81, p. 149).

LOPES da COSTA afirmava que a intervenção do juiz era não só para restabelecer o império da lei, mas para satisfazer o direito subjetivo material. E concluía: "o que o autor mediante o processo pretende é que seja declarado titular de um direito subjetivo e, sendo o caso, que esse direito se realize pela execução forçada" (*Direito Processual Civil Brasileiro*, 2ª ed., v. I, n. 72).

As teorias são importantes, mas não podem transformar-se em embaraço a que se atenda às exigências naturais dos objetivos visados pelo processo, só por apego a tecnicismo formal. A velha tendência de restringir a jurisdição ao processo de conhecimento é hoje idéia do passado, de sorte que a verdade por todos aceita é a da completa e indispensável integração das atividades cognitivas e executivas. Conhecimento e declaração sem execução – proclamou COUTURE, é academia e não processo ( apud Humberto Theodoro Júnior, *A execução de sentença e a garantia do devido processo legal*, Ed. Aide, 1987, p. 74).

A dicotomia atualmente existente, adverte a doutrina, importa a paralisação da prestação jurisdicional logo após a sentença e a complicada instauração de um novo procedimento, para que o vencedor possa finalmente tentar impor ao vencido o comando soberano contido no decisório judicial. Há, destarte, um longo intervalo entre a definição do direito subjetivo lesado e sua necessária restauração, isso por pura imposição do sistema procedimental, sem nenhuma justificativa, quer que de ordem lógica, quer teórica, quer de ordem prática (ob. cit., p. 149 e *passim*).

O presente Anteprojeto foi amplamente debatido em reunião de processualistas realizada nesta Capital, no segundo semestre em curso, e buscou inspiração em muitas críticas construtivas formuladas em sede doutrinária e também nas experiências reveladas em sede jurisprudencial.

As posições fundamentais defendidas são as seguintes :

a) na esteira das precedentes reformas, os artigos do CPC em princípio mantém sua numeração; mas os acrescidos são identificados por letras, e assim também os modificados se necessário incluí-los em diverso Título ou Capítulo ;

b) a 'efetivação' forçada da sentença condenatória será feita como etapa final do processo de conhecimento, após um *'tempus iudicati'*, sem necessidade de um 'processo autônomo' de execução (afastam-se princípios teóricos em homenagem à eficiência e brevidade); processo 'sincrético', no dizer de autorizado processualista. Assim, no plano doutrinário, são alteradas as 'cargas de eficácia' da sentença condenatória, cuja 'executividade' passa a um primeiro plano; em decorrência, 'sentença' passa a ser o ato "de julgamento da causa, com ou sem apreciação do mérito";

c) a liquidação de sentença é posta em seu devido lugar, como Título do Livro I, e se caracteriza como 'procedimento' incidental, deixando de ser uma 'ação' incidental; destarte, a decisão que fixa o *'quantum debeatur'* passa a ser impugnável por agravo de instrumento, não mais por apelação; é permitida, outrossim, a liquidação 'provisória', procedida em autos apartados enquanto pendente recurso dotado de efeito suspensivo;

d) não haverá "embargos do executado" na etapa de cumprimento da sentença, devendo qualquer objeção do réu ser veiculada mediante mero incidente de 'impugnação', à cuja decisão será oponível agravo de instrumento;

e) o Livro II passa a regrar somente as execuções por título extrajudicial, cujas normas, todavia, se aplicam subsidiariamente ao procedimento de 'cumprimento' da sentença;

f) a alteração sistemática impõe a alteração dos artigos 162, 269 e 463, uma vez que a sentença não mais 'põe fim' ao processo;

g) quanto à execução contra a Fazenda Pública, as propostas serão objeto, posteriormente, de anteprojeto em separado.

Em ulterior Anteprojeto, que pretendemos em breve remeter ao Congresso Nacional, serão apreciadas as necessárias alterações ao Livro II do CPC, que passará a regrar, como assinalado, apenas as execuções fundadas em título executivo extrajudicial.

Temos fundada esperança em que o Anteprojeto, ora submetido à alta apreciação do Congresso Nacional, dê às execuções de sentença uma sistemática mais célere, menos onerosa e mais eficiente, consentânea e adequada à nossa realidade e às exigências dos tempos atuais".

Como se recorda, a "Reforma" já havia eliminado, especialmente na Lei n. 10.444/02, as outras duas modalidades de processo executivo fundado em título judicial.

Aprovado esse projeto, o sistema processual terá eliminado do seu ordenamento positivo também a terceira e mais importante modalidade (por quantia certa), de processo de execução fundado em título judicial, simplificando-o sobremaneira, uma vez que uma das notórias causas da morosidade na entrega da prestação jurisdicional, no Brasil, reside exatamente na autonomia dessa execução.

## 9. Novos anteprojetos

Dois outros já se encontram praticamente prontos para encaminhamento ao Parlamento, a saber: a) – um sobre a execução fundada em títulos extrajudiciais; b) – um outro sobre o processo cautelar.

Ambos, da mesma origem dos anteriores, destinam-se, prioritariamente, também à simplificação do processo civil brasileiro, sob a perspectiva da efetividade.

## 10. Conclusão

Neste trabalho, de cunho mais expositivo que crítico, e no qual me socorri, em diversos momentos, de estudos que anteriormente dera à publicação, o objetivo principal foi sintetizar, em um texto tanto quanto possível condensado, a evolução histórica do processo civil brasileiro, notadamente nas últimas décadas, em seu esforço de agilização, eficácia, simplificação e modernização, movimento esse que o tem colocado, por etapas, e sem embargo das suas ainda múltiplas deficiências, na linha de vanguarda do processo civil contemporâneo.

— — x — -

# DIREITOS FUNDAMENTAIS "DE TERCEIRA GERAÇÃO"

PAULO MOTA PINTO
Juiz do Tribunal Constitucional

DIOGO LEITE DE CAMPOS
Professor Catedrático
da Faculdade de Direito da Universidade de Coimbra

SUMÁRIO: I. INTRODUÇÃO: 1. Âmbito da análise; 2. Noção de direitos fundamentais; 3. A perspectiva dos direitos fundamentais como "direitos naturais"; 4. A concepção americana e a concepção europeia. II. Os DIREITOS FUNDAMENTAIS DE PRIMEIRA, SEGUNDA E TERCEIRA GERAÇÃO: 5. A divisão dos direitos fundamentais em "gerações" ou "dimensões"; 6. Direitos fundamentais ditos de primeira geração"; 7. Direitos fundamentais ditos "de segunda geração"; 8. Direitos fundamentais ditos "de terceira geração" e novos aprofundamentos. III. CONSAGRAÇÕES NA CONSTITUIÇÃO DA REPÚBLICA PORTUGUESA: 9. Consagrações de direitos fundamentais ditos "de terceira geração" da Constituição da República Portuguesa.

## I. INTRODUÇÃO

### 1. Âmbito da análise

Ao ocuparmo-nos dos chamados "direitos fundamentais de terceira geração, ou de terceira dimensão, devemos fixar, antes de mais, os pressupostos e os limites da nossa análise. Quando nos referimos a "novos direitos", em natural contraposição a outros mais antigos, não estamos a querer propor uma evolução linear – ou sequer dialéctica –, em termos de progressão histórica, com aperfeiçoamento do sistema dos direitos fundamentais e eventual consumpção ou superação de alguns (os "velhos") pelos "novos", como num processo de elevação histórica do sistema de direitos fundamentais, com o seu aprofundamento e desenvolvimento. Não pode tratar-se, por outro lado, de qualquer ideia de substituição dos direitos das anteriores dimensões ou gerações, por uma nova geração de direitos. Trata--se, antes, de um conjunto de direitos que vieram, sob o impulso de novas ideias e necessidades, a acrescentar-se aos anteriores, pondo em relevo novas dimensões destes e autonomizando novos objectos de protecção.

Não se pode pretender, por outro lado, que os "novos" direitos fundamentais – ou os direitos fundamentais em geral – tenham, hoje em dia, um entendimento uniforme em todas as sociedades e uma consagração idêntica em todos os ordenamentos jurídicos. Na verdade – independentemente da questão, situada no plano da teoria dos direitos humanos, da existência de um núcleo normativo, correspondente à dignidade humana, de conteúdo necessariamente universalisável –, logo uma rápida observação da realidade mundial nos mostra diversas compreensões dos direitos fundamentais, incluindo também, evidentemente, dos ditos "novos direitos fundamentais". É o que acontece, desde logo, com alguns direitos de defesa – como o direito à liberdade ou à integridade física –, mas também com direitos económicos e sociais como o direito ao trabalho ou à habitação, e, evidentemente, com direitos de titularidade colectiva, como o direito ao ambiente.

Também não aprofundaremos, por outro lado, as políticas administrativas ou concretizações jurisprudenciais dos direitos em causa, nem, sequer, a questão da possibilidade e dos meios materiais de os tornar efectivos. E isto, apesar de a resposta a tal questão tocar no próprio cerne da eficácia dos direitos fundamentais, no plano da *law in action* – quer quanto ao funcionamento do aparelho judicial e ao sistema de recursos ou vias, judiciais ou administrativas, ao dispor do cidadão para protecção dos direitos fundamentais, quer, e sobretudo, no que toca à concepção, financiamento e execução de *políticas públicas* que promovam e possibilitem o efectivo exercício dos direitos fundamentais – designadamente, dos direitos económicos, sociais e culturais.

Iremos, pois, limitar-nos aos direitos fundamentais na Constituição da República Portuguesa de 1976, e suas revisões, descurando a sua concretização na legislação ordinária e a aplicação dessas normas, constitucionais ou ordinárias. Por outro lado, faremos um corte no tempo, tentando apreender a realidade normativa hoje. Isto, sabendo-se bem que a evolução não é linear, fazendo-se por avanços e recuos perante situações que pareciam adquiridas, em interacção constante com a sociedade, os políticos e as relações de poder instituídas, em termos de o próprio conteúdo de direitos fundamentais mais assentes poder sofrer limitações, e de a efectividade e a eficácia de direitos fundamentais de dimensões ou gerações anteriores (como, por exemplo, os direitos à saúde e à habitação) estar dependente de disponibilidades financeiras – de uma cláusula de "reserva do (financeiramente) possível", como tem sido frequentemente assinalado.

## 2. Noção de direitos fundamentais

Assentes estes limites do nosso discurso, importa estabelecer um pressuposto substancial: o que se deve entender por direitos fundamentais, dado que a própria delimitação destes não é unívoca. Antes de tratar das suas "gerações" ou "dimensões", há que caracterizar o próprio objecto de cujas dimensões se fala.

Os direitos fundamentais, na sua dimensão estritamente personalista, são direitos destinados à protecção da pessoa humana, direitos do ser humano, absolutos e inerentes à qualidade de homem dos seus titulares. São, nesta medida, um *dever ser* que *é* juridicamente, visando a protecção da dignidade da pessoa humana. Foi nesta perspectiva que eles surgiram logo nas declarações de direitos do século XVIII – tanto nas declarações dos Estados americanos, como na Declaração de Direitos do Homem da Revolução Francesa. E é nesta perspectiva que a sua compreensão se mantém hoje, apesar do alargamento do seu catálogo e do aumento da complexidade da sua compreensão (na qual se inclui a autonomização de diversas "dimensões").

Importa, aliás, alertar, como não tem deixado de fazer a doutrina, para os riscos de uma "pan-jusfundamentalização", com um excessivo alargamento da categoria a direitos de índole muito diversa, que não podem colocar-se todos no mesmo plano. Este risco afigura-se particularmente notório perante as Constituições "longas", das últimas décadas do século XX, que dispõem de um extenso e muito generoso catálogo de direitos fundamentais. Tal excessivo alargamento da categoria dos direitos fundamentais pode, porém, ser inconveniente, não só por equiparar no mesmo plano direitos de conteúdo, importância e força jurídica necessariamente diversa – como, por exemplo, o direito à vida e o direito à informação dos consumidores –, como, mesmo, por poder aumentar os riscos e a percepção da distância entre os "direitos fundamentais nos livros" e os "direitos fundamentais em acção", podendo, mesmo, ter como consequência um "amolecimento" genérico da força normativa destes direitos.

Torna-se, assim, imprescindível perguntar pela nota característica da "fundamentalidade", capaz de os distinguir de outros direitos, que poderiam ser previstos a nível da legislação ordinária. Partindo logo do valor básico em que assenta a República Portuguesa, e que dá unidade de sentido à Constituição – e em particular ao título sobre direitos fundamentais – tal nota não poderá deixar de residir na ligação de tais direitos à *dignidade da pessoa humana*, ora como integrantes do seu conteúdo, ora como condições para a promoção e a realização desse valor.

## 3. A perspectiva dos direitos fundamentais como "direitos naturais"

A questão da fundamentação filosófica e teórica dos direitos fundamentais tem uma evidente complexidade, não podendo ser tratada aprofundadamente na presente sede.

Importa, porém, referir que, segundo uma certa perspectiva, os direitos fundamentais poderiam ser vistos como direitos "naturais": as declarações de direitos, as constituições, as leis fundamentais dos diversos Estados não se arrogam a criação *ex novo* desses direitos, mas antes o seu reconhecimento, como direitos anteriores e superiores a elas mesmas, direitos fundamentais, ditos "naturais". Acrescentando-se, também naturalmente, em virtude da igualdade de todos os homens, que esses direitos são comuns a todos os povos e nações.

À medida que o leque de direitos se foi alargando, incluindo direitos políticos, direitos económicos, sociais e culturais, estes direitos deixaram de ser considerados estritamente como direitos naturais fundamentais, pré-existentes à ordem jurídica, sendo antes vistos como direitos que se formam em diálogo com a sociedade, ditos decorrentes "da natureza humana" só num segundo grau. É o que resulta de uma análise para além do núcleo duro, incluindo direitos que só alcançam forma, quando não vida, atentas as especiais condições sociais, económicas e históricas das sociedades.

Pode, aliás, noutra perspectiva, fundamentar-se os direitos fundamentais a partir dos bens destinados à promoção e à realização da dignidade da pessoa humana – isto, quer se veja tais condições como pressupostos ou condições inultrapassáveis do "discurso comunicativo", quer sejam perspectivados como condições de funcionamento do sistema social.

Afigura-se, mesmo, que, independentemente da possibilidade de distinção de novas dimensões ou gerações de direitos, se mantém um "núcleo duro" ao qual corresponde uma pretensão de validade universalisável, que *grosso modo* se pode dizer correspondente aos direitos que são condições imprescindíveis da dignidade da pessoa humana – direitos, esses, que recebem instituição e concretização em cada comunidade juridicamente organizada.

## 4. A concepção americana e a concepção europeia

Importa, ainda, antes de prosseguir, fazer referência a uma diferença de concepções históricas dos direitos fundamentais no Ocidente.

Na verdade, a concepção americana dos direitos fundamentais afirmou-se sobretudo como uma concepção individualista. Note-se, efectivamente, que os patriotas americanos já controlavam as assembleias políticas, e que, quando enunciaram direitos fundamentais, o seu problema não era tanto chegar ao poder, como defender os seus direitos contra os abusos de um futuro governo, e do governo actual, tendo a revolução americana permanecido em grande parte sob o controlo das classes possidentes. Não se sentiu, assim, a necessidade de criar um ordenamento jurídico novo, mas unicamente de afirmar, depois da defesa de cada americano perante um tirano real distante cerca de cinco mil quilómetros, a sua defesa perante a eventualidade da criação de milhares de tiranos locais, representando o Estado. Assim, enquanto, na Europa, sob os escombros do *ancien régime*, se tentava criar, desde a Revolução Francesa, um estatuto jurídico mais justo da sociedade e do ser humano, este último integrado naquela, muitas vezes através de leis naturais, nos Estados Unidos afirmavam-se os direitos de cada um contra os outros e contra o Estado, numa perspectiva individualista que veio a sobrepor-se em parte à primeira.

A concepção da Revolução Francesa, embora afirmando certos direitos naturais contra os outros e contra o Estado, concebe, pois, estes direitos sobretudo como ingredientes, componentes de um tecido jurídico justo. E integra-se, assim, mais completamente, no pensamento dos enciclopedistas franceses. Para Voltaire, o mundo dos homens e os seus comportamentos podiam ser sujeitos à razão cartesiana, produzindo leis tão claras como as da geometria, leis naturais evidentes para todos os homens de senso comum – leis às quais todos os seres humanos em qualquer parte do mundo deveriam obedecer. Seria com base nesta afirmação de existência de leis naturais positivas que se construiria a teoria revolucionária da igualdade e, ao mesmo tempo, se destruiriam a religião e a ética tradicionais. E também Montesquieu entendeu que os factos sociais eram objecto legitimo de ciência, sujeitos a leis gerais. Inter-relacionados num todo e avaliados unicamente no contexto desse todo. Haveria leis ou princípios que presidiam a conjuntos aparentemente formados por elementos muito diferentes, como os seres humanos.

A diferença de concepção dos direitos fundamentais manteve-se, aliás, até hoje, como é notório, por exemplo, logo na autonomização, nas Constituições europeias mais recentes, de "direitos sociais e económicos" cujo conteúdo enquanto direitos fundamentais é posto em causa no direito norte-americano. O paradigma dos direitos fundamentais reside, aí, ainda, nos direitos de defesa e nos direitos de participação política – podendo notar-se ainda, no domínio da protecção da personalidade, por exemplo, que nos Estados Unidos o direito de personalidade de conteúdo mais alargado, considerado fundamental à necessidade de proteger o cidadão, é o direito à "privatividade" (o *right to privacy*, incluindo o *right to be let alone*).

A teoria dos direitos humanos americana continua com uma forte base individualista, de afirmação da autonomia e da diferença de cada ser humano em relação a todos os outros, enquanto que, na base da concepção tradicional sobre o ser humano e os seus direitos, a evolução dos direitos humanos europeus foi realizada ao longo do século XX com base nas ideias de igualdade e de fraternidade, valores fundamentais de um sistema jurídico mais justo.

## II. OS DIREITOS FUNDAMENTAIS DE PRIMEIRA, SEGUNDA E TERCEIRA GERAÇÃO

### 5. A divisão dos direitos fundamentais em "gerações" ou "dimensões"

Sem prejuízo do que se deixou dito a propósito das diversas perspectivas, da génese e da fundamentação do "discurso dos direitos fundamentais", a partir sobretudo da década de 70 começou a estabelecer-se um quadro sintético da sua evolução, dividindo-a, por facilidade, em "gerações". Tais gerações corresponderiam a grandes valores ou ideias de referência: *liberdade*, *igualdade*, e *solidariedade*.

Não pode, porém, esquecer-se, como já se salientou, que a divisão de direitos fundamentais em gerações não pode implicar a ideia de *superação* de um conjunto de direitos fundamentais por outros, que se lhes seguiram. A ideia fundamental de tal divisão, em perspectiva histórica, é, antes, a de diferentes *camadas* de direitos, vindo as mais recentes juntar-se às anteriores, já sedimentadas.

Trata-se, assim, de uma divisão que permite agrupar os direitos fundamentalmente para finalidades de compreensão do respectivo sistema dos direitos fundamentais, e porque eles surgiram realmente, correspondendo a neces-sidade históricas diversas, em momentos também diversos: assim, enquanto num primeiro momento a necessidade predominante foi a de proteger os particulares perante os abusos do poder público, nos seus bens mais essenciais (vida, integridade física, propriedade, designadamente), bem como a de construir as condições para o controlo do poder político pelos cidadãos (com direitos de participação na vida política), mais recentemente a compreensão dos direitos fundamentais alargou-se a dimensões económicas, sociais e culturais que são reconhecidamente também aspectos de uma concepção não apenas formal da democracia. E, ainda mais recentemente, o reconhecimento de interesses ou bens que transcendem o indivíduo, mas que estão ameaçados ou são imprescindíveis à sua sobrevivência ou realização como ser humano – apesar da falta de um claro encabeçamento individual desse bem – veio determinar um novo alargamento da com-preensão dos direitos fundamentais.

A própria categorização dos direitos fundamentais em "gerações" é, porém, susceptível de flutuações, designadamente, quanto à distinção de uma "terceira geração", cuja concepção por vezes varia. Designadamente, afigura-se difícil discernir um claro *critério substancial* ou funcional na divisão de direitos fundamentais em gerações. Assim, a dimensão de solidariedade não se afigura exclusiva destes direitos, representando já uma ideia-força importante para os direitos económicos e sociais ditos "de segunda geração". Não se trata, por outro lado, apenas de direitos de *titularidade colectiva*. Restaria, desta forma, um critério não funcional ou substancial, mas, antes, meramente *histórico*, destinado a agrupar aqueles direitos que se autonomizaram num momento posterior aos direitos ditos "de segunda geração".

A dificuldade de uma distinção, em corte sincrónico, entre "gerações", que não seja meramente histórica, mas também substancial, afigura-se, aliás, resultar logo da impossibilidade de dissecar a personalidade humana como objecto de protecção. E, por esta dificuldade, fala-se também muitas vezes antes em *dimensões*, em lugar de gerações de direitos fundamentais.

É assim, interessante notar, por exemplo, que, recentemente, a *Carta dos direitos fundamentais da União Europeia* (publicada no *Jornal Oficial das Comunidades Europeias*, n.º C 364 de 18/12/2000, p. 1-22) não utiliza como sistematização da sua matéria normativa, nem o critério "generacional" ou histórico, nem, sequer, a distinção entre direitos defensivos, de participação política e direitos económicos, sociais e culturais. Antes agrupa os direitos fundamentais que regula de acordo com o valor, ou valores, que a sua previsão e realização é destinada a servir: Dignidade; Liberdades; Igualdade; Solidariedade; Cidadania e Justiça.

## 6. Direitos fundamentais ditos "de primeira geração"

Os direitos fundamentais "tradicionais" aparecem como esferas de autonomia dos indivíduos perante o Estado e perante os outros. Exige-se aos outros que não interfiram no eu, e ao Estado que não interfira na vida da sociedade, e por maioria de razão, na vida de cada um. A resistência à opressão, embora diversamente entendida, foi o motor das cartas de direitos na América e na Europa.

Os primeiros direitos, ditos "de primeira geração", que dominaram no século XIX, podem ser apelidados de direitos de exclusão, ou "direitos de defesa" (*"Abwehrrechte"*), integrantes de um *status negativus* do cidadão, designadamente, perante os poderes públicos: visam um dever de abstenção ou de respeito (que pode, em determinadas situações, exigir uma actuação) tanto do Estado como dos outros em relação à esfera privada de cada um e em relação àquilo que na sociedade é privado. São os direitos à vida, à honra, à integridade física, à intimidade, à procriação, à constituição de família, etc. Visam salvaguardar o ser humano na sua integridade e na sua dignidade.

Quanto ao direito à propriedade, parece inserir-se também neste quadro, apesar de a Constituição da República Portuguesa o referir apenas como "direito económico", no seu artigo 62.º. A propriedade é uma condição objectiva da autonomia e da realização da pessoa humana, uma afirmação do ser para si, e a sua garantia é igualmente um direito de defesa ou de segurança perante o poder público. Assim, pelo menos à garantia da propriedade contra a sua privação, bem como a outras dimensões da propriedade que devam ser consideradas essenciais à realização do ser humano como pessoa, haverá de reconhecer-se natureza análoga aos "direitos, liberdades e garantias".

E aqui se inclui também o direito à segurança, não tanto enquanto exigência de um comportamento por parte do Estado – este comportamento será meramente instrumental, nesta sede – mas como uma exigência de uma ordem social, pressuposto da liberdade, da realização da pessoa humana, da sua dignidade e da propriedade. Sem segurança, a pessoa humana, e os seus direitos naturais, entram em efectivo perigo. Com este direito à segurança cruza-se, aliás, a questão de saber se há-de reconhecer-se um direito à protecção pelo Estado dos direitos fundamentais – como que um "direito geral à protecção" – ou se esta não é mais do que uma dimensão ou faculdade integrante de cada direito fundamental em questão, que corresponde aos deveres de protecção de direitos fundamentais por parte do Estado.

Nesta primeira "geração", a ligados a estes "direitos defensivos", aparecem também direitos ou "liberdades" inerentes à natural actividade social do indivíduo: trata-se de direitos de participação na vida política e de direitos de participação na vida social, direitos, estes, que integram já, na designação de Jellinek, um estatuto activo de cidadania (*"status activus civitatis"*). Alguns direitos ou liberdades de participação na vida social, como o direito de associação, o direito de livre empresa, surgem, aliás, como consequência directa e tão vinculada de direitos de defesa, que, pelo menos funcionalmente, é difícil distingui-los de forma cortante deles.

Já os direitos de participação política, de intervenção na vida política, manifestação também eles da dignidade da pessoa humana, estão numa outra orla periférica – trata-se, por exemplo, do direito de constituição de partidos políticos, do direito de sufrágio, do direito de ser eleito, de exercer cargos políticos, etc.. São tipicamente direitos do ser humano-com-os--outros, sendo nesta sede que podemos situar o princípio democrático como pressuposto e simultaneamente garantia dos direitos fundamentais, e da própria dignidade da pessoa humana. A participação do cidadão na vida política, a exigência de que esta se dirija ao povo, à satisfação das suas necessidades, e seja conduzida pelo povo, perfila-se também como garantia da própria dignidade da pessoa humana e da salvaguarda dos seus direitos fundamentais. Pressuposto seguramente formal, mas indispensável.

Ora, embora estes direitos integrem logo a primeira "geração" de direitos fundamentais, por se terem autonomizado e afirmado como tais logo num primeiro momento, a verdade é que a sua categorização apenas pelo seu conteúdo defensivo ou de participação na vida política se afigura insuficiente.

Cada vez mais se chama, na verdade, a atenção para os *custos* também destes direitos de primeira geração, desde logo, pela necessária existência, como pressuposto indispensável para o seu exercício, também de uma dimensão *prestacional*: seja de prestações de polícia e de protecção (quando não mesmo de recursos e vias judiciais, a pressupor a prestação de todo um sistema judicial), seja de prestações organizatórias, por exemplo, para o exercício da actividade social e política. A diferença destes direitos defensivos e de participação política em relação a direitos económicos, sociais e culturais é, assim, algo esbatida. A componente prestacional avulta, porém, sobretudo nos direitos ditos "de segunda geração".

## 7. Direitos fundamentais ditos "de segunda geração"

Passemos a estes direitos "de segunda geração", cuja autonomização e reconhecimento ocorreu já no século XX.

Trata-se aqui de direitos que incidem tipicamente sobre bens de ordem económica, social e cultural, impondo ao Estado obrigações, quer para proteger tais bens jurídicos quer para promover as suas condições materiais e jurídicas.

É, aliás, discutida a medida e os termos em que estes direitos – muitas vezes referidos apenas como "direitos fundamentais sociais" –, para além de uma dimensão "programática", têm como conteúdo um verdadeiro *poder de exigir uma prestação* – em que medida deles se derivam direitos a prestações.

Na verdade, não é certo que o indivíduo possa a partir destes direitos económicos, sociais e culturais deduzir imediatamente aquele poder de exigir, tendo em conta, por um lado, a subordinação da sua concretização ao princípio democrático e à definição das correspondentes políticas públicas, e, por outro lado, a "reserva do possível", em termos financeiros, a que também estão sujeitos. Já se disse que também nos direitos "de primeira geração" há que levar em conta um custo da sua protecção e realização, e os necessários pressupostos prestacionais para tal. Este facto – bem como a circunstância de a muitos destes direitos económicos, sociais e culturais corresponder também um bem jurídico objecto de um direito de defesa (assim, por exemplo, com o direito à saúde e à integridade física) –, porém, não parece eliminar totalmente as diferenças, do ponto de vista da sua "justiciabilidade", entre aqueles direitos defensivos e os direitos económicos, sociais e culturais. Pois enquanto esta "justiciabilidade" está quanto a estes últimos dependente do argumento financeiro (e da referida "reserva do possível"), quanto aos primeiros tal constatação de dependência apenas poderá cobrar relevo ao nível, diverso, da sua observância ou garantia prática (da sua efectividade social, portanto, e não da sua protecção jurídica).

Seja, porém, como for em relação a esta questão (e à do poder de exigir a prestação, encabeçado em cada titular individual), é certo que estes direitos económicos, sociais e culturais vinculam o Estado à adopção de políticas públicas para realização das prestações ou comportamentos destinados à protecção do bem em causa. Essas prestações podem ser materiais, como a prestação de ensino, a prestação de cuidados de saúde, etc., ou jurídicas, como a publicação de normas regulamentando as relações de propriedade, as relações de locação, as relações de trabalho, etc., de acordo com os princípios axiológicos fundamentais da sociedade. Nesta medida encontramos, a nível das prestações jurídicas, uma remissão para a ideia de que os direitos só se encontram devidamente garantidos no âmbito de uma ordem jurídica e social justa.

Estes direitos económicos, sociais e culturais têm avultado, designadamente, na Constituição da República Portuguesa, que lhes dedicou todo um título logo em 1976 – artigos 51.º e seguintes. Resta, porém, saber se se está efectivamente perante direitos de *quota-parte* nos bens em causa, com o correspondente poder de exigir, ou se tais direitos apenas vinculam à concepção e execução de *políticas* públicas que promovam e possibilitem o seu efectivo exercício – e, mesmo, se esta segunda via não pode ser, afinal, mais eficaz, nos resultados, quanto à realização plena dos bens económicos, sociais e culturais que visam proteger.

## 8. Direitos fundamentais ditos "de terceira geração" e novos aprofundamentos

Chegamos aos direitos ditos "de terceira geração", direitos ditos de solidariedade e fraternidade.

Um conjunto de factores, de entre os quais assume particular relevo a falência das ideologias positivistas, materialistas e mecanicistas elaboradas no século XIX, e que tiveram concretização em diversos sistemas políticos no século XX, levou a um renovado interesse pela pessoa humana – pelo "infinitamente" pequeno que já as ciências quânticas descobriram como livre e imprevisível, não sujeito às leis da causalidade. Daqui, o renovado interesse pela pessoa humana, o aprofundamento do ser e da sua dignidade, nomeadamente nas relações com os outros. Há uma "nova" incerteza sobre o futuro. Esse futuro totalmente imprevisível – surgiu a necessidade de uma nova ética, pessoal e social, determinando novas normas jurídicas referentes aos direitos da pessoa. Ao mesmo tempo que se tem vindo a valorizar, pelo menos nos discursos correntes, o ser humano em si, identidade não repetível e não redutível a qualquer outra, também se vem a descobrir, ou antes, a redescobrir, a sua dimensão *social* de solidariedade, de ser com os outros. De ser que vive para os outros, mas também recebe um contributo decisivo dos outros.

Redescobre-se que o ser humano não é uma ilha – depois de se ter "afastado" a sua concepção como elemento da natureza. E vem aprofundar-se a influência dos outros no próprio ser e a maneira de evitar as consequências prejudiciais desta influência.

Depois e perante a influência crescente da sociedade em cada um, através das manipulações genéticas, da procriação assistida, da influência do meio ambiente, do condicionamento pelos meios de informação, etc., tem-se vindo a afirmar uma inter-relação entre a sociedade e a pessoa até aqui insuficientemente representada. O direito ao património genético, a discussão sobre o conteúdo dos meios de informação, a divulgação dos exames à saúde de cada um, etc. – falando-se, mesmo, por vezes, de uma "quarta geração" dos direitos da pessoa que representa um corte ou dimensão transversal em todos os direitos anteriores.

Entre estes direitos, ditos "de terceira geração", incluem-se os que protegem unidades colectivas de vida humana – família, povo, nação – ou grupos particularmente ameaçados – mulheres, crianças, deficientes –, ou, mesmo, futuras gerações. E incluem-se, também, direitos de titularidade difusa ou colectiva, como os direitos à segurança colectiva e à paz, o direito à autodeterminação dos povos, e o direito ao desenvolvimento. Aqui se incluem ainda, normalmente, os direitos ambientais e à qualidade de vida, à conservação e utilização do património histórico e cultural. Bem como os direitos no domínio da bioética, e direitos de protecção dos animais.

Por outro lado, em razão da sua relativa novidade, em relação à anterior "geração", incluem-se por vezes igualmente neste grupo de direitos, ditos de "terceira geração", os associados ao fenómeno já apelidado de "digitalização dos direitos fundamentais", com referência a direitos relativos à utilização da informática.

## III. CONSAGRAÇÕES NA CONSTITUIÇÃO DA REPÚBLICA POR-
TUGUESA

**9. Consagrações de direitos fundamentais ditos "de terceira geração" da Constituição da República Portuguesa**

A Constituição da República Portuguesa de 1976 contém um catálogo relativamente extenso de direitos fundamentais, agrupando estes, porém, em dois grandes conjuntos, correspondentes, *grosso modo*, às categorias que costumam ser referidas com as duas ditas primeiras "gerações" de direitos fundamentais: os direitos, liberdades e garantias, por um lado, e os direitos económicos, sociais e culturais, por outro (isto, embora, evidentemente, a dimensão de solidariedade avulte nestes últimos).

Logo em 1976, porém, não deixaram de avultar alguns destes direitos "de terceira geração".

Assim, no aritgo 7.º, n.º 1, da Constituição referia-se o reconhecimento "do direito dos povos *à autodeterminação e à independência*" (itálicos nossos – tal como nas transcrições que se seguem), preconizando-se "a criação de uma ordem internacional capaz de assegurar a paz e a justiça nas relações entre os povos". E referia-se, mesmo, no n.º 3 deste artigo 7.º, o reconhecimento do "direito dos povos à insurreição contra todas as formas de opressão, nomeadamente contra o colonialismo e o imperialismo".

No texto actualmente vigente, resultante das IV e V revisões constitucionais (de 1997 e 2001), referem-se no artigo 7.º, n.º 1, os "direitos dos povos", designadamente, nos termos do n.º 3, o direito "*à autodeterminação e independência e ao desenvolvimento*, bem como o direito à insurreição contra todas as formas de opressão". No n.º 7 deste artigo 7.º veio igualmente prever-se que Portugal pode, "tendo em vista a realização de uma justiça internacional que promova o respeito pelos *direitos da pessoa humana e dos povos*", aceitar a jurisdição do Tribunal Penal Internacional.

Quanto à *utilização da informática*, logo em 1976 se previu, no artigo 35.º, um direito a uma sua correcta utilização, com diversas componentes (*habeas data*, direito de rectificação, limitação de tratamento de "dados sensíveis", proibição de número nacional único dos cidadãos, etc.), as quais têm vindo a ser aprofundadas nas diversas revisões constitucionais – assim, por exemplo, garantiu-se hoje o livre acesso às redes informáticas de uso público, tendo-se proibido também o acesso a dados pessoais de terceiros. A concretização deste direito a uma correcta utilização da informática motivou, aliás, uma das primeiras decisões em que o Tribunal Constitucional declarou uma inconstitucionalidade por omissão (das medidas legislativas destinadas a dar-lhe execução – acórdão n.º 182/89, publ. no *Diário da República*, 1ª série, de 2 de Março de 1989).

Também no que toca à protecção de *interesses difusos* e sua elevação a objecto de direitos fundamentais, a Constituição da República Portuguesa foi pioneira.

Assim, os *direitos dos consumidores* passaram a estar previstos desde a revisão constitucional de 1982 (artigo 110.º), passando para o título sobre direitos fundamentais em 1989. O artigo 60.º, n.º 1, veio, assim, reconhecer o direito dos consumidores "à qualidade dos bens e serviços consumidos, à formação e à informação, à protecção da saúde, da segurança e dos seus interesses económicos, bem como à reparação de danos" (para uma decisão do Tribunal Constitucional que se baseou neste último, cfr. o acórdão n.º 153/90, publ. no *Diário da República*, II série, de 3 de Maio de 1991).

A protecção do *ambiente e qualidade de vida* é hoje prevista, como direito fundamental, no artigo 66.º. Segundo este, "todos têm direito a um ambiente de vida humano, sadio e ecologicamente equilibrado e o dever de o defender", prevendo-se diversas "incumbências do Estado" para assegurar este direito.

Também outras realidades sociais nas quais se podem reconhecer interesses difusos ou colectivos foram elevadas a objecto de direitos fundamentais sociais. Assim, no artigo 67.º reconhece-se à *família*, "como elemento fundamental da sociedade", o "direito à protecção da sociedade e do Estado e à efectivação de todas as condições que permitam a realização pessoal dos seus membros." A *paternidade* e a *maternidade* são protegidas no artigo 68.º, concedendo-se aos pais e às mães "direito à protecção da sociedade e do Estado na realização da sua insubstituível acção em relação aos filhos, nomeadamente quanto à sua educação, com garantia de realização profissional e de participação na vida cívica do país", e afirmando-se a maternidade e a paternidade como "valores sociais eminentes". A *infância* é protegida no artigo 69.º, reconhecendo-se o direitos das crianças "à protecção da sociedade e do Estado, com vista ao seu desenvolvimento integral, especialmente contra todas as formas de abandono, de discriminação e de opressão e contra o exercício abusivo da autoridade na família e nas demais instituições." Por sua vez, o artigo 70.º protege a *juventude*, e o artigo 71.º os *cidadãos portadores de deficiência*. Os direitos sociais das *pessoas idosas* são previstos no artigo 72.º.

Recentemente, na IV revisão constitucional, de 1997, foi ainda alargada a previsão de direitos pessoais no artigo 26.º da Constituição, por forma a abranger aspectos que se não encontravam até então explicitados. Este passou, assim, no seu n.º 1, a prever expressamente um direito *"ao desenvolvimento da personalidade"* e "à *protecção legal contra quaisquer formas de discriminação*".

No n.º 3 deste artigo 26.º, por sua vez, passou a prever-se a garantia, pela lei, da dignidade pessoal e da "*identidade genética* do ser humano, nomeadamente na criação, desenvolvimento e utilização das tecnologias e na experimentação científica."

## BIBLIOGRAFIA

- Andrade, José Carlos Vieira de, *Os direitos fundamentais na Constituição Portuguesa de 1976*, 2ª ed., Almedina, Coimbra, 2001;
- Campos, Diogo Leite de, "Lições de direitos de personalidade", in *Boletim da Faculdade de Direito*, vol. LXVII, 1991, págs. 129-223;
- Canotilho, José Joaquim Gomes/Moreira, Vital, *Constituição da República Portuguesa anotada*, 3ª ed., Coimbra, Coimbra Editora, 1993;
- Canotilho, José Joaquim Gomes, *Direito Constitucional e Teoria da Constituição*, 6ª ed., Coimbra, 2002;
- Loureiro, João, "O direito à identidade genética do ser humano", *Portugal-Brasil, Ano 2000, Boletim da Faculdade de Direito de Coimbra – Studia Iuridica* – 40, 2000;
- Pinto, Paulo Mota, "O direito ao livre desenvolvimento da personalidade", in *Portugal--Brasil, Ano 2000, Boletim da Faculdade de Direito de Coimbra – Studia Iuridica* – 40, 2000;
- Soares, Rogério, *Direito público e sociedade técnica*, Coimbra, 1969;
- Vilaça, José Luís da Cruz, "A protecção dos direitos fundamentais na ordem jurídica comunitária", in *Estudos em homenagem ao Professor Rogério Soares*, Coimbra, 2001, p. 415 e segs.

# OS NOVOS DIREITOS DE 3ª GERAÇÃO
# (DIREITOS HUMANOS E AMBIENTAIS)

José Augusto Delgado
Ministro do STJ. Professor de Direito Público (Administrativo, Tributário e Processual Civil). Professor-Convidado do Curso de Especialização em Processo Civil – CEUB, Brasília. Doutor Honoris Causa da Universidade Estadual do Rio Grande do Norte. Professor UFRN(aposentado). Ex-professor da Universidade Estadual do Rio Grande do Norte. Ex-professor da Universidade Católica de Pernambuco. Sócio Honorário da Academia Brasileira de Direito Tributário. Sócio Benemérito do Instituto Nacional de Direito Público. Conselheiro Consultivo do Conselho Nacional das Instituições de Mediação e Arbitragem. Integrante do Grupo Brasileiro da Sociedade Internacional do Direito Penal Militar e Direito Humanitário.

## 1. Introdução

A doutrina brasileira, considerando as influências geradas pela Ciência Jurídica no curso do tempo, tem dividido os direitos, de conformidade com a importância que cada um dos seus ramos assumiu em determinada época, em gerações.

Considera-se, em linhas gerais, como tendo ocorrido uma geração o espaço de tempo (aproximadamente 25 anos) que vai de uma época a outra. Concentram-se, então, as investigações sobre determinado fenômeno, quer científico, quer social, quer jurídico, naquele período e marca-se o destaque da sua influência na humanidade, classificando-o por gerações, em ordem crescente.

Os direitos de primeira geração correspondem aos direitos civis e políticos, todos eles traduzindo valores de liberdade pessoal, do homem poder se utilizar livremente da propriedade material e imaterial, de contratar de acordo com a autonomia da sua vontade, de ser votado e de votar e de ser considerado como cidadão pelo Estado. São, em regra, os direitos naturais.

No campo dos direitos de segunda geração são incluídos os econômicos, sociais, culturais, educacionais, de saúde, que, também, estão vinculados a valores de igualdade e de cidadania, os direitos políticos em sua maior extensão, cujo marco inicial podemos considerar como tendo sido a Declaração dos Direitos do Homem, em 26 de agosto de 1789.

O fato mais importante nos direitos de segunda geração é a preocupação de impor limites ao Estado, garantindo-se liberdade ao ser humano e o respeito ao devido processo legal.

Na categoria dos direitos denominados de terceira geração, estão postos os direitos ambientais, os de privacidade, os direitos difusos, os direitos humanos e todos aqueles que visem o desenvolvimento do homem, a consolidação da sua paz, a conquista da livre determinação dos povos, os comunitários, incluindo-se todos os que traduzem sentimentos de solidariedade e sociabilidade.

Os direitos de terceira geração se preocupam em aproximar cada vez mais o homem das estruturas jurídicas que garantem a sua dignidade humana e a sua cidadania, no ambiente social.

Cuida-se, no momento, de um denominado direito de quarta geração. É o que está surgindo por força do avanço das ciências, no campo da informática (era digital), da biodiversidade, da transformação do código genético, da clonagem, etc.

Os direitos de terceira geração, que serão motivos de nossa preocupação, eles estão presentes na Constituição Brasileira, de modo explícito e implícito. De forma explícita, podemos identificá-los, imediatamente, no texto do seu Preâmbulo, ao afirmar:

"Nós, representantes do povo brasileiro, reunidos em Assembléia Nacional Constituinte para instituir um Estado democrático, destinado a assegurar o exercício dos direitos sociais e individuais, a liberdade, a segurança, o bem-estar, o desenvolvimento, a igualdade e a justiça como valores supremos de uma sociedade fraterna, pluralista e sem preconceitos, fundada na harmonia social e comprometida, na ordem interna e internacional, com a solução pacífica das controvérsias, promulgamos, sob a proteção de Deus, a seguinte Constituição da República Federativa do Brasil."

O compromisso da Carta Magna em considerar o exercício dos direitos sociais e individuais, a liberdade, a segurança, o bem-estar, o desenvolvimento, a igualdade e a justiça como valores supremos de uma sociedade fraterna, pluralista e sem preconceitos, compromissada com a harmonia social e com a solução pacífica de todos os seus conflitos, quer na ordem interna, quer na ordem externa, representa valorização da cidadania e consagração de eficácia e efetividade aos direitos de terceira geração.

A seguir, vamos encontrar o art. 1.º da Constituição Federal dispondo, de modo categórico, que "A República Federativa do Brasil, formada pela união indissolúvel dos Estados e Municípios e do Distrito Federal, constitui-se em Estado Democrático de direito e tem como fundamentos: I – a soberania; II – a cidadania; III – a dignidade da pessoa humana; IV – os valores sociais do trabalho e da livre iniciativa; V – o pluralismo político".

O homem, como observado, é considerado o centro das preocupações do Estado e a elevação da sua dignidade e da sua cidadania como elementos estruturantes essenciais à constituição de um Estado democrático de direito.

O pacto da Constituição com a sociedade a quem ela se destina clausula, também, no artigo 3.º, que "Constituem objetivos fundamentais da República Federativa do Brasil: I – construir uma sociedade livre, justa e solidária; II – garantir o desenvolvimento nacional; III – erradicar a pobreza e a marginalização e reduzir as desigualdades sociais e regionais; IV – promover o bem de todos, sem preconceitos de origem, raça, sexo, cor, idade e quaisquer outras formas de discriminação".

Busca-se, portanto, fazer valer princípios de solidariedade que resultem no bem-estar da coletividade, dando-se prevalência absoluta a que se tornem eficazes os denominados direitos de terceira geração. No círculo deste estão os direitos humanos, os direitos ambientais, os direitos de intimidade, de vida privada, de honra e de imagem das pessoas (art. 5.º, LX), os direitos do consumidor (XXXII), os direitos de não tortura (art. 5.º, XLIII), os direitos e liberdades fundamentais (art. 5.º, XLI), os direitos sociais (educação, saúde, trabalho, moradia, lazer, segurança, previdência social, proteção à maternidade e à infância, conforme o art. 6.º, CF) e os do meio ambiente (art. 225).

A preocupação da doutrina e da jurisprudência, na época contemporânea, é tornar eficazes e efetivos esses direitos, a fim de que não se perca o vínculo com os direitos de primeira e segunda gerações, haja vista que, cada vez mais, cresce o entendimento de que uma geração de direitos não substitui a outra, pelo contrário, elas se vinculam, se integram, para que seja alcançado o objetivo de valorização da dignidade humana e da cidadania.

Os direitos, quer sejam econômicos, sociais, culturais, humanos, de solidariedade, comunitários ou de quaisquer outras categorias, só têm significação se forem concretizados. Ausente essa materialização de seus efeitos, eles perdem a significação sublimada que possuem e passam a gerar inquietudes sociais e a provocar movimentos de massas que, muitas vezes, transformam-se em protestos revolucionários.

## 2. Os direitos humanos no século XXI – direito de terceira geração- -principais convenções e declarações internacionais

A Constituição de 1988, refletindo a vontade dos constituintes e, consequentemente, os sentimentos da cidadania brasileira, contém, de modo inequívoco, a partir do seu Preâmbulo e no seu Primeiro Título, regras que dão absoluta primazia aos direitos e às garantias fundamentais da pessoa humana. No particular, rompeu com o tradicionalismo até então seguido pelas Cartas Magnas anteriores, que começavam com registros louvando a estrutura do Estado.

A consciência dessa valorização está tão bem marcada na Carta Magna, que ela fez constar, no inciso II, do art. 4.°, como um dos princípios informativos das relações internacionais o de que deve haver, em qualquer situação, a prevalência dos direitos humanos.

A internacionalização dos direitos humanos, conforme está na Carta Magna, demonstra a preocupação do Estado em fazê-lo presente em todas as relações nacionais e internacionais, de modo prevalecente, por ser sabedor das dificuldades que rodeiam a sua atuação para implantá-los.

Esse posicionamento da Carta Magna de 1988, em colocar a proteção dos direitos humanos como função maior a ser desenvolvida pelo Estado brasileiro, deve-se aos comportamentos adotados por Organizações Globais que aprovaram diversos documentos visando a alertar a humanidade para a necessidade do respeito aos direitos humanos.

Entre os mais importantes documentos internacionais tratando da prevalência dos direitos humanos em qualquer tipo de relação(econômica, social, jurídica, familiar, política ou com a natureza) do homem com o homem e do homem com o Estado, podemos enumerar os seguintes:

I) DECLARAÇÃO DE DIREITOS FEITA PELOS REPRESENTANTES DO BOM POVO DE VIRGÍNIA, REUNIDOS EM PLENA E LIVRE CONVENÇÃO; DIREITOS QUE PERTENCEM A ELES E À SUA POSTERIDADE, COMO BASE E FUNDAMENTO DE GOVERNO (Declaração de Direitos de Virgínia, de 12 de junho de 1776).

II) DECLARAÇÃO DOS DIREITOS DO HOMEM E DO CIDADÃO (França, 1789, aprovada pela Assembléia Nacional nas sessões dos dias 20, 21, 22,

24 e 26 de agosto de 1789). Assinada pelo Rei Luís XVI, em 5 de outubro de 1789. Incluída no Cabeçalho da Constituição de 1791 a sua parte introdutória.

III) ACORDO PARA A REPRESSÃO DO TRÁFICO DE MULHERES BRANCAS (Documento concluído em Paris, em 18.05.1904, assinado pelas seguintes autoridades: Presidente da República Francesa, Imperador Alemão e Rei da Prússia, Príncipe de Rdolin, Rei dos Belgas, Rei da Dinamarca, Rei da Espanha, Rei do Reino-Unido da Grã-Bretanha e Irlanda e dos Domínios britânicos de além-mar, Imperador das Índias, Rei da Itália, Rainha dos Países-Baixos, Rei de Portugal e dos Algarves, Imperador de Todas as Rússias, Rei da Suécia e Noruega, Conselho Federal Suíço e outros Enviados Extraordinários e Ministro Plenipotenciário junto ao Presidente da República Francesa). (Obs. O Decreto n. 5.591, de 13 de julho de 1905, assinado no Rio de Janeiro, em 13 de julho de 1905, promulgou a adesão do Brasil a esse Acordo concluído em Paris entre várias potências, para repressão do tráfico de mulheres brancas).

IV) CONVENÇÃO INTERNACIONAL PARA A REPRESSÃO DO TRÁFICO DE MULHERES E DE CRIANÇAS (Convenção assinada em Genebra, em 30.09.1921, ratificada pelo Brasil, em 18.7.1933, e promulgada, no Brasil, pelo Decreto n. 23.812, de 30.1.1934. Ela foi assinada pela Albânia, Alemanha, Áustria, Bélgica, Brasil, Canadá, Austrália, União Sul-Africana, Nova Zelândia, Índia, Chile, China, Colômbia, Costa Rica, Cuba, Estônia, Grécia, Hungria, Itália, Japão, Letônia, Lituânia, Noruega, Países-Baixos, Pérsia, Polônia, Portugal, Rumânia, Sião, Suécia, Suíça e Tchecoeslovária).

V) DERECHOS DE LA MUJER (Documento assinado na Quinta Conferência Internacional Americana, Santiago do Chile, 1923).

VI) CONVENÇÃO SOBRE A ESCRAVATURA (Assinada em Genebra, em 25 de setembro de 1926, e emendada pelo Protocolo aberto à assinatura ou à aceitação na Sede da Organização das Nações Unidas, Nova Iorque, em 7 de dezembro de 1953, com adesão pelo Brasil pelo Decreto legislativo n. 66, Diário Oficial da União de 18.7.1965, promulgada pelo Decreto n. 58.563, de 1966) (Os instrumentos de ratificação foram depositados no Escritório do Secretário-Geral da Organização das Nações Unidas).

VII) CONVENÇÃO SOBRE A CONDIÇÃO DOS ESTRANGEIROS. Assinada na cidade de Havana, em 20.2.1928, por ocasião da Sexta Conferência Internacional Americana. Os Estados Unidos da América firmaram a referida Convenção, fazendo reserva expressa ao art. 3.º, no que se refere, expressamente, ao serviço militar dos estrangeiros, em caso de guerra.

VIII) CONVENÇÃO DE ASILO, assinada em Havana, em 20 de fevereiro de 1928, na Sexta Conferência Internacional dos Estados Americanos. Assinada pelos seguintes países: Argentina, Bolívia, Brasil, Chile, Colômbia, Costa Rica, Cuba, República Dominicana, Equador, El Salvador, Guatemala, Haiti, Honduras, México, Nicarágua, Panamá, Paraguai, Peru, Estados Unidos, Uruguai e Venezuela. O Instrumento original está depositado no Ministério do Estado de Cuba. A União Pan-Americana é depositária dos instrumentos de ratificação.

IX) CONVENÇÃO N. 29 – OIT – SOBRE TRABALHO FORÇADO OU OBRIGATÓRIO. Adotada pela Conferência Internacional do trabalho, em sua 14ª sessão de junho de 1930, com as modificações realizadas em agosto de 1948. Cuida do trabalho forçado ou obrigatório. Ela foi firmada na Conferência Geral da Organização Internacional do Trabalho, convocada em Genebra, pelo Conselho de Administração da Repartição Internacional do Trabalho, em 10 de junho de 1930.

X) CONVENÇÃO DE ASILO POLÍTICO. Assinada em Montevidéu, no dia 26 de dezembro de 1933, por ocasião da Sétima Conferência Internacional dos Estados Americanos. Os países que a assinaram foram: Argentina, Brasil, Chile, Colômbia, Costa Rica, Cuba, República Dominicana, Equador, El Salvador, Guatemala, Haiti, Honduras, México, Nicarágua, Panamá, Paraguai, Peru e Uruguai. Getúlio Vargas, em 13 de abril de 1937, promulgou, pelo Decreto n. 1.570, da mesma data, a referida Convenção.

XI) CONVENCIÓN SOBRE NACIONALIDAD DE LA MUJER. Esta convenção foi assinada em Montevidéu, no ano de 1933, no curso da Sétima Conferência Internacional Americana. Foi aprovada, no Brasil, pelo Decreto n. 111, de 24.09.1937, por Pedro Aleixo, Presidente da Câmara dos Deputados.

XII) CONVENÇÃO INTERNACIONAL RELATIVA À REPRESSÃO DO TRÁFICO DE MULHERES MAIORES. Firmada em Genebra no dia 11 de outubro de 1933. O Brasil aprovou essa Convenção pelo Decreto n. 113, de 28.12.1937. A sua adesão ocorreu por nota de 24 de junho de 1938, da legação do Brasil em Berna, por via de comunicado feito ao Secretário-Geral da Liga das Nações Unidas. Foi ela promulgada pelo Decreto n. 2.954, de 10.08.1938, assinado por Getúlio Vargas.

XIII) DECLARACIÓN DE LIMA EN FAVOR DE LOS DERECHOS DE LA MUJER. Aprovada pela Resolução XX, na Oitava Conferência Internacional Americana, em 1938.

XIV) TRATADO DE ASILO POLÍTICO E REFÚGIO. Este tratado elaborou uma revisão no Tratado da Lei Penal Internacional, assinado no Primeiro

Congresso Sul-Americano de Lei Internacional Privada, ocorrido em Montevidéu, nos anos de 1888-1889. Ele foi assinado em Montevidéu, no dia 04 de agosto de 1939, no segundo Congresso Sul-Americano de Lei Privada Internacional. Presentes o Presidente da República do Peru, o Presidente da República Argentina, o Presidente da República Oriental do Uruguai, o Presidente da República da Bolívia, o Presidente da República do Paraguai e o Presidente da República do Chile.

XV) DECLARAÇÃO SOBRE OS FINS E OBJETIVOS DA ORGANIZAÇÃO INTERNACIONAL DO TRABALHO. Este documento foi firmado na Conferência Geral da Organização Internacional do Trabalho, reunida em Filadélfia, em sua vigésima sexta sessão, em 10.05.de1944.

XVI) CARTA DAS NAÇÕES UNIDAS (referente à fundação da ONU). Documento assinado em São Francisco, aos vinte e seis dias do mês de junho de mil novecentos e quarenta e cinco. As ratificações foram depositadas junto ao Governo dos Estados Unidos da América. A Carta entrou em vigor após o depósito de ratificações pela República da China, França, União das Repúblicas Socialistas Soviéticas, Reino Unido da Grã-Bretanha e Irlanda Norte e Estados Unidos da América, e pela maioria dos outros Estados signatários.

XVII) PROTOCOLO DE EMENDA À CONVENÇÃO PARA A REPRESSÃO DO TRÁFICO DE MULHERES E CRIANÇAS, CONCLUÍDA EM GENEBRA, A 30 DE SETEMBRO DE 1921, E A CONVENÇÃO PARA A REPRESSÃO DO TRÁFICO DE MULHERES MAIORES, CONCLUÍDA EM GENEBRA, A 11 DE OUTUBRO DE 1933. O mencionado protocolo foi promulgado, no Brasil, pelo Decreto n. 33.176, de 15 de abril de 1995, assinado por João Café Filho.

XVIII) CONVENÇÃO INTERAMERICANA SOBRE A CONCESSÃO DOS DIREITOS CIVIS À MULHER. Assinada em Bogotá, por ocasião da IX Conferência Interamericana, realizada entre 30 de março a 2 de maio de 1948, pela maioria das Repúblicas Americanas. O Brasil, por meio do Decreto n. 31.643, de 23 de outubro de 1952, assinado por Getúlio Vargas, promulgou a referida Convenção.

XIX) CONVENÇÃO INTERAMERICANA SOBRE A CONCESSÃO DOS DIREITOS POLÍTICOS À MULHER. Assinada na Nona Conferência Internacional Americana, realizada em Bogotá, no período de 30 de março a 2 de maio de 1948. O Brasil, pelo Decreto Legislativo n. 32, de 21.9.1949, aprovou a referida Convenção. Ela só foi promulgada em 19 de abril de 1950, pelo Decreto n. 28.011, assinado por Eurico Gaspar Dutra, Presidente da República.

XX) DECLARAÇÃO UNIVERSAL DOS DIREITOS E DEVERES DO HOMEM. Assinada durante a IX Conferência Internacional Americana, realizada em

Bogotá, no ano de 1948, com a presença da maioria dos Estados Americanos.

XXI) CARTA INTERNACIONAL AMERICANA DE GARANTÍAS SOCIALES. Assinada pelo Estados Americanos na IX Conferência Internacional Americana, Bogotá, 1948.

XXII) DECLARAÇÃO UNIVERSAL DOS DIREITOS DO HOMEM. Aprovada em Resolução da III Sessão Ordinária da Assembléia Geral das Nações Unidas, em 10 de dezembro de 1948.

XXIII) CONVENÇÃO PARA A PREVENÇÃO E A REPRESSÃO DO CRIME DE GENOCÍDIO. Firmada em Paris, no dia 11.12.1948, por ocasião da III Sessão da Assembléia Geral das Nações Unidas. O Brasil promulgou a referida Convenção pelo Decreto n. 30.822, de 06 de maio de 1952, assinado pelo Presidente Getúlio Vargas.

XXIV) CONVENÇÃO N. 87, A LIBERDADE SINDICAL E A PROTEÇÃO DO DIREITO DE SINDICALIZAÇÃO. Entrou em vigor no dia 04 de julho de 1950, aprovada na Conferência Geral da Organização Internacional do Trabalho, realizada em São Francisco em 17 de junho de 1948.

XXV) CONVENÇÃO N. 98 – A APLICAÇÃO DO PRINCÍPIOS DO DIREITO DE ORGANIZAÇÃO E DE NEGOCIAÇÃO COLETIVA. Adotada na 32ª Sessão da Conferência Internacional do Trabalho, realizada em Genebra (1949). O Brasil aprovou a referida Convenção pelo Decreto Legislativo n. 49, de 27 de agosto de 1952. Promulgada pelo Decreto n. 33.196, de 29 de junho de 1953.

XXVI) ESTATUTO DO CONSELHO DA EUROPA FIRMADO EM LONDRES, EM 05 DE MAIO DE 1949. Documento assinado pelos Governos do Reino da Bélgica, do Reino da Dinamarca, da República Francesa, da República Irlandesa, da República Italiana, do Grão-Ducado de Luxemburgo, do Reino dos Países Baixos, do Reino da Noruega, do Reino da Suécia e do Reino Unido da Grã-Bretanha e Irlanda do Norte.

XXVII) CONVENÇÃO SOBRE A PROTEÇÃO DOS DIREITOS HUMANOS E DAS LIBERDADES FUNDAMENTAIS. Firmada em Roma, no dia 04.11.1950. Depositada nos Arquivos do Conselho da Europa.

XXVIII) CONVENÇÃO PARA A REPRESSÃO DO TRÁFICO DE PESSOAS E DO LENOCÍNIO. Concluída em Lake Sucess, no dia 21.03.1950. Firmada pelo Brasil, em 05.10.1951. Aprovada pelo Decreto Legislativo n. 6, de 12.06.1958. Promulgada pelo Decreto n. 46.981, de 08 de outubro de 1959, assinada pelo Presidente Juscelino Kubitschek.

XXIX) CONVENÇÃO N. 103 DE AMPARO À MATERNIDADE. Adotada na 35ª Sessão da Conferência Geral da Organização Internacional do Trabalho, realizada em Genebra, aos 04 de junho de 1952. O Brasil aprovou a mencionada Convenção pelo Decreto Legislativo n. 20, de 30 de abril de 1965, tendo-a promulgada pelo Decreto n. 58.820, de 14 de julho de 1966, assinado pelo Presidente Humberto Castello Branco.

XXX) PROTOCOLO ADICIONAL N. 1 – CONVENÇÃO SOBRE A PROTEÇÃO DOS DIREITOS HUMANOS E DAS LIBERDADES FUNDAMENTAIS. Documento assinado pelos Membros do Conselho da Europa, reunidos em Roma, no dia 04 de novembro de 1950.

XXXI) CONVENÇÃO SOBRE OS DIREITOS POLÍTICOS DA MULHER – ONU. Assinada em Nova Iorque, no dia 31 de março de 1953, por ocasião da VII Sessão da Assembléia Geral das Nações Unidas. Firmada pelo Brasil a 21 de maio de 1953. Foi aprovada pelo Brasil por via do Decreto Legislativo n. 123, de 1.º de dezembro de 1955. Promulgada pelo Decreto n. 52.476, de 12 de setembro de 1963, assinado pelo Presidente João Goulart.

XXXII) CONVENÇÃO SOBRE ASILO DIPLOMÁTICO. APROVADA NA X CONFERÊNCIA INTERAMERICANA, realizada em Caracas, a 28 de março de 1954. O Brasil aprovou-a pelo Decreto Legislativo n. 13, de 12.06.1957. Ela foi promulgada, no Brasil, pelo Decreto n. 42.628, de 13 de novembro de 1957, assinado pelo Presidente Juscelino Kubitschek.

XXXIII) CONVENÇÃO SOBRE ASILO TERRITORIAL. Assinada por ocasião da X Convenção Interamericana, Caracas, 28 de março de 1954. Promulgada pelo Brasil em 14 de abril de 1965, Decreto n. 55.929, assinado pelo Presidente Humberto Cartello Branco. Ela foi aprovada pelo Decreto Legislativo n. 34, de 1964.

XXXIV) RESOLUÇÃO PARA REGRAS MÍNIMAS PARA O TRATAMENTO DOS RECLUSOS. Esta Resolução foi adotada em 30 de agosto de 1955, no Primeiro Congresso das Nações Unidas sobre Prevenção do Delito e Tratamento do Delinqüente.

XXXV) CONVENÇÃO SUPLEMENTAR SOBRE A ABOLIÇÃO DA ESCRAVATURA, DO TRÁFICO DE ESCRAVOS E DAS INSTITUIÇÕES E PRÁTICAS ANÁLOGAS À ESCRAVATURA. Este documento foi elaborado no Escritório Europeu das Nações Unidas, em Genebra, em sete de setembro de mil novecentos e cinqüenta e seis. O Brasil aprovou a referida Convenção pelo Decreto Legislativo n. 66, de 19.7.1965, e a promulgou pelo Decreto n. 58.563, de 03.06.1966.

XXXVI) CONVENÇÃO SOBRE A NACIONALIDADE DA MULHER CASADA, CONCLUÍDA EM NOVA IORQUE, A 20 DE FEVEREIRO DE 1957. Aprovada, no Brasil, pelo Decreto Legislativo n. 27, de 25 de junho de 1968, e promulgada pelo Decreto n. 64.216, de 18 de março de 1969, pelo Presidente Costa e Silva.

XXXVII) CONVENÇÃO N. 111 SOBRE A DISCRIMINAÇÃO EM MATÉRIA DE EMPREGO E PROFISSÃO. Adotada pela Conferência Geral da Organização Internacional do Trabalho, realizada em Genebra, a 4 de junho de 1958. Aprovada, no Brasil, pelo Decreto Legislativo n. 104, de 21.11.1964. Promulgado pelo Decreto n. 62.150, de 19.01.1968, assinado pelo Presidente Costa E Silva.

XXXVIII) DECLARAÇÃO DOS DIREITOS DA CRIANÇA. Texto proclamado pela Assembléia Geral da ONU, em 21 de setembro de 1959.

XXXIX) DECLARAÇÃO SOBRE A CONCESSÃO DA INDEPENDÊNCIA AOS PAÍSES E POVOS COLONIAIS. Aprovada pela Assembléia Geral da ONU, em 14 de dezembro de 1960, conforme Resolução n. 1.514.

XXXIV) CONVENÇÃO RELATIVA À LUTA CONTRA A DISCRIMINAÇÃO NO CAMPO DO ENSINO. Esta Convenção foi adotada pela Conferência Geral da Unesco, em Paris, a 14.12.1960. Aprovada pelo Brasil, conforme Decreto Legislativo n. 40, de 17.11.1967. Promulgada pelo Decreto n. 63.223, de 1968.

XXXV) CARTA SOCIAL EUROPÉIA. Aprovada em Turim, em 18 de dezembro de 1961, entrou em vigor em 26 de fevereiro de 1965. Ela foi assinada pelos Membros do Conselho da Europa.

XXXVI) CONVENÇÃO N. 117 – OBJETIVOS E NORMAS BÁSICAS DA POLÍTICA SOCIAL. Aprovada pela 46ª Sessão, em 06 de junho de 1962, pela Conferência Geral da Organização Internacional do Trabalho, Genebra. A mencionada Convenção foi aprovada pelo Brasil, em data de 30.11.1966, pelo Decreto Legislativo n. 65. Entrou em vigor, para o Brasil, em 24.03.1970. Foi promulgada pelo Decreto n. 66.496, de 27.04.1970, assinado pelo Presidente Emílio G. Médici.

XXXVII) CONVENÇÃO SOBRE CONSENTIMENTO PARA O CASAMENTO, IDADE MÍNIMA PARA CASAMENTO E REGISTRO DE CASAMENTO. A referida Convenção foi ratificada pelo Brasil em 11 de fevereiro de 1970. Aprovada pelo Decreto Legislativo n. 659, de 1.º de 07 de 1969, e Promulgada pelo Decreto n. 66.605, de 20.05.1970. Ela foi firmada no dia 10 de dezembro de mil novecentos e sessenta e dois, na Sede das Nações Unidas, em Nova Iorque.

XXXVIII) PROTOCOLO N. 2 – CONVENÇÃO SOBRE A PROTEÇÃO DOS DIREITOS HUMANOS E DAS LIBERDADES FUNDAMENTAIS. OUTORGA AO TRIBUNAL EUROPEU DE DIREITOS HUMANOS A COMPETÊNCIA PARA EMITIR PARECERES CONSULTIVOS. Este protocolo foi firmado pelos Estados-Membros do Conselho da Europa, em 06 e março de 1963, tendo entrado em vigor no dia 21 de setembvro de 1970. Foi lavrado em Estraburgo, no dia 06 de maio de 1963, e o seu texto foi depositado nos arquivos do Conselho da Europa.

XXXIX) PROTOCOLO N. 3 – CONVENÇÃO SOBRE PROTEÇÃO DOS DIREITOS HUMANOS E DAS LIBERDADES FUNDAMENTAIS. MODIFICANDO OS ARTIGOS 29, 30 E 34 DA CONVENÇÃO PARA A PROTEÇÃO DOS DIREITOS HUMANOS E DAS LIBERDADES FUNDAMENTAIS. Assinado em Roma em 4 de novembro de 1950. Ele foi aprovado em Estraburgo, no dia 06 de maio de 1963, tendo entrado en vigor no dia 21 de setembro de 1970.

XL) PROTOCOLO N. 4 – CONVENÇÃO SOBRE A PROTEÇÃO DOS DIREITOS HUMANOS E DAS LIBERDADES FUNDAMENTAIS, RECONHECE CERTOS DIREITOS ALÉM DOS QUE JÁ FIGURAM NA CONVENÇÃO E NO PROTOCOLO. ADICIONAL N. 1. Protocolo aprovado pelo Conselho da Europa, em 16 de setembro de 1965, com entrada em vigor no dia 02 de maio de 1968. Texto lavrado em Estraburgo, em 16.09.1963.

XLI) DECLARAÇÃO SOBRE A ELIMINAÇÃO DE TODAS AS FORMAS DE DISCRIMINAÇÃO RACIAL. Documento proclamado pela Assembléia Geral das Nações Unidas, no dia 20 de novembro de 1963, pela Resolução n. 1904 (XVIII).

XLII) CARTA ENCÍCLICA PACEM IN TERRIS – Carta papal emitida pelo Papa João XXIII, Dada em Roma junto de S. Pedro, na Solenidade da Ceia de Nosso Senhor, aos 11 de abril de 1963.

XLIII) CONVENÇÃO N. 122 – A POLÍTICA DE EMPREGO. Adotada na 48ª Sessão da Conferência Geral da Organização Nacional do Trabalho, em Genebra, em 17 de junho de 1964. Aprovada pelo Brasil em 30.11.1966, conforme Decreto Legislativo n. 61, de 30.11.1966. Entrou em vigor para o Brasil, em 24.03.1970 e foi promulgada pelo Decreto n. 66.499, de 27.04.1970, assinado pelo Presidente Emílio Médici.

XLIV) DECLARAÇÃO SOBRE O FOMENTO ENTRE A JUVENTUDE DOS IDEIAS DE PAZ, RESPEITO MÚTUO E COMPREENSÃO ENTRE OS POVOS. Proclamação oriunda da Assembléia Geral das Nações Unidas em sua Resolução n. 2.037 (XX), em 7 de dezembro de 1965.

XLV) DECLARAÇÃO CONCERNENTE À PROMOÇÃO ENTRE OS JOVENS DOS IDEIAS DE PAZ, DE RESPEITO MÚTUO E DE COMPREENSÃO ENTRE OS POVOS. Emitida pela Assembléia Geral das Nações Unidas, reafirmando os princípios inscritos na Declaração Universal dos Direitos Humanos, em 07 de dezembro de 1965.

XLVI) CONVENÇÃO INTERNACIONAL SOBRE A ELIMINAÇÃO DE TODAS AS FORMAS DE DISCRIMINAÇÃO RACIAL. Adotada pela Resolução n. 2.106 (XX) da Assembléia Geral das Nações Unidas, em 21.12.1965. Aprovada, no

Brasil, pelo Decreto Legislativo n. 23, de 21 de junho de 1967, e promulgada pelo Decreto n. 65.810, de 08 de dezembro de 1969, assinado pelo Presidente Emílio Medici.

XLVII) DECLARAÇÃO DOS PRINCÍPIOS DA COOPERAÇÃO CULTURAL INTERNACIONAL. Proclamada em 4 de novembro de 1966 pela Conferência Geral da Unesco, em sua XIV Reunião, realizada em Paris.

XLVIII) PACTO INTERNACIONAL SOBRE DIREITOS CIVIS E POLÍTICOS. Adotado pela Assembléia das Nações Unidas, em 16.12.1966. O Brasil aprovou em 13.12.1991, pelo Decreto Legislativo n. 226, e o promulgou pelo Decreto n. 592, de 06 de julho de 1992.

XLIX) PROTOCOLO ADICIONAL FACULTATIVO DO PACTO INTERNACIONAL DOS DIREITOS CIVIS E POLÍTICOS. Aprovado pela Organização das Nações Unidas, em 1966.

L) PACTO INTERNACIONAL SOBRE DIREITOS ECONÔMICOS, SOCIAIS E CULTURAIS. Foi adotado pela Assembléia Geral das Nações Unidas, em 16.12.66. O Brasil resolveu aprová-lo pelo Decreto Legislativo n. 226, de 12.12.1995. Ele foi promulgado, no Brasil, pelo Decreto n. 591, de 7.7.92.

LI) CONVENÇÃO AMERICANA SOBRE DIREITOS HUMANOS – PACTO DE SAN JOSÉ DE COSTA RICA. Convenção aprovada pelos Estados americanos, em 22 de novembro de 1969. Só foi promulgada pelo Brasil em 06 de novembro de 1992, conforme Decreto n. 678, assinado pelo Presidente Itamar Franco.

LII) DECLARAÇÃO SOBRE A ELIMINAÇÃO DA DISCRIMINAÇÃO CONTRA A MULHER. Proclamada pela Assembléia Internacional de Direitos Humanos, em Teerã, em 13.05.1968.

LIII) PROCLAMAÇÃO DE TEERÃ. Esta proclamação foi aprovada pela Assembléia Geral de Direitos Humanos, reunida em Teerã, período de 22 de abril a 13 de maio de 1968.

LIV) CONVENÇÃO SOBRE A IMPRESCRITIBILIDADE DOS CRIMES DE GUERRA E CRIMES DE LESA-HUMANIDADE. Aprovada pela Assembléia Geral das Nações Unidas, em 26 de novembro de 1968.

LV) CONVENÇÃO N. 135 – REPRESENTANTES DOS TRABALHADORES. Aprovada pela Conferência Geral da Organização Internacional do Trabalho, reunida em Genebra, no dia 02 de junho de 1971.

LVI) DECLARAÇÃO DE DIREITOS DO DEFICIENTE MENTAL. Proclamada em 20 de dezembro de 1971, pela Assembléia Geral das Nações Unidas, em sua Resolução n. 2.586 (XXVI).

LVII) DECLARAÇÃO DOS DIREITOS INCAPACITADOS. Resolução adotada pela Assembléia Geral das Nações Unidas, em 09.12.1995.

LVIII) ESTATUTO ORGÁNICO DE LA COMISIÓN INTERAMERICANA DE MUJERES. Aprovada na 18ª Assembléia da Comissão Interamericana de Mulheres, em 1976, Miami.

LIX) DECLARAÇÃO UNIVERSAL DOS DIREITOS DOS POVOS. Declaração aprovada por juristas, economistas, políticos e dirigentes de movimentos de libertação nacional, em 4 de julho de 1976, em Argel.

LX) ESTATUTO DE LA CORTE INTERAMERICANA DE DERECHOS HUMANOS. Aprovado mediante Resolução n. 468, da Assembléia Geral da OEA, en La Paz, outubro de 1979.

LXI) ESTATUTO DA CORTE INTERNACIONAL DE JUSTIÇA. Aprovado pela IX Assembléia Geral da OEA, La Paz, 1979.

LXII) ESTATUTO DE LA COMISIÓN INTERAMERICANA DE DERECHOS HUMANOS. Aprovado pelo Conselho da Organização dos Estados Americanos, em 25 de maio de 1960, modificado em novembro de 1965, por ocasião da II Conferência Internacional extraordinária realizada no Rio de Janeiro.

LXIII) CÓDIGO DE CONDUTA PARA FUNCIONÁRIOS ENCARREGADOS DE FAZER CUMPRIR A LEI. Aprovado pela Assembléia Geral da ONU em 17 de dezembro de 1979.

LXIV) PROTOCOLO N. 6 – RESPECTO LA ABOLICIÓN DE LA PENA DE MUERTE. Aprovado pela Convenção Européia para a proteção dos Direitos Humanos e das Liberdades Fundamentais, em 20 de maio de 1952.

LXV) CONVENÇÃO CONTRA A TORTURA E OUTROS TRATAMENTOS OU PENAS CRUÉIS, DESUMANOS OU DEGRADANTES. Aprovada na XXXIX Sessão (1984) da Assembléia Geral das Nações Unidas e assinada em 23.09.1985. O Brasil a aprovou pelo Decreto Legislativo n. 4, de 24.05.1989. Foi promulgada pelo Decreto n. 40, de 1991, assinado pelo Presidente Fernando Collor.

LXVI) CONVENÇÃO INTERAMERICANA PARA PREVENIR E PUNIR A TORTURA. Aprovada pelos Estados Americanos, na cidade de Cartagena, em 9 de dezembro de 1995. No Brasil, está aprovada pelo Decreto Legislativo n. 5, de 31 de maio de 1989. Foi promulgada pelo Decreto n. 98.386, de 9 de novembro de 1989, assinado pelo Presidente José Sarney.

Estes são os principais documentos internacionais que contêm regras de fortalecimento dos Direitos Humanos na visão de que eles têm como destinação específica proteger a dignidade humana e a cidadania. O Brasil manifestou a sua adesão a quase todos eles e obriga, pelas suas instituições políticas, administrativas e sociais, o cumprimento dos princípios neles contidos.

## 3. Princípios informativos adotados na aplicação e interpretação dos direitos humanos no Brasil

Os princípios. no campo da Ciência Jurídica, revelam o conjunto de regra e preceitos que devem ser adotados por determinado ramo do direito. São comandos primordiais instituídos para fortalecer as entidades a que se destinam. Eles expressam o sentido mais relevante da norma ou da regra jurídica a que eles se dedicam. São pontos básicos para a construção do Direito questionado, indicando os seus alicerces e reforçando as suas estruturas.

Não são compreendidos, apenas, como sendo os fundamentos jurídicos que orientam as normas. Eles atuam com a força cogente que retratam e geram obediência sem qualquer questionamento.

Com razão Celso Antônio Bandeira de Melo, ao afirmar que violar um princípio é muito mais grave do que violar a lei propriamente dita.

O exame da Constituição Federal de 1988 revela que ela é, nitidamente, voltada para valorizar os direitos humanos. O seu marco fundamental é exigir do Estado que realize políticas públicas voltadas para elevar o patamar representativo da dignidade humana e da cidadania. Ela elegeu, conforme já demonstrado (art. 1.°, inciso II e III), os valores da dignidade humana e da cidadania como essenciais. Eles informam toda a ordem constitucional construída, imprimindo-lhe uma característica toda especial.

O respeito à dignidade humana e à cidadania por serem princípios de carga imperativa e com caráter de supremacia constituem, ao lado do direito à vida, o centro fundamental dos direitos humanos. É, na expressão de Fábio Konder Comparato, um "valor supremo que atrai o conteúdo de todos os direitos fundamentais do homem, desde o direito à vida".

Um rápido exame do conteúdo do nosso ordenamento jurídico e dos tratados, convenções e pactos que assumimos para garantir a eficácia e a efetividade da aplicação dos direitos humanos, propicia a todos nós a possibilidade de convivermos com uma série de princípios, os quais iremos tentar, sem a pretensão de esgotar a sua enumeração, apresentá-los.

Os essenciais princípios que sustentam os direitos humanos são:

I) "Todos os homens, são, por natureza igualmente livres e independentes e têm direitos inerentes, dos quais, aos entrar num estado de sociedade, não podem, por nenhum contrato, privar ou despojar sua posteridade;

a saber, o gozo da vida e da liberdade, os meios de adquirir e possuir propriedade, e a busca da felicidade e segurança"[1]

II) "A liberdade consiste em poder fazer tudo o que não prejudicar outrem; assim o exercício dos direitos naturais de cada homem não tem outros limites senão os que garantem aos demais membros da sociedade o gozo desses mesmos direitos. Estes limites só podem ser determinados pela lei"[2].

III) "Todo homem presume-se inocente enquanto não houver sido declarado culpado; por isso, se se considerar indispensável detê-lo, todo rigor que não seria necessário para a segurança de sua pessoa deve ser severamente reprimido pela lei"[3].

IV) "Ninguém deve ser importunado por suas opiniões, inclusive, religiosas, desde que sua manifestação não altere a ordem pública estabelecida pela lei"[4]

V) "Toda sociedade em que não estiver assegurada a garantia dos direitos, nem determinada a separação dos poderes, não tem Constituição".[5]

VI) Devem ser abolidas quaisquer incapacidades constitucionais e legais em razão do sexo. Homens e mulheres devem ter os mesmos direitos e obrigações.

VII) As Nações devem suprimir qualquer norma que permita o emprego do trabalho forçado ou obrigatório sob todas a suas formas, salvo necessidades de defesa do Estado.

VIII) A lei deve ser interpretada de modo que a mulher tenha igual tratamento político dado ao homem; que goze de igualdade na ordem civil; que tenha as mais amplas possibilidades e proteção no trabalho; e que receba o mais amplo amparo como mãe[6].

IX) A paz entre os homens, para ser duradoura, deve assentar sobre a justiça social. Todos os seres humanos, de qualquer raça, crença ou sexo, têm o direito assegurado de bem-estar material e de desenvolvimento

---

[1] Seção I da Declaração de Direitos de Virgínia, de 12 de junho de 1776.
[2] Artigo 4.º da Declaração dos Direitos do Homem e do Cidadão, aprovada pela Assembléia Nacional Francesa, em 26 de agosto de 1789.
[3] Artigo 9.º, idem.
[4] Artigo 10.º, idem.
[5] Artigo 16.º, idem.
[6] Resolução XX da Declaração de Lima em favor dos Direitos da Mulher.

espiritual dentro da liberdade e da dignidade, da tranqüilidade econômica e com as mesmas possibilidades[7].

X) As Nações devem envidar todos os esforços para manter a paz e a segurança internacionais. Para esse fim devem tomar, coletivamente, medidas efetivas para evitar ameaças à paz e chegar, por meios pacíficos e de conformidade com os princípios da justiça e do direito interno e internacional, a um ajuste ou solução das controvérsias ou situações que possam levar a uma perturbação da paz [8].

XI) "Todos os homens nascem livres e iguais em dignidade e direitos. São dotados de razão e consciência e devem agir em relação, uns aos outros, com espírito de fraternidade"[9].

XII) "Todo homem tem o direito de ser, em todos os lugares, reconhecido como pessoa perante a lei"[10].

XIII) " Ninguém será sujeito a interferência na sua vida privada, na sua família, no seu lar, ou na sua correspondência, nem a ataque à sua honra e reputação. Todo homem tem direito à proteção da lei contra tais interferências ou ataques"[11].

XIV) "Todo homem tem direito a um padrão de vida capaz de assegurar a si e a sua família saúde e bem-estar, inclusive alimentação, vestuário, habitação, cuidados médicos e os serviços sociais indispensáveis, e direito à segurança em caso de desemprego, doença, invalidez, viuvez, velhice ou outros casos de perda dos meios de subsistência em circunstâncias fora de seu controle"[12].

XV) Todo ser humano tem o direito de ser beneficiado pelo princípio da preeminência do direito e de gozar das liberdades fundamentais.

XVI) O direito de toda pessoa à vida está protegido pela lei. A morte não pode ser intencionalmente infligida a ninguém.

XVII) Nenhum homem pode ser submetido a tortura nem a penas ou tratamentos desumanos ou degradantes.

XVIII) A ninguém se pode negar o direito à instrução. O Estado, no exercício das funções em assumir o campo da educação e do ensino, res-

---

[7] Declaração Sobre os fins e objetivos da Organização Internacional do Trabalho, Seção II.
[8] Preâmbulo da Constituição Federal e Artigo I da Carta das Nações Unidas.
[9] Declaração Universal dos Direitos do Homem, art. I.
[10] Idem, art. VI.
[11] Idem, art. XII.
[12] Idem art. XXV.

peitará o direito dos pais de assegurar esta educação e este ensino, de acordo com suas convicções religiosas e filosóficas.[13]

XIX) Toda criança deverá ter uma infância feliz . Todas elas serão credoras desse direito, sem distinção ou discriminação por motivo de raça, cor, sexo, língua, religião, opinião política ou de outra natureza, origem nacional ou social, riqueza, nascimento ou qualquer outra condição, quer sua ou de sua família[14].

XX) "À criança incapacitada física, mental ou moralmente, serão proporcionados o tratamento e educação e os cuidados exigidos pela sua condição peculiar"[15].

Os vinte princípios acima enumerados são, na nossa opinião, entre outros, os essenciais para que determinem, se seguidos, uma interpretação das regras relativas aos Direitos Humanos, de acordo com as necessidades de se proteger a dignidade humana e a cidadania.

Não é possível se tecer considerações sobre os direitos humanos como um dos que integram a constelação chamada de direitos de terceira geração, sem se fazer menção ao conteúdo da Carta Encíclica Pacem In Terris, na Parte I, quando trata da ORDEM ENTRE OS SERES HUMANOS.

Pela importância das mensagens presentes no referido documento, transcrevo, integralmente, o que está escrito:

..................................................................

"Todo ser humano é pessoa, sujeito de direitos e deveres.

8) E, antes de mais nada, é necessário tratar da ordem que deve vigorar entre os homens.

9) Em uma convivência humana bem constituída e eficiente, é fundamental o princípio de que cada ser humano é pessoa; isto é, natureza dotada de inteligência e vontade livre. Por essa razão, possui em si mesmo direitos e deveres, que emanam direta e simultaneamente de sua própria natureza. Trata-se, por conseguinte, de direitos e deveres universais, invioláveis e inalienáveis.

10) E se contemplarmos a dignidade de pessoa humana à luz das verdades reveladas, não poderemos deixar de tê-la em estima incomparavelmente maior. Trata-se, com efeito, de pessoas remidas pelo Sangue de

---

[13] Protocolo Adicional n. 1 – Convenção Sobre a Proteção dos Direitos Humanos e das Liberdades Fundamentais, artigo 2.
[14] Declaração Universal dos Direitos da Criança.
[15] Idem, Princípio n. 5.

Cristo, as quais com a graça se tornaram filhos e amigos de Deus, herdeiros da glória eterna".

Assentada nessa filosofia, a Carta Encíclica Pacem In Terris leva o jurista a inserir nos círculos dos direitos humanos que o Estado deve proteger os seguintes:

*a*) o direito à existência a um digno padrão de vida;
*b*) direitos relativos aos valores morais e culturais;
*c*) direito de prestar culto a Deus segundo o imperativo da reta consciência;
*d*) direito à liberdade na escolha do próprio estado de vida;
*e*) direitos relativos ao setor econômico;
*f*) direito de reunião e associação;
*g*) direito de migração;
*h*) direitos políticos;
*i*) direito de conviver na verdade, na justiça, no amor e na liberdade.

Os direitos humanos têm suas bases fixadas, além nos princípios específicos já enumerados, nos princípios genéricos da solidariedade, da subsidiariedade, de participar da vida pública, do jovem ser educado num ambiente de paz, justiça, liberdade, respeito e compreensão mútua e do respeito aos valores da dignidade .

Os direitos humanos são constantes desafios que a Ciência Jurídica enfrenta no curso deste Século XXI.

No particular, correta a observação feita por Mário Lúcio Quintão Soares, citado por Nilmário Miranda, no trabalho Direitos Humanos, Soberania e Desafios da Nacionalidade para o Terceiro Milênio, publicado via Internet, quando afirma: "É incontestável, entretanto, que a incapacidade dos Estados para a promoção dos direitos humanos contemplados em seus textos constitucionais conduziu à internacionalização desses mesmos direitos". Não obstante a isso, conveniente foi constatar que " (...) A Constituição brasileira, procurando ser um instrumento de mudança social, preconiza, expressamente, princípios basilares dos direitos humanos como: soberania, cidadania, dignidade humana e valores sociais do trabalho; a construção de uma sociedade justa, livre e solidária; a erradicação da pobreza e da marginalização social; a prevalência dos direitos humanos nas relações internacionais"[16].

---

[16] (Soares, Mário Lúcio Quintão. Direitos fundamentais do homem nos textos cons-

Correto, por outro lado, o pronunciamento de Nilmário Miranda, no mesmo trabalho, de que: "Desse modo, a eficaz consagração do princípio constitucional da "prevalência dos direitos humanos" aguarda complementariedade na implementação de um sistema internacional que efetive instrumentos de proteção aos direitos humanos, mediante seu aperfeiçoamento, bem como o reconhecimento, por parte das nações, da capacidade processual de seus cidadãos mediante sincera compreensão da integral completitude normativa de Declarações, Pactos, Convenções e Tratados Internacionais ao regimento jurídico nacional."

A seguir, o mesmo autor, adverte que: "Contudo, o almejado reconhecimento da competência das Cortes internacionais, mediante a desobstrução do exercício e as atribuições concernentes à investigação e ao julgamento de violações a direitos humanos deflagrados em território brasileiro, ainda hoje, é enfrentado de forma discordante sob alegação de se preservar a soberania nacional"

Em nota de rodapé, a ratificar essa afirmação, vale-se da opinião de Sylvia Helena Steiner Malheiros, em artigo intitulado "Reconhecimento da competência da Corte Interamericana de Direitos Humanos pelo Brasil; exigência democrática. In: Juízes para a Democracia – Publicação Oficial da Associação dos Juízes para a Democracia. São Paulo: ano 4, n. 8, junho/1996, p. 10: "O reconhecimento incondicionado da competência da Corte não fere a soberania do Estado, mesmo porque o Estado assumiu o compromisso, perante a ordem internacional, de zelar pela prevalência dos direitos humanos na ordem interna e em suas relações com os demais Estados".

Ganha importância o estudo de Nilmário Miranda, ao relembrar o pensamento de Noberto Bobbio. Assim escreveu:

"O nobre jurista italiano, Norberto Bobbio, em seu primoroso Dicionário de Política, contrapõe-se ao apego conceitual verificado no monolítico entendimento das funções e atribuições tradicionais do Estado moderno: 'No nosso século, o conceito político-jurídico de Soberania entrou em crise, quer teórica, quer praticamente. Teoricamente, com o prevalecer das teorias constitucionalistas; praticamente, com a crise do Estado moderno, não mais capaz de se apresentar como centro único e autônomo de poder, sujeito exclusivo da política, único protagonista na arena internacional. Para o fim desse monismo contribuíram, ao mesmo tempo, a

---

tituicionais brasileiro e alemão. Brasília: Separata da Revista de Informação Legislativa a.29. n.º 115 – Senado Federal – Subsecretaria de Edições Técnicas, 1992, p. 88-94).

realidade cada vez mais pluralista das sociedades democráticas, bem como o novo caráter dado às relações internacionais, nas quais a interdependência entre os diferentes Estados se torna cada vez mais forte e mais estreita, quer no aspecto político, quer no ideológico. Está desaparecendo a plenitude do papel estatal, caracterizado justamente pela Soberania; por isso, o Estado acabou quase se esvaziando e quase desapareceram seus limites.(...) O movimento por uma colaboração internacional cada vez mais estreita começou a desgastar os poderes tradicionais dos Estados soberanos. (...) As autoridades 'supranacionais' têm a possibilidade de conseguir que adequadas Cortes de Justiça definam e confirmem a maneira pela qual o direito 'supranacional' deva ser aplicado pelos Estados em casos concretos".[17]

São mudanças conceituais apregoadas e que estão a exigir profundas reflexões dos juristas.

É relevante o que acentua Nilmário Miranda, em parte seguinte do seu artigo:

"Equivocam-se, portanto, aqueles que insistem na compreensão restritiva do antigo silogismo jurídico incurso na traiçoeira e incompleta definição de soberania .

Pode-se deduzir a motivação da objeção à tese de acolhimento irrestrito das garantias jurídicas internacionais de proteção aos direitos humanos, decorrente dos princípios da universalidade e da indivisibilidade por países violadores de direitos de suas populações (seja por natureza étnica, política, cultural, social ou religiosa), portanto, descompromissados com a preservação integral da dignidade humana de seus concidadãos. Entretanto, aos países que no plano político externo apregoam o aprimoramento e a auto-evolução de sua vida democrática, não há elemento justificador da abstenção ao acolhimento complementar de mecanismos internacionais que visem à defesa dos direitos da pessoa humana.

Não se pretende com essa iniciativa suprimir a legitimidade da ordem jurídica dos Estados nacionais na proteção aos direitos humanos. Ao contrário, aspira-se proporcionar à sociedade elementos estruturais que confirmem a eficácia e a legitimidade de seus direitos, inerentes à própria condição humana, e que, muitas vezes, no ordenamento jurídico disponível terminam por frustrar expectativas, justamente pela ausência de confiabilidade operacional .

---

[17] Cita Noberto Bobbio: (BOBBIO, Norberto e outros. **Dicionário de política**. v. 2. Brasília: Universidade de Brasília, 1995, p.1187).

Por esses motivos, verifica-se no presente momento histórico a necessária análise revisional do conceito de soberania, conferindo-lhe amplitude democrática, mediante afirmativa presença da cidadania na vida nacional .

O espaço público passa finalmente a dispor de agentes sociais, cada vez mais dotados de consciência e capacitação para propiciar eficácia normativa e operacional de observância dos valores básicos dos seres humanos.

Todavia, a consolidação de um novo paradigma marcado pela preponderância dos direitos e das garantias fundamentais da pessoa humana necessita ainda de nítida recepção por parte dos Estados nacionais da doutrina internacionalista, que, por sua vez, prescinde, para sua plena eficácia, da formal aceitação de competência das cortes internacionais de direitos humanos. O que acontece, contudo, é que essa decisão decorre, evidentemente, do real comprometimento político em relação à excelência da referida matéria.

Se de fato existe fiel propósito dos governos em enfrentar a impunidade, em casos de notada ineficácia da ordem jurídica interna ao exercer a contento sua imprescindível atribuição mantenedora da justiça e da paz social, o acolhimento ao conjunto de instrumentos internacionais de promoção aos direitos humanos auxiliaria sobremaneira o advento contínuo do respeito e da preservação da dignidade humana.

Ignorada a efetiva implementação dos diplomas de natureza global ou regional, a convincente fruição da seguridade da ordem jurídica encontra-se flagrantemente comprometida.

No tocante à realidade brasileira, sem embargo de virtude à ordem jurídica pátria, árdua e democraticamente constituída, a integração ao direito internacional humanitário, além de resultar no aprimoramento democrático da vida nacional, sobretudo no tocante ao basilar princípio de defesa dos direitos e das garantias fundamentais, propiciaria imediatamente a emergência de efeito preventivo à prática atentatória e/ou infracional aos direitos humanos.

Caminhar-se-ia para uma integral concepção sobre a indivisibilidade dos direitos humanos, abarcando horizontalmente direitos civis, políticos, sociais, econômicos e culturais, incorporados indistintamente ao campo da atividade humana.

É fato que com o advento da Magna Carta de 1988, os direitos e as garantias fundamentais se alargaram prodigamente aos direitos econômico-sociais, agora, especialmente aglutinados ao artigo 5.º da Constituição da

República. Sendo assim, passaram os direitos de natureza econômica e social a incorporar os distintos princípios intangíveis da Lei maior, não estando, portanto, sujeitos à iniciativa supressiva.

Mesmo assim, não obstante a relevante presença dos direitos civis, políticos, econômicos e culturais cultuados no texto constitucional, o Estado brasileiro, reafirmando formalmente, perante a comunidade internacional, sua compreensão sobre a indivisibilidade dos direitos humanos, incorporou à ordem jurídica interna, como signatário, o Pacto Internacional dos Direitos Civis e Políticos e o Pacto Internacional dos Direitos Econômicos, Sociais e Culturais (ambos adotados pela Resolução 2.200 – A (XXI) da Assembléia-Geral das Nações Unidas, em 16 de Dezembro de 1966, e ratificados somente em 24 de janeiro de 1992)".

Fizemos questão de destacar as reflexões acima citadas, em grande extensão, para que elas sejam apreciadas de modo bem largo, em face da influência que têm para qualquer posicionamento a ser assumido pelo doutrinador, pelo legislador e pelo juiz, no atual momento vivenciado pelo ordenamento jurídico brasileiro no tocante ao disciplinamento dos direitos humanos.

## 4. Os direitos de terceira geração são direitos fundamentais

Os direitos humanos, os direitos ambientais, os direitos de privacidade, os direitos de valorização da dignidade humana e de sustentação da cidadania, todos integrando o ról, entre outros, de direitos de terceira geração, são, essencialmente, fundamentais.

A doutrina busca, na atualidade, emprestar-lhes uma uniformidade metodológica, não obstante serem intensos os debates a respeito.

Esse estado de indefinição metodológica dos direitos fundamentais não passou desapercebido de Ricardo Lobo Torres, Professor Titular na Faculdade de Direito da UERJ, que, para tentar examiná-lo, coordenou uma obra intitulada Teoria dos Direitos Fundamentais, para a qual convocou vários autores, editada pela Renovar, em 1999.

A mencionada publicação revela-se de suma importância, no atual estágio que a doutrina está sobre o assunto, pela visão evolutiva apresentada pelos juristas que se debruçaram sobre o tema.

Destacamos que, ao fazer a apresentação do livro supramencionado, Ricardo Lobo Torres chama a atenção para a já consagrada afirmação e advertência de Norberto Bobbio de que o "problema fundamental em relação aos direitos do homem, hoje, não é tanto a justificá-los, mas o de protegê-los"(*A era dos direitos*, São Paulo, Ed. Campus, 1992, p. 24).

Logo a seguir, após fazer comentários sobre posicionamentos de outros que afirmam diferentemente do pregado por Bobbio, isto é, que cogitam ser mais urgente redefinir os direitos fundamentais, observa o fato de que é alarmante, no Brasil, "o déficit teórico" a respeito de estudo vinculado aos direitos fundamentais, não obstante, a partir dos anos 70, a Europa e os Estados Unidos terem começado com movimentos para suprir essa ausência doutrinária sobre tão importante entidade jurídica protetora da cidadania.

Escrevendo sobre o tema[18], fizemos referência toda especial a esse trabalho de Ricardo Lobo, tecendo as seguintes considerações:

"Entendemos que, embora seja essencial a permanente abordagem cultural jurídica relativa aos problemas da teoria dos direitos fundamentais, para o aperfeiçoamento contemporâneo das linhas positivas que os regem, a realidade brasileira demonstra, com os acontecimentos presentes na vida social, econômica e política do País, que a afirmação de Norberto Bobbio tem valor de conteúdo mais aproximado com a real situação vivenciada, a exigir que se forme uma consciência nacional da necessidade de proteger os direitos do homem, sob pena de as gerações futuras serem surpreendidas com regimes democráticos falsos ou, apenas, representados por rótulos.

O estudo dos direitos fundamentais deve, além da preocupação de buscar uma sólida teoria a seu respeito, redefinindo situações para adequá-las aos anseios procurados pelos indivíduos na época atual, em confronto com as suas necessidades mais urgentes, ser voltado, também, para torná-los compreensíveis pelas variadas camadas sociais. Estas, por outro ângulo, devem ser incentivadas a fazer uso dos direitos que as protegem em frente ao Estado, aos grupos organizados e às maiorias personalizadas ou não.

Não se ignora que os antigos conceitos de democracia, as velhas estruturas teóricas que a formam e a sustentam, com ou sem adjetivações, não servem, em vários dos seus aspectos, para serem aplicados aos problemas que o Estado está enfrentando com o cidadão, na era contemporânea, por não expressarem soluções concretas produtoras de êxito de paz social, de respeito à dignidade humana e de valorização do trabalho,

---

[18] Delgado, José Augusto. A Evolução Conceitual dos Direitos Fundamentais e a Democracia. São Paulo: Revista do Instituto dos Advogados de São Paulo, pgs. 11 e segs. Ano 3, n. 5 – janeiro-junho de 2000

da saúde, da educação e proteção da criança, do adolescente e do meio ambiente.

As transformações impostas à humanidade pelos fenômenos presentes no final do século XX e os que, com certeza, estão sendo esperados que aconteçam no início deste Século, conduzem a ciência política, em harmonia com a jurídica, a um posicionamento investigativo que resulte em respostas atuais a perguntas como: Qual o retrato da democracia desejada pelo cidadão neste final de Século? É fundamental diminuir a influência do Estado na construção de uma nova concepção sobre as estruturas de um novo regime democrático, atendendo-se, de forma preferencial, aos anseios da cidadania? É essencial para o futuro da nação brasileira esse tipo de preocupação? Há uma definição universal de democracia a ser seguida, adaptando-se, apenas, aos nossos costumes, aos nossos ideais e às nossas necessidades globais? É possível a sobrevivência de um regime democrático sem respeito integral aos direitos fundamentais do cidadão, especialmente os direitos humanos? O atual padrão de conduta dos agentes políticos, em todos os três níveis de Poder (Executivo, Legislativo e Judiciário) está coerente com os princípios formadores do regime democrático desejado e cultivado pela Nação? É de influência grave ou sem influência para o fortalecimento do Estado a desilusão do cidadão com a democracia praticada no Brasil? Qual o retorno, no referente à formação de uma consciência política sólida e democrática, do esforço de alertar as novas gerações sobre tais questões que preocupam a sociedade de hoje?

As respostas a essas indagações não podem ser oferecidas sem uma análise aprofundada dos fenômenos atuais vivenciados pelo meio social e que se ligam, de uma forma ou de outra, aos posicionamentos a serem assumidos".

A seguir, não deixamos de registrar o pensamento de Paulo Bonavides, em sua obra *Curso de direito constitucional*, 6ª ed., São Paulo, Malheiros Ed., que dedica o Capítulo 16, dividido em 10 partes, ao estudo da teoria dos direitos fundamentais. Na busca de caracterizá-los, conceituá-los e definir a sua natureza e concepção universal, destaca o que denominou "uso promíscuo", por as "expressões direitos humanos, direitos do homem e direitos fundamentais serem usadas indiferentemente[19]".

---

[19] "Afirma Paulo Bonavides, na p. 514 da obra citada: "Temos visto nesse tocante o uso promíscuo de tais denominações na literatura jurídica, ocorrendo porém o emprego mais freqüente de direitos humanos e direitos do homem entre autores anglo-americanos

Observamos, também, que Paulo Bonavides, ob. cit., a seguir, após fazer referência às idéias de Konrad Hesse[20] e Carl Schmitt[21], caracteriza e conceitua os direitos fundamentais do modo seguinte:

"Os direitos fundamentais propriamente ditos são, na essência, entende ele[22], os direitos do homem livre e isolado, direitos que possui em face do Estado. E acrescenta: 'numa acepção estrita são unicamente os direitos da liberdade, da pessoa particular, correspondendo de um lado ao conceito do Estado burguês de Direito, referente a uma liberdade, em princípio ilimitada diante de um poder estatal de intervenção, em princípio limitado, mensurável e controlável' ".

Concluímos que essas afirmações correspondem, por inteiro, como afirma Paulo Bonavides, "a uma concepção de direitos absolutos, que só excepcionalmente se relativizam 'segundo o critério da lei' ou 'dentro dos limites legais'. De tal modo que – prossegue Schmitt noutro lugar da Teoria da Constituição – as limitações aos chamados direitos fundamentais genuínos aparecem como exceções, estabelecendo-se unicamente com base em lei, mas lei em sentido geral; a limitação se dá sempre debaixo do controle da lei, sendo mensurável na extensão e no conteúdo.

---

e latinos, em coerência aliás com a tradição e a história, enquanto a expressão direitos fundamentais parece ficar circunscrita à preferência dos publicistas alemães".

[20] Paulo Bonavides registra que Konrad Hesse, em sua obra Grundrechte, in *Staatslexikon*, Herausgeben von Goeresgesellchaft, BD.2.7. Auflage, 1986, compreende os direitos fundamentais como almejando a criação e a manutenção de pressupostos elementares de uma vida na liberdade e na dignidade humana. Aponta, ainda, a obra citada do autor como sendo um dos clássicos do direito público alemão. Esclarece, também, que "ao lado dessa acepção lata, que é a que nos serve de imediato no presente contexto, há outra, mais restrita, mais específica e mais normativa, a saber, direitos fundamentais são aqueles direitos que o direito vigente qualifica como tais". Afirma que esse entendimento, do mesmo autor, está em outra obra de sua autoria intitulada *Grundzuege des Verfassungrsrechts der Bunderrespublik Deustchland*, 13, Ergaenzte Auflage, Heidelberg, 1982.

[21] Esclarece Paulo Bonavides que Carl Schmitt, com relação aos direitos fundamentais, "estabeleceu dois critérios formais de caracterização. Pelo primeiro, podem ser designados por direitos fundamentais todos os direitos ou garantias nomeados e especificados no instrumento constitucional. Pelo segundo, tão formal quanto o primeiro, os direitos fundamentais são aqueles direitos que receberam da Constituição um grau mais elevado de garantia ou de segurança; ou são imutáveis (*unabaernderliche*) ou pelo menos de mudança dificultada (*ershwert*), a saber, direitos unicamente alteráveis mediante lei de emenda à Constituição". Em nota de rodapé, faz referência ao livro do autor denominado "*Verfassungslehre, Unvereaenderter Neudruck*, 1954, Berlin, p. 163-73.

[22] O autor está fazendo referência ao pensamento de Carl Schmitt.

A vinculação essencial dos direitos fundamentais à liberdade e à dignidade humana, enquanto valores históricos e filosóficos, nos conduzirá sem óbices ao significado de universalidade inerente a esses direitos como ideal da pessoa humana. A universalidade se manifestou pela vez primeira, qual descoberta do racionalismo francês da Revolução, por ensejo da célebre Declaração dos Direitos do Homem de 1789.

A percepção teórica identificou aquele traço na Declaração francesa durante a célebre polêmica de Coutmy com Jellinek no começo deste século. Constatou-se, então, com irrecusável veracidade que as declarações antecedentes de ingleses e americanos podiam talvez ganhar em concretude, mas perdiam em espaço de abrangência, porquanto se dirigiam a uma camada social privilegiada (os barões feudais), quando muito a um povo ou a uma sociedade que se libertava politicamente, conforme era o caso das antigas colônias americanas, ao passo que a Declaração francesa de 1789 tinha por destinatário o gênero humano. Por isso mesmo, e pelas condições da época, foi a mais abstrata de todas as formulações solenes já feitas acerca da liberdade.

Os direitos do homem ou da liberdade, se assim podemos exprimi-los, eram ali 'direitos naturais, inalienáveis e sagrados', direitos tidos também por imprescritíveis, abraçando a liberdade, a propriedade, a segurança e a resistência à opressão.

O fim de toda comunhão política não podia ser outro senão conservá-los, rezava o célebre texto. O teor de universalidade da Declaração recebeu, aliás, essa justificativa lapidar de Boutmy: 'Foi para ensinar o mundo que os franceses escreveram; foi para o proveito e comodidade de seus concidadãos que os americanos redigiram suas Declarações[23]'".

A visão moderna de Paulo Bonavides sobre direitos fundamentais abrange, pela amplitude da conceituação defendida, o que Celso de Mello afirmou, ao interpretar o § 2.º do art. 5.º da Constituição Federal[24]:

"Não se pode estudar o Direito sem se conhecer a sociedade que ele vai reger. Ele tem um curto grau de autonomia em relação à infra-estrutura e é esta autonomia que pretendemos utilizar para a defesa dos direitos humanos.

---

[23] O autor, em nota de rodapé, registra que referida frase está na obra de Émile Boutmy, La Déclaration des Droits de l'Homme et M. Jellinek, in Études politiques, Paris, 1907, p. 139-40.

[24] Celso de Albuquerque Mello, O § 2.º do art. 5.º da Constituição Federal, trabalho integrante da obra Teoria dos direitos fundamentais, coordenação de Ricardo Lobo Torres, Rio de Janeiro, Renovar, p. 1 a 33.

O Direito tem sofrido profundas transformações no mundo de hoje. Hespanha escreve um texto que me parece notável e que merece ser reproduzido apesar de extenso:

'Se olharmos desmistificadamente o fenômeno legislativo dos nossos dias, a primeira constatação é a de que a lei serve funções muito diversas, algumas das quais nada têm a ver com as clássicas funções regulativas. Muito freqüentemente a lei é utilizada para enunciar de forma solene e propagandística as intenções do poder, um pouco independentemente de tais intenções serem realmente praticáveis ou de o poder tencionar levá-las à prática. Este 'uso simbólico' da lei não é, evidentemente, de hoje, mas verifica-se muito mais freqüentemente na atualidade, tanto nos regimes autoritários, como nos democrático-parlamentares. Nos primeiros, a estatuição legal de certos princípios (por exemplo, a garantia dos direitos individuais) constitui a cobertura, interna e externa da sua violação prática. Nos segundos o valor simbólico da lei é diversamente utilizado: serve para proclamar intenções que se sabe de antemão não se poderem levar a cabo, para anunciar solenemente intenções e captar votos para satisfazer clientelas ou gerir combinações políticas. Em qualquer dos casos, a lei funciona, aqui, não como um mecanismo diretamente regulativo mas como um instrumento persuasivo ou simbólico, afetando o nosso comportamento, não tanto pela ameaça de sanções, como pela carga simbólica de que é portadora. A forma da lei sofreu uma mutação funcional, tornando-se num substituto do programa eleitoral ou de governo ou da plataforma política'.

Sob a capa da lei, está a fazer-se outra coisa, que é entendida doutra forma.

A grande questão é que os direitos humanos precisam se transformar em realidade e não permanecer por décadas a fio como um simples programa, ou se falando juridicamente, as suas normas não podem ser apenas normas programáticas. No Brasil os direitos humanos só se tornarão efetivos com políticas e legislação que conduzam a uma distribuição de renda e isto deve ser da responsabilidade de todos os brasileiros e acima de tudo dos três poderes do Estado".

No contexto de tais afirmações doutrinárias cabe o desenvolvimento de um processo de revisitação ao lembrado por J. J. Gomes Canotilho[25], no sentido de que "Tal como são um elemento constitutivo do Estado de

---

[25] J. J. Gomes Canotilho, Direito constitucional, Coimbra, Livr.Almedina, 1991, p. 435.

Direito, os direitos fundamentais são um elemento básico para a realização do princípio democrático".

Em sequência, enfatiza o eminente constitucionalista lusitano suprareferido, tendo em consideração a Carta Magna de Portugal, que:

"Mais concretamente: os direitos fundamentais têm uma função democrática. Qualquer que seja a compreensão que se queira atribuir ao princípio democrático, parece inequívoco que:

(1) o exercício democrático do poder significa a contribuição de todos os cidadãos (arts. 48.0 e 112.0) para o seu exercício (princípio-direito da igualdade e da participação política); (2) o exercício democrático do poder implica participação livre, pelo que pressupõe importantes garantias para a liberdade desse exercício (o direito de associação, de formação de partidos, de liberdade de expressão, são, por ex., direitos constitutivos do próprio princípio democrático); (3) o exercício democrático significa abertura do processo político no sentido da criação de direitos sociais, econômicos e culturais (cfr. *infra*, Parte 1, Cap. 3.0), constitutivos de uma democracia econômica, social e cultural (art. 2.0). Realce-se esta dinâmica dialéctica entre os direitos fundamentais e o princípio democrático: (1) pressupondo a participação igual dos cidadãos, o princípio democrático entrelaça-se com os direitos subjetivos de participação e associação, que se tornam, assim, fundamentos funcionais da democracia; (2) os direitos fundamentais, como direitos subjectivos de liberdade, criam um espaço pessoal contra o exercício de poder antidemocrático; (3) como direitos legitimadores de um domínio democrático, os direitos fundamentais asseguram o exercício da democracia mediante a exigência de garantias de organização e de processos com transparência democrática (princípio majoritário, publicidade crítica, direito eleitoral, etc.); (4) como direitos subjectivos a prestações sociais, econômicas e culturais, os direitos fundamentais constituem a força dirigente para o preenchimento intrínseco, através do legislador democrático, desses direitos. Neste sentido se compreende que a Constituição de 1976 se refira a Estado democrático baseado na soberania popular e na garantia dos direitos fundamentais (cfr. art. 2.0)".

Assume relevante importância, no patamar a que chegaram as investigações doutrinárias acima registradas, as observações de Canotilho, pág. 507 da obra já mencionada, a respeito da importância que deve ter para o cidadão a constitucionalização e fundamentalização (expressões por ele adotadas) dos direitos fundamentais. São suas as seguintes mensagens:

"De acordo com o que se acaba de dizer, os direitos fundamentais serão estudados enquanto direitos *jurídico-positivamente* constitucionalizados. Sem esta positivação jurídico-constitucional, "os direitos do homem são esperanças, aspirações, idéias, impulsos, ou, até, por vezes, mera retórica política", mas não direitos protegidos sob a forma de normas (regras e princípios) de direito constitucional (*Frundrechtsnormem*). Por outras palavras, que pertencem a Cruz Villalon[26]: "onde não existir Constituição não haverá direitos fundamentais. Existirão outras coisas, seguramente mais importantes, direitos humanos, dignidade da pessoa; existirão coisas parecidas, igualmente importantes, como as liberdades públicas francesas, os direitos subjectivos públicos dos alemães; haverá, enfim, coisas distintas como foros ou privilégios". Daí a conclusão do autor em referência: os direitos fundamentais são-no, enquanto tais, na medida em que encontram reconhecimento nas constituições e deste reconhecimento se derivem consequências jurídicas".

Reconhece-se, o que não ousamos divergir, como constante a preocupação da doutrina com as variadas teorias dos direitos fundamentais, bem como com determinadas incompreensões sobre a aplicação dos seus efeitos, tendo em vista a norma concreta. Celso Albuquerque de Mello chega ao extremo de afirmar que:

"O propósito do disposto no parágrafo § 2.º do art. 5.º da Constituição não é outro que o de assegurar a aplicabilidade direta pelo Poder Judiciário nacional da normativa internacional de proteção, alçada a nível constitucional.

A conclusão que podemos apresentar é que o Poder Judiciário, principalmente os tribunais superiores em Brasília, adota uma posição ultrapassada no D. Constitucional e no DIP. Esta última disciplina não é conhecida pelos tribunais brasileiros e os seus integrantes a ignoram. O espírito da Constituição de 1988 era de ser, como foi dito pelo Presidente da Assembléia Constituinte, Deputado Ulisses Guimarães, uma Constituição cidadã e os nossos tribunais superiores transformaram em uma Constituição reacionária dentro do espírito dos seus ministros. Utilizo a palavra reacionária no seu sentido técnico, que significa voltar atrás, vez que o próprio conservadorismo já é insuportável para eles.

---

[26] J. J. Gomes Canotilho, em nota de rodapé, indica: Cf. Cruz Villalon, Formación y evolución, cit., p. 41. Cf. também, por último, K. Stern, *Das Staatsrecht*, cit., III, 1988, p. 43 e s.; Vieira de Andrade, Os direitos fundamentais, p. 20 e s.

O Direito é algo vivo e que deve corresponder ao espírito da época em que é elaborado e aplicado. A nossa é a dos direitos humanos e os tribunais pretendem viver no século XIX com o mais selvagem dos capitalismos.

Há hoje uma nítida consciência de que os direitos humanos são necessários para se defender o ser humano da famigerada globalização. Assim sendo, os nossos tribunais superiores deixam de cumprir a sua obrigação em favor dos brasileiros. Não é, talvez, por outro motivo, que se fala tanto nos meios jurídicos na supressão do STF por uma Corte Constitucional composta por juízes com mandato fixo e que representem melhor a sociedade civil brasileira.

Na América Latina, continente explorado e, em consequência, atrasado, não existe nenhuma Constituição que realmente dê uma proteção ao ser humano utilizando os tratados internacionais. Há Constituições melhores do que a nossa, mas nenhuma é realmente boa neste tema.

Os nossos tribunais ainda não descobriram o real valor da jurisprudência nos direitos humanos.

Na Europa a situação é diferente e afirma R. Arnold que há 'uma influência cada vez mais forte de origem internacional ou supranacional sobre as suas ordens constitucionais', bem como afirma o mesmo autor: a convenção européia de direitos do homem já deixa transparecer, enquanto tratado internacional, traços supranacionais'.

Chiti e Greco escrevem que o sistema europeu é um 'devenir' e a sua Constituição é uma Constituição em modificação ('Wandel-Verfassung').

Enfim, é tudo contrário ao que ocorre no Brasil. Somos um país cristalizado na nossa miséria econômica, social e jurídica".

Há, não temos dúvidas, extremismo na concepção do referido autor sobre o posicionamento dos Tribunais Superiores, especialmente o Colendo Supremo Tribunal Federal, no interpretar as mensagens constitucionais. O contrário, talvez, aconteça se os fundamentos de inúmeras decisões forem assinaladas sem as paixões que o cultivo do tema proporciona, onde se encontram amplos debates sobre a extensão das diferentes facetas dos direitos fundamentais e a sua visão pelo Poder Judiciário, este transformando-se no mais aguerrido batalhador para o cumprimento das normas que os institucionalizam em nosso ordenamento jurídico.

De qualquer modo, a advertência tem sabor de determinar a abertura do debate sobre a questão, ampliando-o a altos níveis, agitando até a postura do Poder Judiciário, tendo em vista os princípios postos na Constituição Federal de 1988, especialmente quando vistos como integrando um sistema de hierarquia ou de valores atuando no corpo da Carta Magna.

## 5. As teorias modernas sobre direitos fundamentais

As investigações acerca das teorias modernas sobre Direitos Fundamentais são forte contribuição para o entendimento da importância que eles têm no contexto das relações do homem com o Estado. Este é que, especialmente, tem a obrigação de fazê-los cumprir, daí a posição relevante que ele ocupa em qualquer pólo que o assunto seja abordado.

J. J. Gomes Canotilho, na obra já citada, buscando construir, com métodos científicos, um sentido e forma dos direitos fundamentais, apresenta reflexões sobre as teorias já existentes a respeito. Ultima as suas meditações sobre o tema com a seguinte afirmação: "torna-se necessária uma doutrina constitucional dos direitos fundamentais, construída com base numa constituição positiva, e não apenas uma teoria de direitos fundamentais de caráter exclusivamente teórico"[27].

Identifica, na doutrina vigente, as seguintes:

*a*) teoria liberal;
*b*) teoria da ordem de valores;
*c*) teoria social;
*d*) teoria institucional;
*e*) teoria democrática funcional;
*f*) teoria socialista dos direitos fundamentais.

Tomamos por empréstimo o afirmado pelo mencionado autor para analisar as teorias referidas.

A teoria liberal apresenta as seguintes características: "1) os direitos fundamentais são direitos do particular perante o Estado, são essencialmente direitos de autonomia e direitos de defesa; 2) os direitos fundamentais revestem, concomitantemente, o caráter de normas de distribuição de competências, entre o indivíduo e o Estado, distribuição esta favorável à ampliação do domínio de liberdade individual e à restrição da ação estadual aos momentos de garantia e ordem necessários ao livre desenvolvimento desses direitos; 3) os direitos fundamentais apresentam-se como pré-estaduais, definindo um domínio de liberdade individual e social, no qual é vedada qualquer ingerência do Estado; 4) a substância e o conteúdo dos direitos, bem como a sua utilização e efetivação, ficariam fora de com-

---

[27] J. J. Gomes Canotilho, Direito Constitucional, 5. ed., Coimbra, Livr. Almedina, p. 523.

petência regulamentar dos entes estaduais, dependendo unicamente da iniciativa dos cidadãos; 5) a finalidade e o objetivo dos direitos fundamentais é de natureza puramente individual, sendo a liberdade garantida pelos direitos fundamentais uma liberdade pura, *Freiheit in* se e não *Freiheit um zu*, isto é, liberdade em si e não liberdade para qualquer fim (ex.: liberdade para a defesa da ordem democrática, liberdade ao serviço do socia-lismo)"[28].

A teoria da ordem dos valores, segundo Canotilho, considera os direitos fundamentais como sendo "valores de caráter objetivo e não como direitos ou pretensões subjetivas".

A estrutura da referida teoria está formada, essencialmente, por considerar os direitos fundamentais como valores de caráter objetivo e não como direitos ou pretensões objetivas[29].

A teoria institucional apresenta linha aproximada da teoria da ordem dos valores. Ela, também, nega aos direitos fundamentais uma dimensão exclusivamente subjetiva, na expressão de Canotilho. A diferença está, segundo o referido autor, no fato de que "A teoria institucional, ao contrário das teorias essencialistas do valor, não procura uma ordem objetiva, jusnaturalística espírito-cultural ou fenomenologicamente captada –, mas sim o quadro (instituição) definidor e ordenador do sentido, conteúdo e condições de exercício dos direitos fundamentais"[30].

---

[28] J. J. Gomes Canotilho, Direito Constitucional, cit., p. 516-517.

[29] J. J. Gomes Canotilho, Direito Constitucional, cit., p. 517, anota a respeito que: "Concebidos os direitos fundamentais como ordem de valores objetiva, dotada de unidade material e na qual se insere o sistema de pretensões subjetivas (*Anspruchssystem*), deduz--se que: (1) o indivíduo deixa de ser a medida dos seus direitos, pois os direitos fundamentais reconduzem-se a princípios objetivos, através da realização dos quais se alcança uma eficácia ótima dos direitos e se confere um estatuto de proteção aos cidadãos; (2) se a teoria dos valores postula uma dimensão essencialmente objetiva, então no conteúdo essencial dos direitos fundamentais está compreendida a tutela de bens de valor jurídico igual ou mais alto; (3) conseqüentemente, através da ordem de valores dos direitos fundamentais respeita-se a totalidade do sistema de valores do direito constitucional; (4) os direitos fundamentais, sendo expressão dos valores aceitos por determinada comunidade, só no quadro dessa ordem podem e devem ser realizados; (5) a dependência dos direitos fundamentais de uma ordem de valores total origina a relativização desses mesmos direitos que podem tornar-se suscetíveis de controle jurídico ancorado precisamente na ordem de valores objetiva; (6) além dessa relativização, a transmutação dos direitos fundamentais em realização de valores justificará intervenções concretizadoras dos entes públicos de forma a obter a eficácia ótima de que se falou atrás.

[30] Canotilho, Direito Constitucional, cit., p. 518, examinando a teoria institucional, entendeu que da sua aceitação resultam vários corolários, a saber: "(1) os direitos fundamentais, existindo no âmbito uma instituição e sendo condicionados pela idéia ordenadora

A teoria social, conforme entendimento de Canotilho, visualiza os direitos fundamentais em três dimensões: a dimensão individual, a dimensão institucional e a dimensão processual. Considera a liberdade como sendo uma dimensão social, sem deixar, contudo, de reconhecer a dimensão subjetiva nela presente[31].

Na teoria democrática funcional "acentua-se particularmente o momento teleológico-funcional dos direitos fundamentais no processo político-democrático"[32]. Segundo o mencionado autor, ela determina uma "despersonalização-funcionalização dos direitos para se tentar salvaguardar a própria ordem que os reconhece", conduzindo a "institutos censuráveis como os de perda ou suspensão dos direitos fundamentais pela sua utilização abusiva, tal como se consagra no art. 18 da Constituição de Bona (ex.: uso não conforme ao pretenso princípio democrático)".

Por fim, tem-se a teoria socialista dos direitos fundamentais que é considerada por Canotilho como tendo a pretensão de adotar uma "concepção originária dos direitos fundamentais que implicaria uma ruptura com as concepções liberais; não se trataria, pois, de aperfeiçoar o núcleo

---

dessa mesma instituição, adquirem uma dimensão funcional na medida em que aos titulares dos direitos cabe o dever de participar na realização dessa idéia; (2) enquadrando-se os direitos fundamentais na instituição, na qual estão presentes outros bens de valor constitucional, então os direitos fundamentais situam-se sempre em relação a estes últimos numa relação de condicionalidade, donde resulta que o seu conteúdo e limites em relação aos outros bens constitucionais se afere mediante um critério de ponderação de bens; (3) conseqüentemente, se todo o direito está numa relação de valor com outros bens, fica aberta à regulamentação legal um maior campo de conformação do que aquele que seria permitido numa teoria liberal dos direitos fundamentais (sirvam de exemplo as intervenções regulamentadoras destinadas a assegurar a instituição da imprensa livre); (4) os direitos fundamentais apresentam um duplo caráter – individual e institucional – que explicará o fato de os direitos fundamentais, tais como as clássicas garantias institucionais ou garantias de instituto, deverem ser limitados na dimensão individual para se reforçar a dimensão institucional".

[31] Canotilho, ao estudar a referida teoria (Direito Constitucional. cit., p. 519-520), após considerar o avanço positivo da teoria social, entende que esta deixou alguns pontos obscuros, quais sejam: "(1) reconhece a teoria social que os direitos sociais são verdadeiros direitos subjetivos, ou serão antes cavalos de Tróia na cidade, ainda dominada pelo individualismo impenitente; (2) haverá efetivamente direitos de quota-parte dos cidadãos na realização dos direitos fundamentais, ou tratar-se-á de simples questões de organização e administração? ; (3) quais as garantias efetivamente concedidas aos cidadãos quanto à realização dos novos direitos: haverá prestações estaduais à medida dos direitos fundamentais ou simplesmente direitos dependentes à medida das prestações do Estado? "

[32] Canotilho, Direito Constitucional,cit., p. 520.

clássico dos direitos fundamentais através do catálogo dos direitos sociais, econômicos e culturais, só plenamente logrado numa sociedade socialista"[33].

As teorias dos direitos fundamentais não deixaram de ser examinadas por Paulo Bonavides. Este autor chegou à conclusão de que tais direitos podem ser classificados de acordo com a ordem seguinte:

*a*) direitos fundamentais da primeira geração (dominaram o século XIX): os direitos da liberdade, os direitos civis e políticos, os que têm por titular o indivíduo e que são oponíveis ao Estado. Isto é, direitos de resistência ou de oposição perante o Estado;

*b*) direitos fundamentais da segunda geração (dominam o século XX): os direitos sociais, culturais, econômicos, coletivos;

*c*) direitos fundamentais da terceira geração: o direito ao desenvolvimento, à paz, ao meio-ambiente, à comunicação e ao patrimônio comum da humanidade;

*d*) direitos fundamentais da quarta geração: o direito à democracia, à informação e ao pluralismo[34].

---

[33] Canotilho (Direito Constitucional, cit., págs. 520/521), ao estudar a teoria socialista dos direitos fundamentais, observou que ela encara uma concepção socialista dos direitos fundamentais, opondo-se à chamada concepção burguesa. Ela parte do entendimento de que "o homem, na sua individualidade e personalidade, é a base das ações políticas e do próprio direito", tendo uma "essência social que faz com que não se possa bastar a si próprio, e só se consiga transformar em homem total através de uma nova sociedade". Com base nesses postulados, Canotilho afirma: "A partir daqui a teoria marxista aponta várias conseqüências para os direitos fundamentais: (a) os interesses do indivíduo identificam-se com os da sociedade, sendo mera ficção a teoria burguesa da esfera individual e livre, oposta à ordem estadual; (b) o direito de participação, na medida em que proporciona a transformação das condições sociais possibilitadoras da plena realização dos direitos, é o direito mãe dos direitos fundamentais; (c) dada a imbricação profunda do indivíduo e da sociedade, os direitos fundamentais não podem divorciar-se da criação de garantias materiais concretas necessárias a sua efetivação; (d) o compromisso ativo e a participação na criação das condições necessárias ao livre desenvolvimento dos direitos pressupõe a unidade dos direitos e deveres dos cidadãos; (e) a criação das condições materiais possibilitadoras do livre desabrochar dos direitos fundamentais exige ou pressupõe a apropriação coletiva dos meios de produção e a gestão coletiva da economia".

[34] Paulo Bonavides, em sua obra *Curso de Direito Constitucional*, 6ª ed., já citada, p. 516-526, detalha a origem, desenvolvimento e caracterização dos direitos fundamentais de acordo com a classificação acima expressada.

Os exames doutrinários de Ingo Wolfgang Sarlet, em A Eficácia dos Direitos Fundamentais" (Livr. do Advogado, Ed,, 1998), voltaram-se para classificar os direitos fundamentais em:

*a*) direitos fundamentais da primeira dimensão (direitos à vida, à liberdade – liberdade de expressão, imprensa, manifestação, reunião, associação etc. –, à propriedade e à igualdade perante a lei, bem como o direito de voto e a capacidade eleitoral passiva, de algumas garantias processuais – devido processo legal, *habeas corpus*, direito de petição) os chamados direitos civis e políticos, conforme lembra Paulo Bonavides;

*b*) direitos fundamentais da segunda dimensão (os direitos econômicos, sociais e culturais – assistência social, saúde, educação, trabalho etc.);

*c*) direitos fundamentais da terceira dimensão (os direitos de solidariedade e fraternidade; os que protegem os grupos humanos – família, povo, nação; direitos de titularidade difusa ou coletiva, direitos à paz, à autodeterminação dos povos, ao desenvolvimento, ao meio ambiente e à qualidade de vida, à conservação e utilização do patrimônio histórico e cultural e direito de comunicação).

O autor em destaque questiona a existência, na época contemporânea, de um dircito dc quarta dimensão. Reconhece que há tendência para a afirmação da sua existência, não obstante louvar o posicionamento de Paulo Bonavides que aceita a configuração desse tipo de direito fundamental. Tais direitos são, segundo a corrente defendida por Paulo Bonavides, o direito à democracia e à informação, assim como o direito ao pluralismo, à manipulação genética, mudança de sexo, etc.

Não podemos deixar sem averiguação o fato de que o culto aos direitos fundamentais contribui para o fortalecimento da democracia. Não se desconhece a inquietude hoje reinante em todos os segmentos políticos e jurídicos a respeito da perspectiva democrática para este século.

Essa preocupação alcança nível internacional, pelo que há encontros e congressos com o fim específico de ser debatido o retrato da democracia vivida, atualmente, pelas nações e quais os pontos merecedores de preocupação para o seu aperfeiçoamento quanto à sua aplicação em um futuro bem próximo.

Há de se emprestar relevo ao momento especial que a América Latina está presenciando, com mudanças no Governo da Venezuela e direta ameaça às instituições da Colômbia e de outros Países. Outrossim, uma concepção democrática de largo alcance não pode deixar de ter envolvimento com questões relativas à "mídia e os direitos humanos, o papel dos partidos políticos e do sistema representativo e do preparo dos jovens e adolescentes para o pleno exercício democrático[35]."

Há de ser examinada a evolução da teoria dos direitos fundamentais fazendo-se referência ao que Jorge Miranda escreveu a respeito, no corpo de artigo intitulado "O homem e o Estado – direitos do homem e democracia"[36]. Eis o seu pronunciamento:

"Direitos do homem (ou direitos fundamentais, como, em nível interno, parece hoje preferível dizer) são direitos da pessoa só por ser pessoa, ou do membro da comunidade política, do cidadão, só por o ser; são direitos universais. E sabe-se que assim só surgiram a partir do constitucionalismo liberal, a partir das Revoluções americana e francesa. Não os conheceram a época medieval, com a fragmentação do poder e a atribuição de prerrogativas, imunidades, privilégios correspondentes aos grupos em que as pessoas se inseriam, nem as organizações tribais de diversas partes do mundo, que subsistiram até há pouco.

Direitos fundamentais implicam o reconhecimento de uma esfera própria das pessoas, mais ou menos ampla, diferente da do Estado, ou, de outras perspectivas, a distinção Estado-poder e Estado-comunidade, a separação entre Estado e sociedade, a não-identificação de autoridade e liberdade. O Estado absoluto não os podia conceber, mas, sobretudo, eles atravessaram as mais graves vicissitudes e chegaram a ser negados ou desprezados, na teoria ou na prática pelos Estados totalitários, ditos de direita ou de esquerda, do século XX".

Mais adiante, observa o insigne constitucionalista português que "Não basta, pois, para que haja ou para que sejam garantidos direitos fundamentais que exista Estado. É necessário que o regime ou o sistema político lhes seja adequado; é necessário que a estrutura do poder seja compatível com a sua salvaguarda. Se o que está em causa é a posição da pessoa perante o poder, torna-se ineliminável a conexão entre o sistema de poder e o dos direitos fundamentais e um e outro fazem parte de uma mesma Constituição, com a sua coerência própria. A concentração do

---

[35] Observações feitas por Guilhermo Piernes e Ana Maria Albuquerque, em reportagem publicada na *Gazeta Mercantil* de 8 de setembro de 19, sob o título "Debate internacional sobre democracia".

[36] Jorge Miranda, Professor Catedrático de Direito Constitucional da Universidade de Lisboa, "O homem e o Estado – direitos do homem e democracia", artigo publicado na *Revista Interesse Público*, n. 1, 1999, Editora Notadez, p. 79-80.

poder não se compadece com as liberdades públicas e, no limite, até com as liberdades privadas. Apenas a divisão do poder as assegura ou assegura plenamente; e divisão do poder requer legitimação não autocrática e mecanismos de controle".

Esse regime político capaz de colocar o homem como sendo o centro de todas as suas atenções, garantindo-lhe o gozo dos direitos fundamentais (os de todas as gerações, isto é, os de primeira, segunda, terceira e quarta), só pode ser o democrático, por considerar a guarda da liberdade como o seu limite de atuar.

Importante assinalar que a busca do conceito dos direitos fundamentais assume considerável importância para que eles passem a ser compreendidos como sendo essenciais ao regime democrático.

Há, contudo, que se compreender que, não obstante o esforço da ciência jurídica, não existe, na atualidade, um conceito uniforme sobre direitos fundamentais. No particular, José Afonso da Silva, em sua obra *"Curso de direito constitucional positivo"*, p. 174, anota que "A ampliação e transformação dos direitos fundamentais do homem no evolver histórico dificulta definir-lhes um conceito sintético e preciso. Aumenta essa dificuldade a circunstância de se empregarem várias expressões para designá--los, tais como: direitos naturais, direitos humanos, direitos do homem, direitos individuais, direitos públicos subjetivos, liberdades fundamentais, liberdades públicas e direitos fundamentais do homem".

Após tais observações, José Afonso da Silva escolhe a expressão "direitos fundamentais do homem" como sendo a mais adequada, porque, "além de referir-se a princípios que resumem a concepção do mundo e informam a ideologia política de cada ordenamento jurídico, é reservada para designar, no nível do direito positivo, aquelas prerrogativas e instituições que ele concretiza em garantias de uma convivência digna, livre e igual de todas as pessoas"[37].

No trato do tema "teoria dos direitos fundamentais", José Afonso da Silva identifica, em seu âmbito, os seguintes caracteres:

"(1) Historicidade. São históricos como qualquer direito. Nascem, modificam-se e desaparecem. Eles apareceram com a revolução burguesa e evoluem, ampliam-se, com o correr dos tempos. Sua historicidade rechaça toda fundamentação baseada no direito natural, na essência do homem ou na natureza das coisas;

---

[37] José Afonso da Silva, in "Curso de direito constitucional positivo", 14ª, ed., São Paulo, Malheiros Ed., p.177.

(2) Inalienabilidade. São direitos intransferíveis, inegociáveis, porque não são de conteúdo econômico-patrimonial, e a ordem constitucional os confere a todos, deles não se pode desfazer, porque são indisponíveis;

(3) Imprescritibilidade. O exercício de boa parte dos direitos fundamentais ocorre só no fato de existirem reconhecidos na ordem jurídica. Em relação a eles não se verificam requisitos que importem em sua prescrição. Vale dizer, nunca deixam de ser exigíveis. Pois prescrição é um instituto jurídico que somente atinge, coarctando, a exigibilidade dos direitos de caráter patrimonial, não a exigibilidade de direitos personalíssimos, ainda que não individualistas, como é o caso. Se são sempre excercíveis e exercidos, não há intercorrência temporal de não exercício que fundamente a perda da exigibilidade pela prescrição;

(4) Irrenunciabilidade. Não se renunciam direitos fundamentais. Alguns deles podem até não ser exercidos, pode-se deixar de exercê-los, mas não se admite sejam renunciados"[38].

Alexandre de Moraes, na obra de sua autoria *Direitos humanos e fundamentais*, São Paulo, Atlas, p. 41, entende que os direitos fundamentais apresentam outras características além das acima referidas. Acrescenta, portanto, as seguintes:

"inviolabilidade: impossibilidade de desrespeito por determinações infraconstitucionais ou por atos das autoridades públicas, sob pena de responsabilização civil, administrativa e criminal;

universalidade: a abrangência desses direitos engloba todos os indivíduos, independente de sua nacionalidade, sexo, raça, credo ou convicção político-filosófica;

efetividade: a atuação do Poder Público deve ser no sentido de garantir a efetivação dos direitos e garantias previstos, com mecanismos coercitivos para tanto, uma vez que a Constituição Federal não se satisfaz com o simples reconhecimento abstrato;

interdependência: as várias previsões constitucionais, apesar de autônomas, possuem diversas interseções para atingirem suas finalidades. Assim, por exemplo, a liberdade de locomoção está intimamente ligada à garantia do *habeas corpus*, bem como previsão de prisão somente por flagrante delito ou por ordem da autoridade judicial competente;

---

[38] José Afonso da Silva, Curso, cit., p. 179-180.

complementariedade: os direitos humanos fundamentais não devem ser interpretados isoladamente, mas sim de forma conjunta com a finalidade de alcance dos objetivos previstos pelo legislador constituinte".

Como observado, há muito, ainda, que ser construído a respeito da fixação de uma teoria sobre direitos fundamentais.

O que se tem como absolutamente certo, não obstante as reflexões não uniformes sobre a conceituação e caracterização dos direitos fundamentais, no campo da doutrina, é que "A contínua marcha pelo reconhecimento dos direitos fundamentais é a mesma incessante caminhada no rumo da consolidação dos chamados Estados Democráticos. Neste prisma, os direitos humanos, à proporção em que se fazem reconhecidos, objetiva e positivamente, passam a robustecer o cimento indisponível do próprio Estado, o qual somente experimenta real sentido e autêntica legitimidade quando apto a viabilizar, mormente em situações-limite, a concretização ampliada da dignidade da pessoa" (Juarez de Freitas, ao prefaciar a obra *Eficácia dos direitos fundamentais*, de Ingo Wolfgang Sarlet, Livr. do Advogado Ed.).

## 6. Os direitos fundamentais na constituição federal de 1988

Registramos que os direitos fundamentais apresentam-se, no texto da Constituição Federal, divididos em cinco grupos, conforme anotação de José Afonso da Silva[39]:

"(1) direitos individuais (art. 5.°);
(2) direitos coletivos (art. 5.°);
(3) direitos sociais (arts. 6.° e 193 e ss.);
(4) direitos à nacionalidade (art. 12);
(5) direitos políticos (arts. 14 a 17)".

Com base na doutrina e na jurisprudência, podem ser elencados no atual momento do nosso ordenamento jurídico, os seguintes direitos fundamentais aplicados ao cidadão:

1) direito à vida, inclusive a uterina;

---

[39] Curso, cit., p. pág. 181.

2) direito à saúde;
3) direito ao meio ambiente;
4) direito à igualdade;
5) direito ao gozo do princípio da legalidade;
6) direito a não ser torturado nem submetido a tratamento desumano ou degradante;
7) direito à liberdade de pensamento;
8) direito de proteção à imagem:
9) direito de resposta;
10) direito a ter crença ou de convicção filosófica ou política;
11) direito à liberdade de expressão da atividade intelectual, artística, científica e de comunicação, independentemente de censura ou licença;
12) direito ao gozo da intimidade, da vida privada e da honra;
13) direito à privacidade dos dados bancários e fiscais, salvo as exceções legais;
14) direito à inviolabilidade domiciliar;
15) direito ao sigilo de correspondência e de comunicação;
16) direito ao livre exercício de qualquer trabalho, ofício ou profissão;
17) direito à liberdade de informação;
18) direito à liberdade de locomoção;
19) direito de reunião pacífica;
20) direito pleno de associação;
21) direito de uso, gozo e disposição da propriedade, desde que em harmonia com os fins sociais;
22) direito a indenização da propriedade quando requisitada por motivos de guerra ou iminente perigo público;
23) direito à proteção pelo Estado da pequena propriedade rural;
24) direito à propriedade imaterial;
25) direito ao gozo dos frutos produzidos pelas invenções;
26) direito ao uso das marcas de indústria e de comércio e de serviço e das expressões ou sinais de propaganda;
27) direito de herança;
28) direito do cônjuge ou dos filhos brasileiros à sucessão de bens de estrangeiros situados no país;
29) direito do consumidor a ser protegido pelo Estado;
30) direito à obtenção de certidão;
31) direito à petição em defesa de direitos ou contra ilegalidade ou abuso de poder;

32) direito de acesso ao Poder Judiciário para solução de litígios;
33) direito a que a lei não prejudique o direito adquirido, o ato jurídico perfeito e a coisa julgada;
34) direito a julgamento por juiz natural;
35) direito a não ser punido por crime sem lei anterior que o defina, e a não receber pena sem prévia cominação legal;
36) direito a que lei não retroaja, salvo para beneficiar o réu;
37) direito a que direitos fundamentais não sejam discriminados;
38) direito do racismo ser combatido;
39) direito a ver aplicado o princípio da pessoalidade ou incontagiabilidade ou intransmissibilidade da pena decorrente de delito penal;
40) direito à inexistência de penas de morte, salvo em caso de guerra, de caráter perpétuo, de trabalhos forçados, de banimento e cruéis;
41) direito a, em caso de condenação, cumprir pena com respeito aos direitos humanos;
42) direito a não ser extraditado;
43) direito ao devido processo legal, contraditório e ampla defesa;
44) direito a gozar do princípio da presunção de inocência;
45) direito a não ser identificado criminalmente, caso já o seja civilmente, salvo nas hipóteses legais;
46) direito a promover ação privada nos crimes de ação pública, caso esta não seja promovida no prazo legal;
47) direito à publicidade dos atos processuais, salvo as exceções previstas em lei;
48) direito a só ser preso em flagrante delito ou por ordem escrita de autoridade judiciária competente;
49) direito a prestar fiança, nos casos legais;
50) direito a, ao ser preso, ser, de imediato, tal fato comunicado ao juiz competente e à família;
51) direito a silenciar quando acusado em ação penal;
52) direito a ver a prisão ilegal ser imediatamente relaxada pela autoridade judiciária;
53) direito a receber assistência jurídica integral, no caso de ser pobre;
54) direito a ser indenizado por erro judiciário, assim como o que ficar preso além do tempo fixado na sentença;
55) direito ao trabalho, à liberdade para escolha do trabalho, à igualdade de tratamento e de oportunidades no trabalho, à proteção contra a despedida arbitrária, ao aviso prévio, à fixação e proteção dos salários, à

equivalência salarial, ao salário mínimo, ao descanso e lazer, à duração da jornada de trabalho, ao trabalho noturno com jornada reduzida e salário superior, ao repouso semanal remunerado, a férias, à proteção à maternidade, ao salário-família, à proteção ao trabalho do menor, ao fundo de garantia por tempo de serviço, à liberdade sindical, a fazer greve de acordo com a lei, à indenização por acidente de trabalho, a receber prestação por insalubridade e periculosidade no trabalho, à formação e orientação profissional, à previdência social, aos serviços sociais, a integrar comissões paritárias e de integração na vida da empresa, a ter os conflitos trabalhistas julgados pela Justiça do Trabalho;

56) direito a ver a sua dignidade humana respeitada;

57) direito a que as normas definidoras dos direitos e garantias fundamentais tenham aplicação imediata.

## 7. Os direitos ambientais na constituição federal de 1988 e os princípios que os regem

No campo da Ciência Jurídica, há afirmações de que, após o surgimento de direitos da primeira geração, os quais estão ligados ao liberalismo e vinculados à liberdade e a individualidade do cidadão, também chamados de direitos negativos, surgiram os direitos de segunda geração, identificados como primeiramente presentes na Constituição mexicana, soviética e de Weimar, que comportam regras de direitos econômicos, sociais e culturas, voltados, portanto, para o homem-social, denominados, também, de direitos positivos. A seguir, temos que conviver com uma terceira geração de direitos fundamentais, com objetivos muitos mais amplos de que regular o homem como indivíduo e o homem em sociedade, por ter como caráter dominante a proteção de direitos difusos, dando destaque à atuação do ser humano na sociedade e à sua qualidade de vida. Nesse quadro estão os direitos ambientais, os direitos dos consumidores, os direitos de privacidade, de intimidade e todos os outros já referidos.

A Carta Magna do Brasil de 1988, de modo explícito, contém as seguintes regras sobre direitos ambientais:

a) Art. 5.°, inciso LXXIII – qualquer cidadão é parte legítima para propor ação popular que vise a anular ato lesivo ao patrimônio público ou de entidade de que o Estado participe, à moralidade administrativa, ao meio ambiente e ao patrimônio histórico e cultural, ficando o autor, salvo comprovada má-fé, isento de custas judiciais e do ônus da sucumbência.

b) Art. 23. É competência comum da União, dos Estados, do Distrito Federal e dos Municípios:

..........

VI – proteger o meio ambiente e combater a poluição em qualquer de suas formas.

c) Art. 24. Compete à União, aos Estados e ao Distrito Federal legislar concorrentemente sobre:

..........

VI – florestas, caça, pesca, fauna, conservação da natureza, defesa do solo e dos recursos naturais, proteção do meio ambiente e controle da poluição;

VII – proteção ao patrimônio histórico, cultural, artístico, turístico e paisagístico;

VIII – responsabilidade por dano ao meio ambiente, ao consumidor, a bens e direitos de valor artístico, estético, histórico, turístico e paisagístico;

IX – educação, cultura, ensino e desporto.

d) Art. 129. São funções institucionais do Ministério Público:

..........

III – promover o inquérito civil e a ação civil pública, para a proteção do patrimônio público e social, do meio ambiente e de outros interesses difusos e coletivos.

e) Art. 170. A ordem econômica, fundada na valorização do trabalho humano e na livre iniciativa, tem por fim assegurar a todos existência digna, conforme os ditames da justiça social, observados os seguintes princípios:

..........

VI – defesa do meio ambiente;

..........

f) Art. 174. Como agente normativo e regulador da atividade econômica, o Estado exercerá, na forma da lei, as funções de fiscalização, incentivo e planejamento, sendo este determinante para o setor público e indicativo para o setor privado.

..........

g) § 3.º – O Estado favorecerá a organização da atividade garimpeira em cooperativas, levando em conta a proteção do meio ambiente e a promoção econômico-social dos garimpeiros.

h) Art. 186. A função social é cumprida quando a propriedade rural atende, simultaneamente, segundo critérios e graus de exigência estabelecidos em lei, aos seguintes requisitos:

..........

II – utilização adequada dos recursos naturais disponíveis e preservação do meio ambiente;

..........

i) Art. 200. Ao sistema único de saúde compete, além de outras atribuições, nos termos da lei:

..........

VIII – colaborar na proteção do meio ambiente, nele compreendido o do trabalho.

j) Art. 220. A manifestação do pensamento, a criação, a expressão e a informação, sob qualquer forma, processo ou veículo não sofrerão qualquer restrição, observado o disposto nesta Constituição.

..........

§ 3.º – Compete à lei federal:

..........

II – estabelecer os meios legais que garantam à pessoa e à família a possibilidade de se defenderem de programas ou programações de rádio e televisão que contrariem o disposto no art. 221, bem como da propaganda de produtos, práticas e serviços que possam ser nocivos à saúde e ao meio ambiente.

l) CAPÍTULO VI – DO MEIO AMBIENTE

Art. 225. Todos têm direito ao meio ambiente ecologicamente equilibrado, bem de uso comum do povo e essencial à sadia qualidade de vida, impondo-se ao Poder Público e à coletividade o dever de defendê-lo e preservá-lo para as presentes e futuras gerações.

§ 1.º – Para assegurar a efetividade desse direito, incumbe ao Poder Público:

I – preservar e restaurar os processos ecológicos essenciais e prover o manejo ecológico das espécies e ecossistemas;

II – preservar a diversidade e a integridade do patrimônio genético do País e fiscalizar as entidades dedicadas à pesquisa e manipulação de material genético;

III – definir, em todas as unidades da Federação, espaços territoriais e seus componentes a serem especialmente protegidos, sendo a alteração e a supressão permitidas somente através de lei, vedada qualquer utilização que comprometa a integridade dos atributos que justifiquem sua proteção;

IV – exigir, na forma da lei, para instalação de obra ou atividade potencialmente causadora de significativa degradação do meio ambiente, estudo prévio de impacto ambiental, a que se dará publicidade;

V – controlar a produção, a comercialização e o emprego de técnicas, métodos e substâncias que comportem risco para a vida, a qualidade de vida e o meio ambiente;

VI – promover a educação ambiental em todos os níveis de ensino e a conscientização pública para a preservação do meio ambiente;

VII – proteger a fauna e a flora, vedadas, na forma da lei, as práticas que coloquem em risco sua função ecológica, provoquem a extinção de espécies ou submetam os animais a crueldade.

§ 2.º – Aquele que explorar recursos minerais fica obrigado a recuperar o meio ambiente degradado, de acordo com solução técnica exigida pelo órgão público competente, na forma da lei.

§ 3.º – As condutas e atividades consideradas lesivas ao meio ambiente sujeitarão os infratores, pessoas físicas ou jurídicas, a sanções penais e administrativas, independentemente da obrigação de reparar os danos causados.

§ 4.º – A Floresta Amazônica brasileira, a Mata Atlântica, a Serra do Mar, o Pantanal Mato-Grossense e a Zona Costeira são patrimônio nacional, e sua utilização far-se-á, na forma da lei, dentro de condições que assegurem a preservação do meio ambiente, inclusive quanto ao uso dos recursos naturais.

§ 5.º – São indisponíveis as terras devolutas ou arrecadadas pelos Estados, por ações discriminatórias, necessárias à proteção dos ecossistemas naturais.

§ 6.º – As usinas que operem com reator nuclear deverão ter sua localização definida em lei federal, sem o que não poderão ser instaladas.

Os dispositivos constitucionais mencionados são interpretados de modo sistêmico, de modo que sejam atendidos os objetivos por eles visados.

Afirma, boa parte da doutrina, com uma forte dose de razão, segundo o nosso entendimento, que "Começa a diminuir a distância entre a Declaração dos Direitos Universais do Homem e a Carta da Terra, assinada no Rio de Janeiro, durante a Eco-92, onde figuram direitos ambientais. No último dia 30 de abril, em Genebra, na Suíça, a Comissão de Direitos Humanos das Nações Unidas, reconheceu o direito de todos, de viverem livres de poluição tóxica e degradação ambiental".

Reconhece-se que pela primeira vez, "... nos seus 50 anos de existência, que o meio ambiente é explicitamente citado pela Comissão de Direitos Humanos. Ao fazê-lo, ela dá nova dimensão aos direitos ambientais, reconhecendo sua importância e influência sobre outros direitos do Homem, como o direito à vida, à saúde, a alimentos e habitação adequados. Uma pessoa exposta ao lixo tóxico ou a doenças provenientes de sérias alterações ambientais não perde apenas qualidade de vida, mas, muitas vezes, a própria vida. E os responsáveis pela poluição ou degradação ambiental não estão cometendo somente crimes contra a Natureza, como se esta fosse algo alheio ao homem. Agora se reconhece que eles estão também violando os direitos humanos".

Destaca-se que "Embora a repercussão deste anúncio seja difícil de perceber, de imediato, na difícil rotina das pessoas expostas aos piores tipos de poluição e degradação ambiental, ele deve fortalecer algumas convenções ambientais globais e acordos mundiais em negociação. O direito à água limpa e suficiente para beber, o direito à proteção contra catástrofes potencializadas pelas mudanças climáticas, o direito da população saber o que está sendo despejado nos rios, no solo e no ar, o direito de negar a importação ou transporte transfronteiriço de lixo tóxico, químicos perigosos e material nuclear são apenas alguns termos contidos nos documentos internacionais, que agora ganham esta outra dimensão"

Entende-se que "Até mesmo as discussões em torno da biodiversidade e diversidade genética podem ser influenciadas, ainda que aí estejam os embates mais duros, num terreno muito novo, permeado por interesses econômicos e minado por indefinições éticas, como as polêmicas acerca dos transgênicos, do uso de genes de populações indígenas, das clonagens e da biopirataria. Já em 1997, vale lembrar, a Organização das Nações Unidas para educação Ciência e Cultura (Unesco) divulgou um documento, tecendo considerações em torno da Declaração Universal dos Direitos do Homem e do projeto Genoma Humano. Ali se defende a necessidade de proteger o genoma humano particularmente para o bem das gerações futuras, mas também proteger os direitos e a dignidade dos seres humanos, a liberdade da pesquisa e a necessidade da solidariedade" e que "Este fortalecimento de outras convenções e acordos se dá a longo prazo, seja através dos relatórios contendo denúncias de violações de direitos humanos, seja através da formulação de novas leis e no incentivo a movimentos sociais e entidades independentes, inspirados na Declaração Universal".

Conclui-se que "Nenhum homem é independente do ambiente, nem pode prescindir do ar, da água ou dos outros seres com que compartilha a Terra"[40]

---

[40] Liana John, em artigo intitulado "Viver sem poluição, um direito humano", publicado via Internete, http://geocities.yahoo.com.br/infoambiental2001/maio8.htm

As meditações supras revelam a angustia dos operadores do Direito, na época contemporânea, para que o Direito Ambiental ganhe realidades concretas em todo o planeta, especialmente, no Brasil.

Sabemos que o tema é amplo e exige reflexões profundas no campo da doutrina, da legislação e da jurisprudência.

"Há um risco que não pode ser ignorado e para o qual a Ciência Jurídica tem de voltar-se com intensa preocupação e tentar fazer a sua parte de impor regramentos para que a sua consumação não ocorra. É o risco da explosão do planeta, explosão que pode acontecer de várias formas, criando dificuldades para a vida humana ou até a impossibilitando em determinadas regiões.

Registre-se que o tema é amplo e ao mesmo tempo de uma tamanha unicidade, que chega ao ponto de sugestionar uma reflexão de nível pessoal e individual. Com certeza, nesta pequena reflexão, buscar-se-á respostas para o mais grave problema que paira sobre nossas cabeças: a explosão do planeta em que vivemos.

O risco, hoje, não vem de alguma ameaça cósmica – choque de algum meteoro ou asteróide rasante – nem de algum cataclismo natural produzido pela própria terra – um terremoto sem proporções ou uma revoada de labaredas de fogo ou uma chuva de enxofre como aquela que destruiu Sodoma e Gomorra. Vem da própria atividade humana. O asteróide ameaçador se chama *homo sapiens* e está muito bem perto de nós. Veja que essa reflexão nos levará a uma meditação quase que estritamente de nível pessoal (qual será o meu futuro?). Alguém estaria perguntando como salvar o mico leão dourado ou a onça pintada, e eu lhe pergunto: como salvar esse maluco de pedra que atenta contra a própria existência? De agora em diante a existência da biosfera estará à mercê da decisão humana. Para continuar a viver o ser humano deverá, em primeiro lugar, querer; e segundo lugar, terá que garantir as condições de sua sobrevida. Tudo depende de sua própria responsabilidade". Estas observações feitas por Henrique Chagas, no artigo "Degradação Ambiental, globalização da economia e os limites do judiciário," publicado no site: *http://www.jus.com.br*, ganham foro de respeitabilidade pelas verdades que elas contém.

O que nós temos em nosso ordenamento jurídico é a preocupação da Carta Magna com a proteção do meio ambiente, em face dos vários dispositivos constantes em seu corpo e preocupados não só em regulamentá-lo, porém, em protegê-lo.

Temos afirmado que o Constituinte de 1988, conscientizado do alto grau a que chegou o progresso humano, para tanto tendo contribuído, inicialmente, a Revolução Industrial, no final do século XIX, e depois o avanço tecnológico alcançado em razão do avanço científico, alçou o disciplinamento do meio ambiente, no tocante aos aspectos fundamentais, para o corpo da Carta Magna.

No nosso entendimento, esse estado de conscientização decorreu da pressão exercida pelas forças sociais, após concluir que o sistema normativo não continha regras capazes de impedir a turbação ambiental, no momento em que passou a ser potencialmente danosa para a coletividade.

Foi identificado que, até então, os elementos ambientais se apresentavam garantidos por disposições comuns e que se caracterizavam pela tutela da segurança ou higiene do trabalho, por proteger aspectos sanitários ou por cuidar das atividades desenvolvidas pelas indústrias insalubres e perigosas.

Por melhor que se apresentasse a legislação infra-constitucional ela era caracterizada por forte dosagem privatística e não desenvolvia uma defesa global dos danos produzidos ao meio ambiente, tendo em vista ser setorizado o seu limite de atuação.

O avanço das altas taxas de poluição e as consequências danosas que elas produziram e produzem na população e na própria natureza contribuíram para que o problema deixasse de ser visto como mero atentado às relações de vizinhança, para que fosse considerado como de feição publicística, a exigir do Estado uma postura de controle sobre determinadas atividades, especialmente as que se apresentam com características poluidoras, levando ao ponto de só serem iniciadas após serem analisados os efeitos que produzirão no meio ambiente para o que se submeterão a um processo de autorização prévia.

As razões determinantes do crescimento que se identifica não se esgotam nos aspectos acima citados. Há, também, de se considerar o segmento adotado pela Carta Magna de se tornar fiel à moderna tendência da concepção social do Estado e dos direitos dos cidadãos, fugindo de qualquer traço egoístico no trato dos direitos e garantias individuais, para se apresentar, de modo bem destacado, com uma dimensão reveladora de sustentação da expansão social. Ao assim se retratar, revelou, de modo explícito, a revisão que fez no papel do homem no círculo social, dotando o ordenamento jurídicos de instrumentos definidores de novas entidades e com capacidade de imposição no relacionamento do ser humano com o seu semelhante e com a coletividade.

Consagra-se que, na análise desses aspectos postos na Carta Magna, não se pode desconsiderar as influências exercidas por comportamentos adotados por algumas Nações estrangeiras, especialmente a posição líder assumida pela Inglaterra, em 1876, quando ordenou e resumiu no RIVERS POLLUTION PREVENTION ACT as normas costumeiras que tinham como finalidade evitar a poluição da água. Afirma-se que esse país foi o primeiro na Europa a se preocupar, de modo sistemático, com a matéria. De outro lado, há de se ter em conta que a concepção, hoje, dominante, do Estado ter uma função essencialmente social foi fator de influência na visão constitucional da atualidade sobre os variados aspectos que envolvem o meio ambiente.

Temos como certo que tais modificações, todas elas surgidas em face do desenvolvimento das atividades econômicas e das maiores exigências sociais, impuseram ao legislador constitucional uma visão modificadora a respeito da solidariedade, pelo que são impostas algumas limitações a determinados direitos fundamentais, especialmente os que cuidam de proteção da propriedade e da livre iniciativa econômica, tudo se destinando a proteger uma melhor qualidade de vida.

Visualizando esses aspectos por uma concepção de natureza objetiva, situamos que o regramento constitucional sobre a proteção do meio ambiente visa tutelar determinado bem jurídico que pode ser identificado como sendo a necessidade da humanidade de usar água pura e limpa, de absorver ar sadio, de ter solo adequado para o atendimento das necessidades vitais, de receber clima despido de elementos prejudiciais à saúde e de gozar de ambiente onde os ruídos sejam contidos e o verde preservado.

Identificamos, consequentemente, no texto constitucional da atualidade, a capacidade de regular grandes problemas, como o da proteção ao meio ambiente, confirmando, assim, a afirmação já tantas vezes repetidas de que o direito, como símbolo de uma ordem social justa, é o único caminho para que os povos alcancem as suas aspirações, todas elas decorrentes da necessidade do homem conservar um padrão de vida compatível com o seu merecimento.

Insistimos na afirmação de que as regras constitucionais sobre o meio ambiente se presumem terem sido produzidas por todos os órgãos e forças vivas da Nação, pelo que elas encerram disposições fundamentais sobre a matéria e que, certamente, em decorrência de serem de conteúdo genérico, em face da própria natureza hierárquica como se apresentam, exigem ser compreendidas, o que só pode ser alcançado através da adoção de processo interpretativo.

O exame das normas constitucionais sobre o meio ambiente enfrenta as mesmas dificuldades com que se apresentam o estudo das outras normas de mesma hierárquia.

De início há de se ficar atento para se administrar com êxito o fosso profundo existente entre as disposições postas na Carta Magna e a sua compatibilidade com as realidades concretas que elas pretendem regular, tudo na tentativa de fazer desaparecer os efeitos negativos dessa situação. O certo é que, conforme bem demonstrado se encontra na história da aplicação das Constituições, há sempre uma tentativa de resistência à obediência de princípios inovadores adotados por qualquer Carta Magna, especialmente quando se trata de fenômeno político, social ou jurídico modificador de estruturas anteriores.

Não obstante os obstáculos acima anunciados, deve-se, contudo, se considerar que, conforme já assinalou Celso Antônio Bandeira de Melo, in Eficácia das normas constitucionais, RDP 57/58:236, "Uma Constituição, desde logo, define-se como um corpo de normas jurídicas. De fora parte quaisquer outras qualificações, o certo é que consiste, antes de mais, em um plexo de regras de Direito. A Constituição não é um simples ideário. Não é apenas uma expressão de anseios, de aspirações, de propósitos. É a transformação de um ideário, é a conversão de anseios e aspirações em regras impositivas. Em comandos. Em preceitos obrigatórios para todos: órgãos do Poder e cidadãos. Como se sabe as normas jurídicas não são conselhos, opinamentos, sugestões. São determinações. O traço característico do Direito é precisamente o de ser disciplina obrigatória de condutas. Daí que, por meio das regras jurídicas, não se pede, não se exorta, não se alvitra. A feição específica da prescrição jurídica é a imposição, a exigência. Mesmo quando a norma faculta uma conduta, isto é, permite – ao invés de exigi-la – há, subjacente a esta permissão, um comando obrigatório e coercitivamente assegurável: o obrigatório impedimento a terceiros de obstarem o comportamento facultado a outrem e a sujeição ao poder que lhes haja sido deferido, na medida e condições do deferimento feito." Pensamos que, se as normas constitucionais sobre o meio ambiente são frutos do que foi reivindicado pela Nação, elas se apresentam, consequentemente, de modo denso, porque há necessidade, em face de suas imposições, de serem tomadas decisões de conteúdo inequívoco para que elas alcancem os seus objetivos.

Encontramos a proteção ao meio ambiente, em nossa Carta Magna, a partir do enunciado do seu preâmbulo.

A afirmação dos Constituintes de 1988, no Preâmbulo da Constituição Federal, é no sentido de que se instituiu um Estado Democrático destinado a assegurar à sociedade brasileira, entre outros direitos, o de bem--estar. Isso significa que se pretendeu a implantação de um Estado que desenvolva atividades no sentido do homem se sentir em perfeita condição física ou moral, com conforto de saúde e em relação de comodidade com a natureza. E, no contexto das condições contribuidoras para o bem-estar do ser humano se exige, de modo inequívoco, a existência de um meio ambiente livre de poluição e de outras situações que lhe causem danos.

Deixamos de lado a discussão a respeito do Preâmbulo fazer parte ou não da Constituição, para, conforme assinala Celso Bastos e Ives Gandra da Silva Martins, em sua obra "Comentários à Constituição do Brasil", 1ª. ed. Vol. 1, pg. 409, considerá-lo, sob o ponto de vista material, como integrando o texto constitucional. Assim sendo, ele atua com força de retratar a vontade da Nação, encerrando o compromisso do constituinte com os fenômenos sociais-políticos-jurídicos submetidos ao controle do querer da Carta Magna, justificando, também, as promessas assumidas com as reivindicações da sociedade.

Verificamos, conforme demonstrado, que a preocupação do Constituinte de 1988 com o meio ambiente começou a ser desfiada a partir do Preâmbulo da Carta, revelando assim ser obrigação do Estado perseguir o alcance, além de outros, desse fim, atingindo plenamente tal objetivo.

O ART. 1.º, INCISO III, DA CONSTITUIÇÃO FEDERAL, dispõe que a dignidade da pessoa humana é um dos fundamentos da República Federativa do Brasil, formada pela união indissolúvel dos Estados e Municípios e do Distrito Federal, tudo constituído em um Estado Democrático de Direito. Tem-se, logo no primeiro artigo da Carta, a inserção desse princípio fundamental a ser alcançado pela atuação concreta do Estado e que se resume em se outorgar a todos os homens todos os direitos substanciais, quer sejam os considerados como individuais clássicos, quer sejam quaisquer outros que contenham fundo econômico ou social. Com razão, portanto, todos aqueles que afirmam ser, hoje, o Estado obrigado, por ser um dos seus principais fins, a propiciar todas as condições para que as pessoas se tornem dignas, para tanto contribuindo com a execução de programas que melhorem a qualidade de vida humana, o que exige, ao lado da proteção do exercício da liberdade e da proibição de quaisquer meios de tortura moral ou física, a adoção de práticas administrativas para a consecução de um meio ambiente sadio.

A realidade hoje vivida com a poluição industrial, com o uso de substâncias detergentes (biodegradáveis), com a infectação das águas, a alteração da imagem da natureza com a utilização dos hidrocarburantes, dos anticriptógamos e dos fertilizantes, tudo provocando uma turbação ambiental, revela quanto há necessidade do Estado agir com a finalidade de permitir aos seus administrados o gozo de uma vida sadia, sem agressão, por ato de terceiros, a sua dignidade como ser humano. Essa lesão ocorre quando se fere o equilíbrio da natureza, dificultando, consequentemente, o padrão natural de vida, por se desestabilizar o bem produzido para a saúde do homem pela limpeza, pela pureza da água, do ar e do solo.

A Carta Magna dispõe, no seu artigo 3.º, inciso IV, que um dos objetivos fundamentais da República Federativa do Brasil é o de promover o bem de todos, sem preconceitos de origem, raça, sexo, cor, idade e quaisquer outras formas de discriminação. A promoção do bem de todos só será alcançada quando, de modo igual, a totalidade da população brasileira possa se beneficiar dos direitos e garantias fundamentais que lhe são assegurados. Extrai-se da imposição contida na regra em apreço, tendo em vista o aspecto relativo ao meio ambiente, que, mais uma vez, o constituinte se preocupou em tornar obrigatória a atuação administrativa do Estado no sentido de fazer consolidar uma situação de vida que proporcione bem-estar coletivo, sem discriminação de qualquer espécie. É sabido que inexiste preceito constitucional sem objetivo, por mais programático que se apresente em sua dicção. É tarefa do intérprete extrair da norma constitucional a produção de qualquer efeito cogente, sob pena de não se justificar a existência daquela regra jurídica. Ora, no instante em que a Constituição Federal determina ser objetivo fundamental do Estado promover o bem de todos, por mais que o faça de modo generalizado, está obrigando a que os administradores públicos tenham um comportamento vinculado aos caracteres essenciais da determinação referida, sob pena de se violar, flagrantemente, o texto da Lei Maior. E, no amplo conceito de promover o bem de todos está inserido, fora de qualquer dúvida, o de se proteger o meio ambiente, causa determinadora de um melhor padrão de vida que todo ser humano tem direito.

Insistimos em lembrar que o dispositivo ora comentado faz parte do rol dos princípios fundamentais ditados pela Carta Maior, pelo que se volta para o fenômeno do Estado assegurar a garantia preconizada para os cidadãos. Não é, portanto, uma pura norma programática. É, sem sombra de dúvida, uma norma constitucional de garantia, não admitindo, sob qualquer pretexto, o seu descumprimento. Por ser ditada de forma genérica, está a exigir uma legislação integradora que lhe dê eficácia, o que deve ser concretizado pelo Estado, de forma imediata e sem tergiversação. O não cumprimento de tornar eficaz esse princípio fundamental gera a adoção de medidas urgentes por parte do corpo social, entre as quais a utilização do mandado de injunção e a de fazer apurar responsabilidades administrativas pela violação do preceito maior e de força cogente.

Não nos esqueçamos de registrar que o meio ambiente é protegido, também, na Constituição Federal, por via da AÇÃO POPULAR E PELA AÇÃO CIVIL PÚBLICA.

No Título II da Constituição Federal, Dos Direitos e Garantias Fundamentais, entre os direitos e garantias individuais e coletivos, encontra-se o de qualquer cidadão ser considerado como parte legítima para propor ação popular com a finalidade de anular ato lesivo praticado ao meio ambiente. É o que decorre do regramento posto no art. 5.º, inciso LXXIII, da Carta Magna.

Por esse dispositivo constitucional, considera-se legitimado para ser sujeito ativo processual da ação popular quem for eleitor e sujeito passivo qualquer pessoa pública ou privada, autoridades, funcionários ou administradores que houverem autorizado, aprovado, ratificado ou praticado qualquer ato lesivo ao meio ambiente. Pode, em consequência, a ação ser proposta contra a União Federal, o Distrito Federal, os Estados, os Municípios, as entidades autárquicas, as sociedades de economia mistas, as empresas públicas, os órgãos autônomos de prestação de serviços, as fundações, as concessionárias e permissionárias de serviço público e quaisquer outras entidades que recebam subvenções, de qualquer forma, dos cofres públicos.

A pretensão do sujeito ativo é anular o ato lesivo praticado contra o meio ambiente, nas hipóteses seguintes:

*a*) quando o ato praticado não for da competência do agente público que o fez existir, válido e eficaz;

*b*) por o mesmo se apresentar viciado pela constatação de omissão ou de observância incompleta ou irregular de formalidades indispensáveis à sua existência ou seriedade;

*c*) ser manifesta a ilegalidade do seu objeto, por violar dispositivo expresso da lei, regulamento ou outro ato normativo;

*d*) não ocorrer motivos que justifiquem a sua existência, por serem materialmente inexistentes ou juridicamente inadequados ao resultado obtido;

*e*) se comprovar desvio de finalidade, por o agente tê-lo praticado objetivando fim diverso daquele previsto, de modo explícito ou implícito, na regra de sua competência.

É a ação popular, como visto, um meio especial de acesso ao Judiciário, por permitir que qualquer cidadão, mesmo que não obtenha direta ou indiretamente qualquer proveito com a solução da questão, provoque a atividade jurisdicional do Estado, expressando, apenas, o desejo de proteger o interesse da coletividade. É, como adequadamente assinala os doutrinadores constitucionalistas, um direito de natureza política, oriundo dos efeitos do regime democrático, que tem por finalidade assegurar a qualquer administrado eleitor controlar a legalidade administrativa. No particular, é sempre conveniente lembrar, pela forma adequada como tratou o tema, a lição de José Afonso da Silva (in "Ação popular constitucional-doutrina e processo, Revista dos Tribunais, p. l95):

"Como já vimos, a ação popular constitui um instituto de democracia direta, e o cidadão, que a intenta, fá-lo em nome próprio, por direito próprio, na defesa de direito próprio, que é o de sua participação na vida política do Estado, fiscalizando a gestão do patrimônio, a fim de que esta se conforme com os princípios da legalidade e da moralidade. Diretamente, é certo, o interesse defendido não é do cidadão, mas da entidade pública ou particular sindicável e da coletividade, por consequência".

Tem-se, assim, ao lado de outros instrumentos processuais, a ação popular como instrumento eficaz para se anular os efeitos danosos praticados contra o meio ambiente. É de ser registrado que, não obstante no sistema constitucional anterior a expressão patrimônio público abranger o meio ambiente, tem-se, hoje, esse bem ecológico protegido de forma autônoma, evitando-se, assim, qualquer dúvida a respeito do querer da norma constitucional.

Utilizando-se o cidadão da ação popular constitucional, pode, de modo útil, impedir, por atuação do Poder Judiciário, que atentados sejam cometidos contra o meio ambiente, fazendo com que atividades com ele relacionadas, como a caça, a educação, a mineração, a irrigação, a nuclear, a manipulação de material genético e o garimpo, se desenvolvam de modo voltado para o bem estar social. Do mesmo modo, impede-se, também, a poluição das águas; protege-se as cavidades naturais subterrâneas; regula-se, adequadamente, o uso da energia de qualquer espécie; conserva-se a fauna; não se permite a degradação da flora; põe-se um freio na devastação das florestas; permite-se a utilização racional do mar territorial, das praias fluviais, das praias marítimas, dos recursos da plataforma continental; mantém-se íntegros os sítios arqueológicos e pré-históricos e adota-se uma política de controle sobre a utilização dos recursos naturais da zona que for considerada econômica, exclusivamente.

Registre-se que a ação popular constitucional não restringe, em qualquer oportunidade, o uso da chamada ação civil pública. Esta, conforme disciplinamento ditado pela Lei n. 7.347/85, tem por objeto a defesa dos interesses difusos mencionados em seu artigo 1.º (o meio ambiente, o consumidor, bens e direitos de valor histórico, estético, artístico, turístico e paisagístico) e é considerada como uma ação de característica ideológica e coletiva, podendo ser proposta por qualquer dos extraordinariamente legitimados a integrarem o polo ativo (Ministério Público, União, Estados e Municípios, autarquias, empresas públicas, fundações, sociedades de economia mista ou por associação que esteja constituída há pelo menos um ano, nos termos da lei civil e inclua, entre suas finalidades institucionais, a proteção ao meio ambiente, ao consumidor, ao patrimônio artístico, estético, histórico, turístico e paisagístico), que atuam como substitutos processuais dos lesados.

O Ministério Público, ao se tornar sujeito ativo processual da ação civil pública, está desenvolvendo, o que faz de modo obrigatório, a sua função institucional, nos termos impostos pelo art. l29, III, da Constituição Federal: "São funções institucionais do Ministério Público:

...........................................

III – promover o inquérito civil e a ação civil pública, para a proteção do patrimônio público e social, do meio ambiente e de outros interesses difusos e coletivos;..."

A ação popular é, por sua natureza, individual. Isso não impossibilita, contudo, que determine o fenômeno da conexão ou da continência em relação à ação civil pública, casos em que pode haver reunião de processos para a unidade de julgamento. Necessário, apenas, que se apresentem os requisitos processuais imprescindíveis para esse proceder. Pelos mesmos fundamentos, admite-se a possibilidade de haver litispendência entre ambas.

Há, não resta qualquer dúvida, preocupação da Constituição Federal em disciplinar a utilização dos bens ambientais.

Um dos principais bens materiais que devem ser protegidos para que a humanidade tenham um ambiente sadio é a água. Em razão dessa realidade, a Constituição Federal tratou de proteger esse bem ambiental da maneira mais larga possível. De início, no art. 26, I, incluiu como sendo do patrimônio dos Estados as águas superficiais ou subterrâneas, fluentes, emergentes e em depósito, ressalvando, neste caso, as que, por força de lei, sejam decorrentes de obras da União. Em outra parte, no art. 20, III, considerou como bens da União, os lagos, rios e quaisquer correntes de água em terrenos de seu domínio, ou que banhem mais de um Estado, sirvam de limites com outros países, ou se estendam a território estrangeiro ou dele provenham, bem como os terrenos marginais e as praias fluviais.

De modo inovador, uma vez que as Constituições anteriores não trataram da matéria, determinou ser da competência da União instituir sistema nacional de gerenciamento de recursos hídricos e definir critérios de outorga de direito de seu uso. Há, assim, uma preocupação em patamar constitucional de que o uso das águas não pode ser feito de modo indiscriminado, a fim de que se faça de modo associado aos demais recursos ambientais. Embora o dispositivo em apreço tenha conotação de norma programática, ele, no fundo, contém disposição de ser aplicável imediatamente, bastando, para tanto, o simples atuar administrativo. Desnecessário que legislação infraconstitucional estabeleça formas de sistemas e critérios para a outorga do direito de uso das águas. O Poder Executivo, por seus próprios órgãos, está devidamente autorizado, pela força do referido dispositivo constitucional, a agir de modo amplo para alcançar o objetivo ali determinado.

É, também, da competência da União, explorar, diretamente ou mediante autorização, concessão ou permissão, os serviços e instalações de energia elétrica e o aproveitamento energético dos cursos de água, em articulação com os Estados onde se situam os potenciais hidroenergéticos (art. 21, XII, C.F.). Não se tem aí, apenas, a preocupação com a segurança nacional. Pretende-se, também, o exercício de um controle eficaz em benefício do bem-estar da população, evitando-se a poluição desses cursos de água e a proliferação de males que eles permitem conduzir.

Há, em nosso ordenamento jurídico da atualidade, um denominado Sistema Nacional do Meio Ambiente. O Prof. Paulo Affonso Leme Machado, autor de várias obras sobre o assunto, ofereceu forte contribuição para que o Direito Ambiental alcançasse esse posicionamento, tendo hoje dogmas, princípios e regras a partir do texto da Carta Magna.

Acreditamos ser possível apresentar, em forma de enunciados, os principais princípios e regras do nosso Direito Ambiental. Ei-los:

1) É direito elevado à categoria constitucional.

2) A interpretação de suas normas deve se voltar para os objetivos visados, especialmente, para a preservação da natureza.

3) O princípio fundamental que o rege é o de que ele visa buscar uma sadia qualidade de vida.

4) Os demais princípios a que ele está subordinado são, segundo Paulo Affonso Leme Machado, em sua obra "Direito Ambiental Brasileiro", 10ª edição, Malheiros:

4.1 – Princípio do acesso eqüitativo aos recursos naturais, subdividido em: a) o do acesso aos recurso naturais; b) o da eqüidade no acesso aos recursos naturais; c) o da eqüidade no acesso aos recursos naturais e as futuras gerações; d) o do acesso aos recursos naturais, as convenções internacionais e os Direitos nacionais.

4.2 – Princípios usuário-pagador e poluidor-pagador.
4.3 – Princípio da precaução.
4.4 – Princípio da prevenção.
4.5 – Princípio da reparação.
4.6 – Princípio da informação.
4.7 – Princípio da participação.

5) As atividades relacionados com o meio ambiente e previstas na Constituição Federal e Leis ordinárias são: a) a Educação; b) o Garimpo; c) a Irrigação; d) a manipulação de material genético; e) mineração; f) nuclear.

6) Os bens ambientais previstos na Constituição Federal de 1988 são: a) as águas; b) as cavidades naturais subterrâneas; c) a energia; d) espaços territoriais especialmente protegidos; e) a fauna; f) a flora; g) as florestas; h) as ilhas, i) a paisagem; j) o mar territorial; l) as praias fluviais e marítimas; m) os recursos naturais da plataforma continental; n) os recursos naturais da zona econômica exclusiva; o) os sítios arqueológicos e pré-históricos; p) os terrenos de marinha e acrescidos; q) os terrenos marginais.

7) Os instrumentos da política nacional do meio ambiente são: a) os procedimentos administrativos assegurando o devido processo legal; b) o zoneamento ambiental planejado: c) o zoneamento industrial nas áreas críticas de poluição; d) os estudos de impacto ambiental; e) o licenciamento ambiental; f) a auditoria ambiental; g) as infrações administrativas ambientais e os meios de financiamento do meio ambiente para afirmação de um desenvolvimento sustentável.

## 8. Os direitos ambientais e os municípios brasileiros

Não podemos deixar de destacar a importância da atuação dos Municípios brasileiros para a garantia da eficácia e da efetividades dos direitos ambientais.

Possuindo, como possuem, competência para legislar sobre assuntos locais, do seu imediato interesse, estão bem de perto convivendo com os problemas surgidos com o manejo do homem com o meio ambiente. Exige-

-se, portanto, que os Municípios atuem, de modo imediato, para evitar o dano ecológico, especialmente, com ações preventivas.

A visão que a doutrina jurídica tem, na atualidade, da posição dos Municípios na organização estatal é a de que eles integram a Federação por destinação constitucional.

Em razão desse preceito, temos registrado que a análise da autonomia e competência dos MUNICÍPIOS no trato das questões ambientais exige, ao meu entendimento, uma apreciação horizontal a respeito de como a Constituição de 1988 disciplinou o assunto.

Por essa razão que, a respeito, escrevemos então:

"A Carta Magna Federal de 1988, em seu artigo 18, dispõe que "A organização da República Federativa do Brasil compreende a União, os Estados, o Distrito Federal e os Municípios, todos autônomos, nos termos desta Constituição".

Referido dispositivo expressa a extensão da vontade constitucional inserida como um dos princípios fundamentais a ser obedecido na execução do sistema escolhido pelo Constituinte de 1988 para a formação da República Federativa do Brasil, quando os Municípios, ao lado dos Estados e do Distrito Federal, de forma indissolúvel, passaram a integrá-la.

No particular, há de se realçar, com destaque, a aceitação dos Municípios como parte integrante da Federação brasileira, alcançando, consequentemente, o mesmo grau de dignidade de que são dotados, no contexto federativo, a União e os Estados-membros.

A inovação do texto constitucional não se caracteriza pelo seu aspecto puramente formal, nem tem conteúdo de simples intenção político-administrativa. Há de se considerar *que* os Municípios passaram a ser parte integrante da Federação brasileira, por disposição constitucional (art. 1.º), que contém uma abrangência principiológica de grande extensão e, consequentemente, de força cogente, por as normas – princípios nas Constituições serem desde logo eficazmente aplicáveis, em face da densidade com que se apresentam.

A interpretação sistêmica do art. 1.º com o art. 18, tudo da Constituição Federal, firma o entendimento, no item referente aos Municípios, que a autonomia municipal se apresenta dotada de autenticidade efetiva, daí gerando a possibilidade de ocorrer o fenômeno de *tais* entidades atraírem, para si, uma competência em expansão, considerando-se, significativamente, a expressão política que tinham e que agora passaram a ter, com maior fortalecimento, na Federação brasileira.

Evidencia-se, de modo incontestável, que os Municípios, por integrarem a República Federativa do Brasil e por serem considerados autônomos, da mesma forma que os Estados e o Distrito Federal, devem desenvolver todas as suas atividades políticas e administrativas de modo vinculado aos fundamentos exigidos pela Carta Magna. São co-partícipes no prevalecimento da força da soberania, respeitando integralmente todos os direitos que a envolvem, velando pela efetiva existência de procedimentos que, em quaisquer circunstâncias, elevem a dignidade da pessoa humana, contribuindo para a expansão dos valores sociais do trabalho, da livre iniciativa e do pluralismo político, por ser este o querer do art. 1.°, incisos I a V, da Constituição Federal.

Em razão dos Municípios fazerem parte da Federação, conforme já demonstrado, figurando ao lado da União, dos Estados e do Distrito Federal, estão, também, obrigados a pautar os seus objetivos administrativos no sentido de tornar efetivos os postulados fundamentais do Estado brasileiro e que estão enunciados no artigo 3.°da Carta Maior, com a dicção assim posta:

"Constituem objetivos fundamentais da República Federativa do Brasil:

I – construir uma sociedade livre, justa e solidária;

II – garantir o desenvolvimento nacional;

III – erradicar a pobreza, a marginalização e reduzir as desigualdades sociais e regionais;

IV – promover o bem de todos, sem preconceitos de origem, raça, sexo, cor, idade e quaisquer outras formas de discriminação."

Ressalta do texto constitucional que os Municípios estão dotados de um campo maior de responsabilidades institucionais, em razão do que se lhes permitiu uma dosagem mais intensa de liberdade e de autonomia, aliás, condições essenciais para que se configure a efetivação de um processo democrático descentralizado, erradicando-se o autoritarismo até então dominante e dando lugar à existência de uma interpretação dinâmica do federalismo, por não ser possível se fazer desenvolver qualquer processo político em que o poder emana do povo, senão assentado em regras estáveis, modernas e compatibilizadas com os anseios da Nação.

Essas referências revelam a sabedoria do constituinte ao tornar os Municípios membros indissolúveis da Federação, permitindo e garantindo que a administração pública se desenvolva de forma equilibrada e com possibilidade de controle mais efetivo pela população, pois, a Constituição de um governo que ser afirma ser democrático só funciona e só produz efeitos sadios quando preenche as idéias e os sentimentos de seu povo, assegurando, de um modo bem amplo, a participação dos cidadãos".

Não nos afastamos do entendimento de que a interpretação sistêmica do art. 10 com o art. 18, da Constituição Federal, firma o entendimento, no item referente aos Municípios, que a autonomia municipal se apresenta dotada de autenticidade efetiva, daí gerando a possibilidade de ocorrer o fenômeno de *tais* entidades atraírem, para si, uma competência em expansão, considerando-se, significativamente, a expressão política que tinham e que agora passaram a ter, com maior fortalecimento, na Federação brasileira.

Concluímos que evidencia-se, de modo incontestável, que os Municípios, por integrarem a República Federativa do Brasil e por serem considerados autônomos, da mesma forma que os Estados e o Distrito Federal, devem desenvolver todas as suas atividades políticas e administrativas de modo vinculado aos fundamentos exigidos pela Carta Magna. São co--partícipes no prevalecimento da força da soberania, respeitando integralmente todos os direitos que a envolvem, velando pela efetiva existência de procedimentos que, em quaisquer circunstâncias, elevem a dignidade da pessoa humana, contribuindo para a expansão dos valores sociais do trabalho, da livre iniciativa e do pluralismo político, por ser este o querer do art. 11, incisos I a V, da Constituição Federal.

Ressalta do texto constitucional que os Municípios estão dotados de um campo maior de responsabilidades institucionais, em razão do que se lhes permitiu uma dosagem mais intensa de liberdade e de autonomia, aliás, condições essenciais para que se configure a efetivação de um processo democrático descentralizado, erradicando-se o autoritarismo até então dominante e dando lugar à existência de uma interpretação dinâmica do federalismo, por não ser possível se fazer desenvolver qualquer processo político em que o poder emana do povo, senão assentado em regras estáveis, modernas e compatibilizadas com os anseios da Nação.

Essas referências revelam a sabedoria do constituinte ao tornar os Municípios membros indissolúveis da Federação, permitindo e garantindo que a administração pública se proclamou, em sua encíclica Quadragésimo Anno ser "injustiça, grave erro e inversão da ordem natural cometer-se à comunidade maior e superior aquilo que pode pode ser feito e obtido pela comunidade menor e menos elevada."

A propósito, anota Machado Paupério, com muita propriedade, que "o direito de auto-administrar-se, pertencendo ao povo nas democracias, pertence-o em cada um dos seus círculos de convivência, em cada um dos graus de sua formação", aduzindo: "Daí a diversidade. Cada Município poderá ter sua forma própria de organização. A padronização não se coaduna com a vida, que implica, por si mesma, em diversidade."

Aumenta, portanto, a responsabilidade dos Municípios na regulação dos direitos ambientais.

Observamos, nesse patamar que os Municípios não perderam a liberdade de criar normas no concernente ao estudo do impacto ambiental, mesmo diante da existência das normas federais. Estas prevalecem em sua generalidade – o campo do estudo do impacto ambiental é amplo e não foi de todo preenchido pela norma federal.

É da sua competência, entre tantas outras:

*a*) instituir sistema de licenciamento de atividades poluidoras ou potencialmente poluidoras;

*b*) substituir sistema de licenciamento do uso de recursos naturais, aplicando as regras jurídicas, estaduais e municipais[41];

*c*) proteger o meio ambiente e combater a poluição em qualquer de suas formas;

*d*) tem, em consequência, competência livre para legislar, sem ser em caráter de suplementariedade, pelo que podem, por exemplo, criar Secretaria de Meio Ambiente;

*e*) planejar e promover a defesa permanente contra as calamidades públicas, especialmente, as secas e inundações;

*f*) instituir sistema municipal de colaboração com a União no gerenciamento de recursos hídricos;

*g*) instituir diretrizes para o desenvolvimento urbano, inclusive habitação, saneamento básico e transportes urbanos;

*h*) atuar, na proteção do seu peculiar interesse, sobre águas, trânsito e transporte, atividades nucleares de qualquer natureza;

*i*) legislar sobre direito urbanístico e atuar na proteção das florestas, da caça, da pesca, da fauna, da conservação da natureza, da defesa do solo e dos recursos naturais e controle da poluição;

*j*) adotar planos municipais de gerenciamento costeiro;

---

[41] Há, sobre o assunto, precedentes do STF e artigos de Paulo Afonso Lemes Machado – RF 469/35 – Urbanismo e Poluição; de Helita Barreira Custódio, Autonomia do Município na Preservação do Meio Ambiente – Res. Universitária, pp. 19/20, 1976, e de Toshio Mukay – "Âmbito. Competência. Instrumentos e Problemas Jurídicos da Proteção Ambiental Urbana no Brasil", Rev. Município Paulista- vols. 9-11, p. 18.

*k*) defender e preservar o meio ambiente, de modo cumulativo, com a União e os Estados, assegurando o direito que tem todos os cidadãos ao meio ambiente ecologicamente equilibrado;

*l*) preservar e restaurar os processos ecológicos essenciais e prover o manejo ecológico das espécies e ecossistemas:

*m*) preservar a diversidade e a integridade do patrimônio genético do País e fiscalizar as entidades dedicadas à pesquisa e manipulação de material genético;

*n*) definir, em todo o seu território, espaços territoriais e seus componentes a serem especialmente protegidos, sendo a alteração e a supressão permitidas somente através de lei, vedada qualquer utilização que comprometa a integridade dos atributos que justifiquem sua proteção;

*o*) exigir, na forma da lei, para instalação de obra ou atividade potencialmente causadora de significativa degradação do meio ambiente, estudo prévio de impacto ambiental, a que se dará publicidade;

*p*) controlar a produção, a comercialização e o emprego de técnicas, métodos e substâncias que comportem risco para a vida, a qualidade de vida e o meio ambiente;

*q*) promover a educação ambiental em todos os níveis de ensino e a conscientização pública para a preservação do meio ambiente;

*r*) proteger a fauna e a flora, vedadas, na forma da lei, as práticas que coloquem em risco sua função ecológica, provoquem a extinção de espécies ou submetam os animais a crueldade.

## 9. Conclusões

Os direitos de terceira geração visam guardar a integridade do ser humano, zelando pelos valores da sua dignidade, da sua cidadania e dos outros elementos que o conduzem a um estado de vida melhor e de convivência pacífica com o planeta terra.

Eles se caracterizam pela natureza difusa que possuem, haja vista que não são dirigidos a uma determinada pessoa. Procuram atingir uma coletividade indeterminada, zelando por todos os seres humanos sem distinção de quaisquer espécies.

Os direitos de terceira geração visam garantir a essência dos direitos fundamentais do homem, especialmente os que apresentam-se reagru-pados em seis grandes denominações:

- Dignidade

- Liberdade
- Igualdade
- Solidariedade
- Cidadania
- Justiça

Eles estão baseados nos direitos e liberdades fundamentais reconhecidos pela Convenção Européia dos Direitos do Homem, pelas tradições constitucionais dos Estados-Membros da União Européia, pela Carta Social Européia do Conselho da Europa e pela Carta Comunitária dos Direitos Sociais Fundamentais dos Trabalhadores, assim como por outras convenções internacionais subscritas pela União Européia ou pelos seus Estados--Membros.

# A INTERNET E SUA REGULAÇÃO INTERNACIONAL

Marcos da Costa

## I. INTRODUÇÃO

1. O mundo vivencia a era do informacionalismo[1], cujos reais efeitos só serão conhecidos ao passar de algumas décadas, posto que implicam na evolução do conhecimento humano através de imperceptíveis trocas de informações entre culturas situadas nos mais distantes pontos do planeta.

A internet tornou-se a grande via da informação, onde *bits* transitam na velocidade da luz por computadores de todo o mundo representando parte significativa do conhecimento humano, em suas mais diversas óticas, da cultura à religião, dos esportes ao entretenimento, dos negócios à política.

2. Nesse ambiente alicerçado na liberdade de comunicação, de expressão e de ação, numerosas questões jurídicas surgem, e que nem sempre encontram respostas adequadas à luz do direito tradicional, notadamente na mesma velocidade que a sociedade informatizada impõe aos negócios jurídicos realizados na rede mundial.

---

[1] Informacionalismo, conforme Manuel Castells, constitui o "mecanismo de desenvolvimento em que a principal fonte de produtividade é entendida como a capacidade qualitativa de otimizar a combinação e o emprego dos fatores de produção com base na informação e no conhecimento". Em "O Fim de Milênio – A Era da Informação: Economia, Sociedade e Cultura", do original "End of Millennium", Editora Paz e Terra, Tradução de Klauss Brandini Gerhardt e Roneide Venâncio Majer, Volume 3, página 27.

3. O Brasil, nesse aspecto, sofre ainda a agravante de não ter conseguido ao longo das últimas décadas, salvo raras exceções, como em relação à proteção dos direitos autorais sobre programas de computador[2-3], adotar leis regendo aspectos fundamentais da sociedade informatizada[4], tal qual fizeram outros países, em relação, por exemplo, aos crimes computacionais[5], ou à proteção do cidadão contra o tratamento abusivo de informações pessoais[6], e que assim tiveram um mínimo de estrutura legal para dar o suporte inicial aos negócios jurídicos praticados na internet.

---

[2] Lei n.° 7.646, de 18 de dezembro de 1987.

[3] As poucas leis que o Brasil promulgou visaram, no mais das vezes, à proteção de interesses da administração pública, como a Lei n.° 8.137, de 25 de dezembro de 1990, que, dispondo sobre crimes contra a ordem econômica e tributária, tipifica no art. 2.°, inciso V, como crime, "utilizar ou divulgar programa de processamento de dados que permita ao sujeito passivo da obrigação tributária possuir informação contábil diversa daquela que é, por lei, fornecida à Fazenda Pública", apenando-o com detenção de seis meses a dois anos, e multa; ou os tipos penais acrescidos ao Código Penal brasileiro pela Lei n.° 9.983, de 14 de julho de 2000.

[4] Apesar de, por exemplo, na área penal, existirem projetos de lei tramitando no Congresso Nacional desde a década de 70, como no caso do PL n.° 3.279, de 1976, apresentado pelo Deputado Federal Siqueira Campos, e que pretendia dispor sobre a programação viciada de computador, já arquivado.

[5] A título de exemplo, citem-se: Código Penal Espanhol, em seus artigos 197, 200, 264, 278400 e 536; Lei Portuguesa n.° 109, de 17 de agosto de 1991, que dispõe sobre a Criminalidade Informática; e a Lei Italiana n.° 547, de 23 de dezembro de 1993.

[6] Apenas para mencionar alguns: Argentina: Lei 24.776, de 18.12.1996 – Ley de confidencialidad sobre informacion y productos que esten legitimamente bajo control de una persona y se divulgue indebidamente de manera contraria a los usos comerciales honestos e Lei 25.326, de 04.10.2000 – Protección de los datos personales; Espanha: Artigo 18, 4, da Constituição Espanhola e Ley Orgánica 15/1999, de 13.12.1999 – Protección de Datos de Carácter Personal; Estônia: Personal Data Protection Act, de 12.06.1996; Finlândia: Personal Data Act (523/1999); Itália: Legge 31 dicembre 1996 n. 675 – Tutela delle persone e di altri soggetti rispetto al trattamento dei dati personali; Portugal: Constituição, art. 35 e Lei n.° 67, de 26.10.1998 – Proteção de Dados Pessoais; Peru: Constituição, art. 2.°, 6.°; Suécia: Data Leg, de 11.05.1973; Reino Unido: Data Protection Act, de 1984. Destaque-se também a Datenshutz federal alemã, que já em 1977, dispunha, em seu art. 1.°, visar "à proteção de dados, que tem como fim impedir a lesão a bens dignos de tutela das pessoas interessadas, garantindo os dados relativos à sua pessoa, de abusos cometidos por ocasião de seu armazenamento, transmissão, modificação e cancelamento." A própria Comunidade Européia adotou, sobre o tema, a Diretiva 95/46/CE, de 24.10.1995, relativa à proteção das pessoas físicas no que diz respeito ao tratamento eletrônico de seus dados e à sua livre circulação.

4. Dentre as principais modificações trazidas pela sociedade em rede se encontra a desmaterialização de relações que até então vinham sendo perenizadas por meio de documentos lavrados em papel.

A possibilidade de realização de negócios à distância na rapidez com que se realizam por meios eletrônicos e a padronização que a informática impõe aos processos que suporta, agravaram ainda mais a necessidade de substituição do papel que a sociedade já há décadas vinha tentando promover.

Os negócios eletrônicos, de outra parte, não puderam abstrair-se, à evidência, de fundamentos básicos relacionados à sua própria validade, referentes à capacidade das partes em assumir direitos e obrigações e à forma especial do ato, quando a lei assim o exige, o que impõe sérias restrições à sua realização.

## II. O PAPEL COMO INSTRUMENTO DE FORMALIZAÇÃO DE NEGÓCIOS JURÍDICOS

5. Na verdade, como antes exposto, não é recente a pretensão da sociedade em substituir o papel, como instrumento de formalização dos negócios jurídicos. Diversas razões já reclamavam essa substituição.

Primeiro, a pouca resistência do papel às ações do tempo, das traças, das intempéries e de sinistros.[7-8]

---

[7] O Desembargador paulista Sylvio do Amaral, em nota introdutória de sua obra Falsidade Documental (4ª edição, revisada por Ovídio Rocha Barros Sandoval, Editora Millennium, página 1), transcreve Papini, na afirmação de que "... toda a sociedade – pelo menos nos seus elementos mais delicados e essenciais – está ligada à matéria mais frágil que existe: o papel... nada de resistente e duradouro: um pouco de pasta de madeira e de cola, substâncias deterioráveis e combustíveis, é a que confiam os bens e direitos dos homens, os tesouros da ciência e da arte. A umidade, o fogo, a traça, os ratos, podem desfazer e destruir essa massa imensa de papel sobre que repousa o que há de mais caro no mundo. Símbolo de uma civilização que sabe será efêmera, ou de incurável imbecilidade."

[8] O próprio Poder Judiciário brasileiro vivenciou recentemente dois episódios que bem ilustram o problema do uso do papel: o incêndio, que peritos afirmam ter causa criminosa, ocorrido em fevereiro de 2002, nas instalações do prédio do Tribunal Regional do Trabalho da 1ª Região, no Rio de Janeiro, e que destruiu 11.000 processos, conforme notícia veiculada no site Consultor Jurídico, em http://conjur.uol.com.br/view.cfm?id=10469&ad=c;

Depois, a dificuldade em recuperar documentos, especialmente se guardados em grande volume.

Um terceiro ponto é o elevado custo para armazenamento de documentos em papel, levando o Estado e o setor privado a manterem enormes espaços para sua guarda. O custo desse armazenamento, aliás, acaba por ser pago por toda a sociedade, seja através de impostos ou taxas, no caso do Estado, seja por compor preços de produtos e serviços, em se tratando de empresas.

E, finalmente, a própria consciência que a sociedade passou a ter da necessidade de preservação do meio ambiente, considerando aqui o impacto que sobre ele tem a produção mundial de papel.

6. A tecnologia vinha tentando oferecer alternativas para o documento em papel. Exemplos disto são a microfilmagem e a digitalização de documentos.

A questão é que elas não conseguiram dispensar o papel na consagração do negócio jurídico, mas apenas criar instrumentos para facilitar a recuperação de informações.

Além disso, como o microfilme, ou a digitalização documental, produzem apenas cópias, e assim não permitem sequer a posterior destruição do original em papel pela possibilidade de futura requisição judicial, já que não têm o mesmo valor como prova judicial.

### III. A PROVA DOCUMENTAL

7. Augusto Tavares Rosa Marcacini[9] demonstrou a dificuldade em desconsiderar a materialização na noção clássica de documento:

"Chiovenda assim o definiu: *'documento, em sentido amplo, é toda representação material destinada a reproduzir determinada manifestação do pensamento, como uma voz fixada duradouramente'*. Pontes de Mi-

---

e a inédita destruição pelo Superior Tribunal de Justiça, de autos judiciais, referentes a 844 processos do extinto Tribunal Federal de Recursos, todos danificados e contaminados pela ação de fungos e bactérias, segundo informação publicada no site do STJ, acessável em http://www.stj.gov.br/webstj/Noticias/detalhes_noticias.asp?seq_noticia=6396.

[9] "Direito e Informática: Uma abordagem Jurídica sobre Criptografia", Editora Forense, 1ª Edição, página 63.

randa dizia que '*o documento, como meio de prova, é toda coisa em que se expressa por meio de sinais, o pensamento.*' Já para Frederico Marques, '*documento é a prova histórica real consistente na representação física de um fato. O elemento de convicção decorre, assim, na prova documental, da representação exterior e concreta do factum probandum em alguma coisa*'. Moacyr Amaral Santos ensina que documento '*é a coisa representativa de um fato e destinada a fixá-lo de modo permanente e idôneo, reproduzindo-o em juízo*'. Mais recentemente, Arruda Alvim afirma ser o documento uma '*prova real (do latim res, rei), dado que todo documento é uma coisa*'".

No entanto, conforme registra o mesmo autor, a doutrina tem evoluído para afastar a matéria como elemento essencial de validação de um documento, passando a considerá-lo em razão de sua capacidade de registrar um fato, independente do meio utilizado.

Daí a imaginar-se a possibilidade de existirem documentos puramente eletrônicos, ou seja, gerados, transmitidos, armazenados ou disponibilizados em sua forma original, *bits*, sem necessidade de materializá-lo em papel ou qualquer outra mídia tangível.

8. A questão é que qualquer documento, seja constituído em papel, seja puramente eletrônico, para ter valor de prova, precisa atender a pelo menos três requisitos:

a. **autenticidade**, no sentido de permitir identificar sua autoria;

b. **integridade**, quanto ao controle de eventuais alterações, depois de gerado o documento;

c. **acessibilidade**, em relação às informações nele contidas.[10]

---

[10] Não é comum a doutrina mencionar esse terceiro requisito, mas é importante notar que um documento que não permita conhecer seu conteúdo não pode ter valor judicial. Essa é a razão, por exemplo, da regra constante do art. 157 do Código de Processo Civil brasileiro, que determina que um documento escrito em língua estrangeira só pode ser junto aos autos quando acompanhado de versão em vernáculo, firmada por tradutor juramentado. No documento eletrônico, onde o uso da criptografia se torna cada vez mais comum, e essencial, é possível criptografar documentos com chaves de sigilo impedindo que terceiros, mesmo um Juiz, possam ter acesso ao seu conteúdo. Verifique-se, nesse sentido, o disposto no art. 166, 2, do Código de Processo Penal de Portugal, que determina: "Artigo 166.º (Tradução, decifração e transcrição de documentos) 2 – Se o documento for dificilmente legível, é feito acompanhar de transcrição que o esclareça, e se for cifrado, é submetido a perícia destinada a obter a sua decifração".

Um texto gerado em computador, e mantido em sua forma original, eletrônica, não vinha conseguindo cumprir àqueles dois primeiros requisitos. Isto porque não havia como vinculá-lo a alguém, como ocorre, por exemplo, em textos lançados em papel, que contenham assinatura física. Além disto, em sendo constituído de *bits*, poderia sofrer a qualquer momento modificação, sem que se soubesse que sua integridade foi comprometida. Por essas razões, simples registros computacionais não possuiam a mesma eficácia do documento lançado em papel.

## IV. O SIGILO DA INFORMAÇÃO

9. Antes de seguirmos na exposição sobre os meios adequados para desmaterialização do documento, é necessária uma breve apresentação de um outro ponto importante que, apesar de aparentemente não ter relação direta com o assunto, será fundamental na identificação de sua solução.

10. Desde tempos imemoriais, vem o homem procurando cercar-se de instrumentos para proteger a informação contra conhecimento por pessoas desautorizadas. As razões são diversas, quase sempre ligadas ao poder, seja ele econômico, social, político ou militar.

A rainha da Escócia Maria Stuart (1542-1587), mesmo presa, se comunicava com rebeldes católicos que queriam colocá-la no trono inglês, por meio de criptografia. Sir Francis Walsingham, Primeiro-Secretário e Chefe de Espionagem da Rainha Elizabeth, prima de Maria Stuart, conseguiu não apenas quebrar a cifragem, através do criptoanalista Thomas Phelippes, como também passou ele próprio a forjar correspondências com a mesma técnica criptográfica em nome da rainha presa, de forma a obter informações confidenciais dos rebeldes. Graças a isso, conseguiu provas da insurreição, que acabou com a degola de Maria Stuart. Leonardo Da Vinci (1452-1519) escrevia seus textos da direita para a esquerda, de forma que só pudessem ser lidos por meio de um espelho, mantendo-os afastados de curiosos. Mulheres eram ensinadas, para manter comunicações sigilosas com seus amantes, pela lição 45 (mlecchita-vikalpa, a arte da escrita secreta) do Kama-Sutra. As artes também fizeram uso do sigilo. Sherlock Holmes precisou quebrar o código de substituição de desenhos de dança por letras em Aventura de Dançarinos. A história, enfim, está repleta de exemplos bem ou mal sucedidos do uso de tecnologias para assegurar o sigilo das informações.[11]

Porém, é na área militar que mais se desenvolveram técnicas de cifragem de mensagens. Um dos exemplos mais antigos, e clássicos, é o de Julio César (101 a.c.- 44 a.c), imperador romano que criou a *Cifra de César* para transmitir mensagens a seus comandados. Ele substituía cada letra pela correspondente a três casas a frente na ordem alfabética. Na nossa estrutura, seria substituir a letra "a" pela "d"; a "b" pela "e"; a "c" pela "f", e assim por diante. Na Segunda Grande Guerra, enquanto os norte-americanos se serviam de índios navajos para usar de sua língua nativa como forma de codificação de mensagens, os alemães inovavam ao utilizarem, pela primeira vez, um modelo automático de cifragem de informações: o Enigma.

11. Até a década de 60, a criptografia era realizada com o uso de um método e de uma chave para criptografar. O método inverso, e a mesma chave, serviam para decriptar.

Os métodos e as chaves foram sendo aperfeiçoados com o tempo, tornando cada vez mais difícil a quebra de códigos criptográficos. Porém, restava um sério problema, que parecia insolucionável. É que, como a mesma chave era usada para criptografar e decriptar uma mensagem, era preciso combiná-la previamente entre o signatário e o destinatário. Se essas pessoas estavam próximas, a combinação poderia se dar até mesmo de forma presencial. Mas se estavam em cidades, países, ou até mesmo continentes diferentes, era preciso estabelecer um meio seguro de comunicação entre eles, para combinação da chave criptográfica. E, em regra, era sobre esse meio que aqueles que pretendiam ter indevidamente acesso à informação atuavam mais facilmente.

12. No início da década de 70, dois professores de matemática da Universidade de Stanford, na Califórnia, Whitfed Diffie e Martin Hellman, decidiram unir esforços para tentar encontrar solução para a distribuição das chaves criptográficas. E acabaram por descobrir um sistema que iria revolucionar a criptografia. Ao invés de trabalharem com apenas uma

---

[11] Sobre a história da descoberta da criptografia assimétrica, ver "O Livro dos Códigos: A Ciência do Sigilo – do antigo Egito à Criptografia Quântica" (The Code Book, no original), de Simon Singh, importante estudo sobre a evolução da criptografia até os dias atuais (Editora Record, Tradução de Jorge Calife).

chave, permanecendo com o problema de distribuição, passaram a utilizar duas chaves, inter-relacionadas, e com funções inversas, ou seja, o que uma faz, a outra desfaz: a primeira, sigilosa, denominada chave privada, que não precisaria ser conhecida pelo destinatário de uma mensagem; a segunda, chamada de chave pública, poderia ser distribuída publicamente.

Por esse sistema, conhecido como criptografia assimétrica ou de chaves públicas, o signatário de uma mensagem utiliza a chave pública do destinatário para criptografá-la. Já o destinatário, para fazer o texto voltar a tornar-se acessível, utiliza sua chave privada, sobre a qual detém conhecimento exclusivo.

Assim, resolveu-se, de forma quase mágica, o problema milenar da criptografia.

## V. O SURGIMENTO DA ASSINATURA DIGITAL

13. Em abril de 1977, Ronald Rivest, Adi Shamir e Leonard Adleman procurando uma aplicação prática para os conceitos matemáticos de Diffie--Hellman, acabaram por identificar a solução para outro problema fundamental da sociedade moderna: a substituição do papel.

Duas foram as premissas adotadas, a primeira, de que o que uma chave criptográfica faz, a sua correspondente desfaz, sendo tão verdade que a chave privada decripta mensagem criptografada com a chave pública correspondente, como o oposto; a segunda premissa é que, até para otimizar o processo, não seria necessário criptografar toda a mensagem para vinculá-la ao seu autor, mas apenas um resumo matemático dela, a chamada *função hash*, permitindo que qualquer eventual modificação no arquivo eletrônico pudesse ser constatada, já que o resumo matemático não mais corresponderia àquele extraído do documento original.

Surgiu, assim, a **assinatura digital**, correspondente ao resultado do resumo matemático do documento eletrônico criptografado com a chave privada de seu signatário.

14. O par de chaves não é empregado, aqui, para assegurar segredo da comunicação, mas apenas gerar a assinatura digital. Isto porque, como a assinatura será validade pela chave pública, que é de conhecimento comum, não sigiloso, o conteúdo da mensagem mantém-se aberto, íntegro, legível por quem tiver acesso a ele.

Nada impede, porém, que o usuário do sistema criptográfico, ao mesmo tempo, efetive as duas operações: assine digitalmente um arquivo, com sua chave privada, e o criptografe, com a chave pública do destinatário.

O destinatário irá primeiro decriptar a mensagem, usando de sua chave privada, e depois, verificar a assinatura digital, utilizando-se da chave pública do signatário.

É importante observar que a assinatura digital não é única por pessoa, como ocorre com a assinatura física. Ela é única por arquivo, já que é resultante de um cálculo matemático que tem, com uma das variáveis, o próprio arquivo.

## VI. AS IMPLICAÇÕES TÉCNICAS DA ASSINATURA DIGITAL

15. A validação de uma assinatura digital por uma chave pública do signatário tem duas significações.

A primeira, de confirmação de que a assinatura digital foi gerada pela chave privada correspondente à chave pública que serviu para validá-la; a segunda, de que não houve alteração do conteúdo do arquivo depois de assinado digitalmente.

16. À premissa de que só a chave pública correspondente à chave privada respectiva consegue validar uma assinatura digital se dá o nome de **não repúdio**.

Os sistemas de geração de chaves criptográficas são fundados em cálculos matemáticos complexos, que geram a presunção estatística de que apenas uma chave pública em todo o mundo consegue validar o que for realizado com a chave privada a ela inter-relacionada.

Essa conclusão, não entanto, apesar de ser considerada uma verdade matemática no âmbito acadêmico, não necessariamente será efetiva no mundo real, já que a implementação dos conceitos de chaves assimétricas depende da qualidade dos sistemas computacionais que irão dar suporte ao processo de geração do par de chaves, da assinatura digital e de sua validação.

Em tese, o programa de geração do par de chaves pode não adotar corretamente os conceitos matemáticos envolvidos e, assim, propiciar que uma chave pública valide ocorrências geradas por mais de uma chave privada ou, ao revés, que não valide as geradas pela chave privada a ela correspondente. Ou algum dos sistemas envolvidos no processo de assinatura digital pode conter uma falha de programação, intencional ou não, de sorte a validar, ou invalidar, incorretamente, procedimentos efetivados por algum par de chaves. Isto acarretará conseqüências jurídicas relevantes, quanto à possibilidade de negar-se ou não uma assinatura digital, conforme verificaremos a seguir.

## VII. O DOCUMENTO ELETRÔNICO

17. A assinatura digital, ao vincular um arquivo eletrônico a determinada pessoa, titular da chave privada empregada para sua geração, bem como ao controlar a sua integridade, acusando eventuais modificações que venha a sofrer depois de assinado digitalmente, acabou por permitir que documentos eletrônicos pudessem passar a ter a mesma eficácia probante dos documentos tradicionais, dispensando, o uso do papel na geração documental.

Documento eletrônico é, assim, um arquivo gerado eletronicamente, podendo ser transmitido, armazenado, ou disponibilizado a terceiros em sua forma original, constituída de *bits* e que, assinado digitalmente, ou seja, por sistema de criptografia de chaves públicas, tem a mesma eficácia probante do documento em papel, vinculando o titular do par de chaves criptográficas às informações nele contidas.

## VIII. A CERTIFICAÇÃO ELETRÔNICA

18. Como antes mencionado, se uma assinatura digital for validada por determinada chave pública, é porque foi gerada a partir da chave privada a ela correspondente: sabendo-se a quem pertence determinada chave pública, saber-se-á quem é o titular da chave privada que assinou digitalmente o documento.

19. É preciso considerar, porém, que a sociedade informacional é marcada pela globalização das relações sociais, e que contratos são firmados entre pessoas que não raras vezes nunca se viram, e que podem inclusive morar em cidades, estados, países ou continentes diferentes.

Assim, é comum a situação de alguém receber um documento assinado digitalmente, mas não ter como conferir se o emissor é realmente quem se apresenta ser.

20. As comparações com o meio físico são sempre imperfeitas, já que as premissas são diferentes, mas servem, ao menos, para ilustrar alguns preceitos do meio eletrônico.

No caso da titularidade da chave pública, a comparação possível é a de uma assinatura física, da qual não se conhece o autor, ou a assinatura dele.

No documento tradicional, em papel, é possível recorrer-se a alguém em quem se confia, para atestar a titularidade da assinatura. Requer-se, por exemplo, seu reconhecimento por notário, ou o abono dela por um banco: confia-se no notário porque ele tem fé pública; confia-se no abono bancário porque o banco tem fé privada.

A fé pública decorre da condição de agente estatal do subscritor da declaração e é pautada em processos burocráticos, que reclamam preciso controle sobre o fato a ser atestado; arquivamento de documentos que comprovam esses fatos; continuidade das atividades; e responsabilidade civil e penal do agente.

Já a fé privada decorre da capacidade da pessoa física ou jurídica de direito privado em conquistar a confiança da sociedade. É pautada, basicamente, na adoção de procedimentos seguros para atestar o fato em questão, e na possibilidade de reparação de danos que a mesma vier a causar. Confia-se tradicionalmente no abono bancário, pela presunção de que o banco adota procedimentos corretos para identificação de seu cliente, e da assinatura dele, e na capacidade financeira que tem o banco em arcar com prejuízo que eventual declaração incorreta venha a causar.

21. No caso das relações por meio eletrônico, também é possível socorrer-se a um terceiro de confiança, para atestar a titularidade de determinada chave pública, através de certificados eletrônicos. A esse terceiro de confiança dá-se o nome de **Entidade Certificadora** ou **Autoridade Certificadora**.[12]

---

[12] A expressão *Autoridade Certificadora* não é das mais felizes, pois transmite idéia de autoridade pública, inconcebível em se tratando de empresas privadas.

Os **certificados eletrônicos**, por sua vez, constituem documentos eletrônicos, gerados em formato padrão, e assinados com a chave privada da Entidade Certificadora, declarando a titularidade da chave pública e, eventualmente, o atributo de alguém.

A certificação eletrônica, é importante notar, não recai sobre a assinatura digital, mas sim sobre a chave pública. Novamente buscando similaridade com o mundo real, seria como se a certificação recaísse sobre a caneta, e não sobre a assinatura por meio dela gerada. Por essa razão, não haverá necessidade de requerer-se um novo certificado a cada assinatura, algo como se toda a assinatura que saísse determinada caneta já contivesse reconhecimento de firma.

22. As Certificadoras utilizam um conjunto de equipamentos, sistemas e profissionais qualificados, estruturados por procedimentos de segurança, para emissão e controle de validade dos certificados. Esse conjunto se denomina **Infra-Estrutura de Chave Pública**, ou simplesmente **ICP**.[13]

Uma infra-estrutura tecnológica é constituída por um conjunto de equipamentos, software e mão-de-obra especializada, estruturado a partir de procedimentos lógicos adequados, para assegurar confidencialidade, integridade e acessibilidade a informações. Existem diversos exemplos de infra-estruturas tecnológicas.

O conjunto de equipamentos e sistemas informáticos que uma pequena empresa utiliza para colher, armazenar e processar seus dados financeiros, assegurando-lhe confidencialidade e integralidade, é um exemplo de infra-estrutura tecnológica.

Outro exemplo: uma infra-estrutura para repositório de acórdãos de determinado tribunal, para assegurar integridade e acessibilidade pelos magistrados e por advogados.

Outro ainda: aquela destinada à arrecadação tributária, que envolve geração, transmissão, tratamento e armazenamento adequados de arquivos com recolhimentos de tributos.

A implantação de uma infra-estrutura tecnológica tem natureza administrativa e considera fatores e especificações próprios de sua finalidade, bem como quem irá constituí-la e acessar suas informações. A maior ou menor dimensão e complexidade delas estão interligadas a aspectos individuais, como o nível crítico das informações, se são mais ou menos

---

[13] Da expressão *Public Key Infrastructure* – PKI.

sensíveis, tempo de armazenamento, acessibilidade, capacidade de investimento, etc.

Uma infra-estrutura de chaves públicas não foge a essa regra, tendo por objetivo a correta emissão e distribuição dos certificados, e controle de validade.

Basicamente, a ICP tem por objetivo assegurar que os certificados sejam emitidos de forma adequada, dentro dos parâmetros a que se propõem. Para tanto, são adotadas medidas de segurança visando assegurar confidencialidade da chave privada da certificadora, que assinará os certificados, para impedir que terceiros o façam em nome dela.

23. As Certificadoras empregam diferentes tipos de procedimentos para identificação de titularidade de chaves públicas, que geram diferentes níveis de certificados.

Esses níveis diferentes de certificados acabam por diferenciar a responsabilidade das certificadoras, no caso de o titular da chave não ser realmente quem o certificado indicar.

Existem certificados emitidos por mera solicitação realizada por mensagem eletrônica, sem qualquer contato pessoal do solicitante com a certificadora. Não raras vezes, os solicitantes se encontram, inclusive, em países diferentes das próprias certificadoras. Do ângulo da qualidade para efeito de comprovação da titularidade da chave pública, esse tipo de certificado não agrega eficácia alguma, já que qualquer um pode configurar seu sistema de transmissão de mensagens eletrônicas em nome de outrem.

Outros certificados são emitidos mediante confronto de informações fornecidas pelo solicitante, com informações que sobre ele detém a certificadora. As Certificadoras que trabalham com esse tipo de certificados adquirem no mercado informações privadas de pessoas. Depois, confrontam essas informações com aquelas que o pretendente de um certificado apresenta. Se essas informações coincidirem, o certificado será emitido. Naturalmente, esse tipo de certificado agrega segurança um pouco maior do que o nível anterior, onde sequer esse confronto existe. Mas não tem qualidade suficiente para gerar eficácia jurídica perante terceiros, já que também o solicitante pode apresentar-se em nome de terceiro, apontando dados que dele detenha.

Existem, ainda, certificados que são emitidos com o comparecimento pessoal do solicitante perante a Certificadora, que faz a sua identificação, arquiva cópia de seus documentos, e requer sua assinatura física, em um termo no qual declara ser titular de sua chave pública. Esse certificado, por representar uma identificação mais precisa do solicitante, é capaz de agregar maior segurança jurídica.[14]

24. Considerando que as Certificadoras têm muitas vezes atuação em nível global, para que pudessem emitir esse tipo de certificado, com identificação pessoal, em todo o mundo, foram criadas as figuras das **Entidades de Registro**, ou **Autoridades de Registro**, que têm exatamente a finalidade de conferir os dados do solicitante, permitindo, assim, ampliação da área territorial de autuação das próprias certificadoras.

Além disto, existem Certificadoras que para maior segurança, se socorrem de declarações emitidas por notários ou, nos países em que eles não existem, de entidades com o mesmo perfil, no sentido de que o solicitante compareceu pessoalmente a um desses órgãos e declarou-se titular de determinada chave pública. Os certificados assim emitidos têm a vantagem de estarem baseados em declarações de titularidade com fé pública, com as presunções jurídicas a ela inerentes.

25. Esses diferentes níveis de certificados, e os procedimentos adotados pela sua emissão, são declarados ao público em geral, pelas certificadoras, através de sua **Declaração de Práticas de Certificação**. Nela, a certificadora informa ainda a responsabilidade que se dispõe a assumir perante aqueles que aceitarem seus certificados, em caso de emissão incorreta dos mesmos.

26. Outro dado importante, no contexto das certificações eletrônicas, é que, por basearem-se em sistemas de confiança, podem, a partir de uma estrutura hierárquica, contar com um número maior de usuários que aceitem os certificados.

Como exemplo, podemos citar uma estrutura administrativa de uma empresa, onde funcionários de determinado departamento confiam, por dever de subordinação, em seu chefe. Os certificados por ele emitidos, assim, são aceitos pelos funcionários daquele departamento.

---

[14] Usando, mais uma vez, de comparação, sempre imperfeita, com a assinatura física, mas apenas para efeito ilustrativo, esse nível diferente de certificado corresponde ao reconhecimento de assinatura por verossimilhança e ao reconhecimento presencial, sendo que apenas este último gera eficácia jurídica probante.

Outros departamentos da empresa, no entanto, sobre os quais aquele chefe não tem poder de subordinação, podem não aceitar seus certificados. Para superar isto, o mencionado chefe de departamento é certificado pelo Diretor da empresa que comanda diversos departamentos, inclusive aquele inicialmente mencionado.

Assim, todos os funcionários, de quaisquer departamentos, irão acolher certificados da estrutura, ainda que emitidos por chefe de departamento no qual não atuem, pois esse chefe, na cadeia de certificação, estará por sua vez certificado por Diretor que abrange todos aqueles departamentos.

Este exemplo, apesar bastante simplista, visa a melhor identificar o sentido de *hierarquia de confiança*, onde a confiança do *topo da pirâmide* se transfere para todos os que estão abaixo dela.

A Certificadora do topo da pirâmide é denominada **Certificadora Raiz**; as abaixo dela, são denominadas **Certificadoras Subordinadas**.

## IX. A ASSINATURA DIGITAL NA LEGISLAÇÃO INTERNACIONAL

27. Reconhecendo a eficácia da assinatura digital, numerosas leis passaram a ser promulgadas por todo o mundo, assegurando eficácia jurídica ao documento eletrônico assinado digitalmente.

28. A firma digital foi inicialmente reconhecida em lei do Estado de Utah[15], nos Estados Unidos. Novas leis foram posteriormente adotadas na maior parte dos estados norte-americanos.[16]

29. Na Europa, iniciando-se pela Alemanha[17], diversos países já

---

[15] Utah Digital Signature Act, de 1 de maio de 1995.

[16] Cite-se, como exemplos, a Section 16.5 do California Government Code, que se refere à assinatura digital, sem mencionar expressamente a criptografia de chaves públicas, mas adotando critérios que só ela é capaz de cumprir: ser única em relação à pessoa que a estiver utilizando; ser capaz de verificação; estar sob o exclusive controle de seu titular; ser invalidada caso os dados constantes sejam modificados; além de estar em conformidade com os regulamentos adotados pela Secretaria de Estado.

[17] Digital Signature Act, de 22 de Julho de 1997, e posteriormente a Law Governing Framework Conditions for Electronic Signatures and Amending Other Regulations, de maio de 2001, reconhecendo expressamente a assinatura digital gerada por sistema criptográfico.

adotaram leis tratando da firma digital[18], destacando-se ainda a Diretiva 1999/93/CE do Parlamento Europeu e do Conselho, de 13 de dezembro de 1999, relativa a um quadro legal comunitário para as assinaturas eletrônicas.

30. Na América Latina, já existem igualmente legislações adotando a firma digital. [19]

## X. A ASSINATURA DIGITAL NO BRASIL

31. O primeiro projeto de lei, no Brasil, que visou à disciplinar a assinatura digital de forma sistematizada foi elaborado pela Comissão de Informática Jurídica da Ordem dos Advogados do Brasil, Secção de São Paulo, e que se encontra tramitando no Congresso Nacional na forma do Projeto de Lei n.° 1.589/99[20].

32. Em 27 de junho de 2001, o Poder Executivo adotou a Medida Provisória n.° 2.200, instituindo a Infra-Estrutura de Chaves Públicas Brasileira – ICP-Brasil.

Referida Medida Provisória veio a sofrer algumas modificações, vigendo atualmente na forma de sua segunda edição, como Medida Provisória n.° 2.200-2, de 24 de agosto de 2001.

---

[18] A título de exemplo, citem-se as seguintes legislações européias: o Decreto-Lei de Portugal n.° 290-D, de 2 de agosto de 1999; o Real Decreto-Lei Espanhol n.° 14, de 17 de setembro de 1999; a Lei Italiana n.° 59, de março de 1997, o Decreto Presidencial n.° 513, de 10 de novembro de 1997, e o Decreto do Presidente do Conselho de Ministros, de 8 de fevereiro de 1999; e a Lei Francesa n.° 230, de 13 de março de 2000, acrescentando dispositivos ao Código Civil, dentre os quais o artigo 1316-4, regulado posteriormente pelo Decreto n.° 272, de 30 de março de 2001.

[19] Para exemplificar: a Lei Argentina n.° 25.506, de 14 de novembro de 2001, precedida pelo Decreto n.° 427, de 16 de abril de 1998, que estabelecia procedimentos para o emprego da firma digital na instrumentalização dos atos internos da Administração Pública Nacional; o Decreto Supremo do Chile n.° 81, de 10 de junho de 1999, regulando o uso da assinatura digital e do documento eletrônico no âmbito da administração pública; a Lei Colombiana n.° 527, de 18 de agosto de 1999, regulada parcialmente pelo Decreto n.° 1.747, de 11 de setembro de 2000; e a Lei Peruana n.° 27.269, de 8 de maio de 2000.

[20] Poucos dias antes da apresentação do Projeto de Lei n.° 1.589/99, foi protocolado o Projeto de Lei n.° 1.483/99, com apenas dois artigos, o primeiro instituindo a fatura eletrônica e a assinatura digital, e o segundo remetendo a regulamentação ao Poder Executivo.

33. De acordo com o disposto no artigo 1.º da Medida Provisória n.º 2.200-2, a ICP-Brasil foi instituída com a finalidade de garantir a autenticidade, a integridade e a validade jurídica de documentos em forma eletrônica, das aplicações de suporte e das aplicações habilitadas que utilizem certificados digitais, bem como a realização de transações eletrônicas seguras.

34. Estabeleceu aquela Medida Provisória uma Chave Raiz na ICP-Brasil, o Instituto de Tecnologia da Informação[21], que passou a constituir-se em autarquia federal, com sede e foro em Brasília.[22]

35. Foi criado um Comitê Gestor, com atribuições definidas no artigo 4.º da Medida Provisória n.º 2.200-2.[23]

36. Dispõe o art. 10 daquela Medida Provisória: "Consideram-se documentos públicos ou particulares, para todos os fins legais, os documentos eletrônicos de que trata esta Medida Provisória".

Na forma de seu parágrafo primeiro, "as declarações constantes dos documentos em forma eletrônica produzidos com a utilização de processo

---

[21] Art. 13 da Medida Provisória n.º 2.200-2.
[22] Art. 12 da Medida Provisória n.º 2.200-2.
[23] Art. 4.º da Medida Provisória n.º 2.200-2: "Art. 4.º Compete ao Comitê Gestor da ICP-Brasil: I – adotar as medidas necessárias e coordenar a implantação e o funcionamento da ICP-Brasil; II – estabelecer a política, os critérios e as normas técnicas para o credenciamento das AC, das AR e dos demais prestadores de serviço de suporte à ICP-Brasil, em todos os níveis da cadeia de certificação; III – estabelecer a política de certificação e as regras operacionais da AC Raiz; IV – homologar, auditar e fiscalizar a AC Raiz e os seus prestadores de serviço; V – estabelecer diretrizes e normas técnicas para a formulação de políticas de certificados e regras operacionais das AC e das AR e definir níveis da cadeia de certificação; VI – aprovar políticas de certificados, práticas de certificação e regras operacionais, credenciar e autorizar o funcionamento das AC e das AR, bem como autorizar a AC Raiz a emitir o correspondente certificado; VII – identificar e avaliar as políticas de ICP externas, negociar e aprovar acordos de certificação bilateral, de certificação cruzada, regras de interoperabilidade e outras formas de cooperação internacional, certificar, quando for o caso, sua compatibilidade com a ICP-Brasil, observado o disposto em tratados, acordos ou atos internacionais; e VIII – atualizar, ajustar e revisar os procedimentos e as práticas estabelecidas para a ICP-Brasil, garantir sua compatibilidade e promover a atualização tecnológica do sistema e a sua conformidade com as políticas de segurança."

de certificação disponibilizado pela ICP-Brasil presumem-se verdadeiros em relação aos signatários, na forma do art. 131 da Lei n.° 3.071, de 1.° de janeiro de 1916 – Código Civil"

E, de acordo com seu parágrafo segundo, o disposto naquela Medida Provisória não obsta a utilização de outro meio de comprovação da autoria e integridade de documentos em forma eletrônica, inclusive os que utilizem certificados não emitidos pela ICP-Brasil, desde que admitido pelas partes como válido ou aceito pela pessoa a quem for oposto o documento.

## XI. DISTORÇÕES NA DISCIPLINA LEGAL DA ASSINATURA DIGITAL

37. A criptografia assimétrica trouxe enormes benefícios, quer em relação à sua função de geração de assinaturas digitais, substituindo o papel na emissão de documentos, agora integralmente eletrônicos, quer quanto à sua utilização para assegurar sigilo nas comunicações eletrônicas, cada vez mais comum em nossa sociedade informacional.

38. Porém, trouxe também a criptografia assimétrica novos e importantes riscos, parte por conta da precipitação de alguns legisladores que, para mostrarem-se ajustados aos novos tempos, apresentam projetos de lei normatizando de forma abrangente, e quase sempre imperfeita, um instrumento que só recentemente, a partir de da metade da década de 90, começou a ser utilizado; parte em razão da urgência que a sociedade tem em substituir o papel, precipitada pelo uso cada vez mais intenso das tecnologias de informação pelas grandes corporações; parte também em relação a estas corporações, pela necessidade de ampliar a segurança jurídica de suas transações, transferindo aos seus clientes riscos inerentes aos negócios delas; parte, ainda, pela pressão lobista de empresas fornecedoras de soluções tecnológicas, que interessadas em ampliar mercados consumidores, apresentam produtos como se fossem soluções únicas e perfeitas, omitindo os riscos a elas inerentes; e, finalmente, parte em função dos interesses dos próprios Governo em manter o domínio sobre as tecnologias que empregam aquele modelo de criptografia, notadamente por serviços de informações que não se interessam na sua disseminação pela sociedade civil.

Esse conjunto de interesses, não raras vezes conflitantes, pode gerar profundas distorções na disciplina da assinatura digital.

## XI.A. ASSINATURA ELETRÔNICA E ASSINATURA DIGITAL – SENHA E BIOMETRIA

39. Diversas legislações têm diferenciado entre assinatura eletrônica e assinatura digital (denominada, em algumas legislações, como a espanhola, como assinatura eletrônica avançada).[24]

---

[24] Exemplos: A Lei Argentina n.º 25.506, de 14 de novembro de 2001, em seu artigo 1.º reconhece o emprego e eficácia jurídica tanto da assinatura digital quanto da assinatura eletrônica. A assinatura digital é definida pelo artigo 2.º daquela lei como "al resultado de aplicar a un documento digital un procedimiento matemático que requiere información de exclusivo conocimiento del firmante, encontrándose ésta bajo su absoluto control". Acrescenta o dispositivo que a assinatura digital "debe ser susceptible de verificación por terceras partes, tal que dicha verificación simultáneamente permita identificar al firmante y detectar cualquier alteración del documento digital posterior a su firma". Já a assinatura eletrônica é definida pelo artigo 5.º da lei como "al conjunto de datos electrónicos integrados, ligados o asociados de manera lógica a otros datos electrónicos, utilizado por el signatario como su medio de identificación, que carezca de alguno de los requisitos legales para ser considerada firma digital. En caso de ser desconocida la firma electrónica corresponde a quien la invoca acreditar su validez". Já o Real Decreto-Lei Espanhol n.º 14, de 17 de setembro de 1999, em seu artigo 2.º define assinatura eletrônica como "el conjunto de datos, en forma electrónica, anejos a otros datos electrónicos o asociados funcionalmente con ellos, utilizados como medio para identificar formalmente al autor o a los autores del documento que la recoge" e assinatura eletrônica avançada, como a "la firma electrónica que permite la identificación del signatario y ha sido creada por medios que éste mantiene bajo su exclusivo control, de manera que está vinculada únicamente al mismo y a los datos a los que se refiere, lo que permite que sea detectable cualquier modificación ulterior de éstos." Verifique-se, pois que o conceito de assinatura eletrônica avançada é idêntico da assinatura digital, e seus requisitos só são cumpridos com uso de criptografia de chaves públicas. Por sua vez, a Lei Portuguesa define assinatura eletrônica como o "resultado de um processamento eletrônico de dados susceptível de constituir objeto de direito individual e exclusivo e de ser utilizado para dar a conhecer a autoria de um documento eletrônico ao qual seja aposta, de modo que: i Identifique de forma unívoca o titular como autor do documento; ii. A sua aposição ao documento dependa apenas da vontade do titular; iii. A sua conexão com o documento permita detectar toda e qualquer alteração superveniente do conteúdo deste" Já assinatura digital é por ela definida como o "processo de assinatura eletrônica baseado em sistema criptográfico assimétrico composto de um algoritmo ou série de algoritmos, mediante o qual é gerado um par de chaves assimétricas exclusivas e interdependentes, uma das quais privada e outra pública, e que permite ao titular usar a chave privada para declarar a autoria do documento eletrônico ao qual a assinatura é aposta e concordância com o seu conteúdo, e ao declaratário usar a chave pública para verificar se a assinatura foi criada mediante o uso da correspondente chave privada e se o documento eletrônico foi alterado depois de aposta a assinatura".

Esclarecem Giovanni Comande e Salvatore Sica: "Embora uma firma digital seja uma assinatura eletrônica, a segunda incorpora um conceito muito mais amplo de aquele que incorpora a primeira. A assinatura eletrônica inclui cada tipo de tecnologia utilizável para substituir em um ambiente eletrônico uma assinatura autógrafa. Os exemplos possíveis são inúmeros, desde uma assinatura autógrafa passado por um scanner ao uso de um código PI ou de uma caneta ótica".[25]

40. Parece-me existir uma grande confusão entre possíveis vínculos existentes em arquivos eletrônicos, de qualquer natureza, com o controle efetivo que só o uso da assinatura digital é capaz de gerar, seja em relação à autoria de um documento eletrônico, seja quanto ao controle de eventuais modificações de seu conteúdo após assinado digitalmente.

41. Creio que duas razões levam a o legislador a consagrar também a assinatura eletrônica, mesmo reconhecendo a maior importância da assinatura digital.

A primeira, é que a assinatura digital é ainda pouco difundida, sendo que a imensa maioria dos sistemas informatizados ainda utiliza soluções como senhas ou biometria. Institucionalizar apenas a assinatura digital poderia não apenas impactar sobre o uso dos sistemas atuais, como também colocar em questão a credibilidade deles, em relação às operações passadas.

A segunda razão possivelmente é o receio de engessamento da tecnologia, caso se adote exclusivamente o sistema de assinaturas digitais.[26] Esse receio é potencializado pelos constantes anúncios de grandes empresas fornecedoras de tecnologia, sempre a oferecer solução pretensamente tão ou mais seguras que a assinatura digital, como a biometria.

Estou convencido, no entanto, que o mais correto seria a lei fixar-se na outorga de eficácia jurídica à assinatura digital, a única que permite a

---

[25] Em "Il Commercio Elettronico – Profili Giuridici", G. Giappichelli Editore, Torino, página 102.

[26] Preocupação exposta no Parecer do Comitê Econômico e Social sobre a «Comunicação da Comissão ao Conselho, ao Parlamento Europeu, ao Comitê Econômico e Social e ao Comitê das Regiões: Garantir a Segurança e a Confiança nas Comunicações Eletrônicas – Contribuição para a Definição de um Quadro Europeu para as Assinaturas Digitais e a Cifragem», ao afirmar que a regulamentação da matéria "deverá proceder-se com flexibilidade para não levantar obstáculos ao progresso das tecnologias". Em Jornal oficial no. C 157 de 25/05/1998 P. 0001.

um arquivo eletrônico cumprir os requisitos de autenticidade e integridade, próprios de qualquer documento com eficácia probante. Outros métodos podem gerar resultados com eficácia probante, mas não plena, como, aliás, qualquer outro elemento que implique em indício de prova, reconhecendo a lei apenas a prova plena da assinatura digital.

42. É comum, por exemplo, nos depararmos com sistemas que, operando localmente, ou em rede, solicitam senhas de acesso, como forma de autenticação daquele que pretende utilizá-los. E, com cada vez maior freqüência, sistemas vêm sendo oferecidos com uso de dados biométricos em substituição às senhas.[27]

Uma visão simplista poderia levar à precipitada conclusão de que arquivos protegidos com senhas, ou dados biométricos, poderiam ser considerados como documentos eletrônicos, gerados com uso de assinatura eletrônica.

É preciso esclarecer que nem senhas, nem biometria, são capazes de vincular de forma exclusiva um registro computacional ao seu pretenso autor, ou ainda controlar alterações que o arquivo eletrônico possa vir a sofrer.

Não são capazes de vincular um arquivo eletrônico a alguém porque, de fato, são segredos compartilhados: não existe, como não raras vezes se pretende fazer crer, exclusividade no conhecimento da senha, até porque, se houver, não há como ser usada para identificar alguém, como é seu principal objetivo. E se dois conhecem o segredo, um terceiro que pretenda validar um documento (como o Poder Judiciário) já não poderá ter certeza sobre qual deles o produziu.

No caso da criptografia de chaves públicas, bem ao contrário, a informação necessária para validar uma assinatura (chave pública) é diferente daquela utilizada para gerá-la (chave privada). Isto permite que um terceiro que precisar apreciar uma prova documental tenha maior segurança quanto à origem efetiva de uma assinatura digital.

Além disso, senhas e dados biométricos servem para validar o acesso a um sistema, mas não para controlar eventuais alterações que o conteúdo

---

[27] Didier Gobert e Étienne Montero, por exemplo, dividem a assinatura eletrônica em quatro categorías: "la signature manuscrite numérisée, la signature biométrique, lê code secret associe à l´utilisation d'une carte et la signature digitale (ou numérique). Em "Commerce Électroniques – Les Temps des Certitudes", Volume 17, "Un Cadre Commun pour les Signatures Électroniques", Bruylant Bruxelles, página 57.

do arquivo venha a sofrer. Uma vez gerado ou transmitido o arquivo, por meio do sistema controlado pela senha, ou por biometria, não há, apenas com o seu uso, como saber se não houve modificação no conjunto de *bits* do arquivo eletrônico representativo do documento.

43. Quanto à biometria, é ela, na verdade, para o computador, também uma senha, alterando-se apenas a forma de *input* da informação: ao invés de digitar uma seqüência alfa-numérica, é apresentado um dado biométrico. Aliás, por essa razão, seu uso indiscriminado como elemento de identificação digital do cidadão, importa em sérios riscos sociais, ainda mais quando se pretende utilizá-la para vincular a ele atos com eficácia jurídica.[28]

44. Ainda em relação à biometria, é também corriqueiro depararmos com situações nas quais se pretende emprestar à digitalização de assinatura algum valor jurídico, como, aliás, referido por Giovanni Comande e Salvatore Sica no texto antes transcrito. Entende-se por digitalização de assinatura a captura da imagem de uma assinatura manuscrita, transformando-a em um arquivo digital.

---

[28] Sobre o assunto, escrevi com Augusto Tavares Rosa Marcacini: "No meio eletrônico, entretanto, não se faz a comparação direta com os dados biométricos de uma pessoa. A comparação é feita entre *bits*. Alguns *bits* representando a digitalização de uma íris, por exemplo, estão inicialmente armazenados em um sistema informático, o que exige uma prévia colheita da imagem desta íris e a certeza de que se está colhendo a íris da pessoa certa. No momento da verificação, o sujeito aproxima seus olhos de um aparelho de leitura, mas o que é conferido com o padrão armazenado é a imagem digitalizada recém criada pela leitora – outros *bits*. Se forjar a própria íris pode parecer algo impossível para nossos dias, roubar os *bits* que representam a íris é algo bastante factível. O sistema de conferência tem uma cópia dela. Outros sistemas em que o usuário porventura se cadastrou – ele só tem dois olhos – possivelmente guardam outras cópias. Se pudermos ter certeza que os *bits* enviados para comparação provêm de um leitor de olhos não violado, e que o caminho entre o leitor e o sistema verificador não pode ser interceptado, a biometria pode ser um eficiente meio para controle de acesso de usuários. Algo somente possível em sistemas fechados, como, por exemplo, o controle de acesso a recintos de segurança máxima, em que a leitora de olhos é colocada à sua porta. No entanto, em sistemas abertos, não se pode ter certeza que os *bits* enviados foram recém colhidos dos olhos do usuário: pode ser uma digitalização já armazenada, que está sendo remetida diretamente por um computador, sem o uso de um leitor, nem da própria pessoa "original"". Em "Duas Óticas acerca da Informatização dos Processos Judiciais", publicado no site Consultor Jurídico, em http://conjur.uol.com.br/view.cfm?id=13136&ad=c

Ora, a digitalização de assinatura física não tem o poder de vincular um arquivo alguém, já que se trata de mera manipulação de imagem, aliás, de altíssimo risco, na medida em que, da mesma forma que copiada para determinado arquivo eletrônico, pode ser inserida em qualquer outro documento.

Ainda recentemente pretendeu-se emprestar validade a petição junto ao Supremo Tribunal Federal, sob o argumento de que estaria vinculada ao advogado através de assinatura digitalizada, o que foi recusado pela Corte[29], como se verifica de sua ementa: *"Apenas a petição em que o advogado tenha originalmente firmado sua assinatura tem a validade reconhecida."*

45. Outro argumento quase sempre empregado para distinguir assinaturas eletrônicas de assinaturas digitais é o receio de que a adoção do sistema de criptografia assimétrica poderia impedir a evolução tecnológica e que seriam necessárias alterações legislativas a cada nova tecnologia que fosse descoberta.[30]

Porém, criptografia não é tecnologia, mas sim conceito matemático: a tecnologia vem apenas implementar, dar suporte, ao uso prático desse conceito.[31]

---

[29] Agravo Regimental no Recurso Ordinário em Mandado de Segurança n.º 24.257--8/Distrito Federal. Primeira Turma. Relatora Ministra Ellen Gracie. Entretanto, os Juizados Especiais Federais, criados pela Lei n.º 10.259, de 12 de julho de 2001, têm utilizado de digitalização de assinatura para lavratura de termos de audiência, certamente fundando-se no pequeno valor econômico das causas que neles tramitam, mas sem perceberem os riscos inerentes a essa prática (ver fluxo em http://www.trf3.gov.br/downloads//manual.pdf).

[30] Ana Paula Gambogi Carvalho, por exemplo, ao referir-se ao Projeto de Lei n.º 1.589/99, em trâmite na Câmara dos Deputados, elaborado pela Comissão de Informática Jurídica da Seccional do Estado de São Paulo da Ordem dos Advogados do Brasil, entendendo ser uma deficiência a adoção da assinatura digital como instrumento para assegurar eficácia probante a documentos eletrônicos, afirma: "Mais sábio seria a utilização de uma fórmula aberta que leve em conta a rapidez dos avanços tecnológicos e possibilite o reconhecimento jurídico de tecnologias de codificação eletrônicas equiparáveis, capazes de garantir a mesma segurança e qualidade nas transações jurídica." Em "Contratos Via Internet", Editora Del Rey, página 131.

[31] Conforme expusemos em co-Autoria com Augusto Tavares Rosa Marcacini, em face da ausência de "neutralidade tecnológica" do Projeto de Lei n.º 1.589/99: "Criptografia assimétrica, pois, não é mais uma tecnologia passageira. A expressão "tecnologia" estaria mais adequada se se referisse às técnicas pelas quais a criptografia assimétrica pode

Ademais, a vinculação de um registro eletrônico a alguém, como sendo representativo de sua manifestação de vontade, só pode ser admitida pelo direito caso exista efetiva certeza de sua eficácia. E essa eficácia só pode ser aceita após exaustivos testes pela comunidade científica internacional, sendo inadmissível que se confie em determinada solução tecnológica apenas e tão somente porque assim o declara merecer a empresa que detém os direitos autorais sobre ela.[32]

---

ser implementada: os algoritmos RSA, DSA e El-Gamal poderiam ser chamados de "tecnologias". O Projeto 1589/99, então, não "engessa a tecnologia", pois não estabelece que somente possam ser utilizados os algoritmos hoje conhecidos. Descobertos outros algoritmos assimétricos – e demonstrado que são seguros –, certamente poderão ser utilizados. Por outro lado, argumentar que uma "nova tecnologia" possa produzir assinaturas digitais sem cifrar o documento eletrônico, mais parece um argumento falacioso. Registros eletrônicos são facilmente alteráveis, daí a dificuldade inicial em aceitá-los como prova documental. A única maneira de evitar que sejam adulterados é criptografá-los. Se o documento eletrônico não for de modo algum cifrado, poderá ser fraudado. Por sua vez, se utilizada a mesma chave para cifrar e decifrar – criptografia simétrica, portanto, não se consegue demonstrar a autoria do documento eletrônico, porque ambos os interlocutores conhecem a chave secreta, podendo, tanto um como o outro, ter gerado aquele registro cifrado. O que sobra? A criptografia assimétrica! Criptografia assimétrica, portanto, é um modelo, um conceito, que pode ser implementado de maneiras – ou tecnologias – diferentes, e que tem suas bases em teorias matemáticas longamente experimentadas e desenvolvidas. Daí o ceticismo quanto à possibilidade de "novas tecnologias", sem utilizar criptografia, surgirem do nada, sem estarem calcadas em teorias demonstradas. Nem se concebe, por outro lado, que o documento eletrônico possa ter sua autenticidade e integridade protegidas e demonstradas sem a utilização deste modelo, ou alguma variante dele. Algumas "tecnologias" que se esboçam como "alternativa" à criptografia assimétrica, ou distorcem a essência do conceito de documento, ou mistificam técnicas que não são apropriadas para gerar assinaturas. Assim, enviar o documento para uma terceira pessoa, que ficaria encarregada de receber, por meio de alguma "nova tecnologia", a aprovação do outro interlocutor, como alguns já chegaram a propor, é uma idéia que, mesmo realizada de modo seguro e por um terceiro confiável, não pode ser comparada à prova documental. Nenhum registro inalterável é produzido nesta relação, que possa ser assemelhado ao papel firmado com assinatura manual. Isto, na verdade, poderia ser equiparado a uma prova testemunhal, consistente na afirmação do terceiro de que "presenciou" o contato entre as partes. Cá entre nós, uma prova bastante frágil!". Em "Criptografia Assimétrica, Assinaturas Digitais e a falácia da "neutralidade tecnológica", acessável em http://conjur.uol.com.br/view.cfm?id=5504&ad=c

[32] No mesmo estudo, escrevemos: "Por amor à argumentação, aceitemos a hipótese de que amanhã uma "nova tecnologia" possa ser inventada, para produzir uma assinatura digital sem de modo algum cifrar o arquivo eletrônico. Neste caso, passemos ao argumento jurídico. Não se entende que mal haveria em legislar mais uma vez, para acrescentar no sistema jurídico esta nova possibilidade tecnológica. Esta, aliás, seria a opção mais salutar. Contratos realizados por meio eletrônico já são plenamente válidos perante o nosso sis-

tema jurídico, já que os atos jurídicos não dependem de forma especial, senão quando a lei expressamente o exigir. O problema com tais negócios é a questão da prova da celebração destes atos jurídicos. O que a sociedade precisa, portanto, é de uma lei que atribua segurança jurídica quanto à validade, como prova judicial, dos registros eletrônicos com que se documentam estas transações. Se a única maneira hoje existente de se atribuir autenticidade e integridade ao documento eletrônico é por meio da criptografia assimétrica, a lei só deve prestigiar esta possibilidade, sinalizando aos contratantes, mas também aos julgadores, que somente quando assinados por criptografia assimétrica os registros eletrônicos podem servir como prova. Deixar de dizê-lo na lei significa manter a mesma insegurança que já impera: nem as partes saberão como documentar suas manifestações de vontade, nem terão certeza se o juiz, no caso de eventual litígio, reconhecerá aqueles registros eletrônicos como prova. Nem se pense, por outro lado, que a descoberta de uma "nova tecnologia", num futuro próximo, vá exigir imediata alteração da lei. É que esta "nova tecnologia" só poderia ser considerada segura, do ponto de vista técnico, depois de exaustivamente testada e aprovada, não apenas por quem a vende, mas pela comunidade científica independente. Se o Projeto 1589/99 consagrou o uso de criptografia assimétrica, o fez porque os sistemas que a implementam são públicos, e têm resistido às tentativas de criptoanálise realizadas pela comunidade científica ao longo de duas décadas. Dessa resistência a tais "ataques" é que advém a confiança do legislador na sua segurança, para poder comparar a assinatura digital à assinatura manual. Destaque-se que testar a funcionalidade de sistemas de segurança não é o mesmo que testar outros tipos de produto ou de software. Aqui, uma comparação com os automóveis pode ser ilustrativa: o conforto, a potência, ou o prazer de dirigir um automóvel podem bem ser testados pelo próprio consumidor; o cinto de segurança, porém, aparentemente funciona, mas só poderá ter sua eficácia comprovada pelo usuário comum no dia em que se chocar de frente com outro veículo. Ou o alarme anti-furto: o vendedor demonstra que se tocar aqui, forçar ali, ou balançar acolá, o alarme disparará estridentemente como que anunciando uma invasão de seres extraterrenos; aos nossos olhos parece seguro, até o dia em que não encontramos o veículo no local em que estava estacionado... Se queremos uma lei para atender à necessidade de segurança da sociedade, dos consumidores e empresários, esta lei só deve admitir como prova judicial aquilo que seja reconhecidamente seguro. Estamos lidando com uma questão bastante delicada, ao atribuir força probatória a registros eletrônicos. Imaginem que uma lei "tecnologicamente neutra" seja aprovada, alguém apresente com publicidade eficiente um novo sistema de assinaturas digitais, milhares de contratos sejam assim efetuados, e meses depois algum adolescente peralta demonstre como fraudar o sistema... Exemplos assim existem, em concreto, de rotundos fiascos tecnológicos! E pode ser ainda pior: alguém pode descobrir como fraudar o sistema e não contar aos quatro ventos, preferindo explorar a falha em seu próprio proveito, para fins evidentemente escusos. Portanto, se e quando uma nova tecnologia de assinaturas digitais for descoberta, deve ser perante o Legislativo, legítimo representante da sociedade, que a discussão sobre

É evidente que registros eletrônicos podem possuir valor probante, mas não pleno, salvo se houver confiança de que o meio empregado é seguro, tanto no que tange à certeza de sua autoria e à integridade do arquivo. E isto só é atualmente obtido com uso do conceito de criptografia de chaves públicas.

46. A criptografia de chaves públicas demorou duas décadas até que a primeira lei em todo o mundo, do Estado de Utah, a reconhecesse, e mais alguns anos até que outras legislações seguissem o mesmo caminho. Outro conceito, ou tecnologia, que pretenda ter o mesmo reconhecimento, precisará passar pelo mesmo árduo percurso, de comprovação, por meio da comunidade internacional, de sua eficiência.

47. Por fim, é também preciso ponderar que a definição de parâmetros para outorga de eficácia probante plena ao documento eletrônico importa em dar à sociedade o norte a ser seguido para utilizar com segurança esse novo instrumento; ao revés, em sendo isenta a lei, já não se saberá o que se deve utilizar para evitar futura contestação à própria tecnologia empregada.

---

sua oportunidade e segurança deve ser debatida. Afinal, não se trata da venda de videogames; está em jogo a segurança jurídica dos contratos! Do ângulo econômico, devemos ressaltar que a utilização da criptografia assimétrica é hoje algo muito barato, gratuito até, se considerarmos que os algoritmos RSA, DSA e El-Gamal têm uso liberado, sem reserva de direitos ou patentes, e existem diversos softwares livres, de código aberto, que implementam eficientemente as funções de cifrado, assinatura e gerenciamento de chaves. E, aliás, por terem seu código-fonte aberto, estão sujeitos a exame por especialistas em segurança de todo o mundo, sendo certamente mais seguros do que os programas de criptografia comerciais, que têm o código-fonte fechado. A "neutralidade tecnológica" da lei pode bem favorecer aqueles que, em detrimento da reconhecida segurança destas técnicas de domínio público, pretendam alavancar seus lucros com a venda de sistemas proprietários obscuros, ou "soluções tecnológicas" de eficácia não demonstrada. Por último, resta analisar a questão do ponto de vista político. A quem interessa uma lei "tecnologicamente neutra"? Dada a brilhante escolha destas duas palavras pelos que lançaram o argumento, isto aparentemente seria de interesse geral. Afinal, quem pode ser contra a "tecnologia"? E quem não é "neutro", só pode ser tendencioso, malicioso, oportunista, ou sabe-se lá o que... Todavia, a expressão "neutralidade tecnológica" esconde, na verdade, a proteção a interesses políticos nada neutros."

## XI.B. ASSINATURA DIGITAL E CERTIFICAÇÃO ELETRÔNICA

48. Não raras vezes, assinatura digital e certificação eletrônica são usadas como expressões sinônimas. Ou ainda pior: a assinatura digital é vista como um elemento da certificação eletrônica, e esta é que vincularia um documento eletrônico a alguém.

49. Tal qual ocorre com a assinatura física em relação ao papel, é a assinatura digital que assegura autenticidade e integridade ao documento eletrônico.

A estrutura matemática que gera a assinatura digital permite identificar o titular do par de chaves que gerou a gerou, bem como controlar alterações que o documento eletrônico venha a sofrer após assinado digitalmente.

Já a certificação eletrônica é apenas uma declaração sobre quem é o titular da chave pública que serviu para validar uma assinatura digital, fazendo presumir assim, por conseqüência, quem é o titular da chave privada que a gerou.

A certificação eletrônica, portanto, está para o documento eletrônico algo como um reconhecimento de firma está para o documento em papel.

50. No Brasil, entretanto, o artigo 1.º da Medida Provisória n.º 2.200-2 afirma que a ICP-Brasil foi criada para assegurar autenticidade e integridade a documentos eletrônicos.

Porém, como antes mencionado, é o uso do par de chaves criptográficas para a produção de assinaturas digitais que permite ao documento eletrônico cumprir os requisitos de autenticidade e integridade, e não o certificado eletrônico, objeto da ICP-Brasil.

51. Na forma do § único do art. 6.º da mesma Medida Provisória n.º 2.200-2, "o par de chaves criptográficas será gerado sempre pelo próprio titular e sua chave privada de assinatura será de seu exclusivo controle, uso e conhecimento."

Ora, se compete ao usuário gerar seu par de chaves, lhe compete, também, por conseqüência, definir qual sistema irá utilizar para tanto. E, ao escolhê-lo, poderá, em tese, até por desconhecimento, optar por algum que não atenda com precisão aos parâmetros matemáticos da criptografia de chaves públicas, contenha um erro de programação, ou mesmo uma função oculta que prejudique o sigilo da chave privada.

Nestas situações, os atributos de autenticidade e integridade não serão tecnicamente atendidos.

Daí a razão de nenhuma lei ter o poder assegurar o cumprimento de requisitos de autenticidade e integridade de um documento eletrônico: não pode porque escapa ao controle público a qualidade do sistema que será usado para emissão do par de chaves criptográficas, escolhido pelo usuário.[33]

52. Esclareça-se que na primeira versão da Medida Provisória n.º 2.200, o par de chaves criptográficas do usuário seria gerado pela própria ICP-Brasil, através das Autoridades Certificadoras a ela vinculadas. Naquele caso, poderia ela assegurar autenticidade e integridade já que definiria o sistema criptográfico que empregaria.[34]

Mas isto seria inadmissível em razão do ambiente de insegurança que criaria, sem que se soubesse se aquele que, sob comando governamental, ao gerar o par de chaves do usuário, não permaneceria com cópia da chave privada, seja para quebrar o sigilo de suas comunicações, seja para assinar documentos eletrônicos em nome dele.[35]

---

[33] Não é por outra razão que Pedro Antonio Dourado de Rezende, Professor do Departamento de Ciência da Computação da Universidade de Brasília, expôs: "A norma jurídica não pode, por si só, garantir integridade e autenticidade digital alguma. São leis semiológicas que garantem. Da mesma forma que não faz sentido uma norma jurídica decretar ou revogar uma lei física, como a lei da gravidade, a lei da relatividade ou as leis da termodinâmica, estas as que mais se assemelham a leis semiológicas." Em "Sistema de Pagamentos Brasileiro e ICP-Brasil", acessável em http://www.observatoriodaimprensa.com.br/artigos/eno130320021.htm

[34] Dizia o art. 8.º da primeira versão da Medida Provisória n.º 2.200: "Art. 8.º – Às AC, entidades autorizadas a emitir certificados digitais vinculando determinado código criptográfico ao respectivo titular, compete emitir, expedir, distribuir, revogar e gerenciar os certificados e as correspondentes chaves criptográficas, colocar à disposição dos usuários listas de certificados revogados e outras informações pertinentes e manter registro de suas operações." (Grifos nossos).

[35] Essas razões levaram a Ordem dos Advogados do Brasil a repudiar a primeira edição da MP 2.200. O próprio Governo Federal entendeu esta crítica e suprimiu, já na segunda versão daquela Medida Provisória, de n.º 2.200-1, a emissão do par de chaves pela ICP-Brasil. Porém, ao suprimi-la, deveria ter adaptado seu art. 1.º, posto que, como compete ao usuário definir o sistema criptográfico que utilizará, e como esse sistema é que poderá atender ou não aos atributos de autenticidade e integridade, não pode, à evidência, a ICP-Brasil, assegurá-los.

53. Por outro lado, nem é indispensável a certificação eletrônica para garantir a identidade do signatário, como não é o reconhecimento de uma assinatura física, nem é o único instrumento para conferi-la, embora, reconheça-se, é o mais prático.

É possível imaginar alguém que declare, por meio de um documento em papel, e de sua assinatura física, ser titular de determinada chave pública. Essa solução é bastante adequada para redes privadas, como no caso de uma empresa, que pode estabelecer tal declaração junto aos demais documentos que compõem o arquivo de dados de seus funcionários.

Outro exemplo seria uma entidade pública que publicasse declaração de titularidade de sua chave pública, ou de seus servidores, em órgão oficial, reproduzindo as informações da publicação em página da internet. Qualquer pessoa que pretendesse conferir a chave pública daquela entidade pública poderia acessar sua página e efetivar a comparação, tendo segurança quanto à sua titularidade.

A primeira versão da Medida Provisória n.° 2.200, simplesmente omitia a possibilidade de outras formas de identificação da titularidade de chave pública criptográfica, além de certificados eletrônicos emitidos no âmbito da ICP-Brasil, o que só foi previsto a partir de sua primeira reedição, em razão de reclamos da sociedade civil.[36]

## XI.C. INFRA-ESTRUTURA DE CHAVES PÚBLICAS – ICP

54. No contexto das certificações eletrônicas, surgem outras enormes distorções, relacionadas às infra-estruturas de chaves públicas.

55. A primeira delas é considerar que a emissão e controle de certificados eletrônicos são tarefas complexas, que reclamariam cuidados extremos com segurança física e lógica, e investimentos elevados, o que levaria a controles e credenciamentos públicos sobre as empresas certificadoras.

---

[36] Parágrafo 2.° do Artigo 10 da Medida Provisória n.° 2.200-2: "§ 2.° O disposto nesta Medida Provisória não obsta a utilização de outro meio de comprovação da autoria e integridade de documentos em forma eletrônica, inclusive os que utilizem certificados não emitidos pela ICP-Brasil, desde que admitido pelas partes como válido ou aceito pela pessoa a quem for oposto o documento."

Ora, conforme anteriormente exposto, a necessidade de maior ou menor elementos de segurança está relacionada a diversos fatores, que vão do nível crítico da informação a ser protegida à capacidade de investimento do titular da respectiva base de dados. Não há um modelo único que possa servir a todos os tipos de informação.

O estabelecimento de um único modelo, a pretexto de credenciamento para outorgar maior segurança social aos certificados eletrônicos, apenas monopoliza o mercado de certificados, fazendo com que somente as poucas empresas que tenham elevada capacidade de investimentos para atender a todos os requisitos possam oferecer aqueles serviços.

56. Por outro lado, mesmo o fato de a empresa certificadora estabelecer itens complexos de segurança, como prédio com segurança armada, controles de acesso a cada entrada, sala-cofre, etc, não significará que emitirá ou revogará corretamente os seus certificados.

As dificuldades principais no trato com essa tecnologia não se encontram nas atividades internas da certificadora, mas sim nas externas, no processo de reconhecimento daquele que solicita um certificado eletrônico, e na distribuição adequada de sua chave pública, a impedir que alguém emita certificados em seu nome: qualquer falha nestes pontos certamente colocará em risco a qualidade e confiança das atividades da certificadora, independente do volume de recursos que ela gastou com tecnologia.

Os itens de segurança internos servem apenas para proteção da própria Certificadora, contra o uso indevido de sua chave privada para emissão ou revogação de certificados em nome dela. Para o público em geral, mais do que saber se a Certificadora adota severa política de segurança, será importante ter certeza da capacidade financeira dela em arcar com eventuais danos que seus certificados vierem a causar.

57. A experiência da Ordem dos Advogados do Brasil – OAB, que congrega aproximadamente 500.000 advogados em todo o país, com a constituição de sua própria ICP, iniciada na Seccional do Estado de São Paulo, demonstrou que o risco não está no sistema de emissão e controle de certificados eletrônicos, sendo que a OAB utilizou sistema de código aberto, sem patentes ou direitos autorais, o OpenSSL[37], que além de ser auditável, não agregou custos adicionais ao projeto.

---

[37] Informações sobre o sistema em http://www.openssl.org

A OAB, de outra parte, já tinha investido em infra-estrutura de segurança para a proteção das informações dos advogados brasileiros nela inscritos, que já se encontravam armazenadas em meio eletrônico. O fato de também passar a emitir certificados eletrônicos foi considerado apenas um novo item em suas atividades, tal qual já realizava, por exemplo, com a emissão de cédulas de identificação profissional.

Em termos de segurança no controle de certificados, a OAB determinou um conjunto de procedimentos. Primeiro, vinculou a emissão e validação de certificados eletrônicos a endereços eletrônicos que fornece aos advogados, que por sua vez estão vinculados à base de dados cadastrais. Caso alguém pretenda fazer uso da chave privada da OAB para emitir fraudulentamente um certificado, precisará primeiro invadir a base de dados com os dados cadastrais de todos os advogados da Seccional, criar um advogado fictício, e depois ainda criar um endereço eletrônico para ele, sob o domínio da Seccional da OAB (xxx@adv.oabsp.org.br, para advogado, ou xxx@est.oabsp.org.br para estagiários). À evidência, muito mais grave do que o risco de alguém emitir um certificado em nome da entidade é a invasão em sua base de dados cadastrais para acrescer um novo e fictício advogado.

Estabeleceu também a OAB procedimentos de auditabilidade do controle de seus certificados. Toda semana, são extraídas listas com os certificados emitidos e revogados. Essas listas são assinadas digitalmente, de forma a impedir sua alteração. Mensalmente, são emitidas listas com as listas semanais, que por sua vez também são assinadas digitalmente, e o resumo da assinatura (hash) é publicado nos órgãos oficiais da entidade. Se houver dúvida sobre a data de emissão ou de revogação de um certificado (que em tese, pode ser feita de forma retroativa, para invalidar documentos já firmados), bastará verificar as listas do período, que, reitere-se, não podem ser alteradas, por estarem assinadas digitalmente.

Além disto, o próprio *hash* da chave pública da entidade é publicado em seus órgãos oficiais, permitindo verificação a quem pretender conferi-la.[38]

Preocupou-se ainda a OAB com a segurança dos advogados, adotando três diferentes procedimentos: a identificação pessoal do advogado que solicitar um certificado eletrônico, evitando que um terceiro solicite certificados em nome dele; a informação, com absoluta transparência, aos

---

[38] Verificar informações do projeto, e sobre a chave pública da OAB e de suas Seccionais Estaduais, no endereço http://cert.oab.org.br.

advogados, sobre os riscos inerentes ao uso de sistemas criptográficos para assinatura digital, especialmente quanto à necessidade de sigilo sobre a chave privada; e por fim, a limitação do uso de seus certificados a atos relacionados ao exercício profissional, diminuindo, por conseqüência, o interesse de terceiros em obter a chave privada de advogados.

Esses procedimentos permitiram à entidade oferecer certificados eletrônicos aos seus inscritos sem qualquer custo, incentivando o uso de sistemas criptográficos de chaves públicas quer para emissão de documentos relacionados ao exercício profissional por meio eletrônico, essencial em um país de tamanho continental como o Brasil para agilizar e diminuir custos para o exercício da advocacia, favorecendo, assim, o próprio jurisdicionado, quer para assegurar o sigilo de suas comunicações eletrônicas com seus clientes.

### XI.D. A VERDADE DA TECNOLOGIA E A TECNOLOGIA DA VERDADE

58. Outra confusão comum é creditar presunções jurídicas próprias da fé pública, a certificados emitidos por Entidades Credenciadas Privadas, pelo só fato de assim cumprirem critérios tecnológicos definidos pela Autoridade Credenciadora.

Dessa confusão nasce inclusive o uso da expressão Autoridade Certificadora para denominar empresas credenciadas.

59. A fé pública e as presunções jurídicas a ela inerentes são relacionadas à qualidade do agente que emitir a declaração, e não aos instrumentos que utilizará para fazê-lo.

Declarações privadas, realizadas por empresas privadas, não têm o mesmo significado jurídico de declarações de agentes públicos, com a fé pública a elas inerentes. E não será a capacidade de maior ou menor investimento em tecnologia que fará com que uma declaração seja mais ou menos fiel.

Isto não significa que somente órgãos públicos devam poder emitir certificados eletrônicos, mas sim que certificados emitidos por esses órgãos tem valor jurídico diferente daqueles lavrados por empresas.

Também não significa que a sociedade, por conta da fé pública, só acolherá certificados emitidos por entes públicos. Os entes privados também merecerão confiança da sociedade, se adotarem métodos corretos e transparentes de controles de emissão e validação de certificados, regras para evitar a descontinuidade da prestação de serviços, bem como se comprometerem a reparar adequadamente eventuais prejuízos que seus certificados vierem a causar.

60. No Brasil, existe ainda uma questão de natureza constitucional em relação a atividades púbicas de outorga de fé pública a negócios de natureza privada.

É que a função notarial foi consagrada na própria Constituição de 1988, ao estabelecer, em seu art. 236, que "os serviços notariais e de registro são exercidos em caráter privado, por delegação do poder público", e que a "lei regulará as atividades, disciplinará a responsabilidade civil e penal dos notários, dos oficiais de registro e de seus prepostos, e definirá a fiscalização de seus atos pelo Poder Judiciário."

A natureza dos serviços notariais e de registros é absolutamente tranqüila no mundo jurídico, bem espelhada, aliás, no disposto no art. 1.º da Lei brasileira n.º 8.935/94, ao informar que *são os de organização técnica e administrativa destinados a garantir a publicidade, autenti-cidade, segurança e eficácia dos atos jurídicos*".

A Medida Provisória n.º 2.200-2, ao se referir à validade jurídica de documentos eletrônicos públicos (art. 1.º, primeira parte, e art. 10, § 1.º), condicionando-a à certificação eletrônica da ICP-Brasil, está transferindo, para o Poder Executivo, e sua ICP-Brasil, função de confiança que a sociedade civil sempre outorgou ao Poder Judiciário, via notários e registradores, e que é, como mencionado, consagrada no art. 236 da Constituição do Brasil.

Afora as questões constitucionais envolvidas, existem elementos fundamentais inerentes à função de outorga de fé pública a negócios privados que foram desprezados pela Medida Provisória n.º 2.200-2.

As presunções dos atos notariais e dos registradores são lastreadas em sua responsabilidade civil e penal. A Medida Provisória não trata de responsabilidade pela emissão incorreta de certificados, deixando isto para ser definido pelas próprias certificadoras.

Não se preocupou também em definir quem arcará com o prejuízo causado por um certificado incorretamente emitido: se a AC ou se a AR[39]. Os notários são responsáveis por atos de seus prepostos.

---

[39] A Resolução n.º 8, do Comitê Gestor, pretende definir que a responsabilidade

O serviço notarial não sofre solução de continuidade. A Medida Provisória n.° 2.200-2 nada fala sobre como ficarão os certificados de uma AC, ou a documentação de uma AR, caso encerrem suas atividades.

As taxas notariais são tabeladas. A ICP-Brasil não trata disto, e cada certificadora determinará seu preço.

São milhares de notários em todo o Brasil. A ICP-Brasil é monopolizante, pelas exigências que faz para constituição de uma AC, agora agravada por uma cobrança de duvidosa constitucionalidade, de tarifa de credenciamento da Acs, pela AC-Raiz, e que poucas empresas conseguirão cumprir.

O Código de Processo Civil brasileiro expõe, com precisão, todas as conseqüências legais resultantes de assinaturas conferidas por notários, ou documentos registrados por registradores. A ICP-Brasil não tem uma única disposição de natureza processual.

Essas lacunas vão certamente ter impacto no futuro das certificações emitidas pela ICP-Brasil, no momento em que serão analisadas pelo Poder Judiciário, em caso de impugnação de uma assinatura digital com chave pública certificada por aquela Infra-Estrutura.

### XI.E. Conseqüências Jurídicas do *Não Repúdio*

61. A propósito, uma das mais preocupantes distorções na regulamentação da criptografia de chaves públicas diz respeito à intenção de algumas legislações em outorgar eficácia jurídica à expressão técnica do **não repúdio**.

No Brasil, esse risco se faz presente pela possibilidade de interpretar-se o art. 1.° da mencionada Medida Provisória n.° 2.200-2, à luz do disposto em seu art. 10, parágrafo primeiro, que dispõe:

"§ 1.° As declarações constantes dos documentos em forma eletrônica produzidos com a utilização de processo de certificação disponibilizado pela ICP-Brasil presumem-se verdadeiros em relação aos signatários, na forma do art. 131 da Lei no 3.071, de 10 de janeiro de 1916 – Código Civil."

---

será solidária, o que nem faz parte de suas atribuições que se limitam a aspectos tecnicos, e não jurídicos, da ICP-Brasil, nem pode ser feito por mera norma administrativa já que responsabilidade é matéria reservada à lei.

**Não repúdio**, conforme antes exposto, é uma expressão técnica, que parte da presunção de inter-relacionamento das chaves criptográficas. Se a chave pública de alguém decodificar a assinatura digital, é porque ela foi obrigatoriamente gerada por sua chave privada.

O conceito técnico de *não repúdio* é aceito no plano teórico e abstrato, mas não necessariamente no plano real, pois, tal como ocorre em relação à autenticidade e integridade, dependerá também da qualidade do sistema criptográfico escolhido para geração do par de chaves.

Mais ainda: dependerá da certeza de que o sigilo da chave privada não foi violado, e de que a atribuição de titularidade da chave pública está correta.

Aqui, é preciso diferenciar entre a obrigação de manter a chave em sigilo, e a responsabilização pelo descumprimento dessa obrigação.

A obrigação de sigilo da chave privada é plenamente aceitável. A lei pode determiná-la, mas sequer precisa fazê-lo. Entendo que aquele que pretenda usar desse instrumento para assinar documentos eletrônicos tenha natural obrigação pelo sigilo da chave privada. Mas não pode a lei criar presunção *jure et de jure*, que não admite prova em contrário, do uso da chave privada por seu titular. Ou pior: responsabilizar sempre o titular da chave privada, ainda que não tenha feito uso dela.

A quebra de sigilo pode ocorrer por culpa de seu titular, mas também por força maior ou caso fortuito, excludentes de responsabilidade – o que, por si só, já justifica repúdio ao *não repúdio*.

Sabemos, por outro lado, que o sistema adotado para emissão do par de chaves pode conter, em teoria, uma porta traseira, e transmitir, para outrem, sem conhecimento do titular das chaves, uma cópia da chave privada. Ou ainda, que existe possibilidade de um hacker ingressar no computador de determinada pessoa e extrair cópia de sua chave privada.

Assim, não me parece que um magistrado viria a recusar a possibilidade de alguém negar a assinatura digital de um documento por quebra do sigilo da chave privada. Poderá exigir a prova disto. Ainda que a quebra seja provada, poderá responsabilizar o titular da chave privada pelo prejuízo que essa quebra vier a causar. Mas daí a simplesmente recusar a própria possibilidade de alguém impugnar uma assinatura digital há uma enorme distância.

Só para exemplificar. Imagine-se um contrato de cessão gratuita de cotas de uma sociedade limitada, em que se impeça o empresário, titular das quotas, de negar a autoria da assinatura digital, ainda que de fato ele não tenha feito uso de sua chave privada. Uma coisa é entender que, por não ter mantido em sigilo a chave privada, deva reparar o dano eventualmente causado a quem confiou na assinatura digital dela decorrente. Outra, porém, é simplesmente obrigá-lo a entregar a chave (física) do estabelecimento a quem se disse beneficiário daquela doação.

62. Além disto, a impugnação de uma assinatura digital por aquele contra quem é produzida a prova documental eletrônica, pode não recair sobre o uso da chave privada, mas sobre a titularidade da chave pública. Não é porque um certificado atribua a alguém a titularidade de uma chave pública, que isto constitui uma verdade inafastável. Pode a certificadora ter errado na designação. Pode ser caso de homonímia. Pode o funcionário da Certificadora ter se enganado e escrito o nome incorreto. Pode alguém ter se apresentado a ele com documentos falsos. Pode ainda o funcionário da certificadora ter agido de má-fé, para obter algum benefício para si ou para outrem.

O mais curioso, porém, no caso do Brasil, é que o parágrafo primeiro do art. 10 da Medida Provisória n.° 2.200-2 não trata de *não repúdio* no sentido de presunção de assinatura.

Sua redação é claríssima: dispõe sobre a declaração, o conteúdo do documento eletrônico, e não sobre sua autoria. A presunção que gera, e que, conforme referência que faz, consta de nosso Código Civil, é a da veracidade dos fatos constantes da declaração, contra quem a assinou, e não sobre quem assinou o documento.

Daí porque entendo que, em relação a documentos particulares, sem forma definida ou defesa em lei, a expressão *validade jurídica* é vazia de significado jurídico. Não corresponde a valor de prova, pois lhe faltam definições processuais importantes. Não diz respeito à validade do ato jurídico, pois representaria que manifestações de vontade que podem ser proferidas até de forma verbal, dependeriam, quando emitidas por meio eletrônico, para ter validade, de forma própria. E porque, ao contrário do que tem sido divulgado, em nenhum momento aquela Medida Provisória trata de não repúdio, no significado jurídico que alguns pretendem lhe emprestar, de impossibilidade, *jure et de jure*, de alguém negar a assinatura digital em um documento eletrônico.

## XI.F. O CONTROLE DA INFORMAÇÃO

63. É preciso lembrar que o conceito de criptografia assimétrica foi

gerado para superar o problema da distribuição da chave, inerente à criptografia simétrica, a fim de assegurar sigilo nas comunicações eletrônicas.

Por essa razão, mesmo Governos democráticos demoraram a aceitar a disseminação do uso de criptografia de chaves públicas pela sociedade civil. Os próprios Estados Unidos só aceitaram levantar as restrições incidentes sobre exportação de sistemas fortes de criptografia no ano de 2000, o que provavelmente não ocorreria atualmente, após os lamentáveis incidentes de 11 de setembro.

64. No Brasil, a primeira versão da Medida Provisória n.º 2.200 decretava que as chaves criptográficas dos usuários seriam emitidas pelas estruturas da ICP-Brasil. Além disto, havia intenção, expressa em proposta de regulamentação, de só autorizar-se o uso de sistemas criptográficos nacionais, sendo que o mais conhecido no país é de titularidade da Agência Brasileira de Inteligência – ABIN, órgão de segurança nacional.

Somente após severas críticas da sociedade civil, lideradas pela Ordem dos Advogados do Brasil, foi alterada a referida Medida Provisória, para estabelecer-se que a geração e o controle das chaves criptográficas seriam de atribuição exclusiva de seu titular.

XI.G. ICP ÚNICA

65. Por fim, existe também a possibilidade de a pretexto de assegurar interoperabilidade entre aplicativos baseados em sistemas de chaves públicas, estabelecer-se uma única infra-estrutura de chaves públicas, como ocorreu no Brasil com a adoção da Medida Provisória n.º 2.200.

Os riscos, no caso, são diversos e imensos.

É possível estabelecer-se, via certificado eletrônico, um número único para identificação de todas as relações sociais do país. O pretexto é o de facilitar a vida do cidadão, bastando um único certificado eletrônico contendo suas principais informações para ser reconhecido em todas relações sociais realizadas por meio eletrônico. Porém, através de um único elemento de identificação, e por meio de processamentos de dados cada vez mais complexos, será também possível estabelecer-se vínculo entre todas as faces do cidadão, com nítida violação de sua personalidade. Tão grave é essa hipótese que o art. 35 da Constituição de Portugal expressamente vetou a existência de número único. O Brasil, ao revés, o número único não apenas foi estabelecido indiretamente, através da certificação eletrônica, como também foi adotado de forma expressa, nas identidades civis, pela Lei n.º 9.454, de 7 de abril de 1997.[40]

Também a segurança do cidadão estará comprometida com o estabelecimento de um único certificado eletrônico. O roubo de identidade é um dos maiores riscos da sociedade moderna. Não é mais necessário fabricar documentos falsos para apresentar-se como outrem: basta ter acesso aos seus dados pessoais para assumir sua identidade e praticar toda espécie de negócios por meio da internet. Havendo diversos e distintos elementos de identificação, o prejuízo com o roubo de identidade se torna menor: se alguém tiver acesso à informações do cartão de crédito de outrem, poderá fazer comprar em nome dele, mas não movimentar sua conta bancária, nem participar de decisões na empresa em que atue, ou do clube esportivo do qual for associado. Mas se um único certificado servir para identificar todas as relações do cidadão, bastará ter acesso a ele para passar a atuar em todas as suas relações.

66. Afora essas importantes questões, e seu impacto sobre a privacidade do cidadão, o estabelecimento de uma única Chave Raiz passa neces-

---

[40] Lei n.º 9.454/97: Art. 1.º É instituído o número único de Registro de Identidade Civil, pelo qual cada cidadão brasileiro, nato ou naturalizado, será identificado em todas as suas relações com a sociedade e com os organismos governamentais e privados. Parágrafo único. (VETADO) I – (VETADO) II – (VETADO) III – (VETADO) Art. 2.º É instituído o Cadastro Nacional de Registro de Identificação Civil, destinado a conter o número único de Registro Civil acompanhado dos dados de identificação de cada cidadão. Art. 3.º O Poder Executivo definirá a entidade que centralizará as atividades de implementação, coordenação e controle do Cadastro Nacional de Registro de Identificação Civil, que se constituirá em órgão central do Sistema Nacional de Registro de Identificação Civil. § 1.º O órgão central do Sistema Nacional de Registro de Identificação Civil será representado, na Capital de cada Unidade da Federação, por um órgão regional e, em cada Município, por um órgão local. § 2.º Os órgãos regionais exercerão a coordenação no âmbito de cada Unidade da Federação, repassando aos órgãos locais as instruções do órgão central e reportando a este as informações e dados daqueles. § 3.º Os órgãos locais incumbir-se-ão de operacionalizar as normas definidas pelo órgão central repassadas pelo órgão regional. Art. 4.º Será incluída, na proposta orçamentária do órgão central do sistema, a provisão de meios necessários, acompanhada cronograma de implementação e manutenção do sistema. Art. 5.º O Poder Executivo providenciará, no prazo de cento e oitenta dias, a regulamentação desta Lei e, no prazo de trezentos e sessenta dias, o início de sua implementação. Art. 6.º No prazo máximo de cinco anos da promulgação desta Lei, perderão a validade todos os documentos de identificação que estiverem em desacordo com ela. Art. 7.º Esta Lei entra em vigor na data de sua publicação. Art. 8.º Revogam-se as disposições em contrário.

sariamente pelo debate de sobre a independência dos Poderes, e de estruturas político-administrativas de um país.

Isto em razão do risco de sujeitar-se a validade de documentos emitidos pelos Poderes Legislativo e Judiciário, ou por autoridades do estados, a conterem certificados emitidos pelo Poder Executivo central.

67. Tomando novamente por parâmetro o Brasil, a Medida Provisória n.º 2.200-2, ao outorgar validade jurídica documentos eletrônicos, públicos e privados, parece pretender condiciona-la a terem as chaves públicas de seus signatários certificadas pela ICP-Brasil.

No caso de documentos eletrônicos da administração pública federal, pode a União Federal dispor sobre a forma com que devam ser emitidos. Mas não me parece possível que a União Federal condicione a validade jurídica de documentos eletrônicos públicos, à certificação prévia das chaves públicas das autoridades e serventuários dos estados, municípios e do Distrito Federal, bem como dos demais Poderes, Legislativo e Judiciário.

A Medida Provisória n.º 2.200-2 não dispõe de forma explícita, que a validade de documentos eletrônicos das demais esferas político-administrativas – estados, municípios ou do Distrito Federal, ou ainda dos demais poderes da República estaria condicionada à certificação emitida pela ICP-Brasil.

Porém, não faz qualquer distinção entre eles, ao dispor, no caput de seu art. 10, que a Medida Provisória abrange todos os documentos eletrônicos públicos e privados, para todos os fins legais.

Além disto, afirma a justificativa daquela Medida Provisória:

"Das sugestões acolhidas[41] referentes à autenticidade e à integridade do documento eletrônico, a maior parte diz respeito à abrangência da norma basicamente para incluir a administração indireta, especialmente as autarquias, fundações e sociedades de economia mista, o Distrito Federal, os demais poderes, as serventias extrajudiciais, pessoas jurídicas de direito privado, em geral, inclusive empresas e bancos."

---

[41] A referência às sugestões acolhidas diz respeito ao anteprojeto de lei que originou a Medida Provisória n.º 2.200, e que instituía a ICP-Gov (Infra-Estrutura de Chaves Públicas Governamental).

Mais recentemente, a propósito, foi vetado pela Presidência da República um parágrafo único, que o art. 1.° do projeto que resultou na Lei n.° 10358/01 pretendia acrescer ao art. 154 do Código de Processo Civil, que dispunha:

"Art. 154 ......................................................

Parágrafo único. Atendidos os requisitos de segurança e autenticidade, poderão os tribunais disciplinar, no âmbito da sua jurisdição, a prática de atos processuais e sua comunicação às partes, mediante a utilização de meios eletrônicos." (NR)

Foram razões do veto presidencial:

"A superveniente edição da Medida Provisória n.° 2.200, de 2001, que institui a Infra-Estrutura de Chaves Públicas Brasileira – ICP-Brasil, para garantir a autenticidade, a integridade e a validade jurídica de documentos em forma eletrônica, das aplicações de suporte e das aplicações habilitadas que utilizem certificados digitais, bem como a realização de transações eletrônicas seguras, que, aliás, já está em funcionamento[42], conduz à inconveniência da adoção da medida projetada, que deve ser tratada de forma uniforme em prol da segurança jurídica."

Logo, embora não conste explicitamente daquela Medida Provisória, parece ser intenção dela que documentos eletrônicos emitidos por Estados, Municípios, Distrito Federal, e pelos Poderes Legislativo e Judiciário, tenham sua validade jurídica condicionada a certificação eletrônica de chave pública emitida pela ICP-Brasil.

68. Tal exigência, entretanto, nitidamente viola preceitos constitucionais.

O primeiro deles é da eficiência, consagrado no art 37, caput, da Constituição Brasileira. Não existe um sapato único para todos os pés do Brasil. Não existe uma única certificação, padrão, para atender a todos os fluxos de informações brasileiros.

O segundo preceito constitucional violado é o da autonomia dos entes políticos-administrativos da República Brasileira, insculpido no art.

---

[42] Na verdade, na data do veto a ICP-Brasil não estava em funcionamento, sendo que nenhuma empresa ou entidade pública havia sido credenciada para operar como Autoridade Certificadora.

18, caput, de nossa Constituição. Não pode a União pretender impor seu certificado aos Estados, Municípios e Distrito Federal.

O terceiro, e na mesma linha de raciocínio, é o da independência dos Poderes, uma das maiores conquistas do Estado Democrático de Direito, e declarado já no artigo 2.º da Constituição Brasileira.

Imagine-se, por exemplo, uma lei, após aprovada pela Assembléia Legislativa, ser sancionada por meio de assinatura digital do Governador do Estado, mas não ter validade jurídica porque, embora atendesse a todos os preceitos constitucionais formais e materiais de uma lei estadual, não contivesse, a chave pública do Governador do Estado, a certificação eletrônica do Governo Federal.

Da mesma forma, um presidente de uma Corte Estadual, ou mesmo do Supremo Tribunal Federal, ao assinar um ato – de natureza judicante ou administrativa, ter questionada sua validade, não por descumprimento de algum preceito legal ou constitucional, mas porque sua chave pública não fora certificada pelo Governo Federal.

69. A tecnologia, esclareça-se, não exige uma chave raiz única. Nenhum país a adotou. E ainda que exigisse, que se mudasse a tecnologia, mas jamais se pretenda mudar o próprio Estado Democrático de Direito, e suas conquistas sociais, para ajustá-lo a ela, condicionando a validade de um ato de um Estado ou de um Município autônomo, ou de um Poder independente, à certificação da União Federal.

## XII. CONCLUSÃO

70. Conforme alerta Miguel Teixeira de Sousa: "Antes de mais nada, há que considerar que a desmaterialização dos documentos é uma tendência da vida atual, pelo que ignorá-la no âmbito do direito seria prejudicar a confiança que o documento eletrônico pode merecer no comércio jurídico. Mas em contrapartida, há que ponderar que dessa desmaterialização não podem resultar quaisquer prejuízos para a segurança das relações jurídicas".[43]

---

[43] Em "Direito da Sociedade da Informação", Volume II, "O Valor Probatório dos Documentos Electrónicos", Coimbra Editora, páginas 172 e 173.

71. A assinatura digital poderá contribuir de forma decisiva para o implemento das relações sociais por meio eletrônico, substituindo o papel em sua função de instrumentalizar as manifestações de vontade dos cidadãos.

Para tanto, porém, será necessário conhecer não apenas suas qualidades, mas também suas limitações, e ter a capacidade de conciliar o conjunto de interesses públicos e privados envolvidos, de forma a permitir seu pleno desenvolvimento, em prol de sociedade contemporânea.

# ÍNDICE GERAL

| | |
|---|---|
| INTRODUÇÃO ................................................ | 5 |
| FRAGMENTAÇÃO DA CONSTITUIÇÃO FORMAL | |
|     Paulo Otero .............................................. | 7 |
| A TRANSIÇÃO DO DIREITO CONSTITUCIONAL BRASILEIRO | |
|     André Ramos Tavares ...................................... | 37 |
| A EVOLUÇÃO DO SISTEMA JURISDICIONAL COMUNITÁRIO | |
|     Rui Manuel Moura Ramos ................................... | 67 |
| O TRATADO INTERNACIONAL NA ORDEM JURÍDICA DO BRASIL | |
|     Francisco Rezek .......................................... | 85 |
| JUSTIÇA E ARRECADAÇÃO NOS IMPOSTOS PORTUGUESES – UM SISTEMA ESGOTADO | |
|     Diogo Leite de Campos ..................................... | 133 |
| O DIREITO TRIBUTÁRIO EM TRANSIÇÃO | |
|     Ives Gandra da Silva Martins ............................... | 149 |
| O DIREITO ADMINISTRATIVO PORTUGUÊS NO ÚLTIMO QUARTEL DO SÉCULO XX E NOS PRIMEIROS ANOS DO SÉCULO XXI | |
|     Rui Chancerelle de Machete ................................ | 199 |
| AS NOVAS TENDÊNCIAS DO DIREITO ADMINISTRATIVO | |
|     Arnoldo Wald ............................................ | 219 |
| O DIREITO ECONÓMICO PORTUGUÊS E A SOMBRA DA CONSTITUIÇÃO ECONÓMICA EUROPEIA | |
|     Eduardo Paz Ferreira ...................................... | 237 |
| O DIREITO ECONÓMICO | |
|     Geraldo Camargo Vidigal .................................. | 255 |
| O DIREITO PENAL EM CRISE DE MUDANÇA | |
|     Germano Marques da Silva ................................. | 265 |
| O DIREITO PENAL EM MUTAÇÃO: A CRIMINALIDADE NO BRASIL: | |
|     Antonio Claudio Mariz de Oliveira .......................... | 295 |
| A RESPONSABILIDADE CIVIL NO DIREITO CONTEMPORÂNEO | |
|     António Pinto Monteiro .................................... | 321 |
| O NEGÓCIO JURÍDICO NO NOVO CÓDIGO CIVIL BRASILEIRO | |
|     José Carlos Moreira Alves .................................. | 329 |
| EXIGÊNCIAS DE UM NOVO DIREITO DO TRABALHO | |
|     Pedro Romano Martinez .................................... | 349 |
| EXIGÊNCIAS DE UM NOVO DIREITO DO TRABALHO | |
|     Ives Gandra da Silva Martins Filho .......................... | 377 |

A EVOLUÇÃO DO DIREITO DAS SOCIEDADES COMERCIAIS EM PORTUGAL
  António Menezes Cordeiro .................................. 401
"O DIREITO CONTEMPORÂNEO EM PORTUGAL E NO BRASIL" "PRINCIPAIS ALTERAÇÕES NA LEI DE SOCIEDADES ANÔNIMAS: JUÍZO ARBITRAL E ACORDO DE ACIONISTAS"
  Modesto Carvalhosa ....................................... 423
SIMPLIFICAÇÃO DAS FORMAS PROCESSUAIS
  João Álvaro Dias ........................................ 459
A SIMPLIFICAÇÃO DO PROCESSO CIVIL BRASILEIRO
  Sálvio de Figueiredo Teixeira ............................. 473
DIREITOS FUNDAMENTAIS "DE TERCEIRA GERAÇÃO"
  Paulo Mota Pinto/Diogo Leite de Campos .................... 497
OS NOVOS DIREITOS DE 3ª GERAÇÃO (DIREITOS HUMANOS E AMBIENTAIS)
  José Augusto Delgado ..................................... 513
A INTERNET E SUA REGULAÇÃO INTERNACIONAL
  Marcos da Costa .......................................... 577